THINKING
METHOD
LIBRARY

# 思维方法库

## 一个人的智慧银行

席文举 著

南方日报出版社
NANFANG DAILY PRESS
中国·广州

图书在版编目（CIP）数据

思维方法库 ：一个人的智慧银行/ 席文举著. -- 广州 ：南方日报出版社，2018.10
ISBN 978-7-5491-1792-5

Ⅰ. ①思… Ⅱ. ①席… Ⅲ. ①思维方法 Ⅳ. ①B80

中国版本图书馆 CIP 数据核字(2018)第 019934 号

SIWEI FANGFAKU
思维方法库：一个人的智慧银行

著　　者：席文举
出版发行：南方日报出版社
地　　址：广州市广州大道中 289 号
责任编辑：刘志一
　　　　　李　沁
装帧设计：肖晓文
责任校对：阮昌汉
责任技编：王　兰
经　　销：全国新华书店
印　　刷：广州市怡升印刷有限公司
开　　本：787mm×1092mm　1/16
印　　张：35.5　　　彩　　插：0.125
字　　数：560 千字
版　　次：2018 年 10 月第 1 版
印　　次：2018 年 12 月第 2 次印刷
定　　价：78.00 元

投稿热线：（020）87373998-0503　读者热线：（020）87373998-0502

一个人一生的经历和成就，都是自己的思维方法库决定的

中国人的衣食住行库正在向现代化迈进，思维方法库的现代化却忘得一干二净

**让几十个科学家和我一起思维！**

谨以此书——

献给培养我的母校四川大学
献给发挥我才智的舞台四川日报

# 序一

# 方法库就是成功学

——王梓坤——



读完这本《思维方法库》，给我一种震撼。我知道在哲学总结的科学思维方法体系里，数学思维方法占了很大的数量，许多数学思维方法，具有各个领域广泛适用的普适性。但是，理论上的这些概念要变成现实，总还是有距离。没有想到，四川大学数学系毕业的席文举，将数学思维方法运用来办报纸，超越了很多新闻专业、文科专业的毕业生，而且创造了市民生活报、敲门发行学等等的学问，还在三两年之间实现了中国报纸发行量世界第一的中国梦。

创新必须依靠方法。但是，将数学思维方法用到传媒领域，确实没人想过。席文举灵活运用数理思维方法，超越了我们的想象。华罗庚的统筹法，居然拿来做成功报纸特别报道的版面买卖，空前绝后；使用归纳法、演绎法、裂变式思维5步思维接力，创造《敲门发行学》；使用演绎法推导出市民生活报这一报纸新品种，全国都市报群体纷纷学习仿效，神州大地从此刮起都市报旋风……

数学系的毕业生没有成为数学家，而是奇迹般地昂首阔步登上“都市报之父”的宝座，令人击掌。我为我们的同行——四川大学数学系培养出的这位杂交创新人才而骄傲，也为科学思维方法在传媒领域的运用取得创造性的辉煌成果而赞叹。川大数学系主任蒲保明教授在“文化大革命”那个特殊时期，敢于发出“亚里士多德是永远打不倒的”的呐喊，是中国数学家坚持思维方法教育的一曲颂歌。

自从党中央提出大众创新万众创业，很多人都在探索创新之路，四处寻找创新的成功学。创新成功的学问在哪里？方法论就是成功学，方法库就是成功学。如果你的思维方法库里有各种各样的科学思维方法，运用自如，遇到问题何愁创新无路，人生又何愁不成功。一部科学技术大革命的历史，一个个科学技术的发明创造，说明了这个真理；都市报在中国遍地开花的故事，再一次证明了这个真理。下功夫建设一个现代化的思维方法库，是人生的第一建设，也是最有用的创新成功学。

更难能可贵的是，席文举完成了报纸工作的创造，却没有结束他的创造性思维。他又发挥数学思维一追到底的精神，提出：为什么新闻人都看不懂他的思维？为什么学校忽视了思维方法的教育？为什么中国人思维贫穷落后？为什么春秋战国百花齐放没有开出理性思维之花？为什么两千年中国人读不懂晏子使楚的三段式演绎法？为什么中国人总是局限在人学思维的圈子里？……一连串的问号，问出了一本摆在我们面前的这本哲学科普书《思维方法库》。一个又一个问题的探寻和阐释，构成了一个又一个的看点，使这本书具有前所未有的深度、广度和厚度。

中国应该多多培养这样的“杂交人才”。中华民族的崛起、社会的发展、科学的发展，需要大批思维方法杂交的人才，他们有强大的创新推动力。

中国正在建设成为创新型国家。而创新的基础，是具备科学的思维方法。西方科学技术大革命，是人类有史以来最大的一次创新运动，成果累累，完全改变了人类的社会生活。而那一个个科学技术的创新成果，全都来自于科学思维方法。所以，要想有所创新，就要认真努力切切实实多学习一些科学的思维方法。只要你用科学家总结创造的经典思维方法去思维，你创造发明的智慧就会裂变式爆发。

本书的主题，是鼓励大家特别是年轻一代，要努力建设一个丰富多彩的思维方法库。你如果有一个强大的思维方法库，对各种各样的思维方法运用自如，不管工作和生活中遇到什么问题，你都可以拿出解决的办法。我当年写作《科学发现纵横谈》，就是为了让年轻人好好学习思维方法，只有思维方法才能使你大有作为，大展宏图。

我赞同作者提出的一个口号：人人建设一个现代化的思维方法库！让几十个科学家和我一起思维！将中国建设成为思维强国！将中华民族打造成为思维强族！在以习近平同志为核心的党中央领导下，中华民族崛起的势头正旺。中国要努力赶上和超越西方强国，就要努力将中国打造成为现代化的思维强国。只有这样，中华民族才能长期傲然挺立于世界民族之林。

王梓坤

中科院院士、北京师范大学教授、数学家，曾任北京师范大学校长，科学方法论研究会主任。他写的《科学发现纵横谈》一书，阐释了500年来科学发现的思维方法，30多年来再版30多次，获得国家图书奖、“五个一工程”图书奖、优秀科普作品奖等各种各样的图书奖，长销不衰。

# 序二 为“人生第一建设”点赞

梁衡

作者席文举是我的一位老朋友。我们都曾在报界工作。他原来是四川日报的副总编辑，受命创办《华西都市报》，就研究创造出城市报纸市场化的一整套理论和方法，使中国都市报迅速崛起，全国报纸纷纷仿效，都获得成功。他被推选为中国都市报研究会会长。他报纸工作的成绩已经载入史册，但没有想到，他又写了一本怪书《思维方法库》，将我们带入一个更加广阔浩瀚的思维太空。他请我为他写个序。

这本讲思维方法的书，读起来居然是故事连连，趣味丛生。作者一会儿研究中国和日本经济改革的时候一样不富裕，改革成功之后，为什么中国人就出现全民三高，日本却没有；一会儿研究如果一个城市的高楼大厦完全重新排列一次，可能会是一种什么情况。看见外国人在长城脚下租房形成了一个国际村，就用聚合思维方法设想搞一个万里长城万里游。看见网络上的两则预测，就用演绎法推导出21世纪要出现二三十个国家人均寿命100岁的“百岁俱乐部”。国际奥委会主席说北京奥运会“无与伦比”，他却认为李宁吊在半空中点火太落后，没有一点“科技奥运”的味道，就策划出奥运火炬地球仪点火仪式方案。在电影院看见好莱坞火爆的科幻片胡思乱想不科学，跟着编出一个“地球毁灭的时刻”的科幻故事。自己爱打瞌睡，就写一篇科幻小说《启动新的节奏》，还获得首届中国科幻小说奖。

书中涉及这么多的内容，有的风马牛不相及，有的相距十万八千里，可是作者却编织在一本《思维方法库》里，搭配得水乳交融。作者的思维，一会儿在新闻王国跋涉，一会儿在数学王国遨游，一会儿在川菜王国巡弋，一会儿在百岁王国耕耘。看似山重水复，转眼柳暗花明；层层云遮雾障，开门又雨过天晴。出人意料又出奇制胜。思维大幅度的时空跳跃，表现出来的居然是思维的魅力和艺术。

作者的思维为什么能够超越时空自由翱翔，原来是有一个丰富多彩的思维方法库，原来科学思维方法可以做到“路路通”。

《思维方法库》一书，从头到尾，就在读者面前展现不断变化的新世界。一篇一篇阅读下去，就像是参加一场与众不同的思维盛宴，一道道色香俱佳的美味佳肴纷纷显来，令人目不暇接，浮想联翩。科学思维方法在社会生活的各个领域攻城掠地，让人感觉到思维方法的无穷魅力和作者的才华横溢。

探寻作者思维方法库的形成过程，原来是数学王国那严格的思维体操反复训练的过程。书山有路勤为径。科学思维方法库一旦建成，就可以在各个领域自由翱翔。我们很难从其他书里看到，一个人的思维可以在这么多的领域纵横驰骋。出人意料的是，作者还推出了几个没有变现但是实用价值很高的创意设计方案，像百岁大学、百岁民族中国梦、奥运会地球仪圣火传递、东方元首宴、《13亿消费者》、万里长城万里游等，让人大开眼界。

授之以鱼不如授之以渔。阅读此书，领略思维自由旅行的无限风光，比欣赏大自然的险峻奇妙更令人叫绝。虽说都市报的黄金时代已经过去，但解决问题的方法思路，就像晏子使楚一样，那是可以不断给人以启示的。

我过去写过一本《数理化通俗演义》，讲西方科学技术大革命中科学家们的故事，也有一些思维方法的故事。那些故事离我们很遥远。这本书的思维故事，就在我们身边。

我很赞赏作者归纳提出的新概念——思维方法库。的的确确每个人都有一个思维方法库，只不过方法库里的方法数量有多有少、层次高低不同而已。作者提出，思维方法库的建设是人生的第一建设。我为这个“人生第一建设”点赞！

这是因为，一个人到底一辈子能够有多大的作为，全看你的思维方法库。思维方法库决定你的一言一行，决定你在各种情况下采取的行动。你如果事事面前都拿不出办法，都让给别人去表现和发挥，你就从束手无策变成无所作为了。

我们正处于中华民族崛起的伟大时代，祖国突飞猛进的步伐不可阻挡。想要投身洪流，为民族复兴尽绵薄之力，就要有真才实学；想掌握真才实学，就要认认真真地学习科学思维方法。一个人的思维方法库不先武装起来强大起来，你怎么去创新呢？

思维方法库决定一个人的思维生产力和创造力。21世纪的竞争，是知识创新和技术创新的竞争，是具有创新能力的高素质人才的竞争，归根到底是思维方法库的竞争。面对这样的形势，我们任何一个人，从事任何一种职业，都不能缺少创新能力。所以，建设一个现代化的思维方法库，乃是当今每个中国人刻不容缓的任务。

梁 衡

曾任国家新闻出版署副署长、人民日报副总编，新闻理论家，作家，有《新闻四部曲》《梁衡文集》等数十部著作。他的《数理化通俗演义》，以章回小说形式演绎世界科学历程，获得科普作品一等奖，30年再版36次。

# 自序 一个人的智慧银行

席文举

现在提倡人人创业，个个创新，所以个个都想聪明起来。但是，几乎个个都不知道怎么才能聪明起来，以为聪不聪明是父母遗传的。其实，使自己聪明起来的办法只有一个，那就是切切实实学习现成的人类已经总结创造出来的科学思维方法。

很多人都下过棋。棋盘高手会记住很多棋谱定式，棋谱记得越多，落子越快，越容易赢。有的人下了一辈子的棋，就是不记棋谱，自然回回都输。思维就像下棋一样，棋谱定式就是你下一步棋怎么走的思考依据，也就相当于思维方法这个桥。信息一出现，你就会想到使用哪一个思维方法。你天天时时都在想，老是不学习科学的思维方法，怎么能有什么新的创造呢?

科学检验证明，中国人的智商并不比西方人低，可是，现代科学技术大都是西方人发明创造的。西方人发明创造那么多的科学技术，用的就是现代科学思维方法。中国之所以落后，是因为中国人对科学思维的方法运用得不够淋漓尽致。

500年来西方发生的现代科学技术大革命，证明了人类变聪明的最好办法，就是用先进的科学思维方法武装头脑，使用科学思维方法做思维。只要你用科学家们总结创造的科学思维方法，你的聪明才智就会爆发。如果你老是用一些垃圾思维去想问题，只会是碌碌无为。

所以，建设一个现代化的科学思维方法库，乃是当今每一个中国人人生所必需去做的事情。思维方法库决定你一生的经历和成就。人的一生，不是上帝来安排我们的命运，而是自己的思维方法库安排自己的命运。你的所作所为，是由思维方法库决定的。你一辈子能够做什么，取得多大的成就，都由你的思维方法库决定。

一个人的思维方法库，就是一个人的智慧银行。

如果我们人人都有一个现代化的科学思维方法库，中华民族的崛起，就不仅是来得更快，而且还能够长期保持下去。

人类在探索如何使思维更聪明时，走过了一条曲曲折折的道路。

东西方探索思维方法的道路形成鲜明对比。西方那一场现代科学技术大革命，不仅使得西方人的科学技术和社会生活进入现代化的轨道，更使得西方出现了一场现代思维运动，从此迈入现代思维的轨道。中国人远离和没有参加那一场创造科学思维方法的现代思维运动，是一个永远的遗憾。

中国人要赶上西方人，办法只有一个，那就是认认真真学习现代的科学思维方法。我并不是天生聪明，但是我一个数学系毕业生，把文科学生聚集的新闻界中的大部分新闻人都超越了。我超越他们的武器，就是现代科学思维方法。我为什么要写《思维方法库》这本书？就是要把我使用各种各样的科学思维方法解决新闻工作中一系列问题的故事，包括跨越各个领域做创新的故事都写出来，让人们懂得，学习科学思维方法，才是变聪明的最好捷径。

方法就是智慧。如果你要想为中华民族的崛起做一点贡献的话，就应该努力学习现代科学思维方法，首先实现自己思维方法库的现代化。

人人都有一个思维方法库。只是每个人的思维方法库里的思维方法有数量的多少和层次的高低而已。既然如此，每个人都应该懂得如何建设自己的思维方法库，提高自己的思维加工能力。

虽然书中讲述的思维方法故事，新闻工作的多一些，其他领域少一些，但是，这本书绝不只是给新闻人看的，而是给思维贫穷落后的许多人看的。思维方法不分领域限制，人人都可以用，各个领域都可以用。一个人天天时时都在思维，应该懂得怎么思维才能生活得更好，工作得更出色。

万丈高楼平地起。人生能够打拼出一个什么样的天下，能够垒起多高的大厦，思维方法库是地基。你的一切都从这里出发。

# 目录

Contents



一个数学系毕业生，为什么能够将中国报业市场化的问题破解？答案就在于他运用了数理思维方法。科学思维方法不仅在自然科学，而且在社会科学、社会生活的各个领域纵横驰骋，让人感觉到科学思维方法的无穷魅力和作者的才华横溢。

## 02 第二章 数学王国打造思维方法库

数学王国中思维体操的反复训练，形成了作者的思维方法库。思维方法的运用自如，成就了一次次创新。思维方法库的建设，是人生的第一建设。各个领域普遍适用的科学思维方法，是各行各业工作者都应该好好学习的思维方法。



## 03 第三章 跨越各个领域的思维空间

科学思维方法库一旦建成，就可以在各个领域自由翱翔。读者很难从其他书里看到，一个人的思维可以在这么多的领域纵横驰骋。更令人叫绝的是，作者还推出了几个没有变现但实用价值很高的创意设计方案。阅读此书，领略思维自由旅行的无限风光，比欣赏大自然的险峻奇妙更令人叫绝。

## 04 第四章 国人思维方法库贫穷落后

这是本书最重要的一部分。作者分析中国人思维方法库的贫穷落后，一系列论述振聋发聩。中华民族要崛起，中国就一定要打造成为思维强国，中华民族就一定要打造成为思维强族。



## 05 第五章 建设现代化的思维方法库

这是本书的高潮。作者总结归纳出思维方法库的11条定律。中国人还没有享受到“想怎么想就怎么想”的思想自由，许多人都是科学思维盲。思维方法库决定一个人的思维生产力和创造力。只要你用科学家总结创造的经典思维方法去思维，你的聪明才智就会裂变式爆发。

# 引子

# 一个新闻高才生的感叹和疑问



1968年8月的一天，我和四川大学数学系的五六个同学，一起从成都坐火车来到了自贡。自贡是一个不大的山城，街道沿着一条叫釜溪河的江展开。大家都没有来过这个地方，是大学毕业把我们分配到了这里。我们很可能就要在这里度过一生，所以总是用好奇的眼光打量这里的一切。

几个同学都去市分配办公室打探消息，得到的情况和我们估计的差不多，我们的命运大概都是去教书。大家都不想去教书，因为这就变成了一辈子的“臭老九”。在“知识分子接受再教育”的社会舆论环境下，我们都想去当工人，但是谁都没有办法改变命运，所以就天天住在招待所里耍，无可奈何地等待不知道的未来。

## 一个中学生改变了一个大学生的命运

空了的时候，我想起了我认识的成都公共汽车修理厂的工人杨正文。杨师傅是我这些年认识的一个工人朋友，听说我分配到自贡，就说，小席，你应该找人去活动活动。我说，我除了老家农村的那个乡以外，就没有任何亲戚朋友，自贡都没有去过，哪里找得到人活动。他很关心地说，他认识四川大学物理系四年级一个学生，云南人，这个同学有个女朋友是化学系三年级学生，正在自贡市化工厂实习，可以委托她在自贡活动活动。

我很高兴地接受了他的建议。但是我想，她一个化学系三年级的实习生，才临时去那里一个月，有什么办法活动。根本就没寄什么希望。

在自贡耍了几天以后，有同学给我建议，你可以去问问她。反正没有事情干，试一试多个机会。

我终于鼓起勇气向张家坝化工厂走去。它位于郊区，走了一个多小时才走拢。我在一个车间找到她。她知道我的来意，很热情，不由我多说，就说我们进城去找他。我问她：他是谁？她说是自贡四中一个高二的学生，叫潘名举。

我一听，心里就凉了半截。一个18岁的中学生，能够帮我一个大五的毕业生分配的忙吗？可我不好一见面就直截了当地否定人家，只有跟着她又急急忙忙往城里走。

我们走到目的地市委大院，天已经麻麻黑了。经她一路介绍，原来这个潘名举是个人物。他因为出身盐工，是地地道道的产业工人，真正的“红五类”，“文化大革命”时成了学生领袖，一结合就当上了市革委副主任，相当于副市长了。副市长也只是挂个名，没有什么实权，但是兼任了一个职务：自贡市大中专毕业生分配办公室主任。这是毕业生分配办公室一把手，分配的事情由他说了算。

我们在机关食堂见到潘名举，潘名举正端着碗吃饭。食堂里已经没有人了。他站着吃，我们也就站着说。女同学简单介绍了我的情况，说我不想去教书，请他帮个忙。潘名举说话简单，问，那你想去哪里？他一下把我问住了。我不熟悉这里有些什么单位，半天找不到话说，想起前几天听说有人分配去自贡日报了，就问那里还需不需要人。

潘名举说，人家是中文系的，你一个数学系的，理由不充足。我本来就内向，不会说话，他这么一将军，就更找不到话说了，“嗯”了半天，才找了一个勉强的理由：我在大学三年级当学习委员的时候，也办过一份油印小报，叫《小数学家》，组织全班同学写稿，一个月出一期，用蜡纸刻写，用油印机印30份，全班同学一人一份。可以算是“报纸”吗？我不知道是问人家，还是问自己。

我不善言谈，潘名举也不善言谈；我穿一身补巴衣服，他衣服上的巴要少些。因为都是穷学生。我们只站着说了几分钟，他就说，你明天早晨8点，到我的办公室来一趟吧。我和女同学只能告辞了。走的时候，女同学热情地向他表示感谢。

整个过程，就这么简单。三个人都是第一次见面，没有哪个喝哪个一口水。我心里一直打鼓：他是帮忙还是不帮忙？

回到招待所，同学们一听我今天的经过，就笑得合不拢嘴。他们说，你这个笨蛋，至少应该买一提兜水果送去。他们知道我是个无父无母的孤儿，四川大学最穷的赤脚大学生，享受学校最高助学金，从来没有买过水果吃。他们说，你还不懂得社会。

我一晚上没有睡好觉。第二天早晨，我8点准时来到分配办公室。一问潘主任，办公室的人说，他已经出去开会了。我一听，完了，昨天他说的完全是推口话。

我呆呆地坐在办公室里，不知所措。办公室的人看我不走，问我是谁？我报上我的名字。他马上一拍桌子：你就是席文举？他拉开抽屉，从中取出一张纸来，交到我的手中。我一看，是一张毕业生分配通知书。分配单位明明白白地写着：席文举分配到自贡日报。主任潘名举签字。

我高兴得跳了起来。一再向办公室那位干部鞠躬致谢。我一路在想，四川大学化学系三年级的这个女生，真行！怎么才来了个多月，就认识了这么一个至关重要的中学生！我想，这世界真奇怪，一个18岁的中学生，决定了一个24岁大学生的命运。

## 专业大跨越的成功传奇

回到招待所，同学们都为我跳出教书行当而高兴。但是，高兴很快过去，同学们又为我担忧起来：你一个数学系的，在报社哪里比得赢中文系、新闻系的，人家毕竟学那个专业学了好几年。你的基础和底子不如人家，只能去当个配角。

我被分配到报社的消息不胫而走，很快四川大学数学系和其他系的同学们都知道了，数学系的老师们也知道了，都在议论这件新奇的事情。数学系学生分配到跟数学无关的单位经常有，但是这样大跨度的行业转换还是少见。大家都在担心我的前景，都在慢慢地观察，到底今后会是个什么样子。人们存在着各种疑虑、不解、困惑、稀奇……

我就是怀着这样复杂的心理，听着各种各样的议论，带着各种人的观望，蹑手蹑脚走进了新闻单位的大门。没有想到和潘名举这个中学生几分钟的接触交流，一下改变了我的人生轨迹，从数学王国各种各样的曲线中，搭上一根抛物线抛了出来，进入新闻传媒的大千世界。

我也没有想到，这个轻而易举就改变我命运的中学生，并没有用一丝一毫的力量改变自己的命运，几个月以后就踏上知识青年上山下乡的道路，后来招工返城进入了地质队，在崇山峻岭的山沟里摸爬滚打。那两位物理系、化学系的情侣，好像也回老家云南去了。

一路走来，我好像不断在问：席文举，你到底要走向何方？

42年过去，弹指一挥间。

时间穿越到2009年。也是8月的一天，我接到中国人民大学新闻学院老教授郑保卫的电话，说是他们编辑出版了一本新时期的新闻史，新闻史上记载了我创造都市报的历史。这本新闻史在北京举行签名售书仪式，邀请我作为写进历史的新闻改革人物，参加签名售书。这一本《中国新闻传播史（1978—2008）》，是新闻史权威方汉奇教授指导编写的。

这本由复旦大学出版社出版的《中国新闻传播史（1978—2008）》，在第五章“报业发展史”第五节“报业改革人物”中，以《席文举：中国“都市报之父”》为题，介绍了我：

“提起都市报，就不能不提席文举。他探索和总结了创办新型都市报纸的理论和方法，不仅使《华西都市报》迅速崛起，还奠定了我国都市报纸的基本形态。正因为如此，席文举被誉为‘都市报之父’。”“他们将该报的经验和做法推向了全国，而且几乎是创办一家成功一家，红火一家。”席文举总结创造了《敲门发行学》，书中评价敲门发行“迅速把优质的报纸内容转换成为实际的发行量和市场占有率……成为《华西都市报》迅速崛起的加速器”。

1995年我担任四川日报副总编时，受命创办《华西都市报》。我认真研究中国的报业市场，创造了一整套城市报纸市场化的理论和方法，使《华西都市报》短时间内一跃而起，全国报纸纷纷学习效仿，都市报群体很快形成。

1998年，我被推选为中国都市报研究会会长。

1998年，国务院批准我为享受政府津贴的优秀专家。

2000年，我被推举为“中华十大管理英才”之一。

2001年，我获中国报业协会颁发的“中国报业创新奖”。

2008年，中国传媒大会年会授予我“改革开放30年中国传媒突出贡献奖”。

2009年，中国传媒大会年会又授予我“共和国60年传媒影响力人物奖”。

### 程宝林感叹之后提出种种疑问

2000年夏天，我去美国旧金山参加世界华文报纸年会，被推选为世界华文报纸协会副会长。老朋友程宝林专门来看我。他当年是中国人民大学新闻学院的高才生，大学时就出版了个人诗集。毕业后分到四川日报社工作，我们成了朋友。他后来到美国，在旧金山办杂志。

他发了一句长长的感叹：中国报业如何市场化，是一个改革开放以来新闻界都在思考、很多人都想解决的问题。结果是，新闻系、中文系的人没有解决，文科的人都没有解决，你一个学数学的解决了。本来，新闻队伍里文科生多，理科生少，学数学的更是数不出两个，而偏偏你这个数学系的，在中国内地一个不起眼的地方——成都，创造了报业市场化的新产品，在新闻改革中独占鳌头，这完全出乎大家的预料。为什么是你呢？

我学习的专业，到工作的专业，是180度的大转弯，却完成了中国新闻界改革的一个艰巨任务。新闻界不断报道《华西都市报》的成功和经验，也琢磨和研究其中的秘密。

1999年8月26日，国家新闻出版署机关报《新闻出版报》发表该报记者蓝轲的长篇通讯《黑马雄风》，是这样评价我和《华西都市报》对中国报业的贡献的：创办了一张名牌报纸；总结了一套走向市场的办报新理论、新思路和新方法；培养了一批懂得在市场经济条件下办报的报业人才；激活了报业市场；开创了一个新的报业时代。报道说：“几十年来，中国都没有出现过各地报纸都模仿同一张报纸而且都取得成功的罕见现象。”

2000年元旦，《华西都市报》创刊5周年。中国报业协会在给华西都市报的贺信中写道：“五年来，贵报创造的‘市民生活报’定位、全心全意为市民服务的办报宗旨等一整套办报思想和方法，激活了中国报业市场，丰富了在市场经济条件下办报的报业理论。贵报的成功，给全国都市报树立了一面旗帜，都市报已发展成为一支令人瞩目的劲旅，成为一个独立的报种。贵报已成为全国都市报群体的‘领头羊’。”

我创立的都市报理论、报纸产品设计、媒体整合功能、敲门发行学、新闻批评心理学等许多理论，在传媒界影响广泛，被许多大学新闻院系作为教学内容。

新闻界出现了许多解读席文举成功的报道和文章，关于影响、效果和地位的评价，都是很到位、很中肯的；但是，对于我为什么能够成功的分析，很多都是模糊的、肤浅的、极不深刻的，或者是囫囵吞枣的，没有把最重要最本质的东西理出来给大家看。

这些往事，让我一点一点慢慢道来。

01

第一章

# 数理方法打开报业大市场

一个数学系毕业生，为什么能够将中国报业市场化的问题破解？答案就在于他运用了数理思维方法。科学思维方法不仅在自然科学，而且在社会科学、社会生活的各个领域纵横驰骋，让人感觉到科学思维方法的无穷魅力和作者的才华横溢。

# 都市报的点穴破题之道

其实，向我提出一个数学系学生怎么就解决了报纸市场化一系列问题的人，远不止程宝林一个。自从都市报理论和方法传播开来以后，不断有人向我提出这个问题。就是我退休这么多年，见到的人也常常要问。在我写书的过程中，都常有人问。对于这个问题，我不得不公开做一个系统的回答。

我的成功，最重要也是最根本的一个原因，恰恰就是我学了数学，使我的思维方法库有压倒众多新闻工作者的绝对优势，能够在各种场合各种条件各种情况下，运用我的数学思维方法，提出与众不同的解决方案，收到出奇制胜的创新效果。

比如，府南河工程修了两年了，《华西都市报》才创刊，可是我策划一个府南河工程百万市民大参与活动，就后来居上，使府南河工程获得联合国人居奖；碧峰峡开业元旦春节三次新闻高潮，我没去，所有新闻单位做的都是风景新闻，两个月之后我一去，就发现和推出“碧峰峡模式”的体制改革新闻，众多媒体才恍然大悟；河南发现八个被拐卖的四川儿童，许多媒体只做了一个事实新闻，我介入之后就推出“孩子回家行动”的新闻追踪；明明决定叫我办晚报，我却办出一张“市民生活报”，从此引发中国报业市场有史以来，晚报和都市报两大报系最大的一场残酷竞争……

这样的故事屡见不鲜，不胜枚举。

为什么反复出现这种情况呢？因为我的思维方法库里，有很多数学思维方法，是我的同事们、新闻界的同行们，以及接触的人们，都没有的。

什么是思维方法呢？思维方法是人们收到一个信息之后，对信息进行思考、咀嚼、加工，决定采取下一步的对策，在这个思维过程中，他所运用的方法、工具和手段。

一个人在接触事物的各种信息之后，调动大脑里原来储备的知识和思维方法，对其进行去伪存真、去粗取精、由表及里、由此及彼的分析加工，对客观事物的规律和事物之间的内在联系做出分析判断，在此基础上进行一番改造或者重构，创造出有价值的、新颖的、与众不同的知识成果或物质产品。这就形成了创造性思维。

思维总是要借助思维方法的。也就是说，一个人为什么这样想，为什么这样做，总是有原因、有依据的。他在思考过程中依据的工具，就是思维方法。

每个人脑子里都积累了一些思维方法。这些思维方法加起来，就形成了一个人的思维方法库。每个人的思维方法库里，思维方法数量的多少，层次的高低，领域的广度，各不相同。所以，不同的人，思维方法库是不同的。

人都有思维加工能力。这是人与动物的区别。但是，祥林嫂、阿Q的思维加工能力，与鲁迅的思维加工能力就是天渊之别，大学生和科学家的思维加工能力又有很大的距离，因为他们的思维方法库是不一样的。



> **思维方法库的定义：**
> 每个人脑子里都积累了一些思维方法，这些思维方法加起来，就形成了一个人的思维方法库。



一个人的思维方法库，也就相当于一个农民的农具库、一支军队的武器库、一个工厂的各种加工机床和设备库。思维方法库里，思维加工的工具越多，层次越高，思维加工的能力就越强，思维的空间就越广阔。具有创新思维能力的人，必须有一个由储量丰富、品种多样、层次较高的思维方法形成的思维方法库，同时他还能对这些思维方法活学活用，运用自如。

我的思维方法库，关键是得益于大学数学系的学习。很多人以为数学就是计算的工具。有需要计算长度、重量、速度的，就找学数学的。过去新闻界就有人找我探讨过新闻报道中的数字问题。其实，这是一个错误认识。初等数学确实是一个计算数量的工具。中国人几千年也只有初等数学，从来没有跨进高等数学的门槛。所以总是这样认识。但是，自从西方发生了科学技术大革命之后，数学进入微积分时代和高等数学时代，数学就不完全只是一个计算的工具，而是变成了人类思维的一个重要工具。在微积分和高等数学的发展过程中，数学家们不仅创造了微积分、极限、无穷大无穷小等运算方法，而且创造了各种各样的推理和思维的方法。这些方法不仅可以用于数学的运算和推演，而且可以用于各门学科、各个领域。使用这些数学思维方法分析思考自然科学和社会科学的问题，往往能够得到使用其他思维方法得不到的效果，最后成为很好的解决方案。西方人使用数学的思维方法做思维，在自然科学和社会科学的广大领域，就取得了突飞猛进的成就。不仅如此，西方人自从使用数学思维方法之后，就完全进入现代思维的新时代了。

我在大学里学习了高等数学各种各样的数学思维方法，走上工作岗位以后，遇到问题，自然而然地从这些思维方法当中，选择一个或几个来试一试，从中寻求解决的办法。没想到，还真的有意想不到的收获。

我们就一个个地慢慢说吧！

长期以来，中国的报业以《人民日报》和各省省报为龙头，一是发行量大，在新闻领域占主导地位；二是经济上财大气粗，市报无法相比。这一点迷惑了许多人，以为新闻界这个高地党报已牢牢占领，可以躺在那儿安稳地睡大觉。《四川日报》与《解放日报》《南方日报》《新华日报》过去在经济效益上长期被称为“省报四强”。1992年以前，《四川日报》比《成都晚报》广告收入多，人均效益高；20世纪80年代，《成都晚报》更是难以望其项背。

到了1992年，形势发生了剧烈变化。邓小平南方谈话以后，市场经济飞速发展，广告市场波澜起伏，房地产广告、生活用品广告、商贸广告迅猛增长，取代了昔日生产资料广告的统治地位；由于房地产、商贸、生活用品的消费对象主要是城市市民，广告客户选择的广告载体便是市民喜爱的城市晚报，而党报则门庭冷落起来。1993年，中国报业经济出现了划时代的变化，全国出现8家广告收入上亿元的报纸，除《海南日报》外全都是城市报纸。全国报业市场来了一个大颠倒。城市报纸一下子变得财大气粗！1993年，成都晚报的广告收入6000多万元，而四川日报只有3000多万元。成都晚报第一次超四川日报就把四川日报抛得很远。这个巨大的落差给四川日报重重地敲了一记警钟！因为四川日报的发行量还在下降，照此下去，我们恐怕很难生存下去了！有人说，成都晚报的老总晚上睡在床上，排队要广告版面的电话都接不赢。四川日报采编人员的收入大幅度下降，呈现人人恐慌的局面。

12月8日，还不等1993年最后一个月过完，四川日报就召开党组会，做出了办一张城市晚报的决定，指定由我负责，另外派一个党组成员协助。

当时全国报纸办晚报的形势已经走过10年的历史。在这之前，已经有天津、江苏、浙江、山东等11家省（市）报办晚报。他们80年代中期就办晚报，未雨绸缪，高瞻远瞩，省报雄起时很雄，省报下滑时晚报又雄，所以一直稳坐钓鱼台。90年代办晚报的就逐渐平平，最近三年办晚报的则不断失败。1993年，山西日报办《山西晚报》，第一年亏损，第二年就关门了。1994年，陕西日报办《三秦晚报》，两年亏损，后来变换一个名字《三秦都市报》，照样年年亏损。1993年南京创办的《金陵时报》、贵州创办的《贵州都市报》，也是年年亏损。

全国省报一年一度的总编辑会议，不断交流办晚报的经验和进展情况。所以，前前后后几乎都做出了办一张城市晚报的决策。关键是时候的选择。市场经济没有兴起来的时候，新办的晚报张张成功。所以，凡是80年代就决定办晚报的，那都是有远见的决策。90年代，市场经济发展起来之后，新办的晚报张张失败。这个时候才办晚报，醒得太迟了。四川日报党组也曾多次讨论要办一张城市报纸，增加广告收入，以小报补大报，也向新闻出版总署（现称为“中华人民共和国国家广播电视总局”）打过报告；但由于没有引起足够的重视，没有紧迫感，报告之后也没有去催，事情就搁到一边去了。直到竞争对手已经远远超过自己、火烧眉毛、兵临城下的时候，才把这件事提到议事日程上来。这时候，省内报业竞争已十分激烈，群雄争霸。成都有《成都晚报》，重庆有《重庆晚报》，新华社四川分社办了《蜀报》，成都办了《成都商报》。很明显，我们错过了办晚报的最佳时期，市场竞争变得更加激烈，市场环境更加险恶了。

我办了二十多年的日报，现在要去办晚报，心里不免有些打鼓。面对新任务，只好先去学习人家如何办晚报的。我们从北到南访问了20多家晚报，不仅听人家介绍他们的经验，还了解到他们遇到的困难和面临的竞争，越来越感到形势不妙。

当时中国报业市场的普遍情况是，每个城市都已经有了一张红火的晚报，市场已经被它们占了，不要说去与它们争夺市场，就是晚报这个名字都不让你取。最早出现两张晚报的城市，马上向新闻出版总署提意见：怎么又来一张晚报？他们提出，一个城市只能批准发行一张晚报。因为晚报在读者市场上远远比省报受欢迎，就认为读者已经形成晚报比日报好看的思维定式，所以就不想再出现一张晚报来和他们争市场。新闻出版总署没有办法，只好叫第二张晚报换个名字。他们挖空心思，才想出了“都市报”这个报名。西安的《三秦晚报》就被改名为《三秦都市报》。四川日报本来申报的报名是《华西晚报》，结果批下来就成了

《华西都市报》。事情还没有开始，报纸名字的竞争已经在硝烟弥漫的火药味中败下阵来。

我一路学习访问，一路冥思苦想《华西都市报》怎么办，每经过一家报纸，都要记下他们有哪些好的做法。这一天我们来到南京的扬子晚报。全国筹办晚报的总编辑们，几乎都把到扬子晚报取经作为重点，因为扬子晚报是那个时候新办晚报的佼佼者，很快就晋升为全国晚报协会的副会长单位。凡是去学习的，扬子晚报周总编都会介绍他们的一条重要经验：晚报嫁接机关报的优势。

周正荣总编过去办了10多年的党报，是一个办党报和办晚报都成功的报人。他介绍说，过去，传统晚报只搞"日报的补充"，日报登了它就不登。其实，机关报上登的党的方针政策、社会重大建设成就等，老百姓都很关心，有的家庭只订一张报纸，所以我办晚报就把它们拿过来，满足老百姓关心国家大事的需要。这叫嫁接机关报的优势。

周总编的嫁接说在当时传为佳话，成为新型城市晚报的一条重要经验和经典理论。各个老总听了都点头称赞。新闻界的刊物也多次宣传报道这一条理论和做法。可是，各个报纸的老总们回去之后，也只是嫁接机关报的优势而已。

当我听到周总编嫁接说的时候，我思维方法库里的裂变式思维就跳出来了：你既然可以嫁接机关报的优势，我为什么不可以嫁接其他各种各样畅销报刊的优势，把一个又一个的优势都嫁接起来，形成畅销内容的规模效应，岂不是更受市场欢迎？

因为我懂得，这种把嫁接一个优势生发为嫁接很多个优势的思维方法——"1→n"，就是裂变式思维——把1裂变为n。人类自然科学的一些优秀成果就经常使用这个思维方法。我在数学系读书的时候，书本上到处都有"1→n"的裂变式思维，课堂上老师也多次讲，作业也经常练习。不仅"1→n"，还有"n→1"（聚合思维），以及"1→∞（无穷大符号）"、"∞→1"等等。各种裂变聚合的数理思维方法，早在学生时代就烂熟于胸。

一语惊醒梦中人！我正在寻求如何构建《华西都市报》办报方案的时候，周总编的"嫁接说"点燃了我的裂变式思维。

扬子晚报的嫁接说，一下成了我探索新报的破题之道。《华西都市报》要敞开胸怀，以最大的包容性嫁接各类畅销报刊的优势。不仅嫁接机关报和晚报的优势，而且也嫁接其他报刊的优势，特别是各类市场畅销报刊的优势。我就要用这种方法，去构建新的都市报的版面蓝图。

首先是吸收各家晚报的长处。比如，学习《扬子晚报》的实用性强、信息量大的优点，它的"市民备忘录"和"天天文摘"，我们是全盘照搬；学习《钱江晚报》为市民办实事和服务的系列报道；学习《今晚报》的市场经济新闻和文化新闻报道；学习《成都晚报》的社会新闻和体育报道；学习《北京青年报》抓社会热点搞社会调查。我要求每个部门每个版面都找一个最好的报纸作为嫁接和比学赶超对象。

那些天，我几乎天天都在认真地扫描报刊市场，琢磨如何嫁接各类畅销报刊的优势。80年代中后期，全国法制报纸热，《西安法制晚报》可以发行到20万份，靠的是各种案件复杂曲折的故事情节，可见各种各样案件的可读性很能吸引读者；90年代初，广播电视报登节目预告和电视剧拍摄花絮，就有上百万份的发行量，说明电视普及到家家户户，老百姓天天看电视，就有这方面的信息需求；摆在街头巷尾的"地摊报"火，是因为它们总爱讲一个个曲曲折折波澜起伏的故事，各类读者都喜欢有悬念的故事。

我想，我要让各种各样的内容优势，统统到都市报集合，嫁接到我的报纸上。生活类报纸杂志畅销，都市报就嫁接生活报刊的优势；法制类报纸畅销，都市报就嫁接法制类报纸的优势；证券报畅销，就搞两个证券版；体育报、足球报畅销，都市报就开几个体育版等等。什么内容受读者欢迎，都市报就办同样的栏目、写同类的报道。这样，各种畅销报的优势都聚合在一起，就组成一个又一个畅销版面群，满足了一个又一个读者群的需要。若干读者群再重叠组合，就形成了一个庞大的读者群。

比如文化娱乐版。电视垄断了大多数人晚上的文化生活。可以说，一个城市，绝大多数的市民晚上都坐在电视机前。我看见电视节目报有节目预告和电视剧拍摄花絮，有些人把它收集起来天天看，于是嫁接这个优势，每天也预告当天晚上的电视节目和花絮。谁知这样一来，广播电视报的优势就被我们“嫁接”走了，四川广播电视报、成都市广播电视节目报和重庆广播电视报三家节目报都大受影响。市场嫁接效应成了市场的掠夺。于是三家节目报联合起来，到省委宣传部告我们侵权。最后虽然不了了之，但是全国都市报嫁接电视内容的优势，弄得全国的广播电视节目报都萎缩了，残酷的市场弄得他们只有调整内容。

都市报嫁接一个行业报的优势，就萎缩一个行业报的事情，还不止这一个。

当然，嫁接还要讲嫁接的艺术。我做嫁接，自然是优选法。什么内容可读性最强，就嫁接什么。《华西都市报》的社会新闻版，就要体现放开视野优选，实行多品种杂交的艺术。我在扬子晚报考察时，发现《扬子晚报》不设社会新闻版。他们说社会新闻要么杀人放火，要么好人好事，难以办出特点。但是，《成都晚报》吸引市民的重要手段恰恰就是社会新闻的可读性。所以不能认为《扬子晚报》什么都好。《华西都市报》既要开办社会新闻版，又要取众家之长，避开扬子晚报所说的短处。首先是努力拓宽报道题材，主要内容应该是伦理道德、家庭关系、人际关系、法制案件、社会秩序、突发事件等等。特别是抓住社会热点、人物命运等新闻事件做好连续报道，从表现形式、报道深度上做文章。要借鉴《广州日报》抓社会新闻热点的办法。但《广州日报》也有不足之处，如果《羊城晚报》《南方日报》抓了的，它就不抓，它只抓自己的社会新闻热点。恰恰相反，我认为人家抓住的热点我就不去报道的做法恰恰会失去读者，因为既然已成为热点，说明老百姓关心的人多，你不闻不问，同样要得罪读者。人家买一张《华西都市报》，就是要能够知道全市全省的大事，是热点就大家都想知道。所以我也要参加进去炒。不怕参与进去得晚，一发现就挤进去，不仅跟着炒，而且还要炒出水平，炒出点新名堂来，比别人炒得更好。让市民从你的报纸上知道他关心的事，觉得你这个报纸什么都有，人家买你的报纸才感到划得来。不怕落人之后，而要做到人无我有，人有我优。

是不是所有的版面都要嫁接优势？也不一定。我的副刊经过一番思索，就搞思路嫁接。《扬子晚报》的副刊叫《繁星》，每天一版，但它的风格与整个报纸相反——整个晚报走的是通俗化的路子，副刊却一反其他版面的风格，走上了高雅的路子。扬子晚报说，这叫上档次。《华西都市报》的副刊是走高雅一途呢，还是走通俗化的路子？我的回答是后者。《华西都市报》的副刊要和整个报纸风格一致，通俗化、生活化、都市化。要反映普通百姓的市井生活，充满浓浓的市民生活味和地方味；不搞文学副刊，也不走亚文学副刊的道路，而以社会副刊的大杂烩、小文章的面貌，走入寻常百姓家；办成具有趣味性、新闻性、参与性，甚至服务性兼具的，雅俗共赏、以俗为主的综合性副刊，走一条市民副刊的新路。所以没有什么报纸的副刊可以学习模仿嫁接。如果说传统副刊像唱传统歌曲，那么《华西都市报》的副刊就相当于唱通俗歌曲。所以，副刊的优势嫁接，是跑到通俗歌曲那里去嫁接了。这叫不拘一格选“优势”，其实做的就是“基因”嫁接。

《华西都市报》学习研究全国报纸特别是新型城市报纸的长处，拿过来就杂交。所以刚出来时，人家说我们是《新民晚报》，后来又说我们像《扬子晚报》，慢慢地才发现既不像《新民晚报》，也不像《扬子晚报》。实际上我们杂交了各类优秀的畅销报纸的优势，每个版面几乎都可以在全国报纸中找到相似的面孔，但看似相同，仔细咀嚼又有别样味道。组合起来呢，则是一个全新的面孔。

爱因斯坦说过一句话，他之所以创立了相对论，取得了科学上划时代的成就，是因为“站在巨人的肩膀上”。《华西都市报》的成功，也可以说是“站在众人的肩膀上”，这个众人就是各家报纸。正因为如此，《华西都市报》起步即起飞，呱呱坠地不几日便叱咤风云。超常规的发展速度在中国报业史上罕见。

中国记协国内部主任阮光荣，在《华西都市报》创刊一年多就发现《华西都市报》的典型，为了向全国新闻界推荐，他专门写了一篇文章，标题就是：《汇各报的精华，创自己的新路》。

我探索都市报的办报之路，就从裂变周总编的“嫁接说”开始。以后的事情就接二连三地发生了。嫁接新型晚报的都市报，很快将晚报市场的一统天下，裂变得七零八落。

裂变式思维，就像针灸针到穴位一样，中国报业市场化的都市报时代，就从裂变式思维起步。

裂变式思维是西方现代思维中，最典型的数学思维方法之一。但是，它在社会生活、经济生活中却有广泛的运用。最有趣的一个故事，是发生在全世界小孩都知道的麦当劳身上。

1948年，麦当劳兄弟俩创立了快餐店麦当劳，以后逐渐开始在周围建立连锁店。50年代初，餐饮器具销售商雷·克罗克听说这家餐厅要10台牛奶搅拌器，十分好奇，便前去看个究竟，结果发现麦当劳兄弟的连锁经营理念很先进。他认为这一做法是革命性的，完全可以复制扩张到其他地方经营，于是建议麦当劳兄弟扩张连锁更大的市场。谁知两兄弟眼光短浅，他们认为他们在全市连锁，连锁店已经一二十个，够多的了，已经忙不过来了，拒绝了克罗克的建议。

克罗克独具慧眼，他认为麦当劳可以向全国和全世界扩张，他要对麦当劳来一场裂变风暴，于是向两兄弟提出购买麦当劳。两兄弟哈哈大笑，知道他没多少钱，便开出一个当时的天价：270万美元。两兄弟想，他们两兄弟一人分100万美元，70万美元缴税。谁知具有胆识的克罗克一下狠心，卖掉家产，贷款，老婆气得离婚，凑足270万美元，买断了麦当劳。

于是，克罗克在全国和全世界范围内进行裂变式的连锁扩张，很快成就了麦当劳帝国，成为世界连锁巨头。麦当劳裂变的速度让全世界目瞪口呆，也让麦当劳兄弟后悔不已。麦当劳兄弟看着麦当劳帝国大厦高耸云端，望洋兴叹，怎么也不理解克罗克到底有什么高招。

克罗克是一个裂变式思维的高手，他把麦当劳裂变到全世界。麦当劳兄弟思维平平。两者思维方法库的差别，看看拥有的财富就知道了。麦当劳兄弟100万美元，克罗克年利润16亿美元，财富水平1000亿美元。这标志着，他们思维运行空间的级别，一个是每秒100万次级，一个是每秒1000亿次级。因为当时克罗克50多岁，麦当劳兄弟30岁左右，年轻许多，从此，人们就把克罗克称为“麦当劳之父”。

把1裂变为n的裂变式思维，其表达式为：“1→n”。克罗克发现麦当劳要10台搅拌器，说明麦当劳有10多个连锁分店。克罗克买断麦当劳之后，现在全世界有几（n）万个连锁店。所以，克罗克裂变麦当劳的表达式为：

10→n0000

克罗克和麦当劳兄弟，他们之间的不同就是有没有裂变式思维。裂变式思维的价值由此可见。

克罗克的裂变思维，其实就是向麦当劳学习的。他看到麦当劳在附近一个市的范围扩张了十多个分店，就想，你能够在全市的范围扩张，我为什么就不能在全国全世界的范围扩张?

这就完全像扬子晚报周总编说《扬子晚报》嫁接机关报的优势，我为什么不可以嫁接全国各种报刊的优势?

全世界以个人名字命名的产品、企业多得是，只有麦当劳不是麦当劳的。这个教训多么深刻!

# 演绎法推出一张“市民生活报”





从全国晚报学习回来之后，我开始思索《华西都市报》的办报思路。正在我苦苦思索的时候，报社党组专门召开了一次党组会，讨论决定华西都市报的经营政策。

20世纪80年代后期，四川日报内部为了贯彻改革开放不吃大锅饭的政策，制定了一个搞活的办法，就是将二级部门的经济效益留成30%，作为部门的奖励，由部门负责人按各人贡献大小自主分配。这是工资之外不吃大锅饭的一个补充，也是全国报纸改革开放的普遍做法。而南方日报为了鼓励南方周末的发展，给了40%的留成政策，使新办报纸《南方周末》很快成功。我们在筹备《华西都市报》的过程中，提出四川日报也仿效南方日报，给华西都市报40%的留存奖励，给前途未卜的新办报纸一点余地。会议讨论了半天，党组领导坚决不松口，只给30%的留成奖励。

我没有办法，只有勉强接受。接受之余，不服气地提出了诉求。既然报社只借给投资300万元，那么，年利润超过300万元的部分，按照40%提成，年利润超过500万元的部分，按照50%提成。我的话一说完，报社领导当即拍着会议室中间的大桌子，说：“好！”果断答应。因为当时四川日报的年利润也只有几百万元，一张新办报纸开头肯定要亏损几年，以后你要超过年利润300万元，也是难上加难。

四川日报党组讨论决定的关于二级部门的政策，从来没有签过字。这天一把手要我与他签字。叫我在党组会上签字，同意和其他部门一样的留成分配政策，就是要叫我说话算数，签了字就要严格执行，承担责任。

我和一把手就这样签字了。虽然后面附带提高了年利润超过300万元部分的留成标准，想来参与的人都认为那是做不到的事，仍然没有一点信心，因为从1993年开始，省报创办的晚报都一个接一个地陷入亏损的困境，没有一个成功。

党组的政策宣布以后，我的队伍组织工作发生了惊人的哗变。派给我当助手的党组成员坚决不来了；原来同意来当副总编的四川日报3个部主任，都不来了；原来副刊部的大多数人都要来，现在只有一个人来。报社对华西都市报实行完全市场化的体制，全员聘任，所有的人员包括副总编都由我自己选择聘任。结果是，愿意到华西都市报的采编人员只有三两个人。我没有一点选择的余地。我把编辑部的骨干排了一个队，看看谁有动摇的可能，我主动求贤，结果个个落空，都不愿意来。

那段日子，我就成了一个光杆司令，连个商量的人都没有。事情还没有开始，我的筹备工作就陷入了困境。我的家人也劝我，人家都不去了，你一个人逞什么能？可党组调整了我的分工，我长期分管的部门由别人管了，我只管华西都市报，其他就无事可干了。可我管的华西都市报在哪里呢？有人嘲笑我说：你就是华西都市报，华西都市报就是你。

我长期以来形成的个性，就是党叫我干什么我就干什么，再困难也要上。四川日报内部没人来，就向全社会公开招聘。我坐在招聘大厅里对一个个应聘者询问选择，勉强组织了100人平均年龄24岁的采编队伍。

培训队伍的时间很快将要到了。时间不等人，我必须拿出一个《华西都市报》的办报方案来。我把自己关在成都郊区一个县招待所里，写《华西都市报》的办报纲领，写我在采编人员培训班上的讲话，分析总结全国晚报的各种经验和做法，苦苦思索《华西都市报》的办报思路。你办的报纸读者是谁？报道的主要内容是什么？版面怎么安排？全国新办晚报的报纸，都是到全国的晚报去参观学习一遍，最后基本上都办出了一张大同小异的晚报。我深深地感到，如果我也办一张同类的晚报去和《成都晚报》硬拼，以晚报对晚报，同类品种捉对厮杀，必然是一场恶战，很难说能赢。成都晚报放出风来，说华西都市报要赶上成都晚报，起码也要10年！我的天哪！我已经52岁了，不到10年我就该退休了。

怎么办？我又想起了数学思维方法。数学老师们反复强调，要创造新的解题办法，要走新的路子。以晚报对晚报的旧路肯定没戏，干脆走新路得了，另谋招数，创造一张市场上从来没有的新报纸，也许还有出奇制胜的机会。

我到底要办一张什么样的报纸，才能够取胜呢？那些天，我几乎是天天都在琢磨这个问题。

在这段时间里，我学过的数学思维方法，时时浮现在我的大脑。演绎法首先浮现脑际。这是数学上首屈一指的思维方法，能够从已知推未知，做出科学准确的预测。演绎法的开头往往是使用假设法。既然四川日报党组要我办的报纸想要达到赚钱的目的，我就从这个最后的目的出发，假设都市报赚了大钱，我就从这里开始一步一步地反推：

第一步，都市报赚的大钱从哪里来？1993年全国8张亿元大报的经验告诉我，钱从广告来。机关报那种凭发行就能赚钱的办法行不通了。

第二步，广告客户凭什么把广告给你？你的广告传播效果好才会给你；你的读者必须是广告客户的广告传播对象。广告市场的现实情况表明：房地产、日用品、商贸三大新崛起的市场热门广告，大多数的消费者都是城市市民。因此，要使都市报变成广告最佳媒体，就必须让广大市民看你的广告。

第三步，既然市民是广告的受众，我的报纸的读者必须是城市广大市民。

回过头去将这三步推理一看，这不正是一个标准的三段式演绎法吗？！

请读者注意，演绎法由古希腊哲学家亚里士多德的《工具论》总结提出的时候，就明确了三段式的推理过程：一、大前提：比如“人必死”；二、小前提：比如“苏格拉底是人”；三、推理的结论：“苏格拉底必死”。

《华西都市报》“市民生活报”的读者定位为什么是标准的三段式？你看，大前提：房地产、日用品、商贸三大市场热门广告的消费者读者都是城市市民。小前提：华西都市报凭广告赚了大钱。结论：《华西都市报》的读者肯定只有城市市民。

都市报的读者是市民，就是从办都市报赚钱的目的出发，这么一步一步推出来的。

演绎法就这样确定了都市报的第一个定位：读者定位。

继续推演下去：我们的报纸想叫市民读广告，是不是多刊登一些广告就行了呢？那又不行了。广告在报纸上只是一个附属物。市民买报纸，主要是想读新闻，大多数人对广告是反感的。因此，报道哪些内容，又是根据读者对象“市民”的需要来确定的。在确定报道内容时，广告这个目的又隐藏到背后去了。报道的内容就要根据市民的喜欢和新闻规律来确定了。市民最关心的是什么呢？绝不是党报报道的那些工作，而是他们的生活以及和他们生活密切相关的事情。所以，我们报道的各种各样的内容，无论政治、经济、文化、社会等等，都必须是市民最关心的，必须以市民的生活为中心。

报道内容确定为以市民的生活为中心，我使用的思维方法是归纳法，所有的报道内容集中于一个焦点：市民的生活。归纳法就是从众多的报道内容中，找出它们的焦点和共同点。

所以，将读者定位和内容定位两者组合起来，就构成了支撑都市报的两根宏观立柱，报纸的粗线条轮廓就出来了：这应该是一张“市民生活报”。

1997年6月，我在全国都市报总编辑会议上，曾经就华西都市报的飞跃式发展做了一个全面的介绍，报告的题目是：《研究读者市场，探讨办报艺术》，专门就“市民生活报”的定位做了阐述——

> 为什么要把报纸定为“市民生活报”呢？这是我们对市场经济下的广告市场和报业市场进行了认真研究后确定的。为什么城市报纸能够吸引广告市场？为什么广告市场青睐城市报纸？这是因为城市报纸能发行到千家万户市民手中，广告传播效果很好。广告传播效果好，报社的经济效益自然就好。我们办《华西都市报》，说老实话，实际上是为“钱”而办。钱从哪里来？亿元大报的经验告诉我们，钱从广告来。广告多钱就多。广告客户凭什么把广告给你？你的广告传播效果好才会给你。所以，《华西都市报》必须能够吸引绝大多数广告，也就是说，要把《华西都市报》办成最佳广告传播通道，广告的最佳传播媒体。不是新闻规律要我们这样办，而是市场经济要我们这样办。房地产、日用品、商贸三大类新崛起的广告，它们大多数的消费者是城市市民，要使《华西都市报》变成广告最佳媒体，必须是广大市民要看，如果报纸发行不到千家万户，那就不能成为广告传播的最佳媒体。

请注意最后：“房地产、日用品、商贸三大类新崛起的广告，它们大多数的消费者是城市市民，要使《华西都市报》变成广告最佳媒体，必须是广大市民要看”。这就是一个标准的三段式演绎法——大前提：房地产、日用品、商贸三大类新崛起的广告，它们大多数的消费者是城市市民；小前提：要使《华西都市报》变成广告最佳媒体（赚大钱）；结论：（读者）必须是广大市民要看。

都市报“市民生活报”定位的确定，一下与我们原来办的党报形成鲜明的对比：仔细一想，党报就是一张干部工作报，干部是读者，党和政府的工作是报道内容；都市报是市民生活报，市民是读者，市民的生活是报道的主要内容。这样，市民生活报和干部工作报就各自形成鲜明的特色：市民当然关心自己的生活，干部必须关心上级布置的工作，各人关心各人的事情，各人读各人的报纸。

所以，都市报市民生活报的定位，是我采用演绎法、归纳法、组合法的思维结果。如果不使用这些数学思维方法，你就不知道自己要办一张什么样的报纸。

演绎法这个思维方法，就是运用人们已知的公理、定律、法则或学说，对事物已经显露出来的元素，一步一步地条分缕析，运用逻辑推理层层推进，从中找出事物的本质特征和内在规律。这种方法广泛地应用于数学、天文、物理及其他学科中。

人们也许会问，演绎法在社会科学和自然科学的各个领域都在运用，怎么就成了数学思维方法呢?

演绎法是亚里士多德在《工具论》中总结出来的思维方法。最早使用演绎法的，是欧几里得的《几何原本》。著名的古希腊哲学家、逻辑学家、数学家欧几里得，以逻辑演绎为工具，总结前人积累下来的大量的几何知识，于公元前300年完成了他的名著《几何原本》。《几何原本》是历史上第一本成功地在定义、公设、公理的基础上，用演绎法建立的几何学著作，是演绎法的典范。它推理明确而又严密，论断深远而又清晰，全部结论都是从少数几条公理经过演绎而来的。爱因斯坦评价欧几里得几何说："世界第一次目睹了一个逻辑体系的奇迹，这个逻辑体系如此精密地一步一步推进，以至它每一个命题都是绝对不容置疑的——我这里说的是欧几里得几何。推理的这种可赞叹的胜利，使人类的理智获得了为取得以后成就所必需的信心。"

但是，演绎法在欧几里得之后沉寂了一千多年。后来的自然科学长期流行归纳法。是笛卡尔在16世纪写出《方法论》，重新公开倡导演绎法。笛卡尔说，演绎法以人们已知的十分清楚的知识和公理为基础，进行推导演绎，产生的结论令人信服，是科学研究的最好办法。他的学说使得演绎法起死回生。牛顿的辉煌巨著《自然哲学的数学原理》，就完全用演绎法进行推理论证，将万有引力、天体力学等全新的科学成就，论证得天衣无缝，科学界为此叹为观止，口服心服。冷落多年的演绎法，推出一个全新的完美境界。人们重新认识了演绎法。

牛顿用演绎法论证万有引力的示范效应，使得演绎法从此在自然科学领域遍地开花，捷报频传，在近四五个世纪以来自然科学大发展的历史上，建立了巨大的功勋。

演绎法在自然科学领域建立了那么多的成就，有些人就误认为演绎法最适合的领域是自然科学。其实这是认识上的误会。演绎法作为一种经典的思维方法，在社会科学领域同样大有可为。

演绎法推导出都市报"市民生活报"的定位，开中国报纸市场化品种的先河。中国过去的报纸都是计划经济报纸，大多以党报的模式为榜样办报，所以报业市场基本上是党报的一统天下。采编人员一谈起办报，都是向党报学习。都市报就完全和党报思路不一样，不以党的工作为中心，而以市民生活为报纸报道的中心，一出世就受到广大市民的欢迎，从而改变了中国人不读报纸的习惯，大街小巷抢购都市报。

都市报一经问世，就表现出征服市场的强大力量，不仅风靡四川，而且遍及全国，还让中国报纸的发行量，从计划经济时代的两千多万份，几年之间增长到九千多万份，超过日本，成为世界第一。中国报纸市场化与世界接轨，实现了一个中国梦。这是我当时完全没有想到的。

我在华西都市报采编人员培训班上的第一个讲话，实际上是都市报的宣言书，后来成为都市报的基本理论和方法。许多仿效《华西都市报》的报纸，老总的开业报告都“照葫芦画瓢”。

# 系统思维完善都市报的整体设计

嫁接各种报纸刊物畅销内容的优势，是构建都市报的重要方法之一，但并不能代替都市报的整体设计。要完成都市报的整体设计，还需要对一张报纸的整体结构做认真的研究。

现代科学认为，任何事物都是一个系统。系统是由若干各具特定功能的要素组成的有机整体。系统思维方法就是对系统的各个要素和它们之间的关系进行研究，以找出解决问题的全面方案。

都市报作为一张综合性日报，它的整体结构也是一个系统。要办好一张报纸，就必须弄清楚这个系统的整体结构，理清各个要素的功能和作用，以建立起一个完整的运作自如的系统。

读者定位是报纸设计的前提，也是首先要做的工作，就是确定你的报纸办给谁看，谁是报纸的读者。在中国社会这个茫茫大海里，人口有十几个亿，领域有很多个，你这张报纸放在什么位置，面对谁发布新闻？定位就是确定你的读者对象，也就是你的报纸想卖给谁。

报纸定位是确定你把报纸卖给谁的问题；报纸产品设计是解决读者看不看你的报纸、买不买你的报纸的问题。你辛辛苦苦把报纸办出来，也想卖给人家，但人家并不见得就买，因为你登的内容不对他的口味，你还没把这类读者的需求弄清楚，或是你的手艺不高，没达到读者要求的标准。定位只是你自己一厢情愿的想法，设计是把这个想法变成现实，把定位落到实处。

报纸定位和报纸产品设计的关系——定位是你的位置坐在哪里，面向谁传播，就是传播的对象是谁；设计是整个传播内容的生产、组织、加工和包装，这才决定人家接不接受你的传播。

办一张什么样的报纸、如何办好这张报纸的完整的系统的计划和具体实施方案，就是这张报纸的产品设计。

任何报纸都有产品设计，多数都写成了文字，也有不少没写出文字，实际上是装在肚子里的。

为什么中国80%的报纸效益都不好？因为都是沿袭过去几十年的老套路办报，没有想到报纸这个产品在新形势下还可以而且必须要加以重新设计和创新设计，也不知道该怎么做创新设计。

你把那些效益不好的报纸找来一看，就知道它们在市场上根本卖不出去，因为太不好看了，没人会买它。但是那些办报的人就没想办法改变这种情况，一是体制所致，二是办报人员不知道创新设计报纸的思路在哪里。

报纸是以产品形式到市场中去竞争和决定胜负的。如果产品设计失败，则全盘皆败。投资办报，应该是：兵马未到，产品设计先行。

从1968年到1994年，我已经在报社工作了整整26年，几乎各个岗位都干过，对报社工作的方方面面都了如指掌。虽然我从来没有看到过《四川日报》的设计方案，但是，即使我闭上眼睛，心中也有一个报纸运作系统的图案。现在，我要用系统论来构建《华西都市报》的产品设计方案。

一个完整的系统的报纸产品设计方案，需要具备三个要件：宏观思路、中观构架、微观措施。整个系统就从宏观、中观、微观三个层面展开。

## 宏观思路

宏观设计是报纸的总体战略设计，它决定报纸发展的思路和方向。因此，宏观设计具有决定性、全局性和长期性三大特征。它是报纸产品设计的基础和根本。三个层次的设计，它处于核心地位。中观设计和微观设计都在它的指导下进行，中观设计和微观设计是体现宏观设计的具体措施和手段。宏观设计的成败决定报纸的成败。所以，宏观设计是三个设计中最重要的。也就是说，在对手如林和激烈的市场竞争中，你要杀出一条路，打出一片天下，把读者争取到你这边来，关键在你要拿出什么样的战略思路。

报纸的宏观设计就是决定报纸的办报方针。办报方针包括办报宗旨、办报思路、经营思路。《华西都市报》的读者定位是广大市民，那你如何叫市民都读你的报纸呢？市民最关心最感兴趣的是他们的生活，所以《华西都市报》就把报道的内容对准市民的生活。生活涉及政治、经济、文化、教育、科技、体育等方方面面，于是都市报的报道从市民关心的政治、经济、文化、教育、科技、体育等各个方面展开。所以，《华西都市报》的办报宗旨，概括为一句话：全心全意为市民服务。将我们党的宗旨“全心全意为人民服务”改了一个字，“全心全意为市民服务”。这个移植法概括了都市报的灵魂。全心全意，不是三心二意。当市民有困难最需要帮助的时候，报纸的记者要出现在市民的面前。市民需要什么，都市报就报道什么；当然以遵守新闻宣传纪律为前提。

为了落实“全心全意为市民服务”的办报宗旨，按读者的需求办报，我们提出了三条要求：

一是突出实用性，变以指导性为主为以实用性为主。突出报道与市民衣食住行、日常生活密切相关的内容。有些东西根本不是新闻，如哪里气出了毛病、电又如何，但对市民来说很实用，有使用价值，于是就加以报道，新闻价值让位于使用价值。

根据马斯洛的需求层次理论，人的第一需要是生存需要，市民的生存需要就是衣食住行、日常生活。只有第一需要得到了满足，人才能发展自己求知、求爱、求美以及自我实现的需要等等。正如马克思所说，忧心忡忡的穷人甚至连最美丽的景色也无动于衷。为什么我们首先要针对第一需要，而不针对其他更高层次的需要呢？因为我们面向的是普通市民大众。我们国家还处在社会主义初级阶段，物质文明和精神文明还没有发展到相当的高度，广大市民最先要满足的需要就是生存的需要。

新闻价值让位于使用价值，其实就是突出新闻的商品性。市场经济条件下，任何商品的生产都是针对顾客的需求来进行的，顾客需要什么我们就生产什么。新闻价值的判断首先要适应一定的历史条件下读者的特定需要，而不是削足适履地服从某一抽象的、普遍的理论教条。这也正是我们创办都市报的出发点。

都市报还把新型城市晚报的一些做法拿过来，努力去解决市民生活中遇到的困难和问题。如1991年底，杭州大雪之后，全市三分之一的居民家庭自来水管冻裂，自来水公司抢修力量有限，钱江晚报就发起组织义务抢修突击队。结果，仅用了三天时间就全部修好。钱江晚报坚持“心向读者，情系万家”的路线，研究政府职能部门想解决群众急需解决而又可以解决的问题，并选择结合点，寻找报道突破口。他们相继在报纸上开辟了《夜间值班电话》《挂牌值班》《记者在你身边》《94盛夏直通线》《新春服务点》等专栏，沟通群众与政府的联系，组织群众和职能部门共同克服困难。我用归纳法对钱江晚报的做法做了一个归纳，提出办报与办事相结合，当群众出现困难的时候，《华西都市报》的记者要出现在群众的面前，想群众之所想，急群众之所急，切切实实为群众办实事。

二是经济报道，变从生产者的角度出发为从消费者的角度出发，变计划经济报道为市场经济报道。

长期以来，我们的经济报道就是计划经济报道，报道都是从上级领导部门指导工作的需要出发的，指导性强，老百姓不关心。都市报就转变出发点，从消费者的角度出发，从流通领域出发，指导消费不指导生产。

三是大信息量。让人们了解这个瞬息万变的社会环境，对发生变动的各种信息，做出相应的行为调整，以趋利避害。作为一张面向大众的城市报，应该综合地、全方位地报道各种信息，才能满足市民对有关实用信息的需要。

我把“全心全意为市民服务”的办报宗旨的这些要求，概括为三个显著特点，即信息量大、实用性强、可读性强；一个总特点：按读者的需求办报。

报纸宏观设计的一个内容是办报思路，就是整个报纸如何打市场的操作思路。《华西都市报》的办报思路，就是嫁接各类畅销报的优势。把市场上各种报纸的畅销版面、栏目、报道内容都拿过来，嫁接到都市报上。这些东西在市场上已经经过了检验，畅销就说明它符合读者的需要和口味。

《华西都市报》的宏观设计，还有两个重要内容：一是办成区域组合城市报，全省大中小城市的市民都读这张报纸，因为城市化和城市群发展很快，一张省级城市报纸，必须占领最广大的城市读者群；二是敲门发行，自己组建一支高质量的发行队伍上门推销报纸。这种营销报纸的办法开风气之先，使中国报纸营销从此走上彻底市场化的道路。

### 中观构架

报纸产品设计的中观构架，就是支撑宏观设计的基本框架。这就像修房子一样，要先立四梁八柱，它们就把房子支撑起来了。

报纸产品的中观设计，一是版面格局的设计，二是新闻类型和风格的设计。版面结构和新闻类型、风格，都要具有与别的报纸不同的独到的个性，要最能体现你的办报宗旨和办报方针。

《华西都市报》为了满足现代市民的多种需要，推出市民关心的时政、经济、社会、文化、体育、教育、科技、副刊、专刊等综合性的版面，同时强调市民生活报的版面个性：时政新闻要生动活泼，市民关心；经济新闻要做百姓经济，有实用性；《街坊》副刊要用百姓语言写百姓生活的酸甜苦辣；教育新闻要抓学生和家长最关心的事情；《特别报道》每天一个生动活泼耐人寻味的社会故事；文化新闻要以大多数市民最关心的影视娱乐为中心……

《华西都市报》的中观设计还有：1. 提出实施大信息量、强可读性、多实用性的实战策略。2. 在全国大多报纸不敢做批评报道的1995年，提出了加强舆论监督的有力措施——在正面报道为主的前提下，加强批评报道；打苍蝇，抓生活，紧紧围绕老百姓关心的衣食住行等生活中存在的问题展开批评。

在都市报的版面架构中，一部分版面与机关报和晚报的版面，在内容领域和版面名称上都一样，实际上所装的内容是有很大区别的，都是按都市报宏观设计的要求来操作的；一部分是独创的新版面，如每天一个长篇社会故事的特别报道版，每天一个为学生服务的校园内外版等等。

### 微观措施

报纸产品的微观设计，是将中观设计进一步细化和落实，但同样要体现整个报纸的整体风格，要做出各个版面的实施方案，包括各个组成部分的特点、栏目的设置、具体的要求和操作办法，也包括版式风格。版式设计就相当于房屋的外观设计和室内装修，都要体现整个建筑的设计风格。

《华西都市报》的微观设计，除了具体的版面实施方案外，还有：1. 提出了选编新闻的“六字”要求：实、快、短、热、活、宽。整个报纸以硬新闻为主，硬些硬些更硬些。2. 用新闻策划的手段加强新闻的市场传播效果，把新闻策划放到采编操作的重要位置。3. 大众化通俗化的文风。4. 提出了办报与为读者办实事相结合，配合新闻搞了大量的社会活动。5. 版式设计时装化。

《华西都市报》报纸产品的系统设计，从宏观、中观到微观，当然都渗透了我在报纸长期工作积累的丰富经验。如果没有这些丰富的经验，许多地方很可能就是一个概念，操作办法就是一个空壳。

《华西都市报》报纸产品设计的全面创新，办报思路、指导思想、版面安排、栏目设计、新闻形式、新闻表现方法，以至发行经营，都从市场化的角度，用系统论的思维方法，来了一个全面全新的创造，和中国过去的报纸相比具有革命性和开创性，同时具有很强的可操作性，所以是一个报纸产品设计创新的典型例证。

《华西都市报》的产品设计方案，后来被许多都市报学习模仿，基本思路和基本方法差不多是全盘照搬，改变的是个别的和部分的零部件。《华西都市报》的创刊词叫《做市民的忠实公仆》，有一家都市报的创刊词就叫《做市民的公仆》。许多都市报宣布他们的办报思路是“全心全意为市民服务”，有的干脆用这句话做创刊词的标题。

大学教材《都市新闻传播学》一书，全面分析了《华西都市报》产品设计的具体内容，认为《华西都市报》在实践和理论上"具有系统的开创性"，"集中地体现为六大开创"：1. 开创性的办报宗旨与定位；2. 开创性的办报思路；3. 开创性的办报文风；4. 开创性的发行策略；5. 开创性地提出了"区域组合城市报"观念；6. 开创性地构建了"报纸策划"的理论框架。该书评价《华西都市报》"以全方位的创新思维和探索""开一代报风"。

我在都市报产品设计过程中，总结了一个重要原则，那就是按照读者的需要来设计，要下功夫研究读者到底需要什么样的内容，不要拿一些读者不喜欢没有兴趣的东西塞给读者，而要拿出读者最想知道的东西。所以我们提出了一个口号作为采编工作的标准："每一篇报道都要让读者喜欢"。

### 《报纸编辑学》缺乏的最重要的一章

长期以来，我们的报纸就是机关报，机关报又形成了一种模式，所以就形成了一种惯性思维：就是那么办报。没有思索过换一种办法办报。正因为如此，我们的新闻理论、新闻教科书以至新闻理论界，也没有把报纸产品设计的课题列进去进行研究，连报纸产品设计这个概念都没有提出来，更没有这方面的研究成果。报纸产品设计这么重大的事，新闻界都给遗忘了。大家习惯于几十年一贯制地生产同一种产品的报纸。所以很多人都不去思考这个事。

在新闻界的研究成果和新闻理论著述中，关于设计的讨论，最多的是版面设计，主要指的是版式设计。这在新闻的教科书上就列出专门的章节来讲解，研究版面设计的专著也有不少本，可见对这个技术问题之重视。但是，从前面的分析可以看出，版式设计只是报纸这个整体产品的一个微观的细节，属微观设计、细节设计。它的重要性远远无法与整体设计相比，它只能是在整体产品设计的思路指导下进行。这说明新闻界研究问题本末倒置，报纸产品总体设计的研究无人过问，没有突破，研究一个零部件设计的理论堆积如山。还有就是研究栏目设计的，也容易看到。

中国人民大学新闻学院的《报纸编辑学》，几十年再版了三十多次，可是就没有整个报纸怎么设计这最重要的一章，只说怎么采访，怎么写稿件，怎么做编辑，怎么美化版面，等等。总之，只研究报纸各个零部件的生产，不研究整个报纸的系统结构和组织；只有编辑部每个人应该做什么，没有总编辑怎么从总体上讲编写这张报纸应该做些什么的内容。也就是说，缺乏总编辑如何总编这最重要的一章。点兵点将，就是帅不出场。

《报纸编辑学》之所以缺整个报纸产品设计这一章，不是编者的原因和责任，而是因为中国报业没有市场化，而计划经济报纸又是一成不变的模式，所以没有这种需求。2005年，我空下来的时候，对报纸产品设计又做了一些思索和归纳，写了《报纸产品的产品设计》一文，29,000字，《新闻界》杂志分两期全文刊登，《中国报业》摘录刊登。

《华西都市报》是第一个运用系统论的思维方法，把报纸产品作为一个系统来进行全面设计的报纸。

《华西都市报》从产品设计到市场推广，一次成功，没有走过弯路。按照一般规律，产品从设计到批量生产，都要经过"产品设计—市场检验—生产决策—小批量试生产—规模生产”的过程。《华西都市报》是一张全新的大型综合性日报的报纸产品，没有经过试验阶段就正式投产，没有走过弯路就一次成功。这说明，产品设计是成功的。操作者就是设计者，所以驾轻就熟，顺风顺水，一路高歌，《华西都市报》一出生就成为众多都市报模仿的范本。这就是思维运动的理想境界。实践证明了思维的正确与完美。

其实我的数学思维方法，也并不是到华西都市报才开始使用的。从参加工作一开始，我就使用数学思维方法思考问题。比如系统思维，1991年全国新闻界第一次评选范长江新闻奖，我被推荐为候选人，每个候选人自己要写一篇新闻工作的总结材料。因为当时我主要是做编辑工作的，所以总结了几个阶段编辑工作的体会。我的总结材料标题是：《读者的赞赏是最高奖励》。文中说："……编辑的另一个乐趣是修建'系统工程'。一个常设专栏不可能几天就收场，有的几年十几年地办下去。一场专题讨论也有时要办几期几十期。这些都是'系统工程'。在'系统工程'中产生几篇好稿还容易，要连续不断地刊登读者称道的好稿，就很难了。而没有不断出现的好稿，也就不可能吸引读者、保持活力了。'系统工程'对编辑而言是一个严峻的考验，它既要求编辑不断有新点子、新招数，又要求编辑在组织的文章没达到要求时，能加工弥补或采取挽救的措施。这对一个编辑的知识面、新闻敏感、组织能力、文字水平等，是一个综合性的检验。'系统工程'办好了，对读者产生的影响和吸引力，远远大于单篇稿件。这些年来，我负责的'系统工程'，除《巴蜀小议》《天府周末》外，还有《巴蜀之谜》专栏，《长江漂流》系列报道，《批评报道为什么这样难》专题讨论等等。这些'系统工程'都产生了较大影响，共获七个全省好新闻一等奖，一个全国好新闻特别奖，一个全国好新闻一等奖，一个全国好新闻二等奖，之后汇编出版了《巴蜀小议》《巴蜀之谜》等4本书。'批评报道为什么这样难'的专题讨论，还推动我深入研究，写出了《新闻批评心理学》的理论专著。"《新闻批评心理学》一书，更是运用系统论的思维方法，从作者心理、编辑心理、被批评者心理、读者心理等各个方面，做了全面深入的研究，从而进一步提出了如何做好批评报道的方法和艺术，全面构筑了新闻批评心理学的系统工程。

# 批评报道“冬眠”中的一声惊雷

## 创刊号高举批判的旗帜为外国媒体永记

在改革开放30周年的时候，外国的传媒和记者也卷入报道中国30年改革开放的成就大潮。新加坡《联合早报》的记者李韵琳就采访了我。她之后写出了一篇反映中国报业改革的“都市报特写”。她在文中说——

中国最新的官方数据显示，中国网民目前已达3亿8400万人，比美国的人口还多。虽然中国网民面对严峻的网络监控，但他们依然敢怒敢言经常让全世界的人惊叹，最近爆发的谷歌事件更是个鲜明的例子。

然而，中国网民对时事高度关注和评论的能力，并不是与生俱来，而是15年前都市报所培育而出。都市报的出现让中国小市民抬头，教导老百姓如何解读政策，学习批评、评论，也迫使中国官员不得不学习处理外界批判，改变单向宣传的方式。

都市报最大的影响力在于它通过追踪式和批评式报道来吸引和感动读者。席文举说：“批评是把老百姓心里的话说出来，是推动个人和社会发展的强大动力。”

《华西都市报》创刊号的头版新闻揭露了一批来自上海的商人在成都举办了“上海轻纺产品博览会”，但实际上是在倾销伪劣产品。当时，《华西都市报》与上海新闻界联系，互相供稿，同时见报，联合起来打假，让骗子无处藏身，也吸引了众多读者。随后，《华西都市报》又推出“四川打工妹在山西备受虐待”、“国际大都会建筑质量低劣”、解救被拐卖儿童的“孩子回家行动”等新闻追踪报道，一时间，成都街头巷尾都在议论该报追踪的人和事，而官员们也被推动针对案件采取行动。

没想到新加坡《联合早报》在中国改革开放30周年的时候，专门截取了《华西都市报》创刊号的内容，来表现《华西都市报》在报业市场的隆重亮相，突出的是《华西都市报》站在市民立场为市民说话的批评报道。

1995年1月1日的《华西都市报》创刊号，的的确确在头版头条刊登了批评上海轻博会的报道，还配发了一篇评论《追它个水落石出》。连创刊的发刊词《做市民的忠实公仆》，都放在下面的次要位置。偏偏在这之前，成都大大小小的各家报纸，全部都是上海轻博会的正面报道。作为全国轻纺产品龙头老大的上海市，在四川省政府管辖的省展览馆搞展销，你的报道就不怕得罪省政府和上海市？

《华西都市报》的创刊号，我这个总编辑当然是煞费苦心、精心筹划的，从稿件的内容到版式，都做过多种方案。虽然前面也试刊了十几期，但毕竟是创刊号。首先是用什么做头条？我在办报方针里提出的理论是，市民生活报就要从市民生活中发生的大事选头条。这些年来，各种各样的假冒伪劣产品把市民坑害苦了。你上海轻博会居然在成都市最中心最热闹的地方卖假冒伪劣产品！我们去采访的记者李莉，能干泼辣，过去就在消费者协会工作过，很有经验。她向我反映之后，我叫她认真调查。她反复调查了两三天，认定是卖假冒伪劣，我就下定决心与假冒伪劣展销会一搏。创刊号的头版内容以批评上海轻博会假冒伪劣产品挂帅。我们和上海文汇报联起手来追踪假冒伪劣产品来自何处，看点突出，充分体现了公仆为“上帝”服务的办报宗旨，有创刊号风格，就这样确定了。

当然，无论从《华西都市报》的创刊号，从前面试刊的十多期，还是从创刊以后整个报道内容的组织，都可以看出，《华西都市报》的舆论监督，是天天重拳出击，蓄势待发，稳扎稳打。前几天连续批评大音棚老板打人事件，“有钱人就能横行霸道吗”的讨论激发了读者的愤怒。我说过，《华西都市报》要以可读性打天下，又说过以批评报道打天下。其实，批评报道就最有可读性。特别是1995年的那个时候，全国报纸对批评报道噤若寒蝉，大面积的传媒都鸦雀无声。我们在报纸批评报道“冬眠”的季节站出来，天天刊登批评报道，把尖锐的题材摆在众人面前，让市民惊喜，让新闻界意外。

新冒出来的《华西都市报》，一个接一个的批评报道，改变了整个中国传媒一片沉寂的内容生态，让社会各界刮目相看。

后来有一天，时任成都市委副书记王少雄在吃饭时问我：“席总编，你们搞那么多批评报道，惹没惹麻烦？”他很关心这个问题。我听了很高兴，用反问来回答他：“你是成都市分管宣传的书记，我们的批评报道90%集中在成都，你都未找过我，我有什么麻烦呢？”

### 公开讨论“批评报道为什么这么难”

我决心以批评报道带动报纸发展的这个决策，是既需要胆，又需要识的。这经过了漫长的8年时间的思考、探索、研究和酝酿。

这里，我们要回过头来，重温以前我走过的历史。

1987年，我被任命为四川日报的副总编，分管科教、文艺、理论、群工部的工作，一个重点是抓舆论监督。当时全国的改革开放热火朝天，新闻改革也是浪潮滚滚，各种媒体的舆论监督都搞得有声有色。中央报刊推出了一大批有影响的重大批评报道，读得我们热血沸腾。面对这个形势，四川日报也坐不住了。一把手姚志能，中国人民大学新闻系毕业的高才生，对报纸和新闻改革的感觉十分到位。他提出，每天报纸的第一版必须保证至少有一篇批评报道，其他各个版面也要有批评报道，重点办好《读者来信》版。《读者来信》版是以批评报道为主的版面，但是长期缺乏批评稿件。

1988年春天，四川日报按照惯例召开一年一度的全省通讯员工作会议，总编副总编都讲一讲今年的报道计划。我着重讲了全国舆论监督的大好形势、四川日报开展批评报道的打算。因为过去都没有强调通讯员写批评报道的任务，这次这么一讲，许多通讯员在发言中都议论纷纷，表示要退避三舍。他们大谈批评报道难搞，并且举出了一个又一个批评报道采访难、审稿难、发表后打官司难的事例，都说："批评稿我们不好写，要写，就派记者来。"

汶川县通讯员龙跃就讲得十分具体。1987年6月，他写了一篇《张世芳倒卖化肥受查处》的报道，结果吃了官司。1988年4月，汶川县人民法院判决龙跃及其所在单位汶川县广播局，侵犯了原告汶川县银杏乡供销社负责人张世芳的名誉权，责令其在有关报、台刊登或播出《更正声明》。县广播局新上任的局长彭先义也成为被告受到牵连，弄得这个刚刚大学毕业的龙跃灰心丧气，甚至提出了调离新闻单位的申请。龙跃发言一结束，南川县通讯员李云光、石柱县土家族自治县田应良、德格县委副书记秦刚、自贡红旗职业中学郭正川、雅安地区李孟贤等，都列举自己或其他通讯员因写批评稿而被领导批评、斥责，或遭到被批评者纠缠、威胁、恫吓的例子。

通讯员们的发言，引起了我的深思。这些事例暴露了舆论监督一个最根本最普遍的问题，就是舆论监督的社会环境。要搞好批评报道，必须争取全社会的共识和各级党政领导的支持，形成舆论监督的良好社会环境。如果这些问题不解决，舆论监督必然会有许多困难和障碍，难以打开局面。

我想，发挥新闻媒介的舆论监督作用，是党的十三大给新闻界提出的重要使命，实行公开批评，是反对官僚主义、纠正不正之风、加强舆论监督所必需的。但是，批评报道难，却是当前许多新闻单位和作者普遍感到头痛的问题。一是采访难，一些被批评的单位和个人总是横加阻挠，百般刁难，严加封锁；二是审稿难，一些直接领导者怕家丑外扬，上级领导部门又怕负责任，惹麻烦，往往找出种种理由推来拖去，作者花九牛二虎之力调查采写的稿件，有时一个电话就给否决了；三是"打官司"难，批评稿见报以后，有些被批评者专找细枝末节做文章，四处找领导喊冤叫屈，长期纠缠不休。如果被批评者有点"背景"，则牵一发而动全身，麻烦就更多了。新闻单位为批评报道，真有打不完的官司扯不完的皮。批评报道难，已经成为新闻改革的一个难点。

于是，一个迫切的任务摆在面前：要使新闻界真正发挥舆论监督作用，必须创造和建立一个使批评报道健康发展的良好的社会环境，需要得到社会各界的理解和支持。这方方面面的问题如何才能在社会上形成广泛的共识呢？联想思维使我想起了1980年《中国青年》杂志社开展的有关潘晓"人生的路啊，为何越走越窄"的大讨论。这个讨论在改革开放之初，面对各种思想和观念的冲突，起到了明辨是非，统一认识，引导青年树立正确的人生观和世界观的作用。思想认识和意识形态领域的矛盾应该通过思想和精神自身的斗争、运动和发展来解决。于是，我也想在报纸上开展一场大讨论，推动对"批评报道为什么这样难"的有关问题的解决。

我把我的想法告诉了总编辑之后，总编辑姚志能马上拍板支持。

讨论从龙跃事件开始。在龙跃事件的调查报告介绍来龙去脉之后，新闻界、法律界和社会各界人士积极发表意见，评说龙跃事件的是是非非。大家一致认为，汶川县广播局的批评稿与答辩反诉状均不构成对张世芳名誉权的侵害，县法院的判决应该纠正。一位律师说，不仅汶川县广播局并未侵害原告的名誉，相反，是由于原告“恶人先告状，到处散发材料”，广播局的名誉才受到了侵害。四川师范大学法学教研室负责人发表了《构成侵害名誉权的四个要件》，从法律的角度予以澄清。《法制日报》记者采访四川省高级人民法院院长任凌云，写出了《任凌云要求全省各级法院区分舆论批评与侵犯名誉权的界限》。





为了给这场讨论增添题材，我们将类似“龙跃事件”的事件，一个又一个不断推出来。丰富讨论的内容有《报纸公开批评　领导公开护短》的南川县一件小事拖了数月至今未了的报道；有副所长对调查派出所违纪情况的记者说：“子子孙孙都要找你算账！”有县长公然叫采写批评报道的记者“滚”的《县长与记者之间的一场风波》等等。

广大读者七嘴八舌的讨论，让我大开眼界。绵阳市内燃机配件厂的梁利明来信说：苍蝇不叮无缝的蛋。龙跃的批评稿本身就有“缝”，所以才被“叮”上。有人马上站出来不完全赞同这个观点，说是现实生活中，无缝的蛋被叮上的也并不鲜见。一个作者又写出《没有十拿九稳不下笔》，主张“批评报道要以摆事实、讲道理为主，不要偏激，不要添枝加叶地合理想象，不要戴帽子，一定要深入调查研究，逐字逐句核实事实”。一位作者逐条分析《对批评的心理承受力为什么那么低》，很有见地：“批评报道为什么这样难？各种制约因素很多，重要的一点是，新闻舆论监督缺乏切实有力的法律保障。”

这场讨论历时半年，在《四川日报》每周的《读者来信》版刊出。结束的时候，省委常委、宣传部长许川同志发表谈话，高度评价了这场讨论的意义。

### 批评报道冬眠逼我研究《新闻批评心理学》

“批评报道为什么这样难”的讨论虽然结束了，但我的思索却并没有结束。

首先，这个讨论是党报有史以来所没有的，它是中国新闻史，也是中国新闻批评史上的一个重要事件，有着深远的意义。虽然“批评报道为什么这样难”的专题讨论，在1998年全国好新闻评选中获得了一等奖，但是，这个讨论只有《四川日报》的读者读过，全国其他许多读者都没有看到，因此，发挥的作用远远不够。

其次，参加讨论的100多篇稿件从不同角度、不同层面揭示了我国舆论监督的一些理论和实践问题，许多文章思想深刻、见解独到。整个讨论内容丰富，涉及舆论监督的方方面面，具有很大的潜在价值，值得开发。

于是，我想对这些难得的资料，进行整理、归纳、梳理，编写成一本书。但是，从什么角度、以什么方式来处理这些材料，使之理论化和系统化，这却是一个难题。

时间来到1980年代末1990年代初，全国报纸的批评报道完全进入了一个冬眠时期，新闻改革的许多理论和实践受到了检验。

当时中央领导在各种讲话中，提出和阐述以正面宣传为主的方针时，都同时指出要“重视和改进批评报道”，加强舆论监督。我心里老是琢磨，中央是提倡批评报道的，是想通过批评报道维护党的尊严、批评各种歪风邪气和不正之风的，怎么各个报纸就沉默不语呢？

在这期间，适逢一个到中央党校学习的机会。中央党校图书馆有很多报纸，我一边看，一边思考。

看着这些报纸，我心里很不平静，始终认为这些报纸的总编辑，并没有认真理解和贯彻执行党中央的方针政策。党中央不是不要批评报道，而是他们自己错误地理解了党的舆论监督的方针政策。是他们自己不作为，用一种消极的不正确的办法应对上级领导，就像毛主席批评的一种明哲保身的办法。

新中国舆论监督的起起伏伏浮现在我眼前。中华人民共和国成立初期，揭露天津刘青山、张子善贪污腐败的报道，大快人心。接着出现批评报道的高潮。反右之后，舆论监督又沉寂了。十一届三中全会以后，“渤海2号”的批评报道出来了，又推动了一个舆论监督热潮。新闻改革把这个热潮不断推向前进，现在又沉寂了。

为什么总是起起伏伏？问题到底在哪里？

我认为既然要开展新闻批评，不从理论上弄清楚，盲人骑瞎马，总会出问题。无产阶级的新闻批评与资产阶级新闻批评，究竟有什么不同，应该弄个明白，应该进一步建立和完善社会主义新闻批评学的理论体系，来指导我们新闻批评的实践，在社会主义新闻批评学没有完全建立起来的时候，从心理学角度研究和探讨社会各类人物在批评过程中的心理现象和规律，十分必要和迫切。新闻界专门研究新闻批评心理学还是一个空白。

我一头钻进中央党校图书馆，硬着头皮去钻研一本又一本新闻心理学、社会心理学、普通心理学、文艺心理学、思维心理学，甚至商业心理学、体育心理学、爱情心理学，等等。慢慢地，终于琢磨出一点名堂来。

搞批评报道是有风险的，但是，这个风险是可以想办法避免的。我要想出避免的方法。我追求的，就是批评报道避免风险的艺术。这是我写作《新闻批评心理学》的动力。真正内容的结构和完善，那又是运用了系统论的思维方法。《新闻批评心理学》一书共6章31节，内容涉及受众心理、被批评者心理、作者心理、编辑心理、新闻批评的艺术等等，是一个系统工程。我调动各方面的积累，两易寒暑，终于完成了30万字的《新闻批评心理学》专著。1992年8月，四川人民出版社正式出版了这部专著。

《新闻批评心理学》一书，运用马克思主义的立场、观点、方法，嫁接普通心理学、社会心理学原理，对新闻批评过程中出现的作者心理、编辑心理、被批评者心理和读者心理等，做了较系统深入的分析研究，揭示了新闻批评引起的心理现象、特征及活动规律。以坚持“三为”方向和正面宣传为主的方针为前提，针对社会各方面的心理特点，从数量的控制、典型的选择、事实的分析、分寸的把握等方面，探讨了新闻批评的艺术。因此，这部著作有着值得重视的理论价值和实践价值。

我在这本书中特别强调，“新闻批评是推动个人和社会发展的强大动力”，“新闻批评由于通过大众媒介进行广泛传播，具有公开范围宽、传播速度快、永存社会历史档案等特点；它通过激发和调动广大群众的社会性情感，进而产生自发的社会行为，形成强大的社会舆论力量，来否定、审判和制裁落后、错误、丑恶的事物，最后达到规范社会行为，推动社会发展的目的”。

1994年，在四川省社会科学理论研究成果的评选中，《新闻批评心理学》一书获社会科学二等奖。

我想，我是既要坚持搞批评报道，又不要犯错误，是一个批评报道的技巧派艺术派，一定可以想出一个两全其美的办法。辩证思维始终指导着我，因为党是需要批评报道的，也一直主张坚持舆论监督的方针。

现在回过头来看，我在那个全国报纸批评报道的冬眠时期，干了一件大事，总结研究批评报道理论，潜心写作《新闻批评心理学》，从理论上加以提高，为后来都市报大搞批评报道做足了理论准备。



## “打苍蝇抓生活”的胆与识

《华西都市报》是在全国报纸一点批评报道都不搞的“冬眠”时期诞生的。我下决心，《华西都市报》的批评报道，要像新闻改革高潮的1988年那样受欢迎。一张报纸要在社会上站起来，必须要敢为老百姓说话。那些报纸不敢搞批评报道，我却要以批评报道打天下。

全国报纸这个时候都不敢批评，你却要以批评报道打天下，你哪里来的那么大的胆子?

我确定的《华西都市报》开展批评报道的方针，概括为两句话：打苍蝇，抓生活。这两句话，确实表现了我胆子大，因为人家都不搞批评报道，我不仅要搞，而且拿出了搞一系列批评报道的方针。你想，你围绕市民生活搞批评报道，那就有搞不完的批评报道。批评报道数量多，胆子能不大吗?

其实，我的胆子还是小。因为你公开提出“打苍蝇”，但为什么不提出打老虎？肯定是胆子小。

我以为，人家胆子都不大，我敢打苍蝇，就是胆子大。但是我不能盲目胆子大。我犯个新闻纪律的错误，把自己牺牲了，那也不值得。我同样要想办法保护自己。这个保护自己的办法，就是“打苍蝇抓生活”的方针。我是市民生活报，当然围绕市民生活展开批评报道。既然记者围绕市民生活采访批评报道，就是假冒伪劣、服务态度等等市民生活中出现的问题，记者能看到老虎、遇到老虎吗？最多就是遇到苍蝇，有时候苍蝇都遇不到。很多就是人民内部矛盾的问题、服务态度服务作风之类的事情。你可以批评，但不能上纲上线，只能和风细雨。所以，市民生活报的定位，就决定了我们很难遇到老虎。假若你提倡记者去打老虎，记者找不到老虎，问你老虎在哪里，你怎么回答？你不能发一个号召，记者天天都做不到，这不是说空话吗?

《华西都市报》围绕市民生活展开批评报道，切合了报纸的办报方针，切合了市民读者的生活需要。这样搞批评报道，体现了共产党的全心全意为人民服务的宗旨，是既有胆又有识的表现，体现了舆论监督的高超艺术。

大量的新闻批评都是一般批评。所谓一般批评，自然也就是“打苍蝇”。一般批评看起来是小事小干部，但小中可以见大。在上面看来是小，在下面看来就是大。比如，一般认为党支部书记是小干部，但在他所在的具体的工厂、具体的农村、具体的部门就是大，因为他往往是可以决定所辖范围内群众命运的最大干部。还有，一般批评稿件和群众来信，都是作者对自己周围出现的各种问题的批评，这些批评可以反映整个社会各方面的问题。抓住这些问题开展批评，能够密切连接报纸同读者的关系。长期坚持，日积月累，对转变党风和社会风气，是大有裨益的。

《华西都市报》创刊以后，把搞批评报道作为一个经常性的工作来抓，不断推出批评报道，其中重大的批评报道有：“大音棚老板打人事件”“94上海轻博会”“假郭燕事件”

“百余打工妹在山西备受虐待”“像这样的厂长该咋办”“王姬拒飞山城”“陈道蓉之死”“九眼桥劳务市场追踪”“阳江11·9大案”“小偷被殴致死事件”“解救三陪小姐”“皇家娱乐城追踪”“李波反暴利”“魏世俊之死”“一位泣血母亲的呼唤”“唐胜利跳楼事件”“邓评比酒后驾车肇事逃逸”“毒腊肉追踪”等等。这些批评报道在社会上产生了很大的影响。

在中国新闻媒体因噎废食，既不打老虎也不打苍蝇的舆论监督冬眠时期，《华西都市报》以“打苍蝇抓生活”的策略，向批评报道大举进军，在成都报业市场大获全胜。你看，《华西都市报》批评“大音棚老板打人事件”，其他媒体袖手旁观；我们揭露上海轻博会假冒伪劣，其他报纸做正面报道；我们揭露房地产质量问题，他们不开腔……如此往返重复，读者市场怎么不天翻地覆。

《华西都市报》的发展之所以这样快，就是因为大家不打“苍蝇”，《华西都市报》打了，所以相比之下就很突出，老百姓很喜欢，于是争先恐后地买《华西都市报》，发行量就上去了。试刊期间《“大音棚”事件》推出时，一位读者来电说，他从前抽“红塔山”香烟，现在决定改抽“五牛”，节省点儿钱出来订一份《华西都市报》，像这样敢于抵制邪恶、伸张正义的报纸应该订。1995年3月，成都市医药公司退休职工何源信来信说：“《华西都市报》可读性强，确有贴近生活，关心群众，路见不平，拔刀相助，义正辞严，敢于碰硬的风范，成了我退休后的精神食粮。”他还说，《华西都市报》有“补察时政，导泄人情”的作用，很受市民欢迎。

但是，新闻界对我的这个“打苍蝇抓生活”的批评报道方法，还是众说纷纭。

1996年在福州召开的全国晚报协会年会上，我在发言中介绍了“打苍蝇抓生活”的经验，一家报社的总编辑感叹地说：苍蝇我们也不能去打，因为苍蝇背后有老虎，苍蝇往往就附在老虎身上；你打苍蝇不要紧，如果把老虎惹恼了咋办。所以干脆苍蝇也不打。

1997年12月全国都市报现象研讨会上，好几个专家认为，“打苍蝇，不打老虎”的原则在理论上是错误的。他们认为：不仅苍蝇该打，老虎更应该打，而且主要应该打老虎；只有把老虎打倒了，才能把苍蝇打倒。

一边是直接操作报纸的总编辑认为打苍蝇都难，一边是专家和领导认为不只要打苍蝇，主要还应该打老虎。这两种对立的观点都摆在我的面前。我想，如果苍蝇都不敢打，为什么《华西都市报》打了那么多苍蝇并没有惹过大祸？如果老虎敢打而且应该主要打，为什么现在的报纸上一个打老虎的报道都没有呢？实践是检验真理的唯一标准。实践将这两种说法都撕得粉碎！只有我的“打苍蝇抓生活”在报业市场大行其道。应该说，“打苍蝇抓生活”的批评报道方法，是源于实践，又被实践检验的行之有效的办法。

其实，打苍蝇和打老虎，是一个辩证关系。我们努力“打苍蝇”，也并没有忘记伺机打“老虎”。一次，我在同蓝鸿文教授讨论“打苍蝇”时，就顺便说了两句话：我们是努力打苍蝇，伺机打老虎。《华西都市报》也打过老虎，而且，《华西都市报》打老虎的时候，有些人连苍蝇都还没有开始打。

1995年5月29日，重庆记者站接到中国人民解放军后勤工程学院工程机械技术服务部的电话，举报法官杨汝明在办案中索贿。他们看见《华西都市报》敢于批评，就来找我们。我听到这件事情后，没有犹豫。我们这一次可以摸一摸老虎屁股。我指示记者，先调查取证了再说。

第二天下午，法官杨汝明与服务部的施经理约定交钱地点和时间。《华西都市报》记者傅小渝、周健背起相机，跟在后面把这场景拍了下来。记者用1/125秒的速度拍下了他带着贿金、踌躇满志得意离去的情景。哪知道此时检察院反贪处的4位侦查员从前面的一辆蓝色“桑塔纳”中走了出来，飞快地直朝法官杨汝明走去。记者立刻举起相机按动快门！第二天，《华西都市报》在头版头条位置，刊登了长篇报道《法网没有柔情》。成渝两地的广大读者一片叫好。

后来，我又听到社会上的小道消息，说是成都市交通局长石全志贪污腐化，被抓进监狱，正在审查。小道消息传得扑朔迷离，多种多样，说和某某领导有关系，石还成了市委委员。那个时候，哪个领导出问题，上面都是包起来，说是担心传出去对党的影响不好。我多听几次之后，觉得这样传来传去反而不好。我就想试一试。我冒着胆子去找省检察院检察长龚渎伦。我说：龚检察长，石全志的事情这样添油加醋传来传去，反而影响不好；不如干脆公开登报批评算了，显示共产党敢于治党。我们华西都市报派两个记者，来采访专案组，写了稿件由你们审查签字，按照你们的口径见报。

我本来是抱着试一试的态度去的，完全是征求他意见的口气。没想到，龚检察长十分爽快，高兴地说，你这个办法很好。你们派记者来吧，记者可以看全部档案。

我真是喜出望外。

《华西都市报》又是一版头条、一版大半版转版的长篇报道，刊登成都市交通局长贪污腐化的事。这是中国第一次报道贪官用贪污的钱买房、包二奶的故事。人们对贪官十分愤怒，也对贪官的生活大开眼界。在当时，交通局长还是一个大老虎，而且没有公开，是一个要死不活的老虎。因为过去就有这样的事情，几年以后，上面的人脉变了，有的就没死成，甚至官复原职。

《华西都市报》长篇报道揭露批判成都市交通局长石全志的事，让成都市慌了。成都市的腐败案件，成都市的媒体不报道，这让老百姓怎么看？还以为成都市在包庇呢！我们也不知道发生了什么事，总之，三天以后，成都市的所有报纸、电视，新闻单位统一行动，同一天同时对石全志做了大量的批评报道。我们这才知道，是我们把他们的批评报道引出来的。

我们打了老虎，也不张扬，也不修改“打苍蝇”的方法，依然高调“打苍蝇”，伺机打老虎。不管是都市报，还是党报或者其他报纸，打苍蝇的数量在批评报道中，肯定是90%以上。你不能把只有百分之几的比例，上升成为主要口号。

在《华西都市报》的带动下，全国都市报的批评报道蓬蓬勃勃地开展起来了，有的偶尔也能治一下老虎，但绝大多数都是在“打苍蝇”。

兰州市报业协会秘书长来成都出差以后，回去两次给我来信。信中说：《华西都市报》风格独特，敢说，但说的都是和党中央保持一致的话。我收到这样的信，就在编前会上念给大家听。我说，这一封信，是对我们“打苍蝇抓生活”的批评报道所做的最中肯的分析。我们“打苍蝇抓生活”，坚持的是正确的舆论导向，坚持的是以正面宣传为主的方针。《华西都市报》的批评报道，高唱的是以正压邪的时代主旋律。

# 裂变悬念天天吊足读者胃口

中国的晚报长期以来都有搞连载的传统。连载选得好，很能吸引读者。它利用悬念，吸引读者长期阅读下去的兴趣。听说当年张恨水的《鸳鸯蝴蝶梦》在晚报连载的时候，读者天天翘首盼望，编辑在茶馆等下棋的张恨水写稿。两百多年前，凡尔纳的科幻小说《八十天环绕地球》在《巴黎时报》上连载，很多人天天是坐在咖啡馆等待报纸送来。

在新闻改革叫得很凶的时候，四川日报也决定要搞连载。任务落到我的头上。我四处选稿，最后终于搞了两次连载。但是，效果都不理想。本子太难选了。打起灯笼火把四面八方寻找，也难如愿。从此我总是耿耿于怀。

我想，办都市报了，一定要想办法把悬念这个优势嫁接过来。

悬念很能吸引读者。没有悬念，或者悬念越少，报纸的吸引力就越差。只要有一个悬念，一些读者就会翘首盼望等着看你第二天的报纸。我想嫁接连载，其实根本的是想嫁接悬念。悬念思维是自然科学和社会科学发展的动力，解决一个重大悬念，就成就一个自然科学家或社会科学家。悬念思维也是传媒人应该具备的基本思维方法。你不制造悬念，破解悬念，你的传媒还有吸引力吗？

如何嫁接连载悬念这个优势呢？

我听成都晚报连载编辑讲过他们的难处：连载本子不好选，质量不稳定，时好时坏。连载主要是小说和纪实文学。小说是虚构的，读者知道是假的，纪实文学是过时的。两个内容其实都与读者在心理上有时空距离。

我想，都市报要创造一种新的连载，正在发生的新闻的连载——新闻追踪，对新闻的发生、发展、高潮、结果进行连续的追踪报道，岂不是把连载悬念的优势嫁接了，又是活生生的现实生活？因为记者、编辑、读者都无法预料事态怎样发展，结果会是什么，因此，这种悬念产生的作用力将更强更大，比小说和纪实文学更有可读性和接近性，更能令读者望眼欲穿。加之事态的发展、事件中人物的命运与文学作品不一样，往往与读者有着更为直接或间接的利害关系，读者会自觉或不自觉地参加到新闻事件中来，通过打电话、读者来信等干预新闻事件未来的发展方向，影响发展的结果。读者的参与行为会成为推动事情发展的现实力量。

因此，报纸对新闻事件进行连续的追踪报道，更符合报纸的功能，也更贴近读者、贴近生活，更能满足读者的心理需要和现实斗争的需要，比起小说和纪实文学连载来，有着更加独特的魅力。它的真实性、接近性、时效性及其产生的直接效应，是文学作品难以比肩的。

我联想起过去在四川日报搞过几个新闻追踪，悬念效果都是绝佳的。

一是20世纪80年代初的“长江漂流”追踪报道。《四川日报》每天报道漂流队漂流的情况。惊心动魄的漂流，长漂勇士和急流险滩搏斗、牺牲、脱险……悬念丛生的报道，震撼了许多中国人的心，成千上万的读者天天翘首等待阅读。

二是1988年“李万顺事件”的追踪。

1988年5月18日下午6时30分，重庆市南岸区鑫鑫皮件服装厂厂长旦开明在成都锦江宾馆多功能餐厅宴请成都市圣灯乡乡长李万顺等10人。工作人员事前通知他们8点前结束，8点30分有舞会。但他们吃到8点20分还未结束，工作人员劝他们从舞池中央移到边上就餐，李万顺说：“我们今天把舞场包了！”但舞票已售出，客人们要进去跳舞，一位姓康的舞客说了一句：“师兄，是不是顾全大局？再不然，我们替你付钱。”李万顺被激怒，当即对旦说：“把他给我摆平！”随即旦与其他人便抓打康，舞场秩序大乱，公物被损坏，康被打伤。当时二楼正在举行欢迎外国总统的宴会。派出所要把当事人弄到派出所去解决，开来一辆面包车，李万顺破口大骂：“你们这是什么抱鸡婆车？老子整死都不坐！把老子的尼桑开来！”到了派出所后，李万顺大吼大叫：“你们这派出所像个渣滓坝。你们派出所有几个人？不过一二十人，老子明天喊圣灯乡的两万乡民来把这里踏平。”他边说边拉开裤子，当着男男女女几十人的面撒了一泡尿，在场的人气愤已极。某公安分局政委询问他，李说：“你算老几？你还没有资格！我根本就不回答你，只有你们市局局长来了我才说！”其他人询问他一概拒绝、吼闹。一直拖到第二天，成都市公安局局长当面对李做了询问、笔录，李才坐上他的尼桑离开派出所。成都市公安局做出裁决：李万顺扰乱公共场所秩序，拒绝国家工作人员依法执行任务，根据《治安管理处罚条例》给予拘留12天的处罚。李万顺进拘留所前，大摆宴席13桌，然后在几十个人护送下来到拘留所。还带了两个年轻女人，说是女秘书和保健医生，要和李一起留在拘留所，为李服务，遭到拘留所拒绝。李一进去就大叫：“这叫啥子拘留所！你们没得钱，我给你们两万元，你们拿去用。”在处理和拘留李万顺期间，前去说情的人络绎不绝。李万顺早晨从拘留所释放后，9点过又坐着轿车回到拘留所门前，9辆汽车尾随其后，李站在门前，几个女青年向他献花，3个拿照相机拍照，十多人争着同李合影。后来又摆宴压惊，燃放鞭炮。

这个追踪报道在读者中引起了强烈反响，他们纷纷来电来信加以谴责，我们把这些反应又编成专栏发表出来。最后，李万顺受到了上级党和政府的严肃处理。

这几次追踪报道，让我看到了新闻追踪引起悬念的巨大威力。我在《新闻批评心理学》一书中说：新闻追踪是“连续不断地把正在发展变化的新闻事实，一天接一天地报告给读者，使读者天天都能了解事情发展的情况……它给人们心理上造成的影响很多，首先便是引起大家的注意。第一次登出来的时候，读者的注意是无意注意，但多看几次，读者对这个问题和编辑的意图有了较明确的认识，引起了他的兴趣，以后再看接下去的报道，就带有一定的目的了，他就想了解这件事，关心如何发展，如何了结。这就变成了有意注意了”。随着有意注意的人越来越多，注意的时间越来越长，“对被批评者的社会压力就越来越大，众目睽睽，呼声甚高，不改难以过关”，同时，舆论冲击又向社会辐射，“触及身边的同类被批评者，因此收到的社会效果较好，影响较大”。

在新闻史上，报纸搞新闻追踪的也有。1960年《中国青年报》关于《为了六十一个阶级弟兄》的报道，80年代初关于科学家彭加木失踪的报道、“渤海2号事件”报道，美国《华盛顿邮报》关于“水门事件”的报道等等，都是追踪报道的典范。但是，无论在国内还是国外，这一报道样式都没有得到应有的重视和充分的运用，每一家报纸都只是偶尔为之。

新闻追踪既然比小说和纪实文学更有可读性，《华西都市报》要以可读性打天下闯市场，就应该大量运用新闻追踪这种形式。另一方面，报纸的一种重要功能是运用舆论力量推动现实的发展变化。新闻追踪比起其他任何一种报道形式都更能反映舆论、引导舆论，形成一种强大的社会舆论力量。新闻追踪一旦刺激起读者的情绪，读者天然的追逐悬念的动力，便会一次次把报道推向高潮。而且悬念读者会越来越多，舆论力量越聚越大；加上在这个过程中，随着报纸的舆论指向，追踪的事件为什么发生，社会症结是什么，矛盾冲突的焦点在哪里，解决矛盾的途径有哪几条，等等，悬念一个个破解。于是，新闻追踪最后以矛盾的解决而告终，社会舆论以现实生活的某些方面做出变革而回归平静。

既然是读者喜欢悬念，我们就多多益善。我要来一次悬念的裂变式思维。《华西都市报》对新闻追踪实行规模化经营：裂变悬念！我们像抓消息一样抓新闻追踪，常抓不懈，让报纸天天有追踪，甚至一天有好几个追踪。

1994年12月23日，《华西都市报》还在试刊期间，第一版发表了我为《新闻追踪》专栏撰写的《开场白》，版面突出，标题醒目——

**本报向读者奉献的重点栏目之一**

**《新闻追踪》此起彼伏**

**热点悬念　扣人心弦**

本报从12月17日开始，推出了本报的重点栏目之一——《新闻追踪》。新闻追踪抓住新闻事件、社会热点和读者关心的问题，连续不断地报道事情的发展。

连载是许多晚报备受欢迎的栏目之一。《新闻追踪》则是另一种连载，它抓取现实生活中的鲜活题材，事情怎么发展，读者编者都难以预料，因此更有悬念，更具吸引力。大音棚打人事件是我们的第一个追踪报道，还将追踪下去。从今天起又对《上海轻博会：劣质品大荟萃》进行追踪。初步列入计划的追踪题目已有六七个，读者将从本报上看到一个接一个的追踪报道，此起彼伏，悬念迭起，扣人心弦。

欢迎广大读者提供新闻追踪线索，一经采用，给予重奖。

《开场白》发表的时候，《华西都市报》有两个追踪报道正在同时进行。一个是始于1994年12月15日的“‘大音棚’女歌手被打事件”，另一个是始于12月22日的“倾销伪劣产品的‘94上海轻纺博览会’”。随后又组织了“百余打工妹在山西备受虐待”“假‘郭燕’事件”“王姬拒飞山城”“像这样的厂长该咋办”“陈道蓉之死”“‘国际大都会’住房质量问题”“孩子回家行动”“德阳垮楼事件”“解救‘三陪’小姐”“李波反暴利”等一系列追踪报道。创刊四年，共发追踪报道100多组。新闻追踪的不断推出，在读者中引起了很大的反响。

四川省人民政府办公厅张恩荣来信说：“我是一直关注贵报办报风格的热心读者，《华西都市报》以追踪报道‘大音棚’‘上海轻博会’‘陈道蓉之死’‘解救“三陪”小姐’等系列事件备受广大市民欢迎。都市报关心普通百姓生活，关注社会热点问题，敢说敢写敢为，钦佩之余，让人备感痛快淋漓。”

四川温江县政府孙斌来信说，1995年11月23日，在《华西都市报》上看到“孩子回家行动”报道，不觉一震。常言说：“说一千，道一万，不如做个样子看。”一份有影响的报纸，不是置身群众之外，仅仅“说一说，喊一喊”就了事，而是积极投身于群众之中，用行动切切实实地关心群众，是难能可贵的。有人说，如今的人在金钱的诱惑下，有的教授可以改变学术观点，个别文艺评论可以变成奉承和吹捧，甚至有时连技术鉴定也可以变成一种形式点缀。而《华西都市报》站出来，与群众同呼吸共命运，为群众的忧乐鼓与呼，人们从心底里感到安慰，充满希望。这样的报纸和群众心连心，为老百姓排忧解难，值得信赖，因而在报纸后来发起的“府南河大合唱”和“孩子回家行动”中，广大读者和市民纷纷踊跃参加，争先恐后地贡献自己的一点力量和爱心。我想，一份报纸能收到这样的效果，这是办报人和读者最大的收获，也是报纸存在的价值和可贵之处。

读者吕百良来信写道：“《华西都市报》最近连续刊发的一些社会最关注的热点问题，如北京‘美视’公司全国行骗的追踪采访，引人瞩目。通过《坚决查假冒者》《受骗单位各诉痛处》《‘北京美视’称没有负责人》《‘北京美视’仍在招摇撞骗》《成都西南公司也被骗走2.9万元》《大耍空手道，借机生钞票》等，将行骗者置于耗子过街人人喊打的境地，极富警世效果。再如九眼桥上出售假文凭，引起记者重视，但并未仅停于此，而是穷追不舍、步步深入。先做了《什么人在买文凭？》的报道，接着揭示《买文凭好找工作》的情况和原因，然后又从用人单位等多角度采发了《我们被歪文凭弄怕了》《用人单位惊呼：大学生怎么样了》等新闻。这样短兵相接，从生活前沿及时发出的报道鲜活感人，加上都写得短小精悍、进程清晰，与报纸整个风格相一致，很受读者欢迎。”

《华西都市报》的许多有影响的新闻追踪，为广大读者所称颂。《华西都市报》新闻追踪有六大特点：一是数量大，几乎天天有追踪，有时一天好几个，一个版好几个。二是版面强化处理，从不同侧面组织报道，好几条稿件组合在一起，再冠以总题，形成规模效应，产生强大的舆论压力。三是时间长。一次追踪短则十多天，长则三四个月，最长的“孩子回家行动”长达9个月。四是参与性强，报社采编人员参与和读者参与相结合，形成一个动态过程。五是创造了几家新闻单位几种媒体联手追踪和跨地域异地联手追踪等好形式。六是穷追不舍，一追到底，追个水落石出，波澜起伏，扣人心弦，使读者竞相传阅爱不释手，议论纷纷，可读性强。

1995至1996年，《华西都市报》推出的几十组追踪报道均在海内外产生了广泛影响。“上海轻博会”的新闻追踪，全国几十家报纸转载，新华社还向全国发出了“晚报专电”。香港《港人日报》《成报》辟专栏报道“孩子回家行动”；日本《朝日新闻》直接把电话打到华西都市报社，了解“李波反暴利”的情况；美国最大的中文报纸《世界日报》用近两千字的篇幅，综述了《九妹，你在哪里》的追踪报道，并在文末注明转载自《华西都市报》。后来，这家报纸又多次转载《华西都市报》新闻追踪和一些精彩报道。还有一些海外华人报刊，甚至一些英文传媒，都多次转载《华西都市报》新闻追踪。像“上海轻博会”的追踪，中央电视台《新闻联播》《午间新闻》《晚间新闻》《经济半小时》《东方时空》等栏目及上海电视台、东方电视台都做了连续报道，次数达20多次。

中央电视台的《焦点访谈》，许多期的题材都源于《华西都市报》的新闻追踪：1995年9月，《华西都市报》对“国际大都会”劣质商品房进行追踪报道时，中央电视台《焦点访谈》栏目组来蓉进行了三天的调查采访，制作播出了一期《焦点访谈》；“反暴利斗士”李波的行为被《华西都市报》追踪报道后，在社会上引起强烈反响，中央电视台《焦点访谈》采访并播出了“李波反暴利”的报道。

四川和成都的电台、电视台根据《华西都市报》新闻追踪摄制、改编的节目更是不胜枚举。成都新闻界特别是竞争对手在清楚地认识了新闻追踪的强大作用之后，也把这个东西拿过去如法炮制，不断推出新闻追踪。有人把这归纳为“《华西都市报》现象”。

湖北日报社高级记者周政授在总结《楚天都市报》的发展时指出：《楚天都市报》“突出了‘追踪报道’这种类型，并采用多种举措在强化‘追踪’效果上下功夫，一旦选准了题目，就抓住不放，竭力追根究底，直至追得水落石出，真相大白，追得事物向好的方面转化，追地问题得到比较完满的解决为止。用他们的话来说，叫作既‘办报’又‘办事’。在这种思路指导下，经过精心的运作，一个个系列报道搞得高潮迭起，精彩纷呈，在社会上产生一次又一次的强烈反响”。华中理工大学汪新源教授也认为：“《楚天报》在我省‘叫响’‘卖座’的重要因素之一就是连续报道中‘新闻追踪’的形式与参与性。”“《楚天都市报》作为都市报中的后起之秀，应该继续向‘老大哥’（作者按：指《华西都市报》）学习……”

新闻追踪成为全国都市报拓展市场的强大武器。《大河报》《燕赵都市报》《贵州都市报》《海峡都市报》《三湘都市报》《华商报》《兰州晨报》《辽沈晚报》《新文化报》等报纸都把“新闻追踪”作为常规武器，不断进行策划，有的也明确宣称“新闻追踪”是自己报纸的名牌栏目，“新闻策划”是自己迅速崛起的秘诀。

1999年，复旦大学的一篇硕士学位论文说，据有关资料统计发现，传统晚报的名牌栏目多为历史悠久、享有声誉的高品位副刊栏目，而都市报的著名栏目则多为新闻追踪。

1997年10月，全国晚报协会年会在天津召开。华西都市报头年在福州年会上被批准加入晚报协会，所以我也去参加了。头天晚上开常委预备会，华西都市报不是协会常委，没有参加。晚上听参加预备会的同寝室的同志说，刚才年会出现了一个戏剧性的事情，结果就讨论出了这次会议的一个重大主题。我问什么主题？他叙述说，会议开始问哪些人来出席了。副会长、成都晚报前总编辑凯兵说，成都晚报总编辑伍进一来不了了，因为《成都晚报》正在筹备一周之内出早报，他离开不了。大家一听惊呆了：晚报怎么要变成早报？现在晚报市场这么好。成都晚报当时在晚报协会很有影响，所以总编辑换了，老总编辑仍然保留副会长，新总编辑又补为副会长。成都晚报就两个副会长。大家都追问凯兵：《成都晚报》为什么改出早报？凯兵说，《华西都市报》搞新闻追踪，今天登了的明天又登，头天报道的事情，第二天又接着报道，第三天又报道，把读者的胃口吊起来了，就天天买它的报纸。《成都晚报》出晚了，就没有人买了。《成都晚报》现在只有改出早报了！

凯兵的一席话，让大家惊出了一身冷汗。前几年有香港的传媒说，晚报要日落西山，结束历史使命了，当时就感到有危机了。现在看来真的是狼来了。《成都晚报》这些年那么牛，那么有影响，现在都要改成早报了。哎呀，晚报的前途到底如何？会场上一下出现了危机气氛。这可是晚报协会年会从来没有过的事情。

马上有一个副会长站出来给大家鼓气。他慷慨陈词，讲了若干理由，引用一句古诗，比喻晚报依然是“风景这边独好”。大家听了，都热烈鼓掌。

大家互相鼓励，要有信心，也要想办法参与竞争。会上说了一个重要的事情，就是不能再批准都市报加入晚报协会了。我们协会开会都是介绍经验，他们听了就学习，结果学来把我们晚报打垮了。这叫“引狼入室”。本来就怕“狼来了”，你还要“引狼入室”，那怎么行？所以会上郑重宣布一个决定：再也不准哪个都市报加入晚报协会了。

我听了，觉得我在会上是一个被他们“防盗”的不速之客，所以，以后我就再也没有去参加过晚报协会的年会了。他们不好把已经参加晚报协会的华西都市报赶出协会，所以每一次会议都发了请帖，我就叫一个副总编去，听听他们又说些什么。

天津会议结束以后，我顺便去了一趟北京。我向新闻出版总署梁衡副署长汇报了晚报协会不再吸收都市报的决定。梁署长说，那你们都市报自己成立一个都市报研究会就是了。第二年，1998年底，中国都市报研究会就在成都诞生了。从此，晚报和都市报，两大报系在两个协会研究会的影响下，在中国的报业市场，展开了一场史无前例的市场争夺战。

晚报协会的天津年会上，把都市报超越晚报的事情，归结为新闻追踪，归结为今天登了的明天又登，这当然有一点以偏概全，但也不无道理。

把《华西都市报》的超常规发展归结为新闻追踪的，也不止成都晚报、晚报协会。还有一个故事。我看到过成都商报自己总结的一个材料，写他们过去的发展史。1995年8月的时候，他们发现《华西都市报》创刊才8个月，怎么报纸在市场上就卖得那么快，《成都商报》已经两年了，还不行。很多人认为，《华西都市报》发展快的主要原因是搞新闻追踪，于是内部搞了一场搞不搞新闻追踪的大辩论。反对新闻追踪的人说，《华西都市报》的新闻追踪多是社会新闻，那样搞的话，《成都商报》不就从经济报纸变成了社会类报纸？管理部门会不会理抹我们？坚持要搞新闻追踪的人认为，管它什么社会新闻还是经济新闻，把报纸发行量搞上去了再说。

这篇文章说，这是他们历史上的“遵义会议”，从此报纸转变方向了，把《成都商报》办成了一张社会类综合性报纸。本来他们担心会受到有关部门的理抹，没想到没人管这个事情。从此新闻追踪就使得《成都商报》也慢慢发展起来。

你看，在如何对待“新闻追踪”这个新闻表现艺术和方法上，成都的三家报纸都出场了，只不过各家扮演的角色不同而已。《华西都市报》是新闻追踪的创造者。没有《华西都市报》，就没有天天抓住读者的新闻追踪。《成都商报》是模仿者，它在《华西都市报》搞新闻追踪8个月之后，发现了新闻追踪在报业市场上的作用，马上紧紧跟上，从此一步不落，紧随其后。成都晚报什么时候发现新闻追踪的，我不知道；但是在晚报协会年会上的经过表明，他们懂得了新闻追踪对报纸快速发展的作用，但是采取的对策，是提前出报时间，有点牛头不对马嘴。后来的实践也表明，他们并没有在新闻追踪上下功夫。其实，那个时候他们认真抓一抓，以新闻追踪对新闻追踪，以内容质量对内容质量，按成都晚报采编队伍的水平，完全可以赶上去的，如果那样，成都的报业市场，可能就是三驾马车、三足鼎立的局面。可惜没有出现这样的结果。我们最早瞄准的竞争对手成都晚报，反而一蹶不振，一败涂地，真是始料不及。

# 世界环保组织为什么给府南河颁奖



府南河是成都的母亲河，长期以来污染愈来愈严重，每逢夏季发大水，沿河两岸低洼棚屋就要被淹遭灾。成都市委、市政府做出决定：综合整治府南河，不仅要解决城市水污染问题、城市防洪问题，还要解决城市基础设施落后、城市生态环境恶化以及两岸居民的安居等问题，同时带动整个城市的小区建设、环境建设、生产建设等综合建设，是中华人民共和国成立以来成都最大的一项环境综合整治工程，市政府命名为“1号工程”。府南河工程1993年启动，1994年全面实施，1995年8月进入10万居民大搬迁阶段。《华西都市报》1995年才创刊，成都的其他报纸宣传府南河工程已经有两年了，我们才开始介入，如何才能出奇制胜，后来居上，为府南河工程助一臂之力呢？

1995年8月的一天，府南河工程指挥部在市郊牧马山召开了一个新闻座谈会。我应邀参加会议。府南河工程常务副总指挥、市长助理张继海介绍情况，说是要在短短的三个月内，动员10万居民大搬迁，困难不小。新闻单位要配合做好舆论动员和宣传，让大家都来支持。他一边讲，我就一边想，10万居民大搬迁，几十万亲朋好友受到牵连和波及，舆论宣传要有巨大的冲击力，干脆就动员百万市民大参与吧！

我的裂变式思维一下就跳出来了：10万裂变为100万！裂变式思维的基本思路就是数量规模的最大化。你嫁接一个报纸的优势，我就嫁接各种各样报纸刊物畅销内容的优势；新闻追踪的悬念像连载一样吸引人，我就每天推出好几个追踪悬念叫你翘首以盼；敲门发行好，我就组织几千人去敲开千家万户的门……而所有的数量规模的裂变，目的都是追求目标的最大化，从而实现效益的最大化。

成都人对母亲河，个个都是一片真情，动员起来应该是一呼百应。百万，就是数量放大，规模放大，用市民对母亲河的亲情裂变百万市民！个别人想当钉子户的思想苗头还在心里打鼓的时候，就会被强大的舆论压住而不敢冒出来。这也是物理学上的势能定理。

会议刚开完，我就将市长助理张继海拉到一边，讲述我的动员百万市民大参与的构想。张助理听了非常高兴，下来就汇报给成都市市长王荣轩。王市长一听，大为高兴，马上约请我去谈了整个宣传活动计划的方案。王市长又给我们提出了一些好的意见。

“府南河工程百万市民大参与”活动，龙头活动为“‘1号工程’知识竞赛”，报纸将有关“1号工程”的知识答卷登出来，用29英寸大彩电作为奖品吸引大家参加。答卷不用寄，而把答卷投票地点选在府南河沿岸污染严重的低洼棚户拆迁地区、府南河工程建设工地和已竣工的地方，让市民在投票时有更强烈的切身感受。而在指定的投票时间和地点又组织百万市民大签名活动、告别旧府南河摄影活动等等。答卷投票抽奖每10天一次，同时配合举行几个专家座谈会、老成都人游府南河、拆迁户座谈会、府南河诗画作品捐献、府南河大合唱音乐作品征集活动等配套活动，给市民来一次府南河工程的普及教育。

11月8日，“府南河工程百万市民大参与”活动在成都市人民南路广场隆重开幕。11月11日，成都市百万市民纷纷走出家庭，如潮水般涌向分布在市内东、西、南、北、中的11个投票点投票签名。有的投票点在预定投票时间前半个小时，就被人围得水泄不通。他们当中，有78岁的老人，有三四岁的幼儿园小朋友；有一家三代一起来投票的，有一个人代表职工集体投入300份答卷的……投票以后，他们在“告别府南河签名点”签名留言。

各级领导也都来了。时任省长肖秧、省委副书记宋宝瑞、成都市委书记黄寅逵、市长王荣轩都到投票点视察，参加了签名活动。11月18日，时任四川省委副书记的宋宝瑞和成都市主要党政领导参加了第二期投票签名活动。

五次知识征答，五次都人如潮涌，一些外地人、外国留学生也参加进来。一次投票结束时，工作人员用5个大口袋，才装下所有的投票，每个口袋有50多公斤重。五次签名活动，11卷长20米宽1米的白布被写得密密麻麻、重重叠叠的。

配合百万市民大参与的各种活动，《华西都市报》对府南河工程进行了全方位多视角的报道。因为张继海介绍，王市长说成都市民齐心合力支持府南河工程，是全市人民的一次“府南河大合唱”，我就用多维思维，从几个角度做“府南河大合唱”的报道。先有全面反映各个单位支援府南河工程的《府南河大合唱越唱越响亮》，又有着重反映领导决策和建设者们英雄气概的《气势磅礴的府南河大合唱》，还有反映各行各业和街道居民积极参与的《百万市民大合唱》；既有写省委书记、省长、市委书记、市长关心府南河工程的报道，又有写最早发起治理府南河倡议的龙江路小学孩子们的报道《十年一挥间　梦想变成真》，还有写“老成都”参观府南河工程后谈感受的《“老成都”抚今追昔话府南》；既有写府南河拆迁居民座谈会的报道《母亲河，我对您说》，又有写单位大拆迁的报道《为成都的明天让路》；既有写有关专家为绿化、美化府南河献锦囊妙计的报道《装扮府南河　明朝更好看》，又有写成都市民护卫府南河“绿色行动”的报道《府南河——一支绿色交响曲》等等。

“府南河工程百万市民大参与”宣传活动声势浩大，动员面宽，各级领导都积极支持和参与，投票的有几十万人，参与的有两百多万人，收到了很好的效果。首先是保证了拆迁任务的如期完成。10万人从城市中间迁到二环路以外，3个月内准时完成。大参与活动一开展，谁也不敢当钉子户。

把一个政府的重点工程，宣传得如此生动活泼，前所未有，市长在市委常委会上激动地宣读《华西都市报》关于府南河工程的评论员文章，读完后还说：我们的机关报为什么写不出这样的评论？

我去采访王市长的时候，王市长介绍说，市政府办公大楼很破旧，并且拥挤。你看我这个市长办公室只有这么一点点大。新修市政府办公大楼的立项已经批了好几年，因为缺乏资金，一直拖了下来。现在，我们为了先满足府南河工程的资金，政府办公楼又往后拖。王市长强调说，因为这是一个民心工程。

我坐在去南京开会的飞机上，想起王市长的这句话，马上灵感一来，“党心民心心连心”的标题就出来了。一下飞机，就电话通知记者，以此为标题写一篇通讯。这篇通讯发表以后，王市长看了特别喜欢。我从府南河工程指挥部得知以后，就以《华西都市报》的名义制作了一个匾，上书“党心民心心连心”，在府南河大合唱的文艺晚会上赠送给市政府。

“从城市中心将10万人搬迁到城外，这样浩大的工程在日本是根本无法做到的，成都走出了发达国家城市建设的历史误区。”日本中国水利研究会会长西冈宏晃先生如此评价。

《华西都市报》的发行量也随着府南河工程的报道不断上升。

1997年12月，《中国报刊月报》发表了中国人民大学教授蓝鸿文的一篇文章《一次高扬主旋律的成功策划》，文章写道：“府南河工程是一项凝聚党心和民心的工程。这一工程，和《华西都市报》揭露和鞭挞社会上那些假、恶、丑现象不同，是一项真、善、美的颂歌，是物质文明建设和精神文明建设的完美结合，是实现可持续发展，迈向21世纪文明城市的一个重大举措。抓住这么一个典型，主旋律就是看得见摸得着的东西，就唱得更响亮，更动听，更具有说服力。”

府南河工程后来获得了联合国环保组织的“人居奖”。为什么府南河工程能获得“人居奖”呢？2000年3月24日，由我率领的“人居环境国际论坛”代表团来到了瑞士日内瓦联合国环境署。环境署欧洲区域办公室副主任贝尔蒙特女士接待我们。她饶有兴趣地介绍说，府南河工程，河比全世界很多城市内河都小，工程量也没有人家大，工程艺术特点也没有，很多指标都够不上，如果按照过去的评选标准，是不可能给奖的；但是，你们有百万市民大参与，这个事情就不简单，在世界河流改造史上是没有的。那些城市河流改造工程，都是按照政府规划、设计部门设计、投资方投资、建设单位施工的思路，按部就班地来进行的，没有市民来参与。你们是百万市民大参与，人人关心。所以，我们给府南河工程颁发了“人居奖”。联合国人居中心代表洛维格森先生说，该工程之所以获得联合国人居环境奖，最重要的原因，就是民众的参与程度。府南河工程既有百万市民的自发参与，又有大量民间的房地产企业主动配合，这种民众改造人居环境的热情，当然值得联合国人居组织以评奖的方式加以肯定。

联合国环境署官员的话给了我极大的鼓舞。也就是说，我策划的“府南河工程百万市民大参与”活动，对于府南河工程获得联合国人居奖，起到了决定性的作用。成都市政府报给联合国环境署了解情况的报纸，是一套“记录府南河工程百万市民大参与”系列报道的《华西都市报》，不是成都市委机关报。当时府南河工程指挥部专门打电话告诉我，如果联合国环保组织打电话询问我府南河工程的情况，你接到电话就如实汇报。《华西都市报》的系列报道和你办公室的电话已经报给了联合国环境署。我当时接到指挥部的电话，不知道为什么，现在才恍然大悟！

1996年1月6日，《华西都市报》举行创刊周年庆典。成都市市长王荣轩百忙之中抽出时间到会祝贺，并做了热情洋溢的长篇讲话。他说：“《华西都市报》抓住市民关心的府南河工程，开展了百万市民大参与活动，在成都市产生了强烈反响。报纸就是要‘言为心声’，什么是心？心就是老百姓的愿望。”

应该说，是裂变式思维方法让府南河工程获得了联合国的人居奖。

《华西都市报》也尽享裂变式思维的荣光！

成都所有的报纸，包括市委机关报《成都晚报》和报道了府南河工程多少年的报纸，他们的府南河工程的报道，就和其他国家重点工程报道一样，官样文章，平平淡淡，引不起市民读者的关心，用的版面不少，收到的效果很差。一个重要原因，是因为他们没有裂变式思维。

# 力学思维助推新闻策划





《华西都市报》能迅速走向市场，新闻策划起了重要作用。我动员人人搞新闻策划，每个部门做新闻策划，其实就是想发挥每个人的主观能动性和聪明才智，人人想办法动脑筋，把我们的新闻做得更好，把我们的报纸办得更好。

我之所以提出人人搞新闻策划，是因为我在四川日报的工作中就深有体会，凡是事前做了策划的，新闻做出来就不一样，效果和影响就更大，比如长江漂流的报道，批评报道为什么这么难的讨论等等。所以，我想《华西都市报》要把策划贯穿到各项工作之中，特别是新闻报道之中。

我搞新闻策划常用的思维方法，就是力学思维，也就是把牛顿三大经典力学定律，从物理的力学领域搬到社会生活社会事物的“力学”领域。

社会事物每天也都在发展变化之中。而社会事物的发展变化，也是社会上各种力量作用的结果。社会各种力量的作用和运动规律，与物理学上力学的运动规律，基本上是相似的。也就是说，牛顿的三大经典力学定律，运用到社会事物的运动过程之中，其基本精神都是符合的。

运用牛顿力学的思维方法，对社会事物的发展变化起推动作用，这个思想在20世纪80年代全国新闻改革的浪潮中，我就产生了。当时我作为分管舆论监督的副总编，不断思考舆论机关如何干预生活，坚持真理，鞭挞丑恶，伸张正义，慢慢从中明白了一个道理，舆论机关其实就是运用自己的舆论影响力，去推动事物的发展，跟我们在物理学中学的用外力去推动物体向前运动的力学，完全相似。

过去学习的牛顿力学，一下在我的工作中有了用武之地，只不过不是在物理学的物体运动领域，而是运用到社会生活的舆论运动领域，把力学理论做了一个平移。也就是用力学的研究方法，去研究解决社会生活当中的各种问题。社会生活中的各种力，不同于物理学中的力，看起来有点抽象，实际上就是人们平常说的社会势力和社会影响力。这种社会势力、影响力的作用和较量，好像看不见摸不着，可是能够切切实实地感受到。我把这个思想和方法，写进了1992年出版的《新闻批评心理学》一书。

《华西都市报》要大量去干预社会生活，运用舆论的影响力去推动社会事物的发展，就要对每一个我们要推动的社会事物，做认真的研究和策划。所以，我提出了《华西都市报》占领市场的一个方法，就是加强新闻策划。

我在给编辑部的讲话中，给新闻策划做了一个定义："在新闻事物发展的原动力上加一把外力，形成力的共鸣，使新闻事物达到波峰状态，收到最佳的社会效果。"

新闻策划在那个时候是新闻界经常使用的一个新名词，在过去的词典里找不到，在新闻学的教科书里也找不到。这是1990年代传播媒介走向市场，市场经济策划兴远，传媒人员引进"策划"一词与新闻嫁接而成的新名词。但因为"新闻"和"策划"都是大家十分熟悉的名词，含义也十分清楚，因此对组合起来的"新闻策划"一词，也都大体能理解它的含义。新闻工作者学习新东西是最快的，许多人拿过来就用，操作出一个又一个的新闻策划。新闻策划便遍地开花结果了。

到底什么叫新闻策划呢？新闻理论工作者和喜欢琢磨理论的新闻工作者给它做出了各种不同的定义和解释。我在《报纸策划艺术》一书中，援引了几个人的定义。比如：

> 朱家生：新闻策划是对一个单体新闻事实或一组系列新闻（包括战役性的），符合新闻规律的一种谋划，它可以是已经发生、正在发生或预见性的新闻，目的是采用最合适的新闻手段，获取最好的新闻宣传效果。
>
> 卢阴御：新闻策划是在新闻事实发生之前，由记者参与设计组成事件发生并予报道的一种行为。
>
> 熊忠祥：新闻策划的意思就是为新闻的发生出谋献策，把本来不具新闻性或新闻性较弱的事情策划为强新闻性的事情。新闻策划是指由记者参与设计并促成传播报道的行为，事实的内容很大程度上由记者构想。我们可称为策划性新闻。
>
> 贯亦凡：新闻策划便是新闻媒介不满足于守株待兔式地捕捉新闻，而是主动地利用自身的影响，围绕某一主题进行一系列活动，从而"制造"新闻，取得轰动效应。

而我的新闻策划定义与他们不同，完全是用力学思维在主导我的定义，同时也给出了新闻策划的三条基本定律。新闻策划是有规律可循的，策划者既不可能凭空捏造，也不可能漫无边际地胡思乱想。依照新闻策划的这个定义，新闻策划应该遵循下面三条基本定律：

> **新闻策划第一定律：**
> 给新闻事物加一个力，这个力的方向要符合新闻事物的发展方向。

辩证唯物主义认为，运动是事物的根本属性，任何事物都处在运动变化的过程当中，事物的运动变化都遵循一定的规律。新闻事物也和其他事物一样，是在不断变化和发展的，这个变化是按照它固有的规律来进行的，不以人的意志为转移。策划者如果违背新闻事物发展的规律，不可能有任何作为，不仅不可能有所作为，甚至会碰得头破血流。所以，要做新闻策划，首先要研究新闻事物发展的规律，下一步新闻事物将向什么方向发展，结局会怎么样，这个结局符不符合我们这个社会的要求。一定要弄明白新闻事物发展的最终方向，策划者所施加的这个外力，一定要符合事物的发展方向。

比如解救"三陪"小姐的策划，当时打工妹杨小芳身陷夜总会老板的手掌之中，不交钱脱不了身。这个事物的发展方向是杨小芳从夜总会中出来，回到亲人身边。无论夜总会老板怎样胡作非为，倒行逆施，他也改变不了这个最后的结局，最多只能逞威于一时。我们的策划就以这个方向为方向，提出了“解救‘三陪’小姐”的行动方案。“孩子回家行动”也是如此，8个被拐川籍儿童从人贩子手里解救出来，不管四川如何大，丢失儿童的家庭如何多，寻找线索如何麻烦，孩子们最终都会找到他们的父母，回到自己的家里。所以，我们的策划就是顺着这个事物发展的方向，利用报纸传播面宽的优势，出面帮他们寻找父母。

新闻事物的发展方向，既包括事物本身的属性和运动规律，也包括客观条件的成熟和许可。因此，符合新闻事物的发展方向，也包括要符合党的方针政策，符合客观条件。如果不符合党的方针政策，不符合客观条件，那也是不行的。

外力要符合新闻事物的发展方向，是新闻策划的首要条件，第一定理。如果说新闻策划是一门科学，这就是科学的支撑点。因为事物的运动规律是不可违背的，只有弄清了它的规律，遵循它的规律，你才能从必然走向自由，按照它的规律去驾驭它，最后才能实现驾驭它的自由。

**新闻策划第二定律：**

外力力度的大小，要和新闻事物固有的频率成正比。

策划者对新闻事物所施加的外力，过小不起作用，过大适得其反，所以力度的大小，要和新闻事物固有的频率相适应。

以“府南河工程百万市民大参与”活动的策划为例。这是1995年10月的事。实际上，府南河工程是从1992年开始的，搞了两三年，多数老百姓还不知道。现在二环路外三十几个小区的拆迁房已经修好，3个月内要将10万居民搬出城外，这是成都有史以来最大的一次搬迁，市政府视为一次拆迁战役，如果出现几个钉子户就会造成延误。10万居民如果连同亲友，涉及面是几十万人。成都的多家媒体搞了策划，配合做了连续报道，结果都有影响，但影响都不大，原因是力度太小，小活动小策划作用于10万居民大搬迁的大战役，难以适应和推动。《华西都市报》则不同，我用变量思维的方法，推出“府南河工程百万市民大参与”活动，大小配套活动几十个，投票点几十个，抽奖十天一次，声势浩大，波澜壮阔，从几岁的小孩到七八十岁的老人都动员起来了，把偌大一个成都闹沸腾了。十万居民大搬迁，百万市民大参与，党心民心心连心，心的撞击形成社会共鸣，形成了全市人民的府南河大合唱。这个策划力度大，与大搬迁的事物相适应，将社会跳动的脉搏把握得非常好。

这里举了两个以大对大的例子，但外力绝不是越大越好，而是要与新闻事物相适应。以大对小，会成为牛刀杀鸡，以小对大，起不了多少作用。

**新闻策划第三定律：**

外力的目标着力点，是新闻事物发展的理想终点。

搞新闻策划，策划者必须明确一个指导思想，就是你最后要促成事物达到一个什么目标。这个目标也就是施加外力的着力点，即力的支点。明确了这个目标，你就可以围绕实现这个目标而采取种种办法，寻找外力的表达形式。如果说你推出什么样的策划方案、采用什么样的方法来实现你的策划方案还不明确的话，那你就认真研究一下新闻事物最终应该达到的理想目标是什么，因为你的工作应该是围绕它而展开的。

新闻事物是在发展变化的。新闻事物发展的理想终点，就是它的变化在什么地方结束为最好。为什么要明确着力点，主要可以节约用力，少走弯路，如果着力点不准，或者造成力臂太长，或者失去明确的目标，就达不到目的。

归纳起来，新闻策划要遵循的三条基本定律，第一讲外力的方向，第二讲力度大小，第三讲着力点。把这三条基本定律掌握好了，策划就不会走样、越轨或达不到目标。

我们这里所讲的基本定律，是从各种内容、各种形式的新闻策划抽象归纳出来，对其实质进行分析研究而总结出来的。新闻策划的实质是什么？实质就是新闻工作者发挥自己的主观能动性，采取某种形式，有意识地对新闻事物施加一个外力，推动和影响新闻事物的发展。不管你搞出什么样的策划，实质是给新闻事物一个作用力。既然是施加了一个力，这个力就得遵守它的规律。力不能乱用，方向乱了没有作用，大小乱了会乱了方寸，目标乱了达不到目的。所以，这三条定律是新闻策划的基本定律。

纵观其他新闻策划的定义，都是在新闻策划的表象——外观形态上做文章，没有抓住事物的本质做归纳。事物的本质，其实就是事物为什么会在你的策划之后发生变化，那是因为你对事物施加了一个外力。没有外力的推动，事物是不会莫名其妙发生变化的。我用力学思维来定义新闻策划，不仅抓住了事物的本质，而且揭露得更为深刻。用这种方法研究社会领域的问题，更为严密和科学。其他新闻策划定义的方法，就不可能分析归纳出几条带规律性的定律。这就是会不会使用归纳法，你是归纳本质还是归纳现象。

仔细观察就会发现，我这里提出的新闻策划三条基本定律，同牛顿力学中力的三要素是完全一致的。力的三要素，就是力的方向、力的大小、力的支点。三条基本定律，讲的是凡是外力推动物体做运动时遵守的规律，至于外力怎么形成、外力表现的形式是什么，那就是人类在不断创造了。现在常见的施加给物体的外力，有电力、水力、火力（热力）、风力、核动力等等，但不管用什么作用力，物体在动力驱使下的运动规律，都得遵守牛顿力学三定律。新闻策划也一样，无论采用什么行动对新闻事物施加外力，都得遵守策划的三条基本定律。

新闻策划的三条基本定律，同牛顿力学力的三要素为什么一致，我在分析过程中就完全是模仿分析的，也就是将它们做了一个领域的平移。可以这样说，这里使用了模仿思维、平移思维、嫁接思维等思维方法。

下面举例分析力学思维在新闻策划中的运作过程。

1995年11月一天晚上，我与文化新闻部几名记者一起，从广汉驱车回成都。车上的闲聊中，文化新闻部主任许佳说，前几天中央电视台报道有8名被河南警方解救的、被拐卖的四川籍儿童无人认领，她的爱人张纪忠就去河南采访这件事情去了。她讲完，我马上说："嘿！这不是很重要的新闻吗？为啥社会新闻部的人不去报道呢！"立即吩咐许佳设法与她的爱人取得联系，连夜突击采访，赶写出稿子，第二天见报。

第二天，《华西都市报》在头版下半版刊发了消息《爸爸妈妈，快来接我回家！8名四川被拐儿童在河南望眼欲穿》。“孩子们从小被卖，不知父母是谁，在派出所里养了三个月还无着落。”

犹如平静的湖面投进一块巨石，第二天的《华西都市报》被一抢而光，不少读者还跑到报社索要报纸，一些家长纷纷来电或登门询问具体情况。省公安厅打拐办人声鼎沸，联系电话铃声不断。几百个父母在打拐办等待，但又没有把握那8个孩子当中是不是就有自己的孩子，因此也不敢贸然前去河南。他们已经为找孩子跑了不少冤枉路，花了不少冤枉钱。

这个报道怎么进行下去呢？为了解决这个久拖难决的问题，我觉得必须要外力介入，才能推动事物的发展。报纸怎么去施加外力呢？我叫社会新闻部讨论讨论。大家七嘴八舌，最后我做出决定，派记者去河南，将8个孩子接回四川，由待在成都寻找孩子的父母认领，没人认领的孩子则帮助他们寻找父母。我为这个介入办法起了一个响亮的名字：“孩子回家行动”。

整个策划和行动，完全是按照这个计划进行。华西都市报两度派记者赴河南，协助四川省公安厅打拐办和省妇联，将被拐卖到河南的川籍儿童接回成都。

经过省打拐办两个多月的努力工作，被拐卖的儿童全部找到父母平安回家，与亲人欢欢喜喜度春节。

“孩子回家行动”在海内外引起了很大的反响。中央电视台在《新闻30分》栏目，集中报道了“孩子回家行动”的新闻。同时，四川电视台、河南电视台亦派记者全程采访，《郑州晚报》《大河报》全力助战。全国媒体纷纷刊发有关消息。中国新闻社记者采访了6名被拐川籍儿童回家的新闻以后，以《川豫传媒联手献爱心被拐卖儿童返回故乡》为题发了通稿。在港澳台地区，《成报》《深星时报》《港人日报》等报纸在显著位置刊登了这一新闻。香港商会名誉会长陈先生在成都一见到我，就对“孩子回家行动”赞不绝口。他说，香港无线电视台在《中国动态》栏目中，详细地介绍了成都市民对这次活动的强烈反响，特别播出了记者采访报贩的镜头——记者问：《华西都市报》为什么这么好卖？报贩说：“孩子的父母看见了照片好去找哇，全市人民都关心孩子的命运！”香港无线电视台最后评价：《华西都市报》新闻敏感性强，很有商业头脑。

你看，这么好的新闻，怎么在一开始的时候，四川电视台的记者都去采访，华西都市报的记者会不去呢？我后来询问社会新闻部的记者，记者说，当时获取新闻线索之后，我们向主任和分管副总编都做了汇报。分管副总编说，我在四川日报当记者的时候，经常得到公安机关破获孩子拐卖案件，孩子找不到父母这样的新闻线索，我们写了也只是登出一个一两百字的“豆腐干”简讯，没有什么作用，最后就干脆不写了。这个线索就这样被领导否定了，我们就没有去采访。

四川日报的记者为什么只写出一个忠实于事实又不起作用的客观报道？原因就是袖手旁观，因为不起作用，所以最后干脆就放弃不管。《华西都市报》为什么把这个新闻做得那么大？就是因为我们采取行动，给了一个外力去推动事物的发展，因为我们急群众之所急，想群众之所想。我们既然掌握了舆论，就要用舆论的力量去推动孩子寻找父母，让孩子回到自己的家。

对比《华西都市报》和《四川日报》的不同之处，就是两条：一、传媒到底是主动干预生活，还是袖手旁观；二、懂不懂得用力学思维去干预生活，找不找得到施加外力、推动事物发展的具体方法。

"孩子回家行动"是典型的用力学思维指导的新闻策划。

在力学思维的指导和助推下，《华西都市报》产生了大量的新闻策划。另一个典型案例是前面说过的"解救'三陪'小姐"。

1996年3月的一个上午，快下班的时候，我走进社会新闻部办公室，想看看今天有没有什么好新闻。刚好碰到一对夫妇正在向记者反映，说自己的妹妹杨小芳在九眼桥劳务市场被人拐骗，如今在仁寿县龙正镇郁金香歌舞厅被迫当"三陪"小姐。几天来，她逃跑好几次都没有成功。夫妇俩得知妹妹的情况以后，赶去这家歌舞厅要人，歌舞厅却要他俩拿1000元钱来赎；又向当地派出所求援，结果派出所也要他俩拿钱才能取人。

眼见自己的妹妹身在虎口而无力相助，夫妇俩心如刀绞。回到成都，他们想到妹妹是在成都被拐走的，于是，马上向成都市公安局报了案；成都市公安局给仁寿县公安局打了电话，仁寿方面说调查一下。夫妇俩正在走投无路的时候，想到了《华西都市报》："《华西都市报》不是报道过成都警察出川解救被拐妇女的事吗？不是组织过接送被拐孩子回家的行动吗？找找他们，说不定有用。"

于是两人来到了华西都市报。看着他俩焦虑、着急的样子，社会新闻部记者拍案而起，他们研究决定发一篇消息，讲述事情的经过，呼吁救救这位被拐骗的女孩。

我对这种常规的老一套的操作办法感到很不踏实，回家的路上边走边想：写篇报道呼吁，说不定很多人读都没有读到，什么作用都不起；仁寿县公安局说调查一下，什么时候有结果，很难说。此事如果稍微拖久点，杨小芳就可能遭遇更大的不测。作为一份为市民服务的报纸，人家找上门来，就是对我们最大的信赖，如果我们不能急人之所急，就是失职。中午我睡午觉，躺在床上翻来覆去睡不着，想来想去，觉得这件事只有我们出面参与解救，才能让杨小芳尽快脱离虎口。这样做对报纸来说，如果把杨小芳解救出来是新闻，不能解救出来引起悬念同样是新闻，因为不能解救必然有不能解救的原因，必然会发生许多故事，生出许多悬念，这样新闻报道的吸引力就更大。想到这里，我一下子兴奋起来，起床坐在桌前，在一张纸上写下六个字："解救'三陪'小姐"。

事不宜迟。我马上赶往报社，安排社会新闻部记者先写出第一篇报道：《小芳被迫当三陪》。社会新闻部说，这不就打草惊蛇了吗？我说："这样做有两个好处。一是'郁金香'的老板读到报纸后，权衡利弊，会立即停止强迫杨小芳当'三陪'的行为，从而争取了时间，使杨小芳免遭玷污；二是，'郁金香'可能因此把杨小芳转移，为解救行动带来麻烦，但这对报纸来说，却使报道更曲折、更富于悬念，也更有吸引力。"

华西都市报"解救'三陪'小姐"的行动和报道同时进行。报社派出专车送记者深入采访，并直接同公安部门一道参与解救行动。正是在记者的积极参与下，有关部门在短短的几天内就将杨小芳救出，并对当地的歌舞厅进行了整治，规范了娱乐业的健康发展。因为解救过程包含了解救与反解救两种力量的对立和公开与秘密两种活动方式，其行动过程本身充满了悬念，引起社会各界的广泛关注。最后我们又组织召开了"九眼桥劳务市场如何规范和健康发展"的座谈会，发表会议纪要，编发了读者来信，强化舆论引导作用，收到良好的社会效果。

一位打工妹说，她看了这组报道，非常激动。没想到这么有名的报纸，竟然为了一个普普通通的打工妹，不畏艰险，付出那么多辛劳去解救。这使她对生活增添了许多安全感，心里也亮堂了许多，感到《华西都市报》真正是打工妹的亲人。

“解救‘三陪’小姐”不仅仅只是救出了一个“杨小芳”，不仅仅是对规范文化市场起了重要作用，更为普遍和深刻的意义是，它让人们看到，媒体是这个社会正义力量的一把利剑，即使最普通的老百姓也能受到这柄利剑强有力的保护，邪恶终究会被战胜、被克服。

马克思和恩格斯说过，“报纸最大的好处，就是它每日都干预运动”。报纸干预生活，惩恶扬善，伸张正义，那就必须要敢于对社会丑恶事物施加批判打击之力，对美好事物添加褒扬支持之力。当然，你有作用力，被批评者就会有反作用力，作用力和反作用力就会按照牛顿力学的规律有斗争，有较量，事物就会有波澜起伏，你的参与活动就会有风险。对此，传媒就要有敢冒风险、敢担责任的勇气。因此，传媒人既要有敢于运用力学思维的胆量，更要有善于运用力学思维的方法和智慧。

我们用力学思维加强新闻策划，使《华西都市报》干预生活、伸张正义、鞭挞邪恶的社会影响越来越大，社会上很多人和部门都看到了《华西都市报》的这种力量。一些政府部门甚至出面和我们联手，来推动他们的工作。

比如1996年，成都市人大通过了《反暴利法》，可三个月后餐饮娱乐行业的暴利仍无收敛，消费者向市场物价所投诉不少。物价所就来找到报社，看能否运用我们的策划，帮助他们杀杀这股歪风。他们提供了很多消费者揭发的暴利单位的具体情况。我们一听，当然很高兴，因为不用到社会上去寻找暴利单位了。经过一番策划，我们决定派出来报社求职的南充青年李波，到消费者投诉多的餐饮娱乐点一一去实地点名消费，果然一一挨宰。李波遂向物价所和报社“投诉”，物价所马上上门查处，第二天就见报。一个接一个的暴利单位都在李波的消费和举报中遭遇滑铁卢。成都顿时掀起一股反暴利之风。实际上，这是我们和物价所贯彻市人大会议精神的一个策划。这个策划社会效果很好，餐饮娱乐业的暴利有所收敛，中央电视台前后做了三次专题节目，做了《焦点访谈》，还把李波请到了“3·15”消费者晚会上去对话。

新闻策划要解决的一个重要问题，是寻找外力的表达形式，即通过什么方式来施加这个外力。比如，中央电视台的抗洪救灾晚会，对全国抗洪救灾施加的作用力，就通过晚会这种形式表现出来，晚会包括各种节目、各种捐赠行动、各种英雄典型，以及主持人的鼓动煽情等等，这样对全社会，对观看晚会的每一个人，对各级党政部门，就产生了教育、鼓舞、激励、动员的作用，教育的作用力、艺术的感染力、典型的影响力，汇成一股巨大的力量冲击着每个人的心，形成了战胜洪灾的强大力量。

新闻策划的外力表现形式是多种多样的，有文艺晚会、社会活动、调查活动、救助行动、报告会等等，形式千变万化，丰富多彩。策划者可以根据新闻事物的特点、各种媒体的优势、特定的环境条件，发挥自己的聪明才智，去构思，去设计，去创造。发挥的空间很大，舞台也很大，完全可以根据自己的知识结构，采用多种思维方法，创造出与众不同的、独到的、新颖的表现形式。

# 5步思维接力创造敲门发行学

### “敲门”敲开我的裂变式思维

《华西都市报》创刊，我就提出了一个口号，第一年占领成都，第二年占领重庆，第三年占领专县。第一年的计划如期完成，成都发行10万份，浩浩荡荡，异军突起。第二年2月便坐上了成都市报刊零售量的第一把交椅。但重庆依然没有大的起色，才有3000多份。打开重庆的发行市场，已经刻不容缓了。第二年3月，一支队伍强行登陆山城，重庆的发行量逐渐上升。

1996年8月，我们在重庆举行重庆发行会议。重庆雾都宾馆里聚集了《华西都市报》的发行人员，重庆市委宣传部和市邮局的有关领导同志也参加了会议。

我坐在主席台上，重庆市委宣传部新闻处处长冯建新与我摆起了龙门阵，他说：“我看《华西都市报》有5个独特，这5个独特是很多报纸没有的。”

“有哪5个独特呢？”我对他的话很感兴趣。

“第一，你们的报纸办得独特，把别人好的东西都嫁接到你们这儿来了，很对读者的胃口……”冯建新一口气列举了四个独特，我听起来都是办报的内容，不独特。

“这第五个独特，就是你们的发行方式很独特。”冯建新处长讲得格外认真起来。

“发行怎么个独特？”我饶有兴趣地问。

“就是敲门呀！”他一边说，一边用手做了一个敲门的动作。

我为之一震：“敲门？”

他边说边比画：“门敲开后，就送你一张《华西都市报》，送了还不走，还要给你宣传，说《华西都市报》如何如何好。隔两天，又来了，还是送上一份报纸，又做一次宣传。第三次也还是向你宣传，到了第四次就建议你订上一份。如果你犹豫，他就建议你订一个月试一试，谁知这一看就上了瘾，离不开这张报纸了……”

“敲门！”这两个字重重地敲在我的心上，对我的思想触动很大。

我想起了重庆发行站站长陈建国给我做的汇报。他一下子招了很多人，也没有报告，花钱不少，但每月增长1万份，四个月增长了4万份，重庆的报纸几乎全是征订。成都是《华西都市报》的大本营，搞了一年多，征订的份数也只有4万份。在成都，《华西都市报》的影响远比重庆大，如果把这种发行方法也用于成都的征订工作，使成都的征订也有个突破，从而带动其他城市的发行，那《华西都市报》的发行工作一定会有一个大的飞跃。

"敲门"引起了我对发行思路的反思。一直以来，我都以为走向市场的报纸以零售为主，所以，《华西都市报》非常重视零售工作，零售也发展得很快，每月以1万份的速度增长。征订在成都也搞过，但没有下功夫，在重庆却一下子打开了局面。走向市场的报纸是不是完全听任零售市场来决定呢？重庆的"敲门"否定了我过去的认识。

就全国范围来讲，报纸零售和征订都在搞。报纸要走向千家万户，不只是靠读者上街买报，仅靠零售是不行的；还要靠我们的发行人员走到千家万户去，上门征订，送报上门，建立比较稳定的售后服务。要实现一流的服务，搞征订的主动权更大，搞零售反而没有主动权。

新闻处处长的"敲门"，触发我的第一个思维，是概括思维。我觉得"敲门发行"这个概念就概括得很好，首先是指向明确，对象是各个街道的市民，同时生动形象，能够体现发行人员的主动性和进攻性。触发我的第二个思维，是裂变式思维+演绎法。既然重庆几十个人敲门发行都取得这么好的成果，我为什么不在成都、在全省组织几千人的队伍，大规模地去敲门呢！那不是效果更加显著吗？我要组织几百几千人，在成都和全省敲出几十万份的发行量。

### 优选法树立敲门发行的榜样

1996年9月20日，《华西都市报》在成都拉开了"敲门发行"的战幕。在成都军区转业干部培训中心大礼堂里，500多名发行人员聚在一起。我给敲门发行大军做动员报告，题目就是我提出的口号："敲开千家万户的门！"

我说："报纸走进千家万户，不是靠读者自己到报社来买报走进千家万户，也不是报纸长了腿自己就走进千家万户，而是靠我们的发行人员带着报纸走进千家万户。发行人员要主动上门去敲开千家万户的门。报纸的发行要树立全心全意为人民服务的观点，你家住几楼，报纸送几楼。我们要像地毯式扫射那样去上门征订，逐条街道挨家挨户去敲门。"

第二天，成都的大街小巷就处处响起了"敲门"声。"敲门"也十分奏效，一个月下来，征订数量就增加了1.7万份。但在发行人员内部，发行业绩却很不平衡，有的发展了几百个新订户，而有的仅仅只有十来个订户；有人一月的收入就拿了2000多元，而有人一月下来只有几十块钱。我们马上让那些"敲门"敲得好的、发行量大的发行员，在会上介绍经验，组织其他发行人员学习。

1996年11月初的一天上午，四川日报二楼大厅里，400多人神情专注地听着台上一位年轻的女同志含着眼泪发言。她叫刘素云，曾经是成都针织厂的优秀岗位能手、市级劳动模范和先进个人。下岗后，她在原单位每月只能拿一百多元钱，可在华西都市报当发行征订员第一个月，就拿了两千多元。她是怎么做征订工作的呢？她负责两条街，就挨家挨户去熟悉了解，问寒问暖，人家有什么困难，就想方设法帮人家解决，有人生病住院，就带着礼品去医院看望。看上去，她似乎不像是去专门征订报纸的，更像街道办事处的工作人员，善于做群众工作，很快就和大家熟悉了，打成一片了。而对于报纸发行，更是一丝不苟，兢兢业业。她的父亲病重一个月，她没来得及去看一眼，父亲病逝当天，刚刚为父亲办完后事，她为了能让订户按时看到报纸，深夜戴着黑纱，含着眼泪坚持把报纸送到订户的家中。刘素云还讲了许多她平时和订户之间建立起一种深厚友谊的故事：为了方便一个住在七楼的订户，她每天把本应该送到一楼收发室的报纸坚持送到七楼，并且还帮助订户做家务事，和订户结下了深厚的友谊；为了说服一个对投递员有意见的订户，她不计前嫌一次次上门做工作，一次次牺牲自己的休息时间去帮助订户解决家里的困难。订户最后含泪说："你不仅送来了《华西都市报》，更送来了对订户的一片真情，有你这样的发行员我们还能不喜爱这张报纸吗？"在她负责的片区里，人们都把这位发行员看成是自己的家里人一样，大事小事都爱找她。

### 联想思维提出敲门发行的队伍建设

台上的人讲得声泪俱下，台下的人听得感动不已。刘素云讲得太好了！她的发言引起了我的思考：我们的报纸都把建设一支高素质的采编队伍放到了最重要的地位，但是对如何建设一支高素质的发行队伍却绝口未提，实质上高素质的发行队伍与高素质的采编队伍在报纸的经营中应该具有同等重要的地位和作用。刘素云一个月搞发行的收入高达两千多元，而有的发行员才一百多元甚至几十元，这样的对比从现象上看是反映了收入高低的问题，但实质上是反映了发行人员素质高低的问题。在上门发行的过程中，发行人员如果都能具备刘素云那样高度的社会责任心和良好的思想素质，发行工作就不愁做不好。同时，让这种人去搞报纸发行，还可以带动社会的精神文明建设，产生更深远的社会意义。

如何建立一支高素质的发行队伍呢？我又联想起不久前一位专家在报社讲的营销学。他说，一个产品有两个质量，一是客观质量，即产品的真正质量，一是主观质量，即消费者认为你这个产品的质量如何。主观质量经常背离产品的客观质量。营销策划所做的工作，其实就是如何大幅度提高产品的主观质量。所谓知名度，所谓品牌，就是主观质量的象征。报纸也是产品，办报水平高低体现出了它的客观质量，而广大读者对它的印象如何则反映了它在人们心中的主观质量。客观质量是由采编人员来完成的，但是主观质量的好坏很大程度上要由发行人员来完成。在报纸质量竞争日益趋同的今天，如果我们拥有了一支高素质的发行队伍，使《华西都市报》在读者心中的主观质量再上一个台阶，我们在市场竞争中就可以立于不败之地。假如我的报纸质量与人家一样，但我的发行队伍很强，素质高，我们的发行量也会比别人多。

建立一支高素质发行队伍，又使我联想起了《华西都市报》的办报宗旨：全心全意为市民服务。全心全意为市民服务，不仅是采编的报纸内容，还应该包括发行服务。

联想思维使我明确了两条：一、"敲门发行"的组织路线，是建立一支高素质的发行队伍；二、"敲门发行"的指导思想，是用一颗全心全意为人民服务的诚心去敲开读者的心灵之门。

这天晚上，我翻来覆去睡不着，想得最多的是两个问题：一是刘素云之所以做得那么好，就因为她是优秀党员、劳动模范，善于做群众工作。二是如何推广刘素云的经验，使大家都能像她那样工作。刘素云的讲话还有许多发行员没听到，还有其他几个发言也很好。我于是翻身起床，在稿笺本上写下了两句话："一、发行队伍要招收特困企业的劳动模范、共产党员、班组长；二、整理十个优秀发行员的经验和事迹材料，装订成册，发给每个发行员学习。"

## 归纳法总结发行队伍中蕴藏的无穷创造力

第二天，我就把发行部主任找来，布置了两个任务。第一，对发行队伍的组织结构做重大调整，不要那些自由散漫的不负责任的社会闲散人员，专门去特困企业联系，招收他们中间的优秀党员、先进生产者、班组长、劳动模范、标兵能手等。这些人负责任，吃苦耐劳，肯动脑筋，善于做群众工作，他们来搞发行，肯定和刘素云一样出色，我们的发行队伍要以这些人为中坚力量。第二，从发行队伍中总结十个典型，成都的、重庆的、专县的都要有，征订员和发行员，吃苦的和善于动脑筋的，各种类型的都有。我们找一个人来写，争取一两个月写出来，汇成一本书，发到每个发行员手里，学习应用。刘素云讲的时候只有一百多人听，绝大部分人没听到，要让大家都像刘素云那样去工作，我们的发行量就会迅猛增长。

华西都市报高素质的发行队伍，就按这种思路逐渐组织起来了。到第二年，形成了遍布全省各大中小城市的发行大军。这一步果然走对了。在这支队伍中，下岗职工占了百分之七十以上，他们中间不少人是优秀党员、先进生产者、劳动模范、厂办主任等，甚至还有飞机厂的试飞大队长、工厂的党委书记、省级机关的科长等。他们在拥有自身良好素质的基础上，经过短暂培训就出色地担当起了《华西都市报》的发行工作，受到了广大订户的一致好评。

1997年1月13日和14日，成都电视台以《一位下岗女工的新选择》为题，报道了《华西都市报》发行员罗丽蓉的动人事迹，引起了人们的关注与思考。不少人说："《华西都市报》的自办发行不仅解决了这些下岗女工的再就业问题，还培养出了一大批新型人才，社会效益、人才效益、经济效益三者皆有了，称得上是报纸发行中的一项创造性工程。"

1996年年底，发行队伍中的十多个优秀典型，经过层层推选，终于推荐出来了。我反复比较，选择了其中十个最有代表性的发行员，派最擅长写人物的记者陈明去采写，限期一个月拿出来。陈明是高手也是快手，果然春节前就写出来了，我一个个地仔细地阅读，完全被他们的事迹感动了。他们的故事比原先介绍的还要丰富，还要精彩，还要深刻。这些发行人员发挥各自的创造性，在自己的那片天地里大展宏图，在短短的时间里就使《华西都市报》的发行量直线上升，创造了各种各样的奇迹。

读着刘素云、罗丽蓉等一个个发行人员敲门的事迹，我完全被感动了。我的思绪豁然开朗！过去，我多次到发行部，要求他们请一些新闻系的老师来讲发行课，从理论上提高一下，然后总结写成经验文章。但他们什么都没有总结出来。现在，我一下明白：敲门发行人员拥有无穷无尽的创造力，他们每一个人都会想出各种各样的办法。发行学并不神秘，发行学不在新闻学院的教科书里，它就在我们身边，就在这些发行员的实践中。他们就是最好的老师，他们的事迹和经验，就是一门《华西都市报》的发行学。我用归纳法把他们的经验归纳起来，就叫"敲门发行学"——用一颗全心全意为人民服务的诚心，去敲开千家万户的心灵之门的学问。这才是一本很好的、看得见摸得着、听得懂学得会的发行学教科书。我要用这十个发行员的故事，去激发几千个发行人员的激情和创造性。

我编定这些稿件后，将它们汇成一册，前面放上我动员"敲开千家万户的门"的几次讲话。我又写了一篇介绍敲门发行学产生经过的文章《敲门发行学的诞生》，为这本书做理论思考。我在封面上写下“敲门发行学”五个字，然后叫赶快付印。我要用这本《敲门发行学》，去教育培训全省几千人的发行队伍，去培养他们的高素质，去激发他们的创造性和积极性，去敲开全省大中小城市千家万户的门。

### 《敲门发行学》裂变全省报业大市场

《敲门发行学》几天之后就印出来了，总计印了5000本。我叫发行部迅速地将它发到《华西都市报》的每个发行员手中，认真学习，照着去做。那些发行人员分散在各地，都是过去没接触过报纸发行工作的，正愁不知怎么搞发行，正需要人指点，拿到这本书便一口气读完，大受启发，并且又按照这些思路去创造新的方法。一场类似于渡江作战的发行大战就这样拉开了。1995年至1996年，《华西都市报》的发行量以每月1万的速度增长，当时就认为是中国报业史上增长速度最快的。但1997年，又以每月2万—3万份的速度增长，无论是成都、重庆两个大城市，还是中等城市和小城市，《华西都市报》简直如入无人之境，排山倒海，进入大街小巷、千家万户。到1997年10月，总发行量飙升至50多万份，成为中国西部地区发行量最大的综合性日报。

真没有想到，《敲门发行学》的功效比我预想的还要神奇。发行员读了，个个都会着魔。他们好像是参加发行奥运会，要一个赛过一个。这种不服输的精神，使他们创造了很多超过十个先进典型的办法，真是百花齐放，各显神通。1997年4月，纳溪县（现纳溪区）一个发行人员专门给我写了一封信，信中说：席总编，你编的这本《敲门发行学》实在太好了，我这个从来没搞过发行的人也会搞发行了。我们现在这里只有两三百份《华西都市报》，如果按书上的方法去做，我们县至少可以搞两三千份。

《敲门发行学》真是一门好学问，一读就懂，一学就会，一用就灵。如果没有这本书，三千多人的发行队伍分散在全省各地，都不知道该怎么培训。一本书发下去，全都懂了。一本书就完成了对三千多人的教育培训。

回顾这四五个月敲门发行学形成的过程，前后就用了六个思维方法：概括思维明确敲门发行的概念，裂变式思维+演绎法放大敲门发行的规模，优选法树立发行人员的榜样，联想思维提出建立高素质的发行队伍，归纳法将发行人员的先进事迹抽象升华成《敲门发行学》的学问。5步思维方法的思维接力，使《敲门发行学》破土而出。概括思维明确敲门发行的概念，是以后思维接力的基础和起点；裂变式思维+演绎法对敲门发行实行规模化经营，短时间内做大市场；优选法树立敲门发行的标兵和学习的榜样；联想思维确立敲门发行的组织路线和指导思想；归纳法总结敲门发行大军中蕴藏的无穷无尽的创造力。《敲门发行学》于是应运而生。

思维接力运动，是人的思维运动过程当中的一个常见现象。一个问题出现了，用一个思维方法解决了，又会出现新的问题，又用新的思维方法破解；再出现新的问题，再……如此循环往复，多次使用各种思维方法，形成思维方法的接力运动，一个又一个地传递思维的火花，最后就把问题全部解决了。

### 一本没有正式出版的畅销书

“敲门发行”的神奇功效，使许多报纸惊叹不已；很多人还半信半疑，认为简直不可思议。于是他们纷纷奔向华西都市报，欲探究竟；有的则迫不及待地想尽快攫取这一“法宝”，以毕其功于一役。

1997年4月，当这本书刚刚出炉的时候，一些前来华西都市报考察学习的报社发现了它。一读，他们马上就像发现一件稀世珍宝一样，立即就提出要买这本书，哪怕花几百元买一本也行。

发行部说，这本书是发给《华西都市报》发行员学习的一个内部读物，不外传，也不出售。但有的干脆不由分说，把书往包里一搁，走了。

1997年6月，全国省级晚报都市报总编辑会议在成都举行。会上，我介绍了我们的敲门发行和《敲门发行学》一书。我说，我们的发行队伍现在被人称作登山队，因为现在订户大都住在楼房里，发行人员每天送报爬上爬下，开始时有的女孩子爬得哭，后来就逐渐适应了。有的退休人员也加入了我们的发行队伍，他们说：这样好，又做贡献又锻炼身体！这一下，《敲门发行学》就遭到了“灭顶之灾”。

大河报副总编辑马云龙开口就要200本。他拿着这些书马上回去在大河报也搞起了“敲门发行”。1997年6月其发行量才8万份，7月开始实行“敲门发行”以后，到12月底就增加到18万份，次年1月则达到22万份，后来超过50万份。它以排山倒海之势压向河南省各地报刊市场。随后，好奇的河南商报、郑州晚报也先后派人到华西都市报寻根问底，欲求得这一“盖世神功”，以掌握主动权，夺取竞争的胜利。

几乎与大河报同时，西安的华商报也在华西都市报索要了几本《敲门发行学》，招聘了1000多个发行员，进行反复学习，并请华西都市报发行部的领导去讲了几天课。一年后，《华商报》的发行量由原来的几千份上升到40万份。于是，三秦都市报、西安日报、西安晚报都先后派人到华西都市报“探宝”。

福建日报一位领导得到一本《敲门发行学》，给了正在创办的海峡都市报社。该报还未创刊就开始“敲门”，创刊后不到一年，发行量就达到16万份。

许多报纸对敲门发行的成功运用，使《敲门发行学》一书名噪华夏。全国各地来函索取的、汇款求购的、上门寻找的，纷至沓来，应接不暇。到1997年8月，仅仅专程到华西都市报购买此书的报社就有70多家，8月中旬，5000多本《敲门发行学》就散发殆尽。华西都市报社个别人拥有的《敲门发行学》一书竟成了珍本。

1997年下半年，西安晚报发行部吕晓到华西都市报得到一本《敲门发行学》，1998年3月辗转送到了全国报纸自办发行协会名誉会长鲁思处。鲁思读了此书以后，给天津日报发行部负责人、协会会长边子平写了张便条，称：“《敲门发行学》是一本很有趣的书，它确实有助于敲开我们头脑中的‘榆木疙瘩’……”

1998年3月，中国报纸自办发行协会在杭州召开业务协作委员会。协会负责人边子平决定，虽然华西都市报没有加入协会，但一定要请华西都市报参加，同时，请华西都市报将《敲门发行学》一书送400本去，发给各位参会代表学习。华西都市报发行部张卫国接到电话通知后，请示总编辑，我说："哪里还有几百本，几本也难找，你就带一本去吧！"这本书在会上成了"贡品"。会务组将书复印下发，与会者读后，无不感到耳目一新，大为惊奇。他们纷纷给张卫国建议，尽快交出版社正式出版。

1998年6月举行的全国报纸自办发行会议上，这本书同样以复印的方式发给了每位与会者。

据统计，这本书的复印本，总数达五六万册。

《敲门发行学》还有一个意想不到的结果，是将重庆市一个塑料小企业，快速催生为"报箱大王"，因为华西都市报在那里定制家庭报箱，全国都市报都上那里去定制报箱。一时间，"报箱大王"的报箱挂到全国大街小巷和各个小区家家户户的门口。

### 创造市场奇迹的新闻类书籍

关于《敲门发行学》一书，我后来又重新做了系统完整的理论梳理，内容比原来增加了4倍，在保留原有实用方法的基础上，具有较强的学术风貌。2000年由中国社会科学出版社正式出版。

《敲门发行学》的广泛传播，使报纸的发展进入一个新阶段。在《敲门发行学》诞生以前，一张报纸要发行10万到20万份，一般需要四五年时间；发行30万到40万份，一般需要10年时间，有的甚至更长。《敲门发行学》传播以后，一张创办才一两年的报纸，其发行量动辄就要上二三十万、三四十万份。每个报纸都有几千人的发行队伍，全国搞敲门发行的人数总计在20万人以上。同时，随着这些报纸影响的日益扩大，发行量的不断增加，广告也跟着蜂拥而至，一年的广告收入少的几亿元，多的甚至10多亿元。这些发行员创造的价值、报纸增加的发行收入和广告收入，十多年来的总和，粗略估计有几千亿元。《敲门发行学》创造的经济价值十分可观。

除了经济效益外，《敲门发行学》创造的社会效益同样不可小视。它解决了几十万人的就业问题，维护了社会稳定。同时，它使全国的报纸发行量在几年之间，从计划经济时代的2000多万份，增加到9000多万份，坐上了全球报纸发行量第一把交椅，与世界报业市场接轨，具有重大的政治意义。

全国新闻工作者协会副主席郑梦熊先生为我的《敲门发行学》作序，对"敲门发行学"在中国报业经营史上的地位做出了评价。他写道："《敲门发行学》的出版，是我国报业经营史上的一件大事。这本书，系我国第一本研究报纸发行的专著，对我国新闻学乃至传播学研究是一个重大贡献；同时，对于报社事业的发展具有重要的指导价值。"

### 敲门发行创始人痛失《敲门发行学》

《敲门发行学》名声大噪之后，华西都市报重庆发行站站长陈建国的名气也大起来，因为是重庆发行站敲门发行的成功，才使得席文举总结出了《敲门发行学》。我也多次表扬肯定他的成绩，并且给予了经济上的奖励。所以，陈建国到处宣传，敲门发行学是他搞出来的，是席总编总结的。也有一些报纸听到《敲门发行学》的产生过程，跑到重庆发行站去学习敲门发行。

陈建国最风光的事情，是重庆首富、力帆公司董事长、以商界人士出任重庆市政协副主席的尹明善，出资100万元买断他的事。尹明善原来是重庆出版社的编辑，下海经商以后接连做大资本。他看到《华西都市报》短时间内火爆报业市场，心中的出版传媒情结萌发，就想投资办报。他看到发行工作在报纸发展中的重要作用，于是下定决心网罗发行人才。他和陈建国几经谈判，用100万元买断陈建国，作为力帆公司今后办报的发行部主任。力帆公司报纸还没有一张，发行部主任已经到任多时了。这在当时改革开放的中国，一时传为佳话。后来力帆公司投资的报纸多到5张，陈建国就兼任5张报纸的发行部主任，在全国5张报纸的所在地跑来跑去，忙得不亦乐乎。几年之后，5张报纸都失败了，因为报纸办得不好，读者不愿意订，敲门发行也不奏效。所以，《敲门发行学》也不是一敲就灵。报纸办得好才是敲门发行的前提，不然，门敲开了，报纸不好看，看几天之后也会重新把你拒之门外。

其实，陈建国也不是敲门发行的创始人。他之前在成都商报搞发行的时候，就用的是这个办法。成都商报其他的发行人员也使用这个办法。但那个时候不叫敲门发行，更没人总结出《敲门发行学》，都叫“上门征订”。而这个“上门征订”办法的创始人，追根溯源，那是天津的今晚报和杭州的钱江晚报。这两张晚报创办于1984年和1985年。当时邮局发行费用太高，改革开放使他们转变思路，搞起了自办发行，提出“上门征订，送报上门”。因为搞得好，很成功，所以就成立了全国报纸自办发行协会，天津今晚报当会长。上门征订，自然就要敲门。你不敲门，人家怎么晓得你站在门口，人家不开门，你怎么完成征订。所以，敲门发行这个办法真正的创始人，应该是今晚报和钱江晚报。

敲门发行的创始人，为什么又没有创造出敲门发行学呢？他们本来就站在敲门发行学的门口，他们的发行人员十年前就开始了敲门发行的行动。但是，他们永远都迈不进敲门发行学的门槛，因为他们手中没有钥匙。这个钥匙，就是思维方法。

全国报纸自办发行协会在杭州开会，会长是今晚报，承办会议的是钱江晚报，都是敲门发行的祖师爷。全国新办报纸后来一连串的“上门征订”，都是跟着他们学习的。我在“敲开千家万户的门”的动员报告上，就引用了今晚报的一句口号：“你家住几楼，报纸送几楼”。

敲门发行创始人痛失敲门发行学！这就是中国报业市场营销队伍缺乏科学思维方法的结果。

类似于敲门发行创始人痛失敲门发行学的故事，在科学史上很多。著名的天文学家第谷，用了30多年的工夫，细心地观察了750颗行星，由于他固守收敛式思维，怎么也解不开各种秘密。他请了个年轻人开普勒做助手。开普勒是个数学老师，他通过对第谷资料的分析，大胆使用发散思维，提出“火星的运动轨道是椭圆，太阳位于椭圆的一个焦点上”的假设，结果与观察资料完全一致。开普勒运用发散思维研究的结果，促使了行星运动三大定律的发现，奠定了天体力学的基础。开普勒也因此获得了天空立法者的美誉。

第谷在天体力学的门口苦苦等了几十年，始终没有敲开天体力学的大门，最后没有看到结果就抱恨离世。他在认识论上的悲剧还在于，他始终都不知道他为什么进不去这个门槛。

这样的故事很多。有多少原本可以发现的东西，由于思维能力的不足而从身边溜掉了。

# 报业史上空前绝后的版面买卖

## 从地摊来的"特别报道"

《华西都市报》另一个重点版面"特别报道"的开设，也是一个独出心裁的嫁接。那些年来，我一直有个非常强烈的念头：为什么法制报、周末报、"地摊报"等报纸和《故事会》《今古传奇》等期刊畅销？特别是"地摊报"，往往用庸俗、粗俗的描写来刺激读者，迎合读者不健康的需要，有时还与党的方针政策相左。但是"地摊报"以各种情节曲折的故事取悦读者，这一点却是值得学习的。我们不能因为"地摊报"格调低下，就嗤之以鼻，就不去正视它的优点，倒脏水不能连同婴儿一起倒掉。取其精华，去其糟粕，才是一种正确态度。我们能不能开一个版面讲长篇故事，把长篇故事的优势嫁接到《华西都市报》上？他们讲文学故事，我们就讲新闻故事，在题材上限定为写普通老百姓的悲欢离合，讲述老百姓自己的故事，真实的新闻故事可能比胡编乱造的故事会更畅销。

我想，《故事会》《今古传奇》等杂志之所以畅销，就是因为它们汲取了中国传统文化的营养，借鉴了古代章回小说、明清白话小说的技法，靠精彩、生动、活泼、曲折的长篇故事来吸引读者。靠故事性来争取读者，是这类杂志值得报纸学习的地方。它正好符合中华民族几千年来形成的特别是大众的鉴赏心理。当然报纸学习它们写故事，又必须结合报纸的特点，那就是要突出新闻性、真实性，不能胡编乱造。

我通过这样一番思考以后认为，"地摊报"、周末报（版）等报纸和《故事会》《今古传奇》等期刊以长稿取胜的长处值得学习，但又要克服它们在表现手法、内容剪裁、分寸把握上的短处。根据《华西都市报》的定位和国内一些报刊长稿的经验教训，决定把《华西都市报》的长稿在题材上限定为写普通老百姓的悲欢离合，讲述老百姓自己的故事，绝不去涉及那些敏感题材。我既不能因为出了一些问题就心惊胆战而退却，又要采取有力措施避免问题的发生。毛主席的辩证思维给了我胆识，也给了我勇气和力量。

有了这个思路，我就从过去办"天府周末"的经验中，归纳出"特别报道"主抓四大题材：社会生活中发生的重大的、突发的、新鲜的新闻事件、人物、热点、案例。同时提出写作上的4个要求：突出故事性；强化可读性（热点没有故事性，但要有可读性）；强调真实性（新闻纸一定要讲真实，长稿也必须遵守新闻原则，情节细节都绝不允许编造）；注重政策性（必须符合党的方针政策，凡是不合时宜的坚决不登）。以故事性吸引读者，以可读性抓住读者，以真实性贴近读者，以导向性引导读者。在表现形式上应该具有故事性和可读性，同时不能为了故事性而去胡编乱造，必须保证导向正确和真实准确。这里，我的经验思维发挥了作用。

在数量上，我同样使用裂变式思维，既然读者喜欢故事，我们就规模化经营，每天一篇长篇故事，让你读个够。

我提出每天一篇长篇故事的要求，当时很多同志都倒吸一口凉气，因为那个时候的报纸，别说一天一篇长稿，一周一篇也困难。不只是我们的编辑，全国有名的大报闻言也直晃脑袋。我们两个编辑去上海出差，文汇报的同志听我们要“每天讲一个长篇故事”，惊诧地反问：“你们别玩火了，哪来那么多的来稿？”他们还大胆地预测：“乐观的估计，你们可能会坚持半年。”资深而久负盛名的《新民晚报》，类似的特别报道，仅是间或为之；《南方周末》《羊城晚报》的特别报道名闻遐迩，也是每周一次，或是时有所见，当然皆为报纸性质、宗旨使然。

同行的担忧，我早就考虑到了，这就是题材“全国性”的问题。中国这么大，人口这么多，与四大题材有关的新闻天天发生，就是只写案件，而且只写四川的案件，每天选一篇也难以写完，何况面向全国，何况还有比案件更丰富的人物、事件和热点呢。中国的新闻故事是讲不完的。《故事报》一天几大版，天天有稿源，就说明一天一篇长稿没有问题。我们既然要优选最好看的故事，那就在全国各地组织数以百计的作者网络，对重大题材张网以待。

《华西都市报》每天一个长篇故事的专版“特别报道”就呱呱坠地了。我们天天精心生产，天天向读者推出版面，形成规模效益，使读者天天离不得。

“特别报道”一问世即火了起来。1996年10月，《华西都市报》进行读者调查时，“特别报道”才推出仅仅3个月，在读者喜爱的版面统计中，就位居前四位。

一位读者来信说，“特别报道”成功地嫁接了其他报纸、期刊的优势，为我所用，加以改造，形成了自己的特色。它与很多报纸采用的长篇连载不同：一为真人真事，比小说具有可信性、贴近性、新闻性；二是以一天一篇完整的故事为主，不像长篇连载那样要读者有耐心和持续阅读时间；三是与整张报纸的大众化格调相统一。从新闻体裁看，“特别报道”集报告文学、大特写、人物通讯、事件通讯、案例通讯、社会新闻、追踪报道之大成，显得丰富多彩，婀娜多姿，体现了另一种杂交优势，好似新闻快餐中捧出的一大盘海参什锦，菜杂味鲜。

每天一版的“特别报道”引来大量读者来信，说“特别报道”读了很过瘾。许多读者形成了一种阅读定势，拿到《华西都市报》先读“特别报道”。大量读者冲着这个版订了《华西都市报》。有的家庭为争看“特别报道”，订了两份报纸。一些读者说，今天不读“特别报道”，晚上睡不着觉。读者张振声在来信中写道：“每天打开《华西都市报》，赫然扑进眼帘的‘特别报道’，就像一道光华夺目、绚丽多姿的风景线。那鲜明光艳的时代风采，是那样催人奋进、震撼心弦；那充满憧憬、五彩缤纷的人生，是那样令人向往和企盼；那光怪陆离、形形色色的案例，是那样让人惊心动魄或不可思议……读后叫人时而激励鼓舞，心花怒放；时而感悟遐思，发人深省。”四川联合大学一个学生写信给我，称“特别报道”在大学校园里特别走俏。成都市市长助理张继海有一次对我说，市上开会的时候，往往上面的人在讲话，下面的人却在悄悄传阅“特别报道”。“特别报道”故事曲折多姿，高潮迭起。如

《魂断台北》一文，从一个家庭悲剧反映海峡两岸分裂的悲剧，故事曲折动人，四川谐剧创始人王永俊读得老泪纵横，一位导演想把它改编成电视连续剧。

"特别报道"在全国产生了广泛的影响。许多报纸纷纷转载，电视台根据"特别报道"拍摄专题片，形成媒体联动效应。比如1996年推出的《冷静看东方红爱心热》的特稿，写四川省达川市"东方红"三胞胎姐妹因父残、母病、贫穷而读不起书，社会上好心人捐款10多万元，但她们的父亲却发生了变化，有田不种，还雇了保姆，自己经常去茶馆打麻将，同乡有难，别人都纷纷伸出援助之手，而他却无动于衷。这篇报道在社会上引起强烈反响，上百家报刊转载。一些电视台还根据《华西都市报》的"特别报道"摄制了许多精彩的电视专题片，一些电台则把"特别报道"改编成广播稿播送。

《华西都市报》"特别报道"的推出，迅速吸引了全国一大批写纪实文学的作者。《华西都市报》为了保证"特别报道"长盛不衰，采取"走出去，请进来"的办法与作者建立稳定的联系，将一个庞大的作者群稳定地团结在了自己的周围。我们每个月对特稿评奖，前三名发给奖金；年终还要对全年的好稿评一次奖。这些办法和措施使《华西都市报》在作者心目中树立起了相当好的信誉，极大地稳定了作者队伍，从而形成了一支遍布全国各地的400多人的特稿作者队伍。我为了吸引全国的作者和好稿，又组织了"特稿作者出国笔会"，每年评选的15篇好稿的作者参加。

《华西都市报》的"特别报道"，也引起了各大出版社和影视机构的注意，纷纷要求合作。许多"特别报道"被拍摄成为影视作品，好几家出版社先后出版了"特别报道"的选集。

### 全国蜂拥而起的"特稿大战"

这个长篇故事的嫁接，不仅引起了广大读者的共鸣，也引起了报业同行的模仿。《成都商报》三个月后克隆出了一个同样的版面。随后，成都、重庆几张走市场的报纸，也相继跟进。此风迅速从川渝刮到了外地，学习模仿的报纸一下冒出了几十家，全国顿时形成了"特稿大战"。"特别报道"成了这一时期报刊的一个竞争热点。许多报纸不具备条件，仓促上阵，后劲明显不足，干脆"拿来主义"，把人家的"特别报道"拿来转载就是了。《华西都市报》的"特别报道"从此遭到多家报纸的不断侵权。

全国报刊蜂拥而起的"特稿大战"，是在许多报纸不具备天天特稿的条件，又要克隆"特别报道"的情况下出现的，仓促上阵，后劲不足，缺少独家的特稿资源，于是"你抄我，我抄你"，版面上"二手稿、三手稿、四手稿"充斥，办得很吃力。

面对这种情况，许多报社想不出办法，他们就充分发挥"拿来主义"，干脆把《华西都市报》的"特别报道"拿过来转载就是了，最后走上侵权的不法之路。南京一家报纸在短短三个月内，就"信手拈来"50多篇。东北一家报纸也如法炮制，你发什么我就发什么，既不花钱，又不费事，效果还好得很。北京一家文摘类报纸，公开号召全国的读者注意"特别报道"，"及时推荐、摘费从优"。

华西都市报面对这种情况，被迫奋起自卫，宣布版权所有，不得转载。侵权就要打官司。从1997年到2000年，特稿被转载"侵权"困扰了三年。经过多方周旋，和几家侵权严重的报纸对簿公堂。几家报社在各自赔偿十几万元之后，不得不在《新闻出版报》的报眼位置刊登道歉声明。

侵权行为虽然得到了一定程度的惩罚，但是依然屡禁不止，因为有些报纸没有名气，市场也小，我们发现不了。一天，我就收到四川省政协沈思先生的一封来信。来信说——

“我应邀到深圳大学讲学，休息时顺手翻起陈列的当地报纸，其中一份《南山报》引起了我的注意。这是深圳市南山区委、区府主办的机关报，虽非日报（周一刊），但气概不凡：对开八版，纸好，印刷精美（彩印），确非内地报纸可比。该期刊登的‘特稿’题目是《黑衣人和二十五条人命》，似曾相识。浏览之后，断定这是四川《华西都市报》的‘特别报道’《黑衣人和灰衣人》的原文照录。一看文末，无任何表示该文出处的说明，这是明显的对《华西都市报》版权的侵害。而且最滑稽的是在应该说明‘本文转载自四川《华西都市报》’的地方，竟然登了一个预告，要读者注意下期将刊登另一份‘特稿’，其内容简介又是《华西都市报》的另一篇‘特别报道’，关于一个姓林的女人如何令人发指地摧残亲生女儿致死的悲剧。看来，《南山报》慧眼盯上《华西都市报》了，把它视为‘取之不尽，用之不竭，是造物主之无尽藏也’。窃以为，《南山报》编辑部似应补上《著作权法》一课。”

他又说：“深圳特区的一张报纸盗用《华西都市报》的文章，虽于法不容，于理不合，但至少从一个侧面（虽略有歪曲）反映了《华西都市报》受欢迎的程度，也算气愤中的一点小小的安慰吧。”

读省政协沈思先生的这封信，我的印象太深刻了。我在“特别报道”开始的那段时期，为了体现我提出的稿件风格，每一篇报道都要审看编改，有的还做了不少的加工。《黑衣人和灰衣人》这篇稿件，就是我为了加强悬念，重新做的标题，没想到深圳报纸又改成为《黑衣人和二十五条人命》。

### 统筹法把侵权者变成合作者

特别报道市场上不断出现的严重侵权问题，引起了我的深思。开始我是把它当成一件坏事。慢慢觉得，这说明我创造的特别报道，真有一个极其旺盛的读者市场。我要想办法把这件坏事变成好事。我是中国特稿市场的开创者，我对中国特稿市场的勃然兴起起着孵化作用，也应该对它的建设和发展，尽到我应尽的责任。现在这个市场有点乱，不遵守市场规则，随意侵犯版权。需要特稿的报社和读者都得不到他们的利益。从最大地满足读者市场需要出发，解决特稿市场的供需矛盾，成为当时报刊市场亟待解决的问题。

你看，它想转载，但是一转载就侵犯知识产权。它怎么才能不侵犯知识产权呢？只有一个办法，它购买我的知识产权。那么，我可不可以卖这个知识产权呢？

我想起了大学学习过的统筹法。可以用统筹法对特稿市场的买卖双方进行统筹。由特稿生产的最佳单位——华西都市报出任卖方，那些想刊登特稿又缺乏稿源的报社做买方。华西都市报为他们的好稿找到了一个广阔的读者市场，可以获取更大的经济效益；买方解决了读者如饥似渴地需要，又不用花太高的代价就拿到稿件。买卖双方都可以在这一场市场统筹中获益。

所谓统筹法，就是在工作或者生活当中，对各种参与的元素，比如资金、人力、时间等等，进行统一筹划，合理安排，既节约时间、人力和资金，又能够取得最好的效益，尽量少走或不走弯路。

统筹法是我国著名数学家华罗庚在20世纪60年代毛主席倡导的教育为生产劳动服务、理论与实践相结合的潮流中，为了改进生产管理而总结出来的数学方法。他专门写了一本《统筹方法平话》，后来又写了《统筹方法平话补充》。过去的中学课本曾经收过他写的《统筹方法》一文，把一个复杂的科学道理说得浅显明白。他为了推广他总结的统筹法和优选法，到过全国许多企业。他到四川攀枝花市去推广统筹法，路过成都时，还专门到四川大学数学系来做交流。华罗庚和老师们的交流，我们当学生的不可能参加，只能听听老师们事后传播的花絮，那时候的感觉，好像数学很有用。

我对特稿市场认真分析之后，觉得用统筹法来解决这个市场矛盾，是最好的方案。特别报道的市场需求极其旺盛，但是需求的报纸都没有刊登别的报纸特别报道的权力。转载就要侵权。要使那些想刊登《华西都市报》特别报道的报纸名正言顺，就只有华西都市报将特别报道的刊登权卖给它。

我们的特别报道是下了血本来追求质量的。一个强大的工作班子，在全国组织了一支庞大的作者队伍，使特别报道的质量在中国做到了第一。这些稿件花了很高的代价，如果只在《华西都市报》刊登一次，本来就是全国的题材，全国很多地方的读者都看不到，就没有发挥到最大的作用。所以，华西都市报具备了卖方的条件。

我想，“特别报道”从一开始，就从全国的案件、人物、事件、热点选材，四川的稿件数量不多。我们的特稿放到全国任何其他地区的报纸上，也是吸引读者的好版面。这么好的版面只在《华西都市报》上刊登一次，划不来，干脆把它卖到全国的报纸去。如果有几家报纸同时刊登，几家报纸共同承担稿费，这既可以大幅度提高作者的稿费，能够产生很好的稿件，也能降低每家报纸的成本，还扩大了《华西都市报》的影响。这样，《华西都市报》特别报道的生产，就进入一个良性循环：用高价买好稿，再把好稿卖给一些报纸刊登，取得合理的报酬。特稿部也就从一个纯采编部门变成一个经济实体。这就与新华社的操作方式有某种程度的类似，只不过新华社是卖稿子，我们是卖版面。

我开始试着向外地一些报纸做特别报道的宣传和推销。那时候到华西都市报学习的报纸很多，我在介绍情况时就向他们详细推荐“特别报道”版。1998年2月，江苏徐州的彭城晚报成了响应我的建议的第一个客户。他们是第一个加入“特别报道”网络的报社。迅即，《华商报》《沈阳晚报》《青岛生活导报》等5家报纸相继加入。“特别报道”让他们均尝到了甜头。华商报购买“特别报道”时，刚刚创刊不久，很想找一个“特别武器”打开西安市场。没想到，这一招一用就灵，发行和广告节节攀升，最终成了陕西省的第一大报。

华商报购买《华西都市报》特稿转载权以后，特稿版成为该报最叫好的版面，广告客户指定要上特稿版。这导致了当地三秦都市报和西安晚报的不满。三秦都市报对我说，我们都是都市报，为何卖给他们，不卖给我们呢？这样就出现了一个城市有三家报纸要买转载权的情况。

沈阳也出现了类似的情况。辽沈晚报购买了《华西都市报》特稿转载权以后，零售量迅速飙升，使沈阳晚报感到了“特别报道”的威力，他们也马上与华西都市报社联系购买特稿转载权。我接到电话以后，说在同一个城市，不能同时卖给两家。沈阳晚报说，不碍事，他们登我们也登，如果他们有而我们没有，他们就上去了，如果都有，我们就不怕了。

最有意思的是，东北有一家发行量还颇大的《长春晚报》，在赔偿了17万元“侵权费”，并公开登了道歉声明后，向我们表示，他们当地的老百姓舍不得特稿，想继续做“特别报道”，主动提出购买我们的“特别报道”版面，我们当即表示欢迎。就这样，戏剧性的一幕发生了：最严重的“侵权者”摇身一变成了我们最大的客户。而且，他们一买就是几年。他们成了我们最密切的合作伙伴。

这时我猛然发现，自己用出售废铁的价钱把黄金卖给了别人，于是宣布不卖了。结果没有料到的是，不卖反而又惹出了风波，许多报社因买不到特稿而纷纷埋怨我。

兰州晨报总编辑马克利得知华商报购买了《华西都市报》特稿转载权以后，报纸效益如虎添翼，于是千里迢迢驱车直奔成都，要购买《华西都市报》特稿转载权。时值我出差在外，当特稿部告诉他《华西都市报》特稿已不再卖的时候，他感到非常失望。但已深知《华西都市报》特稿威力的马克利总编辑却志在必得，他横下一条心：我就等到席总编回来。他就这样一直在成都等了一周，才把我等到。我被他的诚心所感动，把特稿转载权卖给了他。当然也开始提价了。

就在我做出卖特稿转载权的当年，1998年，我们卖特稿版面的市场统筹就旗开得胜，十几家报纸同我们签订了购买协议。

中国和世界的报业市场，有史以来从来没有过的版面买卖，就在我的统筹法的思维运动中宣告成功。

效果就是最好的广告。1999年，又有10家报社加入“特别报道”网络；2001年，这个网络已拥有了27家成员，遍布全中国。截至2001年底，全国各地有30多家报纸购买了“特别报道”版面。每天，我们有专职人员向这些报纸传送稿件。“特别报道”迅速成了各报“新的经济增长点”，各地报贩甚至把“特别报道”版放在头版上面大肆吆喝。30多家报纸中，既有走市场的晚报都市报，也有党报机关报。

江苏是“特别报道”网络单位最多的一个省，有6家报纸入网，原因在于，《扬子晚报》发行到江苏省各地，给他们造成了相当大的压力，《华西都市报》“特别报道”给了他们与《扬子晚报》抗衡的一个重要手段。他们彼此挨得很近，互相都很了解。看到一家报纸在很短的时间发行量陡增，广告量陡增，问其原因，得知是入了《华西都市报》“特别报道”网络，于是纷纷加入，又纷纷得利。其间还发生了两家报纸争抢的故事。镇江市的京江晚报先买了“特别报道”，丹阳日报看到“特别报道”很吸引读者，就以高于京江晚报的价格来买，工作人员不知底细就同意给卖了。最后两家报纸找我们，双方都只准我们卖给它一家，相持不下。我提出一家轮流一天的方案，他们也不接受，做了差不多几个月的工作才平息下去。

最有意思的是彭城晚报。2001年下半年，他们由于新开辟的版面得不到批准，无奈只好撤掉“特别报道”版。哪想到头天一撤，第二天广大读者就不愿意了，他们纷纷打电话到报社，质问为何撤了“大特写”。那一天，报社接了200多个抗议电话。其中一位六旬老读者，把几年的“特别报道”全剪了下来，装订成册，他说他“离不开了，读‘大特写’是他退休生活不可分割的一部分”。没有办法，《彭城晚报》只得马上恢复“特别报道”版，以后还授予他“金牌读者”称号。

华西都市报卖“特别报道”版的策划，把30多家报纸搞成一个特稿网络，近20年没有衰落。华西都市报就这一个版面，每年就有300万元的额外利润。发一篇稿件，全国同时几千万人阅读，比新华社稿件还牛，新华社的长篇稿件很多还没有落地30多家报纸。所以新华社的记者也给《华西都市报》的“特别报道”写稿，这样落地（见报）的效果还更好些。这个策划全国唯一，史无前例。有的报纸也想学《华西都市报》，搞一个版卖给其他报纸，都没有获得成功，没有一家报纸能够把版面卖出去，因为他们版面的质量就远远达不到《华西都市报》特稿版的水平。

为什么30多家报纸青睐这个版面，争相购买呢？张家口晚报自己算了一个账，他们觉得加入“特别报道”网络在经济上很划算。自己组织特稿既花人力，又费财力。稿费低了，好稿不来，稿费高了，成本又高。有一些自己组稿的报社，开出千字100元的稿费，却吸引不了好稿，版面质量老上不去。而《华西都市报》特稿开出了全国报纸稿酬最高，报刊奖金最高，笔会档次最高的待遇，使版面质量在全国的“特稿大战”中始终保持着竞争优势。加入网络的报社仅花费文摘稿费的代价——千字几十元，就可以与《华西都市报》共享同天见报的特稿资源，减少了人力、财力、物力的投入，何乐而不为？而我们又给作者开出最高的稿费，作者更是高兴，因为他的文章一下发到全国30多家报纸刊登了。

2001年3月26日，张家口晚报给我们专门写来感谢信，说特稿为他们创收起了积极作用，许多广告客户纷纷到报社预约刊登广告。信中谈了三点感受：“一、策划者和执笔者高屋建瓴，站得高，看得远，想得深，带给读者许多思索和启迪，是特稿给报纸增光添彩的基础。二、时效性强，让读者能在第一时间看到全国独家重大新闻，是特稿给报纸增光添彩的重要一环。三、导向正确、主题明确、角度新颖，讲究写作技巧，是特稿给报纸增光添彩的关键！”泉州晚报在签订2002年的合同时，曾好心地征求我们的意见：“你们的开销真大，明年是不是加一点价？我们愿意多出点钱。”

《华西都市报》特稿版面的市场买卖统筹，在中国和世界报业史上，都是独一无二、空前绝后的。本来，华罗庚的统筹方法，一般是指在一个单位一个企业内部进行工作统筹。两个不同的单位要统筹，那也是上级领导机关统筹下面管理的几个单位。全国不同地方几十个不同的单位进行统筹，还没有听说过。何况还是买卖双方。在全国数学系学生参与搞的各行各业的统筹中，我的这个稿件版面的市场统筹，可以算是独出心裁的越位统筹。也是市场经济催生了我的市场统筹思维。这个越位统筹之所以能成功，其实我是看到了双方在市场上的共同利益，判断这个统筹法能够运作成功，所以毫不犹豫地做出决断。

# 导游龙门阵导出区域组合城市报



2000年8月1日晚，成都南门一家餐馆里，佳禾集团董事长孙云霞请我吃饭，见面几分钟便开门见山："席总，我们佳禾月饼在成都市场已经饱和了。我们今年的中秋节，想把佳禾月饼卖到都江堰和郊区各个县去。《华西都市报》覆盖全省，所以想请你们帮助我们策划宣传。"

佳禾集团的主产品月饼，在成都颇具知名度。因为月饼保质期短，销售时间集中等原因，一般都在成都本市发展，在郊外很少见到佳禾月饼。

孙总还在那里滔滔不绝地说个不停，我的心里却是像吃了蜜一样甜，高兴地打断她，说："孙总，我们这次不仅要把你们佳禾推向整个四川市场，而且要把一大批企业，尤其是食品、装饰、房地产等行业的企业，一起推到四川各地去，我们要搞一个成都企业进军省内大市场的运动，实行集团作战。"

我停顿了一下，又说："我为这一天早就做好了精心准备，现在是彻底变现的时候了！"

孙总听了我的话，一时摸不着头脑。她本来准备了若干充分的理由，要好好准备来说服我，怕我不同意。没想到才三言两语，我就那么爽快地答应了。

"孙总，我们几天以后就开干！"我说得斩钉截铁，"只不过牌子很大，要叫'成都企业进军全省大市场'，不只是都江堰和成都郊区。"

这一次佳禾月饼向成都郊区市场进军的请缨，没想到启动了华西都市报动员成都企业向全省大市场进军的电钮开关。孙总没有想到，早在创刊之时，我就准备迎接这一天的到来。

## 女导游大摆旧金山少堵车的龙门阵

事情还得从8年前说起。1992年，中国记者协会第一次组织范长江新闻奖的评选。因为新闻界几十年没评过奖，新闻队伍做出成绩的优秀人才很多，100多人参评，只有10个正式奖。四川推选的我，只进入10个提名奖之列。第二年，中国记协组织范长江新闻奖获奖者访问美国，我成为中国新闻代表团的一员。

1993年7月，中国新闻代表团在美国访问了联合国总部，参加了联合国每天中午举行的新闻发布会，参观访问了华尔街日报，访问了一家出版集团，参加了美国记者协会招待中国记者协会的晚餐活动等等。工作访问之余，就是去旅游了，纽约、华盛顿、洛杉矶、旧金山、拉斯维加斯，都观光了一番。回来之后，我写了一组“赴美访问散记”，发表在《四川日报》上。回过头来看，其实都是些应景之作，不多久就忘了。而影响我后来工作的，特别是影响华西都市报决策的，却是一个导游海阔天空的龙门阵。

这天，我们从洛杉矶出发坐车去拉斯维加斯。导游是一个中国人，女的，年龄30岁左右。可能是个留学生，或者毕业以后工作之余兼职做导游。一上来就表现出导游的滔滔不绝。她从我们昨天参观的这个城市讲起。她说，你知道洛杉矶机场是世界第一吗？它每一分钟飞机的起落架次，是全世界机场最多的。

但是，她话锋一转，又说，那么多人到洛杉矶来，你看见堵车吗？有，但是很少，疏导得很快。你知道原因吗？因为洛杉矶的城区很分散。市中区太小，最多有中国地级市那么大，不像个市中区。全世界那么多人飞到这里来，下飞机后都到这个城市的各个地方去了。

到哪里去了呢？她说，洛杉矶是由250多个城市组成的，有的城市只有几万人，相当于我们中国一个县级市。洛杉矶长300公里、宽120公里，一个带状城市，由纵横交错的高速公路贯通。这种区域组合城市是市场经济高速发展的结果。交通与通信的现代化，缩短了城市间的距离，而人们的活动领域又大大拓宽延伸。因此，城市实质上膨胀了，延伸了，连在一起了，城市的功能也区域化了，人们在这若干个城市里穿来穿去，就像在一个城市里一样。

这就叫区域组合城市。她说，美国的城市是一个板块一个板块拼起来的。美国地理学家现在把这种由若干城镇群体组合起来的城市，称之为“区域组合城市”。

这是现在流行的一个新名词，不叫卫星城了。卫星城就有主次之分，谁是谁的卫星？现在是互为卫星，大家都是卫星，又都不是卫星，所以叫区域组合城市。

洛杉矶是美国也是世界上最大、板块结构最多的区域组合城市。洛杉矶管辖250多个市镇，这些地方都称为市，有市政府机关，要选举市长。正因为如此，洛杉矶范围之大，汽车在高速公路上以每小时120公里的速度前进，要两个半小时才能穿城而过。在洛杉矶，东道主甚至没有安排我们参观原来的市中区。我们的汽车从旁边的高速公路飞驰而过，导游淡淡地说，现在，市中区已经失去它昔日政治经济中心的光彩。

这个导游说话像摆龙门阵一样，我却觉得她给我上了一课，很新鲜。回来写的“赴美采访散记”，就有一篇叫作《现代化的区域组合城市》。但是，写了也就完了，没往心里去。

一年以后，1994年夏天，我在筹办《华西都市报》。偶然间，我想起区域组合城市的概念了。《华西都市报》是只在成都市发行，还是在全省的城市发行呢？四川日报内部，特别是经营管理部门，都是主张只在成都发行的，说广告看重的是成都市的消费者，外面的发行对吸引广告无用，是无效发行。他们说这是现在全国报界的一致看法。《成都晚报》就在成都发行，《华西都市报》要同《成都晚报》竞争，当然就在成都竞争，跑到外面去干什么？

他们讲的确实很有道理。我们面对的竞争对手，就是《成都晚报》。市区以外的发行，很难帮助收获广告。这也是摆在面前难以驳斥的现实。但是，我的心中始终萦绕着一个概念：《华西都市报》应该办成一张区域组合城市报。有一次省委党校一个老师来报社讲课，题目是：汹涌澎湃的全球化浪潮。他讲，什么叫全球化？就是全世界的人都喝可口可乐。这个比喻真是生动活泼，入木三分。我反复斟酌，觉得它不仅是一个比喻，而且是一个思维方法，一个很好的思维方法。什么思维方法呢？就是一体化思维方法。全球化就是一体化，一体化就是所有的人都喝“可口可乐”，都消费一种产品，全民一致的消费就是一体化消费。

我将这句话演绎为一体化的思维方法，顿时我心飞扬，汹涌澎湃！我要用一体化思维，来构建《华西都市报》！要叫全省100多个大中小城市的市民，都看一张报纸，就是《华西都市报》，实现全省城市市民报纸消费的一体化。不要看现在吸引不了广告，市场是慢慢发展长大的。中国人过去也不喝可口可乐，现在不也喝了吗，只不过喝可口可乐的时间慢半拍，最终还是被可口可乐一体化了。我不能被短时间的“无效发行”挡住了一体化市场的长远目标。

我下定决心，要把《华西都市报》办成一张区域组合城市报，实现全省市民看报一体化，实现全省经济信息传播一体化。

### 决心建设全省经济信息一体化的通道

区域组合城市报，就是为全省经济一体化服务，绝不只是为成都市经济一体化服务。如果是那样，起点就太低了。改革开放以后，全国和全省的城市化水平不断提高，大中小城市的人口都不断膨胀。四川盆地城市群不仅正在加速发展，而且越来越快。

《华西都市报》的市场化道路，一定要有长远眼光、战略高度，不能被眼前一点利益所迷惑。中国虽然还没有形成区域组合城市，但已经出现了这种城市的雏形。新华社先后两次报道中国出现九大都市群、五大都市圈，如京津唐都市群、沈阳到大连都市群、宁（南京）杭（杭州）都市群、四川盆地都市群。四川的绵阳、德阳、成都、乐山，实际上已形成了成都经济带。成渝高速公路修通，又加速了成渝经济带的发展，两个城市也靠拢了，最后也必然走到区域组合城市的路上去。

回想四川日报办晚报的决策，就落后于全国。全国省报办城市晚报，1984年至1985年，天津《今晚报》、杭州《钱江晚报》、江苏《扬子晚报》就开办了。现在等到党报遇到市场经济的挑战了，才想起办市场化城市报纸，就落后了。我们现在的决策，再也不能落后了。我们不能跟在别人后面一步一步爬行。我们是省级城市报纸，我们不能等到全省市场一体化了，才去营造全省的经济信息一体化的通道。《华西都市报》要未雨绸缪，先走一步，先把全省经济信息一体化通道建设起来，为全省经济信息一体化鸣锣开道。全省100多个城市市民都看《华西都市报》，我们的信息一体化通道就建设成功了。

《华西都市报》办成为区域组合城市报的方案就这样确定了，一是在成渝两市和全省各地建立记者站，二是在全省大中小城市发行报纸。我们制定了第一年占领成都，第二年占领重庆，第三年占领专县的时空发行战略。

从创刊开始，四川日报经营部门就对我们的重庆发行发杂音。慢慢地，我们内部也有人把他们的话听进去了，也跟着发杂音。我置之不理。一年以后，我们反而在重庆建立强大的发行队伍，对重庆报业市场强行抢滩登陆。为了疏通内外不同的思想认识，1996年5月，我在第二年全报社大会上的第二次讲话，专门讲了区域组合城市报的战略依据和战略优势。

《华西都市报》创刊五年以后，成都报业进入了春秋战国式的竞争，最多时竟有七八家城市报纸在市场上正面交锋。成都成为全国少数几个传媒大战的战场之一。几番搏杀下来，人们惊奇地发现，无论后来者如何努力，却始终难以取代《华西都市报》的老大地位。业内人士这才慢慢发现，《华西都市报》之所以成为“不沉的航母”，其最重要的一个原因，就是它是区域组合城市的报纸，其板块结构牢牢地构架在成都、重庆和省内各市县，尽管它的竞争者可以与之在成都不相上下地较劲，但却难与其在重庆及各市县相敌。《华西都市报》在重庆市有10万份的发行量，在省内各地市县也有20余万份，这30余万份的基数，显然是成都任何一家报纸都无法赶超的。这也正是《华西都市报》克敌制胜的超级武器。

随着时间的推移，我发现，《华西都市报》的区域组合城市报的形态，慢慢培育起来了。一张四川盆地城市群的畅销报，在我们的精心培育下，渐渐长大了。因为每日六七十万的发行量，300多万的读者群，还有数万人通过网上阅读，有用信息多、品质高，读者有效阅读时间长、自费订阅量大，覆盖川渝3000多万城市人口，广告效果越来越好，许多产品都通过这个信息通道占领了四川盆地这个大市场。

第一个给我传达这个好消息的，是陕西伟志西服。伟志西服集团是一家以生产西服为主的大型服装企业。1996年8月，伟志选择了《华西都市报》报眼做广告。到1996年12月底，4个月里，伟志集团四川分公司不仅完成了当年销售任务剩余的87%，而且还超额完成10%。1998年，伟志西服在四川盆地的销售收入达1亿元，专卖店由几个发展到180多个，分布在《华西都市报》覆盖的四川和重庆的几十个地、市、州、县，国内外的所有名牌西服在四川盆地无论销量还是市场占有率都难与之比肩。

伟志西服的市场发展经历，表明《华西都市报》区域组合城市报的道路已经成功。

后来，好消息纷至沓来。西安奥拓微型轿车登陆四川，在《华西都市报》只做了一条很不起眼的广告，购车族便蜂拥而至，并点燃中国几大汽车品牌在四川市场的商战之火。《华西都市报》关于海信电视降价的广告，一下便使海信在四川市场卖疯了。康师傅方便面专门选择《华西都市报》做广告，它的消费对象就是《华西都市报》的发行对象，《华西都市报》走到哪里，康师傅就卖到哪里。金嗓子喉宝以前在四川的销售额并不高，自从在《华西都市报》做广告以后，卖遍四川盆地的大中小城市。

虽然我的区域组合城市报的理论遭到一些争议和质疑，但是，很有趣的是，我创造的区域组合城市报这个中国报业历史上从来没有过的概念和名称，全国模仿学习《华西都市报》的都市报，个个都“爱屋及乌”，高高举起区域组合城市报的旗帜，向市场一体化的目标奋勇前进。一些城市报纸的老总说，没有看到席文举有关区域组合城市报纸的观点以前，他们的报纸早已在若干个城市中发行，区域组合城市报的观点出来以后，则增加了他们在行动上的自觉性。

时间是检验真理的标准。一个接一个的好消息，宣布《华西都市报》区域组合城市报的版图上，各个城市的信息互连互通。就在这个时候，佳禾月饼找上门来，要把佳禾月饼卖到全省市场去。我想，这不是催促我们，而是要为《华西都市报》区域组合城市报一体化的成功，举行隆重的“剪彩仪式”！

### 四川真有一个比成都更大的“城市”

2001年8月8日，《华西都市报》举行了一场别开生面、声势浩大的成都企业向全省大市场进军的动员大会。

“成都是个大城市，但四川还有一个比成都更大的‘城市’，那就是由100多个中小城市组成的全省消费大市场。”我的动员讲话开宗明义，直接阐释四川大市场的巨大诱惑力。我用两个数字来说明这两个城市的市场大小：一、四川有500多万部手机，成都只占了180万，专县市场占了340万，是180万大，还是340万大？二、去年碧峰峡90万游客，成都30万，专县40万，重庆20万，是40万+20万大，还是30万大？手机持有者和旅游爱好者，都是最活跃的市场消费者。事实充分说明，专县市场是一个比成都更大的消费市场。成都的企业如果不去占领这个市场，对自己的发展是不利的，“成都王”还要变成“四川王”才行。如果你只占领180万手机市场，不去占领340万的手机市场，实际上是抓小放大，只有傻瓜才这么干。随着中国加入WTO，四川产品必然要与国外产品进行一场激烈的较量。我们提出进军四川大市场，目的是让四川的企业做得更大、更强、更有竞争力。

被邀请来的20多位企业代表，均是川内扩张型企业。20多位企业代表个个热烈发言，尽管每人限定发言在3—5分钟，但人人奋勇争先，妙语不断。

成都红旗连锁店有限公司董事长、总经理曹世如直呼，要把连锁店开到全省乡镇。她介绍，近年来红旗连锁发展很快，目前已在成都及周边地区开设了150家连锁店，其中在金牛区的天回镇和一些乡镇也设了点，今年7月27日一天就新添了6家店。她认为专县市场有很大潜力，又在阆中、峨眉山及西藏等建立了20多家加盟店。它们对“红旗”的高速发展起了极大的作用。2000年全年的销售计划是7亿元。公司建立了三个大规模的配送中心，将充分利用这一资源，争取年内把连锁店发展到200家，3年后达到600家，在更多的市镇建设据点。

豪门内衣四川地区总经销林敏智总经理称：我们是一家总部在台湾的企业，1995年开始进入四川市场，当时中心城市与二级市场的份额是7：3，但去年就倒过来了，专县占了七成；其实，我们在中心城市的业绩依然存在，关键是专县市场在成倍增长！从目前看，中心城市仍是我们的基本立足点，四川和重庆加在一起有1亿多人口，堪称中国最大的市场，我们必须争取这个巨大的商机，到2005年把所有专县的据点都占满。

成百光电制冷分公司经理张文说：1997年起，我们就着力开发二级市场，提出了“哪里有市场，哪里就有我们的网络”的口号，每年以30%—40%的速度拓展网络，目前在全省已经拥有500多家合作伙伴。这些工作给我们带来了丰厚的回报，今年到现在我们实现销售收入4亿元，其中仅30%在成都市，另外70%是在二、三级市场！

不说不知道，一说吓一跳。本来以为四川企业都是小富即安，但没想到四川企业藏龙卧虎，都有大扩张、大进军的雄心壮志。听着企业家们的精彩发言，会场内不时响起热烈的掌声。

第二天，《华西都市报》将嘉宾们的发言整理出来，做了两个版的报道，图文并茂。同时，一版还发表了我的讲话《依托中心城市，进军省内大市场》，从此拉开我们组织企业进军省内大市场的序幕。我们宣布：覆盖全省大中小城市的《华西都市报》，是一张区域组合城市报，是四川经济一体化的信息通道，大家都可以借用这个通道，在全省各地发布信息，推动自己的发展。

从此以后，《华西都市报》进军全省大市场的口号震动全川。众多企业打进《华西都市报》热线询问此事，纷纷表达参加“进军”的愿望。

接着，我们组织记者，做了一系列相关报道。《“伟志”演绎大市场传奇》《博美筹划300直销店》《无水洗车广开连锁店》《柯达：百店连锁全川》等数十篇稿件，使读者领略了各路英豪进军四川大市场的传奇故事。

同时，我们配合发表四篇社论，从各个方面论述了进军四川大市场的必要性和意义。

在《华西都市报》大张旗鼓地掀起“企业进军省内大市场”活动的热潮中，一些已经启动扩张计划的企业立即加快步伐。《华西都市报》不失时机全力跟进，及时报道。比如国美电器在都江堰开张其在蓉城周边的首家协作店，《华西都市报》立即做了报道，标题是《国美开店都江堰　4小时卖了150万》。

在《华西都市报》进军省内大市场的号角下，佳禾集团成功地进行了二级市场总经销商的招标。来自省内南充、广安、达州、遂宁及重庆万州等地的一批商家参与竞争，最终4家企业经评议获得当地总经销权，其保底销售金额超过100万元。佳禾总裁孙云霞对这一结果非常满意，连称大大超出他们的预料。

《华西都市报》关于此次活动的连续报道，历时两个月，但其影响并未因报道停止而结束。相反，经过《华西都市报》的宣传“播种”，“进军省内大市场”几个字，已经在众多川内企业家心中打下了深深的烙印，并生根发芽。

《华西都市报》轰轰烈烈地进军省内大市场活动，引起了政府部门的高度重视。政府相关部门负责人在各种场合都盛赞《华西都市报》进军省内大市场活动。

据时任四川省副省长邹广严预言：经过5到10年的努力，四川省将逐步形成以特大城市成都为中心，9个大城市、15个中等城市和33个小城市的大中小相结合的四川城市体系。“十五”期间，城市化进程的强劲推进，将为在川企业进军省内大市场营造“特大市场蛋糕”和庞大的市场群。

# 6张报纸目标的横纵思维





《华西都市报》从创刊开始，我就提出了要办成为6张报纸，即市民生活报、党和人民都喜欢的报纸、畅销报、一流城市报、通俗报、区域组合城市报。开始，我们内部的人对此并没有多少注意。《华西都市报》出名以后，全国新闻界的专家们研究《华西都市报》，就研究起这个“六报合一”的问题了，为什么要提出这么多的说法，有什么讲究，它们之间有什么的关系，等等，都弄不明白。其中，还有一位专家排出了一个阶梯状的“《华西都市报》目标展开图”——

区域组合城市报

畅销报

一流城市报

通俗报

党和人民都喜欢的报纸

市民生活报

我提出《华西都市报》要办成为6张报纸，是经过深思熟虑、反复推敲斟酌的，既不是凭空乱想，也不是一时兴起，心血来潮，而是我对要办的报纸精心研究之后做出的战略决策。我这里采用的思维方法，叫作横纵思维。

一件事情，从各个不同的侧面观察，它就会呈现不同的情况。如果是一个系统，从各个不同角度观察，就会有不同的结果。所以，研究一个问题，一定要从横向和纵向，解剖它的横切面和纵剖面，这样才会对一个事物有全面的真实的透彻的认识，以便做出质的规定性。这种思维方法，既有横向思维，又有纵向思维。哲学上把横向思维和纵向思维，统称横纵思维。

一张报纸，就是一个系统。一个系统，就有系统的方方面面。前面说过，我用系统论方法，做了都市报的产品设计，主要是对各个版面内容的组织安排，那里其实已经使用过横纵思维方法。我提出的把《华西都市报》办成为6张报纸，是从六个不同的横切面和纵剖面提出的要达到的标准和实现的目标。

我们分头来看看6张报纸的概念，是用什么思维方法、怎么研究出来的。

6张报纸的理念，其实最根本的，是市民生活报。这确定了报纸的种类。生物有种类，达尔文就发现了生物种类的进化规律，他提出了生物进化论。报纸也分种类，日报、晚报、青年报，就是不同的报纸种类。我要办的报纸是个什么报种？我得认真思考。前面说过，我用演绎法推导出了，我办的报纸是一张市民生活报。在使用演绎法推导的各个步骤，又分别使用了假设法、反推法、归纳法、组合法等思维方法。但从头到尾贯通的总的思维方法是演绎法。市民生活报是一个全新的报纸品种，是从读者和内容两个要素来确定的。

为什么要提出办一张通俗报？这是对报纸风格的确定。过去的报纸，往往分为严肃报纸和通俗报纸。传统报纸多是主流严肃报纸，一般都比较高雅、正统。通俗报就是通俗易懂，生活化大众化的语言，不是官腔套话、文字晦涩难懂。《华西都市报》就像唱歌一样，选择唱通俗歌曲流行歌曲。《华西都市报》是市民生活报，用市民的语言写市民的生活。所以，市民报就市民化、通俗化，完全是一张通俗报。在这里，我用的是市场思维，也可以说是平民思维，因为通俗报容易为市民所接受，在市民当中最受欢迎，最有市场。

为什么要提出办一张畅销报？那就是想做到市场的最大化，在读者市场畅销，就是买的人多，销售量大。这完全就是市场思维。我既然要办市场化报纸，就要办成市场上人人都买人人抢购的最牛的报纸，畅销四川全省大中小各个城市，所到之处，无报能敌。

我在我的第三个报告中，向全国都市报老总解释了这个提法。我说："我在办报思路中，提出了一个理论，那就是畅销报思路。起初，很多人不理解：怎么畅销报也能成为一个思路？畅销报思路为什么还是经营管理思路呢？这是因为，我们是在市场经济条件下办报，不是机关报，有上级拨款，经费有保障，发行基本上是指令性。我们则不同，办报就是为了赚钱，没有钱不能维持办报，也不能发展壮大自己。何况我们是省委机关报来办城市报纸，还担负着以小报养大报的经济责任，办报思想很明确，是为了找钱。但怎么利用办报找钱？现在不少报纸，不少记者、编辑是拿稿子换钱，一版一版地登企业报道，企业就出钱，这确实可以找到钱，甚至有的还总结了所谓成功的经验。我们不走这条路，靠稿子卖钱是短命的。我们的报业经济走畅销报这个路子，就是把报纸办成一张人人争相购买的畅销报，发行量大，几十万甚至上百万份，广告效果就好，几千万甚至上亿元。这个钱是怎么换来的？不靠写企业写产品搞有偿新闻，而是靠抓好新闻有可读性吸引读者，到处畅销，走进千家万户，靠我们报纸办得好，企业不得不拿钱利用畅销报的媒体打广告。

把畅销报作为经营管理的思路，实质上就是把报纸办成广告传播效果最佳媒体，传播效果越好，企业越要出钱打广告。那些广告回扣和联系费给得高的报纸，都是些滞销报，报纸卖不出去，它就卖版面。

其实，办报要赚钱，畅销报是最可靠的路子，只要报纸办得好，绝对可以发行得好，广告效果也会好。这是十分稳妥的路子。那些办出来卖不出去的报纸，即使花钱少，经济效益也最差。所以办畅销报才是好办法。

为什么要提出办一流城市报？那是给我们自己提出一个很高的质量标准。所谓一流，那就是最好的，不是一般水平，而是最高水平。畅销报和一流报，都是竞争思维。我们是四川省头号报纸四川日报办的报纸，理所当然应该是一流标准。

在我提出的6张报纸目标中，有3张报纸的名称是新闻界常见的，而且长期作为评判报纸的一个标准，那就是：畅销报、一流报、通俗报。所以，这三种报纸，很容易被主办单位提出来作为要求、标准或者目标。而另外三张报纸的提出，就很难了。

为什么提出办一张党和人民都喜欢的报纸？这个提法没有先例。为什么要提出这个问题？因为我们要遵守新闻宣传纪律，新闻宣传坚持以正面宣传为主的方针。但这个坚持，通过各个报纸老总的理解，都变成不搞批评报道了，不搞舆论监督了。这就弄得报纸进入批评报道的冬眠期。我觉得这是他们错误理解了党的方针政策。我在《华西都市报》要把这个错误的理解纠正过来。怎么纠正呢？那就是既要批评报道、舆论监督，又维护社会稳定，坚持正面宣传为主的方针。这是一个辩证思维方法。因为党和政府也是全心全意为人民服务的，市民读者的利益与党和政府的利益，在根本上是一致的，是完全可以统一起来的。我就可以既做到读者是上帝，满足读者各方面生活的需要，也可以做到党和政府也满意，因为我们批评报道的内容，都是那些不执行党的方针政策的事情。我们在报纸质量的内部管理制度中，提出了一条硬性规定，就是每一篇报道都要读者喜欢。读者不喜欢的稿件，一律枪毙，不准见报。我怕编辑记者忘记了新闻宣传纪律，所以在整个报纸的要求中，又提出了“党和人民都喜欢”的标准。这是我想了很久才想出来的概念。这个报纸目标的提出，用的是辩证思维方法，同时，也是安全思维方法。一张报纸，老是犯错误，报纸没有安全，总编辑也没有安全。犯了错误要拿总编辑是问，犯大错误就可能撤职。安全思维是报纸生存立命之本。

党和人民都喜欢的报纸，也可以说是都市报的政治定位。我这个提法，是有意将两者统一起来，实现了两者的辩证统一。我既要开展舆论监督，又要维护社会稳定。这是总编辑驾驭报纸超越风险的高超艺术。

其实，也有一些报社的总编辑这样想过，因为总编辑嘛，总还是想把报纸办得好一些。但是，他们在思维方法上过不去，提不出一个明确的概念。结果就成了人人心中想，个个嘴上无。他们概括不出一个可以统一起来的概念名称，不仅是因为缺乏辩证思维，同时还缺乏概括的能力。而我的“党和人民都喜欢”这7个字的概括，则具有画龙点睛之妙。

这6张报纸的提出，最难的是市民生活报和区域组合城市报。这两个概念，都是创造性的，不仅是很多人怎么想都想不出来的，而且是他们想都没有想过的。

像“党和人民都喜欢”的问题，有的人肯定是还曾经想过的。

都市报办成市民生活报，办成一个新的报纸品种，这在思维上，都是难以过去的。因为从20世纪80年代以来，许多省报决定办一张城市报纸，都是明确决定办一张晚报，像《新民晚报》《北京晚报》那样的晚报。晚报既有长期的办报传统，又有丰富的经验，市场经济大潮中又形成了吸引广告的大气候。前面那么多张晚报都办成功了，那就是当今中国最好的报纸品种了！谁还想过要独出心裁地去创造一个新报种。就连新闻出版总署提出都市报的名字，也一再说，这只不过是换一个名字而已，因为先办晚报的提出意见，一个城市只能够批一张叫晚报名字的报纸。所以，要完全创办一个新的报纸品种，还要起一个报种的名字，一般都不会去这样想。

我之所以提出市民生活报的定位，那完全是被残酷的市场竞争逼出来的。我用演绎法推导出了新办报纸市民生活报的定位，新的报纸品种就这样诞生了。

前面一节讲了区域组合城市报的形成过程。这样，我们就可以将六张报纸目标的思维方法排列出来了：

市民生活报：读者和内容定位；思维方法：演绎法。

畅销报：市场流量标准；思维方法：市场思维。

一流城市报：内容水平标准；思维方法：竞争思维。

通俗报：风格定位；思维方法：平民思维、市场思维。

党和人民都喜欢的报纸：报纸政治定位；思维方法：辩证思维、安全思维。

区域组合城市报：营销空间定位；思维方法：时空思维、一体化思维。

空间思维和时间思维是数理思维中常见的思维方法，是在时间和空间两个度上展开思维，也可以说是一种特殊的横纵思维。

这6张报纸目标中，最具有戏剧性和故事性的，是区域组合城市报。

《华西都市报》在筹备和开始的时候，都是把《成都晚报》看成竞争对手，因为当时《成都晚报》是全国晚报四强之一，成都市没有比它更厉害的报纸。可是，随着《华西都市报》的超常规发展，成都报业市场发生了戏剧性的变化，《成都晚报》很快被淘汰出局，又奇迹般地冒出一个《成都商报》。慢慢地，《华西都市报》发现竞争对手变了，变成《成都商报》了。

《成都商报》1993年创办。只不过那个时候，它办的是一张真正的商报，一张经济报纸。后来它发现《华西都市报》刚刚创刊就发展得那么快，经过研究，终于发现了一个原因，是《华西都市报》的新闻追踪吸引读者。于是，在《华西都市报》创刊8个月之后，他们内部搞了一场搞不搞新闻追踪的大辩论。经过这次 “遵义会议”以后，报纸转变方向了，办成了一张社会类报纸。本来他们担心这样不符合上面批的商业报纸的宗旨，会受到有关部门的理抹，没想到没人管这个事情。全国很多商报都来问我们，说是他们那里的新闻管理部门就不准他们把商报办成社会性的都市报，你们这里怎么就可以？我们当然回答不了这个问题。总之，他们就这样转变报纸方向了。从此以后，他们发现《华西都市报》有一个好东西，就跟着克隆。到1996年7月，《华西都市报》推出特别报道版，三个月之后，他们的特别报道版也克隆出来了。

从8个月后模仿新闻追踪，到3个月后模仿特别报道，他们亦步亦趋，模仿的速度越来越快。后来，《华西都市报》头天搞一个东西，他们第二天就跟上。再后来他们内部传出来，说是席文举头天讲的话，他们第二天就知道了。后来，他们就在华西都市报内部收买眼线，给他们通消息。于是出现了我们当天晚上的策划，他们当天晚上就知道，于是第二天的报纸同时推出来，模仿思维又加上了情报战、间谍战，华西都市报多次出现策划情报被盗的情况。

《成都商报》在和《华西都市报》竞争的时候，开头并没有认识到《华西都市报》的区域组合城市报有多大的意义，所以，根本没有把这个当成一回事。也许他们和有的人一样，也认为那是“无效发行” 。所以，当《成都商报》全面模仿《华西都市报》的时候，也从不模仿区域组合城市报。但是，随着成都商报慢慢地长大，慢慢觉得他们已经可以把《华西都市报》压下去的时候，不知道哪一天，他们突然觉得《华西都市报》这个区域组合城市报是个麻烦事。不知不觉间，《华西都市报》在重庆发行10万，专县20万，占据了一个大市场。这个市场的广告量也越来越大。

模仿思维有时候能够成功，有时候难以成功，有的时候会遭到失败。这完全看市场的形势。《成都商报》创造了模仿成功的奇迹。既然其他的内容和形式的模仿都能够成功，区域组合城市报也就成了它模仿《华西都市报》的最后一个目标了。

一个有趣的现象出现了。从成都到全省各地的各条高速路上，《成都商报》和《华西都市报》的运报车，你追我赶，都想在第一时间运达目的地。《华西都市报》运报车每一辆载着几千份报纸，沉甸甸的，太重了，跑不快；《成都商报》运报车载着几十几百份报纸，跑得溜快。可是，不管先到后到，《成都商报》还是卖不出去。几个月以至大半年都过去了，报纸发行量还是增长不上去，开车的司机越来越没劲。慢慢地，他们发现《华西都市报》的运报车好久没见到了。一打听，才知道《华西都市报》在当地代印了，报纸每天早上天不亮就上市了。这怎么竞争？干脆也克隆代印点。地区报早就是轮转机，代印几百份报纸还不够试机，代印数量起码加大几倍。成都商报无可奈何，这个赔本投资只有认了。

事情并不是按照想象的发展。《成都商报》在各个地市代印了一个月又一个月，时间慢慢过去，跟过去的运报车一样，市场销售量仍然上不去。问市场上买报纸的读者，读者说，你们的报纸没有《华西都市报》好看，《华西都市报》更贴近我们。

经过反反复复的折磨，《成都商报》的区域组合城市报，最后宣告放弃了。他们终于明白，这个区域组合城市报，是无法模仿成功了。

《成都商报》开始的时候，也以为区域组合城市报是无效发行；后来懂得了不是无效发行，于是就来追赶；可是，这个时候来亡羊补牢也不行了，高速路上的围追堵截也不管用了。他们只懂得模仿思维，不懂得时间思维，更不懂得空间思维。时空思维方法这个迟到的懂得，是补不起来的。模仿思维总是跟着别人后面的，时间上没有提前量。恰恰这里的时空思维又需要提前量，能够预知事物的发展方向和速度才行，就跟打仗一样。

《华西都市报》区域组合城市报的决策，使用的思维方法，是一体化思维、裂变式思维和时空思维三结合的思维方法，是在发行的时空领域进行了一次市场化裂变。城市晚报一般只是在一个城市发行。我将发行范围从一个中心城市裂变为全省几十个大中小城市；时间配套决定为：第一年占领成都，第二年占领重庆，第三年占领专县。这是一个时空发展战略。《成都商报》第五年才睡醒，迟到的模仿怎么能够成功呢?

时空思维是一个非常重要的数理思维方法，它在高等数学、几何学、物理学、天体力学、统筹学等等，都有广泛的运用，在立体几何、天体力学、运动力学等领域，建立了不朽的功勋。我的立体时空思维，主要是在立体几何、物理学等学习过程中，慢慢培养起来的。但是，它虽然是一个重要的数理思维方法，却在社会科学领域普遍使用。比如军事科学，几乎所有的战争，大至重大战役，小至一两个几个人的战斗，都需要时空思维，因为打仗打的就是时空战。著名的四渡赤水，毛主席在广阔的云贵高原的大范围内，声东击西，神出鬼没，同国民党部队做时空周旋，弄得蒋介石摸不着头脑。解放军打国民党部队经常采用的“围点打援”，就是典型的时空战略战术。

时空思维在社会科学领域经常运用。比如绘画，你的画面没有立体感行吗？下午的太阳照射下来，你的投影方向对不对？写小说也是这样，都是在时空两个度上展开人物活动。林黛玉秋天落叶葬花，那个时空画面和人物心理，配得如此绝妙，怎么不成为千古绝唱？《红楼梦》无论拍摄电影还是电视剧，导演都要抓住“黛玉葬花”这个对比强烈的时空画面来展现人物心理。

时空思维在新闻界更是广泛运用，因为新闻的五要素，打头的前两个就是时间和地点。当然，新闻的时空思维多数是简单得像照相那样复制似的时空思维，思维加工的东西不多。所以很多新闻人还是时空思维的门外汉。但是，媒体的市场经营运作，就需要很多层次很高的时空思维。

《成都商报》由于全盘模仿照搬《华西都市报》，在很多方面获得成功，就和《华西都市报》在市场上形成了同质竞争。但是，两张报纸的体制不一样。华西都市报由于是半市场化，在体制上受到四川日报旧体制的掣肘，在很多方面处于劣势。彻底市场化的成都商报，完全有可能打败华西都市报。成都商报也是这样想的。唯独区域组合城市报的思维，它遭到彻底失败，《华西都市报》因此而独自称雄四川盆地报业大市场。

模仿思维的局限性，是模仿者思维方法库的局限性造成的。思维方法库有局限，那是难以弥补的，因为思维方法库要做弥补建设，不是一朝一夕之功。

你看，前面有四川日报报业集团内发成都市以外的发行是无效发行的杂音，后面有成都商报十几辆运报车在高速路上对我们的“围追堵截”，十几个代印点和我们的分秒争抢，我依然坚持从一个洛杉矶导游闲聊那里得到的启示而创造性构思的区域组合城市报。

学习思维方法，并不是非要到高等学府的神圣殿堂。

一个导游的闲聊就点化了席文举。是这个导游了不起吗？不要以为她讲了多少高深的道理，也就是见闻聊天陪大家打发时间而已。她刚刚介绍完洛杉矶的区域组合城市，马上说，好了，我们离开洛杉矶了，下面要去拉斯维加斯了。

学习运用习思维方法，不一定非要名师指点，只要你用心，随时随地都会有点化自己的机会。如果你不用心，手把手教你思维方法也是徒劳。鲁迅先生说过，牛吃的是草，挤出来的是奶；他吃的是奶，吐出来的是血。一个思维高手，吃的是草或者奶，吐出来的是血；不懂得思维缺乏思维方法的人，即使吃的是血，吐出来的也可能是草。你吐出来的是什么，就全看你的思维方法库存储了多少东西了。

# 碧峰峡再窄也挡不住思维的发散



2000年2月22日，“棋圣”聂卫平要在雅安碧峰峡举行一人对150人的多面单打围棋“车轮大战”。这个活动是由华西都市报与成都万贯集团联合主办的。大名鼎鼎的“棋圣”聂卫平莅临碧峰峡，我作为主办方华西都市报的总编辑，出面接待，头天晚上就来到碧峰峡。

碧峰峡是一个刚刚开业的新景区。1999年12月26日开业的时候和元旦、春节期间，两次盛情邀请我去参观，一直没有去。我这次到碧峰峡，完全是为了接待聂卫平。省市新闻界来的也是一群体育记者，都没有要再报道碧峰峡。

### 饭桌一席话使我改变了工作计划

晚餐设在碧峰峡游客接待中心。宾主坐定，万贯董事长陈清华就打开话匣子，给我讲述在刚刚过去的这个春节期间碧峰峡游客火爆的场面。每天数万游人从省内外朝碧峰峡蜂拥而来，以至成雅高速公路自大年初二上午9时起，便出现了持续的堵车现象。每天约5000辆车穿过雅安城区，“皇冠”“雅阁”“凯迪拉克”“奔驰”……一辆辆高级轿车行驶在通往碧峰峡的山道上，汇成一条雅安人祖祖辈辈从未见识过的车河，看名车成了雅安人春节期间的一个特别节目。

万贯副总魏学大说：“春节几天假期中碧峰峡接待了十几万游客，每天旅游收入过100万元！雅安市的银行里因碧峰峡带来的存款每天近500万元。这一切，对于雅安市而言，是做梦也不曾想过的。封闭落后，经济长期滞步不前的雅安市从来没有见过这么多的车，这么多的人，这么多的钱啊！”

老总在讲述他们当前的盛况时，非常满意。但陈清华紧接着无限感慨地说，席总，你不晓得我们这两年遇到了多少波折，好几次都差点打退堂鼓了。

我很奇怪，问：那是怎么回事？

两位老总细说原委。原来，碧峰峡在开发过程中是闯了红灯的。20世纪50年代，国家政府部门有规定，风景名胜是国家财产，不能转卖给私人。万贯集团是民营企业，和雅安市协商，独家买断了碧峰峡的50年经营开发权。像这种合作模式在中国旅游业开发进程中还是第一次。现在，碧峰峡虽说建成开业了，但种种责难和非议并没有停止，来自众多相关部门的反对声依然存在。但是，像雅安这样的贫穷落后地区，根本没有资金投入开发，民间资本被阻挡在外面，政府也很着急。所以，雅安市政府才和我们合作了。

陈清华说："你看这座气势宏伟的游客接待中心建得还算不错吧？可是你绝对很难想象，就在一年前的2月22日，碧峰峡景区正式开工建设的那一天，这里是阻碍施工的山民与建设者混战的场地！"

"想起来真是惊险，万贯前期用于修建黄龙便桥和28公里进山公路的1500多万元投资，只差一点儿就打了水漂……要想在旅游业上走一条创新发展之路，难啊，难！"陈清华感慨万分。

魏学大接着说："当地农民的阻挠，是万贯开发碧峰峡时遇到的第一个大麻烦！"他以回忆的方式述说了万贯当初开发碧峰峡的艰难历程：

碧峰峡景区内原来有100多户农民，祖祖辈辈过着极贫穷的日子，人间仙境般的碧峰峡对于他们来说，只是穷山恶水，许多人不堪贫穷折磨，陆续搬走。到1998年万贯集团前来开发时，景区内仅剩37户，靠盗伐森林和偷猎为生，男的穷得娶不上媳妇，女孩全部到沟外找婆家，没有一家人的年收入上千元。万贯集团前来开发碧峰峡时，以高额拆迁费将山中农户全部迁出景区。但许多农民仍然赖在景区不走，他们抱着"不怕你有万贯，我敲一贯是一贯"的自私想法，不断制造事端，挑起矛盾，阻碍施工。景区内的"钉子户"几次三番重新违章建房，更有甚者，在碧峰峡峡口，农民围打万贯工作人员、赶走设计人员、辱骂保安人员的械斗事件发生了好几起。最严重的一次发生在2月22日那天，有200多人到工地大闹，一些农民在泥浆里打滚，不许施工车辆开行，一些山民则挥舞扁担殴打施工人员……

农民的阻挠使得工程拖延了近两个月仍无法恢复施工，万贯集团已被迫额外给施工队近20万元误工和占用机械等费用，其他费用也为此白白增多200多万元。还有资金利息损失，则以每天近两万元的数额递增。进，不能；退，已经投入1500多万元资金，没有人会来补偿一分。来自股东方面的意见也多了，要求董事会迅速拿出"说法"！

万贯集团被迫召开董事会扩大会，股东代表会上呼声很一致，要求董事长拍板：炸桥，撤标，走人！已投入的1500多万元资金，不要了！

…………

宴会大厅，来自省市新闻界甚至全国的体育记者们，频频举杯，互相敬酒，热闹非凡，都在讨论和预测明天这一场多面单打的各种情况。但是，我的心思已经不在围棋赛上了。从两位老总在席间的闲聊中，我感到碧峰峡有一个比聂卫平围棋车轮大战更大更有价值的新闻！因为我刚刚参加了四川省的两会，我是省政协委员，聆听了省领导在政协闭幕会上的讲话。省领导在讲话中说，中央做出了西部大开发的战略决策，四川要走在前面，要清理过去制定的政策，凡是阻碍西部大开发新精神的政策，一律作废。我们的新闻应该支持碧峰峡走这条新路子。

饭还没有吃完，我已经改变了我的工作安排。我晚上不参加围棋赛的准备工作了，一切由围棋车轮大战的策划人、体育部主任钟洋去安排好了。我要连夜了解碧峰峡这个典型的全部情况。我叫陈清华马上派人下山将支持碧峰峡开发的雅安市领导请来，大家一起来分析讨论这个重大题目。

碧峰峡的新闻到底在哪里？这一两个月成都的报纸电视都做了回答，那就是碧峰峡旅游景点好看，吸引人。我看完全搞偏了。旅游景点就只有旅游新闻吗？我的发散思维出来了，碧峰峡有重要的旅游体制改革新闻。我今天晚上要解剖解剖这个新闻。

发散思维和收敛思维是一对方向相反的思维方法。收敛思维是把思维局限在一点或者一个中心上。碧峰峡前面三次的新闻高潮，省市和全国的记者们，都把视线集中在旅游景点上，这就是收敛思维，他们根本就不往其他的方向去想。旅游新闻把他们的思维圈起来了，这就是收敛思维的局限性。我要来突破这个局限性，让发散思维的思维视线，突破碧峰峡那最狭窄的只有一人多宽的峡谷，飞向响彻云霄的天穹。





### 9号别墅雨夜敲定“碧峰峡模式”

当天晚上，碧峰峡下着毛毛细雨。景区11座森林别墅里，住满了来自国内各大报社、电视台的体育记者，等着第二天的围棋车轮大战开场。他们却没有想到，正在这个时候，雅安市委书记王平、市长向世毅以及雅安市四大班子的其他领导，一个接一个地冒雨赶到碧峰峡，在9号别墅二楼会议室入座。但是，他们不是来给围棋赛捧场的。

陈清华将雅安市领导一个个介绍给我。我说，我之所以执意要请你们连夜冒雨上碧峰峡来交谈，是因为我觉得，你们在开发过程中闯了红灯：民营企业万贯集团独家买断了碧峰峡的50年经营开发权。现在，碧峰峡虽说建成开业了，但种种责难和非议并没有停止，来自众多相关部门的反对声依然存在。这说明，碧峰峡不仅仅只是一个简单的旅游景区经营项目，碧峰峡在目前所引起的种种矛盾，也不仅仅是一个地方招商引资项目与农民之间产生的那种冲突。改革开放20多年了，中国旅游产业还处在萌芽阶段，碧峰峡的开发模式和它所引发的矛盾冲突，恰恰说明中国旅游景区的开发已经开始了自发的变革。你们干的这一件不寻常的事情，在党中央提出的西部大开发战略中，具有重大的改革意义。我想听听你们一路走过来的思想经过和你们现在的想法。

在那个不平凡的晚上，当时尚属雅安地委管辖的县级市——雅安市委书记王平、市长向世毅对我讲述碧峰峡开发的曲折历程时，脸上的神色仍是惴惴不安的。他们告诉我，碧峰峡风景区的50年经营开发权被出让给了成都民营企业万贯集团，这个开发模式是闯了红灯的，与现行的《四川风景名胜资源管理条例》上规定的条条框框有冲突。

市长向世毅快人快语地说道：“‘2·22’事件和碧峰峡刚刚签约后发生的一些事情相比，那简直不算什么！来自省里甚至部里的政治压力，才是碧峰峡遭遇到的最大阻力。”

王平书记插话道：“雅安与万贯签订租赁开发合同后，遭到了省有关部门的点名批评，向世毅市长还为此专门到成都去背了书！”

我对向世毅市长到省上去背书一事大感兴趣，马上打断，向市长询问。向世毅简单回顾了那段经历。他承认，他代表雅安市委、市政府去省人大背书的路上经历了不平凡的5个小时，公路颠簸不平，坐在车里的他思想斗争更比路还不平。此去前途难以预料。他在市委书记王平面前说：“即使丢官帽，也要在下课前干成碧峰峡这件事！”这句话其实是雅安市委、市政府一班人共同的心声，只不过由向世毅代替他们说出了口，并将由他单骑出征到上面去冒死进言。

我越听越觉得，万贯集团和雅安市领导力排众议创造了一个新的旅游开发模式。他们敢于斗争，敢于否定与市场发展不相符合的旧文件、老政策，正是一群不可多得的新时期改革者的形象啊！

我又想起2月初刚刚在成都落幕的省两会，并且向他们介绍，省领导在政协闭幕式上，首次提出了四川跨越式发展的思路，要打破常规，清理各行各业中存在着的一些不适合西部大开发要求，阻碍四川发展的政策、文件，把那些不合理的条条框框废除掉。两会结束后，四川省政府当即下令废除了105个不符合当前形势发展的文件，在省内各行各业引起了很大的震荡。从那天以后，我一直在努力思索如何寻找一个新闻点来深入报道、诠释这个精神。

再来看看碧峰峡，这是一个难得的旅游业开发典型事例啊！碧峰峡9个月建成开放，一开放即火爆川渝，存量价值已比投入的1.8亿元翻番，5年可望收回全部投资，它正引领整个雅安市从贫困走向富裕——这无疑是一个奇迹，这无疑是一个跨越！我苦苦思索的西部大开发的突破点找到了！

这个时候，我的联想思维，又使我头脑中闪现出历史上那一幕幕的改革场景：1978年，中国赫赫有名的《农业生产作业组责任定产法》，就是四川省广汉县金鱼乡一个生产队，先搞了一年多以后才正式出台的。至于刷新历史的“包产到户”政策，也是安徽省凤阳县一个叫作小岗的地方，21个累了几十年穷了几十年的农民偷偷先干起来后，才得到中央肯定，进而作为法规颁行全国的。另外，设立深圳特区也没有先例，即使有了政策也争论不断，但现在谁还会怀疑建特区的决策？政策只是一段时间的指导方针和法规，其功能具有阶段性。国家要发展，必定会针对实际的发展修改政策。中国的改革开放早就证实，很多事情都是先搞起来以后才有政策的。

的确，改革开放已经20多年了，没料到现在的碧峰峡与20多年前的故事是那样惊人的相似。20多年前搞“包产到户”，也是被指责为“违反原则，违反政策”的。当时还有老干部痛心疾首：辛辛苦苦30年，一夜退到新中国成立前……这再次印证了马克思主义关于历史总是螺旋式上升的论断。

然而，历史总是在吸取前人经验的基础上以加速度进步的。20多年前没有报纸敢为小岗生产队那21个农民撑腰，让那些改革者在黑暗中苦苦摸索了很久，直至很久以后才大白天下。时代不同了！在新世纪初，在党中央吹响西部大开发的政策背景下，我们作为一个有社会责任感和历史使命感的媒体，应该理直气壮地站出来，为改革的探索者大声鼓与呼。

这么联想之后，我马上想起了数学建模的思维方法。数学的很多概念、公式、定理、图形等都是一种数学模型，慢慢形成了数学建模的思维方法。这种模型化思维后来在很多领域推而广之，就出现和建立了各种各样的模式，如经营管理模式、市场销售模式、体制改革模式、投资模式等等。这些虽然都不是数学模式了，但是都引用了数学建模的模型化概念，延伸为一种广泛使用的思维方法。

“碧峰峡模式！”这是雅安市和碧峰峡的开拓者们创造的旅游投资改革新模式。我当即确定了这个典型报道的总题目。

当晚，我和他们研究决定，《华西都市报》对碧峰峡模式要做一个大型的系列报道，先推出三篇通讯，题目是《碧峰峡模式》《碧峰峡精神》《碧峰峡冲击波》，每篇规模5000字左右，同时配发三篇评论员文章，在《华西都市报》头版头条位置重头推出！《碧峰峡模式》报道你们探索的旅游景点和资本的合作模式，配发评论《敢为天下先》；《碧峰峡精神》报道雅安市领导班子敢于为民请命敢于探索发展新道路的革命精神，配发评论《当官要当这样的官》；《碧峰峡冲击波》报道碧峰峡模式的成功和引起的反响，配发评论《政策要为大跨越服务》。我们的记者明天就进入采访，希望雅安市和万贯集团全力配合。

作战方案细化后，已是深夜10点。谁来承担采访写作任务？我当场调兵遣将，首先让跟我一起来的奉友湘副总编留在碧峰峡，担负《碧峰峡模式》报道小组的现场总指挥。随后我拨通了经济新闻部主任的电话，要求他带两个记者明天一早赶到碧峰峡，采写碧峰峡的系列报道！





## 冉冉升起的政治经济明星

2000年3月下旬，《华西都市报》连续三天在头版推出了《碧峰峡模式》《碧峰峡精神》《碧峰峡冲击波》系列报道并配发评论员文章，碧峰峡景区一夜红透巴蜀大地，碧峰峡模式也从此在中国旅游改革前沿登台亮相。成群结队的游客怀着兴奋和好奇的心情，从四面八方奔赴碧峰峡，他们想看看这个被《华西都市报》描绘为“人间仙境”的神奇所在。从4月28日至5月6日，碧峰峡景区共接待游客20万人次，最高峰5月5日，达到25,000人次，比春节高峰日游客量11,000人高出一倍多。“五一”期间，由碧峰峡带给雅安市的服务性收入估计在4000万元以上。碧峰峡再次刷新中国西部旅游神话。

碧峰峡模式像一把暗夜中粲然闪现的火炬，点燃了四川及国内新闻媒体对碧峰峡的轰炸式报道。2000年“五一”前后，《四川日报》《中国旅游报》《厂长经理日报》《蜀报》《科学晚报》《商务早报》《四川工人日报》和四川新闻网等各类报纸、新闻网络及成都各大电视台纷纷出动，长篇累牍铺天盖地的碧峰峡新闻报道主题如出一辙——碧峰峡模式。

碧峰峡继春节、“五一”的持续火爆之后，又在国庆黄金周再掀高潮。从1999年12月开业至2000年国庆后，10个月时间里创造了接待游客86万人次，收入6000余万元，利润2580万元的佳绩。碧峰峡一举跃升为四川12家重点景区中的前三名，《中国旅游年鉴》将之作为中国旅游业发展中的大事载入史册。

碧峰峡以石破天惊的气势冲出峡谷，形成了振聋发聩的冲击波效应，波及北京、中央，直至左右了中国旅游业改造、发展的命运和方向。

2001年5月14日，四川省旅游局局长钟勉以四川省委宣传部的名义，出面召集国内外一大批媒体记者，在碧峰峡召开了一次不同寻常的新闻发布会。参加新闻发布会的有包括香港《大公报》和《人民日报》《文汇报》等在内的国内外30多家主要新闻媒体记者。四川省旅游局隆重推出碧峰峡开发模式这个重大新闻很快就像长了翅膀一样，在国内媒体界和旅游业界传开，碧峰峡如虎添翼，迅速成为中国旅游业中冉冉升起的明星！

2001年6月8日下午5时30分左右，国务院总理朱镕基来到了碧峰峡。朱镕基总理这次入川主要是视察甘孜州生态屏障保护和退耕还林还草工作，他入川的第一天即来到了碧峰峡。朱镕基和随行的十多位国家有关部门的领导，一边视察，一边询问，兴致勃勃。他着重调查了解了当地农民的收入以及企业上缴税费的情况。听说碧峰峡开发建设成了“生态乐园”，带动了周边农民脱贫致富，促进了雅安第三产业的发展，他高兴地指出：生态是你们的资源，是你们的财富，是你们的生命！朱镕基总理赞扬碧峰峡的生态环境好，指示碧峰峡要创新发展，搞好生态建设，把企业做大做强。6月17日，朱镕基总理又亲自拍板从总理基金中拨款3000万元，专项用于雅安到碧峰峡的公路建设。这笔巨款解决了碧峰峡景区的交通瓶颈。

朱镕基总理亲临碧峰峡，表明一直遭受非议的碧峰峡模式，最终赢得了政府最强有力的政治支持。

碧峰峡模式的影响力自此势如破竹，中国各级政要开始频频参观考察碧峰峡。

2001年6月18日、19日，中国国内第六届旅游交易会在成都举行。旅交会开幕前夕，时任国家旅游局副局长张希钦专程到碧峰峡考察，对碧峰峡发展旅游的思路、观念和开发建设模式大加赞赏。第二天，张希钦在旅交会上用了20分钟的时间，特别推荐雅安碧峰峡“国有资产，民营开发”的景区经营开发模式，强调中国旅游景区开发可走碧峰峡之路。

在张希钦的大力推荐下，碧峰峡在继西部论坛之后再度成为旅交会的主旋律。前来参加旅游交易会的国内200多家旅行社老总蜂拥来到碧峰峡参观考察，准备在自己的旅游线路中推出碧峰峡景区。

2001年6月23日，时任中共中央政治局委员、全国人大常委会副委员长田纪云来到碧峰峡，在“生态厕所”前亲手种下一株雪松。

10月5日，又一位不平凡的“游客”来到了碧峰峡，这就是时任国务院副总理钱其琛同志。钱其琛参观视察了碧峰峡动物园及景区。在景区接待中心沙盘旁，钱其琛听取了碧峰峡景区总经理的汇报。

时任中纪委常务副书记曹庆泽于下年4月参观碧峰峡。时任全国政协副主席杨汝岱先后两次光临碧峰峡……

有人说，四川雅安的碧峰峡在中国旅游行业中形成了一种独一无二的景象，那就是北京来的高官，只要来川视察、工作，似乎都要到碧峰峡走一趟。据统计，在那两年之间，曾经前往碧峰峡参观考察的部省级以上干部已多达200余人。如此多的国家领导人频频光临碧峰峡这样一个开业仅两年的风景区，这种殊荣是许多著名老景区都难以获得的。

自从朱镕基总理亲自走访并褒扬碧峰峡之后，四川省各有关部门关于碧峰峡模式的猜疑和反对声音逐渐弱化，乃至销声匿迹了。再没有人否认，敢当中国旅游改革先锋的碧峰峡，已经成为西部大开发中的一个典型！

# 全球叫卖“四川十大景区”



## 县委书记请我帮忙“卖”景区

2000年12 月的一天，金川县委书记潘玉成带着四大班子的领导，跑到我的办公室来了。他们希望效仿碧峰峡模式，把金川嘎达山景区的开发经营权也出让出去，招商引资，打造自己的“碧峰峡”。

金川嘎达山旅游景区方圆100平方公里，是古东女国和青藏高原上最古老的原始宗教苯波教圣地。这里是四川又一处人迹罕至的世外桃源，因为政府没有资金开发，千百年来当地人守着一座金山过穷日子。

与两年前千方百计为碧峰峡找出路的雅安市一班领导一样，金川县也有一批想使贫困山区百姓尽快脱贫致富的热血干部。风景秀美的嘎达山风景区长期闲置深山，成了令县委、县政府寝食难安的心病。

县委书记潘玉成早就注意到了声名鹊起的碧峰峡，《华西都市报》连续推出的“碧峰峡模式”系列报道，他一份不差全部收藏在案头。在政府统一规划、严格保护的前提下，由万贯企业独家出资、独家经营的碧峰峡模式引起了金川县领导们的极大兴趣。尽管外界对嘎达山一无所知，但它所拥有的自然和文化景观，绝不比碧峰峡景区差。碧峰峡在开发前也同样只是四川省内一个名不见经传的小景区，但在引进巨资由企业整体开发后立刻摇身一变，成为四川旅游景区中的佼佼者，迸发出巨大的社会效益和经济效益。有碧峰峡模式在前引路，金川县领导决定不再让嘎达山继续沉睡下去，他们迅速成立了旅游开发办公室，组织专家对嘎达山旅游资源进行了前期考察论证，得到了翔实的第一手资料。最后，金川县委、县政府领导班子经过多次讨论，做出一个大胆的举动：向全省、全国、全世界推销嘎达山，将嘎达山风景区的开发经营权向企业界公开出让。

潘玉成书记十分诚恳地对我说：“请席总帮助金川县寻找一家愿意投资开发嘎达山的企业，盘活当地旅游资源。如果景区真‘卖’出去了，给华西都市报30%的股份。”

潘玉成书记的设想给我很大的触动。我想，四川是一个旅游资源丰富的大省，拥有众多高品位的自然景观和文化景观。但是，长期以来，由于受四川经济发展水平的限制，许多旅游资源远远没有得到充分有效的开发。有的地方人烟稀少，根本就没有人去开发；一些地方政府即使想到了要去开发，也没有资金。

我的联想思维，使我马上想起了十多年前，我在四川日报主编《天府周末》的时候，为了给版面组织很好的摄影作品，我认识了当时省青年摄影家协会会长李恩义。他当时也就30岁左右，夏天带着十多个青年摄影爱好者，去甘孜阿坝的深山老林采风，拍摄了一个多月，拍了很多好作品。我选来选去，爱不释手。他说，席老师，那里面到处都是“九寨沟”。他说，从青藏高原到四川盆地，是从8000米海拔逐渐降下来的。人类只是在低海拔生活，2000米以上人就很少，4000米就几乎没有人了，那里就是原始生态，九寨沟的景色很多地方都有，各有特色。因为没有人去破坏，完全是原始景观，好看得很。我曾经几次给李恩义说，下一次去的时候，我也去看看。后来我办《华西都市报》的时候，还曾经想过，组织一次全国的都市报，去那里开展一次“到处都是九寨沟”的采风活动。

金川县我虽然没有去过，但是，潘书记讲的情况，我完全相信。我敏锐地感觉到，出让旅游景区开发经营权是一个很大的市场需求。我的裂变式思维一瞬间又冒出来了：与其仅仅把金川县嘎达山这一处旅游景区的开发经营权卖出去，不如把全省那么多的风景区一起卖出去。在全省组织一批希望对外合作开发经营的旅游景区，进行捆绑式推销，这样还更好卖，可以形成规模、形成声势，还让资本企业可以任意选择。俗话说，卖一个不好卖，卖很多个反而好卖，因为形成了一个市场，一个买卖双方自由交易的市场。

我当即对潘书记说：“卖你嘎达山一个景区，生意反倒不好做了。要卖，我就把四川景区多卖几家出去！”潘玉成听了我的主意，也禁不住连连叫好。

主意既定，我随即又叮嘱金川县一班人，不要提前把这个策划泄露出去。

自从我们成功“包装”宣传碧峰峡模式以后，企业络绎不绝找到报社来，希望我像包装碧峰峡那样包装他们的企业。抱着这种目的找上门来的，一度有二三十个之多。每来一个这样的老总，我都会认真地对他们解释，碧峰峡出名并不在于它的风景有多好，而在于它的旅游体制改革的典型意义，其他企业、景区不具备这个条件，先天不足，别说三五千字，就是写再多文章也产生不了典型。

可是，这次却不同，是景区要求像碧峰峡那样出让开发经营权。从要求包装宣传，到要求“卖”经营权，这是景区需求的一个升级。无钱开发是四川景区的普遍现象，如能大规模吸引全国以至海外资本投资四川旅游资源开发，带动四川更多的旅游景区实现资本与资源的整合，不是一件利国利民的大好事吗？

策动四川众多旅游景区联合对外出让经营权的大策划，就在我的脑海中开始酝酿了。

### 1→10→200的裂变式“出让”

公开出让四川景区的活动比起报道一个单独的碧峰峡景区来说，毕竟有所不同，如果单靠《华西都市报》一家来推，那就太显得势单力薄了。我想邀请四川省旅游局与华西都市报合作由两个单位共同主办这个活动。2001年2月15日，我叫跑旅游的记者：“帮我约一下省旅游局局长钟勉，明天中午我请他吃饭。”

2月16日中午，钟局长准时到假日酒店赴宴。双方落座之后，我就开门见山地说，金川县潘书记提出让我把他们的风景区经营权出让，我觉得这是四川很多景区缺乏开发资金的需求。所以，我们就想召开一个出让四川省风景区开发经营权的新闻发布会，把愿意出让经营权的景区集合起来，进行一次整体捆绑销售，希望能够得到省旅游局的支持，由省旅游局与华西都市报合作推出这个活动。

我的话十分慎重，而且带有试探性。哪知道钟局长刚一听完，就毫不犹豫地说："这个活动很好，我完全支持！"

钟局长如此爽快，让我大喜过望。后来我才知道，其实这个活动与省旅游局当时正在进行但进展不大的景区招商引资活动不谋而合。2001年春节后，省旅游局就下了一个文件，开始进行省内景区的招商引资活动。但一个多月过去了，效果并不理想。四川的旅游资源在全国来说数量最多，质量上乘，但偏偏贫穷落后，筹集不到足够的资金来开发。旅游部门一般通过招商部门帮助招商，这种老办法成效缓慢，不容易立竿见影解决问题。华西都市报发起的这个活动能为四川景区引来众多投资企业和资金，这不正是省旅游局当前苦寻不得的突破点吗？

钟勉局长热情高涨。他告诉我，碧峰峡为四川旅游业发展创造了一种投资开发模式，现在四川还出现了另外两种模式，一个是四川省交通厅冰川公司参与海螺沟开发的国有企业投资、国家开发的模式，另一个就是山东鲁能集团与卧龙野生大熊猫自然保护区合作开发经营的卧龙中华大熊猫园的模式。四川省交通厅冰川公司投资海螺沟景区开发经营两年多，现在已取得了良好的成效。山东鲁能开发经营卧龙的模式是在西部大开发的形势下，引进国内大集团参与开发四川景区的一个典型。不止海螺沟、卧龙、西岭雪山这些景区在搞引资开发，四川有很多景区都很想拿出来经营，例如大凉山就多次找到省旅游局，希望为他们想法找企业投资。另一方面，即使有些景区已开发出来，但引进外面的企业经营，可以带去好的观念和管理，增加资金投入，能够更好地促进当地旅游景区更上一个台阶。他由衷地赞叹道："席总把一大批景区拿来进行集中推销形成声势，形成规模，创意相当不错，可以把所有著名景区都带上。"

钟局长还提了两点重要的建议：一是把活动名曰"四川景区'改为"四川十大景区"，用著名景区打头，这样更有卖点。但除了十大景区外，还要搞一些二类风景区名单一起参与引资。二是在宣传中打出"爱我四川"的口号。"把四川旅游业集体向外推销，正是'爱我中华，建设四川'的一次具体行动。"钟局长继续说。

与钟勉局长的这次会谈顺利成功，双方商定就在下周三（21日）开新闻发布会。发到各景区的文件通知一呼百应，第二天就有数十个景区回了函，一致表示要参加这个"十大景区"联合推销行动。省旅游局招商热线也开通了，一连几天电话铃声响个不停。后来新闻发布会正式向海内外公布的，有四川省对外合作开发经营的十大旅游景区，同时还有四川省19个市州69个区县200多个旅游景区的对外合作开发经营项目。

所以，我们的景区经营权的"出让"，走过了金川县委书记提出的"1"的"出让"，省旅游局长提出的以"十大景区"为名的"合作"，到新闻发布会实际上的"200"多个项目的"出让"，就形成了1→10→200的不断聚合式"出让"。

### "全球叫卖"轰动全球

2001年2月21日，成都岷山饭店。由四川省旅游局、华西都市报、美国侨报三家联合发起的"四川省十大旅游景区对外合作开发经营新闻发布会"隆重举行。20多家省市新闻媒体及国内外驻川记者云集新闻发布会现场。

四川省旅游局局长钟勉在会上隆重宣布，四川省的十大旅游景区，19个市州69个区县200多个旅游景区经营项目，今天都公开对外招商合作开发。这些景区项目，既有世界级风景旅游区、国家级风景名胜，也有极具“成长价值”尚待开发的旅游区，包括了自然生态、人文景观、现代高科技旅游开发等多种形态。合作方式有合资、合作、租赁承包、出让开发权等。

新闻发布会开得很成功。铺天盖地的新闻报道令省旅游局和众多参会景区都喜出望外。投资商也为此次四川旅游促销的大手笔而欢呼。

“十大景区出让”活动不久，汶川卧龙大熊猫自然保护区就与山东鲁能集团下属的山东鲁能信谊公司在成都签订了《关于合作开发中华大熊猫园·卧龙》的协议书，双方将合作成立一个股份公司，全权负责卧龙旅游资源及相关配套资源的综合开发与经营。这标志着四川旅游资源开发又多了一个“第三模式”——沿海大型股份制企业独家开发卧龙中华大熊猫园模式。鲁能方以货币形式出资1亿元人民币，股份比例分别为45%和55%，着力把卧龙打造成精品旅游区。

没过几天，十大景区出让经营权活动就做成了首笔大“生意”：汉龙集团奉上20亿元“聘礼”娶了四姑娘山。4月3日下午，阿坝州人民政府与四川民营企业汉龙集团在成都锦江宾馆举行了共同投资开发四姑娘山国家级风景名胜区框架协议的签订仪式，决定将四姑娘山的经营权与所有权分离，5年内投资20亿元人民币整体包装四姑娘山，开发股份有限公司，全权负责四姑娘山的整体开发。其中阿坝州占30%股份，汉龙集团占70%股份。一年内，先期投资2亿元人民币建设四姑娘山风景区的基础设施。他们还将请来世界一流的规划专家对四姑娘山风景区进行整体规划，然后再按此详细规划进行合理开发。

不久，十大景区出让经营权活动中又一“新娘”出嫁，四川林凤集团13.8亿元取得自贡恐龙“芳心”。2001年10月31日，“自贡恐龙王国公园”正式破土奠基。用5年时间，投入13.8亿元人民币巨资，打造出全球独一无二的东方迪士尼乐园——自贡恐龙王国公园。而这也是继鲁能相中卧龙、汉龙“娶”了四姑娘山后，四川又一著名风光“出嫁”。

新华社发布四川出让十大景区开发经营权的消息后，很快席卷了全国旅游行业。三天之后，云南省省长宣布：云南所有景区出让经营权。浙江、山东也群起仿效。众多景区和开发商闻风而动，纷纷行动起来，形成了一股以新模式开发旅游资源的热潮。

### 两种舆论尖锐对立激烈交锋

在全国仿效出让景区经营权热潮的同时，也出现了另一股反对出让景区经营权的舆论潮流。建设、林业等部门，过去就曾经反对碧峰峡模式，随着碧峰峡的火爆和政府领导人的频频光顾，反对的声音慢慢淡化。谁知道你们更加肆无忌惮，把四川的景区都拿来卖，他们岂能容忍。于是，更强烈的反对和指责声再度响起。

2001年3月8日，《中国青年报》发表文章——《管风景的与卖风景的不是同一个“婆婆　九寨沟会否重蹈三孔覆辙》，对四川“十大景区出让”提出质疑。

上海《文汇报》本来是带着支持新事物的态度采访“十大景区出让”的新闻，谁知道上海市建委得知情况后坚决反对！无奈之下，《文汇报》只好对稿件采取了折中措施，一半写支持者意见，一半写反对者意见，两种观点平分秋色，搞成了一个讨论。

3月下旬，《中国经济时报》也发表长篇争论文章《风景名胜出让是攀险峰》。

事隔不久，我到钟勉办公室商谈按照原计划于2001年5月前到北京、香港开“十大景区对外合作开发经营”的新闻发布会事宜时，钟局长的态度出现了微妙的变化，他说：“席总，到北京的事，我看，干脆先给省里打个报告再说，省上同意开就开。”

时间一天天过去了，“五一”节也临近了，一直没听见钟勉局长打的报告有没有回音。终于，“五一”大假过完了。我知道，去北京开新闻发布会的事算是落空了。





### 碧峰峡模式争论名震华尔街

争吵就会吸引媒体的视线。西方记者敏感地嗅到了中国西部旅游体制改革激发冲突的滔天巨浪，闻讯赶来采访这个两方争吵的焦点。

2001年“五一”过去不久，一位金发碧眼的美国记者从北京出发，不远万里来到碧峰峡。他是全球最权威的经济报纸《华尔街日报》的记者彼得·万纳科特先生。他在四川省社科院和四川大学两位教授的指引下，专门包租一辆红色轿车前往碧峰峡。见到万贯集团副总经理魏学大时，万纳科特便开门见山地说：“我在北京听说四川有一个碧峰峡，是西部大开发中的一个典型，这次专程前来采访、考察。”被碧峰峡人亲切地称为“王彼得”的这位美国记者在碧峰峡住了一天，进行了长达5个小时的专题采访。

5月24日，《华尔街日报》用整版篇幅配图报道碧峰峡，标题是《中国国家公园计划面临考验》。紧接着做了三个提要：中国试验让发展商进入国家公园的计划；国内和国外的投资者们在旅游景点排起了长队；如果没有边远地区的发展，老百姓就什么也吃不上。

紧接着，西方媒体蜂拥碧峰峡。碧峰峡作为自然资源保护和开发的典型，已经放大为西部的声音，在国际上引发了轰动效应。

“五一”期间，韩国国家电视台记者在中央电视台记者陪同下到碧峰峡采访拍摄。

5月14日，香港《大公报》记者到碧峰峡做专题采访。

5月26日，美国《侨报》整版刊登碧峰峡的介绍文章。

6月11日，香港亚视7个记者在碧峰峡拍摄了长达40分钟的专题电视片。

6月20日，《 欧洲时报》“中国旅游”专版采编室副主任带队采访万贯集团董事长陈清华。

…………

一夜之间，碧峰峡的赫然名声已经传遍了五洲四海。究竟是什么魔力吸引着如此多的海内外著名媒体纷纷一探碧峰峡？

21日，《欧洲时报》“中国旅游”专版采编室副主任毛建华在旅交会现场接受了记者采访。

### 政府决策之门隆重开启

自从朱镕基总理前往碧峰峡考察之后，关于碧峰峡模式及十大景区出让的争论开始向着好的方面发展。国家旅游局规划司司长魏晓光，是中国旅游界的理论专家，他在旅交会期间也专程到碧峰峡，给景区员工及旅游界人士讲了40分钟的课。另一位旅游局司长说，他准备回去建议，在全国抓两个点，一为东部的华侨城，一为西部的碧峰峡。

6月19日，曾在3月发表反对意见的《中国经济时报》，再次发表有关“十大景区出让”的文章，这篇名为《资本+资源　四川趟出自己的路》的文章，调子发生了很大的改变。该文着重介绍了四川“碧峰峡模式”“海螺沟模式”“卧龙中华大熊猫园模式”三大典型旅游开发模式，并在总结中提纲挈领：“实践是检验真理的唯一标准。”

关于碧峰峡和四川出让十大景区经营权的争论，早就引起了国家有关部门的重视。国家有关方面做了认真的调查研究。7月21日，国务院组织林业、建设、旅游、环保、文物等七部委11位负责人，组成一个联合调查组，到四川碧峰峡、海螺沟等地做调查研究，对四川省部分旅游景区的现行管理体制和开发经营权出让、转让情况进行了考察，研究西部景区能否借鉴碧峰峡模式，走所有权与经营权相剥离之路。当时，钱其琛、温家宝两位副总理对这件事非常重视，专门派了国务院两位副秘书长前来督办。

在碧峰峡，主持调研会的国家计委社会司原副司长王威肯定地表示：“过去，许多经验都是从基层开始干起，经过政府部门总结规范后再进行推广。碧峰峡模式在景区开发上的成功探索经验，很快将由国务院来定论、决策。”

国务院七部委的“七堂共审”，最后做出了肯定碧峰峡经营模式的政策决定。

10月18日，中央电视台二套旅游专题栏目现场直播关于碧峰峡模式和景区出让开发经营权的专家讨论，将这场两种意见的大讨论推至顶峰，为这场争论画上了一个圆满的句号。

1978年，《光明日报》提出实践是检验真理的唯一标准，后来成为改革开放的重要理论。其实实践检验真理是需要时间的，所以，时间也是检验真理的标准。你看，两年之后，碧峰峡模式就由国家正式承认了。一年之后，争论也就结束了。

国家的政策明朗，那就是行动的方向。面对旅游景区嗷嗷待哺的形势，四川省政府马上拍板，一举向全球资本市场抛出100个景区招商的“红绣球”。

2001年12月3日，四川省政府召开了首个四川旅游招商新闻发布会，100个旅游招商项目宣布向全球公开招商，并且通过了省建设厅、省文化厅、省林业厅等部门的审核同意，经省旅游局、省招商引资局汇总报省政府审定批准后实施。

2月份，是华西都市报发起，与四川省旅游局联合，推出“十大景区出让经营权”的活动。一时间，反对之声汹涌澎湃，权威部门加权威媒体。仅仅几个月之后，形势大逆转。省政府公开出面，以100个景区项目向全世界资本市场招商，也有裂变式思维的气魄了。

四川政府的旅游招商洽谈会盛况空前。美国、德国、瑞士、日本、新加坡、泰国等地的200多名海内外旅游巨头和知名企业人士纷纷飞抵成都。开幕第二天下午现场签约项目就有13个，协议资金4亿元，其中客商投资2.5亿元；意向性合同项目27个，意向性合作金额32亿元。此次旅洽会的100个招商项目中，项目投资3亿元的凉州螺髻山景区、项目投资1.3亿元的峨边黑竹沟景区、项目投资卷楼风景区、项目投资5400万元的乐山沙湾美女峰、项目投资2000万元的南充市万山签订了“婚约”，并举办了“婚礼”。其中，成都一次性就嫁掉4个“女儿”——彭州市龙兴寺恢复建设工程、彭州市龙门山国家地质公园（彭州园区）、彭州市旅游小火车、天台天凤景区三星级宾馆建设，共收到“聘礼”8200万元。其他还有27个“女儿”也兴高采烈地“订婚”。

10个月过去了，一波三折的“四川十大景区出让经营权”活动终成正果，上升为四川省的政府行为。我的十大景区出让新闻策划最终没有落空。碧峰峡模式和“四川十大景区出让经营权”，在中国旅游体制史无前例的改革历史上，留下了浓墨重彩的一笔。

# 都市报旋风吹遍神州大地

1997年，是全国报业市场学习《华西都市报》的第一个高潮。春天，中华全国新闻工作者协会国内部主任阮观荣来华西都市报调查，发现《华西都市报》是报纸市场化的一个典型，可以在全国推广。于是，在上半年和下半年分别组织了两次新闻界和专家们到华西都市报学习和研究，产生了一批研究论文。12月，中国记协在北京举办都市报研讨会。全国报纸学习《华西都市报》的浪潮从此一发不可收。

1996年8月，全国省级晚报都市报在山东济南开会的时候，都市报的形态是周报加晚报，可就是周报也五花八门，有的像一张周末版，有的就是一张精品购物指南。可是1997年之后，参差不齐的都市报全部“向右（《华西都市报》）看齐”。

## 三种迥然不同的学习方法

在全国报纸学习《华西都市报》的大潮中，三张报纸的学习给我留下了鲜明而又深刻的印象——

1995年来华西都市报学习的，有一位不速之客，那就是三秦晚报的副总编张富汉。《三秦晚报》所在地西安离成都很近，1994年创刊，报纸发行不出去，经营情况很不妙。看到《华西都市报》创刊半年多了，就跑来看看。来的不只是一个人，有几个领导和骨干。我就把我们的办报方针，以及半年多来的操作情况，满腔热情地一一介绍。只见他们就在那里不停地记。

三秦晚报的几个人走了，我对他们并没有留下多少印象。两三个月之后，又来了一个人，一看，好像见过的。他一介绍，才明白是上次来过的张富汉。张富汉又要我给他介绍华西都市报的做法和经验。我就又不厌其烦地讲述那一套，他还是不断地在那里记。慢慢地才了解到，张富汉过去是一名军人，端照相机的部队报道组成员，给《解放军报》等报纸寄军营生活照片。因为是部队报道员，转业就到了陕西日报，当上了摄影记者，若干年后晋升为摄影部副主任。《三秦晚报》创刊，他就调去当了副总编。

没过多久，张富汉又来了。他就这样来来去去，前后和我交流了好多次。他一边听我讲话，一边忙不赢地记。记了密密麻麻的两大笔记本，回去没有事情的时候就翻开来看。他觉得新闻追踪这个办法好，于是就指挥记者照着干，搞出了两个追踪报道。可是，天不遂人愿。他马上就受到了大报领导的批评，说你怎么能这样搞新闻？天天都老是说一个事，读者愿意看?

张富汉受到批评，马上就沉默了。因为他在陕西日报是摄影的，还没有指挥过报道，在陕西日报领导面前，他说不起话。他只是简单地解释了一句，说是学习华西都市报的做法。陕西日报领导办了多少年的报纸，哪里管你什么华西都市报的做法。

张富汉受了一肚子的窝囊气，沉闷了一些日子之后，就又跑到成都来了，坐在我的办公室，说他不知道怎么办。

这个时候，华西都市报已经走上了快速发展的道路。报纸9个月后就盈利，一年就发行十多万份。我对都市报市场价值的认识，已经进入了一个新阶段。我觉得都市报这个报纸新品种，可以在全国每个城市办一张，都能够取胜。我就对他说，你们领导对你有意见，干脆你就出来，在西安另外找一张报纸来办，名字叫不叫都市报没有关系，读者不是看报纸名字，而是看报纸内容。你按华西都市报这一套办，他们不按这一套办，你就成功了。

我脑子里几个月以来涌动的都市报占领全国报业市场的思路，第一次向张富汉讲了：所有的产品，都是最新最好的产品取代次品市场，其他的靠边站。报纸也一样。西安晚报、三秦晚报，就看哪个学习华西都市报这一套最好最成功。

从此之后，张富汉的思想就按照这个想法往下走了。他在西安到处去寻找合作的报纸刊号，没有结果。最后找到了华商报。投资华商报的是一个读过研究生的房地产老板李大灿，一个儒商。他接手以后，为了办好《华商报》，专门从北京请来一个作家当总编辑。他看张富汉五大三粗，说话大大咧咧，举止也不像是一个文人，根本不理他。张富汉左思右想，没有办法，最后他放出了一句狠话：我要按照《华西都市报》的办报方法办《华商报》，把你两年赔进去的快1000万元赚回来!

李老板从来没有听说过什么《华西都市报》，半信半疑。张富汉趁热打铁，走，我们去华西都市报看一看就知道了。张富汉终于说服李老板来成都了。可是事到临头却调包了，上飞机的是他派来的两个副手。

张富汉对我说，两个副手都是打工的，要李老板说话才算数。我已经打电话给他了，说是你不来，席总编不讲。他答应马上过来。你帮我想办法说服李大灿。

我在克拉玛依酒店招待李大灿。我听说，李老板信奉份数第一主义。我想了想，我今天要用演绎法和他的市场思维对垒。

我对李老板说，你听说在中国，一份报纸发行两万份就赚钱，所以就将报纸印两万份送出去，结果赚钱没有呢？没有。还赔进去快1000万元。为什么？因为每一份报纸都不好看。即使你送给他，他也不想看。中国现在是市场经济。你是做房地产的，你的房子在市场上卖不卖得出去，房子设计和质量好不好才是关键。报纸和房子一样，也是靠质量在市场上打拼。《华西都市报》为什么发行量增长那么快？就是看了的人都说好看。我们的质量管理口号是：每一篇报道都要让读者喜欢。我们是按读者的需要办报。读者不喜欢的报道一律不要。读者阅读一张《华西都市报》的时间，调查统计出来是半个小时。各个版面都要看完才丢手。成都市委书记的小车司机，在我参加市委新春联欢会的时候，专门跑来对我说，席总编，你的《华西都市报》我每天都是从头版头条读到最后一版最后一条，连中缝都要读完。而其他那些报纸呢，就是一分钟报纸。读者一分钟把各个版面的标题浏览一下，就不看了。

恰恰看《华西都市报》半个小时的人，顺便就把广告也看了，广告效果也很好。

我的话才开了个头，华西都市报的很多经验还没有介绍，一顿饭还没有吃到一半，李大灿就坐不住了。他是自然科学的研究生，演绎推理一听就明白。市场的大前提（报纸按读者的需要办报，就能够畅销）和面前的小前提（都市报按读者需要办报）清清楚楚地摆着，报纸畅销的结论就不言自明！他爽快地说，好了好了，《华商报》就按照《华西都市报》的办法来办了。席文举准备了半天的克拉玛依舌战李大灿，根本就没有战起来。张富汉从此从李老板的手中接过《华商报》，既有刊号又有投资。

张富汉这里使用的思维方法，是借势思维。张富汉作为一个个人，无论从哪方面的资质，都不可能拿到刊号和投资。他既不具有个人资质条件，也没有说服李大灿的报业市场知识、理论和思维智慧，他是借席文举之势来达到这一目的的。

张富汉的《华商报》马上就要开张了。可是，实际上的文字总编辑还没有。张富汉自己从来没有搞过文字工作，自己可以担任总编辑职务，文字把关工作必须有一个人才行。他想要三秦都市报记者部主任刘东明来做这个副总编辑的工作，可是，几次交流下来，那个长期担任陕西日报记者、三秦都市报记者部主任的刘东明，还是下不了脱离铁饭碗体制，下海办市场化报纸的决心。时间不等人。怎么办？张富汉又一次使用借势思维，要我来帮助他说服刘东明。

刘东明跟着张富汉一起走进了我的办公室。当他们两个离开我办公室的时候，刘东明已经欣然同意做张富汉办《华商报》的助手了。

好多年以后，一个偶然的机会，我在飞机上碰到刘东明。刘东明专门从他老远的座位上走过来，对我说，席总编，我这一辈子都会感谢你，那一次是你的一席话，说服了我去跟着张富汉创办《华商报》。

又是好多年以后，我在深圳碰到刘东明，刘东明递给我的名片，上面堆满了一大串董事长、总编辑、总经理的头衔。

1997年，张富汉的《华商报》在西安开张了。他在编辑部大会上的报告更绝：按照我的第一个报告全文照读，只改办报地点。《华商报》很快在西安报业市场一统天下。他召来全国新闻界的记者做宣传，还将他的这个讲话发给请来采访宣传的新闻记者。记者们一看，傻眼了，这不是席总编的那个讲话吗？中国新闻界第一个人这样讲，这样做，他们记得清清楚楚，怎么会忘记呢！大家都笑起来，不断窃窃私语，不仅在电话上告诉我，还马上给我寄一份过来。我以后碰到张富汉，问他到底是怎么一回事，他解释说：只有你那样讲，才是最好的；换个说法，意思就不准确了。

有一年，我请新华社国内部主任李尚志来给华西都市报采编人员讲课。李尚志给我说，他去陕西日报的时候，陕西日报的人给他讲述《华商报》把他们的《三秦都市报》打败的情况，说是“不会办报的把会办报地打垮了”。

陕西日报的人之所以这样说，是因为他们觉得，张富汉就是一个搞摄影的，不会写报道，就不会办报，他们办《陕西日报》的，才是会办报的。我对李尚志说，这就是《陕西日报》（《三秦都市报》）被打垮的原因，他们已经被打败了，还自认为是会办报的，这么骄傲，自然不肯学习，只有被肯学习的人打败。

张富汉的成功，其实就是虚心学习的结果。三秦晚报来的几个人，就数他记得最认真。他过去是摄影记者，因为不懂，就格外虚心。问得认真，记得认真，回去重复温习得也认真。到华西都市报学习取经的人，他是来来去去次数最多的人。外地报纸来我办公室的次数，没有哪个能超过他的。为什么他要反反复复来那么多次，叶叶问到枝枝上，枝枝问到根根上？他是不耻下问。报纸创刊以后，张富汉还对下面的部主任说，有的问题你们弄不清楚，可以直接坐飞机去华西都市报问。张富汉通过这样的不耻下问，虚心学习，不懂变成了懂，就以都市报的外行打败了三秦都市报的内行。

另一个有代表性的学习者，是湖北日报的经营管理学习团。1996年8月，湖北日报副总编杨卫平，带领湖北日报经营管理团队，到四川日报参观学习。本来他们学习的内容是经营管理，可是听到四川日报介绍新办的《华西都市报》发展很快，马上掉转方向，学习《华西都市报》。我以为他们是搞经营管理的，介绍起来也不像给办都市报的人那样详细。可是，他们三个人都忙不赢地记。结束时提了几个问题，我回答之后，他们说是很满意。三个月之后，这个杨卫平成了楚天都市报总编辑，带来12个部门主任，对口学习。1997年元旦，《楚天都市报》创刊，很快风行江汉大地，成为后起都市报突飞猛进的一面旗帜。1998年都市报研究会成立，楚天都市报成为研究会的副会长单位。

《楚天都市报》为什么学习《华西都市报》是一次成功？我介绍之后，他们也没有反复询问，叶叶问到枝枝上，动员报告也是总编辑自己写的。那是因为他的学习团队是办报的专业团队，水平高，心有灵犀一点通。杨卫平是湖北日报的资深编辑，与我是同龄人，长期从事采编工作。走上领导岗位多年之后，又去分管报社的经营管理，成为一个复合型人才。其他都市报的领导班子都年轻，像楚天都市报的情形不多。他们对我提出的党和人民都喜欢的方针，理解也很深。所以，《楚天都市报》和《华西都市报》一样，办报方向一直把握得也很好，没有出过大的失误。有的年轻人当都市报总编辑，经常出一些问题，受到宣传领导部门的敲打。

还有一个学习《华西都市报》的成功典型，是《成都商报》。《成都商报》学习《华西都市报》是另外一种学习方法。他们1993年创刊，到1995年还是没有多少发展。但是他们认真研究成都的报业市场。在《华西都市报》创刊8个月之后开始搞新闻追踪。后来《华西都市报》推出特别报道，他们三个月之后模仿跟上。以后《华西都市报》有什么新招，他们跟着模仿的时间越来越短，最后是你头天搞，他们第二天就搞。

《成都商报》和《华商报》是两种学习办法。《华商报》是一次性的全盘照搬，因为它直接得到我的指导，还拿到了我的几个讲话文本。《成都商报》是在市场上逐步辨认哪些好，一个一个地学，最后发现所有的都好，才什么都学，是经过了一段认识的时间。但是，他们最后都走上了全盘模仿的道路。

### 全国学习都市报的教科书

慕名前来华西都市报取经的报纸渐渐多了起来，这些人一到华西都市报，几乎都非要等到我介绍经验，不然不会善罢甘休。来了一批走一批，走了一批又来一批，冬去春来，我不厌其烦地给这些虔诚的淘金者，反复讲述《华西都市报》的办报理论和做法。据总编室统计，从1995年下半年到1999年底，前来华西都市报考察、学习、取经的，有300余家新闻单位逾千人。有的报社还来了一次又一次。

我那个时候真是精力旺盛，有时候上午讲半天，下午有报纸来了，又讲半天，一点不觉得累。有时晚上还陪客人吃饭，或者参加活动。但是，在内容的交流中，许多人老是问这问那，特别是新闻追踪的故事，从枝枝问到叶叶上。那些新闻追踪的经过，我是反复讲。后来我想，怎么讲都只能是个大概，干脆把那些新闻追踪一个个汇集起来，编成一本书，他们头天来了，就发给他们晚上读。他们从追踪报道开始，读到追踪报道结束，一看就明白了是怎么回事，第二天再听我讲，就不用多说了，只讲追踪的指导思想和如何策划就行了。

1997年春天，《〈华西都市报〉新闻追踪选集（1、2）》就在这种指导思想下编出来了。这套选集共选录了《华西都市报》创刊头两年内最精彩的20个新闻追踪。因为文字有200万，928页，所以分成了1、2两册。

《新闻追踪选集》的前面，是我的文章《新闻追踪：从新闻表现艺术上探索新闻改革》。这是我第二次讲话中的一部分。那时候《新闻战线》《新闻记者》《新闻界》等也发表了多篇介绍《华西都市报》新闻追踪的文章，我们在书里也选了几篇，如《新闻追踪报道的成功范例》《“孩子回家行动”的台前幕后》《过程比结果更值得玩味》《批评性追踪报道的成功经验》。这样，就可以使读的人从实践和理论两个方面加深对新闻追踪的理解和借鉴。

因为来学习的人多，这套书一次就印了2000套，到1998年底就所剩无几了。函索、邮购、亲自到报社来索取的，应接不暇。

华西都市报为全国报纸学习而编辑的第二本书，是《〈华西都市报〉的发展思路》。1997年6月，全国省级晚报都市报总编辑会议在成都举行。我在会上发表了详细介绍《华西都市报》办报理论、思路和方法的长篇讲话《研究读者市场探索办报艺术》。下来就有人找我要那个讲话。我想起了过去就不断有人找我要讲话稿，考虑再三，干脆将我的三次讲话，汇编成一本书，最后取名为《〈华西都市报〉的发展思路》，发给每位与会者。

《〈华西都市报〉的发展思路》，第一次以真实、完整、系统的面貌，原汁原味地传达我策划指挥《华西都市报》的声音，为全国许多报纸的老总所了解。

这本参考书最初只印了100本，但两三个月就被闻风而来的同行抢得一干二净。一些在这本小册子汇印以前来华西都市报学习的报社，还派专人来索取。我们只好又印了1000本，到1999年3月，还是只剩下一个样本了。

一些搞新闻研究的专家学者也对这本参考书产生了浓厚的兴趣。四川省社会科学院新闻研究所几次打电话找总编室要，派人往返数次，才如愿以偿。这个研究所每人都有一本《〈华西都市报〉的发展思路》。

许多报社老总都视这本参考书为办报“经典”，搁置案头，咀嚼研习，有的还复印给报社其他领导学习。

恰恰也在那个时候，《敲门发行学》的书也出来了。《敲门发行学》本来是我们发行人员的内部教材，可是在发行部被外来报纸人员发现，也不容置疑地讨走。一传十，十传百，内部教材变成了全国都市报通用教材。于是，一些报纸来华西都市报学习，《〈华西都市报〉的发展思路》《新闻追踪选集》《敲门发行学》，三本书一全套，装进口袋里拿去了。有人说是大丰收。

本来，面对残酷的报业市场竞争，内部许多人多次提醒过我，不要去写文章介绍《华西都市报》的经验，别人上门学习，也不要毫无保留地什么都讲，要留有余地。现在是竞争的时代。我这个人头脑比较简单，就认为中国计划经济的报纸品种太单一了，现在改革开放了，报业市场也应该像其他市场一样，读者喜欢的报纸应该多种多样。都市报既然已经证明很受读者欢迎，那就让都市报在全国遍地开花算了。所以也没有多想，就将这些内部“密码”公之于众。



### 中国记协国内部推波助澜

1996年春天，担任《中国报刊月报》总编辑的四川老乡王明春，看到《华西都市报》第一年的战绩不错，就组织首都新闻界的一些朋友，到华西都市报搞了一次“中国报刊双效益考察行”采风。那是华西都市报第一次接受新闻界的采访。

几个月之后，全国记协机关报《中华新闻报》记者王同英，从参加“中国报刊双效益考察行”的朋友处，听说创办才一年多的《华西都市报》在成都卖得很火爆，于是兴致勃勃地赶到华西都市报采访。她对华西都市报的情况做了一个全面的了解，很快感觉到这是一张不同寻常、有着强大生命力和发展前景的新报纸。回到北京，王同英忍不住将自己在华西都市报的见闻，汇报给中国记协国内部主任阮观荣。

阮观荣是一个很认真的人。他听了王同英的叙述以后，既感兴趣，又将信将疑，最后决定亲自赴蓉探个究竟。

1997年春，阮观荣带着一干人马，驾临华西都市报。他听取了我长达两小时的汇报后，觉得自己听到和看到的，比王同英讲的还要好。他从始而疑之，到继而信之，最后竟大为奇之：这是一个将报纸推向市场、实现报业产业化的成功典型！

他认为，华西都市报既有理论，又有实践，理论和党的执政理论紧密结合，实践的运作方法看得见、摸得着，操作性强，学习起来简单易行。在目前全国报业市场化的浪潮中堪称独树一帜，为报业产业化开辟了一条新路。于是，阮观荣决定把华西都市报的办报理论及实践向全国推广。

1997年4月，阮观荣组织全国新闻专业报刊和新闻界专家学者到华西都市报考察调研，准备下半年在北京召开“市场经济与都市报发展”研讨会。

这次调研活动不仅听取了我的全面汇报，还分别召开了副总编、部门主任、编辑记者座谈会，最后形成了十多篇论文。阮观荣亲自执笔写了一份调研报告。调研报告说，华西都市报的成功，主要是因为：办报思路正确；定位准确；贴近读者，贴近实际，贴近生活；关注社会热点焦点；为政府分忧，为百姓解难；架起沟通、理解的桥梁；博采众长，不断创新；研究读者市场，创立“敲门发行”；机制灵活，管理严格。

阮观荣还感到不满足，他觉得《华西都市报》是一座丰富的报业理论宝库，还需要继续挖掘。1997年8月，他又再次组织北京、上海等地新闻界的专家、学者到华西都市报调研。这次调研活动除继续对报社进行全面深入的了解以外，还召集了《华西都市报》读者座谈会，走访了四川省委、省政府和成都市委、市政府的有关部门和领导，听取他们对《华西都市报》的意见。

这两次调研活动的成果是形成了20余篇论文，它们从不同的角度对《华西都市报》做了全方位的解剖。1997年12月17日至19日，“市场经济与都市报发展”研讨会在京如期举行。中央有关部门领导，来自北京、上海、湖北、四川、黑龙江等地的新闻界专家、学者和各省（区）都市报总编辑70余人，参加了这次研讨会。会议论文最后汇编成《都市报现象研究》一书，由新华出版社正式出版，向全国公开发行。

《都市报现象研究》是我国第一部研究都市报的理论著作，也是华西都市报编辑都市报经验和理论的第四本书。

## 《黑马雄风》升华都市报的辩证思维

那几年，《华西都市报》发展很快，全国都市报的发展也很快。实践中又不断出现和提出一些新问题，涉及的层面更深，层次更高。我的思想总是不断总结、不断探索、不断前进的。因此，1998年9月，我们又编辑出版了一本阐释《华西都市报》时代精神的图典《黑马雄风》。

《黑马雄风》精选了近400帧照片，形象地表现了我的办报理论，直观地再现了华西都市报的发展轨迹和辉煌业绩，生动地展现了《华西都市报》在四川盆地乃至全国报业界、新闻界以及社会各界引起的大震荡。而编辑这本图典的指导思想，是用辩证思维的方法，对改革开放中的市场化报纸如何处理各个方面的关系，做了全面深刻的论述。

首先，《黑马雄风》阐释了政治理想与报业理想的辩证关系。

我在图典开头的《总编辑献辞》中，就开宗明义地写道：“要办出一张报纸容易，要办出一张像样的报纸就难，要办出一张党和人民都喜欢的报纸就更难。《华西都市报》把自己的目标定在‘更难’上：要党和人民都喜欢……我们准确地把握住党心民心的内在统一性，努力探索党性和人民性的双重同构艺术。我们精心构筑的，正是一座党心民心心连心的宏伟工程。”

我从成都市市长王荣轩喜欢“党心民心心连心”的标题，悟出了“党心民心心连心”正是我们报纸的理想境界。所以，办一张党和人民都喜欢的报纸，则是这种政治理想在报业理想上的表现。华西都市报三年来所做的，就是把为政府分忧与为百姓解难统一起来，把坚持正确的舆论导向与贴近生活令市民百姓喜欢统一起来，把党和人民都重视、市长和市民都关心的热点问题抓出来进行报道，就精心构筑起一座党心民心心连心的“心桥工程”。所以，在庆祝《华西都市报》发行突破40万大关的会上，四川省原副省长徐世群说：“《华西都市报》最成功、最有价值的经验，就是在办报实践中，既坚持正确的舆论导向，又使报道生动活泼、老百姓喜闻乐见。他们在政府和人民群众的结合点上做文章，使报纸办得党和人民都喜欢。”

在《中国报林闯出一匹黑马》一文中，有一句话很经典：“究竟是什么赋予了《华西都市报》如此神奇的魔力呢？魔力来源于《华西都市报》的市场意识和平民意识，即它的办报宗旨：全心全意为人民服务……市场意识、平民意识，是《华西都市报》的报业之魂。”

应该说，《华西都市报》的市场意识和平民意识，正是来源于我的市场思维与平民思维。因为有市场思维，所以要按市场规律来办《华西都市报》，要把《华西都市报》办成一个广告最佳传媒，一条社会信息的高速公路；因为有平民意识，所以要按新闻规律办事，新闻应该从大众中来到大众中去，从生活中来到生活中去，从市场中来到市场中去。

《黑马雄风》中说："《华西都市报》始终按'每一篇报道都让读者喜欢'的标准来组织版面，以追求读者市场最大化而达到广告传播范围最大化，以追求办报艺术最佳化而达到广告传播效果最佳化。""我们不仅为广大读者演绎家事国事天下事事事皆明的'都市新闻大看台'，而且为广大消费者排列名牌广告荟萃各类信息应有尽有的'都市生活大百科'。""我们精心构筑的是一条社会信息高速公路。"

《黑马雄风》有鲜明的时代感，对都市报发展过程中的各种矛盾，做了深刻的哲理辩证，具有强大的逻辑力量，加上精练的语言文字，图文并茂，印刷精美，一经问世，马上就成为继《〈华西都市报〉的发展思路》《新闻追踪选集》《敲门发行学》之后，又一本风行报界、新闻界的图书。

全国报界同仁闻讯，纷纷来人来电索取。当时武汉晚报的一位总编辑到华西都市报获赠一本《黑马雄风》后说："其实我早已得到这本画册。我是把它放在枕头边的，天天都要翻阅、研究。"

四川省社会科学院新闻研究所的研究人员看到这本画册后，说这是《华西都市报》成功的真正秘诀，是"《华西都市报》十大报学理念"。

五本书——《〈华西都市报〉的发展思路》《敲门发行学》《〈华西都市报〉新闻追踪选集》《都市报现象研究》《黑马雄风》，成为全国都市报学习的一套教科书。

## 裂变报业市场的中国梦

都市报作为全新的市场化报纸新品种，三四年间就风靡全国。

《华西都市报》裂变中国报业市场的结果，是群众自费订阅报纸的数量超高速增长。过去，中国计划经济的报纸长期以来是公费订阅，40年来一直就是两三千万份的发行量。都市报大幅度推动自费订阅市场的发展，几年之间使中国日报的发行量达到九千多万份，直逼一亿，超过日本的发行量，成为全球报纸发行第一大国。

都市报的利润也实现了裂变式增长。华西都市报只用了230万元投资，从第10个月起就开始盈利，从此以后年利润以每年1000万元的速度增长，9年以后每年一亿多元的利润，20年获取利润15亿元以上。

不仅华西都市报，跟在后面模仿学习的，如楚天都市报、华商报、燕赵都市报、京华时报、江南都市报、半岛都市报、潇湘晨报等等，投入的资本都不大，获取的利润很高，很多都是第一年一次性投入后，以后长期都不再投入，而年利润上亿或者好几千万元。

都市报从内容到经营全面市场化，所以占领市场的速度快，来势猛。虽然时间已经过去了20年，网络新媒体的发展速度更快，纸媒的时空已经大大缩小以至不多了，但是，中国媒体市场化的第一步，仍然是不能跳过的一页历史，那是科学思维方法特别是裂变式思维方法的智慧结晶。

在改革开放的伟大时代，都市报人凭借自己的思维和智慧，创造了中国特色的市场化报纸产品，使中国从一个基本上只有计划经济报纸的单调局面，从一个报纸发行量很低的国家，一跃成为全球报纸发行量第一的报纸大国，彻底改变了中国报业市场长期落后的局面，与世界报业市场接轨，真正实现了一个中国梦。

创新驱动发展。中国报业市场很快完成升级转型换代。许多省报迅速从百万元利润时代进入亿万元利润的报业集团时代。如果加上广告市场和发行市场，都市报的创新是创造了几千亿元的市场价值，增加了几十万人的就业机会。

中国从此接二连三地成立报业集团。特别是省报报业集团，基本上都是靠都市报来支撑。都市报没有办成功的省报，就无法成立报业集团。

# 主流媒体如何才能主流





## 都市报潮流中出现的新问题

都市报的迅速繁荣和兴起也使我产生了一些疑虑和担忧，因为一些一哄而起的都市报，功利性太强。有些自称学习《华西都市报》的报纸，模仿和移植的是我们的形式，但办报理念和运作方法却大相径庭，甚至背道而驰。最典型的就是为了占领市场，取宠读者，在报纸上搞低级、媚俗、淡黄色、阴暗面这些玩意，尽管还不像当初西方大众化报纸发展过程中那么明目张胆，但消极、负面的东西都出来了。1998年，成都一下子冒出来了好几家综合性市场化报纸，有的就把一些低级庸俗的东西搬上了版面。有一张报纸的小说连载，淫秽的段落很多，不少读者很有意见，造成了极其不良的社会影响，成都市两会上都提出了意见。还有的报纸搞批评报道“易胆大”，不遵守新闻纪律。人家一说起来，就说这些报纸是学《华西都市报》的。但实际上，从《华西都市报》创刊开始，我在第一次讲话中就说，我们办报的理念和追求就是既要走向大众，又要把报纸办得有权威性，格调高，办成党和人民都喜欢的报纸。

在全国风起云涌的都市报潮流中，我慢慢地观察，逐渐感觉到，党报办的都市报一般要稳当一些。都市报的领导人如果在党报的领导岗位或者中层领导岗位上干过的，舆论导向的把握就稳当得多。一些人认为，都市报要创新，年轻人没有旧思想的束缚，能创新，所以要大胆起用年轻人。《华西都市报》采编队伍平均年龄二十四五岁，确实年轻，但是把关的总编辑已经53岁了。没有这个53岁的席文举，根本不可能有《华西都市报》的创新，也不能把好那么多关。我们当然要起用年轻人，但也一定要考察综合素质。一些都市报出的问题，就与总编辑没有受过严格的训练，队伍参差不齐，就凭一股闯劲，干起事情来“易胆大”有关。都市报不是胆子大就办得好。总编辑既要有创新能力，同时必须要有把关能力。两个能力一个都不能少。

我当时提出“都市报要建设成为主流媒体”的口号，还有一个因素，是一些都市报有市场观念，但是太偏重于为金钱办报了。赚钱是一个目的，我的市民生活报的定位就是这么推出来的，但绝不只是这一个目的。都市报不仅要创造经济价值，同时也要创造社会价值。报纸是一种社会文化产品，它承载着社会政治经济文化等多种元素，不是一个“经济动物”。

“都市报要建设成为主流媒体”的口号就这样提出来了。那么，怎么建设成为主流媒体呢？

那两年，华西都市报搞了许多大的策划，例如“碧峰峡模式”“出让四川十大景区开发经营权”“进军四川大市场”等等，都是围绕利用我们的优势推动社会发展的这个出发点来进行的。这些策划都产生了很好的效果和强烈的社会反响，报纸的影响力和权威性大大得到了提升。

为什么能够产生这样的效果？探究其深层次原因，那就是我们这些策划恰恰与社会事物发展跳动的脉搏一致，产生了共振，像刺激了神经中枢一样反应强烈。这是一种什么样的现象？这使我对《华西都市报》的力量和作用重新进行了审视和认识。得出的结论就是，这是一种整合现象——媒体与社会的整合现象。

### 归纳法归纳出媒体“主流”的精髓

伟志西服通过《华西都市报》的广告宣传，在四川销售额超过了一亿元；花水湾只在成都媒体宣传，花多少版面都热不起来，《华西都市报》几个版面推介，一下就火了；碧峰峡和出让四川十大景区开发经营权活动，给四川景区引来几百亿元的投资，四川旅游业突飞猛进；进军全省大市场，大大提高了四川一体化的进程……接连不断出现的媒体推动社会事物向前发展甚至飞跃发展的现象，引起了我的深思。我牢牢地捕捉住这种现象，最先想到的是这是一种共振，是新闻传播活动与社会事物的运动频率一致时发生的共振现象。

再仔细研究这种共振现象，其实就是媒体和社会事物的整合现象。我恍然大悟：整合思维！整合作用！充分发挥媒体的整合作用，就有推动社会发展的强大力量。

整合思维是一种重要的思维方法。我在华西都市报前前后后多次使用整合思维的方法。开始的第一阶段，是《华西都市报》与上海《文汇报》、《华西都市报》与中央电视台等媒体之间的整合。这种媒体之间的整合，是为了让《华西都市报》借助人家的影响力，插上人家的翅膀来发展自己，新媒体就可以腾飞得更快更高。第二阶段，是被拐卖孩子和爱心人士、贫困大学生和企业公益爱心款等之类的整合，是急市民之所急，将双方的需要来一个整合，使社会上的不平衡走向平衡。第三阶段，“碧峰峡模式”、“出让四川十大景区开发经营权”、全省汽车大巡展、“进军四川大市场”、城市生活110、倾力打造“川菜王国”等等，则是在政治生活、经济生活、社会生活等更加广阔的社会领域，推动社会向前发展的整合。而所有这些整合，都起到了“主流”的作用。

我的思维一下豁然开朗：这不就是《华西都市报》在“主流”吗？我的“主流媒体”的概念也马上发生了一个飞跃。

什么是主流媒体？过去的概念，好像是牌子大、后台硬就是主流媒体，或者发行量大、收视率高、影响大就是主流媒体。我觉得，这些定义和理解都没有抓住要害和关键。主流媒体的关键，是主流媒体能够推动社会事物向前发展。所谓“主流”，从字义上讲，就是能够“主持”“流动”。“主”和“流”都是动词。“主”是“主导”“主持”的意思，“流”是流动的意思。合起来就是“主持流动”。媒体“主持”什么“流动”呢？当然是“主持”社会事物向前发展的“流动”，像主持人在主持一个话题中不断引导话题向前发展一样。

媒体主流，绝不是跟着社会事物的发展流动做记录就行了。那就是个“照相机”，把事物流动的过程拍摄记录下来就完了。那不是媒体在主流，而是媒体在记录主流。媒体主流，是媒体能够决定事物流不流动、怎么流动。主流的概念，包括主持、主宰、主动、主导。主流不只是客观照相做流动的记录，而是做流动的推动者，是个弄潮儿，像毛主席所说的“到中流击水，浪遏飞舟”。

所以我觉得，很多人对主流媒体的理解，降得太低了，降低成为观看主流和记录主流了，是主流的看客、观众和相机。有人说，它的读者是主流人群，所以它就是主流媒体。那么，看高尔夫杂志的都是些精英人群，高尔夫杂志是“主流媒体”吗？有人说，它的媒体报道的是主流社会的内容，所以是主流媒体。主流社会发生什么你报道什么，那仅仅是个摄像机，你在主流吗？有人说，它的媒体是主流社会主流单位主办的，单位性质决定媒体性质，所以是主流媒体。那主流单位办一个信息简报，也是主流媒体吗？

你这个媒体“主”没有“主流”，必须看媒体在社会事物的发展过程中起没起推动作用。《华西都市报》在府南河工程中的百万市民大参与系列报道，评论员文章被市长在市委常委会上宣读，系列报道被成都市政府送到联合国环保组织，最后环保组织据此授予府南河工程人居奖，这就表明，《华西都市报》在府南河工程中是起到了“主流”的作用，既能够影响百万市民的参与，又能够影响市政府的领导，还能够影响联合国环保组织的决定。其他媒体都是旁观者，包括机关报《成都晚报》，也只是跟着报道府南河工程的工作进展，随流媒体而已。

“碧峰峡模式”和“出让四川十大景区开发经营权”，更是在全国鸦雀无声的情况下，于无声处响惊雷；全国媒体还出来争吵不休，甚至引起华尔街的兴趣。《华西都市报》完全就是“兴风作浪，推波助澜”，一波未平，一波又起。最后国务院七部委“七堂会审”，修改了过去落后的政策。这完全是“主持中国旅游体制改革的流动”，连国务院都被推动了。没有《华西都市报》，碧峰峡还不知道是个什么样子。我们搞出让四川十大景区经营权之前，省旅游局出台的引资方案发下去几个月，全省居然没有人响应。我们一提出就一呼百应，让省旅游局的处长都大为感叹。

媒体主流，绝不是一句空话，要有推动发展的实际行动。这个行动，就是利用你的影响力，去整合社会事物。媒体确实有影响力，因为你每天有几十万的发行量，几百万的读者；大声疾呼可以振聋发聩，袖手旁观也就无声无息。就看你会不会运用你手中这个魅力无穷的工具。

我之所以对主流媒体的概念和认识，能够发生这么深刻的升华和飞跃，就是因为对《华西都市报》那几个事例，用归纳法进行了梳理，从中找出它们的规律——利用媒体强大的整合作用，去推动社会事物的发展流动。

归纳法是人们经常使用的认识事物的方法。使用归纳法的关键，是要抓住事物的本质做归纳。不然，你归纳出来的东西，和人家看到的一样，没有新鲜感，就是你没有进行“去粗取精，去伪存真”的加工制作功夫，吐出来的和吃进去的没什么不同。

我从几个策划报道的整合现象，归纳出了什么是主流媒体的概念精髓和媒体应该如何主流的办法，就将主流媒体的概念，从本质上大大向前推进了一步，耳目一新，同时具有很强的科学性和可操作性。一些“体积”很大的媒体，自以为是主流媒体，根本就不做“主流”的事情，空有“主流媒体”之名，实际上无“主流”之实。你不主流了，没有一点“主流”的影响力，谁还认为你是主流媒体呢？

现代思维中有一个重要的思维方法，叫“抽象与概括”。如何做好抽象与概括的归纳？其实就是透过表面现象去抓住事物的本质。

### 王市长“言为心声”的期待

我能对主流媒体产生认识上的飞跃，还跟我长期在党报工作有关。因为长期以来，我们党都强调党报是党的机关报，是主流媒体，报纸报道要有指导性。所谓指导性，就是宣传好党的方针政策，指导党和政府的各项工作。总编辑要懂得指导你覆盖范围内的工作。可是，做得怎么样呢？往往是一个大事情来了，研究宣传报道计划，都是把上级党委会的文件、讲话拿过来阐释一遍，发表几篇社论评论做阐释，配合做几篇典型报道，就完成“指导”了。为什么会出现这种情况呢？我以为，不是他们不想把指导性任务完成得更受读者欢迎，而是采编队伍，包括领导班子，缺乏相应的真正能够推动事物发展的思维方法，从而拿不出新鲜活泼、富有创意、行之有效的新办法来，只有按照过去的老一套办。指导性变成了一个上传下达的传声筒，不是指导，而是领导意图的传导。

《成都晚报》作为成都市委机关报，对府南河工程不能说不重视。市委、市政府的“1号工程”是这个时代的主旋律，难道还不重视？他们宣传的版面，肯定比《华西都市报》多得多，时间也更长。但是，他们的报道，就是那一套程序性的操作办法：领导讲话、工作成绩报道，好人好事，大版大版的歌功颂德。这一套老办法，上级党委虽然也习惯了，并不一定完全满意。最后看到《华西都市报》的百万市民大参与系列报道、活动和评论，才觉得这个更好。于是，送到联合国环保组织的报纸，就是《华西都市报》关于府南河工程的系列报道，不是《成都晚报》的府南河工程系列报道。市长在市委常委会上宣读《华西都市报》评论员文章《好一个府南河大合唱》之后，还问：我们的机关报为什么写不出这样的评论？以致后来在《华西都市报》周年庆典会上评价《华西都市报》的报道是“言为心声”。

世界环保组织为什么给府南河工程颁奖？因为我听了市长助理讲动员10万人大搬迁，马上就来一个裂变式思维，策划百万市民大参与的活动。我的类比思维就决定模仿《黄河大合唱》搞一台《府南河大合唱》。总编室一个编辑周德安听了，就写出了《好一个府南河大合唱》的评论员文章。这些思维过程和思维碰撞，成都晚报的采编队伍里就产生不出来，又怎么能变成报纸上的报道和评论？看看我为府南河工程拟定的一系列报道的标题：《气势磅礴的府南河大合唱》《百万市民齐奏府南河大合唱》《为成都的明天让路》《党心民心心连心》等等，那也是形象思维（气势磅礴的府南河大合唱）、逻辑思维（为成都的明天让路）、裂变式思维（百万市民大合唱）、整合思维（党心民心心连心）等若干思维方法的综合妙用。这些思维，这些标题的创意，《成都晚报》是产生不出来的。

“我们的机关报为什么写不出这样的评论？”王市长的这个问话，显示了我们的党委对党报是何等的期待。期待什么呢？期待党报也能够拿出像《华西都市报》那样的“百万市民大参与”的活动，《好一个府南河大合唱》那样的评论，“党心民心心连心”那样的标题和报道。

其实，王市长的这个期待，是代表了很多党委对党报的期待。因为党报这一套程序性的完成指导性任务的方法，显得太平淡无味了。不要说是老百姓，就是机关干部，包括王市长这样的领导，也不满意。

党报像《成都晚报》那样用传达解释领导意图的办法，完成指导性和主旋律宣传任务的现象，不是个别的，而是普遍的。像《成都晚报》那样宣传国家政府的重点工程，版面很多内容不吸引人的，比比皆是。他们为什么不能创造性地发挥主流媒体的主流作用，其源盖出于思维方法库的贫乏，是心有余而力不足。这个力，就是思维方法。

### 编一本媒体如何主流的参考书



所以我的思维，开始是从都市报潮流中出现的问题，思考到主流媒体的概念，到主流媒体如何主流的办法，再到媒体的整合功能，最后又回到了机关报主流作用为什么发挥得不尽如人意。把这些问题加起来一起考虑，就觉得我们党多年来提出来的政治家办报，高扬时代主旋律，报纸的指导性，是所有媒体的一个重要任务。并不只是都市报要解决好，所有的报纸都应该解决好。《华西都市报》的这些典型策划，应该是主流媒体追求的主流效果。



思前想后，于是，我决定编一本媒体如何“主流”的书，将自己的思维结果总结出来，为《华西都市报》，也为都市报群体，也为包括党报在内的所有报纸学习参考。凡是搞传媒的，都值得一读。因为做媒体的，追求的是媒体影响的最大化。既然我们已经这么做了，而且取得了一定的成绩，为什么不把它总结出来和写出来呢？

这本书的主题是：媒体主流靠整合，整合方法靠智慧，人的智慧来自思维。

如何确定这本书的书名，我想了很久很久。

《打造川菜王国》一文发表以后，所有的川菜馆子餐饮企业，他们自己说他们是天天当成文件学。我们几个人在文殊院素餐馆一边吃饭，一边议论。来成都做专题报告的学者温元凯很激动，他说：为什么出现川菜王国当成文件学习这种现象？可以用一句古话来概括，叫“社会本无主，贤者便是主”。他解释“贤者”的意思，古代称为先贤的，就是把握住了事物发展的本质规律。谁掌握了真理，人们就跟着真理前进。真理就是贤者。

我想，碧峰峡模式是旅游体制改革典型，典型应该是党和政府抓的，我们抓了；《打造川菜王国》发表以后，川菜馆自己说是当成文件学，我们等于制定了文件；我们动员成都企业向全省大市场进军，企业跟着跑步前进；借脑工程，从省里到市地县政府和企业的领导，都自发地跑来听报告。我们是媒体，但我们又像政府一样“发号施令”了。显然，我们做的事情超越了媒体。

这就是做媒体的理想境界。书名就这么确定：《超越媒体》。

超越媒体？媒体为什么要超越媒体，去做政府做的事情呢？你不是“越位”了吗？

政府当然是做政府的工作，多数都做得很好，但是并不是全部都做得很好。其实，我们所说的这好几件事情，政府有关部门过去都做过或者参与过，但是，没有取得很好的结果。

比如川菜，省政府过去成立过川菜领导小组，也给相关部门下达过研究任务，结果还是没有研究出个什么名堂。所以，王恒丰副省长说，专门从事川菜或经济研究的同志往往局限于某一具体领域，跳不出来。

省旅游局也搞景区的招商引资，他们发出了招商通知，下面没有一点反应，没想到《华西都市报》的策划就一呼百应。

关于进军省内大市场的问题，王金祥副省长在头一年就提出过类似的思想。省经贸委组织了140多家企业在宜宾搞了一场“四川工业品下乡”活动。这实质是进军省内大市场的一次试水。《华西都市报》的进军省内大市场，把政府这一潜在意图具体化了，而且站在全球化一体化的高度，更有时代感。

2000年，省贸促会酝酿在四川办一个国际教育展，可是心里没有底。在经济相对落后的四川会不会有人送子女自费出国留学呢？他们心中无数，就来询问我们的出国投资部。我一听，这个市场早就形成了，我们一定会把这个事情组织好。我们马上调兵遣将，全权负责国际教育展的组织报道工作。结果前来国际教育展的家长和学生多达六七万人，盛况空前。现场就有很多人向国外学校报名。省贸促会喜出望外，也说明他们原来对客观事物的认识是模糊不清。

在碧峰峡模式这个体制改革典型面前，政府的表现就百花齐放。开始是雅安市政府支持，省人大质疑；后来《华西都市报》宣传这个典型，旅游局、建委反对；再后来旅游局改变态度支持，建委还是反对。最后省委肯定这是西部大开发改革典型。出让十大景区经营权，省里支持，国家建委反对；报纸分成两种意见。

从前面政府表现的各种情况可以看出，政府和政府的相关部门，并不是对所有事物的认识，都是绝对正确的。有的时候也需要有一个过程。政府也是由一个个的人组成的。人对事物的认识也是千差万别。和报纸采编队伍一样，思维方法库千差万别。并不是你担任了相关的职务，或者在相关的职能部门工作，你马上就具有了相关的思维方法。因为认识事物的真理，靠的就是科学的思维方法。

什么是思维方法？思维方法就是认识事物本质需要的思维工具。那些著名的经典思维方法，像演绎法、归纳法、类比法、裂变式思维、发散思维、逆向思维、求异思维、反证法等，都是在科学发现和发明创造中，科学家们慢慢总结出来的。每一种思维方法，都在科学发明创造中发挥了自己的作用，建立了发现真理的功勋。你没有那个思维方法，就怎么也跨越不过去。

所以，从事本职工作的，并非就都具备相应的该有的思维方法。不做那个事情的，如果用你的思维方法发现了真理，那也不应该说因为不是本职工作，就把真理丢弃一边，坐视不理，袖手旁观。只要发现了真理，我们就应该坚持；为了党的事业，坚持真理应该责无旁贷。《华西都市报》做的那么些事情，看起来是超越了媒体，并没有超越党的工作。实际上，是在认识真理的道路上去填补了空白。人家没有认识清楚的，我们认识清楚了，因为是做媒体，更应该让真理走向社会。怕什么超越媒体，只怕你不能超越。

其实，《华西都市报》从一开始就在超越媒体。《华西都市报》市民生活报的理论和一整套方法一问世，全国媒体就蜂拥而至，竞相学习模仿，哪个发的号召？《敲门发行学》内部版本一出来，就被疯抢和复印，谁个号召了？那是真理的力量。真理有挡不住的力量。

《超越媒体》一书的内容，包括了《华西都市报》一系列引领和推动时代潮流的重大报道和活动，其中有：府南河工程百万市民大参与、救助贫困大学生的栋梁工程、组织企业跨出国门大行动、四川明星回家乡、巴蜀笑星擂台赛、四川企业黄金之路大行动、借脑工程、全省汽车大巡展、碧峰峡模式、出让四川十大景区经营权、天府才女大赛、教育扶贫的新长征工程、人居环境国际论坛、倾力打造川菜王国等等。

《超越媒体》一出版，就受到读者的欢迎。中国社会科学出版社将第一批《超越媒体》往2002年的厦门书市一放，就被抢购一空。一些读者说，这本书不仅是传媒人值得读，一般读者也可以从中受到不少的教育和启迪。

02

第二章

# 数学王国打造思维方法库

数学王国中思维体操的反复训练，形成了作者的思维方法库。思维方法的运用自如，成就了一次次创新。思维方法库的建设，是人生的第一建设。各个领域普遍适用的科学思维方法，是各行各业工作者都应该好好学习的思维方法。

# 数学王国打造思维方法库

从前面一个又一个的故事看到，在新的问题和信息面前，很多新闻人都无动于衷，而我却使用思维方法库里的思维方法，拿出了很好的解决方案。实践证明，我思维方法库里的思维方法，比许多人要丰富得多。一些人自然要问，你的思维方法库是怎么形成的呢？

## 鬼使神差进了数学系

我成功创造出都市报之后，一些文章不断研究我成功的原因，大多数都说是创造性思维的结果。创造性思维怎么来的呢？就说不下去了。其中一个说法是：席文举具有“文理皆通的知识结构”，“席文举毕业于四川大学数学系，但对文史哲经也有着浓厚而持久的兴趣，涉猎广泛，博览群书。这是他具有较强创新能力的知识基础。《华西都市报》办报理论的创新就调动了他在哲学、数学、政治学、传播学、新闻学、市场学、心理学等各方面的积累”。

我出生在川北大山区的深山沟里，祖祖辈辈都是一字不识的农民。缺吃少穿是家庭的主旋律，到了春荒家里红薯吃完了的时候，还要去乞讨。我生下来就骨瘦如柴，很少说话，院子里的人都说我内向。每次在外婆家碰到三姑的时候，三姑就教我一定要多说几句话，怎么无话找话说。就是这样也没学会说话，谁见了我都要说“这个孩子太老实”。总之就是一句话：不聪明。叫我向某某某、某某某学习。我参加工作以后当记者，以后又当了总编辑，还办出了轰动一时的都市报，村子里的人都不可理解：这个人怎么一下变成了这个样子?！

虽然社会各界都在寻找我创造性思维的来源，提出了各种各样的说法，其实我心中十分明白，我渐渐变得稍微聪明一点，创造性多一点，没有别的原因，就是读了四川大学数学系。我在去四川大学读书以前，那一贫如洗的家里，从来就没有一本课外书，因为家里没有人读过书，也买不起书。那个时候交学费还要咬紧牙关，更不懂得读书还要读课外书。所以，读完高中，也没有一本课外书。记得初中二年级的时候，一个同学送我一本花木兰的电影连环画，那是我学生时代曾经拥有过的唯一一本课外书，后来被院子里的人翻来覆去传看，最后连尸体都找不到了。

那些说我“对文史哲经也有着浓厚而持久的兴趣，涉猎广泛，博览群书”的，完全是想当然。我读书完全是为了有个文凭好参加工作挣钱。就是到了大学，也没有多少改观。一是身体差，所以主要精力必须保证毕业拿文凭；二是外语差，老师第一堂课就发现我读音不准，语法也成问题。从此我的业余时间，包括寒暑假，全都陷到外语里去了，哪里有什么文史哲的兴趣！就是参加工作以后，同样是工作为重，读其他书很少，至今很多名著都没有读过。我的名著知识就是中学课本的那些内容。

所以，我绝不是读文史哲课外书变得聪明起来的。

我就是读数学系，也是碰运气碰上的。高中毕业的时候填写报考志愿。我的第一选择是要考上大学。1962年的高考，国家正处于困难时期，高等教育大大压缩，6个人中录取1个，是新中国60年来录取比例最低的一年。我选择理科，就是我的数理化成绩更稳定。可是一到填写志愿，就傻眼了：我的红绿色盲使得大多数专业都没有资格，只有数学不受限制。所以我的10个志愿，9个都是数学系。我最想去的地球物理系，也变成了空想。所以，我也不是因为读了数学就可以变聪明而选择数学的，完全是鬼使神差。





### 变量数学千变万化的无穷魅力

1962年秋天，我走进了四川大学数学系。进校不久就听说，四川大学数学系和北京大学、复旦大学、南开大学的数学系并列为当时四大名牌数学系。今年因为招生比例小，川大数学系招收的学生分数都在80分以上，和北大数学力学系差不多，决心要好好培养这些人才，争取出一些数学家。当时给我们选择的教材，很多都是莫斯科大学的数学教材。比如我们的基础课“微积分”，就选择的是Г.М.菲赫金哥尔茨著的《微积分学教程》。当时莫斯科大学是世界第一数学强校。整个20世纪的数学史，苏俄数学是一支令人瞩目的力量，百年来涌现了上百位世界一流的数学家。莫斯科大学涌现的优秀数学家数量之多，质量之高，除了19世纪末20世纪初的哥廷根大学，再也没有哪个大学敢与之相比了。这给我们很大的鼓励。我们很快就钻进微积分奠基的高等数学，去攀登数学王国那一座又一座的高山。

从17世纪开始，随着社会的进步和生产力的发展，航海、天文、矿山建设等方方面面，都提出了如何计算不断运动变化着的量的问题。在物理学和其他自然科学里，总会遇到物体或者事物的各种各样的数量，比如时间、长度、体积、重量、速度、角度等等，在不同的时间、不同的位置、不同的情况下，具有不同的数值。也就是说，它们的量值是随着时间和位置的变化而变化的。

人类过去的数学，都是常量数学，使用加减乘除乘方开方的运算方法，就什么问题都解决了。可是，现在物体在运动变化，常量数学和加减乘除乘方开方的方法远远不够用了。怎么办？科学家们意识到，变量数学已经是横在他们面前的一座大山，非解决不可。很多人在研究这个问题，并且有所前进。

牛顿从琢磨苹果为什么从树上掉下来，联想起科学界公认的地球围着太阳转、月亮围绕地球转的事实，凭直觉思维认为这三者可能都是同一个原因——万有引力。他要像欧几里得用演绎法证明《几何原本》一样，用数学演绎法来证明万有引力这个假说。他首先把论证需要的各种各样的知识和理论清理了一番，最后觉得，“万事齐备只欠东风”，必须解决变量数学的运算方法。这样，他就开始琢磨起变量数学的规律来。

数学家们为了探索和研究变量数学的规律，对各种变量如何做变化，进行了多种多样的假设——

比如，把取值成下面序列的变量，称之为整序变量

$x_1$，$x_2$，$x_3$，$\cdots x_n$，$\cdots$

比如，数值按照序列不断增加的变量

$x_1 \leqslant x_2 \leqslant \cdots \leqslant x_n \leqslant x_{n+1} \leqslant \cdots$

比如，数值按照序列不断减少的变量

$x_1 \geqslant x_2 \geqslant \cdots \geqslant x_n \geqslant x_{n+1} \geqslant \cdots$

还有：数值按照区间做波动式变化的变量；不断增加（或者不断减少）的数值趋近某一个常量（极限）的变量；极限是0（无穷小）或者无限大（无穷小）的变量……

你看，数学家们各自张开想象的翅膀，来构想各种变量如何做变化，真是八仙过海各显神通。

牛顿也在琢磨变量的运算方法。他想起了初等数学的运算方法——加，减，乘，除，乘方，开方，就突发奇想：把一个数不断分小分小再分小，分到很小很小。这个方法就是后来的微分法，并且产生了无穷小（⊿）的概念；又把一个数不断扩大扩大再扩大，这就是后来的积分法，并且产生了无穷大（∞）的概念。

给我们讲授《微积分学教程》的是秦卫平老师。他讲定理思路清晰，逻辑严密，一步一步地推理，每一步推理要完成什么任务，用什么思维方法解决这个问题，中间又穿插使用了一些什么方法和知识，等等，都一一分解明白，让我们领略数学大师们数学思维方法的无穷魅力。讲课的语言也抑扬顿挫，轻重缓急掌握得恰到好处，我们既听得清清楚楚，又能够体会那演绎思维的艺术韵味。他多次在课堂上强调，学习数学，学习定理和公式，结论当然重要，但是更重要的，是要弄清楚这个结论产生的思维方法和大师们怎么做论证推理的思维过程。这才是你们应该学习和掌握的关键。一个人的能力和水平，不是看他记得多少定理和公式，而是看他遇到问题之后，如何分析问题，研究问题，提出解决问题的方法。你们要通过学习数学分析课，提高自己运用数学思维方法的能力，今后遇到问题，能够条分缕析，层层推导，找到最好的解决方案。定理和公式忘记了都不要紧。

秦卫平老师的讲课，使我们明确了学习微积分和高等数学的努力方向。数学系那几个年级的同学们，一致公认秦卫平老师讲得好，为数学系学生学习微积分立下了汗马功劳。

在学习微积分的过程中，无穷小dx的概念，曾经激起我们无穷的乐趣。

当整序变量倾向于零时，数学家们给这个概念做了一个定义：

极限为零的整序变量Xn称为无穷小量，或简称无穷小。

课本上还说，若整个有序变量Xn的绝对值，自某项起，成为而且永远保持小于预先指定的任意小数ε＞0时，则它称为无穷小。

无穷小量的数学符号是“⊿”，或者“dx”。秦卫平老师问大家：你们说说，dx到底是多小?

这一下，课堂上就沸腾了。有的说，无穷小就是任意小；有的说，无穷小就是紧紧挨着0；有的说，无穷小就是你想它有多小就有多小；有的说，无穷小就是你有多小，我比你更小……

无穷小到底有多小，从课堂上讨论到课堂外，从这一周讨论到下一周，大家争得面红耳赤，又津津乐道。最后大家都理解了无穷小的意义，同时觉得数学大师这样来提出和概括一个概念，真是妙不可言。

数学大师们是用什么思维方法提出这些概念的呢？

其实，无穷小无穷大的概念和微分积分的概念，都是出自一个思维方法。你看，把一个数分小分小再分小，分到无穷，就是无穷小。中国古代的庄子在《天下篇》中说："一尺之锤，日取其半，万世不竭"。一个数裂变成为万个数甚至无穷个数，这不就是裂变式思维吗？

其实，前面数学家们用系列数值来模拟探索变量变化轨迹的那些方法，使用的都是裂变式思维。就像魔术师在舞台上长袖一甩，就变出一沓钞票，或是变出一群鸭子，或是变出漫天飞舞的花瓣……变出的东西一个接一个，看得人眼花缭乱。他们用裂变的方法，排出各种变化规律的数列，来探寻变量的运算方法，最后创造出了微积分。实践证明，这种思维方法获得了成功。

慢慢地，我们深深地懂得，裂变式思维是数学家们打开变量数学大门的重要的思维方法之一。牛顿用裂变式思维创造微积分和无穷大无穷小理论，又用微积分和无穷大无穷小理论作为数学方法，论证了万有引力。牛顿这种层层创造思维方法做思维递进的创造性思维过程，完全是他独具特色的思维艺术。

你看，为了论证万有引力，需要先创造变量数学的运算形式，作为论证的思维方法之一；为了创造变量数学的运算形式，又创造裂变式思维方法，用裂变式思维创立了微积分和无穷理论。

其实，牛顿用直觉思维提出万有引力的假说，也运用了裂变式思维。因为，当时牛顿看见苹果从树上掉下来，判断是地球对苹果的引力；同时他联想起科学界认定地球围绕太阳转，是太阳对地球的引力，月亮围绕地球转，是地球对月亮的引力。地球对苹果的引力，地球对月亮的引力，加上太阳对地球的引力，这就是三个引力。牛顿的直觉思维——三个引力都是因为万有引力——这个假设，就是将三个引力裂变为万个引力——"3→万"。这里的"万"实际上是所有的物体，于是概称为万有引力。所以，牛顿提出和论证万有引力之前，就使用了观察思维、联想思维、裂变式思维、直觉思维、假说思维等五个思维方法。

这是牛顿在科学发现的道路上，创造的一种层层递进的连环思维艺术。

### 用求异思维录取研究生的典型教育

从低年级到高年级，我们的课程越学越多，高等代数、解析几何、复变函数、微分几何、概率统计、常微分方程、偏微分方程、普通物理、计算机等等。数学系的老师们，魏时珍教授、胡坤陞教授、周雪鸥教授、陆文端教授……他们的讲课都善于启发，生动活泼，给我们留下了深刻的印象。我们跟着老师的讲解和课本的指引，看着一个个数学大师运用微积分这个变量数学的运算方法，在高等数学的各个领域里左冲右突，纵横驰骋，攻下了一座又一座堡垒，将变量数学王国的疆土拓展得四通八达，硕果累累。微积分和变量数学在自然科学的各个领域也大显神威。

我们一门课接一门课地学习，不仅领略了变量数学王国迷宫似的琳琅满目，而且看到了数学家们为了攻克一个个数学堡垒，创造了各种各样的思维方法。高等数学和初等数学不同，思维方法完全是变幻无穷，丰富多彩。中学的时候，我对思维方法的认识还比较肤浅。现在才真正懂得，思维方法是打开一门门新科学大门的钥匙。

高等数学是怎么建构出来的呢？数学的基本思维方法就是推理，从一个前提出发，通过一步一步地严格推演，得出一个比较普遍的深刻的广泛的命题。在数学思维过程中所运用的各种思维方法，包含了一般的思维方法和数学特有的思维方法；既体现了数学思维的个性，又蕴含了思维的共性。从共性来说，数学思维方法包括了分析和综合、归纳和类比、特殊化和一般化、抽象和直观、整体和全息、证明和反驳等一系列的一般科学的思维方法；从个性来说，它包括数学演绎法、归纳法、公理化法、数学问题解决和数学建模等方法。数学家要论证数学知识的正确性，采用最多的是数学演绎法、归纳法、分析法和综合法、反证法和同一法等。运用数学知识解决实际问题，常用的是数学问题分析解决和数学建模方法。

建立数学新学科，使用最多的是演绎法。演绎法是亚里士多德《工具论》提倡的思维方法。欧几里得使用演绎法推导出《几何原本》，使得数学从此成为一门演绎的科学。数学的体系就是一个演绎的体系。数学证明，实际上就是用演绎法一步一步证明出最后的结论。演绎法就是数学的本质特征。数学发展到今天，不再只有欧氏几何，也不再只是几何领域的数学内容才表现出严密的理论体系。可以说，每个数学分支，整个数学科学，都表现了演绎法的理论体系。

数学思维既包含抽象的逻辑思维，也包含形象的直观思维。许多人以为数学就是严密的逻辑推理，缺乏形象思维。其实，形象思维是数学家的拿手好戏，而且往往和逻辑思维紧紧结合在一起。其中，想象和直觉都是数学中不可缺少的合情推理方法。数学家吴文俊说："几何学有形象化的好处，几何会给人以数学直觉。不能把几何学等同于逻辑推理。应该训练学生的逻辑推理能力，但也应适可而止。只会推理，缺乏数学直觉，是不会有创造性的。"应该说，数学的形象思维层次更高。你想想，在一个立体空间里，一个物体按照一定轨迹做运动，数学家要做出它的运动曲线及其函数，没有想象力和直觉思维怎么行。最有趣的是，辅导老师为了帮助我们理解多维空间的形象概念，讲过一个思维"急转弯"的思考题。他说，三维空间一个封闭的篮球，里面有一只蚂蚁，蚂蚁始终爬不到球的外面去；如果把这个三维空间的篮球放到四维空间里去，这个篮球就不是封闭的了，那只蚂蚁就会从篮球的球壳内爬到球壳外面去。你知道这是为什么吗？

那个时候，不管教哪一门课的老师，都对我们强调，方法比知识更重要。你们在弄懂定理和公式的时候，更要弄清楚人家是如何推导出这个定理和公式的。你如果多掌握一些总结发明定理的思维方法，懂得其中的奥妙，你也可以发明定理。

有一年开学的时候，很多课的老师都在课堂上给我们讲述数学系刚刚发生的招收研究生的故事。那一年，数学系招收一名研究生。阅卷结果，最后是在两个高分的学生中选择。一个是川大数学系的毕业生，满分；一个是师范学院的学生，差几分。可是，最后导师决定录取差几分的学生。为什么呢？因为那个差几分的学生，在论证试题的时候，走的是一条意想不到的思路，而这个思路是出题的导师本人也没有想到的。只是他在计算的过程中出了一点小小的差错，扣了分。本来，川大数学系过去招收研究生，一般看不起师范学院数学系的学生，觉得他们的基础不是太厚实。这一次，那个学生却表现出了高超的求异思维，反映了他的创造性思维能力，所以破格录取，连自己学校毕业的考了满分的学生也落榜了。老师们评论说，你们今后的实践完全是开卷考试，定理公式记不到可以翻书，比高低的是思维的创造性。

以求异思维做录取研究生的最后砝码，这个故事经过各种场合的传播，在数学系的学生中传为佳话。

数学系1962级的同学们，几乎个个都是想考研究生的人，所以更重视思维方法的学习。

那一年，我担任了班上的学习委员。我想，我这个学习委员也要有新的思路，于是向班委会建议，我们办一份油印小报，介绍班上同学们的创造性学习成果，这样，互相学习借鉴有一个阵地，不然大家在解题中有什么新的创造，互相都不知道。班委会同意了，起名《小数学家》，我就当起《小数学家》的主编了。这是我主编的第一份报纸，用蜡纸刻，油印30份，全班每个同学一份。一个月一期。刻蜡纸是很麻烦的，因为很多时候有数学图形，各种图尺工具在蜡纸上作图，比在一般的书写纸上更困难，稍微用力就把蜡纸弄破了。

《小数学家》创刊了。指导思想就是鼓励求异思维和创造性，主要刊登同学们在完成各门学科作业中，那些有创造性的解题方法或者论证思路。出来以后很受欢迎，因为把各种解题方法都汇集起来了，对于大家打开思路，是一个很好的参考资料。同学们也积极投稿。我们也开展讨论，把不同的解题方法进行比较。同时，也刊登同学们自己研究的数学问题，还有一些同学创造的定理和公式。全班同学真正就像一个个小数学家一样，在数学王国里跃跃欲试。这正是，“恰同学少年，风华正茂，书生意气”，不同思路比高下，求异思维竞自由。

我深深地感到，数学是一门培养人创造力的最好学科，它使我懂得了各种各样的思维方法，懂得了要建立一套理论，要怎么样用概括的方法归纳概念，确定定义，建立原理，推导论证，最后要得出什么样的定理和推论，懂得了如何去创新。我感谢川大数学系的老师们给我们的教导和指点。川大数学系当年培养数学家的雄心壮志，还有同学们面红耳赤毫无顾忌地争论，不同解题思路的探索，各种奇思妙想的启迪，这样形成的学习环境，使我终身受益无穷。要求异，要创新，这个思维的要求和目标，就像针灸一样不断刺激我们的神经。正是这种求异思维的教育和训练，使得我以后在工作中，总是想求异和创新。

### “定理思维法”挑战定理的权威

学习每一门学科，书上都有一个接一个的定理或者公式。老师们不仅讲解书本上的定理，在相关的部分，老师还要介绍川大数学系教授们创造了一些什么样的定理。四川大学数学系有好些老师都有定理。记得有一次，秦卫平老师就在课堂的黑板上，写出了赵松定理1，赵松定理2，赵松定理3……一直到赵松定理8。赵松教授那个时候已经80多岁了，没有讲课了。我们就崇拜得五体投地。一些同学成天就想创造发明一个定理。

想发明创造定理，自然也就要琢磨定理的规律。同学们发现，几乎所有的定理，都是一个格式：在条件1、条件2、条件3的情况下，得出一个结论，或者公式。所以，定理都是有条件的，一个，两个，或者三四个。只有满足那几个条件，定理才能成立。

其他学科的学生，特别是工科的学生，都只晓得背定理公式，数学系的学生就要问一个为什么，琢磨这个定理为什么确定这些条件，这些条件在哪些情况下可能发生变化。

现实生活和实践中，还有可能出现几个条件完全满足，定理结论却不成立的情况。为什么呢？现实生活中很多时候，就是定理中没有列出的条件冒出来了，作用超过定理列出的条件，干扰和影响了结论的成立。

我们前三年学习的是基础课，从第四年起学习专业课。我的专业是偏微分方程。三峡电站大坝的流体力学方程就是一个偏微分方程。如果运用定理计算大坝的受力，一般情况下是按照定理给出的公式做计算。公式中水的比重一般都是按照水的标准比重1来计算的。可是，如果长江发洪水，大坝中洪水中积沙太多，水的比重就会超过得太多，那么，公式计算出来的结果就会与实际测量的结果相去甚远。你怀疑公式错了吗？没有。公式是在标准比重下的，比重变了，条件就变了，就必须对公式进行修正。

那么，定理（公式）为什么又那么做结论呢？因为定理总是有前提的，不能没有前提条件就得出什么结论。而前提条件变了，结论自然要变。

所以，我们班上的同学们，就归纳出一个“定理思维法”。定理思维法包括三个层次的内容：一、定理的格式是：在条件1、条件2、条件3的条件下，得出一个结论；二、如果条件发生变化，或者其他条件比定理条件影响更大，结论将发生变化；三、条件变化之后，定理的结果可能就要进行适当的修正。

当时正在反对修正主义。我们知道，科学上需要修正的还是要修正。修正是实际工作者经常碰到的一个工作。

这个“定理思维法”，实际上是对定理权威的一个挑战。因为根据这个“定理思维法”，好些定理都不是绝对的正确，而只是相对正确。所谓相对正确，就是在满足条件下的正确。

数学系学生们口头议论总结的挑战定理权威的“定理思维法”，在学校里没有体会，走上工作岗位以后，在实践中却得到了证明和运用。

我们一个同班同学，因为不小心一门功课考试不及格，系上就决定他留级。他虽然留级了，可是毕业以后的表现，并不比其他同学差。他分配到内江一个铁道部门。有一次我去看他，他讲了一个故事。他们单位的人去计算一段铁路的长度。按照书本上的操作办法，是分成若干段来测量，然后再加起来。可是测量了多次，总是与实际不符。总工程师自己亲自操作，也一样。大家都无法解释。按照书上的公式反复计算，都一样。最后就请他去，说你是数学系的。他虽然是数学系的，可并没有学习过铁路长度计算的方法，这是铁道学院课本的内容。他把那个计算公式和定理认真学习之后，反复斟酌检查，确实没有发现什么错误。这个时候，他想起了我们学生时代讨论总结的“定理思维法”，问题肯定出在定理的条件上。于是琢磨还有哪些条件可能影响长度。琢磨过去琢磨过来，他终于把问题给解决了。具体的情况因为过去了多少年，我记不得了。总之，他一下破解了按照书本公式计算铁路长度为什么与实际不符的难题。

这样的事情发生了好几次，都是因为工科的学生把定理公式当成绝对正确的真理，只死记硬背定理公式，不去钻研定理的条件和条件可能出现的变化。这恰恰是数学系学生们特别注意的问题。当然，你要做出修正，就要从推导定理的思维过程中去寻找方法。他都一一解决了。

他工作才两三年，就取得了众人瞩目的成绩。他十分得意地对我说，他们单位几百个工程师，都是铁道学院毕业的，总工程师就喜欢他这个数学系毕业的工程师。我们当年在川大数学系的学习，是学到了真东西。

我在自贡日报工作的时候，也经常听到盐厂打盐井的故事。本来是科学技术人员反复探测计算，从这个地方打下去，打出来的应该是盐井，结果打出了一口气井。盐井的条件全部满足，结果却变成气井。是定理不对吗？定理都是对的。是这里的地质条件变化了，我们的地质技术人员没有测量出来。

自贡的川南气矿，也经常出现相反的故事，本来是想打出一口丰产的油气田，结果打出来的是盐巴。

“定理思维法”体现出来的是一种批判性思维。学校要培养学生的批判性思维，学生也要努力学习批判性思维。批判性思维是数学思维方法的一个重要的思维品质。批判性思维绝非凡事说“不”，而在于对客观事物科学分析的基础上，使用科学的思维方法进行分析思考，以做出更加准确的判断。用批判性思维对待定理，定理才是科学。

每每回忆起同学们口头总结流传的“定理思维法”，我觉得在川大数学系那些年的学习，努力在思维方法上下功夫，真是没有虚度年华。

### 系主任为演绎法慷慨陈词大唱赞歌

川大数学系之所以一直重视培养学生分析问题寻求不同解题思路和方法的能力，主要是在指导思想上，都把培养学生使用数理思维方法去探索创新的能力，放在第一位。这样，数学系的教与学都形成一种钻研思维方法探索学术问题的浓浓氛围。

首先是我们的系主任蒲保明，他的经历就是一本“方法论”。从1953年开始一直担任了20多年数学系主任的蒲保明，1937年毕业于华西协和大学数理系，1948年在美国获理学硕士学位。按照惯例，他后来去拿一个数学博士或者理学博士就行了。可是，在西方现代思维的滚滚浪潮中，数学家笛卡尔写出了《方法论》一书，有力地推动了科学家研究现代思维方法的兴趣，于是西方出现了一大批数学家兼哲学家的科学家。从此以后，一个又一个年轻一代的学者，数学硕士毕业之后就去攻读哲学博士，很多人以后成为著名的数学家。蒲保明也受这股西方潮流的影响，觉得哲学思维对于现代科学发展意义重大，一个人要想在科学上大有作为，应该首先把思维方法的基础夯实。为了用现代先进的思维方法武装自己，他理学硕士毕业之后，就毫不犹豫地选择了攻读哲学博士。两年以后的1950年，蒲保明获美国叙拉古斯大学哲学博士学位。

可是，哲学博士蒲保明学习哲学的目的十分明确，是为了用哲学的思维方法来研究数学。1952年，他就发表了他的微分几何论文，讨论了二维不可定向黎曼流形的不等式$A \geq kl2$，对同胚于二维射影平面和莫比乌斯带的黎曼流形给出了最佳$k$值。这个引人注目的创新成果，以后被国外学者称为“蒲保明定理”。1973年，陈省身还提出一个猜测，其特例就是

“保明不等式”。

蒲保明知识渊博，涉猎极广，熟悉数学的各个领域，讲课时常常是旁征博引，极富启发性，很受学生欢迎。

在20世纪五六十年代，蒲保明有计划地开出了拓扑学和维数论等课程，编写了这两门课的讲义，在青年教师中组织了集合论和拓扑学的讨论班，逐渐开展了点集拓扑学的研究工作，培养了一批学生和青年教师，使得四川大学的拓扑学研究队伍日益扩大，成为国内研究模糊拓扑学的重要基地。他和他指导的研究生周浩旋合作，研究集合论在拓扑学中的应用。他逝世后，周浩旋关于《集合论在拓扑学中的应用》项目的研究成果，获得了1987年国家教委科技进步奖二等奖。

蒲保明重视思维方法，有一个广为传播的故事。“文化大革命”中，有一次蒲保明做学术报告，讲到数理逻辑中的永真式（即永远都是真理），他突发联想，竟然慷慨陈词：“例如，亚里士多德的理论（指演绎法）便是永真式，几千年来都是正确的，别的都打倒了，但是亚里士多德是打不倒的……”他的这一番讲话，马上引起听众一阵会心的笑声。因为“文化大革命”中“打倒”了很多“资产阶级学术权威”及其理论，四川大学很多教授都受到批判，甚至被批斗会和大字报“打倒”，他却借题发挥，旁敲侧击，说亚里士多德和演绎法永远也无法打倒。但是，作为听众的数学系师生，都是演绎法的忠实粉丝，所以不仅没有一个人去抓他“借古讽今”的小辫子，而且还有人兴奋得鼓起掌来。这个故事，以后被收进了纪念四川大学校庆120周年出版的《四川数学史话文集》一书。

系主任蒲保明在那个特殊时期，发出亚里士多德的演绎法是永远都打不倒的讲话，体现了川大数学系追求逻辑推理的数学精神。数学系的教授和学术带头人，一个个都是运用演绎法探索创新，不断为数学的发展做出新的贡献，以传帮带的模范，为学生们做出了很好的榜样。

川大数学系最著名的教授柯召，历任四川大学数学系主任、教务长、数学研究所所长、副校长、校长、名誉校长。柯召1935年赴英国曼彻斯特大学留学，在导师L.J.莫德尔（Mordell）的指导下研究二次型，在表二次型为线性型平方和的问题上，取得优异成绩，并应邀在伦敦数学会做报告，受到当代著名数学家G.H.哈代（Hardy）的好评。这是中国人首次登上伦敦数学会的讲台。才华横溢的柯召，在《数论学报》《牛津数学季刊》《伦敦数学会杂志》《伦敦数学会会报》等国际一流杂志上发表了10多篇极为出色的论文。1937年获博士学位。1938年柯召回国，受聘为四川大学教授，翌年就任四川大学数学系主任。1955年被聘为中国科学院学部委员（1994年起改称院士）。他发表的近百篇卓有创见的论文，在国际上产生了很大的影响，被称为中国“近代数论的创始人”“二次型研究的开拓者”。60年代，他在不定方程方面，取得一系列极为出色的结果。在组合数学方面，与爱尔特希、T.拉多（Radó）合作，发表了著名的爱尔特希-柯-拉多定理，在文献上称为一条里程碑式的定理。他创造的方法，至今仍被广泛引用。

柯召十分重视培养学生们敢于挑战的创造能力。他长期参加并指导有多名中青年教师参加的数论讨论班，鼓励大家敢于向难度大的问题挑战。他用袁枚的一首诗来表达他对科学研究的深切体会：“但肯寻诗便有诗，灵犀一点是吾师，夕阳芳草寻常物，解用都为绝妙词。”他又说：“对科学研究确有此种境界，肯下功夫，总会有收获，灵感之来源于刻苦，能灵活运用，可以得出很好的结果。”

著名数学家张鼎铭是我的老乡，阆中河溪镇人。1921年考入北京师范大学数理系，1925年升入该校数学研究所深造。1946年初，他赴英国剑桥大学数理研究院进修，1948年10月获博士学位。后应爱因斯坦主持的美国普林斯顿高级研究院聘请，任该院研究员。张鼎铭对积分方程和泛函的研究有独到之处，他最先求得积分方程特征值和奇值的关系，解决了国际数学界长期未解决的难题。他证明推广了杜勒斯哥、希尔、塔玛干等著名数学家的定理，从而建立了组合乘积核的理论，受到国内外数学界的高度评价。他在国内外著名杂志上发表20多篇学术论文，联邦德国《数学文摘》、苏联《文摘杂志》、美国《数学评论》等权威性杂志都曾专文介绍。1949年，他在美国《数学会汇刊》上发表《论线性积分方程奇值与特征值的分布》一文，国内外专家认为它奠定了研究迹类算子奇值与特征值关系的基础，至今仍是一篇经典文献。

还有博士生导师张石生教授，国际著名的“非线性分析理论”的专家。他在变分不等式理论、非线性分析理论、不动点理论等方面做出了重要贡献。他曾六次获四川省、教育部科学技术进步奖，曾被22个国家和地区邀请到国外讲学和合作科研。他出版过六部专著，其中三部由美国Nova科学出版社出版。他不仅可以用六种外国语言文字写作论文，还是一个论文高产教授，有330多篇学术论文被美国“数学评论”收录，110多篇论文被SCI收录。他写作论文的数量，国内教授少有人可以比肩。他取得这么多的研究成果，得益于他思维方法的丰富多彩，并且能够活学活用，运用自如。

著名教授刘应明是川大数学系的又一个中科院院士。刘应明从事拓扑学与模糊性数学处理方面的研究，成果累累。1965年，他在世界著名数学家、费尔茨奖获得者米尔诺工作的基础上，解决了有名的怀特海问题。论文1978年在《数学学报》上发表，很快引起了国际同行的关注；美、日学者沿用他的方法，对更一般复形的可乘性做了不少研究，相继在《数学学报》《数学年刊》及美国《太平洋数学杂志》上有10多篇论文讨论此问题。其后，他独树一帜地进行了仿紧性研究，获得1978年全国科学大会奖和1978年四川省重大科技成果二等奖。在格上拓扑学领域，他首创一种与传统概念不同的Fuzzy邻近构造，使这类基本拓扑结构的建立和继后诸如Hahn–Dieudonne定理格值化等困难问题的解决上实现了突破，奠定了格上拓扑有点化流派基础，把大数学家Ehresmann倡导的格上拓扑推向新阶段。随着深入的分析研究，他又综取有点化与无点化两家之长，在嵌入理论、度量化理论、紧化理论等方面取得了一系列突破，并写出了一系列论文。他在2005年国际模糊系统协会第10届大会上担任主席。由于杰出的贡献，他被国际模糊系统协会（IFSA）授予“FuzzyFellow奖”这一模糊系统及相关学科领域的最高奖项。

…………

## 了不起的数学教授

数学系还有许许多多的老师，在数学的各个领域做出了创造性的贡献。他们为人师表，给数学系的同学们做出了很好的学习榜样。正是在这些一代又一代的老师的影响和精心培育下，川大数学系钻研思维方法努力攀登数学高峰的风气不断传承下去。我们在学校的时候，数学系就精心培育了一个又红又专的典型——数四乙班（1960级乙班）。当时，《中国青年报》以两个版的篇幅刊登了他们的事迹，其中报道的典型人物，就是班长张筑生。

张筑生刻苦学习钻研的故事，我们1962年一进校就听到传说，后来慢慢知道了也认识了。他确实擅长分析推理，思维敏捷，论证问题头头是道，逻辑思维一清二楚。我时常也将自己与他相比，自愧不如，只好埋头刻苦学习。

张筑生后来的成就，也证明他在四川大学数学系的筑基工作很成功。他1978年考取北京大学数学系研究生。1982年的硕士毕业论文，就把著名数学家Smale 提出的“四大猜想”中的一个给解决了。1983年成为北京大学的第一位博士，也是新中国的第一位博士。文兰院士是张筑生的同门师弟，他说：“在1978级53名研究生中，张筑生是学问家。他是我们微分动力系统讨论班上的主讲，一讲就是三个小时，都是学科前沿的东西，黑板写满了擦，擦了又写满，总是一肩膀粉笔末子。他有很好的文学造诣，能用通俗易懂的语言阐述深奥的数学内涵。后来他写出了《微分动力系统原理》，成为该学科国内最早的研究生教材。我至今还用这本教材给研究生上课。我们的导师廖山涛院士对该书的评价是：‘有了这本书，一大批年轻人就可以顺利地进入学科前沿。’廖先生从不表扬谁，唯独对他例外，说‘张筑生的知识面广博得惊人’。”

“数学分析”是数学系的基础课。1986年初，张筑生刚从美国普林斯顿大学做访问学者归来，领导就给他一个教材改革的硬任务，编写《数学分析新讲》。有朋友劝他：“在北大，只有科研成果才是立身之本，而编写教材则不算科研成果。”张筑生没有犹豫，放下手头的学术课题，马上进入角色。此后的五年间，张筑生白天教学，晚上根据教学讲义整理书稿。圆珠笔芯写干了一大把，《数学分析新讲》一、二、三册相继面世。陈天权曾是北大数学系“十大才子”之首，现任清华大学数学系教授，十多年来他一直把张筑生的《数学分析新讲》作为首选教材。陈天权说：“数学分析的书多如牛毛，我没有全部见到，不敢妄加评论；不过与我所见到的书比较，张筑生的这套《数学分析新讲》，是有特色的。”

1995年，张筑生受命担任中国数学奥林匹克国家队主教练，一干就是五年。这又是一份无法“出学术成果”的苦差，也不记入“教学工作量”。很多人做过一次教练，再也不做第二次了。当年的数学奥赛世界冠军、后来在美国加州大学伯克利分校读博士的姚健钢，提起张筑生，他唏嘘不已：“数学奥赛搞了几十年，出题是最难的。因为参赛选手都是中学生，所以每道题都要把高等数学初等化，这种倒推的过程非常艰苦，要搞出一个既有新意，又有难度，还能分出学生优劣的题目，至少需要一周时间。而张老师每年都能拿出几十道新题，非常令人佩服。领着一帮数学尖子，5年间张筑生从加拿大转战到阿根廷，在70多个参赛国中，中国队连拿5届总分第一，其中三次所有参赛选手都获得了金牌。这一成绩，在世界范围内尚无先例。

张筑生去世后，北大校园网的BBS上贴满了悼念文章。

一篇文章说：“张老师也许是我一生中再难遇到的顶尖级的老师……当他讲到几何，我才知道自己以前没有学过真正的几何；当他讲到代数，我就开始怀疑自己是否学过真正的代数。张老师的数学思想深刻但极其清晰，使我这样智力平常的人都能懂。”又一篇文章说：

"张老师，是您让我明白了，思考的乐趣比物质的享受更加高贵。"

《光明日报》2003年2月17日头版头条发表长篇通讯《张筑生，了不起的教授》，迅速在社会上引起了强烈反响，北京大学党委在全校教职工特别是教师中开展学习张筑生同志先进事迹的活动。

数四乙班（1960级乙班）毕业离校以后，数学系又把我们班（1962级丙班）培养成先进集体。1966年四五月份，中国青年报记者为了采访我们班，在学校招待所住了好多天。长篇报道都写出来了，后来"文化大革命"突然爆发，报道就没有刊登出来，报纸的宣传内容转向了。

我们班确实是一个学习氛围很浓的班集体。为了讨论一个问题，大家往往争得面红耳赤，互不让步。个个都在为寻找一个新的解题思路而冥思苦想。班上虽然没有涌现一个像张筑生那样成绩特别高人一头的人，却是个个奋勇当先，形成群龙无首、你追我赶、此起彼伏、难决胜负的局面，因为当年数学系录取的分数高，几乎个个都是县中学的第一名，都有一套自创的学习方法和不服输的精神。

### 学习思维方法永不停步

我的思维方法库，重点部分是在川大数学系学习的数学思维方法；但是，走上工作岗位以后，也还是在不断学习，丰富自己的思维方法库。

首先是多年毛主席著作的学习。毛主席的哲学思想是很讲究方法论的。他写的《矛盾论》《实践论》《人的正确思想是从哪里来的》《改造我们的学习》等等，都是很好的思维方法课本。毛主席最擅长使用辩证法，一分为二就是辩证思维。他也擅长分析法，《毛泽东选集》第一卷第一篇文章《中国社会各阶级的分析》就是典型论证。他所有的文章、讲话，都是从使用分析法开头。分析和综合是最基本的思维方法。通过分析，理清一团乱麻的复杂事物的脉络。

毛主席是思维方法的大师。毛主席在运用马列主义原理解决中国革命实际问题的时候，采用了正确的思维方法。

我在学习毛主席著作中，经常把毛主席使用的思维方法与我学过的数学思维方法结合起来比较分析，往往能达到加深理解的效果。前面我在讲《华西都市报》做成区域组合城市报时使用了全省城市一体化的时空思维，结合就讲了毛主席淮海战役的时空思维。我在总结创造敲门发行学的时候，也使用了毛主席人民战争的思想。

1970年代我上夜班的时候，一天，我从报纸上看到一个报道，说是一个名医将自己过去看错了的医案收集整理出来，编成了一本书，起名《误诊集》。报纸发表了一个评论，为他的这种敢于亮丑、不怕别人说他水平不高的行为叫好。我觉得这个人的行为不仅值得赞扬，而且这种思维方法值得学习。我马上想起我们报纸经常出差错，而且有的差错是反复重复地出，相同的错误，过去出了，现在又出，去年出了，今年又出。教训当时也是总结了的，可是时过境迁，换人了，错误就又出了。报纸换人是常事，岗位更容易换人。有的重大差错，今年出了，几年以后又出同样的错误。所以，我就来了一个平移法，建议四川日报将过去出的差错收集起来，编成一本《四川日报差错集》，作为采编人员学习的教材。每一个差错还要写出差错经过、哪个环节的责任、如何避免的措施等等。人人学习，层层把关，将过去的经验教训转化为实施正确的制度，就会大大减少报纸的差错。

编辑《四川日报差错集》的建议送上去之后，我天天翘首以盼，最后石沉大海。一年以后，我不罢休，又提出这个建议，遭到同样的命运：不出。老编辑刘继文对我说：小席，领导怎么会同意出这个差错集？差错的责任都在领导，能把领导的错误集中起来编成一本集子吗？我没有办法，从此以后，就再也没有提此事了。

我很可惜那个《差错集》的点子。因为没有那个《差错集》警示大家，所以后来同样的差错还是不断重复。比如，从80年代到90年代，省两会上的政府工作报告，至少就有两次刊登差错，报纸在两会结束后刊登的是开会第一天发给代表的讨论稿。报纸一出，省委、省政府就砸锅了：大会上千代表辛辛苦苦讨论了七八天的修改稿，四川日报怎么就否定了？重新刊登一次吧，不行；收回报纸吧，也难堪！事故虽然总结了，检讨也写了，可是几年以后，岗位换人了，政府工作报告又登成了讨论稿。好不令人生气！如果有一本《差错集》记录了此事，又定几条防范措施，比如，差错主要是发稿部把报告发错了，为了杜绝这个错误，就制定两条措施：一、两会结束时由大会秘书长签字发稿，发稿部再在这个文稿上签字发稿，这就是有两个签字才能发稿；二、发稿部必须给校对组发去讨论稿和修改稿两个版本，由校对组组长核对确定刊登的是不是最后的修改稿。因为发稿部发稿任务重，往往容易慌乱，校对组比较冷静。这样，就不是由发稿部的发稿错误决定一切，而是夜班多了一个把关的把门神。过去都是发稿部的发稿出错而一错到底，现在两条措施把差错牢牢堵住。这个《差错集》在两会召开之前，就组织发稿部、夜班和校对组学习，绝对万无一失。

这个《差错集》的思路和点子，任何报纸都可以采用。

社会在发展，新的时代又会不断涌现新的事物，出现新的潮流。改革开放以后，全球化浪潮、互联网浪潮、WTO等等，一个接一个涌来。这都是学习新的思维方法的最好时机。我的全球化思维、一体化思维、市场化思维、互联网思维、互联网+思维、+互联网思维、共享经济思维等等，都是在这个时候不断学习的。创办《华西都市报》，更是把我逼上了学习运用市场化思维的前沿阵地，我只好边学边用，就像一个刚刚入伍的战士，头天才领到武器，第二天就上了战场。在互联网汹涌澎湃的时候，信息的海量又引起我的注意，所以在研究《海量传播学》的基础上，又总结出一个新的思维方法——海量思维。

常言道：学无止境。其实真正应该学无止境的，是思维方法的学习，因为，人一直到死，都在思维，思维没有停下来的时候。工作可以退休，思维无法退休。而且周围的环境，又在不断地变化，新的思维方法又在不断地诞生，要认识这个不断变化的环境，就要学习，学习学习再学习。学习思维方法，不是要多么刻苦，而是要做一个有心人，留意观察周围的事物，思维就会像毛主席所说的，有所认识，有所发现，有所创造，有所前进。如果能用已经掌握的思维方法，观察琢磨新的事物，有时候就会悟出新的思维方法来，自己总结思维方法的水平就会不断提高。

# 严格的思维体操训练





西方好多名人说过这样的话：数理思维方法是人类智慧的核心。数学是人类思维的体操。

## 数学思维方法是人类智慧的核心

数理思维方法，就是数学思维方法加物理思维方法。为什么统称数理思维方法？就是西方科学技术大革命的代表人物牛顿，解决人类科学技术的第一问题万有引力，使用的就是数学加物理的思维方法。

其实，牛顿使用的数学物理思维方法，主要的还是数学思维方法。牛顿解决这个问题的划时代的辉煌巨著《自然科学的数学原理》，标题就落脚在“数学原理”上。

为什么说数理思维方法、数学思维方法是人类智慧的核心？这不是哪一个人心血来潮，随随便便说出来的，而是西方科学技术大革命走过的历史，一个最经典的概括。

西方科学技术大革命中，数学思维方法在解决各种关键问题中起到了不仅是领头的，而且是披荆斩棘的作用，立下了汗马功劳；其他领域的思维方法与之相比，无论是数量还是作用，都不能与之比肩，都不能说是核心和主要思维方法。所以，数学思维方法是人类智慧的核心，这是科学家和哲学家们从西方科学技术大革命的实践中总结出来的。

西方科学技术大革命的关键人物、关键战役，那就是牛顿《自然哲学的数学原理》，万有引力的突破，揭开宇宙运动、揭开天上地下共同的秘密。牛顿使用的思维方法，就是微积分及一系列数学方法；紧接着，这个微积分又推动高等数学各门学科的建立；又紧接着，是各门自然科学使用微积分等数学方法，蓬蓬勃勃发展起来。科学技术大革命，依赖的就是数学思维方法。

数学在西方科学技术大革命发生和形成过程中，发挥了独特的、任何其他学科方法不可替代的作用。应该说，数学思维方法是打开西方科学技术大革命的钥匙。数学思维方法是培养人的逻辑思维能力和科学素质最好的方法，是一个现代人必须具备的基本素质。

正因为如此，西方哲学家从哲学理论上总结科学思维方法，主要来源就是数学思维方法。哲学是自然科学和社会科学的总结。哲学归纳提出的思维方法，也就是自然科学的思维方法和社会科学思维方法相加。虽然那么多学科的思维方法相加，数学思维方法还是占据了科学思维方法的大半壁河山，而且居于统领地位。你随便翻一本哲学书，书上介绍的哲学思维方法和一般各个领域普适的思维方法里，基本上或者大多数都来自数学思维方法。读者只要任意找来两本书，一本介绍科学思维方法的书，一本介绍数学思维方法的书，对比一看就清清楚楚：哲学归纳出来的科学思维方法，和数学思维方法大体一样，绝大多数都是数学思维方法。

其实，恰恰就是那成套的数学思维方法，引领哲学家们去总结归纳出哲学思维方法的。认识来源于实践。数学思维方法促使哲学家们归纳研究出哲学思维方法来。

哲学是来自西方的名词。而西方的数学，长期就不是一门独立的学科（中国更不是），只是哲学的内容之一。数学是研究哲学的一个方法。所以，哲学家长期就把数学作为哲学方法。哪知道数学在微积分的推动下建立起一系列分支学科，形成了一个浩瀚的琳琅满目的数学王国，比许多独立的学科还要庞大和完善，这样，数学就慢慢从哲学的圈子里独立出来，形成一个独立的学科门类。但是，虽然数学从哲学里独立出来了，但数学思维方法始终是哲学思维方法的基础，那是永远也无法动摇的。

反过来说，无论自然科学还是社会科学，没有哪一门学科的思维方法，有数学那么多的思维方法，而且在哲学思维方法里，居于那样的统领地位，无论数量还是作用，都望尘莫及。

### 训练到位就是多看多学多练

那又为什么说数学是人类思维的体操呢?

我们先分析数学思维的特点。高等数学的思维，从发现一个数学问题，到分析这个数学问题，直到解决这个数学问题，整个过程中的思维，明显具有系统综合性的特征。不同思维方法交互使用，逻辑思维和非逻辑思维综合运用。其他的自然科学，可以由观察、实验、统计、类比、归纳等方法得出结论；在数学中这只能算作是一种猜想，猜想之后必须进行严格的演绎证明。

如果你学习一门高等数学的分支学科，你就可以看到，数学家是如何发现问题，如何确定研究题目，如何层层分析解剖，从概念的形成，定义的提出，公理的建立，以及定理的推导，到这门学科的完善，你可以看到数学大师们如何一步一步思维，如何一步一步推导，最后解决问题的过程。一门数学学科的建立，上面提到的几乎所有的数学思维方法都要用到。有的思维方法，像演绎法，那是反复运用。实际上，一门数学学科的学习过程，就是若干数学大师在给你做综合应用各种各样数学思维方法的示范。

现代哲学认为，高等数学具有思维方法论的天然属性。如果你学习二十多门数学的学科，那就是几十个数学大师，不断地在给你做思维方法的示范。

思维方法的学习，绝不只是听听思维方法知识就学会了。听讲知识只是学了皮毛。根本的是两个字：训练。训练训练，一是要训，二是要练。我们在大学数学系学习高等数学的思维方法，训和练都是全部到位。

一说训。训，就是教练做示范动作。比如体育老师教蛙泳，不是教师在课堂上比一比蛙泳的动作就行了，而是下到游泳池把蛙泳游给你看，而且要一个动作一个动作拆开来，讲解动作要领。我们学习数学思维方法，是数学大师们当教练，在各种情况下选择什么思维方法，如何使用这些思维方法，实际做给你看。像演绎法怎么做推理，是在各种情况下演绎给你看，你可以看到各种情况下的演绎法。二十几门数学学科一学下来，你就把上面提到的各种各样的思维方法，反反复复，翻来覆去，学习了多少遍。不仅是数学大师思维方法的示范，讲课老师还要给你做若干的点评，这样你就更能心领神会了。

这样培训的结果，我们对思维方法的了解，就可以用四个字概括：见多识广。

如果你看别人做了几十几百遍，心中留下的记忆会很深刻。就像老百姓的一句俗话：看也看会了。

二说练。每一堂课下来，老师都要布置作业。作业就是数学的练习题。高等数学的练习题，很少有计算题，即使是计算题，里面也包含了证明、推导的过程。大学五年下来，我们做了多少题，说不清楚，天天在做数学证明题，至少是数以千计。这个练习，是自己动脑筋做思维推导。有的数学题要经过几步十几步甚至几十步的推导过程。我们还总是要寻找与众不同的证明方法和推导方法。而我们做的练习题，很多就是莫斯科大学的数学习题集。莫斯科大学之所以成为世界第一数学强校，就是因为他们特别注重思维能力的训练。为了训练学生们的创造性思维，不仅注重教材的编写，而且编辑出版了一整套高等数学各门学科的习题集。习题集和教材成为培训学生创造性思维的左右手。习题集都是由著名的数学教授编写的，比如吉米多维奇的《数学分析习题集》、巴赫瓦洛夫的《解析几何习题集》、普罗斯库列科夫的《线性代数习题集》、法杰耶夫的《高等代数习题集》等等。

这样的思维方法的训练，不就是思维的体操训练吗?

大学哲学课本思维方法的学习是只说不练，以为这样学生就可以运用这个思维方法了。公共哲学课更是如此。哲学教材就缺乏对学生思维方法培训的内容。老师只是进行了方法知识的讲解，学生并没有得到方法的训练。他们没有《思维方法习题集》的训练。学生这样学习的结果，说起理论来头头是道，实际做起来就不知道怎么操作，动手能力太差。哲学课一定要有一套像《高等数学习题集》《微积分习题集》那样丰富的、各式各样各种内容的《思维方法习题集》，对学生进行一个个思维方法的反复训练，学生才能真正把思维方法学到手。

数学是人类思维的体操，这是经典名言。学习其他任何一个学科，包括研究思维科学的哲学，对于人的思维的训练，都远远达不到学习高等数学训练思维的效果，因为那些学科，基本上就很少做甚至没有做思维训练的体操。

思维方法就是一个思维的工具。工具的使用，就是一个技术。操作运用的技术，有的简单，有的复杂。比如火箭是发射卫星的工具，火箭的操作就是一个技术。技术无论简单还是复杂，操作者掌握这个技术都需要培训。中国现在购买西方的先进设备，合同及所有的过程完成之后，一个重要的事情，就是由卖方对买方操作人员进行技术操作培训，不然你围着那一堆设备不知道怎么办。哲学教学完全忽视了这个环节，以为思维方法说一说讲一讲，人家就理解和掌握了。实际上不是那么回事。

正因为我们经过这样的思维方法的“体操”训练，训练有素，所以，使用思维方法也就熟能生巧，驾驭自如，得心应手，常有创造。

比如三段式演绎法，一讲起来似乎很简单，其实一使用起来，很多人都是掌握不好的，不然中国人为什么理性思维老是比西方差！而经过高等数学学习训练的学生，做三段式演绎法就比许多人更有经验。这是因为：一、我们的眼睛看到的，数学大师们做的各种情况下演绎法的次数，那至少是数以百计；我们了解各种情况下，特别是高度抽象情况下怎么使用演绎法。二、经过我们的手，推导使用过的演绎法次数，那至少也是数以百计。所以，我们使用演绎法，是两个多：见得多，练得多。

各种思维方法反复多次的训练，什么情况下使用什么思维方法，怎样使用这个思维方法，以及什么情况下使用哪几个思维方法接力或者多级跳，形成思维加工的连环套模式……这些思维加工过程的重复，渐渐地就形成一种思维的习惯。思维习惯慢慢就形成一种思维素质。碰到一种情况，一眼就可以看出，这种情况该使用什么样的思维方法，或者该使用哪几个思维方法连环接力的套餐。

我国著名的数学家陈景润，在谈到他如何读书的方法时说："我读书不只满足于读懂，而是要把读懂的东西背得滚瓜烂熟，熟能生巧嘛！""我走的就是这样一条路子！我能把数、理、化的许多概念、公式、定理，一一装在自己的脑海里，随手拈来应用。"他读华罗庚的《堆垒素数论》，就读了20多遍，重要的章节甚至阅读过40遍以上，一边读一边反复演算，最后就写出了他的第一篇数学论文《他利问题》。陈景润说："做研究就像登山，很多人沿着一条山路爬上去，到了最高点就满足了。可我常常要试10条山路，然后比较哪条山路爬得最高。凡是别人走过的路，我都试过了，所以我知道每条路能爬多高。"说到这里，你就会明白，为什么能够改进华罗庚的方法的是陈景润，为什么他能够攀上攻克"哥德巴赫猜想"高峰的第二阶梯。

著名的数学家、被誉为"东方第一几何学家"的苏步青，在谈到学习数学时说：我在1924年当学生的时候，曾经做过一万道微积分的题目。我为什么要做这样多的题目呢？当时我是这样想的：要真正学到手，只学一遍恐怕太少，一定的重复是很有必要的。有的人念书，念一遍就够了，我自己往往不是那么快。怎么办呢？那就多看、多念、多想，一直到把它弄懂为止。多一分耕耘，就多一分收获。

围棋的一个高段棋手，为什么一眼就可以看出后面几步棋的走法，就是因为他知道各种各样的棋谱定式。聂卫平为什么可以和几十个上百个人同时下棋，就是他有一目十行的"阅读"判断能力和思维能力。

毛主席说过，实践出真知。你没有经过多少演绎法的实践，哪来演绎法的运用自如、活学活用？

### 提出问题能力的训练和运用

我这里用举例的方法，来说一说思维方法的训练和运用。

一部数学发展史，特别是一些数学新学科的建立，往往开始都起于问题的提出。所以，发现问题，提出问题，确定研究方向和题目，就是创造性思维的一种重要的思维能力。只有在打中要害的问题提出之后，然后才开始假设法公理化法等思维方法的运作，逐步走上系统研究和完善学科理论的道路。一门门高等数学的学习，这种提出问题的能力就逐渐培养起来了。

比如非欧几何的建立。欧几里得几何学建立之后，雄视科学界两千年，没有人能够动摇它的权威。不过后来有人发现了第五公理有问题。这条公理说："通过不在直线上的一个点，不能引多于一条的直线，平行于原来的直线。”可是，怎样才能断定两条直线平行呢？要做到这一点，必须把它们向两端无限延长，并且处处不相交。这当然无法做到。因此是否符合实际就值得怀疑。有数学家就提出：有什么根据不能引多于一条的平行线呢？能不能从其余的公理中，把它证明出来，因而改变它的地位，使它由公理变为定理呢？

这个问题提出来之后，一度吸引了不少的数学家去研究。正当这个问题不得其解的时候，数学家罗巴切夫斯基公开声明第五公理不可证明，并且提出了一个相反的公理：通过不在直线上的一点，至少可以引两条直线平行于已知直线。从这个新公理和其余的公理出发，他最后建立了一门崭新的非欧几何学。非欧几何学扩大了人类的空间概念，以后在天文学、宇宙论、航天技术等四维和大于四维空间的领域，有了自己的用武之地。非欧几何学可以说是人类空间认识史上的一次革命，也是数学发展史上的一次革命。

爱因斯坦说过：“提出一个问题往往比解决一个问题更重要，因为解决问题也许仅是一个数学上或实验上的技能而已。而提出新的问题、新的可能性，从新的角度去看旧的问题，却需要有创造性的想象力，而且标志着科学的真正进步。”

正因为我经过多门数学学科的学习，对于从另外的角度和方向去思考提出问题，有过多次的了解和认识，所以在我的工作中，经常使用这个思维方法。

1988年，当四川日报通讯员座谈会上，大家对批评报道普遍感到畏难，并且举出了大量的实例。我通过对中国舆论环境的思考，提出一个尖锐的问题：批评报道为什么这么难？并且以此为题目，在《四川日报》上开展了一场长达半年的大规模的讨论，对中国的舆论环境存在的问题，进行了全方位多角度的探讨。我在此基础上进一步思考加工，最后就形成了《新闻批评心理学》。理论研究成为行动的先导。紧接着，我将这些理论和方法在都市报中广泛运用，中国媒体的批评报道，就在批评报道的冬眠时期轰轰烈烈地开展起来。

批评报道为什么这么难？这个问题的提出，推动了相应的理论研究，最后实现了批评报道不是那么难的结果。

又比如，当我领受办一张城市晚报的任务时，我看到报业市场已经被晚报占领，办晚报与晚报竞争很困难，就提出一个问题：中国的报业只有晚报才能征服读者市场吗？这个问题十分类似于“通过一个点只能够引一条平行线吗”，从此开始探索新的报纸品种。我接着使用假设法，假设我的报纸赚了大钱，再使用演绎法，最后演绎出市民生活报的报纸新品种。正是基于“中国的报业只有晚报才能征服读者市场吗？”这个问题的提出和解决，才导致了一张市场上全新的报纸——市民生活报的诞生。

我提出类似于“通过一个点只能够引一条平行线吗”的还有：报纸只能通过广告来盈利吗？医院就是治未病的唯一组织形式吗？

我们办报，报纸发行全部亏钱，亏了的钱全部靠广告补贴，于是广告成了报纸的核心和要害，拉广告成了报纸的重中之重。为了拉广告，一切以客户利益为中心，消费监督不搞了，公正性丧失了，报纸公信力下降了。我的脑子里经常涌现一个和传统办报思路截然相反的命题：能不能办一张不靠广告、没有广告并且盈利的报纸呢？难道报纸只有广告赚钱这一条路吗？所以，我又策划出了一张全新的报纸《13亿消费者》，一张只靠公正性和公信力、只靠消费监督、只靠服务消费者就能盈利的报纸。

我住在医院里，看见医院里治未病中心一天忙得不可开交，也没有治疗几个人的未病，于是大胆提出：难道医院就是治未病的唯一组织形式吗？反复思考之后又进一步提出，为什么两千年来都没有解决治未病的组织形式呢？不断思考的结果，百岁大学的方案诞生了。

正确的提问是解决问题、取得成果的起点。我看见一些矛盾或者解决不了的问题，总是喜欢提出问题来思考。正是这样的提问，加上紧接着的推演和分析，成功解决问题的概率就会大大增加。

### 归纳法在建立《敲门发行学》中的作用

我的都市报理论和方法出来以后，很多人问我，你数学系的怎么就能创造出都市报理论？就在这本书的写作快结束前几个月，还有一个从新加坡留学后来在国外工作的人，专门给我发来一封长长的短信，说她的女儿马上要从传媒学院毕业了，论文要写我怎么创造出都市报，列出来一个问题清单，最长的是问敲门发行学是怎么总结出来的。

我过去从来没有研究过报纸发行，办《华西都市报》也是重点在报纸上，怎么一下就总结创造了《敲门发行学》？因为我的思维方法库里，存储了大量的可以解决这个问题的思维方法。

敲门发行学的诞生过程，我前面着重讲了五个思维方法的接力。其实，使用思维方法也是独具匠心。

建立一门学问，第一件事情是对研究的事物进行一个归纳概括，提出定义。这是以后研究的基础。无论是欧几里得的《几何原本》，还是牛顿的《自然哲学的数学原理》，开头都是对几个研究对象做定义。敲门发行学也是这样，是从自办发行的事物中，抽象概括出一个概念，就是“敲门发行”。这是重庆市新闻处处长完成的。我和他是心有灵犀一点通，马上对他这个定义的概括做了肯定。换一个人就不一定能够认可和肯定这个归纳概括，而且不知道为什么要这么做。

这是我启动的第一个思维方法，是概括思维。什么是概括思维？就是对要研究的事物，进行分析归纳，概括成为一个概念，或者说取一个名字。这是继续进行思维的基础。我也不是听到重庆市委宣传部新闻处的同志一讲“敲门”二字就想起了敲门发行学，那个时候我只是得到了一个启示，觉得敲门发行这个概念很好，生动，能够体现发行人员的主动性和进攻性。所以，我的第一个思维方法启动了，这就是概括思维。用概括思维给这个发行方法确定了一个准确的名字和定义：敲门发行。

概括思维是对多次重复出现的同一类现象或者事物，通过分析、选择、归纳、总结等方法，从某一方面的特点或者本质，抽象概括成为一个概念，这样，你下一步的思维就有一个方向、目标或者对象。这是人的思维从具体的形象思维向抽象的逻辑思维发展的一个重要方法。这种能根据事物的相关信息抽象概括归纳为一个概念、一个口号、一个目标、一个命题的思维方法，就是概括思维。

大多数的概括采用的是归纳法。“敲门发行”这个概念，是重庆市委宣传部新闻处处长冯建新概括出来的。这以前搞自办发行、敲门发行的人，都没有提出这个概念。他知道和了解了一些发行人员上门征订的情况，抓住“敲门”的特点，用归纳法做概括，准确形象生动。他不是研究报纸发行的，但是他的概括思维能力很强，在敲门发行学形成的路上，是一个贡献概念的人。他用“敲门”二字的归纳，画龙点睛，是使用归纳法的高手。“敲门”二字形象生动，是形象思维，归纳法是逻辑思维，所以，他的“敲门”概念是形象思维和逻辑思维并用的结果。低层次的简单归纳是从形式上归纳，高层次的归纳是从本质上归纳。“敲门发行”看似是从形象上做归纳，实际上这个形象反映的是主动进攻的内心本质。所以，这个归纳是形象和本质两者共有的归纳；是一个非形式上的归纳，而是高层次的本质归纳。

我的概括思维是对他归纳概括的这个“敲门”概念，做了一个肯定的判断，是有意的概括思维。我和冯建新都在做概括，区别就是：他是无意，我是有意；他是提出“敲门”概念的概括，我是肯定“敲门”概念的概括。

今晚报、钱江晚报的发行部门，长期只抓住自办发行的概念不变。自办发行只是发行队伍如何组织建设的概念，不是发行方法的概念。所谓自办发行，是区别于交给邮局等其他渠道发行报纸，不是“他发”，而是“自发”。你自己的发行队伍组织起来之后，就要研究上门征订的方法。他们缺乏概括思维能力，所以10年过去，也还是在“自办发行”“上门发行”的字义上打圈圈，思维没有向前挪动一步。即使发行人员天天在敲门，也概括不出敲门发行的概念来，既不懂得如何思维，也不会使用归纳法，更没有抽象概括思维的意识和方法。

在建立敲门发行学的过程中，我第二次使用归纳法，是在优秀发行员的事迹材料汇集起来之后。

优秀发行员的事迹，只有在成都听过他们发言的发行员知道，全省那么多的发行员并不知道。怎么办？我就组织记者写出她们的发行工作事迹，编成一个小册子发下去，供广大发行人员学习。等到我把这十多个优秀发行员的事迹读了一遍之后，我的认识马上产生了飞跃。我要对这些事迹重新做一个归纳，结果就归纳出敲门发行学的学问。

归纳法很多人都知道，也在运用。一年结束，发行部门总结工作，也要评选几个发行员做先进典型，奖励表彰大会上，领导会讲话说：归纳起来，他们的经验就是三条或者五条之类。大家要向他们学习。这里，他们同样使用了归纳法。但是，他们的归纳层次很低，是从经验到经验的归纳。毛主席在《实践论》中讲过，人的认识，要从经验上升为理论，不能老停留在经验的水平上。从经验到经验的归纳，是简单归纳。从经验上升到理论的归纳，是本质和精髓的归纳。这就是思维加工能力的高低。

把若十个典型编成一本书的事情，也多得是。可是，把若干个典型汇集起来，从典型事迹中读出“理论”，再加以评点，做一些理论演绎，形成一门学问，就很少见了。

我在这里使用的归纳法，与一般归纳法的不同，它不是归纳这10个发行员已经创造出来的办法的共同特点，而是归纳这10个发行员身上蕴藏的创造力。我要借助这10个典型，用他们做榜样，做引线，去点燃和激发广大发行人员的积极性和创造性，去引爆读这本书的发行员的创造力。读这本书的发行员心中会说：“既然他们能创造，我们也能创造；我们还能够创造出更多更好的方法来！”在我的思维当中，又埋伏了一个激将法。广大发行人员当中，蕴藏着无穷无尽的创造力，我要通过《敲门发行学》把它们激发出来。心有灵犀一点通。果然不出所料，千千万万的发行人员的创造性，在阅读《敲门发行学》的传播过程中，排山倒海地迸发出来。《敲门发行学》具有很强的煽动性，不用老师去讲，看过之后就明白了，很快把全国的报业市场都煽动起来。

这就是毛泽东的人民战争思想方法。毛主席说：战争的威力，蕴藏在千千万万的人民群众之中。人民群众有无穷无尽的创造力。你看人民群众在抗日战争和解放战争中的一些创造，那是《孙子兵法》和各种兵法书上都没有的。《敲门发行学》的学问，其实就是打一场发行的人民战争的学问。过去我在人家采访我的时候说过，我办《华西都市报》，很多地方学习和运用了毛泽东思想。《敲门发行学》就是其中之一。

这就是使用归纳法的水平和艺术。归纳法要求一个人要懂得如何从众多同类的事物中，抽象出一个概念做概括。很多人只会做简单归纳，看得见的外形的归纳，数量的归纳，工作经验的归纳，看不见的内涵的归纳，本质的归纳就做不出来。我做的是质的归纳，灵魂的归纳。这种思维能力，没有经过过硬的思维训练，是难以完成的。

而我，从阅读发行人员事迹到决定编辑成为《敲门发行学》，几乎没有什么过渡的时间。也就是说，读完了，总结成为一门学问的直觉思维也就产生了。于是马上着手写《敲门发行学的诞生》，为这本书做理论概括。三两天的时间，《敲门发行学》就出来了。我之所以着急，是因为第一线的发行人员正等着呢。

无论是那些自办发行协会成千上万的人，还是报社编辑部和经营管理的人，都没有完成敲门发行学前后的两次归纳：前面不能归纳出“敲门发行”的概念，后面不能从优秀发行员事迹中归纳出敲门发行学的学问。即使写作这些优秀发行员事迹的记者，他还做了很深入的采访，比我掌握的材料更多，写的也是敲门发行，他也无法归纳总结出敲门发行的学问。

### “新市民生活报”的昙花一现

更有趣的是，都市报后来有人提出了要办一张“新市民生活报”的口号。发了几篇宣传文章之后，有的都市报就问我，什么是“新市民生活报”？我说我离开都市报了，不知道这个提法的含义是什么。我看过阐述“新市民生活报”的文章，并没有说清楚“新市民生活报”这个概念的意义和命题的推导过程。

“新市民生活报”不仅没得到全国都市报的认同和响应，就是后来的继任者，也再没有提这个概念和口号。

无独有偶。这使我想起了在办晚报的高潮中，有一张新创办的晚报，取了一个报名，叫《新晚报》。很明显，它是想要比其他晚报高出一筹。人们自然而然要注意它有些什么创新。可是，几年以后，新闻界的一致看法是，它还不如原来那几张老牌晚报办得好。《新晚报》最后证明是名不副实，只是在“晚报”这个报名之前加了一个“新”字而已，结果成了一个文字游戏。

其实，我当时给《华西都市报》提出“市民生活报”的定位，不仅有严密的演绎推理，还有作为“市民生活报”这个报纸产品，用系统论的思维方法，从宏观、中观到微观的完整的产品设计，以及一系列新闻表现形式、表现方法的创新（前面都做过解读）。有了这些内容的支撑，才使“市民生活报”的概念站立起来，丰富和完善。

马克思说过：“在科学上是没有平坦的大道可走的，只有在崎岖的小路上不畏劳苦的攀登者，才有希望达到光辉的顶点。”如果你没有丰富的思维方法的积累，你不具备严密的理论推导能力，你要建立新的概念并进行宣传推广，很可能就会成为笑话。

提出“新市民生活报”的人，实际上并没有认真读懂我关于市民生活报的讲话。我在《报纸策划艺术》（中国社会科学出版社出版）一书中，讲述了市民生活报的提出和推导过程。虽然没有像本书前面那样把演绎推导过程使用的方法一步一步写出来，但也只是没有标出步骤的数字而已，推导过程的内容全部都有。因为我提出的是一个新概念，我要让人家能够完全理解和接受。我在编辑部的三次讲话，在都市报的各种会议上，也多次阐释市民生活报的概念和推导演绎过程。以后又写出了《报纸产品的产品设计》一文，刊登在《新闻界》杂志上。如果他们读懂了我用演绎法严密推导的过程，就会觉得那是难以推翻的。问题是他们从这些内容中，读不出“思维方法”来。他们也不懂得思维方法是怎么一回事，更说不出使用的思维方法叫什么名字。

无论建立什么学科的理论，都要有来自社会生活的实践和需求。理论是从实践中提出来的，不是个人凭空想就想得出来的。不是你想建立什么理论，就能建立什么理论。科学理论都是因为社会实践的需要，科学家慢慢探索，才建立起相应的理论。市民生活报的理论，是中国报业从计划经济走向市场经济的需求，是报纸工作者探索报纸市场化产品的成果。都市报市民生活报的定位，已经解决了这个需求。那么，新市民生活报是解决什么需求呢？都市报办了几年之后，报业市场又产生了什么新的需求呢？新市民生活报的社会客观需要是什么？提出者完全说不出个子曰，因为他们的出发点是空穴来风。

很多人都没有从我关于市民生活报定位的讲话和文章中读出演绎法。这些人过去在哲学课里也可能学过演绎法，但是，由于没有经过严格的演绎法的操作训练，早就忘得一干二净了，所以见了面也不认识，实际上是缺乏理论推导基本功的训练。

# 25年和2.5天

1994年9月下旬，我在完成《华西都市报》采编人员的招聘工作之后，就一个人跑到什邡县招待所住着，专心致志地写我在国庆之后编辑部大会的讲话。

我在编辑部大会上的讲话《为创办一流城市报纸而努力奋斗》，实际上就是《华西都市报》的办报方针和方法。后来的实践证明，这个讲话成了都市报办报的基本理论和方法。

也许有人会问，你不是说信息和思维方法碰撞才能发生思维加工吗，你哪里来的那么多的信息和思维方法碰撞呢？

是的，这次碰撞思维方法库的新信息就是一个：四川日报党组指示我办一张赚钱的晚报。我去全国20多家晚报参观访问学习之后，分析了中国改革开放之后办晚报的两次潮流——1980年代创办晚报的全部成功，1993年市场经济潮流起来之后创办晚报的全部失败，从而得出一个结论：在老牌晚报已经牢牢地站稳市场之后，再用晚报去与晚报做市场竞争，失败是必然的。我下决心走新路，创办一张比晚报更好、市场化程度更高的报纸。

什么才是能够在市场上战胜晚报的报纸呢？为了设计能够在市场上战胜晚报的新报纸，我梳理了过去储存在脑子里的经验信息，调动了思维方法库各种各样的思维方法，进行了一场思维大会战，

## 25年报纸工作经验的升华

前面已经说过，我用演绎法、归纳法、反推法等思维方法，推导出来市民生活报的报纸新品种，后面的工作就是将整个市民生活报的设计方案做出来。我的讲话，实际上就是一个都市报设计方案。

一张报纸就是一个系统。按照系统思维来设计都市报，首先得把这个系统的方方面面梳理清楚。我1975年开始上了7年的夜班，1987年起担任四川日报副总编辑，参与四川日报的各种宏观微观运作，对报纸的版面系统、采编系统、管理系统了如指掌，为从报纸的宏观、中观、微观三个层面做出设计，积累了足够的经验。

报纸的宏观设计首先是决定报纸的办报方针。办报方针包括办报宗旨、办报思路、经营思路。在确定“读者就是上帝”办报方针的时候，我使用了毛主席全心全意为人民服务的教导。全心全意为人民服务是我们党的宗旨，我把“人民”换成“市民”，全心全意为市民服务，就变成都市报的办报宗旨。这既符合党的宗旨，又切合报纸的实际。为了阐释“全心全

意为市民服务”的方针，我又将焦裕禄的话做了同样的转换。焦裕禄说：共产党员要急群众之所急，想群众之所想。当群众有困难最需要帮助的时候，共产党员要出现在群众的面前。

我在起草的讲话中说：毛主席讲全心全意为人民服务，这个话现在对《华西都市报》最恰当不过了。《华西都市报》就是全心全意为市民服务，不是三心二意，也不是半心半意，要急市民之所急，想市民之所想，市民需要什么，我们就报道什么。当市民有困难最需要帮助的时候，我们的记者要出现在市民的面前。当前大多数市民最关心的事情，就是都市报特别是一版应该报道的事情。

我1971年调到四川日报之后，感到自己将从事一辈子的新闻事业，所以特别努力地学习新闻业务。其中一个办法，就是阅读新闻名篇。我认为新华社记者穆青写的《县委书记的榜样焦裕禄》，是通讯的范文，一有空就一段段地背诵。上万字的通讯，主要的段落我都能背下来。所以，焦裕禄的名言“重新安排兰考河山”，我在“打造川菜王国”里，就变成了“重新安排四川山河”的豪言壮语；在阐释全心全意为人民服务的办报方针的时候，就借用了焦裕禄的话来阐释报纸怎么为市民服务。

市民需要什么就登什么，是不是说置党和政府的需要于不顾呢？在处理这个矛盾上，我提出了一个重要的原则：都市报要做到党和人民都喜欢。

我之所以提出都市报的这个政治定位，是因为我经历过全国报纸周末版的风风雨雨。

1980年代，中国的新闻改革风起云涌。我在四川日报，经常是报纸改革的先遣队员。1980年，《人民日报》一版办出了抨击时弊的评论栏目《今日谈》，四川日报紧紧跟上，就指派我办出了同类栏目《巴蜀小议》。《巴蜀小议》很快获得新闻研究所读者调查的最受读者欢迎第一名。两年之后，《人民日报》推出短新闻集锦栏目，四川日报又调我去创办《天府快讯》，因为党报的新闻多数时间滞后，《天府快讯》必须是全省各地的昨日新闻。《天府快讯》办出来之后，很快又获得当年读者调查最受读者欢迎第一名。1984年之后，全国报纸出现了周末版热。周末版内容新，可读性强，生活味浓，深受读者欢迎。但是，有的周末版为了追求可读性，捕捉敏感题材，表现媚俗庸俗，不断受到管理部门的批评。在这个时候，我又受命去创办《天府周末》。我是一个自觉遵守新闻纪律的人，同时又追求报道的可读性，是一个努力把两者统一起来的理想主义者，自嘲“技巧派”“艺术派”。我努力在《天府周末》实现这个理想，以《周末专访》《巴蜀之谜》《社会百态系列篇》《小人物外史》等为骨干栏目，配以文化、体育、社会方方面面的题材，一问世就受到读者的喝彩。《巴蜀之谜》被重庆出版社结集出书。《天府周末》在读者调查中又成为最受读者欢迎第一名。《天府周末》可读性一直很强，也从未违反过宣传纪律，受到新闻出版总署和中宣部的肯定，全国周末版座谈会通知我们去介绍经验。我们实现了普通读者和领导两满意的既定目标。

“办一张党和人民都喜欢的报纸”，其实就是我创办《天府周末》取得成功的经验总结。如果没有经历过周末版的风风雨雨，我可能就不会把这个目标任务提出来。它使得都市报从一开始就牢牢把握大方向，避免重蹈有的周末版的覆辙，走上一条稳定发展的道路。

我的另一个宏观决策，是办成一张区域组合城市报。我为什么能够做出这个决策？因为我1993年随中国新闻代表团访问美国的时候，学到了区域组合城市的理论。虽然这个理论不是在课堂上学到的，是导游在旅行车上随便讲的，但我认定是时代发展的趋势，是全球化一体化的需要。

再来看看我产生一系列中观决策的经验积累：

1. 在全国报纸批评报道的冬眠时期，我决定以“打苍蝇，抓生活”的方针，在《华西都市报》上批量生产批评报道。实践证明效果很好，被全国都市报学习仿效。做出这个策划的原因，是我在四川日报新闻改革当中，发起了一次“批评报道为什么这么难”的大讨论。我又将这些内容反复斟酌，写出了我国第一本《新闻批评心理学》。从理论和实践两个方面，我都为《华西都市报》如何开展批评报道，做好了足够的准备。

2. 用大规模新闻追踪的悬念吸引读者，源于我在四川日报成功地策划和组织过“长江漂流”追踪报道、汶川县广播局记者为批评报道吃名誉权官司的追踪报道、圣灯乡乡长李万顺大闹锦江宾馆和拘留所的追踪报道。三次追踪报道都在读者中激起强烈反响，是市场化报纸争取读者的强有力武器。于是，我决定要把抓新闻追踪像抓消息一样常抓不懈，让《华西都市报》天天有追踪，甚至一天有好几个追踪。

3.《华西都市报》的副刊《街坊》，体现整个报纸的主题和风格，我要求副刊文章做到“三化”（通俗化、生活化、都市化）、“两味”（生活味、地方味）、“四性”（趣味性、新闻性、参与性、服务性）。我之所以做出这样的创新，是因为我办过周末副刊，担任领导工作之后又长期分管文艺副刊，四川省报纸副刊研究会成立的时候，我又出任会长。长期以来对报纸副刊的研究和思索很多，所以能够独出心裁，另辟新路。

4. 在报纸质量管理上，我提出了“每一篇报道都要让读者喜欢”。这是我多少年对全国记者协会评选好新闻的思索。四川日报几乎年年都有稿件在全国新闻评奖中获奖。在总结成绩的时候，都会把这作为一个成绩提出来。可是，报纸始终在市场上卖不出去。这是为什么？因为用概率的方法来统计，报纸上大多数的稿件没有可读性。只有少数几篇好稿，是难以改变这个局面的。所以，《华西都市报》要争取读者争先恐后地来买，必须有大批量的吸引读者的好稿。所以，我在讲话中说，全国记者协会不应该只是评好稿，还应该评好报，对批量生产好稿的报纸给以评奖。报纸不应该以评了几篇好稿而骄傲，而应该追求大面积的可读性，这才是对读者的负责任。我办的《巴蜀小议》《天府快讯》《天府周末》之所以成为最受读者欢迎第一名，就是因为有大面积的可读性，不只是一篇几篇好看，而是大多数都好看。所以，我办《华西都市报》的时候，就明确提出“每一篇报道都要让读者喜欢”。

5. 在禁止有偿新闻上，我在报告中提出了“连坐法”的管理办法。之所以这样做，是因为市场化经济发展起来之后，产品广告以报道的形式冲击报纸版面。企业和广告公司巧妙地变换手法，对稿件流程中的每个程序送红包。我就来一个反其道而行之，只要产品报道见报，每一关的责任人都按照当时的广告标准每字1元扣罚。报纸就收入5倍的广告费，因为每一关都有权力封杀有偿新闻，你不堵住就扣罚。

其实，当时我在设计《华西都市报》办报方案的时候，一个重要的方法是逆向思维。因为我在四川日报工作了23年，除了后勤，几乎各个岗位都干过，凡是我观察到的四川日报运作过程当中没有解决好的问题，我就反其道而行之来制定措施。也就是说，华西都市报成了我新闻理想的试验基地。比如，四川日报的稿件计酬制度，按照职称来区分计算，就很不合理。我在华西都市报，就以可读性和读者喜欢喜欢程度来决定稿酬，不管作者是大学生、中专生还是研究生，也不管有没有职称、什么职称，统统按稿件可读性质量决定，因为读者读报的时候，并不是看是谁写的，而是看好不好看。所以，《华西都市报》记者每个月的收入，中专生打败大学生甚至研究生的，初级职称打败高级职称的，多的是，大大调动了采编人员的积极性。

…………

用我的思维方法对过去的经验信息进行加工、升华、提高、演绎，产生制定《华西都市报》的操作方法，这样的事情很多，就不一一列举了。

如果说，《华西都市报》嫁接各种报刊内容的优势，是站在全国报纸的肩膀上，那么，华西都市报管理上避免四川日报存在的各种问题，又是站在了四川日报的肩膀上。

### 记者每天一篇新闻稿件的来历

也许有人会说，你说是用25年报纸工作的经验来创造设计都市报，那么，你在自贡日报也工作了一段时间，也有经验总结借鉴吗?

不仅有，而且很重要。

《华西都市报》的微观策划，我提出了“实、快、短、热、活、宽”的六字风格。其中“快”就是新闻和信息的时效快，主要是抢昨日新闻。为了保证时效，保证各个版面的需要，我在报告中明确提出：记者至少每天写一篇稿件。

我为什么提出记者必须每天写出一篇稿件？这个目标能不能达到呢？在当时，报纸记者是做不到的，也没有哪家报纸这样提出要求。

实际上，我25年前在自贡日报就做到了。我在自贡日报的工作实践，是我提出这个要求的依据。

那个时候，我刚刚从学校出来，新闻工作又很新鲜，工作的积极性很高。因为我是学数学的，不想让人家说我当记者不如中文系的，所以成天就马不停蹄地去写稿，连星期天也去采访。看到报纸上不断刊登我的报道，就心满意足、心花怒放了。虽然发的是死工资，报道既不署记者的名字，也与收入不挂钩，还是一篇接一篇地写。如果加起来做统计，差不多就接近每天一篇。像自贡市第一次几万知识青年上山下乡，市里举办了盛大的欢送会，全市市民夹道欢送，场面十分感人。我一个人负责报道，通讯、消息、评论一起写。当天晚上，我听到自贡市广播电台播音员声情并茂地播送我的通讯《盐都儿女展翅飞翔》，手舞足蹈，无比满足的心情油然而生。我感到了我工作的价值。第二天，工作的积极性更高更亡命了。

最令人难忘的是，天天晚上8点我都候在收音机旁，如果当天晚上播发毛主席的最高指示，我就会马上行动，去采访各个单位学习毛主席指示不过夜的学习情况。那个时候自贡日报连一辆汽车都没有，我们到机关、学校、工厂、农村去采访，都是赶公共汽车或者走路。晚上就只有走路了。采访回来已经很晚，马上写出报道，发给夜班。有时候还要编写综合各路记者采访内容的综合报道。现在回过头去看，那些内容虽然都是那个时候的程式报道，但是抢时间、赶速度、争分夺秒的训练，对于一个新闻工作者来说，还是很难得的；对于我这个初入行的年轻人来说，更是难忘的。

没有想到二十几年之后，我的这一段经历成了都市报新闻记者一天一篇报道的快节奏采编生活的预演。

我到四川日报以后，四川日报给驻站记者的任务是一个月三篇稿件，外加一篇“情况反映”（内参），记者们戏称“老三篇”。自贡日报的规定也是“老三篇”，只不过是一周三篇。我想，这种慢腾腾的生活，怎么能跟上报业市场的发展？都市报必须提出新要求新任务。

党报办报还有一个理论，就是依靠群众办报，工农兵办报；有时候还要批判“专家办报”。四川每一个县都有一个报道组，主要是给四川日报写稿。所以，四川日报有庞大的通讯员队伍，还经常总结依靠通讯员办报的经验，记者当然可以“老三篇”。都市报没有一个通讯员可以依靠，也不可能走专家办报的路子。我招聘的那些平均年龄24岁的年轻人，哪个是专家？但是，我又必须依靠这些人去办报。怎么办？我只有走毛主席所说的在战争中学习战争的路子，在每天一篇报道的快节奏中，把他们培养成为合格的新闻工作者。

这之前的报纸，没有哪个报纸明确提出过记者必须每天一篇报道，特别是省报；而以后模仿《华西都市报》的都市报，几乎个个记者都可以做到。

每天一篇报道的任务，第一个月就被从四川青年报来的记者文琴健打破。以后文琴健月月突破，有时一天发几篇报道。在他的带动下，记者们你追我赶，都能完成一天一篇的任务。

《华西都市报》记者第一时间快速拼抢新闻的劲头，很快被社会熟知。一次，金堂发洪水，蒲海清省长看到《华西都市报》记者文琴健第一个赶到现场，赞不绝口：都说你们《华西都市报》记者跑得快，真是名不虚传！文琴健马上跟蒲海清省长添油加醋地说：席总编规定，来迟了要扣分。

### 思维方法库对25年信息的深度加工

我在什邡县招待所，写在《华西都市报》编辑部大会上的第一个讲话，一共三天。除了头天上午坐车去和第三天下午坐车回来花去半天时间，写报告的时间也就两天半。也就是说，我花了2.5天的时间，用思维方法库的思维方法，对25年的工作经验信息进行深度梳理、总结、思考，形成了畅销中国报业市场的都市报理论、方法和模式。

这是我25年的工作经历、经验和信息，与我的思维方法库各种各样思维方法的全面碰撞，两者白热化的思维会战，产生了一个新的报纸品种——市民生活报的产品设计。

毛主席说，人的正确思想是从哪里来的？绝不是从天上掉下来的。思维一件事情，总是有个过程，有个来龙去脉。就是做梦，你可能会梦见升官发财，梦见飞到月球上，梦见全世界旅游等等，这些都是从书上或者某些信息渠道的信息诱发的，即所谓日有所思夜有所梦；但是，绝不可能谁就梦想出办一张“市民生活报”的报纸，虽然“市民生活”这个概念普通而且普遍。物质上不可能天上掉馅饼，思维也不可能天上掉馅饼。

我感谢四川日报二十多年的工作舞台，让我完成实现报业中国梦的经验积累；我感谢四川大学数学系6年的读书学习，使我积累了人类智慧最核心的数学思维方法，形成了丰富多彩的思维方法库。

为什么我能在短短的2.5天完成这个设计？还有一个原因，是我对许多问题的探索，已经形成了半成品或者成品，写都市报设计方案的时候只是将这些东西组合起来。比如对批评报道的思考，已经产生了一本获奖的《新闻批评心理学》，我追求的批评报道的艺术已经完成，到华西都市报的时候，只是转化为实践了；我对于新闻追踪的总结，也完全成熟了，所以在报纸试刊的时候就满怀信心地写出《新闻追踪开场白》的宣言式预告；我对于“特别报道”的构思，也瓜熟蒂落，所以一筹备特别报道，就大规模地在全国组织作者队伍，要大干一场；等等。

一张报纸，创刊一亮相，就知道它是不是功底深厚、胸有成竹。

和《华西都市报》同在1995年创刊的《南方都市报》，第一年是周报，第二年周五报，拿到全国省级晚报都市报年会上让我们看到的，是一张类似《精品购物指南》的报纸，第三年才开始向流行的都市报靠拢。从他们走过的前进道路，就知道他们既没有成熟的经验，也没有科学的思维方法，所以报纸产品设计只能跟着感觉走似的不断变换。

《燕赵都市报》也是1995年创刊，第一年是周报，第二年还是周报。我问他们的总编辑，为什么不办日报？他说：哪里去找那么多的新闻？他连日报的新闻在哪里都不知道，怎么能设计出创造性的都市报！

新创办一张报纸，报纸是一个什么模样，都是创办者的思维方法，对他掌握的经验信息进行思维加工的结果，都打上了思维方法库和经验信息的烙印。

扬子晚报周正荣总编辑对我们介绍说，当初他们在办晚报时，也曾到广州、北京、上海等地取经，然后依葫芦画瓢拿出方案。实践证明旧思路不一定符合新形势。七年中，他们先后调整了两次方案。他们认为，1950年代的晚报思路落后了，晚报不是日报的补充，不是拾遗补阙的，也不仅仅是供人们茶余饭后消遣的东西。晚报有自己固定的读者群，这些人只有很少的人能看到机关报。晚报是一个独立的存在。因此，《扬子晚报》除了报道社会新闻、文化新闻、体育新闻以外，还大量报道同城市居民衣食住行相关的、实用性很强的新闻，全方位、立体化地报道城市居民关心的政治、经济、国际、国内的大量新闻。他提出要在晚报上嫁接机关报的优势，使读者订一份《扬子晚报》就能满足各方面的需要。

你看，就连《扬子晚报》这样的名牌晚报，七年当中就调整了两次办报方案，才达到成熟的境界。

《今日美国报》创刊之前，一个几十个人的设计班子，关在一个秘密的地点，度假村之类的地方，封闭起来，对外保密。这个班子专门设计这张报纸，然后进行论证，从各个方面推敲，若干套方案反复比较，包括如何彩印、如何建发行点等，都进行了详细的反复的比较和争论，最后选择确定了报纸设计方案，用了差不多半年多的时间。由于思路具有独家的创造性，一出来又不断改进，几年就获得成功，后来成为美国发行量最大的报纸，200多万份。

《华西都市报》的产品设计，无论在中国和世界的报业发展史上，还是在所有的产品设计史上，那都是一个难以重复的奇迹。搜狐传媒在报道中戏称是“小旅馆里憋出来的《华西》办报方案”。之所以产生这个思维奇迹，那是因为两个思维元素都达到了理想的境界：参与思维会战的思维方法的选择，达到了理想的境界；参与思维会战的工作经验信息的积累，达到了理想的境界。

在都市报席卷中国大地的时候，很多人一度认为，报业市场是一块诱人的蛋糕，纷纷投资办报。投资者绝大多数都折戟沉沙。一些采编人员也跃跃欲试，好像唾手可得。四川日报1990年代投资办了6张报纸，最后只有《华西都市报》获得成功。5张报纸投资失败：《城市购物导报》《新经济时报》《旅游文化报》关门；《天府早报》《金融投资报》虽然现在还在勉强维持，却不能为四川日报赚钱。《华西都市报》却获得了巨大的成功，投资230万元，获取利润15亿元。失败和成功形成鲜明对比。其实，要害都是一个：成功者成功在产品设计，失败者也失败在产品设计。一个著名导演说，剧本剧本，一剧之本。报纸产品设计方案就是一报之本。失败者为什么失败？因为设计者一没有足够的报纸工作经验的积累和研究，二没有丰富多彩的思维方法库进行科学的思维加工。以为人家模仿购物导报都成功了，我也不妨模仿一次，自以为掌握了个中奥妙，其实是不得要领。你看，全国模仿《华西都市报》的，一大批成功，但还是有不少失败的。全国模仿北京《精品购物指南》的，个别的成功，多数都遭到失败。决不能把产品设计当儿戏。

### 信息在思维加工中的作用

事实证明，一个人灵感产生的源泉，是思维方法库里的思维方法。一个新的信息来了之后，你有相关的思维方法，你就会产生灵感；你没有那个思维方法，你就无动于衷，找不到感觉，灵感也就出不来了。

同时，灵感产生的另一个必要条件，就是必须有激发思维方法迸发灵感的信息。没有信息，思维方法放在思维方法库里闲置多少年，也可能迸不出火花。

所以，信息——新出现的信息和原来储存的信息，是激发灵感的必要条件。离开了信息，思维方法库和思维方法同样一事无成。

思维方法是主观条件，信息是客观条件。因此，思维方法库要充分发挥作用，有所作为，就要想办法不断接受新的信息。

> **思维方法库定律 ——信息必要定律**
> 信息是激活思维方法的必要条件。没有外界的或者储存的信息做碰撞，思维方法库里的思维方法是不能凭空产生思想火花的，更没有办法做进一步的思维加工。

也就是说，信息碰撞是思维方法库做思维加工的必要条件。

为什么脑子里已经有的信息也可以碰撞思维方法呢？当时信息进入脑子里的时候，没有和思维方法碰撞起来，自然而然就储存在那里；隔了一些时候，因为有新的信息出现，比如类似于接到“办一张市场化报纸”的任务，就又想起了过去储存的很多经验信息，用思维方法对它们做加工，可以组合到新任务的平台上去。这还是属于信息和思维方法的碰撞。

在我们的脑子里，有很多储存的信息，可以反复使用很多次，而且和各种不同的思维方法碰撞。一般来说，做一个大项目的思维会战，用系统论思维进行思维会战，都会调动大量的储存在脑子里的经验和信息，选择思维方法对它们进行加工。像《新闻批评心理学》、《华西都市报》产品设计、《倾力打造川菜王国》、《策划传媒》、东方百岁大学等等，都是在新信息引导下确定目标选题，然后找出自己储存的信息，还要从其他渠道寻找收集新的信息，把这些信息汇集起来进行思维加工，打一场思维方法和各种信息的思维会战，努力达到确定的目的。

2015年11月7日，南京大学郦波教授在央视《百家讲坛》讲课，讲到一个故事。英国基督堂学院数学讲师查尔斯·勒特威奇·道奇森，他的朋友要出差，就委托他帮助照顾三个女儿。他和三姐妹坐船游览泰晤士河，8岁的小女儿爱丽丝要老师讲故事。道奇森内向，腼腆，口吃，不愿意讲，爱丽丝纠缠不放，再三要求，数学老师没有办法，就只有一句一句地编故事了。他看爱丽丝淘气好玩，就把故事的主人公起名爱丽丝。爱丽丝越听越入迷，越听越好听。回家以后，就把这些故事讲给爸爸妈妈听。爸爸妈妈又讲给朋友听。一个朋友是个出版商，觉得这个故事可以出版成书。出版商找到道奇森，道奇森推却几次不成，最后才答应，还不愿意署真名。他从出版商拟的几个名字中，选择了“刘易斯·卡罗尔”。于是，文学史上的童话名著《爱丽丝漫游奇境记》和著名童话作家刘易斯·卡罗尔，就这样诞生了。

郦波教授讲到这里，说：一个内向木讷的数学老师，为什么能够成为全世界著名的童话作家？就是他和爱丽丝长期的友爱之情，触动了他的创作灵感，就写出了美丽的引人入胜的童话。其实，郦波教授只讲对了一半。爱丽丝的淘气好玩以及再三要求讲故事的一系列行为，都是碰撞他思维的外来信息；他丰富多彩的思维方法库，是他构思出引人入胜的故事的源泉。爱丽丝外来信息的碰撞是必不可少的；思维方法库里的思维方法，同样是少不了的。两者珠联璧合，相得益彰，美丽的童话就喷薄而出了。爱丽丝的爸爸妈妈，与爱丽丝同样有深厚的友爱之情，因为没有丰富多彩的思维方法库，就无法编出令爱丽丝着迷的故事。

思维方法库和碰撞思维方法的信息，在思维加工过程中，都是必不可少的。

# 分析法的三个层次

在我使用的思维方法中，次数最多频率最高的思维方法，是分析法。

所谓分析法，是指把整体分解为部分，把复杂事物分解为各个要素，并对这些部分和整体进行研究的一种思维方法。由于整体总是由部分组成的，运用分析法就可以将复杂的问题分解为若干简单的子问题，从而化复杂为简单，使问题得以解决。在分析的过程中，分析和综合往往一起使用。通过分析和综合，找到解决问题的办法，从而形成一个新的思路。

大学里学习高等数学，其实学的一个最根本的方法，就是分析法。高等数学就叫分析数学，初等数学叫计算数学。《微积分学教程》同时就叫《数学分析教程》，简称“数学分析”，课程表上就只写“分析”二字。“解析几何”的“解析”二字，也就是分析的意思。高等数学的各门学科，从头到尾都是在分析。18世纪一批数学家拓展微积分，产生一系列新的分支，这些分支与微积分自身一起形成了被称为“分析”的广大领域。因为欧拉拓展微积分的贡献，使得数学形成了代数、几何、分析三足鼎立的局面，他甚至被尊为“分析的化身”。德国数学家魏斯特拉斯又被一些人称为“现代分析之父”。整个高等数学形成了一个多门学科的庞大体系，都是分析出来的。

大学5年，老师天天教我们如何分析，我们天天都在学习各种情况下如何分析。所以，遇到问题的时候，总是要分析分析，然后做出决策。

## 经常打头阵的思维方法

1980年，《人民日报》在改革开放的大潮下，推出了一个言论专栏《今日谈》，短小精干，生动活泼，很受欢迎。那个时候，省报都是照着《人民日报》学，四川日报马上决定办一个同类栏目《巴蜀小议》，任务就落实到我的头上。

怎么来完成这个任务，并且把它办好呢？我想，我要认真分析分析。

我为了取得分析的第一手资料，首先是把最近几个月的《人民日报》借来，把所有的《今日谈》读了一遍。《今日谈》多为一事一议，也有借题发挥，传达中央有关精神的。我想，这种情况我们不可能有，上面的精神我们不知道。所以，第一，《巴蜀小议》就以“下”对“上”，把社会上的不正之风拿来一事一议，针砭时弊。党报不仅要歌功颂德，更要抨击各种歪风邪气。第二，《今日谈》偏重政论风格，《巴蜀小议》抨击歪风邪气，就引进杂文风格，像鲁迅那样使用投枪匕首，直刺要害，入木三分。第三，我从来没有办过言论专栏，没有作者队伍，只有通过关系，先将《成都晚报》杂文专栏的部分作者串联起来，开了一个碰头会，说明我不是挖墙脚，而是给你们一个机会，写文章总是有长短，《成都晚报》杂文是千字文，《巴蜀小议》是百字文，长文章交给《成都晚报》，两三百字的东西就给我们。因为只有两三百字，所以要求开门见山，直奔主题，三言两语，议论风生。

你看，我使用分析法这样一分析，就将《巴蜀小议》与《今日谈》、《成都晚报》锦水副刊的杂文专栏这三个栏目的不同风格清楚地区分开来。分析决定对策。作者们高高兴兴、源源不断提供稿件。《巴蜀小议》很快在读者中得到认可，好评如潮。在读者的鼓舞下、作者的支持下，我的积极性越来越高，每天《四川日报》一版下半版，经常是两三篇《巴蜀小议》，成为报纸最抢眼的内容。许多读者来信说，《巴蜀小议》思想水平和文字功力都很高，他们拿到报纸最先看《巴蜀小议》，简直成了脍炙人口的东西。连续两年，新闻研究所的读者调查，《巴蜀小议》都被列为最受读者欢迎第一名。重庆出版社主动找上门来，将《巴蜀小议》汇编成一本书出版。省委宣传部长许川为书作序。中国人民大学新闻系讲授新闻评论课的时候，就给每一个学生发一本《巴蜀小议》学习参考。

三年之后，《人民日报》又推出一个短新闻集锦栏目。《四川日报》又紧紧跟随，也要办一个同类的短新闻栏目《天府快讯》。任务又落到我的头上。面对新的任务新的形式，我又一次认真分析。首先是分析它的特点，然后是分析我们具备的条件。

《人民日报》的短新闻集锦，是把各个省报当天最吸引人的新闻提取精华编成短新闻，然后把这些组合起来。他们一是借人家现成的东西，二是省报当天刊登，新闻的时效性一下得到保证，费力不多，效果很好。我们如果仿照人民日报的做法，《天府快讯》就要各个地市报纸供稿。我分析了四川的地市报情况，因为人才队伍水平比省报要差一截，报纸做的报道，时效性、新闻性都不强。我对他们给《天府快讯》提供稿件没有信心。所以，我的求异思维决定，不把希望寄托在地市报的供稿上，而是开辟另一个重要渠道：依靠地市县报道组和通讯员。一、我在专县当过记者，和很多通讯员熟悉；二、这些人积极性很高，会为抢当日新闻，不顾一切去劳累奔波。

这样，通过分析，我们就将《人民日报》短新闻集锦栏目的做法做了调整，一是稿件来源从下级报纸变成了通讯员，二是他们稿件的来源基本上是成品，我们是通讯员从电话上口头发来的刚刚拟就的稿件，很多都是半成品甚至素材。

于是，我每天晚上8点钟，准时坐在电话机旁，接收记录全省各地通讯员的电话发稿。其实，很多时候一边记录，一边编改，一边询问，一边采访他们，因为都是几十个字，最多百把字。

《天府快讯》又很快成为《四川日报》一版抢眼的栏目。新闻研究所的读者调查，又被列为最受读者欢迎的栏目。成都晚报看到四川日报新闻改革的成果，感到了压力。他们报社办的一个内部业务刊物《新闻之友》，就来组织我们写一篇介绍《天府快讯》经验的文章。我们推却不过，就写了一篇《快中求新　以新取胜——谈谈〈天府快讯〉的取材》的文章。

20世纪80年代中期，中国的新闻改革浪潮此起彼伏。编辑记者们不断创新，新东西不断涌现。不久，一股办周末版的热潮席卷报界。四川日报又紧紧跟上，决定创办《天府周末》副刊。这个任务又落到我的头上。我只得又把全国报纸的周末版找来分析分析，从中找出

《天府周末》争取读者的办法。

全国报纸的周末版，以南方日报的《南方周末》和北京青年报的《青年周末》为代表。取名周末，就是突出休闲娱乐、文化生活之类，很多时候是一篇长稿挂帅，称之为大特写。我认为，虽然取材是文化休闲娱乐社会这些严肃新闻之外的软新闻范畴，实际上是以可读性为第一标准，一定要让读者读来津津有味，爱不释手，拍手叫好。所以，我要以可读性来设计《天府周末》，弥补党报缺乏可读性的不足。

我首先对周末版内容结构的几个板块进行分析。文化板块离不开，周末休闲旅游参观，最容易去的是风景名胜、文化古迹，有的周末版就是将这些内容介绍一遍。我以为，四川这些内容，各种传媒前前后后不知介绍了多少次，再说还是那些。不说又不行，怎么办？思来想去，我干脆来一个逆向思维，把人们对那些地方的怀疑、问题提出来，既做了介绍，又有了深度，还提高了读者的兴趣。我取名《巴蜀之谜》。哪里是刘备的真墓？锦江底下当真埋有金银吗？秦王蜀相是怎样从栈道上运兵的？川南悬棺里葬的是什么人？等等。《巴蜀之谜》很快引起读者和文化界的浓厚兴趣，有的文章发表以后，研究和讨论的文章接踵而至，不得不连续发下去。“九老洞到底有多深”发表以后，有探险家专门去做了探险，四川电视台还接着做了专题片。

《巴蜀之谜》用逆向思维的方法，对四川各地的文化做了一次全面的梳理，很有味道，也具有特别的意义。重庆出版社又一次找上门来，将《巴蜀之谜》结集出版一本书。

社会生活板块，我又使用聚合法，将各种同类的问题聚合起来，突出规模效应，推出《社会百态系列篇》。因为从一件事情有时候还看不明白，许多同类事情堆在一起，就大吃一惊。量变引起质变，问题的深度和广度一下显现出来，也增强了可读性。这类稿件我们就组织各个系统熟悉情况的作者采写。比如，公安厅一个作者写的“形形色色的火灾”上下篇，至今我的印象都很深。其中一次火灾是开会，参加会议的人都睡着了，主持人也睡着了，因为那个时候号召夜战，都不走。用的是煤油灯，睡着的人一动，把煤油灯打翻了还不知道，引起一场大火，还烧死烧伤了若干人。稿件把全省几十年发生的各种火灾汇集起来，真是触目惊心，骇人听闻，起到了很好的教育作用。全省消防工作会议专门将这两篇报道列为学习文件。千奇百怪又完全真实的故事，汇集的规模加大多少倍，教育作用就增加多少倍。我记得一篇汇集“形形色色盗窃保险柜”的报道，其中一个故事就振聋发聩。两个小偷晚上去偷一个单位财务科的保险柜，马上响起了“呜呜呜——”的警报声，震耳欲聋。他们吓得龟缩在桌子下瑟瑟发抖，等待被抓个现行。可是，十分钟过去了，二十分钟过去了，并没有人来。他们又偷偷摸摸地移动保险柜，马上又响起“呜呜呜——”的警报声，他们又只有龟缩到桌子下。又等了一二十分钟，还是不见抓小偷的人影。这一下，他们知道那个警报形同虚设，就像烽火戏诸侯一样没有效果，于是从桌子底下钻出来，大摇大摆地在警报声中扛起保险柜昂首挺胸而去。

《天府周末》还开辟了《周末专访》《小人物外史》等一系列新栏目。我从各种文件、材料、报刊、会议以及和各种人的交谈中寻找新线索，广览博收，开阔视野，从许多被忽视的领域和交叉领域中，挖掘了不少新题目。两年之间，有100多篇文章被《人民日报》、《人民日报》（海外版）、《文汇报》、《南方周末》等10多家报刊转载或摘发。

全国周末版在思想解放的旗帜下，开初出过一些问题。一是一些敏感题材把关不严，二是有的表现手法显粗俗。我们明确不闯禁区，不搞低级庸俗的东西。在全国一些周末版被亮“红灯”的情况下，《天府周末》没有一丝一毫的违规案例，导向正确，可读性强，既受读者欢迎，又受到报刊管理部门的表扬，指示我们去全国周末版会议介绍经验。





### 三种对策分出三个层次

分析法是人类思维最基本的方法。分析的内容很多，定性分析、定量分析、系统分析、过程分析、结构分析、功能分析、分类分析、目的性分析、相关性分析、因果分析、横向分析、纵向分析等等。为了分析准确，分析过程中经常采用调查法、比较法、逻辑推理等各种方法。分析的手法多种多样，其实最后都是一个目的——决策，即采取什么措施和行动。

前面讲的三个事情，《巴蜀小议》《天府快讯》《天府周末》，相对来说比较简单，因为栏目和版面名称都确定了，分析工作就主要集中在对策分析，也就是采取什么措施了。当然，办出来的水平高低还是各不相同，那就是分析的水平高低了。《巴蜀小议》《天府快讯》《天府周末》，四川日报这三个新闻改革的举措，都取得了最受读者欢迎第一名的效果，说明当初的对策分析，是完全正确的。

四川日报最大的改革举措，是办一张赚钱的市场化报纸，弥补党报经济效益的不足。这个任务又落到我的头上。

读者从前面的讲述中已经知道，我是使用数学演绎法确定了《华西都市报》的报纸品种——市民生活报。其实，在这之前，我已经走过了一个分析的过程。是经过了三个分析阶段，才走到推导市民生活报定位这个阶段的。

我接受任务后的分析工作，第一阶段是调查研究，到全国二三十家晚报学习调查。调查研究是分析法的基础和依据。没有调查就没有发言权。在了解到1993年创办的《山西晚报》《金陵晚报》《贵州都市报》与1994年创办的《三秦晚报》四张报纸都步履维艰，《山西晚报》甚至关门了的情况之后，我就采用了比较法：将80年代创办的晚报，和1993年市场经济发展起来以后办的晚报，做一个对比。一比较就发现，两次办晚报完全处于不同的形势，一个是处于市场空白阶段，一个是处于市场饱和阶段。现在城市的读者市场已经被先办的晚报占领了，你一个后来者要想赶上去，真是痴心妄想。所以成都晚报放出风来，说《华西都市报》要赶上《成都晚报》，起码10年。这不是痴人说梦，而是那个时候明明白白摆在那里的市场现实。省报新办晚报，谁敢夸海口说5年超过本市的晚报？

面对这种市场情况，我启动了求异思维和发散思维：决不能以晚报对晚报，而要创造一种市场化程度更高的报纸，去与《成都晚报》竞争。而如何寻找这种市场化程度更高的报纸呢？我这才使用预测功能比较强的演绎法来推演。

整个这个过程，其实都是分析的过程。

也就是说，在我用演绎法确定都市报的市民生活报定位之前，就已经经过了三个分析阶段：第一阶段，使用调查法调查全国晚报和市场化报纸的情况；第二阶段，用比较法比较市场经济发展起来之前和之后，两个阶段晚报面对的不同形势；第三个阶段，使用求异思维和发散思维，确定不走以晚报对晚报的竞争路线。这就进入了对策分析阶段。如何办一张比晚报市场化程度更高的报纸品种，那就是后面演绎法的推导了。

我做的这个对策分析对不对呢？历史已经做了结论。

现在，为了学习思维方法，我们要来讨论讨论，20世纪90年代中期，这一批新办的都市报，他们在确定办报任务以后，是怎么做分析工作的呢。

也许有人会说，我们怎么知道他们是怎么分析的呢？

分析可以走不同的路线，因为知识结构、思维方法的不同，分析路线可能不一致。不管怎么分析，检验分析的正确与否，是分析的结果到底采用了什么市场对策。分析法要分析的，从根本上就是两大块：形势分析和对策分析。形势分析也是为对策分析做准备的。我们可以从你最后采取的市场对策，看出你分析内容的大概。分析肯定每一家报纸都是做了的，不然，总编辑、副总编辑、编委会干什么？所以，我们可以从他们的市场行为，来分析他们做了什么样的对策分析和这个对策水平的高低。

**一、办一份周报**

这个决策显然不对。当下市场化报纸就是晚报老大。晚报都是日报，你办一份周报，能和晚报竞争吗？分析的方向都错了。

也许有人说，我们是先练练兵。但是，日报和周报是两种新闻频率，周报能培养出来抢昨日新闻的记者吗？还有，报纸的风格变来变去，怎么做品牌？

**二、办一份晚报**

这个市场行为说明，他们的决策分析，大方向还是对的，因为它还是要去市场竞争。只是他们还不懂得，以晚报对晚报难以成功。目标之所以短浅，是因为缺乏更多的思维方法。没有将晚报分为80年代办的晚报和市场经济起来之后办的晚报，两种情况为什么有不同效果，做一个对比分析，才去做对策研究。他们没有求异思维，不懂得还可以用更新更加市场化的报纸品种去做市场竞争。

**三、创造市民生活报**

我分析以晚报对晚报的对阵形势，没有决胜的把握，放弃这一条老路；对策：创造更加先进的市场化报纸——市民生活报，以先进对落后。

上面三种市场行为，反映了三种分析方法。三种分析方法，泾渭分明地托出三个差距很大的层次。前面两种分析法，具体分析了一些什么我们不知道，但是分析结果的决策是明明白白的，无疑都是错误的分析。总不会是正确的分析却得出一个错误的决策。

分析法是一个非常重要，又随时随地经常用到的思维方法，是一个看似简单、实则不容易掌握的思维方法。说起来人人都知道分析，分析起来又几乎人人头头是道，实际上分析能力、分析水平、分析结果怎么样，很难说。90年代如何创办一张赚钱的市场化新报纸，就对中国的编辑记者们、总编辑们，和全体报纸工作者们的分析能力和分析水平，进行了一场公开的开卷考试。考试成绩如何，自己可以打分。

很多人学习的分析法是囫囵吞枣，看似理解了，实际上是糨糊一团。要么没有认真地调查研究，根本就没有掌握足够的一线材料；要么对调查来的材料认识不清，不会条分缕析；要么缺乏思维方法，推理不严密，漏洞百出；要么报纸新闻的素养就不够，办了多年的报纸，还说：出日报，哪里有那么多的新闻？他根本就不懂得新闻在哪里，怎么做分析？只有办他的周报好了。

### 分析法到底分析什么

毛主席是分析法的大师。他的一整套中国革命的理论和方法，都是他运用分析法分析出来的。《毛泽东选集》四卷，就为我们做出了运用分析法的榜样。比如，第一篇就叫《中国社会各阶级的分析》，篇名就叫分析。分析的结果，是为了分清谁是我们的敌人，谁是我们的朋友。《目前的形势和我们的任务》，标题就提出做形势分析和对策分析。毛主席还说了一句著名的话：具体情况具体分析。毛主席的《矛盾论》、《实践论》、《改造我们的学习》、一分为二法，都是学习分析法的很好的教材。

分析法到底分析什么呢？我既学习了高等数学的分析方法，又学习了毛主席的分析方法，我的学习总结，两者完全是一致的。这里归出下面几条必须注意的问题：

1. 分析的方向要对准最后的目标。

分析不要犯方向性的错误。这个方向，就是做这件事情的最后目标。

以《华西都市报》为例。我在做分析的时候，出发点就是一个：完成四川日报给我的赚钱的任务。赚钱是最终目标，所以，分析的方向就很明确。分析的过程没有走到赚钱的目标位置，分析就不能停下来。当其他报纸走到以晚报对晚报这个对策的时候，我觉得没有赚钱的把握，所以，继续往前走，用求异思维寻找可以战胜晚报的报纸品种。当我用演绎法确定了市民生活报的定位之后，还没有停下分析的脚步，而是用系统思维完成市民生活报的版面和内容设计。所有的问题都解决了，我才给分析工作画一个句号。

分析的路千万条，一定不要偏离大方向越走越远。

2. 紧紧围绕主要矛盾展开分析。

分析虽然千变万化，但万变不离其宗。关键的关键，是要抓住要害。毛主席的分析方法，是抓住主要矛盾和主要矛盾的主要方面。

数学和自然科学的分析法，主要是分析问题的矛盾所在，分析如何解决这个矛盾。比如16世纪，天文、航海、探矿等等领域出现的很多问题，都涉及数量的变化。初等数学的数量，都是不变化的常量。变化的数量如何运算呢？科学家们都不知道。如何建立变量数学，变量数学如何运算，就成了当时的一个主要矛盾。一大批科学家围绕这个问题展开分析和探索。分析工作从数量变化的形式深入到内部，把本质规律一步一步研究和揭示出来。因为分析方法在变量数学的发展中起着十分重要的作用，所以，最后通过微积分奠定了高等数学之后，人们干脆叫它分析数学。而高等数学各门学科的理论，就是把这个分析的过程，一步一步地展示出来。

正是在攻占这个科学前沿高地的潮流中，牛顿创造了微积分。奇妙的是，另一个数学家莱布尼兹，他和牛顿不在一个国家，彼此又没有联系，却几乎在同时，也发明创造了微积分。两个人虽然为此打了一场知识产权官司，却成为科学史上的一段佳话。他们为什么同时各自独立都创造了这个变量数学的运算方法？是他们都深深地懂得，这是当前科学领域的一个主要矛盾，要解决这个主要矛盾。

其实，想攻下这个目标的科学家不在少数。你只要读一读《数学分析教程》就会发现，一大批数学家都在围着变量数学转，而且都有一些创造。比如牛顿的老师巴罗写出了《光学和几何学讲义》，许多人说这本书中已经走到微积分的门口。还有瑞士的雅科布·贝努利和他的兄弟约翰·贝努利，法国的拉格朗日、科西，以及欧拉、拉普拉斯、开普勒、维尔斯特拉斯等等，形成了众多的科学家围追堵截变量数学的局面。这都说明，大家都认为这是一个必须先解决的主要矛盾，都抓住不放，极力突破。

3．分析过程中以科学思维方法开道。

在分析的过程中，要使用很多思维方法。调查法，比较法，演绎法，归纳法，求异思维，逻辑思维，都是分析中常用的思维方法。思维方法的选择，是决定分析结果正确还是错误的一个重要条件。

像都市报如何办，我整个的分析过程，从用调查法调查全国报纸开始，用比较法比较两个阶段办晚报面对的不同形势，使用求异思维确定办一个比晚报市场化程度更高的报纸品种，到用演绎法推导市民生活报，分析过程还没有结束。后面紧接着的分析过程是：用系统思维对都市报做出产品设计；用裂变式思维嫁接各种报刊优势，确定都市报的版面组合；用纵横思维确定都市报的六种报纸目标等等。所有这些，分析都像一条红线穿插其间，起着引领、连接和韧带的作用。从使用一个思维方法结束，到使用另一个思维方法开始，这中间肯定有一个分析的过程，至少要分析具备使用新的思维方法的条件。到最后结束时，如果要计算一下使用了多少个思维方法，从大处着眼也有几十个。观察整个思维过程，思维方法就像一颗颗闪光的珍珠，分析法就像穿插和连接一颗颗珍珠的红线。比如，都知道演绎法对确定市民生活报起了决定性的作用，但是，如果没有前面的分析，根本就走不到使用演绎法这一步，就像前面讲的第一、第二层次的分析一样，如果他们有演绎法也用不上。当然他们是既没有演绎法，分析法也没有掌握好。

很多人没有丰富多彩的思维方法库，所以分析的时候，就没有思维方法做支撑，多推几步，就没有抓拿了。因为分析都要做逻辑思维的推理，你没有思维方法，怎么推得下去？

4．分析过程中要认真辨别真伪，防止误入歧途。

有些事物是比较复杂的，如果不善于条分缕析，理清脉络，很可能误入歧途，陷入泥潭，不能自拔。

分析的时候听一听别人的意见，这种谦虚和兼听则明的作风，是一个好办法。我在这个过程中就受益不少。比如，重庆市委宣传部新闻处处长就给了我敲门发行的概括思维。我以此为起点，通过一步一步地分析，就总结创造了敲门发行学。

但是，在听取别人意见的时候，一定要注意意见是正确还是错误。并不是每个人都会给你提出正确的意见。不少就是错误的意见。你怎么办？这就考你的分析判别能力了。你要懂得，在复杂的事物面前，能够分析得清楚准确的人，那一定是少数、个别甚至没有。水平高的人是很少的。于是，一些辨别能力差的人，就很容易上当受骗，从此把一场分析过程引入歧途。

我对别人的意见，那是要经过一阵分析，最后才决定吸不吸收，吸收哪些。一些意见，甚至包括来自上面的意见，我都不一定吸收。比如，党组决定办一张晚报，我通过分析，决定办一张比晚报更加市场化的报纸。我是听话的，听了一定要赚钱的话；但是如何赚钱，我要办一张与晚报不同的报纸。又比如，党组给我下达的编制是30个人，我一下就招聘了100

人。我办的是一张大型日报，要抓昨日新闻，30个人怎么够？四川日报经营管理部门说重庆市发行是无效发行，我依然坚持在重庆发行。所以，各种意见要听，如何采纳就是至关重要的事情。采纳什么，得由整个事情的大局来决定。不是按权力大小，也不能按长幼辈分，更不能看声音高低，而是按真理决定。很多人分析分析就走到邪路上去了，因为他自己心中无数，不知道什么是真理，听了七嘴八舌的议论，更是六神无主。说"哪里有那么多的昨日新闻"，把都市报办成一张《精品购物指南》，都是误入歧途的表现。

现实生活中很多信息是真假难辨，鱼目混珠，不会区分的人很容易上当受骗。所以毛主席说，分析就是"去伪存真"。你不要把假象当成了真理，而把真理却给分析出去了。

分析，很考验一个人头脑是否清楚，是不是有主见。毛主席在红军时期只是一个中央委员，党中央几次撤销他的职务，关禁闭，他也坚持自己的分析，主张游击战和农村包围城市的道路。全面抗日战争初期，全国有识之士都在分析形势和预测时局的发展，有人分析得出了速胜论，有人分析得出了亡国论，只有毛主席分析出来要持久战。

抗日战争结束以后，国共两党都在分析形势。当时，长江以南共产党力量比国民党薄弱，党中央开会分析的结果，是派粟裕部队去江南发展，壮大党在江南的力量。可是，粟裕的分析，是国共两党的主力部队，绝大多数都集中在淮海一带，非常密集，如果瞄准双方布局，抓住战机，就可以决一死战，消灭敌人的有生力量。如果我们分散力量，就会造成敌强我弱的态势，一不小心就容易被吃掉。所以，他就给毛主席写了一封信，陈述他的分析。毛主席一看，粟裕的分析更有道理，马上叫粟裕到中央来，给大家讲他的分析。最后，毛主席按照粟裕的分析做出了淮海战役的部署。所以后来毛主席说，是粟裕的建议让新中国的成立提前了好几年。由此可见，用分析法做出正确的分析，是一件多么重要的事情。

你看，毛主席运用分析法分析中国革命中的这三件事：在中央否定他意见的时候，关禁闭也坚持游击战和农村包围城市的真理；在速胜论亡国论众说纷纭的时候，他马上拿出持久战的分析对策；当发现粟裕提出在淮海战场与国民党军队决一死战的分析，比自己原先的决策更科学的时候，就果断地放弃过去的决策。这都为他提出的分析要"去伪存真"，做出了最好的诠释。

5. 所有分析的最后，是拿出一个正确的决策。

形势分析，条件分析，分析过程所做的所有分析，都是为了最后的对策分析。对策正不正确，实践是检验分析正确与否的唯一标准。

中国共产党在30年代，内部分析革命的战略战术，都说自己坚持的是马列主义。分歧为什么这么大？就是分析使用的思维方法不同，最后对策完全不同。毛主席是根据中国国情来分析，王明是全盘照搬苏联的做法。对策大相径庭，原因是分析的方法不同。反围剿的时候，毛主席的形势分析是敌强我弱，所以对策是打游击战，声东击西；李德用伏龙芝军事学院的教材，做出阵地战的对策。最后的结果检验了谁的分析决策对。但是，革命如果都要等到后面来检验，那怎么行？遵义会议几十个人两天时间反反复复地分析，决定了中国的命运，选择了毛泽东的道路。那是中国历史上最重要的一场决策分析会。那两天的分析，如果做出另外的选择，恐怕今天的中国就不是这个样子了。

归纳前面的内容，分析法要掌握的，关键是这么5条：（1）牢牢把握分析的大方向；

（2）紧紧抓住主要矛盾不放；（3）分析过程要会使用正确科学的思维方法；（4）要善于辨别真伪，不要误入歧途；（5）分析的最后是做出正确的决策。简而言之就是5条：方向、道路、方法、辨伪、决策。以最终目标为方向，以主要矛盾线为道路，以科学思维方法排除障碍，以火眼金睛去伪存真，以创新的胆略拿出正确对策。

# 求异思维总是另辟蹊径





数学系以求异思维录取研究生的佳话，让我永远铭记在心。工作中碰到问题，我总是问自己：另外想个办法行不行？

## 从冒名演出到“正名演出”

《华西都市报》创刊不久，1995年2月，成都康乐王宫刊出广告，说《北京人在纽约》一号女主角“郭燕”来成都演出。文化新闻部记者周灵赶去采访，从夜总会门口大幅剧照看，觉得此人与“郭燕”相貌不太一样，采访又总是推三阻四，遮遮掩掩，怀疑可能又是一个“李艳芳”冒“梅艳芳”。

报社十分生疑，又没有把握，经过一番考虑，决定做一篇观众疑问式的报道，投石问路，试试深浅。第二天就发表了这样一篇报道《蜀都康乐王宫稀奇事　这个“郭燕”难以捉摸》，同时配发了一张演出剧照。

谁知道这个报道打草惊蛇，当天晚上这个“郭燕”就没有再演出，从此销声匿迹。我越来越觉得有些蹊跷。有点像前面“上海轻博会”人去展场空的味道了。“轻博会”人跑了，我们马上追。很快查出，真“郭燕”是上海人，电话去询问，严晓萍的父亲说：晓萍已于今年1月27日从上海飞往美国纽约。

假“郭燕”的真面目一下揭穿了：这又是一次假冒演出！2月9日，《华西都市报》在头版发表了一篇消息：《演“郭燕”的严晓萍已去美国，在蓉的“郭燕”竟是冒牌》。紧接着，我们又刊发了《假“郭燕”消失》《假“郭燕”下落谁人知？》等系列报道。上海《新民晚报》和《文汇报》也同时追踪报道。

康乐王宫说他们也受骗了，中间人也找不着了，知情者消失了，经手人四处躲藏，最后线索完全断了，事情就这样慢慢过去了。报纸没有新的内容，也就追踪不下去了。

怎么办？追踪报道没有结果，我心里有些不甘。假“郭燕”没有找到，就这样不明不白地不了了之，实在有点儿遗憾。

我就一直思索，这件事情还能不能做点儿什么文章。我反复读着过去的几篇报道。其中一段话引起了我的注意。报道说：“平心而论，在蓉的这个‘郭燕’演出还是不错的，有实力的。然而冒牌演出，实在不该！”

我想，能不能变换一下报道思路呢？

就在事情已经过去一个月以后，3月14日，从上海新闻界传来消息，说冒名演出的严晓萍在宁波向新闻界讲述了在成都演出的经过。在假“郭燕”事件中，她是受骗上当者，自己是在不明真相的情况下走上舞台的。如今面对各种社会舆论的指责，深感压力巨大。

我一听说假“郭燕”喊冤，就觉得机会来了。把这两个信息一碰撞，我就产生了一个想法：既然假“郭燕”说自己是受骗，她本身又是一个具有实力的歌手，何不干脆再请她来蓉，为成都观众做一次自己的演出呢？我们的演出打假，已经取得了很好的效果。结局并非都要和“轻博会”一样。我的逆向思维冒出来了。我们来组织一次假“郭燕”的“正名”演出，为她这个受害者正名。我想了很久，名字就叫“正名演出”。

思维有两种方法，一种是顺着事物发展的方向去思考，一种是顺着与事物发展方向相反的方向去思考。前一种思维叫正向思维，后一种思维叫逆向思维。

逆向思维最著名的例子——世界上野生动物园的诞生，就是一个数学家的思维作品。为了修一座野生动物园，决策者举行了一个专家会议，讨论怎样才能让观众在这个动物园里，可以安全地看到老虎、豹子等凶恶猛兽。各个方面的专家们七嘴八舌，提出了很多主意，决策者们都不满意。没想到一位拓扑学家站起来说：“你们都不必再谈了，老虎已经捉住了！把笼子的内部变成外部，而把外部变成内部……”

他的发言使人们大开眼界，原来是让老虎、豹子和其他野兽，在动物园里大摇大摆 地走来走去，而让参观的游客关在笼子里，让车子拖着装人的笼子去参观老虎等动物。谁是关着的呢？这其实就是个相对论。这个拓扑学家用的就是逆向思维：关老虎还不如关人。反过来关。不要老是想到只有关老虎。

但是，假“郭燕”在成都已留下了不好的名声，再请她回来演出，会不会没有人来看呢？我继续想。肯定会有人来看！大明星演出之所以观众多，一个重要原因是知名度高。假“郭燕”虽然算不上什么大明星，但通过上次事件，在成都也已经有了很高的知名度了。这种知名度虽然是负面的，与一般大明星的知名度相比有质的差别，但正是这种差别，才有比大明星的知名度更高的开发和利用价值。正因为严晓萍是作为一个故事的主角，她的突然消失，在读者的心目中就成了一个悬念，使读者蕴蓄了较大的心理潜能需要释放。如果把严晓萍请回来做正名演出，这对解除悬念、释放能量都是最好的方式。这与请一个大明星来演出相比，其行为就具有了一种戏剧性，因此，就会产生更大的吸引力。

那么，严晓萍在成都丢了脸，会不会来呢？我继续思考。我认为，由于国内许多媒体对她的假冒行为曝了光，社会舆论也对她越来越不利，除了来蓉做正名演出以外，没有更好的办法能还她清白，为她洗刷恶名。因此，严晓萍尽管需要相当大的勇气才能接受邀请，但我估计她终究会应邀来蓉的。

当我把这个想法告诉文化新闻部，吩咐他们立即行动，设法找到严晓萍时，却有一些人表示怀疑甚至反对。严晓萍在成都的名声已经臭了，“她肯定不会来”，有人说。

过了两天，我看他们还没有动静，就批评他们太主观。

“既然是上当受骗，就该理直气壮地回来。你们不找到她本人商量，怎么就知道她一定不会来？”

“找不到人。”我听到了推口话。

“找不到人先找严晓萍的父母。”我有些愠怒，“她在全国跑来跑去，她的家，她的父母，总不会到处跑。”

你看，上海轻博会打假的追踪报道，因为是惯性思维，报纸内部没有阻力，外部的整合也顺利执行。假“郭燕”的打假追踪报道，因为是逆向思维，很多人就不太理解，总是顾虑重重，迟迟不动。

文化新闻部终于通过严晓萍家所在地宁波的一家报社，找到了严晓萍父母家的电话。记者把电话打过去，严的父亲一听到报社的建议，大为高兴，说这个办法好，晓萍在哪里跌下去，就该在哪里站起来。他表示一定鼓励女儿来，但现在还不知道她在哪儿，争取尽快联系上。

不几天，终于传来消息，严晓萍接受华西都市报的邀请，赴成都为自己做正名演出；并在电话里大倒苦水，说事先自己根本不知道要她假冒“郭燕”，是中间人欧阳让她背了黑锅。

我的想法完全兑现了。报纸先发表了“严晓萍在宁波喊冤”的报道，紧接着推出了《不愿再背“假郭燕”黑锅，严晓萍将来蓉作“正名演出”》的报道。一时间，读者反响强烈，很多娱乐场所打来电话，要求主办严晓萍的演出。我们宣布：公开招标。成都数家娱乐场参加竞标。最后经与严晓萍协商，蓉城最大迪斯科广场M·town夺标。

没有想到，正名演出比冒名演出更加火爆。本来只能容纳六七百人的场地，进去了一千多观众。许多人找不到座位，只好站着观看。门外还有大量的观众为自己不能一睹严晓萍的风采而遗憾，他们想买第二天晚上的票，也早已售罄。严晓萍还被成都新闻台《音乐大本营》栏目请去做特别节目。严晓萍当晚表演特别卖力、出色，观众掌声雷动，一浪高过一浪。

严晓萍非常感动。她诚挚地对观众说：“上次我被人利用了，感到对不起成都观众。这次要认真地演，好好地唱，以表达自己对观众的歉意，回报成都人对我的厚爱、理解。”“成都人很宽容、太热情了，我以后一定还来成都演出。”

为了使社会各个方面都从这件事情中吸取教训，我们趁热打铁，组织召开新闻界、娱乐界、演艺界人士参加的假“郭燕事件”座谈会。座谈会上，严晓萍谈了她的教训，努力学法，用法来保护自己。成都曲艺团演员张庭玉说，华西都市报对一位女歌手如此关怀、负责，令她很感动。假“郭燕”事件以不愉快开头，以愉快结尾，这个方法很值得肯定。她呼吁，作为演员，不能一味追求金钱，要加强学习，不断提高自身的思想修养和艺术素质，只有如此，才能保持艺术生命的长青。相关领导部门也对如何管理文化市场，提了一些很好的建议。

假“郭燕”追踪报道画上了一个圆满的句号。这正是，山重水复疑无路，柳暗花明又一村。原来有逆向思维援手。

### 吵架吵出巴蜀笑星擂台赛

1998年2月22日，《华西都市报》第5版刊发了摄影部主任朱建国的一幅新闻图片《“中江表姐”李永玲》。文字说明：谐剧演员李永玲，表演中几乎全都采用地道的中江话，观众亲切地称呼她为“中江表姐”。

没想到，成都另一女演员景雯看见后，立即来到华西都市报，指责李永玲饰演的“中江表姐”对她严重侵权，表示抗议并要诉诸法律。

文化新闻部听了景雯的意见后，马上向我报告。因为这张照片是摄影部发的，他们不知道，说摄影部这张照片给文化新闻惹出了麻烦。

我一听，笑了，说，不要怪摄影部惹了麻烦，其实是给我们带来了好新闻。只要有争论，就会引起读者的关注。争论得越凶，越激烈，读者的关注度越高。我们可以就此展开一场“谁是真正的中江表姐”的争论，说不定还会生出新的什么新闻来。

不同意见“吵架”，是我在领导舆论监督工作中，经常遇到的事情。因为它符合对立统一的辩证思维，所以不仅要不怕吵，有时候还要把“吵架”搬到媒体上。因为吵架有悬念，读者都想看谁输谁赢，最吸引眼球。许多受众就喜欢看比赛、看吵架、看热闹、看双方如何对阵。真理越辩越明。在媒体上辩论，更能促使问题的转化和解决。农夫山泉就精心策划了一场吸引眼球的“吵架”，使农夫山泉迅速占领市场。人家是没有吵架而“制造”吵架，我们这里天然出现了两个人的舌战，是送上门的吵架，怎么能放过这么好的机会呢?

文化新闻部立即推出了中江表姐“吵架”的系列报道。第一篇是《一起报道引出一个争论——谁是真正的“中江表姐”？》。紧接着第二天，另一个演员站了出来：“李永玲：我根本没有侵权。”第三天，老艺术家王永梭道出“中江表姐”出台始末。王永梭说，我写出剧本后，最早出演“中江表姐”的不是景雯、李永玲，首演者是成都市群众艺术团的舒春阳。侵权之说不能成立。

王永梭创作“中江表姐”的故事一发表，是非自然就很清楚了。我们一方面在想筹划一次两个“中江表姐表妹”握手的场面，同时也在思考，她们两个为什么要争吵。其实，根本原因就是这些年来没有创作和出现什么新节目。没新节目就争老节目。“中江表姐”是1980年代初创作的，都20年了，“表姐”都成了老太婆了，还“表姐”“表姐”地纠缠！四川就创作不出新节目吗?

文化新闻部就此开展了一次讨论。大家认为，巴蜀曲艺越来越不景气。要争，就争创作新节目。华西都市报来搭台，举行一次繁荣创作的争先恐后。春节联欢晚会净是些北方笑星，四川笑星到哪里去了？大家讨论的结果，就动员巴蜀笑星来一次擂台赛。演员们都一起来比试比试，看谁能拿出上乘节目。

一个震动巴蜀、闻名了全国的巴蜀笑星擂台赛就这样开场了。3月5日这一天，既是“两个中江表姐座谈会”，重庆电视台、四川电视台、成都电视台、成都经济电视台以及各路摄影记者，纷纷把镜头对准了她们，抢拍了两个“中江表姐”亲切握手的一瞬；又是巴蜀笑星擂台赛新闻发布会，四川文艺工作者和爱好者纷纷摩拳擦掌，要创作出好节目来一比高低。

本来是一场两个演员争“中江表姐”这个老节目演的“二人转”，我们把它变成了所有演员争相创作新节目的“众人团团转”。

几个月后，巴蜀笑星擂台赛复赛、决赛在成都蜀都剧场及四川电视台演播大厅进行。川渝两地新老笑星粉墨登场，戏曲小品、方言小品、谐剧、相声、散打等节目精彩纷呈，众多笑料让观众忍俊不禁，开怀大笑。观众的选票雪片般涌进报社。十大巴蜀笑星诞生了，受欢迎的节目也产生了。央视导演闻讯赶到成都，遴选巴蜀笑星擂台赛一等奖《打擂》在央视播出。

巴蜀笑星擂台赛如何收尾？原计划是给四川观众做一场擂台赛的汇报表演。如何使这一次演出收到万众瞩目的效果，我叫文化新闻部想想办法。杜恩湖又出了一个主意，把北方笑星请来助阵演出，把巴蜀笑星擂台赛变成一场南北笑星友谊赛。

杜恩湖的点子又与我的思维发生碰撞了。一拍即合，太好了。古人云，红花还得绿叶扶，我们反其道而用之。巴蜀笑星比不上全国笑星，只能说是绿叶，又不妨绿叶请来红花扶。“我看青山多妩媚，青山看我亦如是”。红花绿叶互相帮衬帮衬，这样既可使会演提升层次，也可让本地笑星在实战中有个比较，更能使观众一睹这个前所未有的演艺盛况，产生良好的社会效益。

巴蜀笑星擂台赛的颁奖晚会，成了一次规模空前的南北笑星荟萃的文艺盛会。赵本山、潘长江、郭达、黄宏、蔡明、白桦、邓小琳等20多位北方明星报名助阵。体育馆连演两场，场场爆满。节目长达4个小时，观众们从头笑到尾，无一人中途退场。外面调票的人拥挤不堪，也调不到一张票。笑星都说没演够，观众也都说没看够。

### 从美女大赛到才女大赛

从1999年至2000年，全国到处都在搞迎接新世纪的活动。四川省文化旅游公司也来找华西都市报，说是愿意出钱，和华西都市报一起搞一个迎接新世纪的活动。

全国各地举办的迎接新世纪的活动，最多的就是选美。有的单位搞的活动不是选美，也找一帮美女穿插进去作秀，吸引眼球。

选美搞了多少年了，已经搞烂了。未必只有选美才能迎接新世纪？我反复思考，决定反其道而行之。21世纪是人才的世纪，他们选美，我们选才，搞一个新世纪才女大赛。

这个活动从来没有人搞过，无先例可循。组委会给我提出了很多问题，我说，无章可循就你们创造，我拍板。关于才女的标准、考题范围及题型、电视决赛的表现形式等，先商量拿出一个初步方案来，再反复讨论。考题既不能混同于选美，也不能混同于一般的知识比赛，同时又不能搞成选拔各个领域的顶尖人才。我说，它应该是兼顾普及与提高两个功能的赛事。

蜀中自古多才女，天府从来出俊杰。汉有文君当垆，一句“愿得一心人，白头不相离”赢得司马相如策马相追；唐有薛涛吟诗，500佳篇倾倒无数男儿；今有成都女孩刘亦婷，同时被包括哈佛大学在内的美国4所名牌大学争夺，神州再传才女佳话。随着时代的进步和发展，琴棋书画、满腹经纶的传统才女标准也发生了变化，“才女”这一概念已被赋予了崭新的时代内涵。在我们身边，既有叱咤风云的商界女强人、企业女厂长，也有才华横溢的女作家、女艺术家，甚至还有驾驭千军万马的女将领……她们在各自领域取得的成就丝毫不让须眉。新世纪被认为是知识经济时代，此次才女大赛活动将采用全新的价值评判标准，广泛吸引读者参与，从考题设计到给参赛才女打分以至推举评委，群众都可全程参与。

我们规定，凡年龄17—35岁，拥有大专以上学历和较宽知识面、有特长才艺及绝活的女性均可报名参赛，地域不限。同时，读者也可就新世纪“才女”含义及考题广泛发表意见，最后由专家小组进行初选，制定题库。第二阶段由评委进行复选，最后是决赛阶段。由评委评出的20名选手进行决赛，电视现场直播。

为了让更多的群众参与天府才女的评选，华西网同时对决赛做现场直播，广大网友、读者和观众可以在网上直接给选手打分，评选你认同的天府十大才女，最后按得票多少计奖。专家评选和网上评选所产生的两套“新世纪天府10大才女”名单均将当众公布并享受同等奖励。

一石激起千层浪。一夜之间掀起了一场才女风暴！不仅报名的人络绎不绝，连争夺冠名权的企业也接二连三。考题以三个“为主”的原则来设计：中外结合、以中为主；古今结合，以今为主；社会科学与自然科学结合，以社会科学为主。

报名参赛选手中不仅有大学生、研究生和警察、干部、教师，还有藏族姑娘。两名在成都供职的吉尔吉斯斯坦金发姑娘也赶来报名，尽管由于不符合参赛规定，组委会婉拒了其参赛要求，但两名外国女孩的这种热情仍令人感动。远在美国加州的重庆女孩但雪儿从网上看到消息后，按捺不住激动的心情，立即通过电子邮件报了名，在进入复赛后她又不远万里从美国飞回国内参赛；在英国一所艺术大学求学的成都女孩傅获的父亲帮女儿报了名。

2001年3月5日，世人瞩目的天府才女大赛，在成都电视台演播大厅落下帷幕。从初赛、复赛中脱颖而出的10个选手，经过业绩演讲、现场问答、才艺展示以及最后的综合印象四轮的角逐，西南石油学院的“阳光女孩”汪峦凭借她全面的综合素质、出众的口才和甜美的微笑，夺得首届才女大赛桂冠。来自美国加州的“海外才女”但雪儿和“川大才女”田静姝分别获得第二、三名。

虽然没有美女时装，没有霓裳艳影，但这台精彩而新颖的晚会却赢得了相当高的收视率。四川环保产业集团董事长郝孝怡深有感触地说：在各种各样的晚会泛滥的时候，天府才女决赛晚会给人们带来了另外一种精彩。现在年轻人中间，一会儿流行“韩流”，一会儿流行“骨感”，究竟什么才是年轻女孩子发展的主流方向？这台精彩的晚会给出了一个绝好答案。

才女大赛改变了一些参赛者的命运。一位报名参赛的女生虽然没能在比赛中获奖，但她的命运却因参赛而发生改变。专门到比赛现场去“挖人”的某媒体老总看中了她的综合素质，比赛一完就将其抢先挖走。“我原本不打算参赛，一是对自己没把握，另外也怕别人说闲话，说我自封才女。后来在老师的鼓励下报了名，没想到却找到了一份理想的工作。”所有参与首届才女大赛的选手的个人资料都进入了才女人才库，其中不少已被觅才心切的公司相中。

省妇联《分忧》杂志专门出了一期才女大赛特刊。事情虽已过去多时，才女大赛的余韵还久久在人们心中回旋。

### 反证法推翻医疗鉴定委员会的鉴定

1996年5月10日，成都市营门乡黄忠村村民陈道蓉，在成都茶店子个体诊所“家洲门诊部”治腋臭。诊所在没有起码的抢救设备和抢救措施的情况下，贸然施行手术，结果导致陈道蓉猝然死亡。

据陪同陈道蓉去诊所的村民张育秀介绍，当时门诊部内只有三人，负责人陈家洲没在。她们问能不能做，门诊部的李医生肯定地回答：“能做！可以一次根除。”

陈道蓉躺上了病床。一开始做左腋下，李医生注射麻药后，用激光仪进行治疗。当针锥进毛孔后，陈出血较多。李医生遂问陈以前有无心脏、肝炎病史，陈答曰无。在陈的要求下，李放慢了速度。做完右侧又准备继续做左侧。李医生注射完后，有一中年妇女前来求医，李医生遂出去了。临走之前，叫18岁的女学徒接着给陈道蓉做手术。此学徒学医不过一年多，尚无行医执照。谁知，还未做到两分钟，陈道蓉便叫头痛，在床上翻滚，不断用手捏自己的头，表情异常痛苦。女学徒急忙叫李医生进来，李给陈道蓉吃了一片安定，准备继续治疗。但陈道蓉仍感到头痛欲裂，而且身上发热，心头发慌。李医生慌忙给她打了一针镇静剂。张育秀在一旁觉得蹊跷，便问：“什么药？”李医生答：“让她睡觉。”

陈道蓉很快失去知觉，不省人事。李医生马上掐住陈的人中，并做人工呼吸，无效。三人徒劳无功地乱忙了一通。陈道蓉无任何反应，全身冰凉、肿胀，肚子也发胀起来。后来，陈家洲闻讯从温江赶回，又进行了一番抢救，无效，于是叫了一辆出租车送至脑外伤急救中心。确诊之后，医生告知：陈道蓉早已死亡。

事情发生后，陈道蓉家属多次找到陈家洲讨说法。陈家洲不仅不积极地做好善后工作，反而推说自己没有责任，是死者对麻醉药过敏而导致死亡；逼急了就说拿1万元私了，并兼之以恐吓、欺诈。

社会新闻部记者前往调查，一连数次，陈家洲的门诊部和住处都是门窗紧闭，试图一躲了之。

我听了记者的汇报以后，十分气愤：弄死了人，还想滑脱？1995年5月21日，《华西都市报》在头版下半版发表了一篇长篇报道——《少妇诊所治腋臭　竟致一命丧黄泉　陈道蓉死得不明不白　家属决心讨个公道》。

《华西都市报》开始追踪报道，同时在全社会开展一场大讨论，大家来说说社会办医机构不规范的事情，防止陈道蓉之死的悲剧重演。

6月3日，记者采访金牛区医疗事故技术鉴定委员会，他们说，正抓紧时间，进行事故鉴定。当记者问鉴定何时才有结果时，秘书长说，事故鉴定一般以三个月为期限，三个月内做出鉴定都是合理的。

我们只好耐心地等待医疗事故鉴定委员会的鉴定。

三个月过去，让万千读者翘首以盼的事故鉴定，却是一个令人失望的结果。8月20日，金牛区医疗事故技术鉴定委员会发出一纸“通知”。“通知”称：经鉴定委员会调查、讨论后，认为施术者苏兰不是医务人员，未经登记注册，根据国务院《医疗事故处理办法》第二条以及卫生部（88）卫医字第20号《关于〈医疗事故的处理办法〉若干问题的说明》有关规定，非卫生行政部门批准“行医”者的事故，不在本《办法》所指范围，于是认定陈道蓉死亡一例“不在医疗事故处理范围内”。

金牛区医疗事故技术鉴定委员会的这个“通知”，真是给我们浇了一盆冷水，我们心里凉了半截。

本报记者马上去采访了金牛区卫生局主管此案的副局长肖春霞。肖副局长认为，鉴定委员会在陈道蓉事件的处理上非常谨慎，向家属发出的“通知”及“本例不在医疗事故处理范围内”的结论更是依据有关法律做出；虽然此事不在医疗事故的处理范围内，但区卫生局还是一直本着协商解决问题的原则，做了大量工作，但至今双方仍未达成协议。

此事披露后，《华西都市报》的读者人人瞠目结舌，编辑部也觉得不知道该怎么办。

我反复琢磨金牛区医疗事故技术鉴定委员会的这个“通知”。从“通知”可以看出，金牛区医疗事故鉴定委员会并没有对事故本身进行鉴定，却对属不属于鉴定范围花了三个月时间来研究。对这项工作需要花三个月时间来研究吗？我觉得这里面一定有鬼。他们实际上是以“不属于鉴定范围”为借口，来为“家洲门诊部”开脱。我的直觉思维感到，他们的“通知”在引用文件的时候，一定做了手脚。我对社会新闻部的记者说：“我就不相信没有有关文件不为被医死了人的老百姓说话？那还有什么公正而言！你们尽快去把有关文件找来查对。”

社会新闻部有人也对此有疑问。我布置他们去把文件找来，他们迟迟不动。有的说：“文件肯定就是这样写的，找来也没有用。”他们之所以产生这样的想法，就是因为相信权威部门的权威性，医疗事故技术鉴定委员会是个权威部门，又写成了文件，文件明明白白引用了卫生部哪一年多少号的文件，一般人是不会也不敢去怀疑的。

怀疑权威部门的结论，属于逆向思维。逆向思维往往不容易被人理解，所以，我两次逆向思维都遇到报社内部思想和行动上的阻力。上一次我提出把假“郭燕”请回来做正名演出，他们说人家不一定会来，“她在这里出了丑，还好意思来吗”，稳起不动。

我却不信这个邪：没有弄死了人可以不负责任的道理！既要尊重权威部门，更要尊重事实。这一定是个医疗事故。医疗事故技术鉴定委员会确实是个权威部门。但是，权威部门就真的那么权威吗？为什么现在那么多比金牛区医疗事故技术鉴定委员会还要权威的部门的权威领导，违法乱纪贪污腐败呢?！我看重权威，更看重事实，看重事实的真相。

假“郭燕”追踪报道山穷水尽的时候，我叫记者一定要想办法把假“郭燕”找到，因为那样才能弄清事物的本质，找到进一步追下去的办法；陈道蓉之死追踪报道山穷水尽的时候，我叫记者一定要把卫生部的文件找到，因为那样才能辨明是非，确定下一步如何打这场医疗官司。山穷水尽的时候，不一定真正就山穷水尽。

这时候，我想起了学生时代学过的一个证题方法——反证法。反证法是数学里经常采用的论证方法。反证法又有许多方法，其中之一是列举法，你只要找到一个例子，说明这个结论不成立，就断定这个定理不成立。

我要用反证法论证医疗事故技术鉴定委员会“通知”的问题，就要去寻找它的破绽。只有把卫生部文件原文找来，两者对比，来寻找“通知”不符合文件精神的破绽。只要找出其中一个破绽，就可以推翻和否定“通知”。

我打定主意，一定要为死者喊冤。死者是个农民，家中老的老，小的小，既无什么文化，也无什么背景；死者的丈夫不会说话，在生产队里都是一个被人轻视的老实人，真正的弱者，很可怜。他们在生产队尚且人微言轻，更不要说去面对一个背后有像卫生局这种权力机构支持的对手了。《华西都市报》作为一张全心全意为百姓服务的报纸，如果都不去为死者申冤，他们还能找谁呢？我们既然开了头，如果不坚持为陈道蓉讨回公道，会使老百姓丧失对党和政府的信任。

在“鉴定通知”发出20多天以后，记者终于到省卫生厅借来两大本文件政策汇编，记者和社会新闻部编辑们就开始认真阅读起文件，寻找破绽了。

我把两本足足好几厘米厚、16开本、精装的卫生部文件，堆在桌子上，逐字逐句地研究起来。我过去看了那么多的新闻工作文件，还从来没有这样仔细过，一字一句地字斟句酌。哎呀！我终于抓到了一个破绽！又一个破绽！里面有好几个破绽呢！原来是卫生部的文件，被金牛区医疗事故鉴定委员会做了各取所需的“文摘编稿法”，斩头去尾，断章取义、巧取豪“舍”了。

我们马上就组织一场对鉴定委员会“通知”的舆论围剿。9月20日，我们以一组组合式报道，将卫生部文件内容和“鉴定通知”一起，同时公开发表，让广大读者一起对比着看，看清这个通知的破绽在什么地方，看看陈道蓉之死到底属不属于“医疗事故”鉴定的范围。我专门做了一个总标题：《奇文共欣赏　疑义相与析》，还写了一个编者按——

**奇文共欣赏　疑义相与析**

**编者按：**陈道蓉的亲属翘首以待关于陈死因的医疗鉴定，3个月后等来的却是一纸“不属医疗事故处理范围”的通知，该《通知》振振有词引用了卫生部有关规定作为根据，似乎难以辩驳。可是待我们找来该《通知》引用的卫生部文件仔细拜读，才发现该文件被他们断章取义、巧取豪“舍”了。奇文共欣赏，疑义相与析。我们今天将金牛区医疗事故鉴定委员会的通知和《通知》引用的卫生部有关文件条款全文发表，供读者对照比较，以明辨是非。

卫生部（88）——卫医字第二十号《关于（医疗事故处理办法）若干问题的说明》第一条第一款说：“医疗事故的行为人必须是经过考核和卫生行政机关批准或承认，取得相应资格的各级各类卫生技术人员。因诊疗护理工作是群体性的活动，构成医疗事故的行为人，还应包括从事医疗管理、后勤服务等人员。”

卫生部（88）卫医字第二十号《关于（医疗事故处理办法）若干问题的说明》第三条第二款说：“《办法》中所提‘个体开业’是指包括经卫生行政部门批准，发给营业执照的联合诊所、民办医院和具有这种合法身份的所有开业人员，以及乡村医生，他们所发生的医疗事故或事件都要立即向当地卫生行政部门报告。非卫生行政主管部门批准‘行医’者的事故，不在本《办法》所指范围之内。此类事故应按无照行医人员从严处理。”

这组报道一推出，读者的反应如疾风暴雨，愤怒的呼声一浪高过一浪，热线电话响个不停，来信似雪片飞往报社。他们都说，这种瞒天过海蒙蔽老百姓的行为真是可耻。怎么“家洲门诊部”是那样胡弄，管理“家洲门诊部”的区一级的卫生局组织的医疗事故技术鉴定委员会也这么胡弄？成都市武侯区委几名干部联名给华西都市报来电说：“我们对金牛区有关方面对此事的处理表示愤怒，正义到何时才能伸张，我们翘首以待。”

我们又派记者前往金牛区卫生局采访，但去了几次都吃了闭门羹。于是我们又寻求上级主管部门的支持，派记者去四川省卫生厅采访。9月26日，四川省卫生厅副厅长钟道友明确表示："陈道蓉死亡事件属于医疗事故鉴定范围。其依据是陈道蓉死亡事件发生在'家洲门诊部'，而'家洲门诊部'是经金牛区卫生局批准的合法医疗机构。"钟道友还告诉记者，他们已责成金牛区卫生局尽快对陈道蓉死亡事件进行鉴定。

四川省卫生厅的意见和态度，和我们的组合报道，犹如连珠炮一样射向金牛区医疗事故鉴定委员会。他们自己走进了死胡同，前面已经走投无路。金牛区卫生局负责人不得不表示，力争国庆前给出鉴定结果。

千呼万唤始出来。10月31日，金牛区医疗事故鉴定委员会终于做出鉴定结论：陈道蓉之死属于一级医疗责任事故。11月6日，鉴定书正式送达死者家属手中。11月14日，张明贵正式向成都市金牛区人民法院起诉。金牛区人民法院经过法庭调查，最终达成法庭调解：陈家洲赔偿死者亲属1.4万元，承担全部诉讼费用。陈家洲即将1.4万元支付给死者亲属。3月10日陈家洲支付了全部诉讼费。

"陈道蓉之死"追踪报道历时半年，终于画上圆满的句号。

中央电视台《新闻30分》专栏记者杨卫东，专程赴蓉对家洲门诊事件做了采访，对《华西都市报》追踪报道的全过程，做了深度报道，向全国观众播放。

医疗技术事故鉴定委员会、医疗事故鉴定委员会的医疗鉴定通知书，人们一听这两个名字，就会肃然起敬，因为，那是专业技术人员组成的机构，是专业技术人员组成的机构做出的结论，权威、神圣、至高无上！现实生活中那么多的医疗官司，那么多的医疗技术鉴定，哪个人敢去怀疑？又有几个推翻了？如果有人要去推翻医疗技术鉴定结论，谁借给他胆子？

现在回过头来看，我这个医疗技术门外汉还真有一点后怕。当然，幸好我学过反证法，是反证法这个科学的思维方法，给了我力量和勇气。因为我们如果找不到一点破绽，反证不成功，自然也就停止前进了，偃旗息鼓，不开腔了，为老百姓伸张正义的追踪报道也就半途夭折了。恰恰我们找到了好几个破绽，反证法成功了！马上勇气倍增，穷追猛打追踪到底，大获全胜。不仅广大读者欢欣鼓舞，奔走相告，编辑记者也皆大欢喜，笑逐颜开，因为，我们的舆论官司赢了。

反证法这个思维方法，真好！

# 不拘一格育人才



## 中国"1号娱记"秘史

有一年初夏，成都市公安局为了配合打击黄赌毒，策划主办一个"6·26"大型禁毒文艺晚会。为了使晚会取得声势浩大的宣传效果，想请一个大腕明星前来助阵。请哪一个明星呢？商量了半天，大家一致的意见，最好是能够请到巩俐。

谁能够请到巩俐呢？市公安局的人打听了半天，终于打听明白，说是《华西都市报》的记者杜恩湖，和明星关系不一般，现在成都搞演出，都是找他请明星。时任市公安局长李健，刚刚上台半年，很想把这个活动搞成功。他指示赶快联系杜恩湖。

有关人员找到杜恩湖。杜恩湖二话没说，答应得干干脆脆：行！

事情就这样决定下来。各种媒体包括电视都把广告做出去了，海报全市张贴，全成都市都晓得了。还剩几天时间了，领导突然想起：不对，我们和巩俐既没有签合同，又没有给一分钱定金，巩俐远在香港，连中间人杜恩湖都只是一个电话，这有保证吗？万一落了空，广告到处都做了，市公安局这个面子可丢不起。赶快去找杜恩湖问一问落实情况，不要出娄子。

市公安局的人找到杜恩湖。杜恩湖没有半点含糊，说，我答应了的，肯定给你请来。市公安局的人第一次见到杜恩湖那个随随便便的样子，说话口水乱翻，一点都不像个严肃记者，心里更是七上八下。但是他们没有办法，只好提心吊胆地回去了。

第二天中午，我接到杜恩湖的电话，巩俐到了。我马上赶到飘香川菜馆，在那里安排为巩俐接风。第一次见到巩俐，她穿一件灰色牛仔服，不施粉黛，显得平平常常。杜恩湖把我和巩俐做了介绍，大家便开始一边吃饭一边交流了。

巩俐来参加这次"6·26"大型禁毒文艺晚会，没有带经纪人班子，只有两个贴身工作人员。凡是杜恩湖请明星演出，明星都是这样安排，经纪人就不用了，既减少大笔支出，除去繁文缛节，也自由自在，好不快活。杜恩湖成了明星们放心的客串"经纪人"。

当天晚上，成都市体育馆欢声雷动，巩俐在禁毒文艺晚会上大放光彩。市公安局长李健兴高采烈。他终于如愿以偿。没想到杜恩湖这个不起眼的家伙真有这么厉害，把个巩俐都能在电话上呼来唤去，而他想招待巩俐吃个饭，巩俐都不给面子。

第二天晚上，我第二次请巩俐吃饭，地点在中国酒城。第二次见到巩俐，就和昨天完全不一样了。在夜色和灯光下，巩俐容光焕发，光彩照人。我恍如进入仙境一般，怎么今天和昨天就跟换了一个人一样，明星们就这么会打扮，会变换？真让我领略了大明星巩俐的风采。

吃过晚饭之后，我也就告辞了。第二天杜恩湖才告诉我，昨天晚上，他陪巩俐到很晚。巩俐在房间里做发型，简单的穿着，对他说，你可以这样给我拍照，我没有允许过别人这样拍我的照片。杜恩湖就给她拍摄了不少照片。

倪萍一段时间没有出来了，回青岛生孩子去了。大家都很关心她生孩子的事情，记者们也都四处打听。结果是，杜恩湖头天一百多字的稿子，第二天几十家报纸刊登。杜恩湖就在成都，他怎么知道？谁告诉他的呢？倪萍的保姆。

杜恩湖很有市场思维。他在文化娱乐界产生影响之后，四面八方的媒体找他要明星新闻稿件。他知道自己的市场价值了，于是改变过去的操作办法。过去，他都是头天在《华西都市报》发表，第二天转发给别人，有的媒体就说是转载的。后来，他当天第一时间就给那些要稿件的报纸发稿。所以，他的一篇百把字的短稿，一次最多可以收获几十家媒体的稿费回报。没有办法，因为只有他才有这个稿件，独家新闻，不得不找他要，也不得不给钱。下次还要找他。

一次，张艺谋来成都搞电影《一个也不能少》的首映式，几个主要演员都来了。我在同仁堂御膳宫请剧组吃饭。成都同仁堂御膳宫的宫廷菜很有特色，张艺谋一边吃，一边叫好，还没有吃完，张艺谋就吃饱了。后来又上了一碗担担面。张艺谋说，算了，不吃了。谁知道一个长头发的美术师吃了，他对张艺谋说，这个担担面太好吃了，你不吃是个遗憾。张艺谋就端起担担面吃起来，吃了一碗，真好吃，又叫服务员再来一碗。

张艺谋第二次来的时候，我就又在同仁堂御膳宫招待。这一次，张艺谋连连赞叹说：席总编，你们这个杜恩湖，真是培养的一个好记者。受到张艺谋的称赞，当然很高兴，但是我不知道他怎么得出这个结论的，于是马上问：你为什么这么说呢？

张艺谋就给我讲起了上一次来成都的故事。他去年来成都做《一个也不能少》的首映式，刚下飞机，机场上黑压压一片的大炮筒，记者们的摄像机、照相机好几十个对准他。他的汽车在前面跑，几十辆汽车在后面跟。一会儿这里首映式，一会儿那里和观众见面，一会儿演播室做交流访谈，一会儿现场签名照相，总之是一两天内忙得团团转。终于到离开的时候了，剧组的人一个个忙着搬运行李，没有一个人来帮忙。他都要上车了。这时候，看见杜恩湖一个人提着大包小包的土特产，赶来了。他给我们赠送了礼品，虽然那些土特产不值几个钱，可是那一份友情却是沉甸甸的。张艺谋动情地说，这时候我才知道，成都只有杜恩湖才是我的朋友。

随着张艺谋的讲述，我也很激动了，虽然我心中明白，送张艺谋，是文化新闻部研究派杜恩湖去的，那些礼品，都是经过我签字的。我对张艺谋说，感谢你和你的剧组对《华西都市报》的支持。

杜恩湖和刘晓庆更是渊源很深。刘晓庆"美国领奖误入骗局"的假新闻之后，杜恩湖先后奔赴武汉、长沙、上海等地采访，追踪到了"骗局"一文的作者，作者通过杜恩湖给刘晓庆写了诚恳的检讨。杜恩湖的报道把事实彻底澄清，多家报刊转载此文，从此两个人建立了完全信任的朋友关系。以后，刘晓庆参加四川明星回家乡演出和其他演出活动，多次往返交流，愈渐熟悉。

星移斗转，突然间刘晓庆被抓进监狱，追查偷税漏税。公安局来人调查，有人检举刘晓庆在四川明星回家乡演出中偷税漏税，杜恩湖是经手人。杜恩湖坦承绝无此事。公安局将账目一一查对，没有查出任何问题，只得返回北京。公安局仔细查询，检举人保证此事真实无误。公安局二度入川，再次审讯杜恩湖，杜恩湖态度依然如故；再次一一查账，还是没有找出一点破绽。华西都市报的财务由四川日报监管，跟上市公司的财务一样严格。公安人员又返回北京。但是仔细研究，认定刘晓庆在四川明星回家乡演出中有偷税漏税，第三次入川。这一次公安人员将杜恩湖"管"在宾馆不准离开一步，非要他检举交代不可。

公安局三审杜恩湖，成了他一生的难忘记忆。杜恩湖就在宾馆"闭门思过"，准备今后好写"逼供信"的回忆录。折腾了一天，最后杜恩湖经不住熬，说是想吃饭，答应吃了晚饭就交代。晚饭之后，几个公安人员准备了纸和笔，坐着等他检举揭发。这时候，杜恩湖一字一句郑重地说：我向公安局郑重检举交代，这两年来，×××在我这里领走了演出费两百多万，一分钱的税都没有缴。×××偷税漏税，我也有一半责任。我愿意上法庭作证，也愿意承担我的罪责！

杜恩湖一字一句地慢慢说下去，可是，公安人员却并不记录。杜恩湖急了，问道：你们怎么不记？几个公安人员没有想到会出现这个情况，你看着我我看着你，不知所措。杜恩湖再度重复叙述，公安人员依然不动，也不回答杜恩湖的问话。愣了半天，杜恩湖就生气地说：你们才怪呢，我郑重揭发偷税漏税的事情，我愿意上法庭作证，你们不予理睬；可是，刘晓庆没有偷税漏税的事情，你们却要逼供信，说明你们根本不是实事求是。你们记不记？不记我就走了。杜恩湖说了两遍，说着说着，站起来真的就走了。

几个公安人员呆呆地看着杜恩湖走出门去，还是你看着我我看着你，不知怎么办。

"三审杜恩湖"的事情就这样结束了。刘晓庆在四川明星回家乡演出中没有偷税漏税，成了最后的铁案。

公安局三审杜恩湖的故事，后来广为流传。杜恩湖在演艺界明星圈中的威望，更是名气大增。刘晓庆出狱之后，专门派她的妹夫敬军坐飞机到成都，感谢杜恩湖和支持杜恩湖的我。

杜恩湖五短身材，其貌不扬，说起话来有时候口吐泡沫，绝不是一个能言善辩的角色。要说搞新闻，他一没有文凭，二没有职称，三没有新闻从业经历，就是写起稿件来，300字一张的稿笺纸，肯定有几个错别字。当年华西都市报招聘采编人员的时候，他也来报过名。因为前面三个原因，再加上年龄超过标准，就没有收他。他好说歹说，我让他当了个编外记者，不占编制，不给基本工资，只给稿费。因为我过去就认识他，他给《四川日报》副刊写过文化方面的稿件，就算是给了一个记者的名义。

杜恩湖本是省五交化公司的职工，但是天生爱好文化娱乐，虽然是一个编外记者，干起采访工作来却很起劲。他根本不把心思放在他承包经营的电器商店里，而是把钱花在全国采访的路费上。他不辞辛苦，天南海北到处跑。我们正式编制的记者出省采访还要总编辑批，他因为不报销路费，就不计成本到处跑，就为了能够刊登他的报道，真是一个新闻报道迷。

华西都市报有好几个人问我，席总编凭什么重用杜恩湖？他们不觉得杜恩湖有什么了不起。确实，杜恩湖没有什么了不起，所以一直以来都没有转正。

我对杜恩湖的使用发生变化，是在他跑到我这里出了几个点子以后。第一次觉得他点子好，是他去北京采访中国唱片公司，发现“九妹”之后，他建议华西都市报公开寻找九妹作者。他的这个建议，与我的悬念思维发生碰撞。我觉得歌曲都唱开了，还不知道作者是谁，这就是一个悬念。按照惯性思维，就该去寻找作者。这是一个很好的创意，马上采纳。寻找九妹系列报道后来产生了很大的影响，成为《华西都市报》新闻追踪的品牌报道之一。

紧接着，他又给我建议，华西都市报派记者采访中央电视台春节晚会。他说，你提倡市民生活报的文化报道，要以电视为主。春节期间，大家就关心春节晚会。我们就派记者专程前去采访，做一系列的报道。那个时候，1995年，虽然广大市民读者关心春节晚会，但确实还没有一家媒体去做报道。他的建议太好了。我说，就派你去，你马上出发。他赶到北京，去中央电视台采访。中央电视台根本不让人进排练场地。他看见那些人抬木头进去装修舞台，他把肩膀也搭进去“抬木头”。他本来就五大三粗，像个木工，就把自己给“抬”进去了。他进去了就不出来，在里面采访，发回了一个又一个的独家新闻，都是来自春晚排练现场，是读者和观众关心的内容，使我们的春节晚会报道大受欢迎。

派记者采访春晚的事情，经过我在全国都市报总编辑会议上一介绍，第二年的春晚就去了四五家都市报采访，第三年媒体采访春晚就泛滥成灾，从此央视就公开举办春晚的新闻发布会了。所以，采访春晚是从《华西都市报》开始的，最早就是杜恩湖提出建议，并且由他实施的。

杜恩湖和中央电视台熟悉以后，他就又给我提出一个建议，说是中央电视台各个部门的办公室，很少有报纸。他坐在那里等人，报纸都没得看的。北京的报纸也不主动送给他们。而《华西都市报》呢，很多人都不知道，干脆，我们给中央电视台每个部门送一张《华西都市报》。我们的报纸好看，让他们看看《华西都市报》如何好。

华西都市报一下给中央电视台20个部门每天寄一份《华西都市报》。《华西都市报》很快就吸引了没有报纸看的央视采编人员，他们很快就从《华西都市报》上发现了一个又一个的报道点子，立即就派记者到成都采访，许多时候就将镜头对准了《华西都市报》或者华西都市报的编辑记者们。《华西都市报》二三十个新闻追踪上了《焦点访谈》。李波反暴利被央视几个部门看中，好几个栏目做了报道。《华西都市报》的影响通过央视这个窗口，向全国以至全世界迅速辐射。华西都市报后来和中央电视台在各个方面的广泛合作，就是“以报为媒”，他们看报纸就了解和信任《华西都市报》了。

经过我和杜恩湖这么几次点子的思维碰撞，不拘一格用人才的思维，文化新闻以电视、明星为主的方针，使我做出决定，破格录用杜恩湖，聘任杜恩湖为华西都市报的正式记者。两年以后，还提升为文化新闻部副主任。他后来又被聘任为华西都市报的首席记者。

后来发生的一系列故事，又使杜恩湖的文化娱乐记者身份慢慢提升转型。

一次，杜恩湖参加一个聚会，一起吃饭的人天南海北吹牛。当中，谈到某个明星现在越来越火。一人提议，能不能请她到我们县来演出？或者，不公开演出，就在卡拉OK厅唱一首歌也行。问杜恩湖，你能不能请来？杜恩湖说，人家的出场费是15万。当时是1997年，现在远不止这个数。对方马上说，给15万就15万，你如果请来了，另外还给你5万。杜恩湖当时只能说他试一试，没有把握。

后来，杜恩湖果然抱着“试一试”的态度去试了。明星二话没说，爽快地答应了，这件事情就办成了，明星千里迢迢来到县上唱了一首歌。

这件事情给杜恩湖一个启示，明星们很有市场，不仅老百姓喜欢看演出，连领导们也喜欢。四川明星回家乡演出那么火爆，几千人的演出场地，居然两场演出没有一个人退场。从此以后，成都演出公司都积极主动，策划演出市场。从20世纪90年代到21世纪初，四川的明星演出从成都发展到地市，又从地市泛滥到县。杜恩湖就积极为他们联系明星，起着推波助澜的作用。成都市倒卖演出票的黄牛党，就看杜恩湖的明星报道来炒作市场。很多黄牛党都认识杜恩湖。一次，一个县的一场演出，1号明星突然有事情不能来。怎么办？演出公司马上请杜恩湖救场，必须要请一个相当的明星来填补，不然卖了两百多万的演出票，闹起事来麻烦就大了。结果杜恩湖一出马，如愿以偿。

杜恩湖不仅成了演出公司的上帝，也成了明星们的宠儿。过去是他求明星，现在是明星有求于他，杜恩湖不关照你，你就少一场几十万元出场费的演出机会。转眼之间，杜恩湖又变成了明星们的中间“经纪人”了。过去是杜恩湖打电话找明星要报道素材，现在是明星打电话主动提供素材，还附带问一问有没有演出。杜恩湖的电话让明星们一个接一个地跑来跑去，华西都市报的明星会客室就宾客云集。当今中国的明星，没有一个不和杜恩湖熟悉的，也几乎都到过华西都市报的明星会客室。中国的其他娱记，就不可能为明星安排演出，最多是偶尔为之。

明星们也喜欢来华西都市报的明星会客室，因为不仅电话热线火爆，现场围观的粉丝也多，热闹非凡。赵薇来明星会客室的时候，整个四川日报大院和大楼被围得水泄不通，围观粉丝几个小时都不散去，电梯门口就被粉丝包围。赵薇进来了，几个小时都出不去，最后只得将赵薇从窗户送到另一栋楼上，才逃了出去。

我见过杜恩湖的一个电话记录簿，那上面不仅有每一个明星的电话，还有明星的经纪人、爱人、保姆、司机、秘书、助理等等一大串人的名字和电话。他不仅和明星熟悉，明星的家庭、经纪班子、工作班子等等情况全都在他的掌握之中。

市场意识很强的杜恩湖，懂得演出公司和明星两方都有求于他，所以马上就成立了一个经纪人组织——杜恩湖工作室，应接两个方面的业务。

为什么明星和杜恩湖之间的关系那么好？有人对我说，那是杜恩湖一副老实巴交的样子，既没有年轻帅哥美男子的样儿，也没有油嘴滑舌的花言巧语，明星一看，就觉得他可靠可信。慢慢地，人们送给他一个“中国1号娱记”的称号。

“中国1号娱记”的称呼，不是华西都市报的人送给他的，而是全国娱记们公认的。中国的媒体，包括明星云集的北京、上海媒体，都没有出现像杜恩湖这样的娱记，能够和明星形成这么紧密的关系，就连“2号娱记”“3号娱记”都难以产生出来。《北京晚报》就以“头牌娱记”为题，做过杜恩湖的人物报道。

杜恩湖冒出来以后，也引起成都商报的模仿。成都商报很快就培养出一个“杜恩湖”似的明星记者，天天刊出他头天晚上采访明星的故事，一时间名气大增，大有与《华西都市报》明星新闻并驾齐驱之势。可是，时间是检验真理的标准。久而久之，一些明星新闻被检验出是编造的。没有办法，成都商报最后只有叫这个“明星记者”拜拜。

那一天，杜恩湖给我说，成都商报又找他了，要挖他过去当文化新闻部主任。杜恩湖对我说，成都商报给他说了好几次了，给他开出了很高的工资，他是华西都市报培养出来的，绝不离开华西都市报。

为什么“中国1号娱记”诞生在《华西都市报》，而且又是杜恩湖这么一个经历传奇又特别有个性的人物？很多人都分析过。杜恩湖每到春节，就给我发短信说，没有席总编，就没有他的今天。

### 从珠穆朗玛峰打来的感谢电话

1999年的一天，社会新闻部记者刘建推门走进我的办公室。他向我提出一个建议，由华西都市报出面，组织一次攀登成都第一峰的活动。他说他这一次去采访中日大学生联合攀登大雪山主峰雪宝顶，听到有人说，成都有座海拔5364米的雪山，在成都的山峰中是第一高山，是全国省会中心城市里的最高峰，全球千万人口城市的最高峰。他采访回来之后到林业局了解了一下，完全属实，这座山处于一片原始森林中，动植物资源非常丰富，还从来不曾有人攀登过，是一座处女峰。华西都市报举办了那么多的活动，不妨来个“征服成都第一峰”。

刘建到报社一年多了，在社会新闻部写过一些报道，不算突出。有一次采访中日大学生联合攀登雪宝顶的事，本来该体育部去人，可体育部的人全都出去采访了，临时叫社会新闻部派记者去，他因为当过空降兵，有高原生活经历，就派他去了。本来是跨领域跨部门的一次采访，结束之后还不甘心，还想继续跨越，就提出攀登成都第一峰的策划。由于全报社人人都策划点子，他来了这么久，还没有拿出什么新点子，所以就偷偷地去林业局调查。这不是社会新闻部的事情，就直接跑来找我了。

刘建的建议使我大为高兴，当时我正在为如何迎接21世纪的策划发愁。成都商报为了迎接21世纪，策划了到世界各地去看日出，说是迎接新世纪的曙光，很热闹。《华西都市报》如何迎接新世纪？我们还没有主意。刘建的建议，正中我的下怀。我们不要全世界到处跑，就在成都的家门口脚踏实地迎接新世纪：征服成都第一峰！太好了。

刘建与我一拍即合。刘建担心人家说他跨部门侵权，我说，这个建议不是侵权，每个人都可以跨部门提建议，这是主人翁的责任感。我们过去也有特稿部为经济部策划王海打假的活动。这样，一个在2000年元旦攀登成都第一峰的“世纪攀登”活动，就在刘建和我的思维碰撞中诞生了。

虽然这一次攀登成都第一峰没有攀上顶点，但是社会影响力极大。成都人都知道有一个成都第一峰了，很高，爬起来很险很难。由于筹备时间太短，各种情况估计不足，准备不充分，元旦那个时候大雪封山，四处找不到路，也不适宜攀登这么高的山峰。

不到长城非好汉。两年以后的2002年5月1日，华西都市报再次组织征服成都第一峰，终于获得成功。

2000年5月，广东、北京两个登山队在青海攀登玉珠峰时遭遇暴风雪，5名队员先后失踪。中国登山协会在全国召集了17名山友火速前往救援。由于上次中日大学生联合攀登雪宝顶的时候，刘建帮助登山队挑水、煮饭，吃苦耐劳，所以国家登山队队长王勇峰点名要刘建参加。在这次山难事故中，刘建不仅是一名记者，还充当了救援队员的角色，他上山搜索，和队员一起把遇难者王涛的遗体从海拔5000多米的地方抬下来，让家属和登山队都十分感动。

鉴于登山开始成为一项时尚运动，不久，中登协决定第一次组织中国民间登山爱好者，到非洲去攀登乞力马扎罗峰。王石、冯仑等知名财富人物参加。刘建又跑来找我，他想去参加，费用要3万多元。



我当时很犹豫，因为那些企业家参加登山活动都是自己掏腰包，至于报道，类似的很多全国活动，地方报纸都没有做报道，何况连体育报纸都不去随队采访，我们为什么一定要去？再说，如果要去，也该体育部记者去！华西都市报很多人创刊的时候就来了，做了很大贡献的部主任都还没有出过国，你刘建比人家晚来得多，贡献还说不上，怎么就让你出国去采访别个部门的事情？



我犹豫了几天，最后还是同意了。求异思维总是驱使我不拘一格。要登山，要采访登山，还是只有刘建去。他身体特好，几次在零下40多摄氏度的雪山熬过长夜，安然无恙，又有几次登山的经历，就特许吧。

2003年，为纪念人类登顶珠峰50周年，中登协组织了一支全部由业余登山爱好者组成的登山队，攀登珠穆朗玛峰。刘建作为跟随国家登山队多年，多次报道中国登山运动的记者，一开始就被列入了登山队员的名单。海拔8844.43米的珠穆朗玛峰，无论是对业余运动员还是专业运动员，都是一个严峻的考验，既考验意志毅力，又考验生命。队员们第一个月生活在海拔5300多米的大本营，第二个月生活在海拔6500米的前进营地。海拔5000米就被称为人类生命的禁区。刘建和队员们战胜了高原缺氧带来的严重生理反应，战胜了狂风、寒冷。登顶那天，刘建的登山帽不见了，他找同伴借了一顶普通毛线帽。在攀登过程中，他的一只羽绒手套掉下了悬崖，也没有退却。最后他在21个小时水米未进的情况下登上了顶峰，成为第一个登上珠穆朗玛峰的中国记者。

站在珠穆朗玛峰，刘建激动万分。这座世界上最高的山峰，许多专业登山运动员登到半山腰都没有登上去，一个新闻记者登上去了。他想起了他走过的人生道路，想起了这些年在华西都市报的经历，拿起手机，拨通了我的电话。他对我说：席总编，我今天能够站在珠穆朗玛峰，是你的培养，没有你，就没有我的今天。因为缺氧，他说话断断续续，我感受到了他心脏的跳动。

短短4年的时间里，刘建从采访登山成长为国家登山健将，获得了“国家体育运动荣誉奖章”。2005年，刘建获得“全国百佳优秀新闻工作者”称号。紧接着，刘建再接再厉，先后登上南极洲最高峰文森峰、南美洲最高峰阿空加瓜峰、欧洲最高峰厄尔布鲁士、大洋洲最高峰科休斯科峰；穿越南北两个极点，成为全世界第一个跨越“7（7大洲）+2（2个极点）”的新闻记者。

2007年，北京奥运会组委会通知华西都市报刘建，到奥运会火炬接力中心报到，参加奥运会的筹备工作。大家都以为奥运会要叫刘建去传递火炬。后来才慢慢知道，中国在取得奥运会主办权的时候，答应奥运会火炬要传到珠穆朗玛峰，奥运会火炬要在世界最高的地方熊熊燃烧。奥运火炬传到珠穆朗玛峰之后，新闻发布会在海拔5000多米的大本营召开，向全世界的新闻记者发布火炬传递到珠穆朗玛峰的情况。可是，海拔5000多米，就对新闻发布人是一个严峻的考验。万一2008年北京奥运新闻官到时候呼吸困难，不能正常履行发布工作，怎么办？得有一个全能的人。这个全能的新闻官，必须在任何情况下都能够履行新闻中心的职责。大家想来想去，最后提出了一个保险的备用人选，那就是刘建。他登上过珠穆朗玛峰，任何时候在5000多米的大本营都不会头昏，他是记者，懂得新闻，对珠穆朗玛峰上面的情况也熟悉，是发布火炬传到珠穆朗玛峰新闻的最佳备用人选。

刘建到奥运会筹备组之后，接受了各种各样的培训。他说，他的体验可以写一本书。虽然他这个新闻发布的“备胎”，最后也没有正式发布过一句话的新闻，可是一刻也没有忘记他担当的“随时准备着”上场的角色任务。在中国奥林匹克史上，留下了他浓墨重彩的一笔，在他的人生经历中，又增添了一页不一样的色彩。

刘建从来不是一个体育记者，他偶然从社会新闻部派出去执行一次跨领域的任务，结果成了“半路里杀出来一个程咬金”。几个地方都错位，内部是部门错位，外部是行业错位。几次错位上岗，无论怎样歪来倒去，最后都能够歪打正着。

### 川戏武打小生当上了摄影部主任

我的求异思维、发散思维，经常与那些平平常常的人思维碰撞，出现奇迹。使得看似“不务正业”的人，结果歪打正着，各领风骚尽风流。

一段时间，大家都知道我在物色摄影部主任。自从《华西都市报》创刊以来，摄影部主任一直缺位，由信息部主任姜友权兼着。有摄影记者，没有摄影部主任。很多人向我推荐，推荐来的人，有人本身就在做某个报社的摄影部主任。可是东挑西选，见过一二十个人了，都没成正果。

这一天，有人向我推荐一个唱川戏的武打小生，名叫朱建国，爱好摄影，如何如何行。我说，你叫他先写一个自我介绍材料，再把摄影作品带来，我和他交流交流，了解了解。没想到朱建国登门拜访，我与他一接触，直觉思维就觉得素质不错。不拘一格选人才，我当即决定，聘任他为华西都市报摄影部主任。他还没有当过专业的摄影记者，一上任就是摄影部主任，领导那些做过好几年的摄影记者。这也是坐上了我的思维“火箭”，在新闻界还没见过。

很快，席文举用了一个川戏武打小生当摄影部主任的新鲜事就传开了。好在华西都市报新鲜事很多，也没人多介意。他上任之后，华西都市报的摄影工作大有起色。他除了指挥全部记者之外，自己也常常到第一线采访拍摄。他拍摄了很多很好的新闻照片。比如说汶川大地震，全世界的摄影记者都跑来了。不仅成都市的，国内的，国外的，全世界各大通讯社，至少云集了数以百计的摄影记者，天天在地震现场转悠。发生了多少感人的场面，拍摄了多少激动人心的照片。然而，美国《时代》周刊的封面，只选了一张汶川大地震的照片，就是朱建国拍摄的《心手相连》。

2008年5月13日，在都江堰聚源中学救援现场，阴雨绵绵，空气中弥散着死亡的气息。当一具遇难者的遗体被救援人员用木板抬出时，人群中一名中年男子跌跌撞撞地跟在后面。当掀开盖在遇难者面部的报纸后，他瘫软地跪在地上，紧紧地握住儿子沾满泥沙的嫩手，仿佛要从死神手中拽回儿子宝贵的生命。“一边是悲痛的父亲，一边是失去生命的孩子；一边是温暖的父亲的手，一边是冰冷的儿子的手；一边是生，一边是死……”在那一刻，朱建国感受到这双手，在灾难现场体现出生离死别的一种震撼：它不仅仅体现的是父子心手相连，更是体现了全国人民的心手相连！朱建国抓住了这个动人心魄的画面，一瞬间，特写的《心手相连》被定格了。

朱建国的照片上了《时代》周刊封面一时间传为佳话。的确，照片能上《时代》周刊封面，对全世界的新闻摄影人来说都是个不小的荣耀，尤其是中国的摄影人。美国《时代》周刊，这本对全球政治、经济、文化有着重要影响的杂志，决不会使用二流的新闻照片，哪怕是在内页上。封面，那标准就更高，不是超一流的照片，编辑根本就看不上眼。要知道，《时代》周刊每期封面的设计都极具历史价值，都经得起历史检验、扛得住历史推敲。该刊以往有关中国内容的封面，已经让我们看得惊讶不已。

那么，《时代》周刊的编辑怎么在成千上万不可胜数多如牛毛的四川地震照片中一眼就看中了《心手相连》呢？要知道，汶川地震的新闻采访，是我国首次不设防的灾难新闻采访，中外记者数以千计聚集到地震灾区，个个都是各路媒体的精英好汉，任何具有新闻价值的情节都会有多个记者拍照。中外新闻大战的烽烟席卷抗震救灾每一个过程。每天大家拍摄的大量照片通过互联网这样一个公平的平台，供世界各大通讯社挑选，再发出通稿供各国媒体选择。朱建国的《心手相连》就是被路透社选中，在《时代》周刊发表后产生广泛影响。

画面简洁，寓意深刻，富有人情味，强调人性美，以象征性方式表现汶川大地震，恐怕就是《时代》周刊选中《心手相连》的主要原因吧。

朱建国拍摄的这张《心手相连》技压群雄，超越了全世界的摄影记者。这个从川戏武生走过来的摄影记者，登上了摄影记者的顶峰。于是有人说，他这个武生翻的跟斗是孙悟空的跟斗，一个十万八千里，就把照片翻到了《时代》周刊的封面上。这张照片在网络上轰动一时，四面八方的网友为之欢呼叫好，评论点赞这张照片的文章数不胜数。朱建国也因此被评为中宣部表彰的汶川大地震抗震救灾功勋人物，同时当选2008年北京奥运火炬手。四川新闻界起码好几百人在地震现场连日连夜忙活，就他一个新闻人当选。

有人说，华西都市报是一个总编带出来一批总编，一个奇才带出来一批奇才。华西都市报这种思维生态环境，促进产生了各种奇才怪才歪才，一个杂交人才的生态环境。没有这样的思维生态环境，这种跨越几个领域杂交的怪才根本就不可能产生。像杜恩湖“中国1号娱记”那样人才的产生，还可以找到一些原始元素，因为各个报纸都有娱乐记者，凡是有娱乐记者的，当然也就有变成“1号娱乐记者”的机会。杜恩湖从电器商场经理转型为文化记者，只有一次歪打，后来都是正打正着。但是，哪个报社有登山运动员，或者奥运会新闻发言人？连个影子都找不到。如果不是我有求异思维，也不会采纳刘建的策划建议，出钱让他出国去登山，从而也就没有刘建了。

# 思维方法库传奇

其实，我也绝不只是办《华西都市报》的时候才开始使用我的思维方法。从思维方法库形成之日起，脑子里碰到问题，自然而然都会运用这些思维方法。

在我过去的经历中，多次出现思维方法与众不同的效果，甚至让人觉得不可思议。

## 驻站记者坐“火箭”签大样

1971年底，我到四川日报以后，报社组织我们新去的年轻人，办了一个短期培训班。培训班学习了报社的规章制度，老编辑记者传授工作经验，领导讲了报道的精神和指导思想，完了之后分配工作，有的当了编辑，有的在记者部机动组，有的在成都记者站。我被分配到记者部内江专区驻记者站，主要从事农业的采访，老记者们说是跑田坎。

一天接一天，一年接一年，转眼间三年过去了。1975年3月的一天，我正在隆昌气矿采访大庆工人报告团。记者部秘书彭平打来电话说，领导决定调你去上夜班。

我的天哪，真是当头一棒，我最害怕上夜班。怎么调我去上夜班？我对彭平说，我身体不好，不愿意上夜班，我喜欢当记者，我就在这里驻记者站好了。

彭平马上说，小席，你赶快回来。你上夜班，是培养你当接班人了。

我云里雾里，赶快赶回报社。原来，四川日报党委会为了培养年轻人，决定派我去负责值夜班签大样的工作。

我在四川日报工作了三年，还不知道签大样是怎么回事，一下要去签大样，真摸不着头脑。夜班主任颜义先对我说，签大样就是由你决定明天报纸的版面，哪个做头条，哪个做二条，版面怎么安排，标题怎么做等等，都由你来决定。明天的报纸是个什么样子，就听你指挥了。

编辑部轰动了。全世界的报纸，签大样都是报纸总编辑副总编辑的事情，四川日报一个只有32岁的毛头小伙子，只有3年地方记者的工作历史，连编辑都没有做过，一下就飞到总编辑的椅子上，去决定一张报纸的一切。那个时候，我在四川日报不算年龄最小的，比我小的也没有几个人，只有几个一起去的大学生。一些认识的人见到我，老远就喊“接班人”，我不知道是祝贺还是嘲笑，真是恨无地洞可钻。

那是我一生中最小心翼翼度过的一段日子，因为这就是“坐火箭”。后来大概在20世纪80年代才产生“坐火箭”的名词，来比喻越级提拔。当然，我知道这是报社领导对我的信任。但是，这来得太快，来得太突然。我因为从小家庭困难，性格内向，不会说话也很少说话。我在记者部工作三年，记者部三个主任，我还从来没有单独与哪一个主任深谈过，完全都只有工作上的简单交接。对报社的领导，那更是望而生畏了，没有说过一句话，看见报社领导远远地走过来，就站在那里不知所措了。





我心里想，一定得好好工作。怎么才能做好签大样的工作呢？夜班主任颜义先是个经验非常丰富的老同志，工作认真负责，又诲人不倦。他一点一滴手把手教我，怎么选稿，怎么安排版面，怎么审查版面，怎么修改标题等等。他说，你不要怕，我是你的助手。当我第一次在大样上战战兢兢签下"席"字的时候，我感觉到我的手在发抖。我有时候也想，如果报纸出错，我负得起这个责任吗？

在夜班工作一段时间，慢慢地开始熟悉了。因为不断认识编辑部的一些人，从与他们的交流中，从各种传闻里，我渐渐地知道了我是怎么坐上这趟"火箭"的。

第一个推手是记者部主任李策。

我一分配到记者部，就听老同志讲李策的故事。李策是一个水平很高的资深记者，英语很好，在朝鲜战争停战谈判中担任过翻译。在新华社做记者期间，和著名记者纪希晨搭档，写过很多有影响的新闻报道。后来因为受胡风反革命集团的影响，被贬到四川分社。再来政治运动就又从新华分社贬到四川日报来了，在四川日报担任编委、记者部主任。他工作负责任，身体很好，出差只提一个小包，装上牙膏、牙刷、洗脸巾就出发了，雷厉风行。

1972年10月，省委书记刘兴元将成都无缝钢管厂树为典型。省委宣传部为了扩大影响，叫四川日报搞出重大系列报道。任务落实给记者部。记者部马上组织了一个20多人的报道队伍，浩浩荡荡开进钢管厂。我因为当时临时回报社，也被拉进去了。第一篇打头炮的大通讯，报道钢管厂的主要事迹，同时体现省委的精神，由记者部的两个大笔杆子主笔撰写。我的分工是和好多人分头去跑素材，回来给他们提供。

快一周过去了，这篇挂帅的通讯还没有弄出来。修改了两三遍，不满意。上面催得很急，要求早一点见报。一天下午，我坐在办公室里，看见李策一边改稿，一边抽烟。烟抽了一支又一支，烟缸的烟灰都装满了，冒到桌子上了。他心急如焚，蹙起眉头，不知道怎么办？

李策站起来，在办公室走来走去。他一眼看见我坐在远远的墙边。我没有事情的时候，就坐在办公室。他好像无可奈何地叫我过去，对我说，这个稿子不行，你也参加了采访，你把这个稿子改一下。

过去主任交给我的任务都是写稿，现在要改稿，而且是改记者部两个大笔杆子写的，我诚惶诚恐，但又是主任给我的，我又不敢不接。我这个人不太爱说话，这个时候也仍然如此。不知道该怎么办，犹犹豫豫之中，只有把稿子接过来。

我坐在桌子上，把稿子看了一遍。确实不行。怎么办？我当时觉得首先是材料不充分，必须补充采访。我又不好去找他们要材料，只好马上去食堂提前吃晚饭，吃了之后，找了一辆烂自行车，向钢管厂飞奔而去。

那一夜，我在钢管厂泡了大半夜。幸好我这一周都泡在厂里，各个车间都还熟悉。回去只睡了一小会儿，就爬起来改稿子了。我把传达的几个领导关于钢管厂的讲话又看了一遍，要把主要精神都融进去。

下午4点钟，我准时把改了的稿子，交到李主任的手里。我心里七上八下地打鼓，坐到旁边去等待主任的宣判。李策一边抽烟一边看稿，紧锁的眉头渐渐露出笑容。完了，他把烟头一丢，一拍桌子，对我说：好，你改得还可以。我搁在心头的一块石头落地了。

第二天，那一篇通讯在头版下半版转二版刊登出来。李策是个心直口快的人，有什么说什么，还喜欢发表各种评论。据说他后来对人说，这个小的比老的厉害！

从此以后，李策改变了对我的看法，一有报道任务，就从记者站把我叫过去采访，一会儿到遂宁采访沼气，一会儿到大足采访汽车厂，一会儿到峨眉采访春耕，我一个驻站记者变成了半个机动记者。

一次，省政府开抗旱工作会，全省各地旱情严重，叫四川日报马上宣传抗旱。编前会上传达抗旱指示当天，农业部就收到我的资中县如何抗旱的报道，第二天头版头条就刊登出资中县抗旱的报道。

这样的事情多发生几次以后，人们慢慢觉得，这个席文举新闻敏感还不错，老是知道省里在想什么。

一次，记者部在什邡县开记者工作会。我因为被派去采访一个事情，没有参加。当天的《四川日报》到了，大家都拿起报纸看，一边看一边发表评论。有人看到我写的通讯《新兵打硬仗》在二版头条刊登，就说，小席的通讯又见报了。李策马上接过去评论说：他已经成熟了！因为过去李策专门给新记者做过一次讲话，说大学生要成为一个成熟的记者，要锻炼十年，“十年成熟”就成了大学生们经常议论的一个话题。

李策经常在各种场合点赞席文举，在领导面前更是极力举荐。可是，我却从来没有听到过，也没有人转告我。只是，第二年我就入党了。

1974年9月下旬的一天，总编辑李半黎上班以后，先看了《四川日报》，接着看《人民日报》。这是多年来养成的一个习惯，因为那时候的省报都模仿《人民日报》办。哎呀，他看到《人民日报》头版显著位置刊登的迎接国庆25周年报道，十分突出，这一下才想起前两天也是。《人民日报》连续三天做迎接国庆报道！我们《四川日报》怎么就忘记了？不行，得马上跟上。赶快通知编委会和部主任开会，他在会上强调，明天必须抓出有质量的迎国庆报道。

工业部主任石克劼马上说，我们刚刚收到席文举发来的一个建设新成就的报道，自贡市发现一个新的大盐矿，消息配通讯，写得很好，可以明天推出。李半黎听了，既高兴又着急，说，你马上给我送来，我要看一看。

李半黎看了我的报道，十分满意。他在这篇通讯的上面，还专门批了一段话，说这篇通讯生动活泼，波澜起伏，如何如何。李半黎是一个有影响的书法家，四川省书法家协会主席，有他喜欢的稿件，他就亲自题写标题。这一次，他大笔一挥，写下“盐海新涛”四个字。第二天，新闻在头版通栏刊登，二版几乎整版是我写的通讯《盐海新涛》。

《四川日报》迎接国庆25周年的系列报道，就这样开场了。

第二年春节刚过，学校开学了。老师们翻开新发来的中学语文课本第三册，都发现了通讯范文《盐海新涛》，并且注明原载《四川日报》和刊登时间。编辑部里编辑、记者的爱人在中学教书的很多，记者部秘书彭平的爱人，就是四川日报门对门的三中语文老师。这个消息很快传遍四川日报编辑部，大家议论纷纷。四川日报过去只有副总编辑许川的通讯《红光公社大放红光》被收进过语文课本，那是写的重大事件，毛主席1958年视察四川郫县红光公社。《盐海新涛》写的连省里的重点工程都不是，还成了语文课本的通讯范文。

我高兴极了，马上到新华书店去买了一本。那一册语文课本，全是选的名人范文，杂文是鲁迅的，散文是高尔基的《海燕》，政论文是毛主席的，古典文学是《三国》《水浒》《红楼梦》的章节。在《盐海新涛》课文后面的语文知识，是讲通讯，介绍通讯有哪些写作特点，作业就是用这篇课文说明通讯有哪些写作特点，还选了几个词语叫学生造句。这本书我一直保存着。随着时间的远去，家搬了一次又一次，现在也找不到了。

1975年3月，报社做出决定，让我代替报社领导值夜班，签大样。

我在没有职务只有业务的岗位上战战兢兢工作了几个月，确实得到了不少的锻炼，终身受益不浅；也成为众人瞩目的对象和议论的题材。

把我三年记者工作的成绩，一个又一个组合起来，可以凑成一个优秀记者成长的历史，可是怎么就可以调去做值班总编辑签大样的工作呢？我心里很感激三位老革命：总编辑李半黎，副总编辑苑庄，记者部主任李策。但也一直很纳闷：领导是怎么考虑的？你如果说他们没有道理，后来的实践证明，席文举是一个合格的总编辑，说明他们的眼睛是看准了的；如果说他们决定很对，我毕竟缺乏编辑部工作的全面经验。

我这次"坐火箭"签大样的故事，成为四川日报的一段往事，随着那一代班子的人一个个离去，更成为不解之谜。但是，它确实是世界报业史上的一个传奇。

再仔细一想，这个谜底其实也很简单，就是我们党的很多领导同志，为了给党的事业培养接班人，费尽心思，殚精竭虑。平心而论，他们看中的是席文举的素质。而决定一个人素质的，就是思维素质，思维方法库的本质。

### 《巴蜀小议》为什么长期关门

我在四川日报负责的小言论栏目《巴蜀小议》，是最受读者欢迎的名牌栏目。栏目推出三年后，领导看天天有那么多来稿，就派另外的人做编辑，让我去创办《天府快讯》。奇怪的是，《天府快讯》办起来了，成为读者欢迎的栏目，结果《巴蜀小议》办不下去了，最后还关门了。为什么不办了呢？因为来稿越来越少，难以为继，作者一个接一个都"江郎才尽"了。

我是在没有一个作者，从零开始组织起一支作者队伍的。给继任编辑介绍了一支现成的作者队伍，他还是驾驭不了。再换一个编辑，仍然如此。换了好几个编辑，最后只有关门不办了，主要是思维方法库贫穷落后，没有那么多的点子来点拨人家的思维。

我在办《巴蜀小议》之前，从来没有写过言论。为什么一办就火，重庆出版社主动上门出书，中国人民大学新闻系的评论课，每一个学生发一本《巴蜀小议》作为参考书？那是思维方法库的优势。言论编辑要三个过硬：一是逻辑推导能力，演绎法要过硬；二是文字功底过硬，最好擅长鲁迅笔法；三是思想政策水平，保证选题紧扣时代脉搏。这三条都要求思维方法过硬。

我离开了，作者队伍还在。那些笔杆子，经常写《巴蜀小议》的人，什么杜之训、周德安、刘佳尚、韩公春、贾振华、何易、郭风学等等，已经小有名气了。但是，久而久之，慢慢地，这些作者也不写了。为什么？是作者“江郎才尽”了？不是。是编辑他们稿件的人，不能再给他们提出点子或者加工润色、画龙点睛。好几个成都作者在《巴蜀小议》“江郎才尽”了，在《成都晚报》的杂文专栏却不断发表杂文，继续才思敏捷。

比如作者周德安，这之后就在《成都晚报》发表了一些有影响的杂文。他是省轻工业厅干部，退休以后到华西都市报总编室做打稿件的工作，听了我的府南河大合唱和黄河大合唱的联想思维，马上思维碰撞，一两个小时一挥而就，写出《好一个府南河大合唱》的评论员文章，让市长王荣轩激动不已，忍不住要在市委常委会上宣读，还要问：为什么我们的机关报写不出这样的评论？

我在编辑《巴蜀小议》的时候，为了指导作者写好《巴蜀小议》，写出一组文章讨论如何写小言论的方法，比如《将大道理个性化》《热门中的冷门》《赵超构谈言论专栏》《言论专栏开展连续评论的新尝试》《报纸钟爱杂文》等等。这些论文，其实就是指点言论的方法。我当编辑，这些作者就是才子；我不当编辑，作者就“江郎才尽”。

更有意思的是，我离开《天府快讯》之后，隔了不知道多久，《天府快讯》也关门不办了。《天府快讯》的作者队伍，是我组织经营起来的，主要是各个市县的通讯干事，还有一批新闻的业余爱好者，数量众多，比《巴蜀小议》作者队伍更多，每天的用稿量也更大。看起来是一个短新闻栏目，实际上面对的是全省上百的通讯员队伍，需要编辑统筹运作，特别是要根据他们提供的线索出点子。这就是对思维方法库的要求了。

有趣的是，四川日报一二十年来几次出现《巴蜀小议》再现的事情，因为《巴蜀小议》当时是连续几年的读者调查最受欢迎第一名，在读者中享有盛誉。这么受欢迎的栏目为什么不办下去呢？编辑部不时冒出重振《巴蜀小议》雄风的呼声。可是，几次推出《巴蜀小议》，大家都觉得不像巴蜀小议。

### 全国报纸蜂拥学习《华西都市报》的决定因素

我在四川日报承担的第三个报纸改革项目《天府周末》，虽然没有重蹈关门的覆辙，也同样表现出类似的问题。30多年过去了，《四川日报》的《天府周末》现在还在办，可是可读性呢，受读者欢迎的程度呢，早已没有当年的名声了。

我观察过很多部门很多版面的主编和部门主任。他们为什么提拔起来？是因为他们在记者或者编辑的岗位上，干得不错。但是，从后来领导的版面上看，整体质量就不行了，就参差不齐了。版面上如果出现他们自己写的稿件，还是不错，可以再现他们原来个体作战的风采。这是为什么呢？

如果把他们同席文举做比较，就可以发现问题出在什么地方了。席文举能够向领导的许多人，包括报社内外的作者，包括经营管理者，提供许许多多的点子。源源不断的点子从哪里来？从思维方法库里来。那些不能为下级提供很多点子的，原因在于没有一个丰富多彩的数理思维方法库。他们脑子里产生的点子，可以保证他们自己一个人的编采工作，要供应很多人，就显得不够了，出不了几个点子就没有了。

1990年，四川日报推荐我参加中国第一次范长江新闻奖的评选，叫我自己写一个自荐材料。我在我的材料《读者的赞赏是最高奖励》中写道：

> “我就组织作者队伍，根据形势和各方面的材料确定出一批又一批题目向他们供应。”“我从各种文件、材料、报刊、会议以及和各种人的交谈中寻找新线索，广览博收，开阔视野，从许多被忽视的领域和交叉领域中，挖掘了不少新题目。”“‘系统工程’对编辑是一个严峻的考验，它既要求编辑不断有新点子、新招数，又要求编辑在组织的文章没达到要求时，能加工弥补或采取挽救的措施。这对一个编辑的知识面、新闻敏感、组织能力、文字水平等，是一个综合性的检验。”



这是我20多年前写的，那时候我还不会想到要写今天这本书。但是，那里面讲的这些内容，用来说明这里的论点，是充分有力的证据。

处于采编领导和指挥岗位上的人，对他们的要求，就不只是会写，更重要的是会出点子。你领导的人越多，领导的领域越宽，你的思维方法库越要丰富多彩才行，不然就会成为“鸭鸭鸣”。主编、主任、总编辑，不是会写就能当好的。这些岗位对个人思维方法库的要求，远远高于写作水平的要求。中国新闻界向来都认为，只要你会写就能干好新闻工作。其实这是一个误区。会写的人能够当好记者，或者编辑，不少的人都当不好主任和总编辑。

当记者、写手和当主任、总编，都需要思维方法。但是两者需要的思维方法，层次是不一样的。记者、作家、写手的思维方法，那是“术”；主编、总编辑出点子的思维方法，那是“道”。如果只有专业领域的思维方法，比如写作方法，没有各个领域普适的思维方法，思维方法的层次上不去，许多好点子就拿不出来。

一张报纸，领头的总指挥为什么叫“总编辑”，不叫“总记者”？因为总指挥在编辑岗位上指挥。总编辑靠什么指挥？靠方法和智慧。总编辑当然要懂得记者怎么写作，但是更要靠思维方法来出点子，做决策。一张报纸的水平，不是由名记者的写作水平决定，而是由总编辑的决策水平决定。总编辑靠什么决策呢？不是靠写作方法决策，而是靠思维方法决策。

一个媒体的强大，不是仅仅有几个会写的记者、笔杆子，就能强大起来。《华西都市报》之所以成为全国报纸蜂拥而至、如饥似渴的学习榜样，被梁衡副署长称为都市报的领头羊，那是总编辑拥有一个现代化的思维方法库，才能产生市民生活报的报纸品种定位、都市报的产品设计、新闻追踪和特别报道等一系列新闻表现形式，碧峰峡模式、府南河工程报道等影响市委市政府、省委省政府、国务院、联合国环保组织等等一系列的重大报道。不是华西都市报已经有一批很会写作的名记者写出了这些报道，恰恰是总编辑的思维方法策划出这些报道，使得一批年轻的不知名的记者名气大增，逐渐成长为名记者。华西都市报的记者队伍，都是从社会上招聘来的，平均年龄24岁，都没有在正规的新闻单位工作过，在进华西都市报之前，全都拿不出一篇像样的新闻作品。《华西都市报》著名的报道，全都是使用现代科学思维方法策划出来的。

有总编辑的思维方法库，华西都市报就有人才出现。比如，《华西都市报》刚刚试刊的时候，总编辑策划了“大音棚打人事件”的报道。主力采访记者是从南充日报来的年轻人章夫。他在南充日报也没有名气，可是“大音棚打人事件”的报道让他一下出了名。成都晚报看到章夫不错，就马上挖人，很快就把他调到成都晚报。多少年之后碰到他，他递给我一张名片，他已经是成都商报副总编，还有各种各样的专家头衔和奖励。“大音棚打人事件”的报道，成了章夫成为新闻人才的转折点。那些当年在南充日报和章夫一样的记者，至今不少还默默无闻。但是，“大音棚打人事件”的报道，总编辑的策划是第一位的，记者报道是第二位的。这是因为，“大音棚打人事件”发生的时候，成都市好几个新闻单位采访了，都不报道。华西都市报知道的时候，事情已经过去好几天了。没有总编辑的思维方法，这个社会上很有影响的追踪报道，就不会出现。

当都市报成功的时候，有些人对数学系出身的席文举为什么能够成功不可理解，有的人还认为是碰对了。其实，席文举在各个岗位的业绩，都是数理思维方法库造就的结果。

# 不当一把手的特别思维



最能体现我思维不一般的，是我两次推辞不当四川日报一把手的事。

1993年9月，郭沫若纪念馆在乐山大佛建成。乐山市举行隆重的落成典礼暨郭沫若诞辰纪念大会，省委副书记、刚刚当选为中央委员的谢世杰出席并讲话。我带文化新闻部记者许佳参加采访。

中午，市委书记宴请谢书记一行，并请我和四川日报记者作陪。席间，大家轮流敬酒。当谢书记给我敬酒的时候，我因为胃长期不太好，只是举杯示谢，并没有真正喝下去。

许佳马上说："唉，席总编，谢书记敬酒，你都不喝，你还想不想升官？"

我赶忙解释说，我的胃不好，医生叫我不要喝酒。这是我在酒席上一贯的做法，不管是哪一级的领导，我依然坚持我维护身体健康的生活习惯。

笑声过去，又是一阵举杯碰杯。

## 两次推辞不当四川日报一把手

一年半以后，1995年2月，谢世杰书记已经从副书记升任第一书记一年多了。那一天，我接到通知，谢世杰书记要我当四川日报一把手。

有史以来，四川日报一把手都是由省委书记选择决定，因为省报是省委的喉舌，省委机关报必须贯彻体现省委书记领导全省工作的指导思想。

我这个人没有心计，不会争权夺利，不会肚皮官司，不会钩心斗角，不会拉帮结派，也不会巴结领导。我懂得我的弱点，只有认真地去办自己的报纸，才能发挥我的长处。所以，我抱定一个宗旨，不卷入派别斗争。

一段时间，传出来省委在考核班子，可能要重新调查和组织成立新班子。一把手之争花落谁家，众人瞩目。

当然，我也考虑过，万一叫我当一把手怎么办？我问我的爱人。我爱人在省建委工作，长期以来我们的思想步调基本一致。她马上说，你不要去当那个一把手。你根本不懂人际关系，人家心里想的什么你根本不懂，你只能搞你的采编业务。

我对我的看法和爱人基本一致。我自觉靠边站，干好我分管的报纸业务工作。

没有想到完全出乎我的意料，真的要叫我来当四川日报一把手了。幸好我早有准备。我没有犹豫，但是又找不到什么合适的借口，就"我我我……"地推辞了。

我跟我爱人讲起当天的事情，我都觉得好笑。说我的岳父刚去世，忙得很，这怎么能够成为拒绝的理由？！我的爱人给我鼓劲：你不管以什么理由拒绝当一把手，都是对的。你不要去当一把手。

过了两天，又来找我了。我非常感谢谢书记对我的信任，但是态度还是和两天前一样。

这个事情就这么过去了。

我在慢慢地观察，到底谁个会当四川日报一把手。随着时间一天天地过去，四川日报的班子并没有什么变化。

两年以后，1997年夏天，我又接到通知，谢世杰书记要我担任四川日报一把手。我意识到，四川日报一把手任期到了。怎么办？我又像上次一样推辞。没想到我受到了严厉的批评：席总编，上次你推辞得就毫无道理！你怎么能够又这样？

我真是恨无地洞可钻。我支支吾吾，不知道当时怎么推辞的，总之是又推辞了。我小时候不会说话的难堪形象又一次再现。

我想，我是实在对不起谢世杰书记了。三年当中，两次三番要我当四川日报一把手，那是经过认真考虑的。无论是谢世杰书记，还是参加调查讨论班子人选的省委组织部、宣传部，我都没有去烧过香。他们这样做出决定，那完全是为了党的事业，没有一点个人关系在里面，真正叫公正无私。那么信任你，你居然还推辞不干，我有时候想，我做得可能还是不对，怎么能不听党的话呢！

## 难忘那人人意气风发的岁月

我一门心思办《华西都市报》。我想，领导班子拉帮结派搞内耗，对工作很不利，下面的人不知道该怎么办，很多时候就是两难。我在华西都市报一定要以此为戒，把队伍带好。

首先是我这个一把手要带好头，不搞拉帮结派。我对所有的副总编、编委、部主任，都是一视同仁，没有哪一个是我的亲信，也没有哪一个不是我的亲信。这样一来，上上下下完全一致，就形成了齐心协力的局面，干什么事情都是万众一心。

我的副总编看我是这样，也都是一心一意地支持我的工作。我非常感谢华西都市报的副总编们，在长达8年的时间里，他们个个都是给我撑起。任何人都不可能把所有的事情做得十全十美，我也有说错话做错事的时候，但是，他们不管怎样，都是给我补台，任何时候都没有拆过台。

我提出了总编辑就是总策划，人人都要搞策划的口号。副总编、部主任，采编人员、管理人员，个个都卷进策划新闻、策划活动、策划管理的潮流之中，人人都处于兴奋状态。各个部门，每个人，随着一个接一个的策划贯彻实施，《华西都市报》的社会影响越来越大，大家也不断感觉到，自己的那一分力量也在发挥作用，人人都有用武之地，个个才能都得到了充分的发挥。那个时候，几乎人人都是天天熬夜，没有一个人有怨言。就是没事的人，晚上也舍不得走，都觉得待在报社，一起为明天的报纸加油，那种感觉真好。

华西都市报慢慢形成了一种人人为报纸出力为集体加油的集体主义的氛围。

第一年春节，我给报社每一个人送了一个节日贺卡。在贺卡上面，根据他的特点，选择了流行歌曲里的一句话，祝贺新春。很多人都珍藏着，有的还珍藏到现在。

有人建议，我们也搞一个春节晚会，大家聚在一起过年。我想这很好，马上就搞。很快，每个部门都出节目。没有想到，整台晚会节目百花齐放，异彩纷呈，结合报社的特点创造了一些生动活泼的节目。因为人人参与，从头到尾欢呼雀跃，感觉比央视春节晚会还过瘾。从此以后，华西都市报的春节晚会成为保留节目。

现在回忆起来，华西都市报那个时候，就是一个既有心情舒畅，又有个人意志的生动活泼的政治局面，没有钩心斗角，没有你打我压，人人心情舒畅，个个意气风发，团结活泼紧张。

当然，一支几百人的队伍，不可能没有一点摩擦。我们既有表扬，也有批评。最高的表扬是年底评选标兵，表彰大会；最严厉的批评是上内部工作简报《华西快讯》，扣罚款。有的时候，为了报纸质量或者一个策划，还争得面红耳赤互不相让。因为我就是一个直来直去、有口无心的人，大家都是出以公心，所以无论表扬批评还是激烈争论，都起到促进团结的作用。即使偶尔哪里出现一点不和谐，也很快就过去了。我和领导成员们，没有为人际纠纷操过多少心。

现在，那段历史已经成为过去。但是，凡是经过那段时间的华西人，如果碰到一起，就喋喋不休地回忆过去。有人形容是精神会餐。不是说他们碰到我就为我说好话，很多时候我都不在场，也不知道。后来有人偶尔碰到我，才说起他们几个人在一起的交流。回忆也成了一种享受。

我感到欣慰的是，我以我的思想作风，营造出了一个团结一致朝气蓬勃的精神风貌。那些参与华西都市报创业的人，众口一词地说，他们怀念那个火红的年代，怀念那些创业的日子。他们离开华西都市报以后，经过多少个单位，不管哪里都是在拉关系，打肚皮官司，再也没有看到哪个单位有华西都市报那样的气氛。那时我们天天都处在一种意气风发、激情燃烧的岁月。许多人说，那是他们一生中最精神振奋的时光，不可能再遇到了。

一个单位的作风，就是一把手的作风。换一个一把手，原来的作风会惯性地往前走，影响会越来越小，新的作风又会慢慢形成。多换几次一把手，作风就会“焕然一新”。这不是华西都市报，而是全国所有单位的规律。一把手决定一个单位的作风，不然他怎么是一把手？当然，这也就自然而然地会出现一些人“想当年”的现象。

### 迟到的新闻也议论纷纷

省委书记曾经两次要我当四川日报一把手的事情，因为是内部谈话，除了我和我爱人知道，谁也不知道。我这个人不喜欢张扬。所以，事情过去了多少年，我也没有向哪个人提起过，四川日报没有哪个人知道。事情就烂在我的肚子里。

中新社四川分社社长肖龙联，因多年的工作关系和我成了老朋友。一次，我们坐在河水公园喝茶。漫谈中，肖龙联突然问起我，老席，四川日报领导班子这么多年换了好几个一把手，我们觉得你还可以嘛，怎么你就没有上去？

他说到这里，我也没有多想，就说，哎呀，其实当时谢世杰书记是叫我当一把手的，而且还是两次，两年以后一把手任期到点了，又叫我来当，我都推辞了。

那你为什么要推辞？肖龙联十分不解，马上追问。

我说，我不懂得人际关系，更不会权术斗争，我只是擅长报纸采编业务，算了，我就做业务工作好了。

“嗯——”肖龙联一边慢慢摇头，一边从鼻子里发出一个长长的带有否定性的鼻音。看得出来他不赞同我的做法。冷场了些时候，他又问：那你现在还后不后悔呢？

我说，当时推辞的时候，我还在没日没夜地积极工作，如果说是讲名利思想，那个时候还是有一点的。在有名利思想的那个时候，我都推辞了，现在我早已沉浸在养生的世界里，养生其实就是淡泊名利，争取多活几年，还后什么悔呢！

和肖龙联喝茶之后，我觉得我怎么就把不当一把手的事情说出去了。这个肖龙联是成都新闻界的活跃人物，我周围的人他也认识不少，他传出去了，人家有些人会问，你这个事情怎么从来没告诉我们呢？所以，我慢慢也就把这个事情说给一些人听了。

不说不要紧，一说，各自不同的意见就出来了。

首先是我的一个亲戚。他当了一个芝麻官，经常为了应酬喝酒，人家劝他喝，推却不过，就喝，把肝都喝出毛病来了。我们说他，他说，现在都是这样。领导劝你酒，你不喝，得罪人，还有谈工程，谈合作，都要喝酒，不喝不行。我就说，不是你说的那样，省委书记给我敬酒，我不喝。当场就有人说，省委书记敬你酒，你都不喝，你还想不想升官？我还是没喝。结果省委书记一年半后就提拔我当一把手。你看，社会不全是你们说的那样。

我经常对他们讲，任何时代，任何社会制度，当官的都有两种人，一种人是凭本事，一种人是凭关系。因为任何领导都还是想把工作做好，所以有真本事的人就有了用场。你们要走真本事这一条路。

当官不是说拉关系就行。你看，谢世杰请我喝酒我没喝，一年半以后还请我当一把手，人家哪里是凭什么关系？我与谢世杰有啥关系？共产党内有拉拉扯扯的现象，但不都是这样，公正客观是主流，不要都说成一团漆黑，都是那个样子。

有一次，一个人见到我，就数落我不当一把手的事。他说，你学的啥子数学，连一把手的“一”是多少都不知道？还是学数学的。你去问问你大学数学系的同学，他们是不是也这样？

我问：那你认为一把手的一是多少？

他回答：你过去给我们讲过“无穷大”的知识。我们当时听了都觉得很有趣。后来观察社会，就觉得一个单位的一把手，真就是无穷大。你以为一把手的一就真的只有一啊？！

我问：为什么？

他说，因为他比你单位任何人都大。比什么都大的，不就是无穷大了吗？没有比他更大的了。你总不能是一把手前面还有个零把手。

在大学同学聚会的时候，我和有些同学说起过这件事，他们对我的做法也持否定态度。一个同学说，一把手你还是该当，为党多做贡献，自己也多得点好处，现在还是多劳多得嘛！一个同学说，也只有你这个数学系的才会推辞不当一把手，中文系、新闻系的人哪个会这样干？

还有几个同学听说了这个事情，在背后议论说，这个人脑子一定出了问题，中国怎么还有这种事情发生？自古以来都是升官发财嘛，升官就发财，他怎么不愿意发财呢？另一个同学则说，你不要听他的，他是吹牛，叫他当一把手他不当，他有那么笨？

我一个亲戚在新疆，是一个局级干部。他知道了这件事后，对我说，一把手你当然应该当，你喜欢《华西都市报》，可以主要精力办《华西都市报》，四川日报你有时间就问一问，没时间就不管不问，让人家去干好了。在中国，一把手不管事的也多得很，但是因为你是一把手，人家就不敢把你怎么样。

在华西都市报担任过总编室主任、记者部主任、广告部主任的向先跃，离开华西都市报多年了。夏天，我住在崇州九龙沟山上避暑，他跑来看我。谈起这个事情的时候，他说，你当年不去当四川日报一把手，就办你喜欢的《华西都市报》，是对的。人就是喜欢什么就干什么，不喜欢的就不去干，多好。你看，你如果去当四川日报一把手去了，《华西都市报》肯定就办不成这个样子。你现在是写进新闻史的人物，推动了中国新闻改革，是中国都市报之父。《中国新闻传播史》新闻发布会，还请你去签名售书，哪个人做得到？你当四川日报一把手、总编辑，能写进去吗？

面对这些议论，我爱人始终支持我。她说，你不要听那些议论，没有什么后悔的。你如果当了一把手，你干工作那么认真，身体早就折腾垮了。

在写这本书的过程中，也有人问我，你两次推辞不当四川日报一把手，到底使用的什么思维方法？我反复思考，确实从科学思维方法里，找不出是哪一个思维方法。我也不知道我使用了什么思维方法。肯定有一个思维方法！几天之后，我恍然大悟：哦，是直觉思维！凭我的感觉。牛顿看见苹果从天上掉下来，直觉思维使他觉得，苹果从天上掉下来与地球绕着太阳转和月亮绕着地球转是一个原因——万有引力，从此他就为论证这个直觉思维而奋斗，他也因此成为最伟大的科学家。

大学同班同学贺泰安，是一个思维高手。他本来分在一个边远乡村小学教书，数学、语文、英语、政治，什么课都教。雅安地区师范学校的老师多次来这个小学示范教学，同学们都说他们还没有贺老师讲得好。名山县中学闻讯，就调他去教高三毕业班的数学。正好碰上1978年恢复高考，他教的学生不仅考了全省第一名，还拿了一个第三名。贫困县的名山中学的农民孩子拿了四川第一个高考状元，前三名中还占了两个，贺泰安出名了。他奉省教育厅之命，带着两个农村娃到成都的学校示范教学。几年以后，他坐上了雅安师范学校校长的宝座。

贺泰安对我说，你不当一把手，思维方法肯定是错误的。你用的是扬长避短的思维方法，这是站在个人的立场思考问题。可是，这里应该使用的，是一个更重要的思维方法，这就是全局观点和整体思维。你没有站在全局立场，又没有使用整体思维的方法。

03

第三章

# 跨越各个领域的思维空间

科学思维方法库一旦建成，就可以在各个领域自由翱翔。读者很难从其他书里看到，一个人的思维可以在这么多的领域纵横驰骋。更令人叫绝的是，作者还推出了几个没有变现但实用价值很高的创意设计方案。阅读此书，领略思维自由旅行的无限风光，比欣赏大自然的险峻奇妙更令人叫绝。

# 科学思维方法的普遍适用性

## 围着创造性，难寻“黄河源”

都市报旋风吹遍中国大地之后，全国新闻界关于我的报道，研究我的评论，包括新闻界理论学术刊物总结分析我的文章，数量很多，难以统计。但是，都有一个共同的特点，那就是，说到席文举创造这些成果的原因，都是因为他有创造性思维。为什么有创造性思维呢？有的说是学过数学，有的说是广泛涉猎文史哲，是文理皆通的知识结构。到此为止，没有了。全都是说一些模糊语言。学过数学，为什么学过数学就创新能力强呢？“文理皆通”，通的是什么呢？创造性思维又是一步一步怎么思维的呢？都没说出个子曰。

有一篇文章阐释“席文举办报理论的特点”。文中说：纵观席文举的办报理论，除具有很强的实践性和可操作性以外，它还具有原创性、系统性、科学性等几个特点。“目前，国内新闻理论或报业理论著作，往往是对前人或者国外学者有关理论的转述、阐发或演绎，拾人牙慧。原创性研究成果为数甚少，能直接运用于实践，并产生经济效益的就尤为罕见，而席文举的办报理论则从经验中来、从实践中来，无所依傍，浑然天成，它的一系列概念、范畴、命题和原理都是别的新闻理论或报业理论书籍中找不到的。如‘市民生活报’的概念和原理，报纸的经营理念和经营战略，‘敲门发行学’的体系，新闻追踪、特别报道以及批评报道的理论观点，新闻策划的概念和一系列命题，等等。”然后就分析“席文举办报理论创新的能力背景”，说：“席文举之所以能创造出这套前无古人的崭新理论，除了他具有科学的世界观与人生观以外，还与他个人有着很强的创新能力分不开。”他列出了我具有的五种创新能力——文理皆通的知识结构、多维取向的思维个性、锲而不舍的创新精神、实事求是的思想作风、积淀深厚的办报经验。

这些内容当然也说得对，但是都没有深入追究下去，都回答不了本书开篇时程宝林等提出的，为什么席文举这个数学系学生，就超越所有的文科和理科学生，创造出了都市报的全套理论和方法呢？为什么不“拾人牙慧”，“无所依傍”，还能够“浑然天成”呢？

他们为什么都说不出个子曰？是因为他们不懂得思维科学。创新靠什么？一部现代科学技术发展史，一个又一个的事实，无一例外地说明，要有思维方法才能创新。创新靠的是思维方法。没有思维方法，你创什么新？席文举用了哪些思维方法，他们都说不出来，所以无法解释席文举的创新和思维方法的关系。

还有几篇报道，作者在采访我的时候，也问过我的思维方法。因为人家问到思维方法，我以为他懂，可是我真的说了几个思维方法后，他也就不再问下去了，怎么使用这个思维方法，他也不关心了。报道里也只是列出了我说的几个思维方法的名称，到此为止了。因为他们对这些思维方法也是外行，只有就此打住，不能深谈下去了。

席文举的创新，跨越了很多领域。这其实就是破解席文举思维之谜的一个开关，是给如何研究席文举创造性思维的人，一个非常重要的提示。怎么能够跨越这么多的领域做创造呢？能够到各个领域去实施创造性思维，这个创造性思维的源头在哪里？他们说我文理相通，就不懂得文理相通通的就是思维方法。思维方法可以把各个领域贯通，也就是各个领域可以使用相同的思维方法。





### 哲学思维方法的三个层次

哲学是自然科学和社会科学的总结。哲学解决两大问题：世界观和方法论。

哲学中的思维方法，一般分为三个层次。

普遍的思维方法即哲学思维方法，它是科学思维方法中的最高层次。哲学以世界的普遍本质和规律为其对象，它所阐述的原理、原则以及把这些原理、原则转化为解决问题的方法，有着广泛的普遍性和适用性。如唯物辩证法一系列的原理、规律，揭示了世界发展的普遍本质和规律，就是具有普遍意义的思维方法。

第二个层次的思维方法，是各门科学所通用的思维方法，即科学认识领域中的一般思维方法，也具有较大的广泛性。这些科学思维方法的客观基础是各门科学学科的对象，存在着共同的属性和共同的规律。这些共同的属性和规律通过客体向主体、客观向主观的转化，形成了各门科学所通用的思维规则和手段，即各门科学共同的思维方法或科学认识领域的一般思维方法。许多数学思维方法，特别是数理逻辑思维方法，就属于这一类方法，具有广泛的适用性。

第三个层次的思维方法，是各门学科所独有的具体思维方法。这些个别的科学思维方法是由不同科学学科研究对象的独特性所决定的，因而在研究过程中形成了有差异性的特殊思维方法。这些只属于一门学科所独有的思维方法，是专业学科工作者需要掌握的。

上述三个不同层次的科学思维方法，即普遍的思维方法（哲学方法）、各门学科共同的一般的思维方法和某个学科独有的专门思维方法，形成了普遍、一般和特殊的关系。三个层次的科学思维方法是既相互联系，又相互区别，在人们的科学思维运动中有着各自的作用，彼此不能相互取代；同时它们又是相互渗透、相互影响，是人们走向真理、接近真理的统一的思维规则、手段和工具。一个人如果只有局限在业务领域的专业思维方法，即第三个层次的思维方法，没有各个领域可以普遍使用的前面两个层次的思维方法，思维空间就会受到很大的限制。

因此，作为一个专业工作者，他不仅要掌握业务领域独有的专业思维方法，还应该掌握各门科学所共有的一般科学思维方法，因为前两个层次的思维方法，才是能够在各个领域普遍适用的。

**数理思维方法库的突出优势**

在高等数学发展史中诞生和形成的绝大多数数学思维方法，恰恰就是可以在各门学科中普遍适用的一般思维方法。

西方科学界有一句名言：学好数理化，走遍天下都不怕。这句话真正的含意就是，学好数理思维方法，走遍天下都不怕。

这就是席文举为什么有那么多的创造性思维的根本原因。数理思维方法库的优势也就在这里。

数理思维方法库的突出特点，是在自然科学和社会科学各个领域，对社会生活的各种问题，都大有用武之地。

正是因为这一点，我也不只是使用它解决报纸工作中的问题，也用它应对工作之外遇到的各种各样的问题。

所以，我的思维方法库，就不仅解决了一系列传媒工作中的问题，而且应对了工作和生活中出现的形形色色的问题。不管遇到什么样的问题，很多时候它都能够助我一臂之力，或能得到意想不到的结果。

思维跟着信息到处跑。社会生活各种各样的信息，因为种种不同的原因出现在我的面前。于是我的数理思维方法库，便跨越了一个又一个领域的思维空间。

# 想象思维遨游科幻世界



前面讲了我用科学思维方法解决工作中问题的故事。其实，科学思维方法也绝不是只能用在工作上，社会生活、业余爱好……思维方法在各个方面都大有用处。而且，思维方法库里的思维方法，一遇到某种信息的时候，也会自觉和不自觉地前去碰撞。

后面讲述的，是报纸工作之外运用科学思维方法的故事。

改革开放以后，中国的文坛活跃起来，诞生了一大批对“文化大革命”、新中国30年历史和各种社会问题的反思作品，有力地推动了人们的思想解放。在这个大潮流的簇拥下，在学习西方先进科学技术口号的影响下，中国文坛冒出一支科学与文学杂交的作品——科幻小说劲旅。叶永烈的《小灵通漫游未来》出版几十万册，成为最畅销的儿童读物；童恩正的《珊瑚岛上的死光》在《人民文学》发表以后，获得当年小说奖。科幻小说一时成为人们特别是文坛关注的现象。那个时候中国正在学习美国，美国的科学技术是当之无愧的世界第一，而美国人就最喜欢读科幻小说，所以美国文坛是科幻小说的天下，主流文学远远没有科幻小说畅销，科幻小说作家远远比主流文学作家有钱。

科幻小说在中国文坛崛起，引起了我的注意。我想，我写不出来小说，但是我学过自然科学，不妨编个科学幻想出来，说不定还行。

1980年代初，我正在做四川日报一个评论栏目《巴蜀小议》的责任编辑。《巴蜀小议》虽然也有形象思维，但主要还是在逻辑思维里打转转，幻想一下也好，调节调节神经。

任何幻想其实都源于生活。我从小就是一个瞌睡虫，读书的时候，上课老是打瞌睡。现在一开会，也要打瞌睡。我想，这人一天睡觉的时间太长了，最好是发明创造一个东西，让人一天只睡觉三四个小时就精神百倍。我就从这里开始幻想了。

没有想到，我的睡瞌睡的科幻小说《启动新的节奏》，1995年在天津《智慧树》发表以后，第二年就获得中国首届科幻小说银河奖二等奖。

第一次写科幻小说就获奖，大出我的意料。让我们先读一读这篇科幻小说吧。

**启动新的节奏**

（原载《智慧树》1995年第4期）

**列车困在山谷**

陡然，火车哐当两下，停住了。还没闹清楚怎么回事，我已经扑到了对面那位姑娘的怀里。车厢里响起了尖叫声和惊叹声。

我们面面相觑，都想问个明白。广播喇叭很快开腔了，一下抓住了每个人的听觉神经：

“旅客们请注意，前面刚刚发生塌方，司机紧急停车，避免了一场事故。请大家就近休息，不要急躁，列车尽量为你们提供一切方便。”

“哎，真晦气！”我一边尾随人们走出车厢，一边回想着今天的倒霉事。我是C市生物研究所派到江城接黎森工程师去做学术报告的。尽管只有四个小时的火车，但考虑黎老的年纪，特地派了个小伙子来照顾。大清早，我就从招待所出发，谁知车子却在半路抛锚，等到另外找车赶到黎工程师家里时，已经到了火车开车的时间。黎工程师早走了。我向黎夫人表示了歉意，立即搭乘回C市的第二趟班车。本想尽早地赶回去，为照顾黎工程师尽点微力，弥补前面的过失，偏偏火车又在这个荆棘丛生的山谷里困住了。

我去餐车买了一瓶橘子水，慢慢地喝着。广播里的太空狂想曲使我的思维杂乱无绪。没过多久，它又停住了，响起了女播音员急切的声音：“旅客同志，谁是医生，请马上到五号车厢，有重危病人……”

我虽然是医科大学毕业的，可不是医生。一千多名旅客中可能有几个医生，也可能一个都没有。听广播里反复播送了几次，我毅然登上了五号车厢。

列车员很快把我领到病人身旁。我向病人望去，半天说不出话来，不觉失神地呼喊：

“黎工程师！黎工程师——”

病人静静地躺在床上，没有回声。列车员打量着我：

“你认识他？！”

“他是微波研究所的工程师黎森，是到我们研究所去做报告的。”

列车员催促说：“那就赶快看看吧，他已经昏迷了半个小时。”

旁边一位列车员递过了听诊器。后来知道，她就是列车上的兼职医生。她介绍说，病人的脉搏稍慢，和熟睡时一样，血压、体温正常，可是一直推叫不醒。我又重新检查了一遍，确实没有发现异常的地方。

“你们是怎么发现的呢？”我皱起了眉头。

守在旁边的络腮胡子说：“我坐在他的对面，他上车就拿出一本外文书看，就跟我读小说一样快。喏，就是这本。”他从包包里摸出来递给我。我一翻，是关于宇宙射线的德文书。“列车停车前几分钟，他收起书，抬手看看表，上了发条，就靠着椅子闭上了眼睛，大概是想养一会儿神。列车紧急停车，他一下扑到我的膝上了。我赶快把他扶起来，可怎么也扶不起来。仔细一看，双目紧闭，怎么叫都不醒。我们着了急，赶快向列车员报告。”

广播室再也没叫来第二个医生。我寸步不离地守在黎工程师的身旁，观察着他的变化。





### 小护士不该打电话

铁路局的直升机在山沟里降落了。

半个多小时以后，黎工程师已经躺在C市人民医院的病床上。医生进行了一系列的检查，还是没有查出什么名堂。但有一点是明确的：没有生命危险。专家们决定开会讨论，我也列席旁听。

病房里只留下了一个小护士。她突然想起晚上和男朋友的约会，看看病人安稳地躺着，就到隔壁的办公室里去打电话。她回来的时候大吃一惊，那位一直昏睡的病人不见了。

她从走廊找到候诊室，找到注射室，以至寻到厕所，哪里都没有病人的影子，急得她哭起来，赶快向医生报告。

全院职工像篦子梳头一样把整个医院大楼找了两遍，结果还是没有。

他到什么地方去了呢？我只好拿起了电话，怀着懊丧的心情向所长报告了事情的始末。

“他已经到所里来了。”

“什么?！他可是昏迷了整整两个小时。”我简直不敢相信。

“他说不知怎么搞的，本来想在车上睡两个小时，醒来却躺在病床上。我看他精神蛮好，一顿饭比年轻人吃得还多。没问题，你快回来吧。”

我把情况告诉了医生，匆匆赶回招待所。

我推门进去，他正伏案工作。

他紧紧握住我的手说：“早上我等你到八点，以为你不来了，就自己坐车来了。你一路平安吧?”

看来，他好像对路上的事还不知道，我忙说道：“我们赶上了同一趟车，当隧道塌方，火车紧急停车时，你昏迷过去了，从此我就守在你的身旁……”

他惊愕了，打断话头问：“什么？隧道塌方？”

“是呀！现在火车可能还困在山谷里呢，是直升机把我们送到C市，然后送你进医院的。”

“哦！”他恍然大悟，“难怪我一直不明白，怎么醒了的时候躺在病床上，出医院又已经到了C城。这真是，哈哈……”

他仰头大笑，笑声把我带进了更深的迷雾里。我仔细打量着他，他同昨天相比确实没有任何变化，宽宽的额头只有两条细细的短皱纹，墨黛色的头发犹如根根青丝卷曲在头上，浓眉下，一双炯炯有神的眼睛闪出明亮的光芒，满面红光，显不出一丝旅行后疲惫的倦容。五十好几的人看上去只有四十多岁。人们说他永无休止地工作就像一头牛，可牛也有疲倦的时候。面前站着的他却是精力充沛，朝气勃勃，哪里还像是昏迷过的病人呢。

“你得的是什么病呀？”我止不住问。

“我只是想睡一会儿，谁知——”他耸耸肩，摊开了双手。

“你这么一睡，可把医院里的专家都难住了。”

“明天报告以后，我去向他们致歉和表示谢意好了。”他拉着我的手坐下来，诚恳的口吻虽是商量却又不容置疑：“时间不早了，明天的报告我才开了个头，你忙你的事去吧。”

我拗不过他，只得起身出去。快要出门的时候，他又把我叫住了，认真地布置了一项任务：

“给人民医院打个电话，请那些给我会诊的医生们也来参加明天的会吧。”

### 遇上了盗窃犯

我是所里出名的瞌睡大王，何况这一趟出差，三天有两天在赶车，晚上回到寝室往床上一躺，就呼呼入睡了。第二天早晨起床是被闹钟给叫醒的，一看已经七点，匆匆盥洗完毕，就到食堂帮助厨师摆好早点，等候黎工程师的到来。

时间一分一分地过去。我几次向通往招待所的林荫道张望，每次都使我失望。黎工程师准是昨晚熬夜过头了。

高音喇叭里的乐曲声从礼堂那边一阵阵传来，我的心也渐渐着了急。听报告的人都开始到了，做报告的还没有起床。再说这也影响黎工程师的声誉，传说他是最守时间的。好吧，干脆去把他叫起来，就算牛奶可以边做报告边喝，面包总不能坐在讲台上吃呀。

我匆匆爬上楼去，站在房门外敲门，里边没有应声。推门，门是开着的。我从中间的门探进头去观察卧室，呀，他当真还睡在床上呢。

我走上前去，边推边喊：“黎工程师！七点三刻了，快去吃饭。”

“七点三刻？”他醒了，皱起眉头，不相信地抬起左手，想验证我的谎言。但是他很快惊叫起来：

“哎呀，我的表不见了！”

“是放在枕头下面的吧，要不，就放在外面写字台上了。”我漫不经心地说着，在床铺上帮着寻找。

“不，我睡觉前躺在床上上过发条呢，一定是被人偷走了。”他说得十分肯定，可手还是不停地到处摸索。

“啊，钱包也被偷了，里边有三百元钱呢。”

这可是真的了，我拿起电话向公安局报警。

老所长也来了，他听到失窃的消息，对我说：“快去会场通知一下，报告推延一点时间。”

黎工程师连连摆手：“不，八点准时开始。”

"那怎么行！"所长说。

"也无非就是三百元钱。先把等着的一千多人满足了吧。"

"你还没吃饭呢。"我说。

"那就麻烦你去拿两个面包来，我这里把资料收拾一下，边走边吃。"

我把面包取来的时候，来了两个公安人员，他们一边检查现场一边询问，这可把黎工程师急坏了。

"报告会完了我再回答你们的问题行吗？反正你们会很快抓住小偷的，不用着急。"

"不行，这是发现线索的最好时机，我们只留你十分钟。你昨晚多久睡觉的？"

"五点。"

老侦查员默默地点点头，这印证了他碰到的这一类行窃的规律。一个熬夜接近凌晨的人，睡下去总是沉睡不醒，这是小偷作案的最佳时间。

"为什么这么晚才睡？"

"我天天如此。"

"你听到或者梦中听到过什么声音吗？"

"没有，我不会做梦。"

年轻的侦查员把眼光又一次对准了他，似乎觉得这真是一个奇怪的人。

"你的手表什么牌号？"

"英纳格。不过，这只是借它一个外壳，里边是我全部重新设计装配的。"

年轻的侦查员连忙记下来。

现场检查简单而又迅速，因为黎工程师出差没带更多的东西。技术资料连翻都没翻，招待所的设备也没动过，看来小偷只是为了钱财。

**警犬进了医院**

黎工程师被允许做报告去了，会议只延迟了一刻钟。我呢，还得陪着侦查员们。

他们再没有发现任何有价值的线索，单凭指纹依然是大海捞针，唯一有利的是现在距作案时间仅两三个小时，足迹和气味还未消灭。老侦查员决定：动用警犬追踪，争取再捕捉一些蛛丝马迹。

他们骑上摩托，跟着警犬追上大街。我回到礼堂讲台左侧的小屋，准备聆听黎工程师的报告。所长早就告诉我们，黎老是著名的微波工程师，差不多每年都要请来做一次报告，每次都给生物所以很大的启示。现代科学发展突飞猛进，各门学科纵横交错，许多人意想不到地用边缘学科的方法解决了本学科的难题，真可谓出奇制胜。我早就盼望黎工程师的学术报告，派去接他更使我万分兴奋。谁知这两天的经历打搅了我的思绪，这会儿无论如何也静不下来。紧急停车、昏迷不醒、直升机、七点三刻、三百元、英纳格……和断断续续听到的从喇叭里传来的学术名词乱成一团……人家都在聚精会神地记录，而我实在坐不住，干脆从后台走出去，在林荫道上徘徊……

我正来回走着，一辆草绿色北京牌汽车迎面飞驰而来。我闪到一旁，汽车也戛然而止，从车门走下两个人。我一看，这不是两位侦查员吗？

“有线索了吗？”我迫不及待地问。

“小偷已经抓住了，手表和钱包都在这里。”老侦查员笑着说。

我又一次怀疑自己的耳朵。他敲敲皮包：“不信吗？你拿去看吧。喏，她还可以作证。”

他转身指着一位姑娘，正是昨天医院里看护黎工程师的小护士。她微笑着点点头。

“走吧，去见见黎工程师，物归原主，但还得问问他呢。”老侦查员说。

会场里休息的时间到了。我领他们在后台的休息室里找到了黎工程师。所长、好几位专家和昨天给黎工程师看病的医生都在座。大家听说一个多小时就破了案，啧啧称赞侦查员：“你们真比福尔摩斯还厉害！”

老侦查员从提包里拿出钱包和手表，说：“这里面还有许多不解之谜，我们还要请教黎工程师呢。”

我们都不明白这句话是什么意思，可能是侦查员谦虚吧。总之，大家更关心的是他们如何抓住小偷的，于是七嘴八舌要他们讲讲快速破案的经过。

“好吧，”老侦查员喝一口茶，开口讲起来，“我们跟着贝贝——也就是我们的警犬，从门口出发，一路向东，没有碰到什么情况。谁知过了青年路，一下又拐向北边，很快就到了市人民医院。贝贝跑在前头，爬上了二楼，冲进了一间病房，向躺在床上的病人狂吠。当时护士正在给病人打针，吓得惊叫一声，针筒和针头就分家了，药水洒了一床。我们出示了工作证，要搜查这个人。可是医生说不行，这是他们的病人，而且是科研病人，只有把他从昏迷状态下解救过来，你们才有权审讯他。我推了推病人，果真处在昏睡状态，当然得服从医生啦。而这位护士连推都不准我推。她说：昨天一个同样的病人逃跑了，今天这个病人决不能又被你们抓走。真是怪事。对，她来了，就是她。”侦查员指指旁边的姑娘。

“是的，昨天病人逃跑了，我还作了检讨。”姑娘插话说，眼睛望着黎工程师，“今天刚上班，就从急诊室转来一个病人，没有任何症状和反应，就是推喊都沉睡不醒。主治医生都来听报告了，值班医生决定做科研病人，严加看守和治疗，谁知招引了更大的麻烦。”

“我们见病人昏睡，就问医生，这个病人是怎么到医院里来的。”老侦查员接下去说，“我们想找家属了解一下情况，他们说没有一个家属，病历上记述也很简短，连个名字也没有。”听急诊室的医生介绍，早晨快七点的时候，两个工人架着这个病人来到了急诊室，工人们也不认识病人，是在去上班的路上，看见有一个人躺着，伏下身去看，睡着了，大声喊叫，用力推拉，没有反应。两个人便把他送来医院，然后赶去上班了。

“医生们掌握的情况就是这些。我们观察病人的个头、脚型，与我们对小偷的判断差不多。一会儿，从急诊室送来了病人的一双皮鞋，是病人上床后留在急诊室的，我们同足迹一对照，肯定了小偷就是这个家伙。但是为什么他又昏迷在路上呢？职业的习惯使我们联想他还有一个同伙，为了独占赃物伤害了他，逃跑了。不过，无论如何得查查他身上还有没有什么线索，才能推断案情的发展。”

“我们把这些结果告诉医生，他们同意对病人作搜查。我刚把被单从病人手上揭开，他手腕上的表就闯进我的眼睛：英纳格，正是英纳格。我从他手上取下来，大家传看了一下，就装进了公文包，钱包也找到了，三百块钱还没有动过。很好，一切顺利，全是贝贝的功劳。现在就等医生把他救醒了。嘿，说也奇怪，不多一会儿，他翻了个身，醒了，揉揉眼睛，睁开眼，望望天花板，侧目一瞥猛然看到了我们，他爬起来就想跑，哪里跑得了，很快地就在赃物面前作了供认。他是凌晨五点半作案的，跑到青年路才六点，这时他心里踏实些了，拿出手表戴在手上，顺手上了发条，本想乘火车出去躲避两天，谁知在病床上被捕，他也不知道是怎么昏迷过去和进医院的。”





### 真的听了一堂“瞌睡报告”

“哈哈……”坐在我旁边的昨天为黎工程师治病的医生放声大笑，而且像共鸣似的引起了所长和专家们的笑声。

我和讲述经过的侦查员都莫名其妙。按照常理，每个人听到这里都会迷惑不解或提出疑问，怎么他们的笑声是那么开心，好像是预料中的事似的。透过这神秘的笑声，我猜出他们至少已经了解到某种秘密。

会场里的电铃声拉响了。所长对侦查员和护士说：“没有多的时间了，你们就听听黎工程师的报告吧。”

侦查员满脸都是疑问：“你们不是做学术报告吗？”

“刚才你们不是有许多疑问吗，听了报告就会完全明白的。”所长微笑着说。

我把侦查员领到前排的位置上，自己也在医生的旁边坐下。疑问始终在我的脑际萦绕，正准备向医生询问刚才报告的内容，只见黎工程师右手举着手表，兴奋地用洪亮的声音说：

“同志们，这就是睡表，侦查员同志已经给我们找回来了。”

会场里洋溢着一片喜悦，人们睁大眼睛直盯住黎工程师手里的表。

“刚才我们讲了它导睡的原理，现在讲它的结构和使用。本来是准备作图的，现在有了实物，大家就可以看得更清楚了。”他把表放到讲台上，讲台正中像电影银幕大小的荧光屏上，立即现出了表的放大影像。

我实在忍不住了，忙问身旁的医生：“刚才讲的什么原理？”

身旁的医生用几句话概括了主要精神：

“人在睡眠时，大脑发出的脑电波与醒着时是不一样的。他为了使人尽快入睡，并且提高睡眠质量，研制出一种大脑导睡波，就像导弹的作用一样，发射到大脑后，能引导脑电波进入沉睡时的振动状态。这样，半分钟就能沉睡。睡两个小时比原来的八个小时效果还好。他的睡表就是根据导睡原理制成的，能使整个大脑处于全休状态，全身神经也只维持缓慢新陈代谢所需的最低刺激量，并且能准时控制睡觉的时间。”

啊！用什么来形容听到这几句话后，我心里的激动呢！我这个瞌睡大王，每天要从上帝给的二十四小时中，拨出整整九个小时躺在床上，这是一笔多大的浪费啊。我想对医生说点什么，但看他生怕漏听一个字的神态，就把注意力转向了讲台。银幕上，睡表的表盖已经揭开，露出密密麻麻的线路装置。只听黎工程师兴致勃勃地讲道：

“研制出导睡波，在我们的研究工作中，迈出了具有重大意义的一步，但在通往实用化的道路上，也仅仅只能算第一步。要像人人戴手表那样灵活方便，还有很大的距离。首先是小型化。我们最先拿出的发射导睡波的导睡器，有一间屋子那么大，这只能在医院里对病人使用。不过这个问题很快就解决了，现代科学技术为我们提供了各种途径和办法。最棘手的是要使导睡波只对需要的人起作用，如果对不需要的人也起作用，就会闹出笑话来。半年前，我从江城坐汽车到一个无线电厂去，算算时间还要一个小时，我就调好睡表准备睡四十分钟。可是我睡着了，司机也睡着了。车停在高速公路上，警察发现两个昏迷的人，就把车子开到医院，到了医院我们也醒了，挨了两千元罚金。还有一件事，我们一个工程师下夜班以后，戴着睡表睡觉，影响他当教师的爱人也没能起床，全班学生在课堂上等她。”

“为了解决这个问题，我翻阅了大量的参考资料，还力图从国外最新科技成果中获得启示，都没有成功。直到头一个月，我才想出了一个办法，这就是控制导睡波的发射方向。睡表发出的导睡波只有通过睡表和皮肤的接触面传达给分布在皮肤上的神经末梢，再经中枢神经传达给大脑而起作用。而企图进入空间的导睡波都被堵住而进不了空间。也就是说，导睡波只有通过皮肤才能到达大脑，睡表只有戴在自己的手上才会导睡。当然，睡表里的装置就使导睡波的方向正对着皮肤接触面。”

会场里响起暴风雨般的掌声。黎工程师向前微躬身子，对大家的掌声表示谢意。

“这个睡表是不是十全十美了呢？”黎工程师自己提出了问题，然后高声地回答，“不！我想用昨天到今天的经历来说明。”他向我身旁的侦查员和护士注目微笑，“昨天我在火车上看了一会儿书以后，想用这个时间来睡两个小时，就上好发条睡着了，谁知这个时候，旅途上发生了塌方，我自然醒不转来，医生自然查不出毛病，飞机把我运到医院，专家们也无能为力。我醒来的时候躺在病床上，自己都莫名其妙。今天凌晨，小偷把表偷走了，我的睡眠失去了导睡波的控制，所以七点半都没醒。小偷呢，如果当时他就把表戴上，大概不出大门就会睡着倒下。可是他一直走到青年路才掏出来戴上，而且胡乱地上了发条，估计在这个过程中又动了时间，所以睡下去就不晓得醒，直到侦查员把表从他手上取下来。”

谜被解开了，侦查员和护士忍不住相视而笑。

“这些事情说明，睡表不能在意外情况下把你从沉睡中叫醒，就会造成想象不到的后果。”黎工程师呷一口茶，接着讲下去，“假如你碰上了地震，你就不能自救或逃避打击；假如你遇上了强盗，他就会放心大胆把东西偷个精光。当然这是特殊情况，但作为设计者不能不为用户着想，尽量完善地加以解决。特别是睡表大量投入市场以后，坏人会利用它来干坏事。我们已经作了一些研究，明天下午就要进行第一次试验，欢迎同志们贡献宝贵的意见。”

报告会结束了，人们纷纷前去向黎工程师祝贺。老侦查员紧紧握住他的手不放。黎工程师笑着说：“又会给你们添许多麻烦！”老侦查员激动地回答：“许多先进技术都会被坏人利用的，我们只要用你一半的钻研精神，就会很快弄通有关的作案手法。这与它带给我们的好处简直不能相比。我们的工作最无作息规律，睡表不仅方便，而且一天多给了我们整整六个小时！”

所长纠正他的话说：“不，是整个社会又多了六个小时。”

“整个社会?!”我不由自主地说。

“是的，整个社会。”黎工程师额头上那两条短皱纹似乎被微笑抹去了，“人类由自然安排的生活节奏将会有一个大的转变，而新的节奏决定于手中掌握的科学技术。”

我写这篇科幻小说《启动新的节奏》，思维的动机和出发点，是困惑多年的上课打瞌睡的陋习。科学幻想的起始点，很多都是想解决现实中不能解决的问题。很多幻想，不仅是科学幻想，包括神话中的幻想，都有现实生活的影子，是人们追求美好生活愿望的愿景表现。人类追求控制睡眠的愿望，是这个科学幻想的生活基础。

所以，我这篇科幻小说使用的第一个思维方法，是毛主席的《实践论》思维。生活是人的意识（包括科幻小说的创作）的源泉。离开生活，一切创作都会成为无本之木。

这篇科幻小说具体的控制睡眠的幻想，是发明创造了一种导睡表，发射一种导睡波，影响人的睡眠神经，从而控制睡眠的深度和时间。这是运用平移法和模仿思维的结果。当时看到了一些知识，包括一些幻想，就是发射一种波，可以控制某一方面的神经，调节或者指挥人的某一方面的行动。既然如此，我就幻想研究发射一种波来控制睡眠。

当然，这篇科幻小说还使用了文学创作经常使用的思维方法，那就是悬念思维。用导睡表的不完善，制造了火车遇到塌方、黎工程师沉睡不醒、医生找不出病因、小偷偷了导睡表一系列的充满矛盾的特殊情节，造成一个接一个违反常规的怪事，将悬念演绎得扑朔迷离，最后黎工程师的报告将发明导睡表的科学原理公之于众，所有的悬念都迎刃而解，真相大白。

我这篇科幻小说获得中国科幻小说银河奖，给了我很大的激励，我就想再搞一篇更好的中长篇科幻小说。成天就在那里琢磨，搞一个什么重大的题材。文学创作有一个说法，叫题材决定论。我琢磨过去琢磨过来，终于想出了一个重大题材，不仅题材重大，而且故事惊心动魄，波澜起伏，情节紧张，扣人心弦。标题是《地球毁灭的时刻》。

正在我沉浸在《地球毁灭的时刻》创作的时候，我的工作发生了很大的变化。我担任了四川日报副总编，工作一下忙碌起来，我没有多少空闲时间了。因为我承担了更多的责任，我必须从各个方面钻研报纸新闻业务，连休息时间都全部用上去了。我的科幻小说创作从此就停了下来，以后是越来越忙。《地球毁灭的时刻》开头的十几页手稿，慢慢压到那一摞卷宗的最底下去了。

随着工作的变化和时间的推移，慢慢地，我的科幻小说的兴趣也消失得一干二净。就是退休几年以后，没有什么事情做的时候，也不会去搞什么科学幻想。

前几年，我冬天都到深圳的女儿家过冬。一天，女儿一家去看一个美国大片，说是这些年美国票房价值最高的好莱坞科幻大片，现在正在中国放映。好莱坞大片在中国，一直都是美国火中国就火，这个片子在中国却远远没有美国那么火。媒体评论分析其中的原因是国情不同。正是因为这个缘故，很少看电影的他们才决定去看一看。我也跟着去了。

科幻大片的故事在我的眼前慢慢展开。一个地球人飞到了一个遥远的星球。在出入境的港口，这个星球不仅要对地球人进行安全检查，还要进行生态适应性的生理生态转换。这个设想还是对的，因为一个人换一个生态环境，确实需要有一个生态生理适应过程。但是，奇怪的是，也就是从这个出入境的生态生理适应转换机构的房子里出来，经过短短的一两天时间，每个人都长出了一个起码几寸长的尾巴。电影院里的观众都笑了起来。

我当时马上觉得，这个科学幻想一点都不科学。人类从有尾巴进化到没有尾巴，起码是用了好多万年，你怎么从无尾巴到长出尾巴，就一两天时间，还是同一个人？这哪里有一点科学？完全是违背科学。

过去我学到的科学幻想知识一下回想起来。所谓科学幻想，那是在科学的基础上幻想。也就是说，里面的科学知识必须符合大家熟悉的科学。违背科学的，就不是科学幻想，而是胡思乱想，或者就是神话故事。著名的科幻小说作家凡尔纳，写了几十本科幻小说，很多的科学幻想后来都变成了现实，因为他的幻想符合科学。

这个好莱坞科幻大片的故事，很多都是在一大堆庞大的机器设备里展开，那些画面十分枯燥，关于机器的对话也十分枯燥，故事也显得枯燥无味，好像是在一大堆机器里做幻想。既然是在一个遥远的陌生的星球，为什么看不到这个星球特殊的生态环境？好莱坞的科幻水平也太差了！

就在这一瞬间，我的科幻小说《地球毁灭的时刻》，浮现在我的脑海里。从电影院出来，我就对小孙女说，这不是科学幻想，是违背科学的乱想。我20年前的科幻故事，既符合科学，故事性更强，如果拍摄成电影，比它更好看。

那你是怎么幻想的呢？小孙女好奇地问。

我就讲述了我当年的科幻小说《地球毁灭的时刻》的故事——

地球即将毁灭，其实，真正离地球毁灭的时间，还有好几百年。但是，人类的科学已经十分发达，科学家们为了使地球毁灭的时候给宇宙空间造成的污染减少到最低点，从几十个方案中，选择了一个最佳方案——对地球实行爆破，就像现在拆掉很多大楼用爆破的方法一样。

为了爆破地球，全世界的人已经全部向其他星球移民了好几年。地球上只有少数几个科学家在做善后的相关工作。对地球进行拉网式检查之后，只留下少数几个人在中转站监控。

负责爆破地球的总指挥——王总，已经举起右手，马上要挥动指挥旗，下达倒计时的命令。就在这一瞬间，他看见搜索地球的荧光屏上，出现了两个人影。而那两个人不是别人，正是他的女儿和女儿的男朋友——他的博士研究生。

他惊出一身冷汗，马上吹响口哨，示意所有的工作都停下来。

王总后来才从博士研究生那里了解到，博士发现了地球出现的新情况，他临时来处理。

原来在组织人类撤离地球的时候，女儿用克隆人冒充自己撤离，留下来陪同男朋友度过在地球的最后时光。

那个时候由太空局批准，特殊情况可以克隆人。王总的女儿就做了一个克隆人，于是引起了一系列哭笑不得的故事。

一个十分特殊的时候，一场十分浪漫的爱情，和地球爆破的故事交织在一起。

地球爆破毁灭，不是完全毁灭，而是在地球爆破的时候，添加了好几个星球的物质参与燃烧，促成地球物质结构发生转换，经过几年的燃烧、凝固，最后变成一个新的星球。比地球体积更大，但是不适合人类居住，科学家就利用来加工人类需要的东西。所以，地球仍然可以为人类服务。

这是一项伟大的创造。地球虽然毁灭，但是地球又获得了新生，一个新的为人类服务的星球诞生。

博士研究生提出的这个“再创地球”课题，在女朋友的帮助下，经过几年的努力，终于得以实现。《地球毁灭的时刻》，就展现了这个特殊时刻爱情加事业的传奇故事。

我的科学想象思维，在这里是张开翅膀，任其翱翔。地球毁灭的故事，很多人胡乱编造。我在这篇科幻小说里，主要做了三个大的幻想思维。一、我根据多次见到的爆破大楼的现象，用平移法做了一个平移，幻想爆破地球，减少地球毁灭时对太空的污染，科学合理。说不定今后就会是这个样子。二、在爆破地球时加进一些其他星球的物质，引起地球燃烧时的物理化学反应，使得地球变成一个新的可以为人类服务的星球，这个想象也合情合理，体现了人类改造自然改造地球的智慧。人类在地球居住了好多万年，感情深厚，不想让地球彻底废弃。三、克隆人现在就在研究，我的故事发生的时候，就让它变成现实，王总女儿用克隆人代替自己蒙混过关，自己却留下来与男朋友一起度过在地球的最后时光，亲戚朋友、家人和检查机关都误把克隆人当成“王总女儿”对待，大大增加了故事的趣味性、可读性和传奇性。

想象思维是人类一个非常重要的思维方法。不仅文学家们需要丰富的想象思维，就是自然科学家们，也需要有丰富的想象思维。很多科学创造都发挥了想象思维的作用。比如牛顿的万有引力，牛顿首先使用的就是想象思维。他看见苹果从树上掉下来，自然提出疑问：苹果为什么从树上掉下来？这个时候，牛顿首先是用想象思维来提出万有引力的假说，从此开始了万有引力的研究。

在谈到想象思维的重要性时，爱因斯坦说：“想象力比知识更重要，因为知识是有限的，而想象力概括着世界上的一切，推动着进步，并且是知识化的源泉。严格地说，想象力是科学研究中的实在因素。”（《爱因斯坦文集》第一卷第284页）

人们往往都以为想象思维是文学和社会科学的事情。其实，想象思维在自然科学领域里的建树，成就更为巨大。因为文学的想象是虚构，难以证实；科学领域的想象，许多被后来的事实证明了它的真实性，就从幻想变成了真实。

# 陪毛新宇吃饭吃出“元首宴”

2000年夏季的一天，我在成都的公馆菜招待毛新宇。公馆菜知道今天宴请的人是毛新宇，十分重视，专门派他们的副总经理、四川大学中文系知名教授、小说家李保钧来作陪。因为他从头到尾参加了公馆菜的筹备、创办和经营，对公馆菜菜品的来源和故事了如指掌，所以介绍得头头是道。

**毛新宇问我：公馆菜到底是什么菜?**

公馆菜是20世纪二三十年代诞生的川菜的一个门派。当时很多发了财的人流行在城里修公馆，就像现在流行别墅一样。巴金的《家》《春》《秋》就写的那些公馆里的故事。公馆里的太太小姐们一天没事干，在打牌休闲娱乐之余，就琢磨如何弄些吃的新花样，慢慢地，一个个公馆菜的菜品就在公馆里诞生了，逐渐形成了川菜的一个派系，俗称“公馆菜”。因为出自有钱人的家里，总的来说档次比较高，做工考究，材料精细，味道新鲜。特别是一些名菜，多出自于一些名人名流家庭。

中华人民共和国成立以后，这些有钱人的高档菜自然而然消失了。改革开放以后，一些有识之士认为，公馆菜是川菜中的一个门类，是川菜文化中的奇葩，随着社会生活水平的提高，这朵奇葩应该进一步发展和发扬光大。于是，西南民族学院教授黎华白筹集资金，将原本一个个分散在民间的公馆菜，收集整理，集中开办了一个川菜馆，名字就取成“公馆菜”。80年代，第一个公馆菜馆就在著名的杜甫草堂旁边开张了。

公馆菜由于档次高，菜品丰富，做工精细，一问世就受到市场的欢迎，许多菜被评为国家名菜，所以在成都一连开办了三个公馆菜馆。如果要请重要客人，很多人要选公馆菜。省政府经常在这里招待有身份的重要客人，比如金庸。我也在这里招待了很多客人。

我招待毛新宇的这一桌菜，当然是公馆菜精心安排的。第一道菜是清炖粉蒸肉，是最有特点的一个国家名菜。粉蒸肉怎么又清炖呢？原来，他们是将粉蒸肉的原料装在一个小碗里，放在一个事先破开洗干净的猪肚子里，然后用专门的线把猪肚子缝好，放在一个鸡汤锅里一起炖。当然里面的汤很多。经过26个小时的慢火清炖，鸡炖好了，装在猪肚子里的粉蒸肉也蒸好了。鸡汤、粉蒸肉、肚条，味道都十分鲜美。

吃的过程也让人大饱眼福。首先是大师傅端上一口大砂锅，揭开锅盖后热气腾腾，大师傅用一把钳子将猪肚钳出来，放在一个盘子上，然后用一把刀子将猪肚剖开，再用钳子将里面的粉蒸肉碗钳出来。这个菜一菜三吃：粉蒸肉，鸡汤，凉拌肚条。

服务员用调羹将粉蒸肉挖一块，第一个送到主宾毛新宇的面前。毛新宇很快将它吃了。当服务员为席上每个客人用调羹送完粉蒸肉之后，碗里还剩下一小碗粉蒸肉，便顺手放在桌子中间。毛新宇看见，马上把粉蒸肉碗端过来，吭哧吭哧地把剩下的粉蒸肉吃个精光。

毛新宇吃完粉蒸肉，兴致勃勃地问我："刚才他们介绍了那么多，那么，公馆菜到底是什么菜？"

我毫不犹豫地冲口而出："一言以蔽之，就是四川名人的菜！"



### 元首宴创意火花瞬间迸出

就在我说话的一瞬间，看着面前的毛新宇，我想起了他的祖父毛泽东，脑海里浮现了一个又一个的情景——

我想起了毛主席喜欢吃粉蒸肉、红烧肉的故事。四川有个扮演毛泽东的演员何明志，因为工作的原因和毛泽东的厨师很熟悉，厨师便给了他两个配方，一个是红烧肉的配方，一个是桂花酒的配方。毛主席的诗词都是来源于生活。"我失骄杨君失柳，杨柳轻扬直上重霄九……问询吴刚何所有，吴刚捧出桂花酒。"桂花酒是湖南的，毛主席经常喝桂花酒，保健医生就在酒中加了一些中药，桂花酒就成为一种养生保健酒。何明志把红烧肉的配方50万元卖给了一家军队食品厂，取名叫"万岁红烧肉"，食品厂一个车间专门生产"万岁红烧肉"罐头，解放军战士在阵地上打开就吃。剩下的"万岁桂花酒"配方，何明志叫我100万元给他卖出去。我一直没有给他卖出去。

我想起了毛主席的生活秘书张玉凤。我在新闻出版总署听过她回忆毛主席的讲话。后来，她专门在北京开办了一家毛家菜饭店，吃客盈门。我也专门去毛家菜饭店品尝毛家菜，特别品尝了红烧肉。

我想起了周总理1964年在三峡的轮船上，招待西哈努克亲王和莫尼克公主。西哈努克对几个主菜赞不绝口。为了那一顿大餐，重庆长航公司的职工准备了多少个日日夜夜。四川日报驻重庆的记者，专门就这件事给我主编的《天府周末》写了一篇纪实通讯，记忆犹新。

我想起了邓小平逝世的时候，华西都市报记者去采访邓小平经常住的金牛宾馆。宾馆介绍，小平同志喜欢的川菜和小吃有：粉蒸肉、青椒拌皮蛋、金银肝、小青菜、野菜、红苕饼等，尤其喜欢吃特级厨师张兴华拌的折耳根、竹林白肉，炒的豌豆尖和回锅肉。看到这里，我当时干脆把这篇报道的标题改为《邓小平喜欢吃张师傅做的折耳根》。

我想起了峨眉山红珠山宾馆的中正鱼，到红珠山宾馆的人，都喜欢点这一道蒋介石当年爱吃的中正鱼。

我想起了……

一个又一个情景的浮现，我的联想思维使我脑子里猛然间跳出了一个新的点子。我马上对毛新宇说："我要在北京办一个餐馆！"

这里虽然用了这么多的文字，讲述了一个又一个名人餐饮的场景，其实，在脑子里浮现的时间，也就是一瞬间的过程，不过是几秒钟的事情。

毛新宇好奇地问："你办个什么餐馆？"

我说："你看这个公馆菜是什么菜？那就是四川名人吃的菜。我在北京就办一个荟萃北京名人、中国名人吃的菜的餐馆，包括你祖父毛主席吃的菜，所以取名'元首宴'。"

我将刚才冒出来的毛泽东、周恩来、邓小平、蒋介石等人吃的菜一一列举，介绍说，元首宴按人物设置包间，每个包间按人物的爱好和当年的习惯陈列摆设。毛泽东的包间就饮桂花酒，播放"我失骄杨君失柳"之类的毛泽东诗词歌曲。当然，也会和公馆菜一样，出版一些介绍元首宴的菜谱故事，宣传元首宴的中国餐饮文化。我想起了我参观宋庆龄在北京的故居，说宋庆龄包间就按照原样摆设，复制了搬个家。

毛新宇的兴趣马上来了，说："那我要来参加你的开业典礼！"

我说："你不仅要参加开业典礼，我还要在典礼上宣布：下面请伟大领袖毛泽东的长孙、中国历史学博士、元首宴董事长毛新宇剪彩。"

毛新宇认真地说："我没有钱怎么当董事长？"

我说："送你10%的股份就是了。"

### 高雄商会会长拜访"元首宴"

产生元首宴的思维过程，其实是用了三个思维方法：

第一个是归纳法：将公馆菜各种各样的菜品，用归纳法做出一句话的归纳——四川名人吃的菜。

第二个是联想思维：从面前坐着的毛新宇，联想起他的祖父毛泽东以及中国的领袖人物们。

第三个是类比思维：从荟萃四川名人的菜——公馆菜，平移类比到北京和全国，产生荟萃中国名人的菜——元首宴。

元首宴的创意，有两个必要的条件：一是公馆菜。如果请毛新宇吃的不是公馆菜，是龙抄手之类的名小吃，那就不可能产生四川名人吃的菜的概念，后面的联想也不可能出现了。二是毛新宇。如果不是请毛新宇吃公馆菜，也就不可能联想到毛泽东等领袖人物。我在公馆菜请过很多人吃饭，都没有产生出这些联想。

说了这么多，其实在当时，没有这样去一步一步地想，而是一瞬间的思维过程。这完全是毛新宇的一句问话"公馆菜到底是什么菜"引出来的思维碰撞和思维接力运动。

毛新宇走了。从这一天起，元首宴的设想便成了我的谈资，在很多场合我都讲过元首宴的创意和构想。听众中有一个来自台湾的四川籍老总吴女士。吴女士到台湾后也传播元首宴的设想。她的听众之一、高雄商会的会长，是一个餐饮界的老板，他就很想投资办这个元首宴。他觉得，台北的"宫廷御宴"很火爆，但是时间最近的清朝宫廷，也过去100年了，离我们太久远了；元首宴就是当代领袖及名人的吃品，更有接近性和时代性。于是提出要来成都考察交流，和我谈判合作。吴女士给我打来电话，说他们后天就要从台湾出发。

我着急了，我的元首宴还只是一个口头设想。不得不连夜草拟一个元首宴的文字策划方案。

三天以后，高雄商会会长一行果然到达成都。我首先安排他们吃一顿公馆菜。公馆菜的菜谱仍然按照招待毛新宇的那一餐。会长一边吃一边赞不绝口。他说，这个公馆菜在台北就可以畅销。

会长一行回宾馆之后，到我给台湾客人介绍的时候了。

我首先给他们讲述了收集到的一个个故事——

北京紫禁城西墙外，南长街38号，一座古朴的四合院，院中“程府宴”三个大字格外醒目。这里的主人，是当年毛泽东的厨师——程汝明大师的传人刘键。“程府宴”还没有打出毛家菜的牌子，只是口头传播，现在已经是宾客盈门。很多慕名而来的食客需要提前三天预订，才能品尝到曾经红墙中的美食。

这就是市场前景。

1961年9月23日，前英国陆军元帅蒙哥马利在武汉接受了毛泽东的接见。吃完程汝明做的晚宴后，蒙哥马利摸着肚子对毛泽东说：主席，您的饭菜太可口了，我很久没吃那么好吃的饭菜了，尤其是那道“奶酪虾卷”。那天，厨房里预备的西餐材料很少，程汝明想来想去，他觉得渤海湾的特供大虾不错，西方人又喜欢吃奶酪，于是灵机一动，随即发明了这道新菜。没想到，经过蒙哥马利元帅这么一吹，“元帅虾卷”便从此诞生了。

毛泽东喜欢吃鱼，但对大鱼的兴趣不大，而且他喜欢吃鱼腹部的肉，不喜欢吃鱼的脊背。毛泽东尤其喜欢吃鱼头，但是对于鱼头毛泽东就不忌讳大鱼了，厨师常常给他炖两三斤重的大鱼头，待熟了之后把骨头剔净了给他吃。

毛主席视察工作时喜欢坐专列。厨师在一个地方看到原材料好，就在车上储存一些。程汝明在武昌看到那里的鱼还新鲜，就用自制的小冰箱——一个铁皮箱放上冰块——把鱼藏在里面。到了武汉，毛泽东吃到了这条武昌鱼。他吃完特别高兴，畅游长江后就写下了那千古名句——“才饮长沙水，又食武昌鱼。”

…………

我接着介绍了元首宴的构想——

一个世纪以来，中华民族的风流人物风起云涌，百舸争流，不仅创造了历史，创造了文化，还创造了无数精美菜品，美味佳肴。吃法因时因地各显风采，菜品因人不同独具个性，真可谓精彩纷呈，美不胜收。他们在连绵不断的宴席上指点江山，激扬文字，谋划世事，品味人生，成为中餐美食的创造者和推动者，成为餐桌上的主宾食客和美食家。

元首宴苦心孤诣，通过大量的走访调查，查阅文献典籍，收集整理一个世纪以来的领袖人物、军政要员、社会名流、文人雅士的厨师们，经常烹饪的和创意制作的各种各样的菜品，从毛泽东、朱德、周恩来、邓小平，到孙中山、宋庆龄、张学良、蒋介石、袁世凯，从郭沫若、张大千，到巴金、钱学森……这些菜品有的是他们的厨师烹饪的，有的是他们喜欢吃的，有的是他们招待宴请别人吃的，有的是别人宴请他们吃的，林林总总，蔚为大观，荟萃了川、粤、鲁、闽、苏、浙、湘、徽等中国八大菜系的精髓。

元首宴根据不同特色菜品的组合，又分为元首宴、名人宴、文人宴、明星宴等，按不同的人物或风格设立不同的包间。在提高质量，创造精品，加强管理，创造品牌的基础上，几年内打造成全中国和世界的高档餐饮名牌，成为政界、商界和社会各界社交活动宴会宴请的理想场所。

元首宴还将跟随时代步伐，追赶时代潮流，不断根据社会科学技术进步和潮流的发展变化，推出新的时代感强的时新菜品，比如马家军运动餐、杨立伟宇航餐等。

元首宴以历史学博士、毛泽东主席的孙子毛新宇先生领衔董事长，发掘和整理了一大批引领时代潮流的优秀菜品，继承了祖国传统的餐饮特色，成为中国领袖餐饮文化和名人餐饮文化的集中代表，为新世纪中华餐饮文化进一步发扬光大。

### 东方“元首宴”还摆在我的书中

高雄商会会长走了。

后来，我专门到北京去了一趟。

一天晚上，我坐车去香山，拜访毛新宇。

毛新宇住在香山的一处别墅里。他一看到我，就明白我找他干什么，立即说：席总编，你的元首宴董事长我不能当了，因为我已经参军了，上校军衔，军人就不能参加办公司。不过，你可以找别人……

不知道过了多久，台湾方面传来信息，说是不投资了。一等就过去了多少年。

后来，我又在不同场合断断续续谈起过元首宴。前后也有几个人有点兴趣，但是都是开头兴趣很浓，慢慢又淡化了。

虽然东方元首宴的策划已经过去很多年了，但是，我觉得我在和毛新宇吃饭的时候用归纳法、联想思维、类比思维产生的这个创意，是永远也不会落后的。而且，随着中国的崛起，中国在世界的影响越来越大，它一定是中国餐饮走向世界的一个可以叫得响的品牌。中国餐饮在世界上是最有特色的，世界各国吃中餐的人不少，中餐的市场很大。东方元首宴，汇聚了一两百年来中国各个菜系的精华，可以在世界各大城市，像纽约、旧金山、洛杉矶、巴黎、伦敦、莫斯科、罗马、东京、墨尔本、新德里、香港、台北、圣保罗……都开一个东方元首宴大酒店，那都会受到欢迎的。

我与公馆菜副总经理、四川大学中文系教授李保钧交流过这件事。李保钧老师说，当年他曾经参加公馆菜的筹备，用了一年半的时间收集整理公馆菜的菜品。元首宴因为是领袖们的菜谱，大多数都有记载，更好收集整理。

我相信，东方元首宴的中餐馆，最终会有人来实现。它可以成为中餐历史上的一座吃碑。

# 四川人给全世界的人做饭



2002年2月25日，我一直提倡以“短平快”新闻当家的《华西都市报》，发表了可能是中国报纸上最长的一篇文章，占了1—4个整版，3万多字。写文章的人就是我，标题是《倾力打造“川菜王国”》。

《华西都市报》从来没有发过这么长的文章，一半长四分之一长的都没有。我从创刊之日起，就大声疾呼短新闻短文章，我为什么要写一篇“马拉松”文章呢？文章这么长，读的人应该很少。恰恰相反，市场上很快就买不到当天的报纸了。中午复印报纸的人就排长队，下午就有人出十块钱买一张报纸的情况。有人问：为什么？回答说：四川人要给全世界的人做饭！你不关心一下吗？

我们先看看文章的具体内容吧——

**●四川人世世代代生存发展战略策划●**

**●优选几十个品牌川菜组成联合舰队连锁全球●**

## 倾力打造“川菜王国”

□席文举

**内容提要**

■ 川菜在全国餐饮市场夺冠，占领世界餐饮大市场前景诱人

■ 优选几十个品牌川菜组成联合舰队，逐个城市逐个国家组合式占领，建立遍布全国全球的“川菜王国”

■ 创办川菜科学研究院和川菜大学，以现代科学技术为武器进行一场川菜大革命，实现川菜的产业化和川菜教育产业化

■ 重新安排四川山河，建立世界上最大的川菜生态原料基地

■ 四川人给全世界的人做饭，是一件伟大而光荣的历史使命，四川人有胆略有魄力组织好这场征服世界连锁全球的大战役

随着中国加入WTO，中国经济驶上了全球经济一体化的轨道。四川作为一个经济欠发达

的内陆省份，如何建立起一个科学合理的产业结构，应对入世带来的机遇与挑战，这是决定四川经济发展的一个重要的战略性课题。一个有生命力的区域经济，应该具有这样一些基础条件：一是有优越的资源优势，扎根于当地文化传统，特色鲜明而独特，别人难以取代；二是有广泛而持久的市场需求，这个需求不会因时间的推移而淡化甚至消失；三是产品技术、工艺水平、生产规模始终能够保持领先地位。就四川来说，如何才能形成这种独特的产业结构呢？根据我这些年的调查和思考，我认为，川菜完全具备这一基础，一旦措施得力，五年、十年以至几十年以后，可能成为四川省第一支柱产业。倾力打造“川菜王国”，正是我对川菜产业的发展所做的一个战略构想，现在将它发表出来，以期抛砖引玉，群策群力。

### 餐饮“奥运”夺冠　市场前景可观

——打造“川菜王国”的市场依据

> **依据之一：**
> 改革开放20年来，全国餐饮业群雄逐鹿，最后，川菜摘取了中国八大菜系市场占有率的桂冠。

改革开放以来，伴随全国各地人口的大流动，带来了各地文化的大汇流、大融合。劳务川军走向全国，川菜也随着四川人的脚步走遍全国各地。同时，逐渐富裕起来的中国人，越来越多地到餐馆请客、会友、团聚。于是，餐饮市场迅速兴旺繁荣起来，各种档次、各种风格的餐馆如雨后春笋，应运而生。一年365天，全国的大中小城市，从早到晚都摆开一个永远不散的筵席，千千万万人在享受着我们这个古老的文明国度几千年流传下来的美味佳肴。以八大菜系为首的中国各种餐饮文化在神州大地上各显神通，展开了一场争夺国人口味的激烈角逐，仿佛就是在开一个“餐饮奥运会”似的。其他任何一个行业的市场和竞争都不如餐饮业这么发达，这么广泛。

经过十年的竞争，20世纪80年代末，这场“餐饮奥运会”决出了两雄，那就是“粤菜”和“川菜”。两雄之中，处在东南沿海城市的粤菜，由于最先占据了改革开放前沿的沿海之地利，因而略占上风。

90年代开始，川菜在餐饮市场更加活跃。私人投资餐饮企业；品牌川菜初露端倪；新派川菜、民间特色川菜迅速崛起；新品川菜层出不穷。不少川菜品牌北上北京，南下广东，东进上海，西入新疆，进军全国。川菜热浪席卷全国各大城市。很快，川菜站稳北京市场，北京“重庆饭店”因为川菜地道，很多明星都到那里去进餐，各国使馆也在那里宴请宾客，它有4个小吃，经常被钓鱼台国宾馆调去直接上桌招待客人。金山城火锅风靡京城，大街小巷都可见到“金山城”的招牌。接着是谭鱼头火锅走俏，去晚了就没有座位，高峰时在北京开了11家分店。小天鹅、皇城老妈、巴国布衣、菜根香等，不少川菜店都打开了市场，令北京人大饱口福，津津乐道。深圳的“老四川”川菜馆，由小到大，由弱变强，迅速成为当地一个知名餐饮品牌。乌鲁木齐到处可以看到“正宗川菜”“成都川菜”等招牌。昆明更是成了川菜的天下，滇味餐饮业老总不得不联合起来，提出“滇味保卫战”的口号。台湾的餐饮店，

30%是川菜馆，其他菜系望尘莫及。2001年，一个上海人看到成都香辣蟹火爆，就在上海连续开了13家香辣蟹，结果出现了万人空巷争食香辣蟹的盛况。到上个世纪末，川菜从市场占有率的数量上远远超过粤菜，无可辩驳地坐上了“老大”的交椅。今天，无论是在中国的大城市，还是中小城市，无论是在偏僻小镇，还是在乡村，无论是在荒凉的戈壁，还是在人烟稀少的大漠，到处都可以看到招牌醒目的川菜馆。川菜，已经征服了大江南北的中国人，成为人人争食的“国菜”。





分析与结论：川菜之所以能从众多菜系中脱颖而出，一是因为川菜价廉物美，二是品牌川菜积淀了深厚的文化内涵，三是与时俱进的创新能力能跟上和推动市场的不断发展。在市场上，大众始终是消费的主力军，只有价廉物美才能赢得大众；赢得的顾客越多，市场占有率也就越大。当然，不是说川菜就没有价格较高的高档菜，有，如飘香、银杏川菜、公馆菜、谭府菜。有高档菜，也有中低档菜，就使川菜具有了很大的市场弹性：当市场需要高档菜时，川菜可拿出高档菜；当市场需要中低档菜时，川菜也能推出中低档菜。这种灵活的适应性，使川菜具备了强大的竞争力，既能占领大众市场，也能占领高档市场。

不过，虽然川菜目前已成为中国菜中市场占有率最大的菜系，但与其广阔的市场空间相比，还远远不够。川菜用料、调味的多样化使之具有无穷的变化和创新空间，川菜菜式种类繁多，比较有名的菜品有5000多种，风味小吃500多种，辣味菜品700多种。川菜菜品可以做到一年365天，天天不同，一日三餐，餐餐变样。而现在在全国餐饮市场打出天地的川菜馆，基本上还处于少数几个品牌散兵游勇单打独斗的情形，属家族式自发渗透式的发展。如果我们对川菜的发展进行统筹规划，组织强大的正规军联合作战，整体推进，川菜完全可以像时装一样热袭全民，主宰餐饮的“流行时尚”，占领更多更大的市场。川菜还有很大很大的发展空间。

**依据之二：**

中国人出国打工、留学、旅游的热潮冲击全世界，中餐逐渐成为世界餐饮的一大畅销流派，世界各国中餐馆生意火爆，中餐正处在一个“加速发展期”。

改革开放以来，中国人一批批走出国门，走向世界，到国外打工、留学、旅游、经商、投资，向海外移民。特别是近几年来，中国人出国旅游冲击全世界。只要你到国外去，无论到哪里，到处都碰到中国人。为了适应这种形势，世界许多著名景点都印有中文说明书，美国迪士尼的中文说明书每天供不应求，一抢而光，澳大利亚的风景点还用汉语广播解说，巴黎埃菲尔铁塔下站满了向中国游人兜售纪念品的中国人。现在，世界上的海外华人有6000万，国内出游的人每年有几百万。八年前我去拉斯维加斯，那里还没有“中国城”，前年去，那里已经有5万中国新移民，形成了一个“中国城”。中国人走向世界的速度太快了，这使得在外国的中国人赶快调整“产业结构”，成立了大批的旅游公司，专干接待中国人吃、住、游的活路，忙都忙不过来。报载，到2005年，预计将有1640万中国大陆人自己花钱出国旅游。日本、韩国、澳大利亚、德国、美国、泰国、埃及、西班牙等国家，都把接待中国人作为新的经济增长点。

正因为如此，中餐馆在世界各国十分火爆。一次我们参观巴黎卢浮宫，旅行社安排在附近的一个中餐馆就餐，烈日下竟等了两拨人离席才轮到座位。在美国一个偏僻的小镇，竟开有两家中餐馆。秘鲁中餐馆有2000多家，连很偏远的一个乡场上也有中餐馆。意大利的中餐馆达2600多家。在法国，中餐馆占了华人企业的50%以上。这些中餐馆不仅中国人去，外国人也去。

当然，国外的中餐馆虽然生意火爆，但大都没有国内的正宗，味道更是不敢恭维，因为厨师不地道，很多是没有学过中餐的人迫于生计开的馆子，原料也将就用。即使这样，中餐仍然受许多人青睐，成为世界餐饮业的一大畅销流派。如果将中餐规范化、标准化的话，那中餐就会更加迅猛地发展，征服越来越多的人。作为中餐之王的“川菜”会更能赢得外国人的青睐，特别是原汁原味的地道川菜更会如此。事实正是这样：巴黎有一个博士何跃，四川人，在巴黎市中区最繁华的地方开了个川菜馆“川外川”酒楼，因为原料地道，豆瓣都是专门从四川运去的郫县豆瓣，食客云集，生意兴隆，2000年获法国国际旅游联合会颁发的饮食业头奖——金筷子奖，食客60%是外国人。在纽约，成都的狮子楼去年开了一家川菜馆，大受欢迎，生意火爆，其中的客人90%是外国人。当地影响最大的报纸《纽约时报》做了充分报道，并给其评了四颗星。“五粮液”川菜馆1995年至1996年在曼哈顿黄金地带开了三家分店，由于菜式正宗，服务上乘，个个生意兴隆。“大四川”川菜馆1998年10月在24街开张，由于生意很好，2000年8月又在50街开了一家“大四川”。成都的老石人家辣螃蟹也在美国开了分店，生意兴隆。在印度新德里大大小小的川菜馆不下70家，而且价格十分昂贵，吃顿川菜一个人要花五六百元人民币，但吃的人同样络绎不绝。匈牙利布达佩斯有100多家川菜馆。西班牙首都马德里有一家名叫“西贡咖啡”的川菜馆，由于是四川烹专毕业的二级厨师掌厨，要吃一顿他做的菜须提前两周预订位置。南非首都约翰内斯堡有家“川味小馆”，从开业起一直顾客盈门，门外排起长龙。很多外国人不知道四川，但知道川菜。川菜的走俏还使世界各地的一些中餐馆，不是川菜的也打起了川菜招牌。到河内参加商品交易会的四川人到一家十分火爆的川菜馆吃饭，一打听，开川菜馆的老板竟是个安徽人。

让川菜成功地征服和占领一个国家的餐饮市场，有一个典型人物，那就是四川富顺人陈建民。1952年，富顺厨师陈建民从香港到日本旅游，外务次长尝到他做的川菜后非常惊奇，就决定将他留下来为外务省的客人做菜，从此他的麻婆豆腐闻名全日本，他在赤坂见附开的四川饭店，成为上层社会的云集之地。30多年来，他以推广川菜为己任，在日本办了中国料理学院，写了许多川菜的书，培养的学生满天下，学生弟子开的川菜店遍布日本列岛，多家电视台采访他，他把烹调节目做成娱乐节目，成了电视烹调娱乐表演明星，家喻户晓，日本家庭主妇都喜欢他、崇拜他。他还兼收并蓄，用川菜做法改进日本和世界名菜，多有创新。正因为他的市场推广，现在日本电视上经常可以听到一句广告词：“麻婆豆腐棒棒鸡”。日本出的中国菜谱大部分是川菜。

分析与结论：中餐在全球畅销，川菜是中餐中的“老大”，川菜理所当然有实力登上世界餐饮的风云榜。川菜能够在国内同质产品的激烈竞争中快速发展，占领世界餐饮大市场只是一个时间早迟的问题。陈建民单枪匹马可以用川菜征服日本，但他只做了推广而没有进行企业化运作，如果我们组成联合舰队进行集团作战，企业化商业运作，川菜就会驰骋天下，利润也会滚滚而来。

**依据之三：**

品牌川菜到全国连锁经营大获全胜。短期快速连锁全国的“谭鱼头火锅”创造了川菜对外扩张的奇迹。“谭鱼头连锁模式”对川菜出川是一个革命性的创造。





其实，四川早已有一些商家看到了川菜出川蕴藏的巨大商机，一批先行者已经陆续把一些品牌川菜推向了全国，有的还走向了世界。皇城老妈、巴国布衣、菜根香、小天鹅等，都在全国各地开起了许多连锁店。这些品牌的成功出川，都是从80年代开始经过多年苦心经营，积累了品牌、资金、管理，才想到对外发展的。他们这种自发的探索，为川菜的推广和进一步成长壮大提供了宝贵的经验。

不过，谁也没有想到，在优秀老品牌们从容不迫地向外连锁的时候，一夜之间冒出了个“谭鱼头”，当成都人还不知道百花潭的谭鱼头好不好吃的时候，谭鱼头在北京已经卖疯了。它的快速连锁扩张发展，让川菜同仁们目瞪口呆。

让我们简单地看看谭鱼头的成长轨迹：它1997年创立于成都百花潭附近一条不起眼的小巷里，总投资7万元，每天营业额2000元。1998年6月，谭鱼头到北京东直门走出连锁第一步。到1998年底，东直门店前的顾客开始排起了长队，许多人为吃一顿鱼头火锅要等上几个小时。1999年4月，又在北京开了第二家店。此后，谭鱼头在北京火得一发不可收。紧接着，谭鱼头北上大连，南下广州，东进上海，西入兰州，所到之处，无不刮起一股“鱼头风暴”。5年之后，在全国先后发展80多家连锁店，去年营业额达到4.5个亿，成为西南地区餐饮企业连锁经营的佼佼者，在全国百强餐饮企业中名列第16位！

我与谭鱼头老板谭长安做过多次交流和探索，这位当时才30多岁的退伍军人，真有一股闯天下的气魄。我形容他的经营胆略是：“还没出名就连锁、尚无实力就规模”。看似胆大，方法还是脚踏实地的，实际是创造了一种新的连锁模式，归纳起来主要有以下几点：

1. “你出钱，我经营”的资本扩张模式。连锁初期，因资金缺乏，谭鱼头以品牌、技术和管理等无形资产折价入股，连锁店的合作方（投资方）投入现金，有效地解决了资金这一制约连锁经营的瓶颈问题。

2. 输出管理团队的管理运作模式。谭鱼头所开的连锁店，投资方只派三个人：董事长、副总经理和会计。其余人员从总经理、厨师、收银员到服务员，全部从四川总部输出。通过管理的统一性，来保证品质的同一性。目前，已有1万多四川人工作在谭鱼头的各省市连锁店。

3. 创办人才培训学校的人力资源开发模式。迅速的扩张，需要大批的管理人员、厨师和服务人员，为此，谭鱼头创办了自己的培训学校，专门培养总经理、厨师、服务员、财会人员。人员跟不上，还采取“嫁接法”，把一些分不出去的大中专毕业生拿过来进行餐饮业的短期业务培训，然后就派往全国各地。

4. 自建原料基地的原料统一生产、统一供应模式。谭鱼头追求统一的品质，绝不以次充好，自断财路。所有的分店都统一使用特制的火锅底料，主要的原材料都从四川运出，比如海椒、花椒、生姜、豆瓣、红苕粉等。豆瓣需求量大，就收购了三家豆瓣厂。现在成都200亩生产基地已经跟不上形势了，正在谈郫县的400亩基地，又在雅安的天全县建立了一个上千亩的绿色森林蔬菜生产基地。

据谭鱼头公司介绍，他们从四川每个月供应连锁店海椒面60吨、清油150吨、苕粉30吨、火锅底料60吨、泡酸菜泡萝卜30吨，还有其他原料，每年消耗四川产的原料达1万吨，每年在全国消耗的鱼有3万吨，每年向省外连锁店输出了2万人次的四川劳务人员。

分析与结论：谭鱼头快速大规模连锁成功的经验，为我们创造性地打开了一条川菜扩张发展的新思路。我们不能慢慢地等待，而要去思索更好的办法将川菜做大做强。首先是要培养大批的人才才能成建制地输出管理团队，保证地道的川菜厨师；其次是要生产大批的地道的川菜原料，就要建立稳定的原料生产基地。从数量上看，谭鱼头现在仅80家，营业额就达4个多亿，如果把谭鱼头开到中国的县级市，达到千家呢？其结果营业额就是50个亿，输出劳动力一二十万人，消耗原材料25万吨，它不仅可以成为中国最大的餐饮企业，也是四川最大的“出口”企业。从速度上看，一个餐饮企业并非一定要成了几十年不衰的老字号才能走出去扩张，只要选好了品种，有良好的运作，推出去连锁就会获得高速度、高效益。

## 组织联合舰队　实施全球战略

——打造“川菜王国”的战略构想

川菜在全国全世界各地的受宠，川菜企业自发进行品牌推广的成功，预示了川菜在全国和全球市场上的巨大潜力和广阔的发展前景。但是，无论是小天鹅、皇城老妈等常规连锁的名牌企业，还是快速扩张的谭鱼头，均属于自发的、分散的、小打小闹的缓慢渗透式的发展，在广阔的餐饮大市场面前，在全球经济一体化的快车道上，都显得苍白无力，犹如蚂蚁对大象那样望尘莫及。四川人必须组织起来，联合起来，采取强有力的措施，将市场上最受欢迎的川菜做大做强。我们既然有了可以征服世界的品牌（川菜），就不能让它闲置一旁，也不能只让一些游击队自发地在那里打游击。过去有人说斯大林在第二次世界大战中是转着地球仪指挥战争，我们现在就是要转着地球仪来部署川菜征服全球餐饮市场的竞争。

“川菜王国”的总体构想：将川菜按高、中、低不同的档次，采用“社会优选法”，筛选出一批优秀的川菜品牌和菜品，推到全国和全球去连锁，所有连锁店都保证用高水平的厨师，用地道的原料，用标准化的工艺，做出优质地道的川菜，占领全国、全世界的餐饮大市场，形成称霸全国、称霸全球的“川菜王国”。

如何具体开展这项工作呢？主要从以下几个方面着手：

1. 优选品牌连锁。从川菜馆林立的川菜大本营四川，选出一批在市场上畅销的，竞争力强、生命力强的优秀品牌、知名品牌，拿到全国、全世界去进行大规模的连锁。这些年来，八大菜系在进行“餐饮奥运比赛”的同时，川菜自身也在展开激烈竞争，他们不断探索、不断创新、不断发展，形成了许多深受大众喜爱的品牌。像飘香、红杏、谭鱼头、菜根香、乡老坎、烂子火锅等品牌，都具有较强的竞争力。品牌川菜在高手如云的发源地优中选优，综合素质高，连锁成功的可能性也最大。

就拿红杏来说吧！这家创办不到三年的川菜酒楼，是目前成都生意最好的川菜馆之一，天天食客云集，火爆异常，在餐饮业竞争十分激烈的成都，出现了吃红杏要排队的罕见景象。红杏的成功一是价格适中，花钱不多便可以让一桌子人美食饱餐；二是菜品大众化，不少特色菜获得了名优奖牌；三是上菜快，点菜后三分钟就能上齐。红杏的这三个特点，正适合到全国全球连锁，仅守在成都实在可惜。这样的店在成都建5个也不为多，在每个大城市建5个、中等城市建2个、小城市建1个，全国就会有上千家红杏店。如果每天平均营业额是2万元（现在的红杏店远不止这个数字），全国每天就是2000万元，一年便是72个亿。但是，如果仅靠红杏自己的力量，恐怕多少年也难以完成这个计划。

又比如去年开张的钦善斋。老板李丹梅女士在传统药膳的基础上创新和发展，将药膳和大众口味结合，深受广大食客欢迎，一登台就火爆武侯大街。港台、日本、东南亚游客赞不绝口，拿到全国和东南亚、日本、欧美去连锁，肯定大受欢迎。内地每个大城市建2至3个，中小城市1个，东南亚日本港台建几十个，加上欧美市场，也可在全球发展近千家，一年下来也是好几十个亿的营业额。

2. 优选菜品连锁。与综合素质较高的品牌川菜店相比，一个个来自名门或是普通家族甚至江湖小店的招牌菜、当家菜，就像一颗颗散落民间的珍珠。如广汉连山回锅肉、东坡肘子、张飞黑牛肉、新津黄辣丁、剑门豆腐、廖记棒棒鸡、蒋排骨、二姐兔丁等，还有经久不衰的宫保鸡丁、鱼香肉丝、水煮肉片、麻婆豆腐、盐煎肉、干煸牛肉丝等，把这些在四川各地各店立身的招牌菜、特色菜，经过多种优化合理配置，组合成一个或几个新的品牌，同时加上一些名小吃，照样可以具备很强的市场竞争力。这些花色品种通过不同的排列组合形成的新品牌，可以命名为“川菜王”“小吃王”等等。由于精品云集，尝遍百家，每个菜品都是千锤百炼，实际上形成了强强组合品牌，向外连锁推广一定会获得成功。

3. 组成联合舰队，逐个城市、逐个国家组合式连锁。将优秀品牌和优选菜品组合品牌组织成一个联合舰队，一个城市、一个地区、一个国家地整体推进，集团作战式在一个城市建“川菜城”“川菜世界”“川菜一条街”“川菜王国”等，像伊藤洋华堂、王府井百货开进成都一样，引导消费潮流，强振川菜雄风。这个舰队就像温州人进攻“意大利”皮货市场一样，他们互相照应，共同成长，一致对外，所到之处，形成不可小视的经济势力。这样，不仅可以打破川菜菜系之中的门户壁垒，也彻底解决川菜企业之间互相杀价等恶性竞争，使行业维持一个较高的利润空间。

组建联合舰队，事先要进行科学合理的“资源配置”，因地制宜做出所到城市发展川菜的“城市规划”。比如在上海，根据上海人的口味、人口分布情况和现有饮食店的结构等特点，决定火锅开哪几家，酒楼上哪些，特色川菜如何落户，小吃店多少家，分别开在什么地方，等等，用集中和分散相结合的办法进行连锁。

联合舰队组合式连锁品牌不完全名录举例如下：

| | |
|---|---|
| 飘香 | 大城市1家 |
| 银杏川菜 | 大城市1家 |
| 谭府菜 | 大城市1家 |

| | |
|---|---|
| 狮子楼 | 大城市1家 |
| 老成都公馆菜 | 大城市1家 |
| 老房子 | 大城市1家 |
| 川王府 | 大城市1家 |
| 皇城老妈 | 大城市1家 |
| 周大妈夕阳红 | 大城市1家 |
| 巴国布衣 | 大城市1家、中等城市1家 |
| 巴谷园 | 大城市1家、中等城市1家 |
| 石象湖 | 大城市2家、中等城市1家 |
| 故乡缘 | 大城市1家、中等城市1家 |
| 魏火锅 | 大城市1家、中等城市1家 |
| 玉龙火锅 | 大城市2家、中等城市1家 |
| 钦善斋 | 大城市3家、中等城市2家、小城市1家 |
| 小天鹅 | 大城市3家、中等城市2家、小城市1家 |
| 陶然居 | 大城市3家、中等城市1家、小城市1家 |
| 快乐老家 | 大城市3家、中等城市2家、小城市1家 |
| 红星大酒楼 | 大城市3家、中等城市2家、小城市1家 |
| 红天鹅 | 大城市3家、中等城市1家、小城市1家 |
| 谭鱼头 | 大城市3—5家、中等城市2家、小城市1家 |
| 炽子火锅 | 大城市3家、中等城市2家、小城市1家 |
| 巴渝人家 | 大城市3家、中等城市2家、小城市1家 |
| 香辣蟹 | 大城市 5 家、中等城市2—3家、小城市1家 |
| 红杏 | 大城市4—5家、中等城市2家、小城市1家 |
| 大蓉和 | 大城市3家、中等城市2家、小城市1家 |
| 乡老坎 | 大城市3家、中等城市2家、小城市1家 |
| 菜根香 | 大城市5—8家、中等城市3家、小城市1家 |
| 石磨豆花庄 | 大城市3家、中等城市1家、小城市1家 |
| 德庄火锅 | 大城市1家、中等城市1家、小城市1家 |
| 巴乡鱼头 | 大城市3家、中等城市2家、小城市1家 |
| 露凝香 | 大城市2家、中等城市1家、小城市1家 |
| 唐肥肠 | 大城市3家、中等城市2家、小城市1家 |
| 铁匠火锅 | 大城市2家、中等城市1家、小城市1家 |
| 七十二行 | 大城市3家、中等城市2家、小城市1家 |
| 小吃王（名小吃组合品牌） | 大城市6—8家、中等城市2家、小城市1家 |
| 川菜王（优秀菜品组合品牌） | 大城市3—5家、中等城市2家、小城市1家 |

累计38个品牌，大城市86—87家，中等城市47—48家，小城市23家。

上面仅是品牌川菜的不完全名录，加起来大城市有八十多家店，中等城市四十多家店，小城市二十多家店。全国三十多个大城市，三百多个中等城市，两千多个小城市，仅大中城市连锁店就上万家，小城市排除经济落后的地方也可开出一两万家。全世界的大中小城市更多，再开出一万家川菜连锁店也没有问题。

4. 创造标准化连锁、个性化服务的连锁新模式。为了做到连锁不走样，必须保证川菜的品质。要做到这一步，就必须制定川菜的行业标准，从现有市场所有的川菜菜品中，筛选、甄别几千个囊括高、中、低档，以及老派、新派川菜在内的菜品，作为川菜的标准菜品。这些菜品中的每一个菜都确定自己不同的菜名，比如“麻婆豆腐”就有兼容各家的陈麻婆豆腐、张记麻婆豆腐、菜根香麻婆豆腐、石磨麻婆豆腐……谁家的麻婆豆腐有自己的特色，有品牌，有与别人不同之处，就申报出来，统一评选，只要符合标准，都进名录，以不同的冠名予以区分，保留品牌传统。并对这个名录里每一个菜品进行注册，实行品牌保护，每个菜品从用料、烹调、色彩、味型、形状到器皿等都制定精确的技术指标，即“产品出产标准”。

同时，要走世界流行的“净菜化之路”。即将所有菜品以每一份为单位，按照标准选好、洗净、切好、分装好，将所需的主料、辅料、佐料全部袋装化进入厨房，顾客点一个菜，厨师就从冰箱、橱柜里取出所需材料，并根据前台传递的顾客特殊需要进行烹制。这样一份标准的、个性化的美味佳肴就呈现在顾客面前。当然，这需要大量的人员工作在采购、净菜、分菜、切菜、装菜等各个生产工艺流程上。从选料来说，一头猪，肉丝只用哪里的肉、什么肉红烧、什么做烂肉，都严格区分。制作上，比如肉丝肉片，一丝一片都是很标准的。这种标准化的川菜将全面保证连锁的质量，同时也是对中国数千年饮食文化的一种规范。

据统计，目前四川餐饮企业每年已向省外输出劳动力100多万人，一年消耗掉的四川农副产品百万吨，给四川带来的经济效益达几十亿元。这些辉煌还是单打独斗自发完成的，如果按照上述方式，有组织地、高屋建瓴地引导整个产业，实现快速的、大规模的连锁，这些数据还会以几何级数向上增长，前景不可限量。

分析：这里提出的“川菜王国”连锁模式，是中西合璧的超级连锁运作。纵观全球餐饮企业的连锁模式，麦当劳是简单的、机械化的、单元式的连锁，而“川菜王国”则是复杂的、人工的、多元的连锁。麦当劳目前在119个国家开办了共28,000家分店，平均每17个小时开办一家分店。科学泰斗钱学森曾给快餐下这样的定义：烹饪的工业化，包括制作速度化、操作专业化。在“快速、简单、准确”的商业理念的支配下，麦当劳的汉堡包出来一千个一样，一万个一样。3分30秒，这是肯德基电脑控制下一锅炸鸡的出炉时间。

回头来看川菜。常言道“众口难调”，每一个人对菜品的喜好都是不同的，咸淡有异，重麻辣抑或喜鲜香各有所好。人们更需要在同一技术标准下“微调”，喜吃麻的，厨师可多放花椒，喜吃辣的，菜里多加些辣子，这一点，肯德基做不到，麦当劳也做不到，然而川菜就可以做到。这种个性化的产品，正是川菜的竞争优势之所在。我到过德国奔驰汽车厂参观，奔驰生产的每一部汽车，都按车主要求的尺寸量身定制，完全尊重每个顾客的条件、爱好、用途，各个部位可宽可窄，可大可小，可长可短。如此高档复杂的汽车做到了千差万别，当然，差异是建立在统一技术标准的基础上的。奔驰可以说是以个性化差异化取胜的典型代表。而这种个性化需求、个性化的服务正是当今世界的潮流。外国最具优势的是什么？

是机械。最缺少的是什么？是人。所以，在国外，一对一的服务是最昂贵的，个性化的要求付出也是最大的。相反，在我国，在四川，最不缺的是人，何况搞餐饮的人才，并非高精尖的稀有人才，大量的普通劳动者只要通过一定的专业训练就能胜任。所以我们要把川菜作为一个劳动密集型产业来对待，不是说我们人多了，不是仅仅为了解决人们的就业问题，而是川菜的特点、个性化服务的时代需要等使然。

传统的川菜以其雍容华贵、丰富多彩、博大精深而闻名世界，凭借着厨师们精湛的技艺和丰富的配料，川菜变化无穷，像永远充满创造力的时装一样，千般风采、万种风情。世界越往前发展，简单的、机械化的、单元式的连锁就越落后。“川菜王国”连锁模式满足了不同消费者的个性需求，这才是当今世界发展的潮流。这就像中医跟西医的区别一样，如果人生了同一种病，西医往往让所有病人都吃同一种药；但对中医来讲，即使生了同一种病，也须根据不同人的阴阳五行，进行辨证施治，用不同的配方。我们的多元连锁，就是根据不同人不同的需求进行个性化的服务，满足个性化的需求，这就比麦当劳层次更高、更现代化。“川菜王国”连锁模式，是站在产业发展的高度，有目的、有计划地发展，麦当劳总结了著名的“S”（服务）、“Q”（产品质量）、“C”（清洁）理论，我们也要总结出川菜连锁的营销理论、包装理论。

美国人发明了麦当劳“快餐”连锁模式，第一个这么做，这是一种创造。是不是以后的连锁就都得一律这么做？不！时代在发展，形式也可以变化。人们的需要是多种多样的，连锁模式也可以是多种多样的。我们不能让麦当劳连锁模式把我们的脑袋捆住了。川菜总体是一种“慢餐”（当然有的菜品也可做成快餐），所以必须依据川菜的特点创造慢餐连锁的新模式。“川菜王国”这么做了，以后还要在实践中逐步完善它。

结论：现在，四川餐饮企业尚处于自发的、自生自灭的发展状态，我们应按照上述“川菜王国”连锁模式，有组织地、高屋建瓴地引导整个产业，实施快速的、大规模的跨越式发展战略！

### 发动川菜革命　重新安排山河

——打造“川菜王国”的战略措施

为了实现“川菜王国”的战略构想，必须采取以下六条强有力的措施。

> **措施之一：**
> 创办世界一流的餐饮高等学府——川菜大学，培养大批量的高素质的川菜人才队伍。

川菜产业比高新科技更依赖人的作用。与新兴产业相比，川菜这种传统产业过去长期以来就存在着由于社会地位低下、收入较低带来的从业人员文化素质较差的状况。改革开放后，由于市场机制的重新确立，民营企业逐步成为饮食产业的主体，使得包括川菜在内的饮食行业从业人员的薪资有了大幅提高。但收入的改善并未能根本改变从业人员文化素质差的状况。获得特级厨师（高级职称）资格的厨师中受过高等教育的仅10%左右，去年四川省评出的20多名“川菜大师”“川菜名师”，绝大部分只有中学文化，甚至小学毕业。造成这一现象的原因是，川菜职业教育水平严重低下，教育培训机构严重不足，职业教育培训结构严重不合理，这一问题已成为川菜产业发展的最大障碍，更是制约打造“川菜王国”的最大瓶颈。川菜要产业化，首先是川菜教育要实现产业化。



如何解决这一问题？我的建议是创办一所世界一流的全日制多学科的高等学府——川菜大学，使之成为世界餐饮人才向往的圣地和名牌大学，研究出一整套符合川菜产业发展的培训教育理论和方法。



川菜大学下面设置系列学院，如火锅学院、小吃学院、红案学院、白案学院、营养学院、管理学院、艺术学院、菜品学院、佐料学院等等，设大专、学士、硕士、博士等学位，大规模地批量生产川菜人才。

如果我们搞30个品牌万家连锁店，平均每家从管理到服务人员需要100人的话，那么一万家就需要100万人，如果再向全球连锁一万家，那么需要的川菜人才就可能是几百万的概念。川菜大学每年毕业至少几万人，要好几十年才能基本满足川菜发展的需要。川菜大学还可以附设一些中等专业学校，解决急需的人才。这对解决四川人的就业问题具有很大的战略意义。

通过川菜大学的建立和大规模人才的培养，要实现凡是“川菜王国”开出的连锁店，都逐步做到博士主厨、硕士上灶、学士理菜，转变人们对川菜从业人员素质低的认识，建立一支高素质的川菜人才队伍。长期以来，社会上总是瞧不起厨师，认为他们是煮饭的，是“下三流”，从事的是些低级劳动。其实，吃是人的生命中最重要的事情，现在许多病都是吃出来的，只有吃好了，身体好了，工作才好，才能延年益寿，而厨师的素质往往是决定我们吃得好不好的关键。现在社会上把人类用的东西，行的东西，什么电器呀汽车呀等等看得很重要，把研究这些东西的人捧得很高，戴上各种专家教授的帽子，而对于与我们的生命至关重要的吃，对做吃的人却当另类看待。厨师的职称也仅仅是作为一个技术等级，而不是作为专家来看待。我们现在要改变这种观念，把颠倒了的是非颠倒过来，把吃摆上重要位置，把弄吃的人列入知识阶层，把他们跟数学家、医学家、经济学家等一样看待，只有专家级的人才才能保证我们吃得好，吃得有味，吃得放心，吃得科学。现在做川菜的厨师好的每月工资5000元以上，稍微高档的店超过1万元，这些厨师的工资证明了他们所从事的并不是简单劳动，而是复杂劳动，不是简单的体力劳动，而是一种智力劳动。他们的工资上去了，文凭也应该上去，不应该仅仅只是煮饭的，只是炊事员、烧火匠，而应该是有学问的烹饪专家。

**措施之二：**

建立世界上最大的川菜生态原料基地，保证全球一体化的原料品质。

质量是川菜的生命。我们不仅要创办川菜大学，培养川菜人才，还要把四川盆地建成川菜的原料生产和供应基地，这是实现川菜规模化、多元化、国际化发展的一个重要保证。

川菜是巴蜀先民创造的，它的原料都产自四川，不用四川的原料做的川菜肯定不是地道的川菜，像谭鱼头，每天要用几吨豆瓣，都是从四川基地生产运过去的，还有辣椒、花椒等也是从四川采购加工制作的。因此，为了搞好川菜的产业化、多元化、国际化推广，我们必须建好川菜的原料基地，并进行规模化生产。我到过云南红塔山卷烟厂采访。红塔山卷烟厂为了保证红塔山卷烟的品质，从烟叶播种开始，到栽培、收割、晒制等都要派专人进行指导。他们对云南的土地进行考察，然后做出规划，由好几个专区的县县乡乡、村村社社，专门为红塔山卷烟厂生产烟叶。红塔山卷烟厂则给每一个村都派了技术员，对每个烟农进行具体入微的技术指导并签订收购合同。全国其他烟厂由于没有烟叶生产基地，只好到全国去收购烟叶，由于烟种、土地、技术的不同，选料难以统一，品质也就难以保证。所以，红塔山人把烟田称为自己的“第一车间”，这正是红塔山卷烟畅销全国和世界各地的重要原因。

为了保证“川菜王国”规模连锁的本色和品质，我们也要按照“红塔山模式”建立川菜的“第一车间”。由于川菜的需求量更大，我们的“第一车间”比红塔山规模更大。整个四川盆地就是川菜的“第一车间”。要根据四川盆地各地的土壤、水文、气候、植被等自然生态条件，以及各地的耕作制度、方式，进行统一规划，科学布局。比如，威远的朝天椒最好，威远县就建成海椒生产基地；广汉连山回锅肉好吃，广汉就建成回锅肉肉猪的生产基地；汉源的花椒味好，汉源县就建成花椒县；郫县豆瓣最好，全省的豆瓣厂就都连锁生产郫县豆瓣；新津盛产黄辣丁，以新津为中心的岷江流域的大小支流河沟，就建成黄辣丁生产基地；以资中为中心的沱江支流河沟，就建成鲢鱼生产基地；以广元、剑阁为中心的嘉陵江流域的大小支流河沟，就建成团鱼生产基地；以雅安为中心的青衣江大小支流，就建成雅鱼生产基地……如此类推，各地各县以川菜产业为龙头，大力发展独具四川地方特色的种植业和养殖业，建成各种川菜原料生产基地。我们要把现在的室内大棚里的人工繁殖，变成野外大面积的自然生态繁殖。四川人要有这样的气魄，在四条大江里养殖鱼类，就像在四条小河沟、四块水田里养鱼一样运用自如。野生的东西总比人工繁殖的东西好吃，需求量又这么大，我们就是要让全国人民全世界人民都吃上野生的东西。据说现在有的甲鱼是人工饲料快速养殖出来的，几个月就长大了。像剑阁、广元河沟两岸的农民就不要种庄稼了，就在山脚下的河沟、石崖里大面积放养团鱼。我们要掌握和运用这些野生生物的繁殖规律，从必然王国走向自由王国，为全世界人民造福。到时候，凌晨出水的鲜活的河鲜产品，当天从双流机场运向世界各大城市，下午和晚上就摆上各国的宴席。

世界经济一体化使交通越来越发达、越方便，到时候，双流机场将成为向世界各地空运川菜原料的餐饮航空港。荷兰垄断了世界的花卉业，它每天从阿姆斯特丹把鲜花空运到全球各个大城市，人们当天就能买到荷兰的鲜花。我们也要建一个一流的快速的川菜原料配送中心，国内各大城市、世界各国的首都都建配送分中心，保证把当天的新鲜蔬菜和各种原料及时送到世界各地的餐馆，保证世界各地的人每天都能吃到新鲜、正宗的川菜。

我们还要走生态农业之路，保证川菜的原材料是无污染的绿色食品。四川盆地四面环山，为建成一个自然生态区提供了得天独厚的条件，我们要利用这个天然优势，把整个四川盆地建设成一个无公害的餐饮农业区。比如不能生产和使用化肥，不准建污染土壤、水质和大气的工厂，不准使用食品添加剂，让有污染的工厂停产或迁移出川，让所有“进食”的原料远离化肥和农药。喂养猪、牛、羊、鸡、鸭、鹅等肉食动物，也不能使用添加剂，只能用生态饲料喂养。全省所有农资供应商禁止销售化肥、农药和添加剂，所有运输部门禁止运输化肥、农药、添加剂，一切污染品不准进入四川。对已经污染的土地、河流、山林，要对症下药，一个一个地进行还原性治理，用二三十年的时间，将巴山蜀水的污染全部治理干净，形成自然的生态环境。无公害农业、无公害食品是世界的发展潮流和趋势，绿色营养无公害蔬菜已成为时代追逐的热点。我们要站在四川人世世代代生存发展大计的战略高度，以敢教日月换新天的气魄，重新治理四川山河，重新安排巴蜀河山。要用法律和行政手段，采取强有力措施，制止现在一些人为牟取眼前利益而催肥农副产品污染农副产品的行为。全社会齐心协力，为了子孙后代赚取世界餐饮大市场更多的钱，把巴山蜀水还原成百年前的无污染的自然环境，走生态化、纯天然的发展道路。全世界最后必然消灭污染公害，以川菜兴川、餐饮立省的四川人应走在时代的最前面，提前几十年实现这个目标。这就是建设名副其实的全生态的“川菜王国”。相信到那一天，四川盆地的川菜基地将以“餐饮硅谷”闻名于世。





“川菜王国”的原料生产基地，还可以与旅游农业、观光农业结合起来，和四川著名风景区穿插组织，开发餐饮旅游精品路线。要建几个独具特色的川菜民俗村，让外地人外国人观看和参与杀年猪、熏腊肉、剐黄鳝、烧柴煮饭等民俗表演活动，让人们既享美味，又赏美景，像法国波尔多的葡萄园、南非开普敦的葡萄园，既是生态农业，又是观光景点。独具特色的餐饮旅游和世界级风光资源相结合，“川菜王国”就会成为吸引世界各地游客的亮点。

**措施之三：**

用现代科学技术对川菜进行全面的系统的研究和改革，发动一场川菜大革命。

为了实现川菜的现代化和科学化，必须创办川菜科学研究院，有计划有组织地用现代科学技术对川菜的各个领域，如原料、制作工艺、菜品、设备、营养、口味、管理等等，进行全面的系统的研究，将现代科学技术、方法、设备和高科技的手段（比如基因工程、发酵工程），引进川菜领域，推动川菜的创新和提高，用现代科学全面武装川菜，提高川菜的科技含量，使川菜永远具有强大的生命力。川菜科学研究院下设各种研究所，如火锅研究所、小吃研究所、营养研究所、原料研究所、管理研究所等等。比如生态团鱼研究所，就要对在广元、剑阁山区的自然河沟里人工饲养团鱼的方法进行研究，创造人工与自然相结合的方法，在大自然中大面积养殖团鱼，既保证了自然生态环境，又发挥了人的主观能动性，提高了自然生态环境的利用率和产出率。科技是品质的保证。川菜科学研究院要把他们的研究成果，不断运用到川菜王国的各个项目各项工作中，起到科技带头科技引路的作用。

在用现代科学技术对川菜进行研究的基础上，要对传统川菜落后的东西进行改革。首先要改革的是烹饪的工业化。要组织开发部分菜品或半成品进行工业化生产。虽然川菜“百菜百味”具有个性化的优势，但推广起来又是劣势，麦当劳千篇一律没有个性，但推广连锁简单易行。我们应努力将两种优势综合起来，标准化与个性化相结合，想尽一切办法，组织开发川菜菜品或半成品进行工业化生产。川菜工业化生产尽管难度很大，但并不是不可逾越。事实上，现在已经有不少成功例子，如涪陵榨菜、红烧肉罐头的规模化生产就比较成功。日本人把麻婆豆腐也工厂化生产，打开听装的器具倒在锅里加热就可以吃。四川际天时公司研究开发的微波炉川菜，只要在微波炉里加热几分钟，打开就可以吃。他们用机器加工制作的粉蒸肉，与菜馆里蒸出来的粉蒸肉的味道几无二致，可它一天能生产六七万份。我们要发挥四川人的聪明才智，将川菜从小锅小灶炒、蒸、煮、炖中脱胎出来，要适应现代社会快节奏的步伐，创造同时给几万人几十万人做菜的新的烹饪方法。这是川菜发展史上的一次革命，是当代川菜同仁一项光荣而艰巨的、义不容辞的历史使命。只有这样，才能带动四川省种养殖业和农副产品加工业，川菜产业才能从种植业、养殖业、加工、营销到培训、资本、传媒，形成一个庞大的产业链，构成一个真正的强大的“川菜王国”。

川菜在连锁推广过程中的第二项改革，就是研究川菜在连锁地的本土化问题。一方面，有部分菜品要地道正宗，原汁原味，另一方面，也有一部分菜品要与当地口味、饮食习惯相融合，摒弃某些川菜菜品肉类多、内脏多、脂肪含量高、油重味重、麻辣重的弱点，做一些改进；同时用川菜的做法工艺、佐料来烹饪当地的蔬菜，创造新的菜品。比如去年风靡一时的香辣蟹，就是用川菜的做法烹饪海鲜，就是川粤合璧的新菜品。正因为如此，川菜科学研究院可以建立京派川菜研究所、海派川菜研究所、粤派川菜研究所、日本川菜研究所、欧洲川菜研究所、美洲川菜研究所、东南亚川菜研究所等等。要兼收并蓄，海纳百川，吸收全国和世界各地餐饮的长处和精华来改造、提高和丰富川菜。实际上，全国各地、海外华人都对川菜走向全国各地、世界各国做出了不少的创造，如陈建民在日本就有很多这样的创造。实际上，无论是在中国范围内还是世界范围内，菜系菜种之间都呈现杂交融合趋势，互相取长补短，共同提高。川菜科学研究院要对这种川菜与全国各地、世界各国的菜种杂交融合现象进行全面的系统的研究归纳，总结提高，变成理论，形成学问，用以指导川菜占领全国全球餐饮市场，为世界餐饮市场的大交流大融合大发展做出贡献。

还要全面引进现代企业管理制度和理念，对川菜酒店的管理进行改革和包装。现在不少川菜企业管理水平不高，菜品做工粗糙、质量随便，盛装器皿简单，员工服务松懈，这些都是向外扩张规模的障碍。一定要像肯德基和麦当劳那样，连服务生的问候和笑容都是标准化的。即使是大众化的川菜馆，也要管理规范化，质量标准化，服务程序化，提高品位和档次。

**措施之四：**

开展不断创新川菜菜品、引领餐饮时尚潮流的群众运动，使川菜在市场竞争中永远立于不败之地。

为了保证川菜永远充满活力，我们还要鼓励和保护川菜不断推陈出新，建立川菜创新机制。要在全省广泛开展创造新菜品的群众运动，发动全省人民集思广益从原料、工艺、器皿、包装等各个方面对川菜进行创新。就像巴西人热爱足球，参与足球运动一样，四川人人人都要卷进打造“川菜王国”的滚滚洪流之中，人人参与，争相创造。只有全民参与创造，新菜品才会源源不断生产出来，与时俱进。这就是“川菜王国”集团军作战的优势。整个四川作为川菜的大后方、大本营不断创造新菜品，供各大城市各个国家的连锁店使用，物质和智力资源就会永不枯竭，永葆活力。成都、重庆就成为川菜新菜品的“试吃城”，试吃之后大家投票评判新菜品的优劣和是否值得推出去连锁。川菜菜品要“时装化”。要像世界时装那样，随着季节、潮流、观念的变化而不断变化，每个季节都要发布时尚菜品。成都市和四川大小城市的川菜新菜品设计店，应该像现在的时装设计店那样普及。要开展新菜品设计大赛，设立川菜的“奥斯卡奖”，有综合大奖，有各种单项奖。获奖者要给荣誉，要在川菜史上刻上他们的名字，要给专利权。要建立起保护新菜品的名称、原料、辅料、佐料、工艺等川菜知识产权的法律法规。现在一个餐馆创造一个新菜品，不少餐馆都去模仿，结果就降低质量。以后碰到类似情况，应诉诸法律，要打官司。凡是在连锁店长期畅销的新菜品，要提取一定的专利费。





为了推动创造新菜品的群众运动，推动“川菜王国”走向世界，每年要在成都举办国际川菜艺术节，像大连国际时装节一样，形成品牌，形成声势。国际川菜艺术节既有新菜品的发布，又有川菜的原料、工艺、器皿、文化等各方面的销售、交流和项目的洽谈，实际上是川菜进军全球大市场的盛大节日，办出文化，办出水平，办出规模，办出特色，办成吸引世界食客旅游参观的盛会。同时还可以到各大城市、世界各地去巡回举办。

还要建设系统的川菜文化体系，除上述建立川菜民俗村，建立川菜大学和各种学院学校，建立川菜科学研究院和各种研究所外，还要建立川菜博物馆、川菜艺术研究院、川菜历史研究所。将这些统一规划，组成一个川菜文化城。要修川菜志、写川菜史，编纂川菜发源史、川菜近代史（如公馆菜）、川菜现代史、川菜当代史、川菜人物传记、川菜菜谱、川菜连锁经营管理等书籍。办川菜报纸（传播“川菜王国”新闻）刊物、电视节目（像陈建民在日本办的川菜寓教于乐的节目之类）。建立川菜表演艺术团，川戏也可以想法用来为川菜服务。对川菜的器皿、川菜馆的装修，要融进川西民居、三星堆、巴蜀文化等代表四川特色的内容，全面统筹、全新包装，全方位打造川菜文化。

**措施之五：**

开展现代化的资本运作，多渠道筹集资金。

要实现川菜的产业化、多元化、国际化发展，还有一个重要条件，就是要解决川菜发展的资金问题。要开展现代化的资本运作，多渠道筹集资金。我想有以下几条途径：一是国家投资，如治理污染，还原生态环境，规划和组织基地建设，建立川菜科学研究院、川菜博物馆等；二是发行债券，设立川菜发展基金；三是选择一部分川菜企业推上股市，发行股票；四是大量吸纳社会民间资本，吸引外资，组建股份制公司，投资川菜产业；五是大量采用谭鱼头模式，在连锁店所在地公开招标招商，吸纳当地资本合作投资。还可以将各地现有的一些质量不高、经营不好、口味不地道的中餐馆、川菜馆，采取兼并、联合、改造等多种形式和办法进行连锁，或者帮助培训人才、供应原料，或者转让品牌使用权，这样也可以扩大“川菜王国”的人才原料市场，为川菜原材料打开销路。

这些年来，由于川菜企业眼睛始终盯着市场，基本没有运用现代社会流行的资本运作来扩张规模，所以发展缓慢。川菜企业中3000平方米到10,000平方米的特大型店太少。上海“万家灯火”有几家连锁店，大的都是上万平方米；8家“美林阁”都在3000平方米以上，个个火爆；几家“小南国”，大的5000—6000平方米。宁波人在南京开的“向阳渔港”，10,000平方米，一天营业收入60万元。最近北京南三环路上开了一家云龙海鲜城，可以容纳10,000人就餐。在进军全球餐饮大市场的过程中，川菜企业必须打造一些“航空母舰”，出几个“火锅大王”“小吃大王”“川菜大王”，或发行股票，或联合重组，或政府扶持，采取种种办法做大做强。多有几个领头的大型企业，川菜王国的队伍就显得威武雄壮。

**措施之六：**

成立“川菜王国”统筹协调机构，有组织有计划地将川菜联合舰队推向全球。

当今，欣逢盛世，川菜在川人的手中已经得到进一步发扬光大，有许多人靠做川菜发了财，有许多人为川菜的发展做出了贡献，但是与川菜蕴藏的巨大市场和商机相比，这些分散的、自发的、小打小闹的连锁和行动都显得相形见绌，黯然失色。我们需要更多人加入到川菜餐饮业的大军里来，要有计划、有组织、有规模地推动川菜向前发展，实现川菜的产业化、多元化、国际化。要做到这一点，仅仅靠单个人的或单个企业的力量是难以办到的。只有全社会对川菜的未来有充分的认识，对川菜在推动四川经济发展中的地位和作用有正确的评价，对川菜在经济全球化中的意义有深刻的理解，同时，以战略家的气魄，把发展川菜提高到解决四川人生存和发展的百年大计、千年大计的高度来认识，动员和调动各方面的力量，把它变成几千万四川人共同的事业，才能汇成一股滚滚洪流，以前所未有的力量，推动川菜业迅猛向前发展。有鉴于此，必须成立一个统筹安排、统一协调的组织机构，政府出面，行业协会参加，对打造川菜王国的大事做出安排和统筹。

当今是市场经济潮流，餐饮业基本民营化，为什么还要成立统筹协调机构？这就必须充分认识统一作战的意义。如果各个连锁企业各自培养人才，就不能保证质量，统一标准，建立高素质的川菜人才队伍；如果各自选点建立原料生产基地，因为需求量和规模的限制，就不能按区域资源优势来科学规划和统筹安排；如果各自创新菜品，各个企业新菜品的数量就不一定能跟上市场的发展需要，被挤出市场的风险更大；如果各自为政出去连锁，实力毕竟有限，势单力薄，发展缓慢，形不成统一品牌和规模优势，更无法在每个城市建立快速周转动脉式循环的原料供应线。所以要组成联合舰队，组成跨国公司，组成“川菜王国”的托拉斯。这么一个庞大的系统工程，这么一场旷日持久的世纪战役，必须有一个统一的组织机构，对人才的培养（包括引进必要的人才）、基地建设、环境治理、品牌选择和组织、连锁布局和速度、各个产业链的衔接等等，做出规划和安排，制定出五年计划、十年规划、二十年规划、五十年规划和百年规划，统一协调部署打造“川菜王国”的全球大行动，“五年打基础，十年夺全国，二十年占天下”。

“川菜王国”统筹协调机构要统一规划川菜产业的发展，一定要处理好市场与计划的关系。市场不是盲目的，散乱的，所以要有计划。但计划也不是盲目的，不是坐在办公室里想出来的，所以要调查市场。市场和计划的关系，总的来说，要以市场为主导，以市场为纽带，要根据市场来做计划，要不断根据市场的变化来做调整。统筹协调机构是为各个餐饮企业服务的社会机构。

## 创建世纪工程　缔造千秋大业

——打造“川菜王国”的战略意义



自古以来，中国就有“民以食为天”的古训。吃的问题，是人类生存的头等大事，吃的消费是世界上最大的消费之一，吃的活动是全民人人参与天天参与的活动。吃的产业切合了环保、健康的人类永恒主题。所以，解决人类生存第一需要的产业无疑是人类的“万岁产业”。四川人打造“川菜王国”，以川菜为武器向全国继而向全世界实施“产业侵略”，建设世界级的产业品牌，实现大规模的外向型扩张，大量的人力、物资、农副产品输出，赚取省外、国外大量资金向四川回流，就能实现内向型经济向外向型经济的历史性转折。川菜产业将成为四川经济长期快速发展的保证，成为四川经济的第一大支柱产业。

什么是全球经济一体化？简单形象地说，温州人给全国人民做鞋，扬州人给全国人民洗脚，是“全国经济一体化”；丰田人、奔驰人管全世界人民走路，希尔顿、香格里拉管全世界富人睡觉，荷兰人给全世界人民种花，是“全球经济一体化”；柯达、富士管全世界人民照相，皮尔卡丹给全世界人民系腰，可口可乐给全世界人民喝水，是“全球经济一体化”；迪士尼管全世界人民荡秋千，拉斯维加斯管全世界人民赌牌，瑞士人给全世界人民戴手表，是“全球经济一体化”。所以，四川人给全世界人民做饭，也是“全球经济一体化”。川菜征服了全世界的餐饮大市场，如果我们不去一体化，让人家去一体化，我们是傻瓜。日本人将“麻婆豆腐”注册，“台北彭记川菜馆”今年1月25日在成都三友街开业后火爆一个月，这两件事都给川菜敲响了警钟：发明川菜的是四川人，能把川菜做大做强的不一定是四川人。外省人、外国人很懂得川菜可以发大财。美国总统布什吃了川菜还说几句赞扬的话，我们当然以此为骄傲，但骄傲之后别忘了给全世界人民做饭，把这个做饭的事业做大做强，把四川变成世界餐饮的大厨房。

经济全球化，需要我们起码有能够全球化的产品。没有能够全球化的产品，我们只能看着别人“化”，或者被别人“化”。产品如何才能全球化呢？美国未来学学者约翰·奈斯比特的思路是“本土化地思考，全球化地行动”，这与我们通常所谓“越是民族的，就越是世界的”有异曲同工之妙。那么，四川有什么本土的、别的地方别的国家不可替代的资源优势呢？最大的优势就是川菜。四川人再没有另一种产业能与川菜相比，能如此永恒地可持续发展。川菜是四川人手中唯一可以打遍世界的金字招牌。其他行业，哪怕是高、精、尖的产业和产品，往往都是潮起潮落，各领风骚不几年，而川菜则是千百年来绵绵不绝，生生不息。这是我们的祖先留给四川人民的一笔宝贵财富。

在打造“川菜王国”的过程中，温州人是四川人学习的榜样。21年前，没听说温州有什么鞋革优势，更不能与现在四川人的川菜优势相比，但他们就凭着一股见缝就钻、锲而不舍的精神，把温州打造成了“中国鞋都”。2000年10月15日，美国《侨报》以“解读温州人”为题，整版报道“温州是名副其实的中国鞋都，温州皮鞋已走向世界”，有“几千家大大小小的皮鞋厂”，“在法国巴黎，长期以来一直被犹太人控制的皮革业，90%已经落到温州人手中，原先500法郎一双的中等皮鞋已经降到了150法郎。法国中文报纸这则消息的标题是："温州模式的巴黎版"，"见缝就钻的温州人……就是背着传统人格锲而不舍地走向市场"。700万人的温州，"100万在全国各地，30万在世界各国"，"用无形的手为温州构筑了一个巨大的市场网络"。经济一体化的时代，就是一流产品取代二三流产品的时代。我们要用四川人的拿手好戏——优质川菜，取代那些开在全国全世界的三四流川菜馆、中餐馆甚至西餐馆，创造"川菜王国"的"巴黎版""纽约版""东京版""北京版""上海版"，打造名副其实的"中国吃都"。

在"川菜王国"连锁全球推广市场方面，洋快餐是川菜学习的老师。他们全球布点，全面推开，不放过一个地方；他们广为宣传，大造声势，逐步影响和培育固定消费群体。他们这么做成功了，我们就照他们的办法去做。在市场争夺战面前，四川人绝不能畏缩和"谦虚"。我们占领地盘连锁全球的方针是：步步为营，寸土必争。洋快餐是怎样占领我们市场的，中慢餐也要这样去占领他们的市场。麦当劳是怎样占领世界市场的，川菜也要这样去占领世界市场。市场是一步一步挤出来的。不要以为外国人个个都不喜欢川菜，也不要以为外国人个个都会来吃川菜。就像中国人不是个个都喜欢麦当劳，也不是个个都不喜欢麦当劳一样。人们的饮食结构呈多元化发展趋势，中餐和西餐、川菜和麦当劳，各有各的市场。有市场就要去挤、去争、去占、去追求和实现市场的最大化。你不去那里开川菜馆，那里的人怎么会知道川菜好吃？就是有人知道川菜好吃，你不去开店他也吃不上。广东人到海外去了，粤菜的天下就打出来了。四川人没有去，那里都有人打川菜的招牌，我们把正宗的川菜弄去了，川菜发展起来比粤菜更快。

在打造"川菜王国"的过程中，重庆是我们合作的伙伴和战友。重庆虽然在行政上与四川分开了，但川菜是巴蜀人民几千年共同创造的，是无法分出去的。重庆人现在做的菜吃的菜还是川菜。重庆人性格豪爽，敢于创造，他们对川菜的创新和发展做过许多不可磨灭的贡献，他们闯天下打市场的意识和能力也不亚于成都。重庆人善于创新，成都人善于提高，川渝联手创造了今天川菜的辉煌。所以，打造"川菜王国"，是四川和重庆共同的任务。在连锁全国连锁全球的漫长过程中，川渝企业要互相切磋，互相支援，携手合作，并肩作战，共同发展。川军渝军共同进军，占领世界餐饮大市场的声势更大速度更快。

我们来算一笔账。如果我们开10,000家连锁店，平均每家店每天20,000元营业收入，一天就是2亿元，一年就是730亿元。如果开20,000家连锁店，一年就是1460亿元的营业收入。如果1元销售带动10元相关产业链的销售，那就可以增加10,000多亿国民产值。

现在的四川还没有一个在国际上有很大竞争力的跨国公司。如果我们用川菜连锁全球，"川菜王国"拥有的就不只是一个有竞争力的跨国公司，不只是一个由许多跨国公司组成的集团公司，而是一个又一个的跨国托拉斯。如果运作得好，一二十年时间，"川菜王国"的火锅托拉斯、小吃托拉斯、品牌托拉斯、原料托拉斯等，就可以挤进世界500强。遍布全球的川菜连锁店，更是一个带动川酒、川茶、川药等全面发展的市场经济网络。

打造"川菜王国"，是一个包括农民、包括家庭妇女，人人都使得上劲的事业。川菜产业是无公害产业，是对自然资源最有效的科学利用，符合国家西部大开发的大政方针。在世界经济全球化进程加快的今天，在面临西部大开发的最好历史机遇之时，四川人缔造世界瞩目的“川菜王国”，功在当代，利在千秋。

川菜是四川人的宝贝，川菜是四川人的骄傲，打造“川菜王国”，进军全球餐饮市场，把最好吃的东西奉献给世界人民，解决四川人世世代代的生存和发展问题，让人类吃出水平，吃出健康，这是我们的川菜业在未来几十年到一个世纪要达到的宏伟战略目标。

一个重大的千载难逢的历史性发展机遇出现在当代四川人的面前。机不可失，时不再来。它考验着我们的胆识和魄力，也考验着我们的组织能力和管理能力。我相信，四川人有这样的胆识和气魄，四川人有这样的组织能力和管理能力，四川人能指挥好这场征服世界连锁全球的大战役。尽管前进的道路上可能不会一帆风顺，但最后胜利是属于我们的。“川菜王国”最后必将巍然挺立在世界餐饮大市场。

# “川菜王国”卷起千层浪

谁也没有想到，这篇文章发表以后，掀起了一场四川经济发展史上从来没有搅动过的川菜风云，牵动四川经济发展的大讨论，形成了一股强大的经济冲击波，而且这场讨论还超越了时空和地区的界线，引起了国内外的广泛关注。

时间已经过去了十多年，为了说明情况，这里引用记者杨金凤、杨菁芝、肖云《“川菜王国”冲击波》的部分内容，以窥一斑——

**春天里的一把火**

2月25日上午不到11时，成都羊市街西延线“餐饮一条街”上已经见不到《华西都市报》的影子。散发着油墨香的报纸刚一上市，便被抢购一空。一位长期卖报的摊主开始没注意，后来发觉迫不及待前来买报纸的大多是些餐饮店的老板，开口都是几份几十份地要。

《华西都市报》的忠实读者胡晓涛家住府南新区，平时都是中午回家时买份报纸，奇怪的是连跑了七八个报摊，都没有了。他凭直觉，感到今天一定有重要事件发生，他跑到旁边的一条小街上买下两份报纸，一口气读完《倾力打造“川菜王国”》，顿觉“热血沸腾，眼前一亮，十分震撼”，立即通知好朋友们“快去学习”。也有些人第二天才“醒过来”，想买报纸买不到，只好跑到订户的家里收购，1元钱一份，而胡晓涛一位姓范的同事，因出差，回来后看到报纸爱不释手，当场就拿去复印，没想篇幅太大印不清晰，就花10元钱逼着胡晓涛卖了一份报纸给他。成都市内其他零售摊点的《华西都市报》同样很快就被读者一抢而空。中午，市中心商业场附近的复印铺人满为患，拿着报纸前来复印“川菜王国”文章的人排起了队。成都街头巷尾重现了“洛阳纸贵”的罕见场景。

《倾力打造“川菜王国”》一文甫一问世即在四川餐饮业界呼啦啦点起了一把火。正在成都召开的全省农业局长会议，转头就“川菜王国”的构想展开专题讨论；深圳蜀风园老总打来长途电话，请求无论如何给他寄去一份当天的《华西都市报》，几天后，他又专门乘飞机赶到成都来访问该文作者席文举。

25日上午，四川烹饪高等专科学校正在进行本学期的开学准备，很多学生尚未放下行李，就从老师和同学那里听到了关于“川菜王国”的议论。下午，老师同学们三个一组，五个一群，手执报纸，热火朝天地展开了讨论。第二天，在新生开学的第一堂课上，从教22年的特级技师杨文用拿着“川菜王国”的报道向新生们开始了“入学教育”。她说：“同学们，你们迎来了川菜发展的最好时机，此前从没有过如此好的舆论环境，从未有人把餐饮业的地位提到如此的高度，更没有人拿出一个让人如此心动的非常具有操作性的宏伟蓝图，川菜的春天到来了……”课堂上数次响起了经久不息的掌声，许多学生饱含热泪，情不自禁。





25日，重庆小天鹅总裁何永智打开《华西都市报》，一口气读完头版头条的报道后，立即吩咐部下“去把楼下报摊上的《华西都市报》全买了，公司管理人员今天全部学习报纸”。随即，她以重庆市火锅协会会长的身份，一一拨通了各大成员单位老总们的电话，通知他们这个消息。当天，在重庆的《华西都市报》不到下午3点便从各大报摊上消失。何永智还驱车出发，把报纸分别送到了分管餐饮的重庆市许副市长、副秘书长、市商委主任等三位领导的办公桌上。送完报纸，她又挂通了许副市长的电话，急切地说：“四川出了个打造川菜王国的重大策划，咱们重庆可怎么办？”一讲就是整整一个小时。

下午，重庆餐饮业界已经炸开了锅。当晚，重庆小天鹅总裁、重庆市火锅协会会长、重庆餐饮高峰会会长何永智就召集陈川粤、菜根香、陶然居、唐肥肠等重庆餐饮名店开会。许忠民副市长在报纸上作了批示，将它转交给重庆市商委主任。26日，何永智又以重庆市火锅协会的名义召集苏大姐火锅、德庄、清华大酒楼、维也纳等火锅协会会员单位座谈，《重庆晨报》《重庆晚报》《重庆商报》《重庆青年报》等当地媒体记者全到了，众餐饮老板群情激昂，人手一份《华西都市报》，畅谈到很晚。重庆的餐饮老板们对打造川菜王国构想的提出感到极大的振奋，赞不绝口，同时又有些遗憾，认为“川菜王国”文中只提了四川，忽略了重庆。

从25日早上开始，《华西都市报》热线电话应接不暇。内江、泸州、宜宾等省内各地纷纷发来热情洋溢的电话、传真和文章。一份来自美国纽约的传真上写道：“我是美国华文报纸的一名记者，刚才上班打开互联网（我们这里与你们的时差约相差12小时），看到贵报的文章，令人十分震撼和激动，文章高瞻远瞩，道出了众多海外华人的心声。如果需要，我们将在遥远的大洋彼岸配合采访报道，共同为‘国菜’的连锁全球尽绵薄之力……”

“报纸当成文件学”，几乎不约而同地成了全省餐饮企业的自发行动。省餐饮娱乐行业协会执行会长何涛惊呼：一篇报道让整个行业为之振奋，为之团结一致，为之群情激昂，这在餐饮行业的发展史上实属罕见。

在四川众多餐饮企业老板的强烈呼声下，3月28日，盛况空前的“倾力打造川菜王国”川渝品牌餐饮企业联席会在成都召开。川渝两地近200家知名企业老总和四川烹饪、餐饮界知名人士蜂拥而至，一些与餐饮无关的企业老板和市民也来旁听，远在泸州、自贡的餐饮企业不请自来，会场里的座位爆满，很多人只好站着参会。会上群情激昂，出现了多年未见的参会代表争先恐后上台抢话筒发言的场景。

“川菜王国”重大产业构想的提出还引起了四川省、成都市高层领导的极大重视。《倾力打造“川菜王国”》一文见报的第三天，成都市市长在成都市两会会场——金牛宾馆，约见了席文举。四川省副省长王恒丰也对“川菜王国”构想表示了极大的赞赏和支持，直接参加了3月14日召开的“川菜标准化、规模化暨市场开拓研讨会”。他说：“倾力打造‘川菜王国’，既是社会各界关注的焦点，也是四川经济的亮点，这个问题抓得好！文章中关于川菜规模化连锁经营的构想，更是抓住了川菜产业化的‘要害’所在，是省内餐饮业努力的方向。”

为什么一篇文章具有如此的磁石般的凝聚力和火山爆发般的冲击力？究竟“川菜王国”拨动了人们的哪股神经？究竟是何等魅力吸引了社会各界的眼球？

老成都公馆菜的老总黎华白对此做了一个精彩的回答。他在餐饮企业联席会上第一个冲上讲台，激动地说：“《倾力打造‘川菜王国’》震动了餐饮界！震动了教育界！震动了政界！……席文举提出了一个战略性的课题，四川人为全世界人民做饭，这是一个震撼性的事情，这个话题提得太好了！目前，洋快餐在中国餐饮总营业额中已经占据了半壁江山，川菜必须抓住中国入世的大好时机展开一场革命，实现新的辉煌！”

还有人说：《倾力打造“川菜王国”》第一次创建了川菜产业化的完整系统的理论体系，发出了振聋发聩的四大宣言：“优选几十个品牌川菜组成联合舰队连锁全球”；“重新安排四川河山，建立世界上最大的川菜生态原料基地”；“用现代科技为武器发动一场川菜大革命，实现川菜的产业化和川菜教育的产业化”；“创办世界一流的餐饮高等学府——川菜大学，培养大批量的高素质的川菜人才”。

也有人说：它独具慧眼，第一次把人们“没拿正眼看过”的川菜，提到了四川人必须靠它去“征服世界”的地位。

更有人说：它向所有渴望发展的四川人发出了第一声有力的呐喊，“走，带着我们的川菜，闯世界去！”

红星大酒楼董事长韩维永说：《倾力打造“川菜王国”》触及到了所有川菜老板的灵魂，“做大做强既前景诱人，又是我们这一代川菜人的责任和使命，更重要的是，不能再缓慢发展了，你不赶前，别人就超前了……”

来自各界的声音汇成一句话：《倾力打造“川菜王国”》是川菜发展史上的一座里程碑！它是宣言书，是进军令；它拨云见日，使川菜企业从混沌中明亮，在蒙胧中觉醒。

### 连锁大潮逐浪高

《倾力打造“川菜王国”》的号角刚刚吹响，川菜连锁浪潮便迅速掀了起来。这场连锁全省、连锁全国、连锁全球的浪潮来得之快是人们始料未及的。

“一语惊醒梦中人”。首先觉醒的是那些原来思路不甚清晰，没有意识到川菜产业巨大前景的人。读了“川菜王国”的文章后，他们马上来了个“脑筋急转弯”，迅速调整企业发展思路，向餐饮行业进军。重庆菜香缘董事长余斌是一位搞旅游的年轻人，以前一直把搞餐饮当作副业，虽然菜香缘在重庆的三个餐饮直营店门庭若市，生意甚好，但他却没有继续扩张开连锁店的打算，多次把找上门来要求合作开连锁店的加盟者拒之门外。《倾力打造“川菜王国”》一纸报道令余斌茅塞顿开，他当即调整了思路，将企业重心转到餐饮业上来，还以《倾力打造“川菜王国”》一文指出的连锁思路为依托，研究布置了今年发展的“四大战役”：迅速发展全国连锁，第一站进军成都，目前已经在金牛区选好了店址；高薪聘请MBA人才来管理菜香缘，出资让几个厨师长外出考察学习；成立菜品研究中心，进行厨房大革命，建设与国际接轨的现代厨房和配送中心；向有实力的企业出让部分股份，加速资本扩张。





长期以经营高档粤菜著称的成都牡丹阁酒楼的林凤集团老板，在读到《倾力打造“川菜王国”》文章后，多次组织集团领导班子开会讨论这篇文章，然后做出重大战略调整，转重点经营粤菜为重点经营川菜，在成都、北京、深圳等地推出牡丹阁精品川菜，其中北京店的规模将达7000多平方米。与此同时，林凤集团还将利用其跨国公司的优势，在美国纽约、夏威夷、洛杉矶等地建立海外分店，总投资将达数亿元之巨，力争用10年时间，完成其“精品川菜”遍布全球的战略构想。

原来就在发展连锁的餐饮老板心情也变得更加急切了，看到商机被点破了，便产生了前所未有的危机感，从而调整计划，加快连锁行动的步伐。老成都公馆菜、炉子火锅、谭鱼头、老房子……众多品牌企业都开始了马不停蹄的国内、国际考察。老成都公馆菜与西安、北京、石家庄、深圳等地的20多家企业、投资商频频接触，商谈加盟；张弓酒业集团与其合作的郑州加盟店，投资600多万元，营业面积2000多平方米，开业在即。谭鱼头董事长谭长安已经马不停蹄地考察了8个城市，他今年的目标是在国内新开30家连锁店。陈麻婆豆腐立马要在台北开店，并以此为据点，制订了“连锁台湾”的计划。

《倾力打造“川菜王国”》一文通过互联网和各种传媒迅速传播开来，在海内外产生了很大的影响。日本FBD株式会社会长山田清司先生，从网上看到《华西都市报》关于倾力打造“川菜王国”的报道后，专门来电话说，他将于4月26日成都与东京开始通航后，带一班东京的“川菜迷”乘坐东京飞成都的第一趟航班专程来蓉，与“川菜王国”的倡议者、本报总编辑席文举共商川菜的“全球化策略”。他兴奋地说：“我是在日本靠做川菜起家的。我常常在想，一定要学到川菜的精髓，绝不能给川菜丢脸。我非常欣赏席文举先生关于川菜发展的绝妙构思，我将会带上东京的‘川菜迷’来成都拜会席先生！并邀请他一道到东京考察日本的川菜业。”厨师出身的山田清司身兼中日合资蜀丰百菜百味餐饮管理发展有限公司的董事长，这家在成都营业的中日合资川菜公司是蓉城较早的一家日本“川菜公司”。百菜百味计划年内在日本连锁50家“正宗川菜店”，除了在仙台、横滨等地插上正宗“川菜大旗”外，大阪的一家麻婆豆腐店和两家川菜馆也将于5月开业。

国内、国外许多人和单位纷纷主动找上门来，要求与文章中点名的品牌店合作开连锁店。这种来势凶猛的主动加盟热潮令品牌企业们应接不暇。炉子火锅在合作方的强烈要求下已经开进了上海滩。老房子与巴谷园的老总被热情的加盟方拉到沈阳、天津，承诺只要合作，一切条件都好谈。在快乐老家，办公室电话成了加盟热线，要求加盟的企业之多，总经理说："如果要逐一考察至少要排上3个月。"在卞氏菜根香的总部，每天都要送走两三批拿着《华西都市报》前来商谈合作事宜的各地客商，让他们不得不专门成立接待班子专干此事。韩国SK集团也在与谭鱼头进行合作的接触。巴国布衣原本放弃的美国连锁计划又重被点燃，欣然接受了美国诺克斯维尔市市长到该市去开川菜连锁店的盛情邀请。红星大酒楼以前曾经数次到英国考察开店，但一直下不了决心，现在，英国ELI国际控股董事长亲临成都，邀请红星大酒楼将家常川味搬到英伦三岛去。泰国一位企业的副总经理盛邀钦善斋去泰国开店，甚至连开店的地址都选好了。泰国泰林国际控股有限公司的总经理在看到《华西都市报》后，来到光头香辣蟹成都店考察，仅用两天时间，就敲定到泰国曼谷开办光头香辣蟹连锁店的意向协议……

品牌川菜企业面对国内外汹涌而来的加盟轰炸，既满腔热情，也高度冷静。他们也认为在连锁过程中应结合自身企业发展现状，不可盲目求快求大。飘香董事长肖明认为，只有保证每一家加盟店或连锁店保持旺盛的市场消费，川菜的品牌才能越擦越亮，"川菜王国"也会越加壮大。

### 一纸筹划答百卷

"川菜王国"构想同时在策划界引发了一场脑力激荡。众多策划人士认为这是一个经典案例，纷纷对之进行研究和分析。四川省中华食品文化研究会常务副会长张昌余激动地说："倾力打造'川菜王国'是气魄宏大、视野阔大、意义重大的战略策划；是立意高超、遣词高妙、影响高远的战术原则；是具有灵气、富有豪气、蕴蓄霸气的战役动员。每个人读它都会如沐春风，心摇情动！"

2月26日，内江市委宣传部薛长林在给席文举的一封信中说道："25日晚读了大作《倾力打造'川菜王国'》真可谓夜不能寝。您在四川投放了一枚原子弹，受震撼的绝不仅仅是四川人，由此形成的冲击波和造成的影响必将日益显现……您为四川决策者们献上了一份上乘的计策，所提建议切实可行，行之有效，您为谋士们展示了一篇范文，从立意到谋篇到文字，堪称典范，值得效法 。"

一位在海外8年的留学生也在给席文举写来的信中说："你高瞻远瞩、高屋建瓴，以企业家的目光和政治家的远见，为西部与世界经济一体化的第一步做出了一个英明的'选项'。"

业内人士认为，把川菜确立为四川迎战WTO的"首选项目"，是对四川经济与产业现状的准确判断与把脉。这个项目是本土独有的，外地、外国人只能学习、仿效我们。"川菜王国"是以己之长克人之短的战略决策。当今，全世界都想在电子、航天、生物、信息等"高、精、尖"行当内独执牛耳，我们若非要去追赶潮流，必定是以卵击石。因为，从经济基础到企业结构，从人才优势到管理水平，四川在这些竞争激烈的产业领域内与国际最高水平根本不在同一层面上。打造川菜王国，正是四川面临WTO挑战和机遇如何突出自身优势，切实调整整体产业结构的一纸宏大策划。文章第一次用全球化的目光、本土化的思考，给四川的餐饮行业人士上了最现实的一堂课：四川有什么本土的、别人不可替代的优势资源？有什么可以永恒的可持续发展的产业？“川菜王国”一纸策划给四川“点了穴”：川菜就是四川省的“金”字招牌！

《倾力打造“川菜王国”》一文不仅使餐饮行业人士思路为之开阔，也使川菜企业家们认识到，川菜大革命是一项庞大的系统工程，实现川菜连锁全球是“川菜王国”战略构想的最高境界，这个终极目标并不是一下子就可以全盘实现的，还必须脚踏实地，从培训优秀川菜人才、建设川菜原料基地、提高川菜科技含量，实现现代化企业的经营管理等许多个方面去着手实施。

在“建设川菜大学”的强大舆论推动之下，一个多月的时间内，四川烹饪高等专科学校已经是三易扩校方案。烹专原来拟定的扩校方案是在60亩的基础上扩展为100亩。“川菜王国”见报后，烹专立即调整发展战略，将原有的新校舍扩建计划增加到300亩。郫县县长、县委书记更是“六顾茅庐”请烹专的新校落户郫县，该县县委书记陈正民提出，烹专的新校区应该建1000亩。双方一拍即合，烹专与郫县政府签订了1000亩地的合作协议。正当烹专做高起点规划的时候，又传来了柯尊平副省长关于发展川菜教育的批示，更使他们的信心倍增。“川菜王国”提出要办川菜大学，几天以后，省政府就批给烹饪专科学校1亿元，支持培养川菜人才。

“用现代科学技术为武器发动一场川菜大革命”的策划则得到了众多在川菜产业化上做出尝试的企业的共鸣。际天时公司总裁李鼎巍是第一个吃川菜产业化螃蟹的人。他用6年时间初步搞了一个川菜工业化生产线，目前已经研发出37种成熟的川菜微波炉食品，每份价格不到8元，提出了“1美元请个川菜大厨回家”的口号。受“川菜王国”的鼓舞，他们又加快了发展步伐，年内，微波炉川菜将首次进入日本和韩国市场，并通过超市连锁店送到全国一半以上数量的大中城市。目前，新西兰、加拿大、美国等地拿钱上门来希望买断区域经销权。老成都公馆菜最近也与际天时公司谈判，对公馆菜的菜品进行工业化的研制开发，把厨师手艺变成工艺化流程。四川雅士公司立项投入数百万元，计划在年内推出川菜调味品系列……

“川菜王国”的策划，真可谓是点石成金，一呼百应，一案答百卷！

### 川渝餐饮企业会师“川菜王国”

媒体是时代的晴雨表。打造“川菜王国”的热潮一浪高过一浪，也成了各种媒体追逐的热点。四川媒体自不消说，香港《文汇报》、美国《侨报》等媒体也席卷而来。台湾报纸刊登了《倾力打造“川菜王国”》的摘要。著名节目制作人、主持人凌峰先生看到文章后激动不已！凌峰原来以电视系列片《八千里路云和月》出名，现在正在做《八千里路吃四方》的电视节目。“川菜王国”与他的“吃遍四方”的节目正好合拍！这可是个千载难逢的大好事。他将《八千里路吃四方》节目与“川菜王国”联合起来做，立即携带摄制组马不停蹄地奔赴四川采访。

重庆新闻界更是来了一个打造“川菜王国”的总动员。文章见报后的第二天，

《重庆晨报》和《重庆商报》分别以整版和1/4版的重要篇幅报道了重庆餐饮业界讨论“川菜王国”的消息。《重庆青年报》在2月26日、3月2日开辟餐饮专栏报道四川打造“川菜王国”的事情。重庆晨报召集20多家餐饮企业，先后举行了两场“重庆餐饮业发展研讨会”。会议主题是：四川老大哥已经行动起来了，我们重庆怎么办？关于重庆餐饮发展的专题报道连续一星期在该报重头推出。3月28日，重庆晨报还派出餐饮记者，随同部分重庆餐饮企业代表一起奔赴成都参加品牌餐饮企业联席会。

大大小小的重庆餐饮讨论会开了四五次，“川菜王国”迅速升温成为重庆媒体的热门话题。3月7日，小天鹅总裁何永智专程到成都会见席文举，并代表重庆餐饮界盛邀成都川菜同行到重庆参加成渝餐饮对话会，共商打造“川菜王国”大计。重庆餐饮老板热情高涨，在重庆烹饪学会副会长陈川粤的提议下，积极筹划起组织重庆餐饮老板与成都餐饮老板对话会的事情来。众老板商定：将派代表以警车开道到三家坡去迎接成都餐饮代表的到来，再分派十几个老板在陈家桥收费站等候，所有重庆媒体闻讯后都表示将派记者出动全程报道此事。后来，因为种种原因，席文举和成都餐饮代表未能成行，重庆老板们十分遗憾。

“川菜王国”报道之所以在重庆餐饮业界引发剧烈震荡，背后有着深刻的历史渊源。以前，重庆与四川是一家人，双方共同培育、发展了博大精深的川菜体系，后来川渝从行政上分开了，一些餐饮老板抱着另立山头的念头，产生了将重庆菜从川菜体系中“独立”出去的想法。重庆川菜和成都川菜的门户之见由此产生。双方的市场竞争态势各有短长：重庆餐饮企业善于创新，在原有传统川菜的基础上开发了许多新菜品，而成都餐饮老板们则深谙市场营销和产品包装术，重庆老板创造的新菜品在重庆本地打不响，被成都老板“拿来”包装宣传后往往就一炮走红了。

成渝川菜企业之间这种微妙的局面被《倾力打造“川菜王国”》的文章彻底打破了。重庆餐饮老板们的第一个反应就是：四川人提出了打造“川菜王国”的宏大产业构想，咱们重庆人为什么没有想到呢？在产生强烈认同感的同时，他们也产生了一种强烈的危机感和竞争意识，四川开始整体包装打造川菜品牌的行动，重庆川菜如果坐视这个良机不顾，那对于他们自身的发展是不利的。识时务者为俊杰，只有巴蜀联手共同打造“川菜王国”，才能将川菜这个两地共有的财富资源做大做强。

富于戏剧性的是，5年前，重庆刚刚直辖后，中央电视台出于关注川渝两地关系的角度，在1997年3月24日发表的评论中说：“川渝分家后，重庆和四川还要共说四川话，同吃四川菜，以后，难道还要分出重庆话、重庆川菜来吗？”5年后的同一月，3月12日，重庆青年报在组织数十家餐饮老板座谈后，以头版半版再加两个整版的篇幅推出《川渝联手打造“川菜王国”，重庆人甘为急先锋》的大讨论文章，同时还配发新华社重庆新闻信息中心主任徐宁的一篇评论文章《做大事要有大胸襟》。现将此文部分摘录如下：

“《华西都市报》一篇打造‘川菜王国’的报道激起重庆烹饪界千层浪，一时群雄竞起议论纷纷，足见这还算得上是件大事。

“做大事就要有做大事的胸襟，‘重庆川菜’‘渝派川菜’‘重庆菜’的创见倡导虽然颇有自强的架势，但气度却似乎小了些。遥想当年，八大菜系名厨齐集抗战陪都重庆，川菜博采众家之长，经8年熔炼，终于形成‘一菜一格，百菜百味，调味变化丰富，以麻辣见长’的独特风格。祖宗先辈打造川菜是何等胸襟？今天的我们在发扬光大之时又为何如此小气，横竖要给川菜贴上‘重庆’‘成都’的标签，非要在成渝两地间争老大？……

“近几年川菜进军全国，往往是重庆人创新，成都人做大。创新与做大都为打造‘川菜王国’垫了底。这次成都又占了先，振臂一呼天下应。对《华西都市报》的此番举措，重庆人该沮丧，还是欢呼？沮丧是因为别人占了先；欢呼是由于看到新的机会，当然我们该欢呼：机会来了！成都造势，重庆搭车，联手打造，共同分享。毕竟我们面对的是庞大的世界市场，为什么川渝两地的同行不组成一支强大的联合舰队，组合重庆人开发新菜品的天才和成都人长袖善舞的经营头脑，强势攻入大洋彼岸，岸那边丢进收款机的可是美元、欧元和英镑。WTO来了，打造‘川菜王国’，谁听了都心跳，话说回来，我们的川菜离产业化还差得太远，学习比业内关起门来争老大对我们更有用……自强的人从来不怕别人强大，而是善于联合强大的人让自己更强大。今天，成渝两地的我们在思考打造‘川菜王国’，这实在是一件大事。凡大事都得从根做起，先得把这些带根本性的问题弄弄明白。”

纷争5年之久的渝菜门户之见，因为《华西都市报》一篇《倾力打造“川菜王国”》从此画上了一个圆满的句号。重庆川菜不想再搞“山头主义”了，川渝联手打造“川菜王国”成为两地餐饮企业的共识，川渝川菜呈现前所未有的大团结局面。重庆清华大酒楼老总曾清华本想在重庆再开两家精品川菜店，连地址都选好了，看了席文举的文章后，却改变了主意，决定到成都去开店，还要把总部也搬到成都去。苏大姐火锅、德庄、秦妈火锅等都在积极策划到成都发展。小天鹅8月份就将在成都开业一家面积达8000平方米的宾馆带火锅大酒楼 。众多重庆餐饮老板说，川菜是川渝两地共同创造的一个大菜系，很难分开，我们要联合起来，共同发展，把川菜这个巴蜀两地共有的瑰宝做大做强。成见已被摒弃，前嫌冰消瓦解。川渝两地的餐饮企业终于在“川菜王国”这面大旗下胜利会师。川菜发展史上必将记下这精彩的一笔。

《倾力打造“川菜王国”》的影响是长期的。“川菜王国”的策划方案，就像向川菜产业下达了向全国和全世界餐饮市场大进军的号令一样，他们马不停蹄地向全国和全世界餐饮市场疯狂进军了。川菜产业很快驶进了高速发展的快车道。川菜在几年之间抢占了全国相当大的餐饮市场，占据了餐饮市场的半壁河山。

几个月以后，东南亚举行一个什么世界餐饮大赛。成都川菜行业因为沉浸在打造“川菜王国”的氛围中，群情激奋，推举了一批知名川菜菜品前去参赛，要去为“川菜王国”争夺荣誉。临行前，餐饮协会举行了一个隆重的欢送仪式，请我去为其助阵。主持人宣布：“下面，请‘川菜王国’的国王、华西都市报总编辑席文举讲话！”全场掌声雷动。我怀疑我听错了，怎么一下我变成了“川菜王国的国王”了？

两年以后，有一个人来找我，说他办了一个川菜网站，要请我当顾问。他本来是一个律师，开了一个律师事务所。《倾力打造“川菜王国”》发表的时候，他并不知道。半年多以后，他在一个朋友那里看到了打造“川菜王国”的文章，十分激动，他就决定不做律师了，要去做川菜了。这篇文章改变了他的人生航线。可他又不懂川菜，想来想去，最后就办了一个川菜网站。因为办了网站，慢慢对川菜熟悉了，一些川菜餐馆就请他去讲课，他讲课全部就是背打造“川菜王国”那篇文章的内容。他对我说，他能把《倾力打造“川菜王国”》全文三四万字倒背如流。他说，川菜老板读了这篇东西就像吃了摇头丸一样，两年过去了，“摇头”不仅没有停下来，还不断有人加进去“摇头”。他就是后来卷进来“摇头”的一个。

# 思维方法库的“淮海战役”



### “川菜王国”序言独占鳌头

《倾力打造“川菜王国”》发表以后，社会上各种人都在研究这篇文章的特点和怎么写出来的。这些分析，都打上了他们知识结构的烙印。

老成都公馆菜有限公司董事长黎华白和副董事长李保钧，都是大学中文系的教授。他们写了一篇《搅动川菜风云 推动四川经济跨越式发展——解读〈倾力打造“川菜王国”〉》的文章。文中说：“作者是一位新闻人，我们读过他的《新闻批评心理学》《报纸策划艺术》《敲门发行学》和他主编的《黑马雄风》，可以触摸到作者呼之欲出的创造性思维和屡试不爽的新闻敏感。也许正是这两点成全了他的新闻人格：以一个新闻从业者的新闻敏感和责任心及时地发现问题，并以创造性思维去如实地生发它、发挥它和论证它。这也许就是这篇研究川菜产业的行业性很强的经济学论文和政策性研究报告，却由一个新闻人写出来的原因吧。”“毫无疑问，它将在川菜发展史及四川经济发展史上留下它‘黑马’式的身影。”

研究的文章和意见很多，总的说来，虽然各有各的说法，基本上都局限于就川菜论川菜。

在讨论“川菜王国”的文章中，有一篇十分独到的文章。这篇文章就是王恒丰副省长为《倾力打造“川菜王国”》一书写的“序”。《倾力打造“川菜王国”》发表以后，人们争相抢看，一时洛阳纸贵，复印排队，手抄本几十种。四川科技出版社过去出版了很多川菜的书，他们也将《倾力打造“川菜王国”》出书。书的序言独出心裁，专门分析《倾力打造“川菜王国”》在思维方法上的艺术，不是重点讲川菜，而是重点讲思维，讲这个川菜王国是如何“思维”出来的。

我们读一读《倾力打造“川菜王国”》的《序》吧——

#### 序

2002年2月25日，《华西都市报》发表了席文举同志撰写的《倾力打造“川菜王国”》一文，这一天很可能要成为川菜发展史上一个重要的日子。

《倾力打造“川菜王国”》及时抓住中国加入世界贸易组织这一契机，紧紧把握全球经济一体化的脉搏，以战略家的胆识和气魄，适时地提出了“四川人为全世界人民做饭”“建立一个全球化的‘川菜王国’”的宏伟构想。文章资料翔实，论证充分，想人之所不敢想，言人之所不能言，具有令人心悦诚服的逻辑力量。这篇文章发表以后，在四川盆地和全国一些地方，甚至世界上都产生了很大的反响。业内人士群情振奋，业外人士拍手叫好。有些企业和部门组织员工认真学习、反复讨论 。从四川省政府，到下面一些市、县的领导对它都给予了足够的关注和重视。其影响无疑是巨大的。

为什么这篇文章能产生这样大的影响呢？我想，至少有以下几个方面的原因。

从思考的空间看，席文举同志是站在全球的高度来认识川菜的。四川人生活在盆地里，这种地理环境容易形成一种封闭的思维方式，看问题的视野不够开阔，联系不够广泛，过去说的“盆地意识”就存在这个问题。席文举的这篇文章则远远跳出了盆地。他首先由全球餐饮市场上中餐的火爆情况想到了川菜，又由川菜的全国化推及川菜的全球化，完全不受川菜之“川”的束缚和限制。这就把一个原本地域性很强的菜系一下子提升到了世界各国人民都可以共享的高度，把仅仅局限在一定空间范围内的川菜市场一下子扩大到了整个地球。去年底，我在接受香港《大公报》记者采访时就曾提出要把川菜推向海外，让川菜走向世界。因为川菜有群众基础，能够适应社会多样化的需求，这正是它走向世界的优势。所以应该说，席文举打造川菜王国的构想站的角度很高，瞭望的视野很宽，高屋建瓴，气势就不凡了。

从思考的时间长度看，席文举不仅把川菜作为一个全球化的产品，而且还思考了它的可持续发展问题，提出了办川菜大学、川菜科学研究院，重新安排四川河山，组织联合舰队进军世界市场等一系列川菜全球化的具体战略。这些战略如果实施起来，是几代人才能完成的事情；如果真正完全实现了，则将成为一项造福千秋万代的大业。这种思考，就不仅使川菜在空间上全球化了，而且在时间长河里，成为四川人世世代代生存发展的一个产业支点。这就难怪很多人要为之倾倒、为之兴奋不已了。

从策划所涉及的领域来看，席文举所策划的不是一厂一店，而是跳出一厂一店和川菜行业，跳出一个产业，策划了一个庞大的产业群。他把四川的农业、种养殖业、加工业、旅游业、工业、服务业、教育产业等等都以川菜为纽带巧妙地、有机地整合到了一起。四川是一个人口大省，人口问题一直是困扰四川经济发展的一个难题，川菜作为一个劳动密集型产业，如果规模化地经营和发展，就能有效地解决这个问题。四川也是一个农业大省，如果把以川菜为纽带的这个产业链发展起来，我们这个农业大省就会变成餐饮农业大省，最后变成经济强省。据统计，2001年，四川餐饮业创造的年销售收入就高达260亿元，这还不包括熟食制品和川菜工业化制品，并且它是连续几年以18%或18%以上的速度增长，很多行业都望尘莫及。这既是我省积极拉动内需、启动消费的成果显现，也是餐饮市场空间巨大、前景诱人的外在表现。打造川菜王国的构想，无疑抓住了四川经济发展的“要害”之处。从这个意义上说，席文举的《倾力打造“川菜王国”》对四川经济的发展应该是一个贡献。

正因为如此，所以从策划的层次来看，席文举不仅推出了一批川菜的品牌企业，而且还策划了一个产业链，不仅有抽象的理论分析，也有具体的操作方法，不仅有宏观的战略性的构想，也有微观和中观层面的实施策略，从而构成了一个完整的策划体系。

川菜作为一个菜系已经存在很多年了，为什么没有人搞出这种大手笔的策划呢？我想，一是因为信息闭塞，对世界餐饮市场的现状缺乏了解，对发展趋势缺乏研究；二是很多人受盆地意识的束缚，思路打不开，没有想到川菜可以做这么大一篇文章；三是专门从事川菜或经济研究的同志往往局限于某一具体领域，跳不出来。

仅仅从思维方法来说，要搞出这样的策划，策划者在抽象思维和形象思维两个方面的能力还要非常发达、非常强才行，哪一方面的能力弱了都产生不了这样的策划。没有很强的抽象思想能力，要破除自古以来"君子远庖厨"的观念，产生"厨师是专家"的思想是难的；没有很强的形象思维能力，要产生"重新安排四川河山"的思想，也是不可想象的，如此等等。同时，无论哪种思维能力，其致思方式必须是"裂变式"的（不仅仅是发散式，也不仅仅是聚合式），即能够由一个事物思考裂变出一系列新的事物，才能把这么多的要素组织到一起，由川菜这个菜系构想出一个令人神往的"川菜王国"来。这两个方面的主观条件具备一个方面的人不多，两者都具备的更是凤毛麟角。这恐怕正是很多人同样具有走南闯北的丰富经历，同样具有丰富的知识和学问，却构想不出"川菜王国"这样绝妙策划的重要原因。

### "川菜王国"构想的来龙去脉

我关于"川菜王国"的思维构想，不是哪一天的突发奇想，也没有做过具体的采访，而是通过各种各样的印象和信息的积累，一天天慢慢形成的。从哪一天开始，都搞不清楚了，至少是四五年以前甚至更早的时候了。

第一个给我思想上造成深刻印象的，是我几次出国以后，感觉到处都是中国人，就是很少有四川人。但是也发现，虽然没有四川人，可到处都是川菜馆。无论美国还是欧洲，还是其他地方，即使是一个小镇，总会碰到川菜馆。那些地方的人只知道川菜，不知道四川。川菜远远比四川出名。再一打听，才知道美国各个地方的川菜馆，差不多都是台湾人办的。改革开放以后，中国人走向世界，其实这是中国人走向世界的第二波。中国人走向世界的第一波，是50年代台湾人走向世界。那个时候，大陆去台湾的四川人很多，台湾的川菜馆就一个接一个地办出来了。川菜馆在台湾很火。后来，很多人为了谋求发展，就跑到美国去。到美国去了以后，一些人没有谋生的办法，就办起了川菜馆。所以，是台湾人把川菜带到了美国和全世界。我们到美国看到的川菜馆，都是台湾人办的。这就出现了一个怪现象，到处都没有四川人，但到处都是川菜馆。

我的脑子里就留下了一个深刻的印象：全世界都喜欢川菜，但又到处都没有四川人。而美国的川菜馆难吃死了，因为它就是50年代台湾川菜的味道，根本没法和90年代四川人做的川菜相比。都不是真正做川菜的人做川菜，而是那些借此谋生的人的一条路，歪打不正着。

假如是四川人来美国做川菜，那肯定更受欢迎。

第二个给我思想上造成深刻印象的，是我因为工作原因，到全国各地去开会、学习、采访，年复一年，发现全国各地到处都是川菜馆，而且一年比一年多。改革开放以后，四川人大踏步走向全国，很多人就把川菜馆办到全国。几年以后，就是在粤菜盛行的广东，川菜馆都火爆。最后，川菜把中国其他七大菜系都给比下去了。

我的脑子里就又留下了一个深刻的印象：四川人虽然没有把川菜推向全世界，但是四川人把川菜推向了全国餐饮市场。所以，四川人还是有到外面去推广川菜的能力的。

第三个给我思想上造成深刻印象的，是最近两年，经济新闻部采访报道了谭鱼头火锅的发展故事。谁也没有想到，在川菜老品牌们从容不迫地向外连锁的时候，一夜之间冒出了个“谭鱼头”，当成都人还不知道百花潭的谭鱼头好不好吃的时候，谭鱼头在北京已经卖疯了。它的快速连锁扩张发展，让川菜同仁们目瞪口呆。我与谭鱼头老板谭长安做过多次交流，这位30多岁的退伍军人，真有一股闯天下的气魄。

前面这三个信息或者素材，在我的思想上又不断交错碰撞，我总觉得在川菜这个产业上，可以干一番事业。但是，怎么干呢？还是很模糊的，没有形成一个明确的概念。但是，围绕川菜的思维素材是越积越多。

第四个触动我思维的事情，是中国加入WTO。经济全球化，需要我们起码有能够全球化的产品。没有能够全球化的产品，我们只能看着别人“化”，或者被别人“化”。产品如何才能全球化呢？美国未来学学者约翰·奈斯比特的思路是“本土化地思考，全球化地行动”，这与我们通常所谓“越是民族的，就越是世界的”有异曲同工之妙。那么，四川有什么本土的、别的地方别的国家不可替代的资源优势呢？

正在我构思“川菜王国”的时候，我与四川大学新闻学院副院长吴信训一起吃了一顿饭。我说了我的想法。他听了之后，拍手称快。他曾经在日本留学多年，后又在日本做客座教授，对日本相当熟悉。他给我讲述了四川富顺人陈建民用川菜成功地征服和占领日本的故事。1952年，富顺厨师陈建民从香港到日本旅游，外务次长尝到他做的川菜后非常惊奇，就决定将他留下来为外务省的客人做菜，从此他的麻婆豆腐闻名全日本，他在赤坂见附开的四川饭店，成为上层社会的云集之地。30多年来，他以推广川菜为己任，在日本办了中国料理学院，写了许多川菜的书，培养的学生满天下，学生弟子开的川菜店遍布日本列岛，多家电视台采访他，他把烹调节目做成娱乐节目，成了电视烹调娱乐表演明星，家喻户晓，日本家庭主妇都喜欢他、崇拜他。陈建民的故事更为我的思维添砖加瓦，火上加油，“川菜王国”的雏形就在脑子里勾画出来了。

### 科技顾问团把我“逼进”川菜王国

在逐渐形成“川菜王国”蓝图的时候，我经常在各种场合，特别是吃饭的时候，讲述“川菜王国”的想法。也在不断地讲述当中，又不断地加以发挥和完善。总之，在一段时期，它都是我在饭桌上的一个谈资。其实，也就是一个想法而已，并没有想到要怎么样。

2001年的一天，我因为是四川省科技顾问团的成员，科技顾问团的小组活动一年一次。那一天，我所在的小组在川菜馆钦善斋举行小组活动。我们一边吃饭，一边天南海北地侃。

我不自觉地又讲起了“川菜王国”的想法。大家一听，觉得这个可以作为顾问团给省政府的一个提案，我们这个小组最近还没有提案，你赶快把这个东西写出来，很好，很有价值。说了半天，把我自己给套起来了，推不脱了。我只是随便吹吹牛而已，没有想到要写出来。写又很麻烦了。过去，小组活动吃完饭就完了，今天小组的人全都叫我写出来，好像成了一个小组决定一样。

我负责一张报纸，事情那么多，天天这么忙，哪里有时间来写？回来犹豫了几天，不知怎么办。后来一想，干脆叫搞餐饮版的编辑记者写好了。

我把负责餐饮版的四个编辑记者找来，我讲了我前前后后的想法，要写出一篇川菜走向全世界的文章。你们张开想象的翅膀，发挥各自的创造性，不限制时间，写出一篇鼓动川菜向全世界扩张的东西出来。

时间一天天过去了，两三周过去了，一个月过去了，我问他们写得怎么样。他们都说写了，不知道怎么样。我拿过来一篇篇看。哎呀，简直惨不忍睹。这些写惯了餐饮abc的记者，习惯于堆积素材，怎么稍微加一点分析的文章，就写不出来呢？更不消说要气势宏大，思路开阔了。

我觉得光靠几个餐饮记者是不行了。马上把华西都市报这些年来文章中有点理论的三个笔杆子找来，一共七个人来写。我又把我的想法、思路，从头到尾，详详细细地讲了一遍。我还是说，我只是一个思路，你们尽可以充分发挥你们的创造性，川菜如何去闯荡世界，如何融入WTO，你们拿出自己的一套办法来。

又过去了差不多一个月的时间了，我把他们一个个写的东西，又一个个拿过来看。看了之后我还提了些意见，他们又去改。改了又拿来看。总之，都是不满意。不仅不满意，而且差得太远，根本就没有把我的设想充分表现出来。像这样拿去给科技顾问团看，有什么顾问价值呢？交不了差。

几经反复，我灰心了。

怎么办？我真是有点骑虎难下。应付科技顾问团小组的专家和官员们，还好说，总编辑确实很忙，我一个“忙”字，就可以推托。问题是两拨记者编辑，人家都写了，搞了两个多月，都说是不行，那到底应该怎么写呢？人家不是盼望“标准答案”吗！

我只有自己动笔了。没有时间，就拖到春节期间。大家都过节去了，报纸也停止出版了，我一个人静下心来，慢慢地来“描绘”我的“川菜王国”蓝图。在餐桌上说了几年的“川菜王国”，终于一句一句地落到了纸上。

那些天，我一有空，就把稿件拿出来修修改改。就在大样排出来以后，我还在字斟句酌，不断修改。第二天要见报了，晚上我还跑到夜班去，把文章清样再斟酌了一遍。

### 转动地球仪部署川菜王国的时空思维

《倾力打造“川菜王国”》终于问世了。

这篇文章到底是怎么写出来的呢？

《倾力打造“川菜王国”》的《序》，把我写作时思维如何条分缕析，点得一清二楚。《序》说：“为什么这篇文章能产生这样大的影响呢？我想，至少有以下几个方面的原因。”“从思考的空间看，席文举同志是站在全球的高度来认识川菜的……”“从思考的时间长度看……”“从策划所涉及的领域来看……”“从策划的层次来看……”

很明显，《序》从宏观上，说明了《倾力打造“川菜王国”》采用了从各种不同的角度进行思考的横纵思维。从时间长度思考，是时间思维，也是纵向思维；从空间思考，是空间思维，也是横向思维；从涉及的领域和策划的层次思考，那更是多个横切面和纵剖面的横纵思维。如果要研究什么是横纵思维，《倾力打造“川菜王国”》则是横纵思维的典范。《序》是从四个大的方面看《倾力打造“川菜王国”》的横纵思维，其实在各个部分，在许多问题的微观解析过程中，又多次使用横纵思维的方法。

我们再来一个个地分析这些横纵思维。《序》说：“从思考的空间看，席文举同志是站在全球的高度来认识川菜的。四川人生活在盆地里，这种地理环境容易形成一种封闭的思维方式，看问题的视野不够开阔，联系不够广泛，过去说的‘盆地意识’就存在这个问题。席文举的这篇文章则远远跳出了盆地。他首先由全球餐饮市场上中餐的火爆情况想到了川菜，又由川菜的全国化推及川菜的全球化，完全不受川菜之‘川’的束缚和限制。这就把一个原本地域性很强的菜系一下子提升到了世界各国人民都可以共享的高度，把仅仅局限在一定空间范围内的川菜市场一下子扩大到了整个地球。”“所以应该说，席文举打造川菜王国的构想站的角度很高，瞭望的视野很宽，高屋建瓴，气势就不凡了。”其实，“川菜王国”在使用空间思维的方法上，还有两个特点：一个是空间思维做了两次跳跃，一是从四川盆地跳到全中国，二是从全中国跳到全世界，即“四川盆地→全中国→全世界”。这是空间思维的跳跃性。一个是在做空间思维的时候，对空间进行了裂变式思维的处理。这种空间的裂变，是很多人都难以想象的，更不能完成的。“盆地意识”之所以这么顽固，就是思维方法上的障碍，哪里懂得还可以对空间进行“裂变”。

《序》又说：“从思考的时间长度看，席文举不仅把川菜作为一个全球化的产品，而且还思考了它的可持续发展问题，提出了办川菜大学、川菜科学研究院，重新安排四川河山，组织联合舰队进军世界市场等一系列川菜全球化的具体战略。这些战略如果实施起来，是几代人才能完成的事情；如果真正完全实现了，则将成为一项造福千秋万代的大业。这种思考，就不仅使川菜在空间上全球化了，而且在时间长河里，成为四川人世世代代生存发展的一个产业支点。这就难怪很多人要为之倾倒、为之兴奋不已了。”实事求是地讲，空间思维在全球一体化的时代，还容易走到全世界这个空间思维里去。时间思维要考虑几代人的事情，就很难了。现在中国的领导干部，很多是任期功利主义，只考虑他这一期任职的政绩，要吹糠见米，立竿见影，不顾后来，很难有长远观念。这给国民经济带来很多的短期效应。我在做空间思维的时候，对时间又进行了裂变式思维的处理。这种时间的裂变，更是很多人都难以想象的，更不能完成的。

倾力打造“川菜王国”的时空思维，确实是一般人很难做到的。第二部分中又继续说：“我们既然有了可以征服世界的品牌（川菜），就不能让它闲置一旁，也不能只让一些游击队自发地在那里打游击。过去有人说斯大林在第二次世界大战中是转着地球仪指挥战争，我们现在就是要转着地球仪来部署川菜征服全球餐饮市场的竞争。”这一句“转着地球仪来部署川菜征服全球餐饮市场的竞争”，哪里只是“气吞山河”，完全是“气吞五洲四洋”！这既是激动人心的形象思维，又是全球化思维的形象表达，还是联想起斯大林故事的联想思维。所以，四川师范大学教授张昌余评价“川菜王国”是“气魄宏大、视野阔大、意义重大”。内江市委宣传部薛长林的评价，是“在四川投放了一枚原子弹，受震撼的绝不仅仅是四川人，由此形成的冲击波和造成的影响必将日益显现”。



横纵思维是在解决高难度复杂问题中，从“横向搜索”和“纵向挖掘”两个方面进行突破的思维方法。事物的本质在于运动，运动又是在一定的空间与时间中运动。所以，事物运动必然与时间、空间有关。因此，从时空角度对事物做横纵思维，就成为必然。



### 形象思维和逻辑思维纵横交错

《序》在从横纵思维的角度做了上面的分析之后，笔锋一转，进入更深层次的探索了。它问：“川菜作为一个菜系已经存在很多年了，为什么没有人搞出这种大手笔的策划呢？”《序》在简单列举了信息闭塞、盆地意识、局限具体领域等三个原因之后，特别突出地强调：“仅仅从思维方法来说，要搞出这样的策划，策划者在抽象思维和形象思维两个方面的能力还要非常发达、非常强才行，哪一方面的能力弱了都产生不了这样的策划。”

为了说明它的这一观点，《序》接着分析说：“没有很强的抽象思想能力，要破除自古以来‘君子远庖厨’的观念，产生‘厨师是专家’的思想是难的；没有很强的形象思维能力，要产生‘重新安排四川河山’的思想，也是不可想象的，如此等等。同时，无论哪种思维能力，其致思方式必须是‘裂变式’的（不仅仅是发散式，也不仅仅是聚合式），即能够由一个事物思考裂变出一系列新的事物，才能把这么多的要素组织到一起，由川菜这个菜系构想出一个令人神往的‘川菜王国’来。这两个方面的主观条件具备一个方面的人不多，两者都具备的更是凤毛麟角。这恐怕正是很多人同样具有走南闯北的丰富经历，同样具有丰富的知识和学问，却构想不出‘川菜王国’这样绝妙策划的重要原因。”

《序》在这里将思维方法的宏论推向高潮。它要表达的意思很明确，那就是思维方法决定了川菜王国的诞生。“策划者在抽象思维和形象思维两个方面的能力还要非常发达、非常强才行，哪一方面的能力弱了都产生不了这样的策划。”

那么，《倾力打造“川菜王国”》到底使用了哪些思维方法呢？《序》在列举了‘厨师是专家’的逻辑思维和‘重新安排四川河山’的形象思维两个例子之后，用了一个概括词“如此等等”，表示的意思是还有许多例子。

让我们对《倾力打造“川菜王国”》的思维方法，大体做一个浏览——

肩题：“优选几十个品牌川菜组成联合舰队连锁全球”。这是优选法。

五个“内容提要”：

■川菜在全国餐饮市场夺冠，占领世界餐饮大市场前景诱人；

■优选几十个品牌川菜组成联合舰队，逐个城市逐个国家组合式占领，建立遍布全国全球的“川菜王国”；

■创办川菜科学研究院和川菜大学，以现代科学技术为武器进行一场川菜大革命，实现川菜的产业化和川菜教育产业化；

■重新安排四川河山，建立世界上最大的川菜生态原料基地；

■四川人给全世界的人做饭，是一件伟大而光荣的历史使命，四川人有胆略有魄力组织好这场征服世界连锁全球的大战役。这是用归纳法对全文的主要内容，进行了高度集中的概括，使用了形象思维、全球化思维、归纳法和概念思维。

第一部分：打造“川菜王国”的市场依据之一：“改革开放20年来，全国餐饮业群雄逐鹿，最后，川菜摘取了中国八大菜系市场占有率的桂冠。”这是概念思维，对全国餐饮市场20年群雄逐鹿竞争的概括、归纳和总结。

文中说：“一年365天，全国的大中小城市，从早到晚都摆开一个永远不散的筵席，千千万万人在享受着我们这个古老的文明国度几千年流传下来的美味佳肴。以八大菜系为首的中国各种餐饮文化在神州大地上各显神通，展开了一场争夺国人口味的激烈角逐，仿佛就是在开一个‘餐饮奥运会’似的。其他任何一个行业的市场和竞争都不如餐饮业这么发达，这么广泛。”这里用形象思维的方法，描述全国餐饮市场的竞争盛况。“一个永远不散的筵席”“餐饮奥运会”，都是形象生动的比喻。类似的形象思维在文中比比皆是。

文中说：“而现在在全国餐饮市场打出天地的川菜馆，基本上还处于少数几个品牌散兵游勇单打独斗的情形，属家族式自发渗透式的发展。”这是使用归纳法做概念思维，为以后提出“优选几十个品牌川菜组成联合舰队连锁全球”做铺垫。类似这样的概念思维方法多次使用，目的是用于后面的演绎推理。比如后面又说：“国外的中餐馆虽然生意火爆，但大都没有国内的正宗，味道更是不敢恭维，因为厨师不地道，很多是没有学过中餐的人迫于生计开的馆子，原料也将就用。即使这样，中餐仍然受许多人青睐，成为世界餐饮业的一大畅销流派。如果将中餐规范化、标准化的话，那中餐就会更加迅猛地发展，征服越来越多的人。作为中餐之王的‘川菜’会更能赢得外国人的青睐，特别是原汁原味的地道川菜更会如此。”这样叙述事实，都是“川菜王国”呼之欲出的烘托和铺垫，既有形象思维，又有逻辑思维。

《倾力打造“川菜王国”》的第一部分“餐饮‘奥运’夺冠　市场前景可观”，从三个方面阐述了打造“川菜王国”的市场依据。三个依据环环相扣，层层推进，读者读到这里就明确了：四川人打造“川菜王国”的事情，完全就是应运而生，呼之欲出。这里用演绎法论证出一个结论：“川菜王国”是时代催生的必然产物。演绎逻辑推理达到的结果：“资料翔实，论证充分，想人之所不敢想，言人之所不能言，具有令人心悦诚服的逻辑力量。”

整个第一部分，以中国餐饮市场和世界餐饮市场上大量生动活泼的事例为依据。事实胜于雄辩，很多这样的论文是没有这样多的具体事例的。有了这个基础，然后概括归纳，层层推理，形象栩栩如生，道理明白易懂，形象思维和逻辑思维交错进行，水乳交融，说理服人的效果，达到众口一词的地步。文章的写法，也是明确标出“依据之一……”“依据之二……”“依据之三……”，然后做出“分析与结论”，让读者读来环环相扣，层次分明，一目了然。

### 几十个思维方法的大会战

《倾力打造“川菜王国”》一文，是在不断使用各种不同的思维方法中，层层解读“川菜王国”的。

我们看看第二部分“打造‘川菜王国’的战略构想”吧：“将川菜按高、中、低不同的档次，采用‘社会优选法’，筛选出一批优秀的川菜品牌和菜品，推到全国和全球去连锁，所有连锁店都保证用高水平的厨师，用地道的原料，用标准化的工艺，做出优质地道的川菜，占领全国、全世界的餐饮大市场，形成称霸全国、称霸全球的‘川菜王国’。”这个总体构想，既是对市场上的川菜做了优选法，又对川菜品牌对外连锁的经验做了归纳法。

下面接着对川菜品牌企业“联合舰队组合式连锁品牌不完全名录举例”，一一列举了38个川菜品牌，用排列组合的形式，排出了一个强大的川菜品牌阵容。这里，使用了优选法、排列组合思维法和整合思维。

第二部分在“分析”中说：“这里提出的‘川菜王国’连锁模式，是中西合璧的超级连锁运作。纵观全球餐饮企业的连锁模式，麦当劳是简单的、机械化的、单元式的连锁，而‘川菜王国’则是复杂的、人工的、多元的连锁。”这里将“川菜王国”连锁模式和麦当劳连锁模式做对比，又使用了比较法。

文章接下来说：“‘川菜王国’连锁模式满足了不同消费者的个性需求，这才是当今世界发展的潮流。这就像中医跟西医的区别一样，如果人生了同一种病，西医往往让所有病人都吃同一种药；但对中医来讲，即使生了同一种病，也须根据不同人的阴阳五行，进行辨证施治，用不同的配方。我们的多元连锁，就是根据不同人不同的需求进行个性化的服务，满足个性化的需求，这就比麦当劳层次更高、更现代化。”这里用中医辨证施治比喻川菜个性化的连锁，这个比喻方法既形象生动，又恰如其分。《倾力打造“川菜王国”》一文中，大量使用这种联想、对比、引申、生发的思维方法，不断拓展和延伸意境，让读者眼花缭乱，心旷神怡。

在第三部分“打造‘川菜王国’的战略措施”中，提出“川菜教育要实现产业化”。文章首先列举了川菜从业人员文化素质差的状况，说明“川菜职业教育水平严重低下，教育培训机构严重不足，职业教育培训结构严重不合理，这一问题已成为川菜产业发展的最大障碍，更是制约打造‘川菜王国’的最大瓶颈”，然后提出“创办一所世界一流的全日制多学科的高等学府——川菜大学”。这里，使用的是“因为……所以……”的因果思维。

论述川菜大学这个重大措施的最后一段，文章特别强调说：“通过川菜大学的建立和大规模人才的培养，要实现凡是‘川菜王国’开出的连锁店，都逐步做到博士主厨、硕士上灶、学士理菜，转变人们对川菜从业人员素质低的认识，建立一支高素质的川菜人才队伍。长期以来，社会上总是瞧不起厨师，认为他们是煮饭的，是‘下三流’，从事的是些低级劳动。其实，吃是人的生命中最重要的事情，现在许多病都是吃出来的，只有吃好了，身体好了，工作才好，才能延年益寿，而厨师的素质往往是决定我们吃得好不好的关键。现在社会上把人类用的东西，行的东西，什么电器呀汽车呀等等看得很重要，把研究这些东西的人捧得很高，戴上各种专家教授的帽子，而对于与我们的生命至关重要的吃，对做吃的人却当另类看待。厨师的职称也仅仅是作为一个技术等级，而不是作为专家来看待。我们现在要改变这种观念，把颠倒了的是非颠倒过来，把吃摆上重要位置，把弄吃的人列入知识阶层，把他们跟数学家、医学家、经济学家等一样看待，只有专家级的人才才能保证我们吃得好，吃得有味，吃得放心，吃得科学。现在做川菜的厨师好的每月工资5000元以上，稍微高档的店超过

1万元，这些厨师的工资证明了他们所从事的并不是简单劳动，而是复杂劳动，不是简单的体力劳动，而是一种智力劳动。他们的工资上去了，文凭也应该上去，不应该仅仅只是煮饭的，只是炊事员、烧火匠，而应该是有学问的烹饪专家。”

我们仔细读一读这一段文字。它首先是将两个现象进行对比。一个是把研究人类用住行的人“捧得很高，戴上各种专家教授的帽子”，另一个现象却是“对于与我们的生命至关重要的吃，对做吃的人却当另类看待”，“只是煮饭的，只是炊事员、烧火匠”。这个强烈对比，形成了强有力的逻辑推理，证明了“炊事员是烹饪专家”的结论。所以序言说：“没有很强的抽象思想能力，要破除自古以来‘君子远庖厨’的观念、产生‘厨师是专家’的思想是难的”。

在打造川菜王国的战略措施之二“建立世界上最大的川菜生态原料基地”中说，质量是川菜的生命，要把四川盆地建成川菜的原料生产和供应基地。特别讲述了红塔山卷烟厂的故事。红塔山卷烟厂为了保证红塔山卷烟的品质，对云南的土地进行考察，选择了几个专区做烟叶生产基地。从播种到栽培、收割、晒制都要派专人指导。红塔山人把烟田称为自己的“第一车间”，我在这里也提出按照“红塔山模式”建立川菜的“第一车间”。从红塔山的第一车间，到川菜王国的第一车间，这里使用的是类比法，或者平移法，也是模仿思维。

接下来，在阐述把整个四川盆地建设成一个天然无公害的生态餐饮农业区时，文章又说：“我们要站在四川人世世代代生存发展大计的战略高度，以敢教日月换新天的气魄，重新治理四川山河，重新安排巴蜀河山。……建设名副其实的全生态的‘川菜王国’。相信到那一天，四川盆地的川菜基地将以‘餐饮硅谷’闻名于世。”这个“重新安排巴蜀河山”的形象思维，不仅形象生动有力，而且气魄宏大。后面又用了“餐饮硅谷”的比喻。前有“第一车间”，后有“餐饮硅谷”，形象比喻不断。

接下来的两大措施，涉及的领域又跳出川菜产业，把四川的农业、种养殖业、加工业、旅游业、工业、服务业、教育产业等等，以川菜为纽带有机地整合到了一起；要建设系统的川菜文化体系，川菜民俗村、川菜大学、川菜科学研究院、川菜博物馆、川菜艺术研究院、川菜历史研究所；将这些统一规划，组成一个川菜文化城；要修川菜志，写川菜发展史、川菜人物传记；办川菜传媒，建立川菜表演艺术团，全方位打造川菜文化。这完全就是突破了“点、线、面”的限制，做立体思维了。这个立体思维不仅是立体农业，而且还是把好几个产业整合在一起的立体产业群。所以是立体思维加整合思维。

…………

哎呀，这样的情况比比皆是，就不一一列举了。

《倾力打造“川菜王国”》一文最后说：“我相信，四川人有这样的胆识和气魄，四川人有这样的组织能力和管理能力，四川人能指挥好这场征服世界连锁全球的大战役。尽管前进的道路上可能不会一帆风顺，但最后胜利是属于我们的。‘川菜王国’最后必将巍然挺立在世界餐饮大市场。”这是我模仿毛主席写文章结尾的句子，哪一篇记不得了，毛主席说的意思是：中华民族必将自立于世界民族之林；毛主席还有一篇文章的结尾说：最后胜利是属于我们的。这里，我使用了联想思维、类比思维和模仿思维。

就上面内容的不完全统计，这篇《倾力打造“川菜王国”》，已经使用了全球化思维、时间思维、空间思维、横向思维、纵向思维、横纵思维、裂变式思维、联想思维、优选法、形象思维、归纳法、概念思维、逻辑思维、演绎法、排列组合法、整合思维、比较法、辩证思维、因果思维、类比法，平移法、统筹法、模仿思维、立体思维等三十多个思维方法。这些还是从大处着眼来统计的。细微之处的思维方法就更多。其中全球化思维、横纵思维、裂变式思维、优选法、概念思维、形象思维、归纳法、逻辑思维等，是反复多次使用的思维方法。

实际上，这样统计思维方法，那也是从大处着眼，细微之处使用的思维方法就难以统计。这篇文章，从宏观来讲，是全球化思维；如果从横向纵向研究的各个领域来讲，又有宏观中观微观，又使用了不同的思维方法。“战役思维”下面又套“战术思维”，“战术思维”又套“战斗思维”。各个领域的战役战术战斗思维，形成了一个此起彼伏的思维方法大会战。这与前面说到的思维接力又完全不一样了。思维接力是思维沿着一个方向前进，经过前进道路上不同节点的碰撞，一个接一个地传递思维。这里是思维同时在许多领域进行碰撞运动，所以是思维方法的群体战。参加会战的思维方法品种数量众多，开展思维会战的领域众多。

序言里讲到裂变式思维的时候，在括号里面做了一个解释，说裂变式思维“不仅仅是发散式，也不仅仅是聚合式”，“即能够由一个事物思考裂变出一系列新的事物，才能把这么多的要素组织到一起，由川菜这个菜系构想出一个令人神往的‘川菜王国’来”。这对裂变式思维的灵魂真是心领神会，解释起来也是入木三分。“川菜王国”各种内容纵横交错地穿插组织，形成了一个王国波澜起伏的雄伟画卷，虽然是条分缕析，层峦叠嶂，仍然是收放自如，得心应手；放可以在大海里激起浪花，收可以一句话挽总。“四川人为全世界的人做饭”，这句话就是收放自如的典范。

人们去观看一场演出，一般的人出来介绍这一场演出，会说，这次演出太好了，各种乐器弹奏得让人心潮起伏，与演员们配合得非常默契。但是，一个乐队指挥看了之后，会说，哪个乐器在什么地方慢了半拍，哪个乐器在什么地方高了一点点，哪个乐器的弹奏是最棒的，等等。序言看“川菜王国”，就是这后一种情形。这叫外行看热闹，内行看门道。

### 遣词造句行文走意文如其思

也许有人要问，七八个餐饮编辑记者和报社写手，写了两个多月，就没有可以被你引用进“川菜王国”的文章中去的内容吗?

有的，有这样的内容，我借鉴了他们写出来的一些内容。但是，他们没有一个人能够指出来，哪一段是他写的；甚至哪一句话是他写的，也难以辨认。

为什么会出现这样的情况呢？因为我在使用那些素材那些内容的时候，已经变成我的表达方式了。古人云，字如其人，文如其人。其实，是字如其思，文如其思。无论是写字，写文章，还是做事情，人的各种行动，都是受思维方法的支配。总之，都是行如其思，动如其思，文如其思，字如其思。这个“思”，就是思维方法库。我的文章和文字都打上了我的思维方法的烙印。我引用人家的话的时候，是按照我的思维方法来表达的。这就很难保留原来文字的风格和形态，所以很难找到原来文字的踪迹。这就像成都晚报办了一个《苗地》，我在华西都市报学习借鉴嫁接《苗地》，报纸上出来的却是远远超越《苗地》的《校园内外》一样。原来我嫁接的不是表现形式，而是内容“基因”。这个思维方法，毛主席叫“去粗取精，去伪存真，由表及里，由此及彼”。

我的文字句式，又有我自己的特点。特别是《倾力打造“川菜王国”》这篇文章。举例来说，我就经常使用（思维）跳跃式、裂变式的句式。

我在前面说过，党校老师在四川日报讲课说，什么是全球经济一体化，就是全世界的人都喝可口可乐。我在《倾力打造“川菜王国”》一文中，将他解释全球一体化的这个比喻，用排比句的形式，用裂变式思维加以放大，就成了下面的句子——

“什么是全球经济一体化？简单形象地说，温州人给全国人民做鞋，扬州人给全国人民洗脚，是‘全国经济一体化’；丰田人、奔驰人管全世界人民走路，希尔顿、香格里拉管全世界富人睡觉，荷兰人给全世界人民种花，是‘全球经济一体化’；柯达、富士管全世界人民照相，皮尔卡丹给全世界人民系腰，可口可乐给全世界人民喝水，是‘全球经济一体化’；迪士尼管全世界人民荡秋千，拉斯维加斯管全世界人民赌牌，瑞士人给全世界人民戴手表，是‘全球经济一体化’。所以，四川人给全世界人民做饭，也是‘全球经济一体化’。”这就将排比句裂变到极致，其实就是为了烘托最后一句话：“四川人给全世界人民做饭，也是‘全球经济一体化’。”口号“四川人给全世界人民做饭”，就是这么来的。

在讲到整个四川盆地要规划成为川菜的“第一车间”时，文章说：“比如，威远的朝天椒最好，威远县就建成海椒生产基地；广汉连山回锅肉好吃，广汉就建成回锅肉肉猪的生产基地；汉源的花椒味好，汉源县就建成花椒县；郫县豆瓣最好，全省的豆瓣厂就都连锁生产郫县豆瓣；新津盛产黄辣丁，以新津为中心的岷江流域的大小支流河沟，就建成黄辣丁生产基地；以资中为中心的沱江支流河沟，就建成鲢鱼生产基地；以广元、剑阁为中心的嘉陵江流域的大小支流河沟，就建成团鱼生产基地；以雅安为中心的青衣江大小支流，就建成雅鱼生产基地……”

用这样的裂变式排比句规划川菜的“第一车间”，不仅独出心裁，大开眼界，而且气势宏大，鼓舞人心。文章发表以后，马上就有新津县的农民给我写信，说他们那里可以干什么。

但是，这一个自然段还没有结束，紧接着就出现了一个思维跳跃式的句式：

“如此类推，各地各县以川菜产业为龙头，大力发展独具四川地方特色的种植业和养殖业，建成各种川菜原料生产基地。我们要把现在的室内大棚里的人工繁殖，变成野外大面积的自然生态繁殖。四川人要有这样的气魄，在四条大江里养殖鱼类，就像在四条小河沟、四块水田里养鱼一样运用自如。野生的东西总比人工繁殖的东西好吃，需求量又这么大，我们就是要让全国人民全世界人民都吃上野生的东西。据说现在有的甲鱼是人工饲料快速养殖出来的，几个月就长大了。像剑阁、广元河沟两岸的农民就不要种庄稼了，就在山脚下的河沟、石崖里大面积放养团鱼。我们要掌握和运用这些野生生物的繁殖规律，从必然王国走向自由王国，为全世界人类造福。到时候，凌晨出水的鲜活的河鲜产品，当天从双流机场运向世界各大城市，下午和晚上就摆上各国的宴席。”

注意这一段文字的特点，是表现的意境不断发生跳跃，形成了思维跳跃式的句式。这个句子表现的思维发生了几次跳跃呢？你看——

前面刚刚说了川菜原料基地“第一车间”的安排，紧接着就说：“我们要把现在的室内大棚里的人工繁殖，变成野外大面积的自然生态繁殖。四川人要有这样的气魄，在四条大江里养殖鱼类，就像在四条小河沟、四块水田里养鱼一样运用自如。”另一种宏大的气势又出来了。这既是对前面“第一车间”规划的归纳概括，又是一种升华和提高。刚刚说到这里，紧接着后面又批判起现在“人工饲料快速养殖甲鱼”的丑闻来。这样做一个鲜明对比，是衬托出“川菜王国”的更加美好。但是，还没有歇口气，笔锋一转，又说：“像剑阁、广元河沟两岸的农民就不要种庄稼了，就在山脚下的河沟、石崖里大面积放养团鱼。我们要掌握和运用这些野生生物的繁殖规律，从必然王国走向自由王国，为全世界人类造福。”“从必然王国走向自由王国”这句话，是毛主席《人的正确思想是从哪里来的》这篇文章中的一句话，论述人的思维发展规律。话没说完，马上又传递一个福音：“到时候，凌晨出水的鲜活的河鲜产品，当天从双流机场运向世界各大城市，下午和晚上就摆上各国的宴席。”

一个接一个的鲜活思维，连珠炮接力赛似的马不停蹄地端出来，一会儿山重水复，异峰突起，一会儿峰回路转，柳暗花明，真是让人目不暇接，眼花缭乱，引导你的思维跟着跑步前进。

在“打造‘川菜王国’的战略意义”这最后一部分，我又用三个自然段并列提出三个问题的方法，提出和论述了：“在打造‘川菜王国’的过程中，温州人是四川人学习的榜样”；“在‘川菜王国’连锁全球推广市场方面，洋快餐是川菜学习的老师”；“在打造‘川菜王国’的过程中，重庆是我们合作的伙伴和战友”。又一次的整合思维，又一次的归纳思维，又一次的裂变思维，将打造“川菜王国”的各种思想认识一一廓清。

请看后面紧接着的又一次跳跃式的句式：“重庆虽然在行政上与四川分开了，但川菜是巴蜀人民几千年共同创造的，是无法分出去的。重庆人现在做的菜吃的菜还是川菜。重庆人性格豪爽，敢于创造，他们对川菜的创新和发展做过许多不可磨灭的贡献，他们闯天下打市场的意识和能力也不亚于成都。重庆人善于创新，成都人善于提高，川渝联手创造了今天川菜的辉煌。所以，打造‘川菜王国’，是四川和重庆共同的任务。在连锁全国连锁全球的漫长过程中，川渝企业要互相切磋，互相支援，携手合作，并肩作战，共同发展。川军渝军共同进军，占领世界餐饮大市场的声势更大速度更快。”

一个人遣词造句，行文走意，全都是受思维方法的支配。你的思维方法越多，用起来越灵活。各种思维方法一起上阵，新事新意就层出不穷。毛主席“敢教日月换新天”的诗句，焦裕禄“重新安排兰考河山”的誓言，“斯大林转着地球仪指挥第二次世界大战”的传奇故事，都可以信手拈来，放在文中的恰当位置，为文章增光添彩。从头到尾，不同的思维方法就在读者面前展现不断变化的新的世界。一会儿行云流水，天高云淡，一会儿波涛翻滚，汹涌澎湃，“大弦嘈嘈如急雨，小弦切切如私语”，像一部不断变换声部和韵律，又气势磅礴振聋发聩催人奋进回肠荡气的交响乐。方法多种多样，则广采漫山百花；手艺独到精致，则独酿美味甜蜜。阅读《倾力打造“川菜王国”》，就是参加一场与众不同的思维盛宴，让人眼花缭乱，心潮起伏，一口气读完，还忍不住要与人讨论，或者是重读一遍。因为使用的思维方法很多，创造的新的意境频繁出现，激发了很多人心中的创意，所以很多人都站出来抒发他心中的感受。一篇文章和社会众多人群的思维发生碰撞，所以引起“火山爆发”，不仅是川菜产业在爆发，而是人们思维火山的爆发。这就是思维方法库的强大，它碰撞人的心灵就具有强大的冲击力量。

《倾力打造“川菜王国”》，是我思维方法库里的各种思维方法，打了一场“淮海战役”似的大会战。可以这样说，“川菜王国”是我的思维方法库的个性产品。没有这个丰富多彩的思维方法库，是产生不了“川菜王国”的。

两位中文系教授——李保钧和黎华白，评论席文举写“川菜王国”，是在川菜发展史及四川经济发展史上留下了“‘黑马’式的身影”。其实，那匹黑马就是从思维方法库里跑出来的。数理思维方法库，乃是可以在很多领域纵横驰骋的黑马。

记者杜恩湖给我讲了一件事。他说，他的朋友对他说，你净是写一些豆腐干之类的花边新闻，你也写一篇“川菜王国”那样的文章嘛。他笑了笑回答说，人家是总编辑，我怎么写得出来？我对杜恩湖说，“川菜王国”不是写出来的，是“想”出来的。总编辑只是一个职务。不管你是什么职务，能不能写出这样的文章，那不是由职务的高低决定的，而是由思维方法库决定的。

# 奥运圣火一百年的思维接力





2008年8月8日晚，北京举办了盛大的第29届奥运会开幕式。开幕式内容精彩纷呈，高潮迭起，好戏连台，看得观众眼花缭乱，目不暇接。开幕式圆满成功，盛况空前。国际奥运会主席使用了最高最好的词语来评价北京奥运会开幕式："无与伦比！"全世界欢呼叫好。北京奥运会开幕式为中国的崛起增光添彩。中国人个个为之骄傲，为之自豪。

我当时正在北京。中国扶贫基金会聘任我为《中国财富》杂志总编辑。当天晚上我坐在电视机前，从头到尾把开幕式看完。我越看越兴奋，睁大眼睛，生怕漏看了一个精彩的瞬间。

随着一个接一个精彩节目的更替，终于来到了开幕式的高潮——点燃圣火。我看到用绳子吊起的李宁拿着火炬，努力往上运动。他向上的努力是何等的艰难啊！一百多斤的身体由一根绳子吊起来往上提拉，个人的控制能力就大大降低。随着时间一点点过去，一分多钟了，人们的心都吊了起来。好不容易到了主火盆，他那摇摆不定的身体使他很难控制握住火炬的手。火炬老是点不燃！所有人的心都紧张得吊了起来。后来我看到回忆文章，那个时候导演组和张艺谋都紧张得很，说是如果点火失败，还准备了第二套方案。

主火盆的火炬终于被李宁点燃了，人们提着的心才放了下来。有惊无险，大家都长长地舒了一口气，开心地笑了。开幕式顺利圆满地画上了句号。

虽然如此，我却对这个点火方法很不满意。因为在筹备奥运会的时候，就提出了"科技奥运、人文奥运"的宣传口号，怎么到点火了，就回到落后的老一套办法了？张艺谋是搞艺术的，对传统舞台上的"飞天"那一套很熟悉。所有的戏剧舞台，"飞天"都是用绳子把人吊起来"飞"。这离现代化太远了，一点科技的味道都没有。这是北京奥运会一个最大的硬伤。

当天晚上我很激动，马上就打电话给成都的朋友，说了这个看法。电话之后，我就开始了我的点火仪式的策划。我想，我不妨策划一个点火仪式的方案。

第二天，我就动手写奥运会点火仪式方案。我觉得，澳大利亚奥运会点火办法很好。它是一个海洋大国，所以策划出水上点火的办法，独具一格。美国亚特兰大奥运会点火，运动员用射箭的办法，把火炬射到主火盆，从而点燃熊熊圣火，也不错。但是，弓箭是原始人的工具，这一点又显落后。

我想，现在是科技现代化的时代，不要用射箭的办法，改为用火箭发射的办法。中国是世界上最早发明火箭的国家，现在又是火箭技术最好的国家。1990年2月，我去西昌卫星发射中心参加“亚洲一号”卫星发射的报道，完了之后又留下来采访火箭专家们，认识了火箭发动机专家任新民等。和他们交流之后，才知道中国的火箭技术是世界一流的，世界上很多国家都找我们发射卫星。我们既然可以生产制造大型火箭，那生产制造微型电子火箭，就应该不在话下。我们可以研究制造一种电脑控制的微型电子火箭，把火炬从一个地方发射到不远的另一个地方。现在的烟火技术，都可以控制制造各种各样五花八门眼花缭乱的烟火运动图案，看得人们目瞪口呆。

火箭有三级火箭，我的奥运会圣火点火仪式，就采用平移法，设计成为三级跳跃式点火仪式。这就是我拿出的第一个点火仪式方案——

### 三级微型电子火箭点火法

1. 创造圣火点火仪式的新思路

弓箭是原始人的工具，显得落后；火箭是现代人的工具，高科技的象征。运动员既然可以用弓箭把火炬射到主火盆，当然就同样可以用现代控制技术把火炬“射”到主火盆。用火箭之类的办法把火炬“射”到主火盆，更现代，更科技，更时尚，更有视觉冲击力。

2. 用现代控制技术引导点火——微型电子火箭点火法

我们设计一个微型电子火箭发射器，它可以携带一个火炬；运动员（比如李宁）按下它的启动电钮，就让微型电子火箭发射器启动。微型电子火箭发射器带着火炬发射出来，向主火盆飞去；火炬将主火盆点燃，点火仪式完成。

火箭点火法的中心技术，是微型电子火箭发射器带着火炬，按既定的路线运行，并准确到达火盆，完成点火的任务。这是现代自动控制技术并不难解决的问题。亚特兰大用人工射箭的办法把火炬射到主火盆，我们用自动控制的办法把火炬射到主火盆，完成从原始到自动控制的飞跃。

3. “三级火箭”点火法

如果只是这样简单地用火箭把火炬射出去点燃主火盆，整个过程几乎和射弓箭一样，并不能充分显现高科技的优势。观众还没有看清楚是怎么回事，过程就结束了。我们要充分利用火箭自动发射和现代自动控制的技术，把火炬的运动轨迹，按各种不同的思路，形成各种不同的运动曲线，组成观赏价值很高的各种火炬运行图案。这将火炬传递过程展现得淋漓尽致，变成一种赏心悦目的视觉艺术。

在点火运动员站立的平地到主火盆之间，安置三个火盆；三个火盆在体育馆观众的视觉空间形成等距离阶梯式的空间结构。

点火运动员走到微型电子火箭发射器面前，将火炬插进微型电子火箭发射器，然后按下电钮，微型电子火箭发射器遂带着火炬发射出来，向第一个火盆飞去；从微型电子火箭发射器发射出来的火炬，将第一个火盆点燃；火盆燃旺时引爆其中的微型电子火箭发射器，微型电子火箭发射器带着火炬从第一个火盆发射出来，向第二个火盆飞去；同理点燃第三个火盆。火盆燃旺时引爆其中的微型电子火箭发射器，微型电子火箭发射器带着火炬从第三个火盆发射出来，向主火盆飞去，并将主火盆点燃。





一两天之后，我又修改了我的方案。因为我想，既然火箭和火炬可以运动，那么，我就可以设计出各种各样的火炬运动曲线，在开幕式夜色蒙蒙的夜晚，在坐了几万人的庞大的体育场夜空，构成各种各样的美妙图案，达到很好的观赏效果。

数学上各种不同的运动曲线，不断在我的脑海里浮现。我选择了运动场椭圆形的轨道曲线。

这就是我的第二个点火仪式方案——

### 多级电子火箭点火法

明确了三级火箭点火法的基本要领，就可以将火盆的设置从三个变成很多个，从而变换出各种不同图案的多级点火法，还可以构思出很多火炬传递运行的轨迹曲线。

圣火的多级点火法，将圣火传递的意境升华到一个新的高度。过去只看见一个接一个人的传递，现在变成一个接一个科技元素的传递，变成一种“火炬传递运动”。圣火传递变得目不暇接，眼花缭乱；圣火科技传递的路线和图案不断变换，给设计者以无穷的想象和创造空间，因而可以变换和创造出很多让观众大开眼界、赏心悦目的火炬传递运动图案。

几天以后，我突然看到报道，说是开幕式的排练过程当中，一个优秀的舞蹈演员在地球仪上排练舞蹈，不注意从地球仪上摔了下去，摔成重伤，不能跳舞了。她是A角。最后开幕式上出场的就是B角了。

我为奥运会筹备工作出现这样的失误感到遗憾，但是却马上产生了一个想法：让奥运会的电子火炬沿着地球仪转几圈，那个运动曲线岂不十分看好！当时看开幕式的时候，看到刘欢和外国女歌手莎拉·布莱曼在地球仪上唱主题歌，就没有留意，只顾看唱歌去了。现在想起来，这个地球仪真可以让电子火炬好好画几个美妙的运动曲线。

电子火炬怎么围绕着地球仪运动呢？经过一两个晚上，我终于想起来了，这个奥运会的圣火，本来就是从希腊传递出来的，又一届一届地传递下去，那么，我的奥运会火炬，自然应该跟着这个传递路线去传递。我恍然大悟：这不是最好的火炬运动曲线吗？

我的第三个圣火点火仪式方案，就出台了。为了保证原始文件的完整性，我这里就不怕有一些小小的重复，全文照搬如下——

## 奥运会开幕式XWJ圣火点火仪式设计书

设计单位：席文举策划工作室

设计时间：2008年8月9—29日

### 一、XWJ圣火点火仪式的设计思路

过去的奥运会圣火点火仪式，有一个方法是点火的运动员用射箭的办法，把火炬射到主火盆，从而点燃熊熊圣火。

我们借鉴他的办法，但不是射弓箭，而是用发射火箭的办法，运用三级火箭发射卫星的思路，来设计圣火的发射和运行的路线。

弓箭是原始人的工具，显得落后；火箭是现代人的工具，高科技的象征。运动员既然可以用弓箭把火炬射到主火盆，当然就同样可以用火箭把火炬射到主火盆。用火箭把火炬射到主火盆，更现代，更科技，更时尚，更有视觉冲击力。

### 二、XWJ圣火点火办法——电子火箭点火法

在点火运动员面前安置一个小火盆，点火运动员走到火盆面前，用火炬将火盆点燃。这个火盆里已经安装好一个微型电子火箭发射器，上面同时带有一个火炬；火盆燃旺时引爆微型电子火箭发射器，微型电子火箭发射器遥带着火炬从火盆里发射出来，向主火盆飞去；微型电子火箭发射器上的火炬将主火盆点燃，主火盆燃起永不熄灭的圣火，点火仪式完成。

火箭点火法的整个过程，相当于点火运动员按下火箭电钮，用微型电子火箭发射器把火炬发射出去。点火方法的中心技术，是微型电子火箭发射器带着火炬，要按既定的路线运行，并准确到达下一个火盆，完成点火的任务。这是现在的火箭研制设计单位都能完成的并不复杂的技术。

### 三、三个XWJ圣火点火仪式

如果只是这样简单地用火箭把火炬射出去把主火盆点燃，整个过程几乎和射弓箭一样差不多，并不能充分显现高科技的优势。我们要充分利用火箭自动发射和现代自动控制的技术，将火炬传递的视觉艺术展现得淋漓尽致。同时把火炬的运动轨迹，按各种不同的思路，形成各种不同的运动曲线，组成观赏价值很高的各种火炬运行图案和运行路线。

第一个点火仪式：三级火箭点火法

1. 在主火盆之外，再安置三个火盆，在体育场观众的视觉空间形成等距离结构。火盆可以用运动造型的立柱做支撑。

2. 点火运动员走到第一个火盆面前，用火炬将火盆点燃。这个火盆里已经安装好一个微型电子火箭发射器，上面同时带有一个火炬；火盆燃旺时引爆微型电子火箭发射器，微型电子火箭发射器遥带着火炬从火盆里发射出来，向第二个火盆飞去。

3. 从第一个火盆发射出来的微型电子火箭发射器上的火炬，将第二个火盆点燃；火盆燃旺时引爆其中的微型电子火箭发射器，微型电子火箭发射器带着火炬从第二个火盆发射出来，向第三个火盆飞去。

4. 从第二个火盆发射出来的微型电子火箭发射器上的火炬，将第三个火盆点燃；火盆燃旺时引爆其中的微型电子火箭发射器，微型电子火箭发射器带着火炬从第三个火盆发射出来，向最后的主火盆飞去。

5. 从第三个火盆发射出来的微型电子火箭发射器上的火炬，将主火盆点燃。主火盆燃起永不熄灭的圣火，点火仪式完成。

这就是火箭三级点火法。四个火盆摆在四个空间位置，呈阶梯向上状；四个火盆一个比一个大，观众的视角感更强。微型电子火箭发射器上带的火苗，最好也在不断变大，这样，对观众的视觉冲击力更强。

第二个点火仪式：各种运动曲线的多级点火法

明确了三级点火法的基本要领，就可以将火盆的设置从三个变成很多个，从而变换出各种不同图案的多级点火法。火炬的运动轨迹，按各种不同的思路，形成各种不同的运动曲线，组成观赏价值很高的各种火炬运行图案。

比如，点火运动员将第一个火盆点燃之后，火炬不忙向主火盆的方向飞去；而在椭圆形体育场的椭圆跑道，布置若干个火盆，让火炬在椭圆形跑道的火盆中跳跃，让观众近距离观赏圣火的无人式跳跃传递；绕场一周后回到原点，再从这里向主火盆做三级跳跃。

还可以构思很多火炬运行的轨迹曲线。

圣火的多级点火法，将圣火传递的意境升华到一个新的高度。过去只看见一个接一个人的传递，现在变成一个接一个科技元素的传递，变成一种“火炬运动”。圣火传递变得目不暇接，眼花缭乱；圣火科技传递的路线和图案不断变换，给设计者以无穷的想象和创造的空间，因而可以变换和创造出很多让观众大开眼界、赏心悦目的点火运动图案。

第三个点火仪式：表现奥运历史的地球仪点火法

我们来设计构思一个表现奥运历史的点火法。

在体育场中间的空间位置，观众的视线集中区，安装一个大型的地球仪（骨架）。能够转动的更好。地球仪的表面用激光做彩色造型。也就是说，地球仪的中空是透明的，观众可以从彩色地球仪的这边，看到彩色地球仪的那边。不仅要让现场的观众看得十分清楚，还要让电视转播的观众看出立体效果。

我们把第1届至第30届奥运会举办的城市名字，标在地球仪上，并在每个举办城市位置安放一个火盆。

点火运动员将自己面前的火盆点燃之后，从这个火盆飞出来的微型电子火箭发射器带着火炬，向地球仪上第1届奥运会举办地雅典的火盆飞去；雅典的火盆点燃之后，从雅典火盆里飞出来的微型电子火箭发射器带着火炬，向第2届奥运会举办地的火盆飞去；从此，火炬便在地球仪上，按奥运会举办的时间顺序，一个接一个飞到举办城市；第29届奥运会举办地北京的火盆点燃之后，从北京火盆里飞出来的微型电子火箭发射器带着火炬，向第30届奥运会的举办地伦敦的火盆飞去。

注意，微型电子火箭发射器从第一个城市飞向第二个城市的时候，一定要在地球仪的外部空间做抛物线飞行，不能钻到地心（地球仪的内部）里去飞行。这样做，一是尊重事物的规律，二是为了现场观赏的效果。微型电子火箭发射器不断在地球仪上做抛物线飞行，会给观众以赏心悦目的艺术效果。

伦敦的火盆是第30届奥运会的主火炬，点燃之后不能就放在地球仪上不管。随着音乐响起，熊熊燃烧的主火盆脱离地球仪，缓缓移动到目标位置——奥运会体育场的顶部位置。地球仪也从观众的视线中缓缓隐去。

很多大型活动都鸣放礼炮，奥运会可以考虑加进这个仪式。这里就是鸣放礼炮的最佳时机：火炬点燃一个举办城市的火盆，便鸣放一次礼炮；同时广播“举办年，举办城市名”，比如：“2008，北京”。

火炬点燃举办城市火盆的时间，与鸣放礼炮的时间，同主持人广播城市名的时间，三个时间一定要同步，而且在大屏幕上做同步显示。

在大型激光彩色地球仪上按照举办城市依次进行多级点火法，同时30发礼炮依次鸣放，这种点火仪式的创意，独到新颖，大气磅礴，规模宏大，形象地表现了奥运的悠久历史和圣火的无穷魅力，会大大出乎人们的意料，收到观众叹为观止的效果。

伦敦奥运会正是第30届奥运会，奥运会走过100多年的辉煌历史，这样的点火法对奥运会的历史进行回顾，具有特别的历史意义和纪念意义。

两届奥运会举办城市地点之间的距离有长有短，可以通过自动控制技术来控制整个节奏，让观众细细品尝奥运会的历史文化。

**四、为世界奥运会增添光彩**

中国是发明火箭的国家。中国现在的火箭技术也是世界一流。北京奥运会如果采用这个地球仪点火仪式，将会为北京奥运会大添光彩。

可惜我是在看了奥运会开幕式之后才想起这个方法！

北京奥运会已经过去了，伦敦奥运会用这个点火仪式更好，因为它正好是第30届奥运会。

以后的各届奥运会，在开幕式上都可以采用这个办法做点火仪式，作为保留节目，都是百看不厌，而且还可以在此基础上发展创新。

谨以此创意策划方案献给伦敦奥运会！

谨以此创意策划方案献给国际奥委会！

这个圣火点火仪式，用独创性的思路构思，与过去各届奥运会点火仪式迥然不同，极具鲜明特色；因为用的是高科技方法，因而具有货真价实的科技含量，更能彰显科技奥运的时代性；圣火一个接一个地传递的个性特点，在开幕式的夜晚，在万人瞩目的运动场馆空间，具有更强的视觉冲击力；独到新颖的造型设计彰显大气磅礴、高屋建瓴、规模宏大的气势，形象地表现了奥运的悠久历史和圣火的无穷魅力，以及奥运的全球属性。中国是发明火箭的国家。中国现在的火箭技术也是世界一流。北京奥运会如果采用这个地球仪火炬传递点火仪式，会为北京奥运会大添光彩。



用世界各个民族各个国家各种文化的人，都能一眼就看明白的国际通用形象符号——地球仪、火炬，表现和演绎奥运会团结友谊合作的主题精神。这个本来世界各国人都可以创造出来的节目，最后由中国人创造出来，表现了中国人的聪明智慧，表现了中国人引领新时代奥运团结友谊合作的新潮流，提高中华文化的影响力和竞争力。中国人让地球仪火炬传递的经典画面征服60亿人的眼球！撞击亿万人的心房！



北京奥运会没能使用这个方法，真是一个极大的遗憾！

可惜我是在看了奥运会开幕式之后才想起这个方法！

但是，这个绝妙的策划，不应该胎死腹中。北京奥运会已经过去了，伦敦奥运会用这个点火仪式更好，因为它正好是第30届奥运会。

我没有这个方面的关系，所以，只有把我的这个策划创意寄出去。寄了些什么地方早就忘记了。总之，想到的地方都寄去了，最后都石沉大海。

虽然这件事过去多年了，但是，我始终觉得，这是一个很好的可以实施的创意方案。奥运会可以用，世界上的其他比赛活动可以用，甚至其他大型活动也可以用。国内举办的比赛和各种活动，也可以用这个思路，形象地表现各种内容。中国的航天部、解放军的装备部、航天工业公司等等，都可以把它转化为产品生产。

其实，地球仪火炬传递表演只要成功，跟风模仿者会很多，因为火炬运动空间的变化可以创造许多新的创意，以地球仪为背景空间只是一种形式。同时，微型电子火箭这一类地面空间微型运输工具的创造与突破，为地面空间微型器物的运输，开拓了一个广阔的市场。这早就是一个市场需要。比如，运输火炬的微型电子火箭发射器，就会把烟花表演带到一个创造各种空间图案的新阶段。我们可以创造各种各样的在空间滞留的图案，会使观众眼花缭乱，大开眼界，大饱眼福。烟花市场多么广阔！又比如，婚庆场面和各种庆祝活动，我们也可以创造各种各样的空间喜庆场面。这个市场更是遍地皆是，前景广阔，有丰厚的利润空间。我们大力发展地面空间微型器物的运输，这将会推动火箭的发展进入一个为民用生活服务的新阶段。

2017年春晚，我看到电脑操控的无人机在舞台上空飞来飞去，和我设想的火炬微型电子发射器，已经很接近了。只要稍加改进，就可以携带火炬做传递，下一届的冬奥会，就可以实施。

最后，我们再回过头来，看一看这个地球仪电子火炬点火仪式的思维运动过程——

1. 我看了北京奥运会吊人点火的原始落后方法，马上产生不满意的否定，决定另辟蹊径。这既是批判性思维，也是发散思维。

2. 看见人工射箭的办法点火，联想思维产生发射火箭点火的设想。

3. 发射卫星的火箭太大，变换为微型电子火箭。这是自然推理的类比思维、联想思维。

4. 电子火箭点火一次性就结束，觉得与射箭点火在视觉上差不多的效果，又一次的否定产生又一次（第二次）的批判性思维和发散思维。

5．三级火箭的方法，触发电子火箭分三次做跳跃式的三级点火的创意。这是平移法和类比思维。

6．觉得电子火炬三级跳跃的运动轨迹，太简单，又一次的否定产生第三次的批判性思维和发散思维。寻求可以让观众看得更过瘾的火炬运动轨迹。

7．体育场的椭圆形跑道，使我产生了火炬沿着椭圆形跑道转一圈的创意。这是椭圆形跑道触发我的灵感思维和形象思维。

8．舞蹈演员在地球仪上摔伤的新闻，使我产生了火炬围绕地球仪运动的创意。这是直觉思维和灵感思维。

9．火炬如何围绕地球仪运动？联想起火炬是从希腊奥运会传递出来的，又一次触发我的灵感思维：干脆就按照奥运会火炬一届一届传递的路线，来设计火炬在地球仪上的传递路线。

这样，这个电子火炬围绕地球仪运动的点火创意，整个思维运动过程就经历了9次思维接力：三次批判性思维和发散思维，两次联想思维，三次类比思维，一次裂变式思维、三次灵感思维。每一次发散思维，都是对前面的创意做出否定，又通过联想类比思维加灵感思维，寻找到新的创意方案。每一次都比前一次前进一步，使得创意方案不断升华，最后达到一个比较理想的境界。

思维接力，这是思维运动的一个常见的表现形式。许许多多的问题，都不是经过一次性的思维活动就完成的，往往都要经过多次思维方法的运用，才能把一个问题予以圆满解决。所以，一个人要想去面对和解决各种各样的问题，就要训练自己的思维接力。这就像下棋一样，一步一步往前走，直到赢棋为止。不懂得和不会运用思维接力的人，往往一看事情复杂，就望而生畏，止步不前，那就很难有所作为了。

# 民族崛起呼唤《13亿消费者》



仔细研究中国的媒体，就深感到中国传媒存在的经济问题。无论是传统媒体还是新媒体，为了自身经济效益的发展，和企业有着密切的关系。党和政府明确反对官员和企业进行权钱交易，一个个贪官接二连三倒台。媒体和企业的权钱交易，虽然有反对有偿新闻的文件，但是因为这种交易很多时候不是个人得利，而是媒体集体和小团体得利，所以很多并没有反对彻底。这种情况在三鹿事件中就表现得最为充分。其实，类似的问题还有发生。

这个问题，对企业的提高和发展极为不利，也对媒体的发展极为不利。中国的媒体蒙上一层浓浓的铜臭味。如果任其发展和蔓延下去，对全社会都会造成很大的危害，严重阻碍中华民族的崛起。因为这样下去，中国产品的质量就难以提高，产品质量上不去，民族崛起就是一句空话。

如何解决这个问题？我想起了法国办《六千万消费者》的办法。我反复思考：中国为什么不办一张《13亿消费者》的报纸呢？

2000年夏天，我率中国都市报代表团访问欧洲。在巴黎，我们受到法国报业协会的热情接待。法国报业协会主席招待代表团吃法式大餐。我们一边吃一边交流。交谈中协会主席谈到一件事情，给我的印象很深。报业协会本来是管理报纸的，但是他们自己也参加办了一张报纸，名字叫《六千万消费者》。为什么取这个名字？因为法国有6000万人，6000万人就是6000万个消费者。《六千万消费者》是为全国6000万个消费者的商品消费服务，刊登各种各样消费品的质量信息。

按照《六千万消费者》的办报思路，中国的编辑记者们肯定就认为，这不就是《精品购物指南》吗？

如果这样做出判断，那你就犯了方向性的错误。因为《精品购物指南》和中国许多地方的购物导报，大量版面都是商家的产品宣传。《精品购物指南》这类的报纸和许多厂家商家是签订了全年合作合同的，实际上是将大多数版面卖给了商品和商家，从而取得报纸的经济效益。

法国是出了名的消费国家。人人都喜欢逛商场买商品，都有很高的商品鉴赏能力。法国人对商品质量的要求很高，有着鉴别商品质量的火眼金睛，不允许商品有任何瑕疵。《六千万消费者》是法国消费者协会主办的，消费者协会对媒体商品信息的含金量感受很深，于是，就采取了和《精品购物指南》完全相反的逆向思维：你的商品好不好，不由厂家商家自己说，而是由社会上的检测机构做检测，同类产品按照检测结果排出质量标准名次。

为了不与厂家商家发生任何关系，他们对检测工作做了三条规定：一、产品是从市场上随机选择的，不是由厂家商家送来的，完全符合数学概率论上的随机抽样。厂家商家不仅不知道从哪个商店选的，而且选择的商店每一次都不同，公布检测结果的同时公布商品选择商店。二、检测费用由报社付给，不是厂家商家付给。三、检测机构是从社会上的检测机构中选优出来的，并且保密，厂家商家不知道是哪一家检测机构在检测，难以去公关。这样一来，公布结果就具有法律效力，即使打官司也不怕。

《六千万消费者》的这一套检测方法，好像是专门针对中国媒体这些年来发生的弊病而制定的。很明显，中国现在的购物导报，是站在卖方的立场指导买方；《六千万消费者》则是站在买方的立场指导卖方。两者的立场完全不同。

《六千万消费者》产品质量信息的认定和报道内容，与厂家商家完全彻底脱钩的办法，使它的信息得到6000万消费者的公认。法国人人人购买《六千万消费者》，使得《六千万消费者》成为法国发行量最大的报纸。报纸卖得贵，但是信任度最高，畅销全国。法国人一走进商场，就把它拿出来，和自己选择的商品上的质量指标一一核对。《六千万消费者》就靠卖报纸赚钱，报纸不刊登任何广告。

中国都市报代表团访问欧洲以后，给我们和法国报业协会双方都留下了深刻的印象。法国报业协会主席从中国都市报的快速发展，感觉到中国新闻改革和经济改革一样，变化显著。之后，那位报业协会主席还专程跑到四川一趟，来参观华西都市报，在我的办公室里长时间地交流了报业市场情况。我用成都的名小吃热情款待客人的时候，又一次向他请教了《六千万消费者》的经验。

《六千万消费者》畅销的思路，与都市报完全不同。都市报是用每一篇报道都要让读者喜欢的办报内容，得到报纸最大的发行量，再用发行量吸引广告，用广告获取利润。这一套办法经过十多年的检验，终于显现出它的弊病：你想多得广告的心理，成为一个弱点，被资本方看透之后，就来和你谈交易。很多媒体就这样当了俘虏，和人家乖乖地做起权钱交易来，一些报道自然而然就带上了广告的阴影。都市报每一篇报道都要让读者喜欢的标准渐渐打了折扣。

法国这张没有广告的报纸，对中国新闻界是一个很好的教育。法国人的思维方法就与中国人不同。

法国对市场产品进行公开的社会检测制度，是西方社会产品监督制度的一个典型榜样。《六千万消费者》周报，在每一个产品的消费旺季到来时，对市场上各种品牌的这个产品进行广泛取样，然后交给社会上公认的著名检测机构进行质量检测。因为《六千万消费者》周报不刊登任何广告，所以检测结果不会受任何厂家商家的影响。中国每个地方都有技术监督局，技术监督局里还有一张技术监督报，实际上，无论是技术监督局还是技术监督报，他们的检测结果和媒体一样，都经常受到资本的影响，根本原因在于思维方法走的是两个方向。

《六千万消费者》的这个做法，使质量差的产品很快被市场淘汰，使质量好的名牌产品的消费数量达到海量，这些质量好的名牌的海量量级又不断攀升，成为更大的海量品牌。《六千万消费者》成了淘汰劣质产品塑造名牌产品的有力杠杆。

《六千万消费者》很值得中国仿效。中国媒体的公信力太差，完全以广告为经营中心，听候企业和资本的使唤。新媒体更是为钱而生，难以信赖。百度的竞价排名，出钱就搞屏蔽，使中国人对新媒体的榜单也失去信任。

《六千万消费者》的故事告诉我们，没有广告的报纸才是最值得信任的报纸。我的类比思维启动了。我觉得，中国也应该模仿法国的办法，创办一张类似于《六千万消费者》的报纸。报名模仿《六千万消费者》，就叫《13亿消费者》，成为社会公开全面检测各类产品的组织机构。

中国很大，人口众多，这张报纸的发行量不仅会是中国第一，而且要创造世界第一的纪录。

法国《六千万消费者》当时的出发点，是为消费者服务。它的报名表明了它的目的，旗帜是十分鲜明的。我觉得，中国的《13亿消费者》，为13亿消费者服务的目的是肯定的，但仅仅如此，就不够了，因为中国当前的企业和市场的表现，确实令人忧心忡忡。企业对自己产品的要求太低了，很多次品不合格产品甚至假冒伪劣产品混迹市场，再和媒体及检测机构做交易，真假就难分了。中国的市场经济历史本来就很短，市场极不成熟，再加上投机思维泛滥，假冒伪劣横行，规范化程度就难以上去。我们现在又提出中华民族崛起的口号和目标，一要不断提高中国制造产品的质量，二要努力提高中国人的生活质量，所以，对市场进行严格管理的任务，就摆在中国人的面前。

《13亿消费者》可以提出比《六千万消费者》更高的两个目标：为了全面提高中国产品的质量，为了全面提高中国人的生活质量。

《13亿消费者》检测市场上的各类产品，实施社会检测、全面检测和密集性检测。所谓社会检测，是指从社会检测机构中选择最好的检测机构，对市场产品进行检测；还可以同时公布产品的数据做对比，让消费者心里明白。所谓全面检测，就是对厂家商家遍布全国的销售点挑选产品进行检测。所谓密集度检测，就是定期进行检测，定期公布，不能一劳永逸。不然的话，免检产品就是一个假的免检产品。

中国现在正在制定百年规划和两百年规划。我觉得，各类产品的质量规划应该纳入。比如，中国现在检测牛奶的指标是200多个，日本是2000多个，那么，中国牛奶的检测指标什么时候才能从200多个提高到2000多个呢？这到底要多少年呢？总不能花好几十年吧？中国的经济可以在二三十年的短时间内从第几十名跃入第二，产品质量为什么就不行呢？

所以，《13亿消费者》既可以为13亿消费者的消费服务，同时也为中华民族的崛起，中国产品质量的提高，中国人生活质量的提高，助一臂之力。

那么谁来办《13亿消费者》呢？我想，也可以由中国消费者协会主办，再由传媒集团或者资本联合协办。

《13亿消费者》和中国其他报纸的操作方法完全不同，它实际上就是一个真正的质量检查局。

中国的消费者是一个庞大的弱势群体，经常受到老板们假冒伪劣的欺骗。问题产品暴露之后，企业还拉拢媒体搞掩护。有的劣质产品官司打了若干年，消费者受尽窝囊气，也难以了结。13亿消费者的心里，早就盼望《13亿消费者》快点到来。

《13亿消费者》也是传统媒体发展的出路之一。无论新媒体今后怎么发展，《13亿消费者》都是其他新媒体无法替代的。《13亿消费者》也可以借用新媒体传播平台进行传播，以新媒体的形式传到各种客户端。中国的媒体人，也不应该老是陷在广告和权钱交易的泥坑里不能自拔，做一点像《六千万消费者》那样扬眉吐气的事情。

# 从一句话读出百岁大学



2009年9月，我的身体越来越虚弱，本来就怕冷，加上脾胃不好，一吃饭肚子就胀，吃不进饭，睡不好觉，一点精神都没有。在朋友的劝告下，我住进了成都中医药大学附属医院。

华西都市报医疗记者小徐帮我联系了医院。他说，给你医病的是治未病中心的吴教授。我一听治胃病，马上说，我就是脾胃不好，从小就是浅表性胃炎。小徐纠正说，他说的“治未病中心”不是治胃病，而是治未来的病。“治未病”是中医里的一个专业名词，很多病是长期的原因造成的，所以要在有表现的时候，就进行预防性的治疗，这就是治未病。

这是我第一次听说“治未病”的概念。

我每天准时到治未病中心去针灸。过去我只做过针刺，还没有做过灸，以为针刺就是针灸。我第一次看见灸条、灸柱，看见悬灸、隔姜灸那么多的灸法。我每天要灸神阙、关元、胃脘、足三里等穴位。就在一天天的灸疗中，我的病情一天天好起来。

我仔细观察治未病中心的十几间医疗室，几乎全部都是云雾缭绕，一片浓浓的艾叶燃烧的气味。当然也有按摩、体检的内容，但主要是针灸。

躺在灸疗的病床上，旁边病床上施灸的女孩子讲起了她在这个医院针灸的经历。她说，过去她长期在针灸科做针灸，后来发现治未病中心也是在针灸，而这边人更少一些，更干净一些，就跑到这边来了。

我脑子里在想：治未病中心和针灸科有什么不同？看看每天来得这么多做针灸的人，个个都是病到一定程度的病人，都是在治已病。

因为是成都中医药大学附属医院，四川各地市县的中医院，都派人到这里的治未病中心来学习，说是从北京传来的精神，中医院都要开设治未病中心。来学习的人经常也给我针灸。我于是知道了这是全国中医院的一股潮流。全国各个中医院的治未病中心，基本上都是一个针灸二科。

9月下旬，国庆节快要到了，到处都充满迎接国庆的气氛。那一天，我接到电话，我的家乡阆中市委、市政府领导，在金河宾馆召开阆中文化名城研讨会，邀请我去参加。

我的邻座是熟悉的阆中老乡、省直机关党委原副书记老李，现在也退休几年了。我们一边开会，一边交流。他说他这些年，全都钻进中医里去了，而且还买了相关的许多东西。他听我讲述了我的身体情况，就说：“老席，我建议你读几本书。”我问：“读什么书？”他就给我开了一个单子，打头的第一本书，是曲黎敏的《黄帝内经·养生智慧》。

当天下午，我就叫我的表弟去书店买来了那几本书。打开《黄帝内经·养生智慧》这本书，我就被迷住了。过去，我听说《黄帝内经》是“封资修”，现在一看，才知道那是打胡乱说。原来，《黄帝内经》是一本教导人们如何适应大自然的变化调养身体的中医经典著作，是一本人人都值得好好学习的书。一个人为什么生病？就是他某些方面的生活习惯不好，久而久之就变成了病疾。治疗病疾的同时，必须改变不好的生活习惯，才能彻底治愈。

我恍然大悟：我读了一辈子的书，可是人生最重要的一本书却没有读。一个人的身体完全可以由自己掌控的，而我却把这件事情忘到九霄云外去了，不懂得人的第一财富是自己的身体健康。工作那些年，天天只顾忙工作，双休日也不休息，经常熬更守夜，不把身体当本钱，完全是亡命，完全违背了自然规律，所以身体才走到了今天这一步。

我如饥似渴地一本接一本读健康养生书，一两天就把几本书都读完了。给我印象最深的，是每一本书里都引用的一句话：“联合国提出来一个口号：千万不要死于无知！”人们大多数死于对长寿科学的无知，死于自己长期养成的不健康的生活方式和行为，真是死得太冤枉了。

“千万不要死于无知！”这个警告来得太迟了。

“千万不要死于无知！”这是绝大多数人死于无知的残酷现实之后，饱含血泪的总结。

许多人死了，都不知道是怎么死的。其实是自己死于自己之手。

人类大多数人死于无知的现实，怎么才可以扭转？

解决个人无知的办法，当然是学习。我读了几本书，不就知道很多知识了吗？那么，解决社会上那么多人的无知，解决群体的无知，办法是什么呢？

书中提出的问题，引起了我的思索。

一天，吴教授一边给我针灸，一边摆她前几天给老干部们讲课的事。她说，我们治未病中心给老干部们研制了各种保养的膏方，再加上其他各种条件下的保养措施，整个加起来，就是为老干部在修一个“百岁工程”。

我一听吴教授的“百岁工程”四个字，眼前一亮，觉得这四个字的名称取得好。因为看了《黄帝内经·养生智慧》，知道这个治未病，其实就是为了长寿，为了活100岁。人人活100岁就是治未病的目标。修筑“百岁工程”，应该是治未病中心的愿景。

可是，每天在治未病中心排长队等待针灸的那个过程，越来越觉得这个治未病中心，无法治疗人们的未病。你看，每天到这里来治病的人，无非就是100多人．那么，除了这100多人，社会上那么多的人就不治未病了吗？

所以，我觉得治未病中心的“百岁工程”，一点也不宏伟。难道就只管这100多人和老干部活100岁？如果要管全社会的人活100岁，他们肯定管不到那么多人，因为你那么几个人完全管不过来。

再说，看看这个医院其他科室，个个都是排长队等候医生喊号。终于轮到自己了，医生也只和你交流很短的时间，就开好处方，喊下一个人了，不然的话，挂的号就看不完。挂号大厅，缴费的，拿药的，都是长长的队列。医院里的人流，比百货大楼还挤。

华西医科大学附属医院，那就更是拥挤不堪，热闹非凡。住院部电梯前面等候坐电梯的排队，比街上公共汽车站排队还长。据报道，每天排队等候住院的，就是一万七八千人。

《黄帝内经》提出的医生要治未病的问题，我觉得，靠这些医院的医生，是不可能的，因为，他们治已病的事情已经忙得不可开交，完全无暇他顾。

再看看治未病的历史。2000多年前，《黄帝内经》就提出了“治未病”的重大课题。但是，2000多年来，社会并没有产生行之有效的为人民为社会大众“治未病”的效果。治已病的事倒是家喻户晓，人人皆知，人人有病就到医院求医。即使边远山区没有文化的少数民族，生了病也知道去医院看病。但是“治未病”的情况，不仅没有出现许多人参加的群体行为，就连个别人的个体行为也难以见到；即使天天读《黄帝内经》的人，也不会去医院“治未病”。这种情况，就像一个养生专家在他的养生著作里说的，如果哪个人到医院找到医生说，你看我十年以后会得什么病，现在你先给我治一治，人家都会笑话他是神经病。

我把这些事情用归纳法归纳起来，就可以做出肯定的判断：医院绝不是治未病的最好的组织形式！

《黄帝内经》提出的“治未病”的问题，2000年来基本上没有得到落实。无论过去还是现在，专家学者写书写文章强调“治未病”，那是停留在文字上；政府组织发文件做报告强调“治未病”，强调预防为主，也是停留在口头上，偶尔有一些行动措施，根本不解决问题。

透过现象看本质，是科学思维的一个重要的思维方法。我们不要被医书上提出的医生治未病的神圣任务所迷惑，以为医生医院就一定能够把社会大多数人的治未病任务完成。

我认为，治未病这个问题拖了2000多年没有解决，不是他们——医院和医生——不想解决“治未病”的问题，也不是他们不重视这件事，而是没有找到组织人们“治未病”的最佳的组织形式。这才是最根本的原因。

无论是医生、医院还是医疗管理部门，长期以来都把“治未病”的希望寄托在医院和医生身上。卫生部叫各个中医院成立治未病中心，就是在这个指导思想下做出的决定。这其实是走进了一个误区。

医生和医院努力了2000多年，也没有出现一个“治未病”的大师。翻遍中医书，里边除了几例名医预测未病的故事外，没有像样的治未病的记载。那些以治已病而出名的医生，倒比比皆是。

2000多年的历史已经无可辩驳地证明：医院不是“治未病”的最好组织形式。

不仅是2000多年的历史证明医院不是“治未病”的最好组织形式，就是这几年来医院的所作所为也同样证明了这个事实。这些年北京指示各个中医医院都要开办治未病中心（一个科室），结果是，全国中医院所有的治未病中心，个个都治的是已病，因为没有人上门治未病。医院管理的方法又以计算经济效益为中心，也只有治已病才能完成。而且每个治未病中心几乎都变成了这个医院的针灸第二科，好像只有针灸才能治未病一样。他们也根本无法说出他们取得了多少治未病的成绩。

全国各个医院治未病中心这几年的实践，又一次充分说明：医院不是治未病的最好的组织形式。

你想一想，现在的医院那个拥挤的场面，说明他们的生意有多好，他们哪里能顾及治未病，几分钟就把病人打发了。现在还只是一部分有病的人去治病，治未病是人人都需要的事，如果人人都去医院，医院又如何装得下？挤断门槛都不行！

我决定用发散思维和求异思维来探索这个问题。这是一个重大的社会问题，也是人类历史发展到今天必须解决的问题。2000多年来，人们都对上医治未病的理论推崇备至，可是，在如何治未病的方法上，却没有找到一条光明大道。

如果一件事情经过多少年多少人长期的努力都得不到解决，我们就应该怀疑原来思考的思路或者方法有问题，不妨用新的思维方法去寻求新的路径，创造新的组织形式。就像牛顿面对那么多的变量数学问题，就从常量的计算数学方法中走出来，研究新的方法，结果创造了微积分和高等数学。

那些天，我又买了许多健康养生书来读。新华书店的保健养生图书风起云涌，动辄畅销几百万册，使其他的畅销书望尘莫及，大有傲视其他畅销书之势。这些养生畅销书，有不少在书名上就直接加进百岁的概念，书名中冠以“百岁”二字的就有几十本，比如什么《这样可以活一百岁》《教你活到100岁》《活到百岁直通车》《轻轻松松一百岁》《科学运动活百岁》《百岁秘诀》《漫话百岁寿星》《活一百岁不是梦》《细节决定活百岁》《揭开人类活过百岁的秘密》《跟百岁寿星学养生》《百岁寿星长寿经》等等。

《教你活到100岁》这本书第四版后面，附录了一些读者的来信。一位名叫赵树根的农村读者在看了《教你活到100岁》这本书以后，给作者写信说：“我对您还有一种期望：我觉得您应该办学校，传授中医养生保健的内容，哪怕是远程教育（尤其在农村），这样会影响更多的人，让更多的人注重养生保健，愿天下人人健康，愿天下人人富足，因为健康才是人生最大的财富。”你看，读了书的人还不满足，还想在课堂上听一听作者老师的讲课。

作者不断收到这样的来信，驱使作者在青岛崂山建立了一个“教你活到100岁国际养生乐园”，一边讲课，一边指导不同年龄段的中老年人进行中医养生保健。

在读者的呼唤和鼓励下开办养生培训班的还不少。《钱氏中医养生18法》《中华养生体育处方》的作者、中医师钱云教授，为了传授他的养生经验、理论和方法，创办了天津东方生态养生园，作为中医保健养生的教育试验基地。他多次举办养生学习班，将他的养生知识广为传播。

这些经验给了我很大的启发。我的灵感一下触动：要解决社会上那么多人对健康的无知，就只有一个办法：办学校，办一所教育人们如何活100岁的学校，就叫百岁大学。

什么是解决“千万不要死于无知”的办法呢？答案就是办学校。学校可以使一个人从无知变成有知；学校更可以使很多人从无知变成有知。

在高度发达的现代教育社会，什么事情都办教育，到处是各种知识培训的学校，做饭有烹饪学校，美容有美容学校，跳舞有舞蹈学校，上电脑有电脑学校，有什么事就有什么学校。可是，人人都想活100岁，就是没有百岁学校。把人的生命财产这个最重要的大事，忘到九霄云外去了。本来应该作为一个重点教育项目的，人类第一个应该接受的生命健康教育，却被排斥到教育事业之外去了。

所以，百岁大学的百岁科学教育，不是文凭教育，不是职业教育，而是有史以来没有的改造人自己身体状态的教育，是生命科学的教育。过去所有知识的教育，都是受教育者学了知识以后，用知识去改造客观世界，也就是说那些学习都是为客观世界而学习；百岁教育则是为自己而学习，学员学习的目的是改造自身——自己的身体。所以，百岁科学的教育与过去的教育有根本的不同。

百岁科学的教育，是人的生命财产的教育。生命财产是人的第一财产。所以，百岁科学的教育是人类第一重要的教育，是应该放在首位的教育，是人人都应该接受的教育。

大量的事实告诉我们，无论是富人还是穷人，无论是城里人还是农村人，无论你从事什么行业，人人都可以活100岁。关键在于你必须知道，你应该怎么做才能活100岁。百岁大学就承担教你活100岁的任务。

综上所述，“绝大多数人都死于无知”的问题，才是解决治未病的症结所在。这个问题解决了，治未病的问题也就迎刃而解了。

现实的情况无可辩驳地说明，治已病主要靠医生，治未病主要靠自己。医生再高明，病人仍然坚持坏的生活习惯，不按照医生的吩咐去做，他可能出现的未病还是会照样出现。

到百岁大学学习百岁科学，就是把自己培养成为“治未病”的最好的医生。所以，上百岁大学，也就是“治未病”的最好路径。

治已病要靠医生，是大家都知道的一个常识；但是，“治未病主要靠自己”，很多人都不知道。

有一本健康畅销书，书名就叫《自己是自己最好的医生》。这句话有一半是不对的：自己肯定不是治已病的医生。因为你自己都是治病的最好的医生了，那还要医生要医院干什么！这句话的本意是，自己是自己“治未病”的最好的医生。你只要注意养生，很多病都不会有。但是，是不是每个人都是“治未病”的医生呢？也不是。或者说现在大多数人都不是“治未病”的医生。因为你没有学习，还处在无知的状态，怎么一下就当得好医生呢？怎么会绝大多数人都“死于无知”呢？要当好自己“治未病”的医生，就得要学习养生知识，学习百岁科学。否则，自己也同样是当不好自己“治未病”的医生的。

我们的先人是很重视百岁科学的教育的。老祖宗之所以动员了几千人，花了几十年的时间写出《黄帝内经》，那就是为百岁科学教育写的一本教科书，让世人懂得之后照着去做。《黄帝内经》为什么历经那么多年，为什么那么多人参与写作？这充分体现了古人，体现了中华民族，对百岁教育的重视，不把百岁教科书写好不行。可惜古人下了那么大的功夫，今天很多人并不了解，有的甚至把它当作“封资修”，至今绝大多数人不知道它的宝贵。

一个尖锐的问题摆在我们面前：人人都想健健康康活到100岁，可是，大多数人都不知道应该怎样做才能健健康康活到100岁。大多数人都没有系统学习长寿科学知识。在一个960多万平方公里面积、13亿9008万人口（截至2017年末）的国家里，至今没有专门的保健养生大学，没有系统组织城乡民众保健养生方面的培训。即使有些人了解一些保健养生方面的知识，多是通过读书看报、口头传播等非正规渠道获取。许多说法由于缺乏权威论证，不同的学派、专家各执一言，使人们无法适从。更多的人则是对这类知识不了解，不学习，不重视。

《经络通养生手册》一书说：生活中不少人都很关心自己的健康，但残酷的现实却是不少人很不健康，很多人都不知道怎样才能健康起来，哪怕是科学家、教育家、企业家、名人等这些社会精英。著名的表演家古月、高秀敏、陈晓旭、傅彪、梅艳芳，画家陈逸飞，企业家王均瑶，科学家陈景润、张广厚等等，他们在各自的领域里，都是出类拔萃的精英，但对于自己的身体、自己的健康，都表演了一场场过早死亡令人心痛的悲剧。精英们尚且如此，普罗大众的情况更加令人忧虑!

办一所百岁大学，真是时代的呼唤，群众的呼唤。

不仅中国如此，外国也如此。有一天，我看到报纸上报道，美国87岁的亿万富豪大卫·默多克，发誓说自己要活到125岁。为了实现这一目标，他投资 5 亿美元修建了一所为自己长寿服务的最为先进的食物研究中心。

默多克为什么这么重视养生？其实，默多克是在经历了一段痛苦的人生经历之后，才做出了调整人生道路的决策。默多克曾有过两次婚姻，但没有子嗣。1967年，不惑之年的默多克邂逅自己的第三任妻子、20出头的德裔美女加布里埃。加布里埃为他生下两个子女。正在他感到幸福生活达到了巅峰的时候，1983年，加布里埃被查出卵巢癌，无法治愈。两年后，43岁的妻子死于癌症。1987年，默多克的长子尤金又在游泳时溺亡。

家人的逝去迫使默多克反思自己的生活方式。由于许多癌症都与环境有关，而加布里埃又没有家族病史，因此默多克断定生活方式是罪魁祸首。他坚信如果他们早一点采取更加健康的饮食习惯，妻子就不会遭受癌症的痛苦，早早离世。他对媒体说：“如果那时候我有现在的知识，也许她就不至于如此。”

失去亲人的默多克，像发疯一般地钻研医学和饮食，而把事业和成功放在第二位。作为对妻子的怀念，默多克几乎将自己的全部精力都用在反思加布里埃和自己的饮食上，翻阅研究报告，咨询专家。他建立起数千平方米的巨型暖房，专养花卉果蔬。除了自用，默多克还把自己的“果蔬”健康观念推广到全美国。

为了活得更久，默多克每天都会吃多达20种的水果和蔬菜，以保证充足的维生素摄入。默多克不吃乳制品、家禽肉和牛羊肉等，但他会以大量海鲜、蛋白、豆制品来补充蛋白质。在默多克的“禁食菜单”上，还包括酒、糖和盐。他每天晒太阳以获取足够的维生素 D，晚上11点之前就上床睡觉，保证黄金时间里至少6个小时的睡眠。

默多克对周围的朋友熟人甚至陌生人，一旦发现超重发胖就训斥一番。2006年承包商格林菲与默多克相遇，这个身高1.76米、体重129公斤的胖子当即被告知：“你太胖了，这样不健康，你可能活还没干完就死了。”默多克说，一旦格林菲减肥15公斤就能得到奖赏。在默多克的“诱惑”下，成功减肥的格林菲挣得10万美元的健康奖励。

默多克在公司也实行鼓励员工健康生活的政策。员工在公司餐厅吃饭可以享受补贴，餐厅里有各种各样的色拉，但是没有炸鸡块。员工可以自由享用公司的健身房，在那里上健身课可以享受每小时30美元的补贴。在拨打公司电话等待转接的过程中，你听到的不是传统的音乐声，而是有关营养的生活小建议。

默多克的故事对我教育很深。但是，默多克只管自己和企业员工。我下定决心，要想办法设计办一所为全社会服务的百岁大学。

# 一则网络预测推出21世纪两件大事



2012年5月，我看到网上的一篇预测，说是60年后，日本的人均寿命可能突破100岁。

大洋网5月11日报道：专家指出，人均寿命在不久的将来（最快在60年后）便会冲破100岁。根据新研究所作的推算，若现时人均寿命增长趋势持续，于2062年出生的日本人女性，有望成为首批人均寿命达至100岁的群体。

不几天，又看到另一篇报道。英国广播公司网站3月19日报道说，美国《科学》杂志上的一篇报告对1840年以来不同国家的平均寿命模式进行了研究。研究人员吉姆·厄彭和詹姆斯·沃佩尔博士发现，在平均寿命最长的国家里，人们的平均寿命将在大约60年里达到100岁。

报道同时说，国家统计局去年预测，目前英国几乎每5个人里就有1个人将活到100岁。纽卡斯尔大学老龄及健康学院的教授汤姆·柯克伍德说，寿命稳步延长的原因是“老年人的死亡率在降低”。

仔细研究这两个预测，其实，这两个预测都差不多。日本的人均寿命从1985年以来一直都是世界第一，偶尔把日本从排名第一的位置挤下去的，是瑞士等一两个国家。日本是世界上当之无愧的平均寿命最长的国家。

我觉得，这是人类发展史上的一个转折点，是一件非同小可的大事。

这引起了我的思考。这是一两个国家呢，还是几个国家，还是一批国家呢？数量关系在事物发展的研究中，始终占有重要的地位。

我寻找相关的资料，但是难以找到我需要的资料。

我的直觉思维使我感觉到，紧接着日本之后，在21世纪最后的二三十年或者三四十年，可能一大批国家的人均寿命会达到100岁。如果是这样，这在人类发展史上，将是划时代的里程碑，人类就从此进入百岁时代。

我想找到更多的可以证明这个假设结论的资料。可是，网络看似资料万能，其实完全是支离破碎，真正想要的，又没有了。

我想，假若我有联合国卫生组织对全世界各个国家人均寿命的全套预测资料，一眼就能看个明明白白。

我没有办法，只有自力更生。那就是用我熟悉的演绎法，来演绎推导这个事情的发展脉络。

前面讲过我用演绎法推出都市报“市民生活报”的定位，并且介绍了演绎法的基本知识，是从已知推导未知。而未知的东西又往往是自己的灵感思维提出的假说。牛顿的《自然哲学的数学原理》，就开创了近代科学史上使用数学演绎法的经典案例。

我已知的有：日本人均寿命第1位，83.9岁。中国人均寿命第83位，73岁。

我就从这里开始三段式的演绎——

已知：中国和日本的人均寿命相差10岁，两者在人均寿命排名榜上相差83位。

那么，在排行榜上，平均年龄相差不到一岁的国家有多少个呢？

83（位）÷10（岁）=8.3（位/岁）。

由此可见，人均寿命相差1岁的国家，平均就是8个。也就是说，在世界人均寿命排名里，连续排名紧紧挨着的8个国家，人均寿命的差距都不过1岁。

所以，如果人均寿命第1名超过100岁，排名前8名的都接近100岁，就是都在99岁和99岁以上。

英国广播公司网站2002年3月19日在报道“长寿国人均寿命60年内达百岁”时还说：“寿命每十年增加两岁的势头似乎没有任何减弱的迹象。”还有的说法是十年增加1岁。说法虽然不一，总之规律是差不多，就是经过几年或者十多年，人均寿命就可能增加1岁。

第1名的日本冲过100岁，前几名的国家也就在几年或者十多年内达到100岁。

这个演绎法的三段式是：大前提——在世界人均寿命排名里连续排名紧紧挨着的8个国家，人均寿命的差距都不过1岁；小前提——8个国家其中一个人均寿命100岁；结论——紧邻的8个国家在几年或者十多年内也达到100岁。

如果继续推演下去，那么紧接着，还有人均寿命99岁、98岁的，甚至97岁的，在21世纪的最后三十多年，可能会有二三十个甚至更多的国家人均寿命达到100岁。

所以在21世纪，将会是一大批国家的人均寿命达到和超过100岁。现在人均寿命排在前面二三十位甚至三四十位的国家，都有可能超过100岁。

这就是21世纪将要发生的重大事件——一大批国家的人均寿命将要过100岁。全球将会出现一个“百岁俱乐部”。

这个时候，我又看到了一个资料。一则报道说，美国也表现出了人均寿命持续增加的趋势：20世纪初，美国人的平均寿命为47岁，现在，新生儿的预期寿命有望达到79岁。如果平均寿命每年增加3个月的话，那么，到21世纪中叶，美国人的平均寿命将达到88岁；到21世纪末，平均寿命将达到100岁。

美国在2013世界各国人均寿命排行榜上，是第35位。这个材料有力地证明了我前面用演绎法推导出来的结论，是完全正确的。从这个材料也可以进一步推断，人均寿命排名前35位的国家，在21世纪末都可能达到人均寿命100岁。

再看这些人均寿命达到100岁的国家，有好几个人口大国，除了日本之外，还有法国、英国、美国、俄罗斯等国。这些国家的人口加起来，就是一个不小的数字。也就是说，全世界有总数不少的人口达到和超过100岁。这些国家大多数都是发达国家。

所以，21世纪是健康世纪、百岁世纪。完全是一场百岁运动。

这是人类历史上一件了不起的划时代的大事，可以举世同庆的大事。这一百多年全世界没有发生大规模的战争，算是一个和平的世纪。所以人类人均寿命能够取得突破性进展，是和平带来的结果。

当然，发生这个情况的时间，也可能向后推移。但是，不会有太长的推移。总之，这是迟早都要发生的事。

而且，在进入22世纪以后，人均寿命达到和超过100岁的国家，就会是接二连三，一个接着一个，真正是一个你追我赶的百岁运动，汹涌澎湃。

后来，我又看到另一则报道，使我的情绪大受影响。联合国2004年发表的全球人口预测报告称，到2300年，中国人的平均预期寿命将达到100岁，其中男性平均寿命为98岁，女性平均为101岁。

美国人均寿命100岁的时间是21世纪末，中国人均寿命100岁的时间是23世纪，整整落后两个世纪！现在美国在全世界人均寿命排行榜上是第48位。中国是第95位。中华民族正在崛起。可是，绝大多数国家都在21、22世纪进入百岁国家了，中国却要在23世纪才能达到人均寿命100岁。

为什么中国的人均寿命增长速度这么慢，经济发展速度那么快呢？

更令人不解的是，中国现在已经是全球第二大经济体，在21世纪，中国可能成为全球第一经济大国。不久前，英国作家马丁·雅克（Martin Jacques）出版的新书《当中国统治世界》，在西方国家引起轰动。这本书说，根据高盛公司的预测，2027年中国将成为世界第一经济大国。又据台湾《中国时报》2010年5月3日报道，日本内阁府发表的最新“世界经济潮流”报告预测，中国2030年GDP就占世界第一了。另据俄新网报道，世界银行前行长沃尔芬森在莫斯科举行的第二届“集团管理和世界经济全球化”国际研讨会上预测，到2050年，世界上经济发达国家的排名中，第一位是中国。

各种经济组织预测的时间各不相同，但是都认为中国在21世纪的前期或者中期就会成为世界第一经济大国。如果经济上是第一，人均寿命太落后，就太难堪了。现在美国经济第一，人均寿命排第三四十位，在网络上就遭到很多的嘲笑。

请注意，如果按照人家的预测，当其他国家人均寿命开始达到和冲击100岁的时候，中国已经是世界第一经济大国三四十年了。

这一瞬间，我从前面的演绎推导中，归纳出一个概念，21世纪全球将要发生两件影响历史影响世界的大事：第一个是，一大批国家的人均寿命将在21世纪的最后30年超过100岁；第二个是，几百年落后挨打的中国，成为世界经济第一大国。

这真正是有分量的两件大事。

但是，面对这两件大事，中国似乎有些难堪：全球人均寿命超越百岁成为热潮，你经济第一大国怎么还落后那么远呢？这是提出疑问的逆向思维。

作为中国人的你、我、他，到底该怎么办呢？

个人的决策不重要，关键是中国国家的决策。中国现在只顾发展经济，完全把人均寿命这件事情忘到九霄云外去了。

日本几十年的发展，经济达到世界第二，奥运会金牌名列前茅，科学技术领先，我们不太注意的是，它的人均寿命80年代就跃居世界第一，30多年来一直保持第一。

中国这30年的发展，经济跃居第二，奥运会金牌第一二位，科学技术发展也还不错，代表性的空间技术名列前茅。可是，中国现在的人均寿命，在全世界都是名落孙山，2011年排名第83位，比起古巴的第24位都望尘莫及。

美国《纽约时报》2010年11月23日发表题为《中国健康状况的不均衡发展》的文章，说中国是近20年来人均寿命增长最为缓慢的国家。文章说："联合国所提供的数据表明，从1990年到2008年，中国的人均寿命增长了5.1岁，达到了73.1岁。然而其他发展中国家，比如巴西、埃及、埃塞俄比亚、印度、印度尼西亚和伊朗，在这一点都有着比中国更大的发展。21世纪以来，包括大部分西欧国家、澳大利亚和以色列这些人均寿命起点就比中国高的国家，也在发展速度上超过了中国。"

演绎法从已知推导未知，推导未来。我们知道了未来将要发生什么事情，那么，自然就应该以积极的态度去推动事物的发展，迎接光明美好的未来。中国，不能再这样无视人均寿命，无视健康教育健康管理了。

我一刻也坐不住了，马上提笔写下了一个题目："汹涌澎湃的全球百岁运动"。我觉得，必须在百岁大学的设计方案完全形成之前，先完成这一篇文章。

这篇文章几经修改，终于拿出来一个初稿。紧接着，又几经易稿，拿出了百岁大学的方案——

# 东方百岁大学策划方案（上）





策划：席文举策划工作室

第一稿：2010年1—2月

第二稿：2010年5—6月

第三稿：2010年12月—2011年1月

第四稿：2011年12月–2012年5月

目录

**五、全面发展的统筹规划**

1. 少年儿童是百岁教育的潜在大市场
2. 大中小学学生的百岁科学教育
3. 上班族的百岁科学教育
4. 高端学员
5. 全国各地开办分校
6. 各种流派各种特色的养生院
7. 建设生态环境的百岁养生园
8. 百岁教育走向世界

**六、百岁大学的文化建设**

1. 主体建筑的百岁文化
2. 修建东方百岁博物馆和东方百岁堂
3. 修建“人体世界”公园
4. 举办“百岁科学文化”娱乐演出
5. 举办东方百岁国际论坛
6. 举行祭奠《黄帝内经》的大型活动
7. 住宅建设的养生文化
8. 景观建设的百岁文化
9. 信息交流的百岁文化
10. 校址选择的文化

**七、推动时代发展的伟大意义**

**一、为什么要办百岁大学**

1. 时代大潮催生的学习课堂

近年来，我国的老年人口快速增长。1999年我国60岁以上老年人口占全国总人口的10%，进入国际公认的老龄化社会。经过短短十年，到2008年，全国老年人口已经增至1.69亿，且现正以每年1000万的增幅跑步前进。目前我国老年人口已达1.7亿，到2020年，老年人口将达到2.48亿，老龄化水平将达到17.17%。到2050年，中国的老年人口将达到4.37亿，占总人口30%以上，进入重度老龄化阶段。也就是说，三四个人中就有1位老人。

在我国的老年人口中，80岁以上的高龄老人又是增长最快的一个群体。从1990年到2000年，我国80岁以上的高龄老年人口从768万增加到了1199万，年平均增长速度达到4．56%，远远高于我国老年人口和总人口的年平均增长率。

民政部一位官员不无担忧地说：“我国正在跑步进入老龄化社会，老龄化速度和程度超乎我们的想象。”

从过去几十年已经老龄化的国家的实践经验来看，发挥社会对老年人健康的保障功能，使大多数老年人都能颐养天年，健康长寿，无疾而终，乃是国家的一个重要的社会目标。而这样做的结果，是高龄老人比例大幅度增加，百岁老人越来越多。

根据欧洲研究者调查，自1950年开始，工业化国家里百岁老人的数量每10年增加一倍，这些国家的百岁老人以平均每年大约7%的比率增长。随着人类历史的发展，在日本和瑞典这样的低死亡率国家，妇女出生后活到100岁的概率从2000万分之一提高到50分之一。

世界卫生组织宣布：近百年来人的寿命增加了一倍左右。1900年人均寿命30多岁，到2000年世界上大多数地区的平均寿命已达到70岁左右，有些经济发达的国家人均寿命已达到80岁。科学家预言：单就基因工程突破后，人均寿命将增加到150岁。

联合国经济及社会事务部人口司《2300年全球人口预测》预计，到2300年，中国男性的平均寿命将达到98岁，而中国女性平均“高寿”101岁。

据中国老年学学会调查数据显示，截至2009年9月1日，全国健在的百岁老人已达到40,592人，约占世界百岁老人总数的11.94%。

据联合国预测，到2050年我国百岁老人将达到47.2万人，比2001年增长25.4倍。百岁老人的高速增长是我国经济发展、社会进步、医疗卫生水平等不断提高的必然结果。

为什么有的老人健康长寿无疾病直到逝世，而有的老人体弱多病，给自己、家人和社会带来巨大的痛苦与负担？哪些因素影响健康长寿？

世界卫生组织1991年向全世界宣布：“个人健康和寿命60%取决于自己，15%取决于遗传，10%取决于社会因素，8%取决于医疗条件，7%取决于气候影响。”一个人有什么样的生活方式，就决定了他的身心健康和生命长短。所以，联合国提出来一个口号：“千万不要死于无知！”人们大多数死于对长寿科学的无知，死于自己长期养成的不健康的生活方式和行为，这就死得太冤枉了。

分析我国的百岁老人，一种是自自然然就活到100岁，自己是无意识的，像广西长寿村巴马的百岁老人，多数都是这样的人；另一种人是有意识的，有心要长寿，用心学习钻研长寿养生知识，运用这些知识养生保健，最后达到了长命百岁的目的，如孙思邈、乾隆皇帝、张学良、宋美龄等。这一种人叫养生家。

其实，无论是自自然然活到100岁，还是潜心养生保健活到100岁，这两种人都是个人行为。社会组织在里面都没有起到多大的作用。可以说是真正的独善其身。

分析人类的发展史，人类的许多活动，比如经济活动、体育活动、政治活动、社会活动等等，都慢慢地从人的个体活动，变成社会的群体活动，有组织的或者组织性很强的活动。社会组织甚至政府出面参与组织和推动，充分表现出这些行为活动的组织性和社会性。但是，当前在我国，修身养性、长命百岁，这个人类最重要的活动，基本上还是一种分散的自由的个体行为。社会组织和政府的作用没有多少体现，最多只是一种书面的口头的号召，没有政府组织出面进行组织，更不要说强有力的组织。虽然人均寿命也在提高，那也只是随着生活水平的提高而提高，社会和政府组织起的作用不大。这从某种意义上讲，是一种落后，社会的落后，意识的落后，文化的落后。

也就是说，健康长寿这个人类最重要的事情，事关人的生命和以人为本的大事，更应该从人的个体行为变成社会的群体行为，变成组织性更强的活动；更应该动用政府组织，用强有力的组织手段，推动这个事情的发展。

当今世界上有一些国家，用政府组织的强大力量，推动全民的健康长寿。比如日本和古巴，一个经济发达，一个经济落后，但是最后却殊途同归，都取得了大面积长寿的结果。他们的一个共同特点，是政府不仅重视，更是进行了强有力的组织、引导和推动，强势开展全社会的医疗保健养生活动，这样就大面积地催生百岁老人。

目前，我国全社会中老年人的养生保健，基本都处于一种自发状态，既缺乏社会的组织，也没有有意识的科学指导，政府和相关组织只是在会议和文件上空洞地号召，存在着严重的盲目性。

一个尖锐的问题摆在我们面前：人人都想健健康康活到100岁，可是，大多数人都不知道应该怎样做才能健健康康活到100岁，大多数人都没有系统学习长寿科学知识。在一个960多万平方公里面积、13亿9008万人口的国家里，至今没有专门的保健养生大学，没有系统组织城乡民众保健养生方面的培训。即使有些人了解一些保健养生方面的知识，也多是通过读书看报、口头传播等非正规渠道获取。许多说法由于缺乏权威论证，不同的学派、专家各执一言，使人们无法适从。更多的人则是对这类知识不了解，不学习，不重视。

正因如此，建立正规的学校，让广大的中老年人，也让社会各界所有的人，系统学习养生保健、长命百岁的知识和方法，就是以人为本的小康社会的迫切需要。

近年来，人们对于健康的重视达到了空前的炽热程度。一时之间，大街小巷、公园里增添了无数运动锻炼的人群；药店、超市中上架了大量形形色色的保健食品和药品；更令人叹为观止的是，新华书店的保健养生图书风起云涌，动辄畅销几百万册，使其他的畅销书望尘莫及。人们争先恐后如饥似渴地阅读保健书，使一个又一个养生图书明星层出不穷。这些养生畅销书，有不少在书名上就直接加进百岁的概念，书名中冠以“百岁”二字的就有几十上百本，比如什么《这样可以活一百岁》《教你活到100岁》《活到百岁直通车》《轻轻松松一百岁》《科学运动活百岁》《百岁秘诀》《漫话百岁寿星》《活一百岁不是梦》《细节决定活百岁》《揭开人类活过百岁的秘密》《跟百岁寿星学养生》《百岁寿星长寿经》等等。

《教你活到100岁》这本书第四版后面，附录了一些读者的来信。一位名叫赵树根的农村读者在看了《教你活到100岁》这本书以后，给作者写信说：“我对您还有一种期望：我觉得您应该办学校，传授中医养生保健的内容，哪怕是远程教育（尤其在农村），这样会影响更多的人，让更多的人注重养生保健，愿天下人人健康，愿天下人人富足，因为健康才是人生最大的财富。”你看，读了书的人还不满足，还想在课堂上听一听作者老师的讲课。

作者不断收到这样的来信，驱使作者在青岛崂山建立了一个“教你活到100岁国际养生乐园”，一边讲课，一边指导不同年龄段的中老年人进行中医养生保健。

在读者的呼唤和鼓励下开办养生培训班的还不少。《钱氏中医养生18法》《中华养生体育处方》的作者、中医师钱云教授，为了传授他的养生经验、理论和方法，创办了天津东方生态养生园，作为中医保健养生的教育试验基地。他多次举办养生学习班，将他的养生知识广为传播。

前面那位写信要求办传授养生知识学校的读者赵树根，可以说是喊出了全社会的心声。具有代表意义的是他的身份，他居然是一位农村的读者，可见我们社会的生活水平是大大地提高了。农村读者如此渴望走进养生学校的课堂，“哪怕是远程教育”也求之不得，城市的读者更不消说了！应该说，这是民众的呼声，时代的呼唤！

2003年，全国中老年人健康长寿工程组委会，在北京启动了一个培养万名百岁老人的活动。组委会采取自愿报名参加的办法，在全国选出一万名中老年人作为培养对象，力争让这些人经过专家3年的跟踪指导，迈进百岁长寿老人行列。这个“培养万名百岁老人”的活动，也有一点养生学校的性质。



综上所述，创办系统传授百岁养生保健知识的正规学校——百岁大学，是大势所趋，应运而生。为了满足广大人民群众的迫切需求，我们决定策划开办一所对人们进行长命百岁教育的百岁大学，取名“东方百岁大学”。



在高度发达的现代教育社会，什么事情都办教育，到处是各种知识培训的学校，煮饭有烹饪学校，美容有美容学校，跳舞有舞蹈学校，上电脑有电脑学校，有什么事就有什么学校。可是，人人都想活100岁，就是没有百岁学校。把人的生命财产这个最重要的大事，忘到九霄云外去了；本来应该作为一个重点教育项目的，人类第一个应该接受的生命健康教育，却被排斥到教育事业之外去了。

东方百岁大学的百岁科学教育，不是文凭教育，不是职业教育，而是有史以来没有的改造人自己身体状态的教育，是生命科学的教育。过去所有知识的教育，都是受教育者学了知识以后，用知识去改造客观世界，也就是说那些学习都是为别人而学习；百岁教育则是为自己而学习，学员学习的目的是改造自身——自己的身体。所以，百岁科学的教育与过去的教育有根本的不同。

《经络通养生手册》一书说：生活中不少人都很关心自己的健康，但残酷的现实却是不少人很不健康，很多人都不知道怎样才能健康起来，哪怕是科学家、教育家、企业家、名人等这些社会精英。著名的表演家古月、高秀敏、陈晓旭、傅彪、梅艳芳，画家陈逸飞，企业家王均瑶，科学家陈景润、张广厚等等，他们在各自的领域里，都是出类拔萃的精英，但对于自己的身体、自己的健康，都表演了一场场过早令人心痛的悲剧。精英们尚且如此，普罗大众的情况更加令人忧虑！

《寻医不如自医》一书的作者在序言中说：“十年来，我几乎走遍了中国大江南北，走到香港、台湾，演讲行医，接触无数病人，都发现一个共同的问题：中国的老百姓可怜又可悲。可怜的是对健康知识几乎一无所知，太多太多的人仅仅因为一个很小的毛病甚至只是不良的生活习惯而断送了生命，至死也不知道是为什么。可悲的是中华文化的瑰宝，孕育了中华民族五千年的古老中医文化日渐式微，离老百姓越来越远。”“可怕的是无知，知识是我们保护身体健康最强大的力量。”

所以，百岁科学的教育是人类第一重要的教育，是应该放在首位的教育，是人人都应该接受的教育。

一个养生网站提出了人人都应该有很高的“健商”（HQ）。我们人人都应该学习百岁科学，懂得一些最基本的中医养生学知识，除了智商和情商以外，还多一点健商（HQ），那么我们很多人都可以长命百岁。

大量的事实告诉我们，无论是富人还是穷人，无论是城里人还是农村人，无论你从事什么行业，人人都可以活100岁。关键在于你必须知道，你应该怎么做才能活100岁。百岁大学就承担教你活100岁的任务。

其实，中国这样一个人口大国，拥有世界上最多最大的数以亿计的老年人群，早就应该开办百岁大学。

2. 两千多年历史的深刻启示

两千多年前，《黄帝内经》就提出了“治未病”的重大课题。但是，两千多年来，社会并没有产生行之有效的为人民为社会大众“治未病”的效果。现在，治已病的事已经是家喻户晓、人人皆知、人人到医院求医的群体行为；即使边远山区没有文化的少数民族，生了病也知道去医院看病。但是“治未病”的情况，不仅没有出现许多人参加的群体行为，就连个别人的个体行为也难以见到；即使天天读《黄帝内经》的人，也不会去医院“治未病”。这种情况，就像一个养生专家在他的养生著作里说的，如果哪个人到医院找到医生说，你看我十年以后会得什么病，现在你先给我治一治，人家都会笑话他是神经病。

很明显，医院绝不是治未病的唯一组织形式。《黄帝内经》提出的“治未病”的问题，两千多年来基本上没有得到落实。无论过去还是现在，专家学者写书写文章强调“治未病”，那是停留在文字上；政府组织发文件做报告强调“治未病”，强调预防为主，也是停留在口头上，偶尔有一些行动措施，根本不解决问题。

其实，这个问题拖了两千多年没有解决，不是他们——医院和医生——不想解决“治未病”的问题，也不是他们不重视这件事，而是没有找到组织人们“治未病”的最佳的组织形式。这才是最根本的原因。

无论是医生、医院还是医疗管理部门，长期以来都把“治未病”的希望寄托在医院和医生身上。这其实就走进了一个误区。现在，全国所有的中医院都根据上级指示，开设了“治未病中心”的科室。可是，所有的“治未病中心”，都是在治已病，因为上门来的人都是来治已病的，没有一个治未病的人上门求医。

两千多年来，医生和医院做了那么多的努力，也没有出现一个“治未病”的大师。翻遍中医书，里边除了几例名医预测未病的故事外，没有更多的治未病的记载。

两千多年的历史已经无可辩驳地证明：医院不是“治未病”的唯一的和最好的组织形式。

不仅是两千多年的历史证明医院不是“治未病”的最好组织形式，就是这几年来医院的所作所为也同样证明了这个事实。前几年，卫生部指示各个中医医院都要开办治未病中心（一个科室），结果是，全国中医院的治未病中心，个个都治的是已病，因为没有人上门去找他们治未病，找他们的都是已经生了病的人。他们管理的方法以计算经济效益为中心，也只有治已病才能完成。而且每个治未病中心几乎都变成了这个医院的针灸第二科，好像只有针灸才能治未病一样。他们也根本无法说出他们取得了多少治未病的成绩。

全国各个医院治未病中心这几年的实践，又一次充分说明：医院不是治未病的唯一的最好的组织形式。

如果一件事情经过多少人多少年长期的努力都得不到解决，我们就应该怀疑原来思考的思路或者方法有问题，不妨用新的思维方式去寻求新的路径。

你想一想，现在的医院那个拥挤的场面，说明他们的生意有多好，他们哪里能顾及治未病，几分钟就把治已病的病人打发了。现在还只是一部分有病的人去治病，治未病是人人都需要的事，人人都去医院，医院又如何装得下？那不挤断门槛！

如何让人们都来“治未病”，决不能再在办医院等病人上门求医的老路上走下去，必须用新的思维方法探索新的路径，寻求新的办法。病人上医院求医治病，他的诉求是因为他的病已经忍受不了了，不治疗就影响他的生活。他的病痛是他上门求医的动力。如果要他没有病痛也要去治以后可能得的“未病”，必须要有新的另外的动力。把这个动力找到了，再建立一个能够激发和驱动这个动力的组织形式，就可以驱使许多人上门“治未病”。



我们换一个思路来思考这个问题。许多健康养生书里都讲，不是人们不想长寿，而是不知道长寿科学知识。许多人生病、死亡，都是源于无知。

现在各种各样的健康保健书，都在说一句很经典的话：多数人都可以活到100岁，可多数人都没有活到100岁。究其原因，绝大多数人都死于无知，死于自己养成的不良生活习惯。



“绝大多数人都死于无知，死于自己养成的不良生活习惯。”这句话明确表达了一个现实的也是严峻的问题：绝大多数人对养生无知，都不懂得如何养生，有的甚至被错误的养生观念所误导。

综上所述，“绝大多数人都死于无知”的问题，才是解决治未病的症结所在。这个问题解决了，治未病的问题也就迎刃而解了。所以，联合国提出了一个口号：“千万不要死于无知”。

什么是解决“千万不要死于无知”的办法呢?

当然是办学校。学校可以使一个人从无知变成有知；学校更可以使很多人从无知变成有知。

既然如此，我们就办一个专门的学习长寿，学习如何活100岁的学校，普及长寿科学知识，死于“无知”的问题不就可以迎刃而解吗!

想长寿，想活100岁，就是驱使许多人上百岁大学的动力。百岁大学，一听这个名字，就对许多人有很大的吸引力。百岁大学，就是一个“治未病”的组织形式。

其实，联合国“千万不要死于无知”的口号，就是一个办百岁大学的动员令。

现实的情况无可辩驳地说明，治已病主要靠医生，治未病主要靠自己。医生再高明，病人仍然坚持坏的生活习惯，不按照医生的吩咐去做，他可能出现的未病还是会照样出现。

治已病要靠医生，是大家都知道的一个常识；但是，“治未病主要靠自己”，却很多人都不知道。

有一本健康畅销书，书名就叫《自己是自己最好的医生》。这句话有一半是不对的：自己肯定不是治已病的医生。因为你自己都是治病的最好的医生了，那还要医生要医院干什么！这句话的本意是，自己是自己“治未病”的最好的医生。你只要注意养生，很多病都不会有。但是，是不是每个人都是“治未病”的医生呢？也不是。或者说现在大多数人都不是“治未病”的医生。因为你没有学习，怎么一下就当得好医生呢？怎么会绝大多数人都“死于无知”呢？要当好自己“治未病”的医生，就得要学习养生知识，学习百岁科学。否则，自己也同样是当不好自己“治未病”的医生的。

上百岁大学学习百岁科学，就是把自己培养成为“治未病”的最好的医生。所以，上百岁大学，也就是“治未病”的最好路径。

经过两千多年的探索，我们终于找到了为社会大众，为千千万万的人“治未病”的办法和路径——百岁大学。《黄帝内经》提出的“治未病”的课题，终于可以在我们这一代彻底解决，社会也就会真正出现一批像华佗、扁鹊那样出名的治未病的上医名家。检验他们水平的办法，就是看谁指导培养出来的百岁寿星的学员数量最多。

为什么不叫养生大学，而叫百岁大学？因为养生只是路径，百岁才是目标。以目标为旗帜，旗帜更鲜明，口号更响亮。养生经典《黄帝内经》里面，“养生”二字只提了一两次，“百岁”二字就反复出现了不知多少次。《黄帝内经》从一开头就提出“如何活一百岁”的主题，全书都围绕着“如何活一百岁”这个主题，进行了多层次、多角度、从宏观到微观的详细阐述。“百岁”二字，也和世界的百岁运动接轨。各个国家的人都知道百岁的概念，却很少有人知道什么叫养生。养生是中国人的专有名词。

假若我们把百岁大学的名字换成养生大学，肯定就没有那么大的号召力量。就像现在街上那么多的养生园养生会馆，一般的人就不会去光顾。因为两千多年来的社会习惯，一般是有钱人才讲究养生。久而久之，“养生”这个词就成了有钱人的专利。虽然穷苦农民也有不少百岁老人，但哪一个成为百岁老人的穷苦农民系统钻研过中医养生学，进过养生馆养生呢？

也许有人会说，我们政府建立了医疗保险制度，这不就是为人的生命做了保障吗？对。这是一种政府行为，有组织的政府行为。可是，中国自古以来就把治病分成了“治未病”和治已病两个事情，现在只见治已病的组织行为，全国人民一年治已病缴给医院的费用高达1.6万亿，也就是说，全国的医院收了全国人民1.6万亿。那么，“治未病”的组织行为呢？雷声大，雨点稀。如果把用于防病治病的费用公布出来，就与1.6万亿的天文数字望尘莫及。

奇怪的是，这种情况不仅中国如此，全世界亦如此。其他国家如此，那是因为人家没有《黄帝内经》那样的百岁科学。中国人两千多年前就发现发明了百岁科学，居然也在那里睡大觉，实在是太不应该了。

当然，这个全世界至今对百岁教育都没有醒悟的情况，正好是我们居高临下占领全球百岁教育市场的一个巨大商机。

3. 全球百岁运动的形势逼人

全球百岁运动始于1963年。1963年，日本厚生劳动省第一次公布对全球百岁人口年度的调查结果。这也成了全球百岁运动启动的标志性日期。

日本的百岁榜单就像一纸动员令，各个国家都不甘落后，于是展开了一场百岁竞赛。

从此，全世界各个国家都关注百岁人口数量、在总人口中所占的比例的排名表，各个国家所占的顺序，以及顺序的变化，等等。

没多久，开出百岁人口榜单的国家和国际组织就慢慢多了起来。现在，这种统计表已经很多了。而最有公信力，被国际上引用最多的，是国际卫生组织的统计。

争百岁排名榜单，就是争全民的健康长寿，争全民的生命质量，争全民的保健养生，争人均寿命。

自日本厚生劳动省1963年开始百岁人口年度调查以来，世界年龄超过百岁的人口数量一直呈上升趋势。世界百岁老人数量仅用2年时间就从3万突破4万。而从1万增加至2万用时5年，从2万增加到3万用时4年。

在发达国家，由于营养、卫生、保健事业的发展，百岁老人数量的增长很快。根据欧洲研究者调查，自1950年开始，工业化国家里百岁老人的数量每10年增加一倍。据西欧和日本的可靠统计，这些国家的百岁老人以平均每年大约7%的比率增长。

1990年美国人口普查记录约有37,000个百岁老人。预计到21世纪中期，逾60万美国民众可以成为百岁老人。统计数字显示，目前美国有8万多名百岁老人，比1980年增长了120%；预计到2050年会增至83万。

根据有关方面的统计，全世界现有百岁老人34万，而20世纪50年代全世界拥有百岁老年人口不足万人。专家预测，按照全世界百岁老人的增长速度，到21世纪中叶将会增长近20倍，全世界拥有的百岁老人将达到600万人，当中尤以美国及日本最多。

联合国经济及社会事务部人口司发表的《2300年全球人口预测》称，随着生活水平的提高和医疗技术的革新，各国的人均寿命都将有不同程度的提高。到2300年，世界60岁以上人口的比重将从10%上升到38%，80岁以上老人的比重也将从1%增至17%。

在高度发达的现代社会，人类的许多活动都慢慢地从人的个体活动，变成社会的群体活动，社会组织甚至政府出面参与组织和推动，充分加强了这些行为活动的组织性和社会性。当今世界上有一些国家，用政府组织的强大力量，推动全民的健康长寿。比如日本和古巴，一个经济发达，一个经济落后，但是最后却殊途同归，都取得了大面积长寿的结果。他们的一个共同特点，是政府不仅重视，更是进行了强有力的组织、引导和推动，强势开展全社会的医疗保健养生活动，这就大面积地催生百岁老人，大幅度提高了人均寿命。

日本是一个政府出面系统组织全民健康长寿的国家，他们有一整套的办法。一是组织全社会的健康长寿教育，不仅有专门的保健养生学院学习养生，还以社区为单位对全民进行健康科普教育，每个月讲一次保健课，如果一个人这次没有听，下次还得补课。日本卫生部门经常大量分发各种手册、传单，向群众宣传医疗保健知识，动员全民自我保健。二是重视饮食养生，各个单位都配备专职的营养师，以保证人们的营养搭配科学合理平衡。连幼儿园、小学、中学都要接受系统的营养教育，幼儿园都有营养医师。

日本人的健康教育，最重要的是贯穿在整个学校教育当中，从幼儿园、小学到中学，都要接受系统的健康教育。学生时代结束，健康知识就牢牢扎根在脑海当中，一辈子不会忘记。这是日本全民健康教育的基础。凡是从学校走出来的人，都严格按照健康教育的知识规范自己的生活习惯。

二战结束后，日本虽然经济状况非常糟糕，却将全民营养改善工作当成一项国策，放在了首位。继1947年颁布《营养师法》之后，1952年又出台了《营养改善法》，1954年出台《学生午餐法》，2003年又颁布了《健康增进法》。目前，日本涉及营养议题的法律法规就有10多部，其中以《营养改善法》和《健康增进法》最为基本。营养法规几乎覆盖了日本全社会。比如法律规定，凡能容纳100多人就餐的食堂必须配备至少1名营养师。据统计，在总人口1.2亿的日本，每153人中就有一个营养师。据1983年统计，全国有营养师40万人。

精诚所至，金石为开。日本在二战后全国平均年龄才45岁，那个时候瑞典平均70岁，居世界第1位；但是，也就是经过了三四十年，日本就成为世界第一长寿的国家。2005年世界卫生组织公布的报告，日本人均寿命81.9岁，瑞典才79岁。而这时，日本已经是连续20年的世界第一。

另一个政府组织全民健康长寿大见成效的国家是古巴。世界卫生组织2004年年度报告说，古巴的人均寿命达78岁，是拉美地区人均寿命最长的国家。古巴一位长寿专家宣布，古巴拥有1800名百岁以上老人，是世界上人瑞比例最高的国家。古巴人生活贫困，但平均寿命却高过世界平均寿命11年，在发展中国家中位居第一，全球排名第24位。而《2006年世界卫生报告》显示，中国大陆排名第107位，比排在首位的日本人均寿命82岁短10岁。

古巴政府把提高全民的健康水平作为重大的战略任务，提出了“让人人享有健康”的重大国策，使所有社会成员都病有所医。覆盖全国的三级医疗网络的医疗水平，已跻身于世界先进国家的行列，多年来一直受到世界卫生组织等国际机构的高度赞誉。古巴最有特点的做法，是在社区实行的“家庭医生”制度。家庭医生使居民得到最早期的、基本的和普遍的医疗服务，定期对居民进行体检，充分掌握每个人的健康情况，对分管区域内所有人的健康负责。

在2003年五一节庆祝大会上，卡斯特罗不无骄傲地说：“今天的古巴是世界上人均拥有医生最多的国家，比紧随其后的那些国家几乎多一倍。”

其实，由政府出面组织推动全民健康养生的，远远不只是日本和古巴，不少国家的政府十分重视和组织全民的健康养生活动。世界上人均寿命排在前一二十名的国家，多少年来变化不大。他们都是世界百岁运动的先锋。比如瑞典，在日本成为世界人均寿命第一之前，它长期保持世界第一；日本变成第一之后，它也长期保持在前几名内。这些国家，基本上就是全民养生的国家。

一个人几个人能否长寿，和他们个人会不会保健养生有直接关系；但是，大面积的人群能否长寿，就和政府的决策和组织有关。比如，古巴实行全民免费医疗制度，实施家庭医生制，即使经济落后，也能大幅度提高人均寿命，百岁老人的比例全球第一。没有国家的决策和强有力的组织措施，经济落后的古巴根本不可能出现那么多的百岁老人。而有了好的政策和政府强有力的组织，即使经济落后，古巴照样成为百岁大国。

全世界的长寿村，几乎都是自然而然形成的，几乎都是自然环境条件好。而这两个人均寿命和百岁老人高比例的国家——日本和古巴，却是人为的，是政府有意识地去引导推动，大面积地培养催生百岁老人。

日本和古巴的事实，充分有力地证明，人均寿命和百岁老人，靠自然而然的增长，是缓慢的。而政府采取强有力的措施，则是可以大幅度快速攀升的。政府不组织，不作为，肯定名落孙山；政府只要组织，就会有效果；政府只要认真组织，就有显著效果；如果政府作为国策，实行强有力组织，就会大见成效。在人均寿命和百岁老人比例的排名上，政府的决策是决定一切的。

百岁运动的蓬勃发展，取得了非常重要的成果。这个成果就是人均寿命不断提高。在21世纪，在未来不太长的时间内，人均寿命很快就要出现一个新的重大的突破。21世纪将要发生的一个重大事件，是一大批国家的人均寿命将要冲上100岁。这是全球百岁运动的一个重大的标志性事件。

最有可能第一个冲击和实现这个目标的国家是日本。日本女性的人均寿命2006年已经达到86岁。欧洲有研究部门推算，若现时人均寿命增长趋势持续，2062年，日本女性有望成为首批人均寿命100岁的群体。如果按照这个推算，日本男女一起计算，人均寿命达到100岁的时间也就是2062年之后的几年间。另外，美国《科学》杂志的一篇最新报告，研究人员吉姆·厄彭和詹姆斯·沃佩尔博士发现，在平均寿命最长的国家里，人们的平均寿命将在约60年里达到100岁。



我们还要注意到，一旦一个国家人均寿命超过100岁，紧接着就是一批国家人均寿命超过100岁。

在世界人均寿命排名里，一个明显的事实，是连续排名8名以内的国家，基本上人均寿命的差距都不过1岁。

你看：日本人均寿命第1位，83.9岁。中国人均寿命第83位，73岁。中国和日本的人均寿命相差10岁。可是，在人均寿命排名榜上相差80位。83（位）÷10（岁）=8.3（位／岁）。所以，连续排名8名以内的国家，实际上人均寿命差距就在1岁以内。

所以，如果人均寿命第1名超过100岁，排名前8名的都接近100岁，就是都在99岁和99岁以上。

第1名的日本冲过100岁，前8名的国家也就会在几年或者十多年内达到100岁。日本在21世纪70年代达到100岁，21世纪就会有二三十个甚至更多的国家人均寿命达到100岁。

所以在21世纪，将会是一大批国家的人均寿命超过100岁。现在人均寿命排在前面二三十位甚至三四十位的国家，都有可能超过100岁。

这是人类历史上一件了不起的划时代的，可以举世同庆的大事。

懂得百岁运动的发展和趋势，就应该明白，大规模的人群要活100岁，是可以通过政府有计划有组织的工作来实现的。

衡量一个国家社会发展水平的一个重要标准是人均寿命，而不是奥运会金牌数。要提高社会发展水平，必须提高人口平均寿命。

目前全球平均寿命最长的前10名国家依次为：日本、澳大利亚、加拿大、法国、西班牙、新加坡、希腊、以色列、意大利和瑞典。全球人均寿命最短的国家是非洲地区的塞拉利昂，1997年的平均寿命仅为36.62岁。社会发展水平的高低一目了然。可是，前10名国家中一些国家在奥运会上金牌很少甚至没有。

日本经过几十年的发展，经济达到世界第二，奥运会金牌数名列前茅，科学技术领先。我们不太注意的是，它的人均寿命80年代就跃居世界第一，30年来一直保持在第一的位置。

中国这30年的发展，经济跃居第二，奥运会金牌数第一，科学技术发展也还不错，代表性的空间技术名列前茅，可是，人均寿命却名落孙山，2007年排名第107位，2011年排名第83位，比起古巴的第24位都望尘莫及。

据我收集到的不完全资料，中国在世界人均寿命的排名，1997年第82位，2005年第80位，2006年第81位，2007年排名107位，2010年第95位，2011年第83位。总的来说，基本上都是在第80多位。

我们一定要有寿命竞争意识。

日本人为什么能够成为人均寿命强国？因为他们在发展经济，和世界开展经济竞争的时候，就同时想到民族寿命的竞争。国人寿命竞争意识和各个领域的竞争意识齐头并进。日本厚生劳动省从1963年开始，就对全世界的百岁人口进行年度调查。我们当时不明白他们为什么要搞这个调查。现在回过头来看，他们搞这个调查其实就已经确定了他们的目的——日本那个时候就决心要做百岁老人比例高、人均寿命高的长寿大国、百岁大国。

卡斯特罗为什么在古巴百岁老人比例成为世界第一的时候，又提出了搞120岁俱乐部？因为他的寿命竞争意识太强。

中国人为什么人均寿命在第80多位停滞不前？因为我们发展经济的时候，根本就忘记了还要提高人均寿命，压根儿就没有一点寿命竞争意识。

中国人为什么在发展经济的时候忘记了寿命竞争意识？因为过去是吃不饱肚子，为了填饱肚子先解决生存问题，就忘记了还要长寿。这是可以理解的。但是，经济发展已经跃居第二位，中华民族已经崛起，就不能还把生命竞争意识丢在脑后。

美国《纽约时报》2010年11月23日发表题为《中国健康状况的不均衡发展》的文章，说中国是近20年来人均寿命增长最为缓慢的国家。文章说："联合国所提供的数据表明，从1990年到2008年，中国的人均寿命增长了5.1岁，达到了73.1岁。然而其他发展中国家，比如巴西、埃及、埃塞俄比亚、印度、印度尼西亚和伊朗，在这一点都有着比中国更大的发展。21世纪以来，包括大部分西欧国家、澳大利亚和以色列这些人均寿命起点就比中国高的国家，也在发展速度上超过了中国。"

21世纪还有一件全球瞩目的大事，就是中国将要成为GDP世界第一的经济大国。不久前，英国作家马丁·雅克（Martin Jacques）出版的新书《当中国统治世界》，在西方国家引起轰动。这本书说，根据高盛公司的预测，2027年中国将成为世界第一经济大国。国际货币基金组织（IMF）预测，到2016年，美中两国在世界经济中所占份额也会发生变化，中国的比例会从现在的14%增加到18%，而美国的份额将会从现在的略低于20%下降到17.7%，稍低于中国，名列世界第二。据俄新网报道，世界银行前行长沃尔芬森在莫斯科举行的第二届"集团管理和世界经济全球化"国际研讨会上预测，到2050年，世界上经济发达国家的排名中，第一位是中国。

各种经济组织预测的时间各不相同，但是都认为中国在21世纪的前期或者中期就会成为世界第一经济大国。如果经济上是第一，人均寿命太落后，就太难堪了。现在美国经济第一，人均寿命排第三四十位，在网络上就遭到很多嘲笑。

现在人均寿命第83位的中国，应该尽快摆脱第80多位的困境，赶快一步一步提升到前50位30位20位甚至10位之前，与我们当前的民族崛起和大国地位相匹配。

中华民族崛起，人民的生命质量也应该有一个大幅度的提高。过去是"盛世修庙"，我们今天要"盛世修寿"。为了使我们的民族在人均寿命上有一个大提高，百岁大学就是我们的一个办法之一。我们用祖宗传下来的知识优势，来完成"盛世修寿"的伟大任务。

综上所述，创办百岁大学是中国养生大潮发展的需要，是两千多年百岁科学发展的经验总结，是中国赶上全球百岁运动的需要，是中华民族崛起的一个巨大推动力量。

**二、创办百岁大学的条件**

1. 完整系统的百岁科学教科书

中国开办百岁大学，可以说具有得天独厚的条件，因为我们中华民族，几千年来就创造了丰富的完整的系统的百岁科学。

（1）诞生两千多年的百岁教科书

在两千多年以前，中国就出现了一部伟大的著作——《黄帝内经》。有人说，《黄帝内经》是一部中医理论的奠基著作；有人说，《黄帝内经》是一部养生学巨著。这些说法都有道理。



其实，《黄帝内经》的第一段第一句话，就以"天下第一问"开门见山。黄帝问他的卫生部长岐伯：上古之人为什么能够活100岁，而现在的人却不行？这就是《黄帝内经》的主题——天命百岁。岐伯的回答也直截了当：上古之人"法于阴阳，和于术数，食饮有节，起居有常，不妄作劳，故能形与神俱，而尽终其天年，度百岁乃去"。黄帝的第一问和岐伯的第一答，都点出了共同的三个字："度百岁"。整本《黄帝内经》以一问一答的形式阐述的所有问题，都是围绕着如何活100岁的问题而展开的。从总的原则到细枝末节，层层推进，把如何活100岁的各种问题，阐述得淋漓尽致。一句话，《黄帝内经》就是一部教你如何活100岁的教科书。



《黄帝内经》提出了如何"度百岁"的指导思想。第一，人和自然界是一个整体，自然界的种种变化，都会影响人体的生命活动，天有所变，人有所应，因而强调人要适应自然变化，"天人相应"，"顺应自然"。第二，对人体生、长、壮、老、死的生命规律有精妙的观察和科学的概括，清楚地阐明了生命的发展规律。不仅注意到年龄阶段的变化，也注意了性别上的生理差异，分别详细阐述了人的生理变化特点。同时，详细论述了衰老的变化过程及衰老表现，指出情志、起居、饮食、纵欲、过劳等诸方面若调节失当，是导致早衰的重要原因，提出要"法于阴阳，和于术数，食饮有节，起居有常，不妄作劳，故能形与神俱，而尽终其天年"等许多重要的养生原则和方法。

《黄帝内经》就是一部百岁经。百岁是《黄帝内经》的主体问题，养生是解决这个主体问题的方法、手段、道路。也就是说，养生是路径，百岁是终点，是目标。百岁是《黄帝内经》的主题。《黄帝内经》是人人都应该读的百岁教科书，而绝不只是医生才读的中医理论著作。

（2）丰富多彩的养生理论和实践

中华民族所拥有的还不仅仅只是一部《黄帝内经》！两千多年来，经过一代又一代的大医家、养生家的不断努力，创造和诞生了一大批长寿养生的中医科学著作。我国以传统中医养生为代表的百岁科学，无论在理论上、方法上还是实践上，都显得丰富多彩，灿烂夺目。

1973年12月，在湖南长沙马王堆三号汉墓出土了一批帛、简书，其中有不少是医学和养生学著作。这批出土古医学养生书共约2万余字，依据内容可分为15种。其中《养生方》就记载了33种疾病或事项的90余个养生方，其中有食疗、食养方，有内治方，有外用、外治方。马王堆古医书里的养生思想是很丰富的，其特点之一是主张祛病健身以延年益寿，若身体有疾病损伤，则不能奢谈摄生益寿，此即所谓"欲修长生之道""禁忌之至急，在不伤不损而已"。

历代医家的中医名著，包含了大量的养生内容，像东汉张仲景《伤寒论》《金匮要略》，孙思邈的《千金要方》、明代张景岳的《景岳全书》等等。在张介宾、赵献可、徐春甫、万全、杨继洲、李梃、龚廷贤、龚居中等医家的著作中，经常可以看到专篇论及养生的话语。李时珍的《本草纲目》，大量论述食补和药补。

历代医家们同时也创造了不少养生科学著作，像孙思邈《孙真人养生铭》、明代医学家龚廷贤《寿世保元》等等。元代著名的医药学家、养生学家邹铉，总结自己一生的经验体会，在订正、完善宋人陈直《养老奉亲书》的基础上重新编纂的《寿亲养老新书》，讲述老人养生保健方面的理论和实践。据史载，邹铉的高祖叔祖及至亲女眷等，用《养老奉亲书》之法进行保养，皆年过九十。邹铉本人依之调理，亦寿至稀年。20世纪末，《寿亲养老新书》被学术界公认为中国最早的古代营养保健学专著。

历代养生家们也有不少的创造，像明代万全的《万氏家传养生四要》、晋代嵇康的《养生论》等等。南北朝陶弘景的《养性延命录》，响亮地喊出了"我命在我不在天"的口号，强调寿命的长短主要取决于自身的艰苦努力。明代剧作家高濂的《遵生八笺》，是一部内容广博而又实用的养生专著，也是我国古代养生学的主要文献之一。全书共分清修妙论、四时调摄、起居安乐、延年祛病、饮馔服食、燕闲清赏、灵秘丹药、尘外遐举八大宝卷。它汇编万历以前的养生成就，是一部集古代中医养生之大成，融合儒、释、道三家，博通经史杂著，涵盖面极广、实用方法极多的养生奇典。1895年译成英文，在国外广为流传。

中华民族的世世代代，子子孙孙，在百岁科学的指引下，不断进行了养生度百岁的实践，诞生了一代又一代的百岁寿星。彭祖就是中华民族最早通过养生实践而成就的百岁寿星。他在饮食、吐纳和房中术三方面都为后人留下了宝贵的文化遗产。例如他发现雉汤营养价值很高，而此前人们是不知道喝雉汤吃雉的，后来人们把鸡汤称为"天下第一汤"。在美食方面，羊和鱼的烹饪他也有很大贡献，是他拓展了中华民族的食物链，形成了一个蛋白结构合理、营养全面的饮食版图。吐纳也是他的发明，直到现在吐纳仍是人类主要的养生术之一，由吐纳发展衍生的功法数不胜数，许多职业如画家书法家歌唱家等都是因为职业需要而长期甚至终生在吐纳状态中生活，所以获得长寿。

孙思邈是唐代著名高道、医药学家、养生家，在道教医药学、养生学等方面做出了不朽的贡献，以享寿101岁的高龄为后人所景仰。孙思邈认为，"人命至重，有贵千金"，在其著作《千金方》中记载了大量养生保健、祛病延年的知识。

神医华佗是位著名的医学家，同时又是一位了不起的养生专家。他的弟子吴普、樊阿等都活到了100多岁。华佗的养生秘诀是他创编并坚持习练的"五禽戏"。

儒、释、道三家是传统中医养生的忠实实践者和创造者。历代许多和尚、高僧都精通百岁科学，成就了不少百岁寿星。西晋高僧图澄活了117岁。唐朝慧昭法师活了290岁。近代高僧虚云法师为中国禅宗代表人物，活了120岁。他们为何能如此高寿呢？和尚大多不娶妻室，根据中医的理论，"肾精"少泄可防止早衰。《内经·素问》中说，肾为五脏之本，养生之道须重养肾。肾阳足，则纳气大，才能健身益寿。这点与和尚寿命长是大有关系的。同时，和尚日常以坐禅、念经为主要工作，达到清心寡欲，与世无争的境界，寿命也就更长了。

老子李耳，不仅是一位伟大的思想家、道家创始人，还是一个伟大的养生家，一位百岁以上的老寿星。老子不但是个以气养生的实践者，而且还根据自己的切身体会写出了气功养生的理论和方法，成为历代气功练功的要旨，为人类的健康做出了巨大的贡献。

以中医养生学为代表的百岁科学，积淀了数以千年的精华，养育了难以计数的英才，昭示着绚丽无比的辉煌。中国拥有如此庞大的百岁科学宝库，拥有世界最先进并且被几千年人们的实践反复证明了的行之有效的百岁科学。

（3）当代专家结合实际的发展创造

从20世纪到21世纪，社会进入高速发展的全球化时代，激烈的竞争，快节奏的生活，给人们带来高度的紧张和压力；改革开放改变了人们的物质生活和饮食结构，于是出现了以高血压、高血脂、高血糖为代表的新时代的“富贵病”和种种新的亚健康危机。近十多年来，我国高血压、糖尿病、脑卒中、抑郁症、肥胖症等的患病率居高不下，亚健康现象席卷神州大地。

新的形势给我们的生命科学和百岁科学提出了严峻的挑战。中国当代的专家学者，早就觉察到时代的巨大变迁。无论时代发生多少变化，专家学者们始终是从容应对，因为不断出现的所有的问题，以《黄帝内经》为代表的百岁科学基本理论，都为我们指明了解决问题的方向和路径。这些理论和原则，至今仍广泛地、有效地指导着现代人们的身体保健和临床实践。当代中医学家和养生家们，汲取古代养生理论的精华，结合当代社会生活的实际情况，及时总结和写出了一大批针对当前具体情况的养生保健书。这些书联系实际，针对性强，获得了广大养生保健爱好者的喜爱，成为宣传百岁科学的畅销书。“三高”和亚健康等新的健康问题，都有切实有效的解决控制办法。

当今的时代是一个比以往任何历史时期都更需要重视养生保健的年代。人们不仅希望有病能够得到很好的治疗，更希望能够很好地保养身体，长命百岁。竞争激烈的当代社会为中医养生保健提供了更为广阔的应用发展空间。

当代各种保健养生研究的成果累累，为我们建立百岁大学做好了最充分的知识准备。不仅是大量的长寿养生畅销书，有的地方就直接出现了养生培训班。百岁大学的雏形随处可见，为百岁大学的诞生奏响前奏曲。

归纳中国人的百岁科学发展史，可以用四句话概括：中国人追求健康长寿的历史是极为悠久的，中国历代的养生保健文献是极为丰富的，中国传统的中医养生保健理论是博大精深的，中医养生保健的方法是丰富多彩的。

中医养生学是从实践经验中总结出来的科学，是历代劳动人民智慧的结晶，它经历了五千年亿万次的实践，由实践上升为理论，归纳出方法，又回到实践中去验证，如此循环往复不断丰富和发展，进而总结形成了一门博大精深的百岁科学。百岁科学代表着中国的国魂和中华文化的光辉。

综上所述，我们的祖先早就为我们准备好了一套系统的完整的百岁大学的教科书。这是我们建设百岁民族，大面积大规模大批量培育百岁老人的宝贵财富。正因如此，我们才满怀信心、胸有成竹地创办百岁大学，让中华百岁养生文化的科学宝库，为21世纪中国和世界的百岁运动服务。我们要让这个宝贵的知识财富，变成人人活100岁的巨大的社会财富。

2. “健康教育+健康管理”的新型管理模式

有了百岁科学的教科书，这只是具备了办百岁大学的一个条件。真正要办好百岁大学，还得要探索和建立能够保证完成任务的新的教学模式。

到底百岁大学的任务是什么呢？前面的分析已经告诉我们：建立百岁大学是为了“治未

病”。所以，百岁大学是治病的。名字叫百岁大学，实际上是“治未病”的“医院”。百岁大学要对学员进行百岁科学的教育，但在教育的同时，就对学员的未病信息提前采取相应的预防措施。所以，这个教育从一开始就是治未病理论和学员的身体实际相结合，切实解决学员身体健康的问题。健康教育和健康管理完完全全结合在一起了。

很明显，百岁大学与其他学校相比有三个不是：不是文凭教育，不是学历教育，不是职业教育。那是什么教育呢？是生命质量的管理教育。

百岁大学与其他学校的这个不同，就决定了百岁大学不能采用一般学校的教学模式。同时，百岁大学与一般的医院也不同，所以也不能采用一般医院的管理模式。百岁大学不得不独辟蹊径，创造一个集健康教育、健康管理于一体的全新模式。

用百岁科学分析总结全世界在百岁运动中的健康教育、健康管理中存在的问题，百岁大学采取相应的对策把这些问题一一解决，百岁大学的全新模式就出来了。

我们来分析一下世界各国的健康管理到底存在一些什么问题。

西方的健康管理，管理公司的健康管理师与被管理人因为不是一个单位，要多少天才偶尔见面一次，当面提醒改正不良习惯，过后没有工作圈和生活圈的监督，最后多数成了走过场，健康管理流于形式。

美国是健康管理的创始国。2010年5月25日，专家卢大能在健康有为网上发表了一篇《美国健康管理历史及现状》一文。文章说：“经过20多年的发展，现在已经有7700万的美国人在大约650个健康管理组织中享受医疗服务，超过9000万的美国人成为PPO（优先选择提供者）计划的享用者，这意味着每10个美国人中就有7个享有健康管理服务。”70%的人享受健康管理服务，结果美国的人均寿命连续几十年排名靠后，在发达国家中接近垫底。美国是当今世界的头号大国，经济、科技都高居世界榜首，然而美国的人均预期寿命却屈居全球第31位、36位，在八大工业国中，也排在倒数第二，仅比俄罗斯高一头。许多网友不理解，有人说“罪魁祸首”是吸烟，有人说问题出在医疗体制上。2010年6月，主张研究医疗改革的联邦基金（Commonwealth Fund）报告，美国人医疗开支相当于其他发达国家的两倍——每人平均7290美元，得到的服务却是品质差、效率低。这句话虽然说得比较模糊，但却是打中了要害。健康管理的干预措施如果没有有效的监督，服务自然是品质差、效率低。为什么有人说罪魁祸首是吸烟？因为美国人崇尚自由，许多人不会听健康管理人员不抽烟的劝告，虽然买了健康管理，仍然抽烟不误。

所以，美国健康管理的最大问题，一是健康干预的措施得不到落实，缺乏行之有效的监督。

第二是健康体检。西医体检只能检查“已病”，不能检查“未病”。大部分亚健康问题，他们是检查不出来的，更谈不上如何应对，如何采取干预行为。

第三，最根本的，是缺乏正确的指导健康管理的指导思想。健康管理，说穿了就是“治未病”。世界上只有中国人发明了治未病的科学，就是以《黄帝内经》为代表的中医养生学。美国没有中医养生学的科学理论，因此就用西医那一套预防医学来指导健康管理，自然连亚健康都检查不出来，更不要说做全面的健康干预了。

所以，美国缺乏规范化的健康管理，根本原因是他们缺乏“治未病”的中医养生学理论的正确指导。本来，他们提出的健康管理这个概念是很好的，很科学的。但是，没有百岁科学的理论指导，健康管理的行动自然走向盲目。

日本虽然人均寿命第一，健康管理是目前世界上相比之下搞得最好的，其实也有不少问题。一个重要问题是没有对健康问题进行全面管理，实际上是个跛子。日本人只重视饮食养生，饮食养生每一百多人就有一个营养师。饮食养生也有工作圈和生活圈的有效监督，效果非常好；全世界公认：日本人就是靠饮食养生才夺取了人均寿命第一的桂冠。日本人也重视体育运动，经常参加体育运动。但是，除了饮食养生和运动养生之外，其他的事就不怎么重视了。比如，日本人工作高度紧张，晚上深更半夜坐酒吧不回家，就严重违背中医养生学的精神养生和起居养生。日本人完全忽视了精神养生和起居养生这两个重要的养生内容。如果这两个养生也能像饮食养生那样严格管理，日本人的人均寿命就更不得了。

一部分健康问题严格管理，另一部分放弃管理，这就是日本健康管理的问题。

据2006年8月11日联合早报网讯，日本政府官员表示，在日本日趋普遍的西方营商手法，是导致人口危机以及大量日本人患上精神病的其中一个原因。据统计，60%的雇员经常处于精神紧张的状态，而65%的公司亦表示，公司内愈来愈多人患上精神病。日本精神健康研究所亦认为，工作使愈来愈多员工患上抑郁症，并导致自杀率上升。在众多富裕国家中，日本的自杀率是最高的。

美国《波士顿环球报》2000年4月6日发表一篇日本人“过劳死”的报道。报道说：“自小渊惠三中风后的这段日子里，日本媒体一直在计算他每天晚上睡多少觉，出国访问多少次，开了多少小时的会。”“对于这里的许多人来说，这些问题的结论只有一个：小渊可以算是‘过劳死’——死于过度劳累——的又一个受害者。”

这篇报道网络转载时标题改为“日本人活得太累”。文章说：“据一份调查报告估计，日本20—59岁的男人中，每年有3.5万人死于脑血管和心血管病，其中近1/3与过度劳累有关。”

日本本来长期以来是崇尚中医养生的国家，日本的养生专家也知道养生的内容包括精神养生和起居养生。可是，为什么完全懂得中医养生学理论的日本人，只重视饮食养生和运动养生，而忽视精神养生和起居养生呢？我们也找不到答案，只有一个猜测：那就是政府决策层不懂中医养生学，是决策层的疏忽。

所以，从根本上来说，日本也是没有按照治未病的中医养生学的科学理论，进行规范化的健康管理。只有坚持中医养生学的全面养生原则，才能把各个方面可能出现的健康危险因素全部堵住。

再说古巴的健康管理。古巴人均寿命靠前的根本原因，是全民免费医疗制度。他们重视的是治已病的医疗，治未病也是弱项。家庭医生设在社区，也不如设在本单位更好。同样的是，古巴没有治未病的中医养生学理论的指导，只能是知道多少做多少。

其他国家的情况可见一斑。

总的说来，世界各国的健康管理，都处于没有正确的治未病的科学理论做指导的状况，都按照自己的认识和理解去做，存在很大的盲目性。唯有中国有中医养生学这门最先进的“治未病”科学，是指导健康管理的最好的科学理论。

世界各国健康管理的发展现状，凸显了百岁科学——中医养生学的科学优势，是中国做好健康管理、快速提高人均寿命的最佳时机。

从前面的分析可以看出，一个国家的健康管理，只有认真去做，即使只是做一个或者几个方面的健康管理，都会取得很好的效果。日本只做饮食养生和运动养生，古巴只做全民全免费医疗制度和家庭医生制度，人均寿命就会上去。日本也就是用了25年左右的时间，就从人均寿命40多岁提高到人均寿命第一的位置。如果我们按照中医养生学的要求，把精神养生、饮食养生、运动养生、起居养生、经络养生、药物养生等等全面养生的内容，按规范化的程序做好健康管理，人均寿命提高的效果，就会比他们更快更好。

百岁大学“健康教育+健康管理”的全新教学模式，则是在总结全世界特别是西方健康管理教训的基础上，采取一整套措施（具体措施将在第四部分详细列出），建立的一种新的健康管理模式。1. 这种健康管理模式，是以健康教育为基础的，大大提高了被管理人的健康管理的自觉性，使健康管理建立在普遍自觉的基础之上。2. 充分调动个人自己的积极性，自己管理自己的健康，管理者和被管理者做到水乳交融。3. 健康管理的干预措施，有工作圈和生活圈的随时随地的近距离直接监督，能够保证干预措施得到兑现。

3. 打造密集型的养生人才高地

人才是百岁大学的关键和基础。为了占领健康产业的制高点，必须把国内研究治未病、研究养生的高素质人才都聚集到百岁大学来。办法就是公开向全国招聘百岁大学的师资队伍和各种人才。

百岁大学公开向全国招聘教师和研究人员，凡是对百岁科学，对中医养生有研究的，有独创见解的，均可报名应聘。要把当今中国以及世界对百岁科学、养生文化有一定研究的人，都吸引到百岁大学来，用高素质的人才团队，打造世界级的百岁教育研究高地。

中医养生学有悠久的历史，中国有广阔的养生人才大市场。这些年来，养生大潮波浪滚滚，养生人才不断涌现。我们公开招聘，把全国各地那些对养生有研究的，想在百岁科学上下一番功夫、有一番作为的中医人才，统统招聘过来，打造一个密集型的养生人才高地。

我们的祖国不仅有老祖宗留给我们的百岁科学，有培养百岁寿星的中医养生学，我们的祖国还有一支强大的潜在的中医养生人才队伍，有我们打造百岁大学人才高地的后备军，只要我们很好地组织，认真地培训，百岁大学养生人才高地就指日可待。

**三、百岁大学的课程设置**

1. 百岁大学课程设置的指导思想

百岁科学教育的课程设置，以中医养生学的基本理论为框架；在浩如烟海、鱼龙混杂的养生理论方法中，剔除糟粕，优选精华，抓住要领，既注重摄取前人诸家之精华，又有机地融入中医养生的现代研究成果。学员学习了这些课程，就基本上掌握了健康长寿、长命百岁的要领。如果按照这些办法坚持养生，身体不出大的差错，就能够健健康康活100岁。

2. 百岁大学学员的基本课程

按照前面的指导思想，百岁大学的学员要学习掌握如下的基本课程：

（1）《黄帝内经·百岁智慧》

《黄帝内经》是第一部养生宝典。《黄帝内经》中讲到了怎样治病，但更重要的讲的是怎样不得病，怎样使我们在不吃药的情况下就能够健康、能够长寿，能够活到100岁。

《黄帝内经》提出了一个非常重要的思想——“治未病”。治已病和治未病加起来，就可以保证健康度百岁。

《黄帝内经·百岁智慧》这门课程，为百岁大学教学内容的总纲，对《黄帝内经》提出的健康度百岁的养生大道，做一个全面的介绍。



中医养生学的内容分为两大部分，一是中医养生的基本理论和基本原则，二是常用的养生方法。基本理论原则是天人合一，顺其自然，如何让自己的人体更好地适应大自然，达到人体内部的和谐和人体与自然的和谐。养生方法主要包括精神养生法、饮食养生法、运动养生法、经络养生法、起居养生法、药物养生法、房事养生法等等。



为什么这门课程不以《黄帝内经·养生智慧》命题？因为《黄帝内经》一开始就直奔主题，活100岁的主题是鲜明突出的。养生只是方法，是手段，百岁才是目的。百岁是旗帜，是目标。以旗帜、目标定题，才是正题，与我们学习的目标完全一致。

《黄帝内经》的核心思想：不治已病治未病。《黄帝内经》很少涉及什么病怎么治，而是在讲一个“道”，就是养生之道。《黄帝内经·素问·上古天真论》将养生调摄方法归纳为：“法于阴阳，和于术数，饮食有节，起居有常，不妄作劳，故能形与神俱，而尽终其天年，度百岁乃去。”

学习《黄帝内经·百岁智慧》这门课程，要懂得为什么要学习百岁科学，怎样学习百岁科学，提高学习的自觉性，边学边用，学用结合。每个学员首先要明确的是：我的生命我做主，长命百岁不是梦，只要懂得养生的理论和方法，长期坚持养生，就可以长命百岁。

如果你活不到100岁，责任主要在自己。不要祈求天降灵药助你长寿健康，而应科学地管理生命，赢回自己的寿命。“长寿秘诀”“灵丹妙药”就在自己身边。即使肌体受到疾病的侵袭，如果我们能注意呵护自己的健康，拥有良好的心态，同样能迈向更高的寿年。

（2）“天天快乐”

“天天快乐”是一门心理养生课，核心内容是如何养心。

在所有养生的内容中，放在第一位的养生应该是精神养生、心理养生，因为一个人的精神状态，直接影响五脏六腑阴阳气血的功能活动。精神决定健康，只有精神好、天天快乐的人才能健康长寿。精神养生，就是通过调整心态，净化人的精神世界，不断清除贪欲，改变自己的不良性格，纠正错误的认知过程，使自己的心态平和、乐观、开朗、豁达，知足常乐。一个人的精神世界虚无恬淡，天天快乐，这个人的养生就完成一大半了。

医学证明，76%的疾病都是情绪病。喜、怒、忧、思、悲、恐、惊，人的七情六欲随时随地骚扰五脏六腑。如何对待人一生遇到的名利、是非和各种遭遇处境，以及如何克服自己的心理障碍，适时调整自己的心态，以平常心去面对一切事物，是心理养生要解决的主要问题。

调整心态，保持心态平和的主要方法，首先不要有过高的私欲。贪欲是心理痛苦、心理压力的根源。清除那些过高的不能实现的贪欲，才能从精神上解脱自己。二是知足常乐，对自己的生活要有信心和满足感，比上不足比下有余，要比得自己天天高兴才行。三是要有开朗豁达的心胸，顺其自然，随遇而安。四是要多做善事，从助人行善中体验自身价值的快乐。

知足常乐，是精神养生的最高境界。世界上没有任何东西比快乐更可贵，而快乐和幸福又都是建立在知足的基础上的。在知足者的眼里，一切纷争和索取都显得多余；知足是一种宽容，对他人宽容，对社会宽容，对自己宽容。从进百岁大学开始，每个人首先要改变自己的精神状态，积极经营自己的快乐人生。

心理养生方法包括艺术养生、音乐养生、休闲养生、旅游养生等等。为了配合快乐养生，百岁大学设立几十个各种各样兴趣爱好的俱乐部，开展各种百岁养生文化活动，唱歌跳舞，玩球登山，琴棋书画，花鸟虫鱼，应有尽有，满足各种人的爱好，让每一个人经常参加各种活动，丰富生活，愉悦身心，陶冶情操，忘乎所以，乐在其中。

“天天快乐”课程的名字，概括了这门课要求学员达到的精神境界，就是天天快乐。快乐养生是百岁养生的精髓。

每个班评选生活笑星。每天每个人讲一个笑话。学校成立笑星艺术团，从学员中遴选成员，定期举办笑话晚会、笑话大奖赛；编大笑歌、知足常乐歌，天天唱。

百岁大学的学员每人有个快乐百宝箱：100个笑话，50首快乐歌，10首朗诵诗，10段知足常乐醒世箴言，等等。

（3）“饮食养生”

民以食为天。饮食养生是人的身体正常运行的物质保障。但是，病从口入，很多病也是吃出来的，当今社会很多人就吃出了不少的富贵病。

“饮食养生”课讲解人如何吃才能不生病，如何吃才能治未病。饮食养生讲究科学进餐，饮食结构合理，饮食习惯卫生。

饮食养生的四大原则，第一个就是结构要杂。一日三餐的食物品种一定要多样，粗细搭配，水果、蔬菜、肉类齐全，因为每一种食物所含的营养成分都不相同，每种食物所提供的营养物质也不相同。第二个原则就是食量要少，吃饭吃七八分饱。第三个原则就是味道要淡，一是少油，二是少盐。第四个原则就是速度要慢，细嚼缓咽。

“饮食养生”课讲解各种疾病的食疗方法，同时根据每个学员的具体情况，总结制定出一个食疗处方。

当代医学专家总结归纳社会上常见的错误饮食习惯有七点，也是引发癌症等慢性病的七大首要主因：高蛋白、高热量、高脂肪、高精致的糖、高钠低钾、低纤维。

蛋白质摄取不足，原本是落后贫困地区营养不良的主因，但是多数人却不知道，过量摄取蛋白质竟是造成富裕文明社会主要健康问题的根源。

现代人的文明病那么多，像糖尿病、心脏病、高血压、癌症，其实是长期的错误饮食习惯引起的。长期的错误饮食习惯导致人体三大文明病体质：酸性体质、缺氧体质和低钾高钠体质。

在贫穷的年代，人们因吃得不够而营养不良，当然会影响健康。现在，经济情况良好，人们又因为吃得太多而造成营养不平衡，也累垮了消化器官。只有改变错误的饮食习惯，保持饮食营养平衡，不吃添加物，不吃腐败食物，少吃肉类，多吃蔬菜水果，恢复五谷杂粮的主食地位，才能免于文明病的威胁。

（4）“经络按摩”

“经络按摩”课主要教授经络按摩的基本理论和方法。

人体是一个有机的整体，经络系统是这个整体的核心。经络对脏腑、四肢关节、五官、九窍等既有连接作用，又是气血运行、输送营养的通道，更是人体最高的综合调控系统。

经络是人体健康状况的晴雨表和活地图。人生了什么病，它提前就从经络上反映出来。《黄帝内经》说：“经脉者，所以能决死生，处百病，调虚实，不可不通。”经络的作用是：1. 联系全身；2. 运行气血；3. 抵御外邪；4. 反映内在；5. 调整气血。

经络的用处范围很广泛，预防、诊断以及治疗都可以用到。只有经络才能赶在疾病出生前把它杀死。因此，经常按揉经络和穴位就显得特别重要。经络和脏腑相关联，经络通了，我们的身体才能通畅，健康才有保证。所以，经络畅通就是健康的关键、祛除疾病的关键，要保持健康，防治疾病，就要从疏通人体经络系统开始。

经络就是上天赐给人类的最佳修复系统和养生系统。每天拍打按摩经络，能让人的平均寿命至少再延长10年，很多疑难病和老年病将得到预防和控制，一些常见病完全可以通过自己的经络锻炼而缓解。

通过“经络按摩”课的学习，每个学员都要熟悉掌握全身经络的分布情况、每个经络的功能和作用、每个穴位的功能和主要病症的经络按摩方法。老师要和学员一起，根据每个人不同的身体情况，为每个学员总结制定一个每天经络按摩保健的程序处方。

（5）“科学运动”

运动养生是重要的养生方法，但要讲究科学。“生命在于运动”的话有些偏颇。应该说，生命在于科学运动，平衡运动。养生不主张过于激烈的运动。我们运动的目的是促进五脏六腑的衡稳，而不是为运动成绩的计算而运动。

现代奥林匹克运动追求运动极限，跳得高，跑得快，爆发力强，看起来能量很大，但是恰恰因为追求极限而容易破坏身体的平衡。许多运动员老年后的身体状况不会太好，寿命也不会太长。相反，从事传统运动的人柔韧性好，耐力好，长寿者多。这两种运动的价值取向不同，一个追求比赛的胜负和高下，一个追求调协身心，生命衡稳，大幅度提升生命质量。

著名排球运动员海曼、短跑运动员乔伊娜、世界拳王阿里等都是人类挑战极限的英雄。但从养生角度来审视，海曼和乔伊娜的猝死，阿里那颤抖的四肢和艰难的步履，都是生命的一种悲剧。美国人费克斯1977年出版的《跑步全书》畅销全世界，他自己每天跑16千米，却于52岁盛年死于长跑途中。世界著名长跑运动员Jim Fixx，每星期跑步128千米坚持15年之久，1984年50岁时却死在跑步的路上。有一年北京的国际马拉松比赛，当场跑死两个人，一个是二十多岁的大学生，一位是北京长跑队68岁的老年人，快跑到终点了，一个跟头栽倒，就没再起来。

“科学运动”讲解运动养生遵守的原则，介绍中华民族历代养生家创造的各种传统的运动养生方法。

中国传统的运动养生方法是我国劳动人民智慧的结晶。千百年来，人们在养生实践中总结出许多宝贵的经验，使运动养生不断得到充实和发展，形成了融导引、气功、武术、医理为一体的，具有中华民族特色的运动养生项目。

“科学运动”课同时教授学员太极拳、八段锦、五禽戏等传统养生运动，同时也根据每个人的身体情况，提出每个人的运动处方。散步、登山、游泳等等，都是很好的运动形式，应该根据各人的情况做出选择。

（6）“起居养生”

起居养生是《黄帝内经》中十分强调的养生方法。

起居养生的内容包括居住环境、居室结构、居室环境与气候、起居有常、劳逸适度、饮食有节、房事有节等等。

居住环境是人生存的重要条件。有条件的尽量选择自然环境优美，树木茂盛，空气新鲜，光照充足，避风向阳，水源干净的地方居住。

起居有常，总的原则就是遵循自然界的规律，跟大自然和谐，顺应四季和昼夜的更替规律来调摄起居，建立符合自身生物节律的生活活动规律。每天的工作、生活、起居、睡眠要有规律。要适应四时阴阳的变化做好四时养生，应四时而适寒暑，和喜怒而安居处，节阴阳而调刚柔。“起居养生”要介绍四个季节如何养生，一天24小时如何养生等等。

睡眠养生也是重要的起居养生方法之一。睡眠可以消除疲劳，调节阴阳，恢复精神。人的一生有三分之一的时间是在睡眠中度过，充足的有质量的睡眠是保证身心健康的重要因素。要按时睡觉起床；特别要睡好子午觉。要防止失眠。

房事养生也是重要的养生方法。科学养生不主张禁欲，更不主张纵欲，但提倡节欲保精。精气神的保养是养生的最重要的内容。保精就要积精、固精和惜精。

（7）“祛病延年”

“金无足赤，人无完人”。大多数人多多少少都有些病，无病的“完人”不多。据统计，真正无病“老”死的人不到10%。因此，有病的人怎么长寿，就成为一个值得人们关注的问题。

虽然带病长寿不如健康长寿好，不过，“小灾并非祸，有病久养也是福”。有慢性病的人，只要时刻不忘加强自身的养生与保健，同样会有长久而幸福的晚年。实际上，古今中外，带病长寿的人不计其数。美国人寿保险公司的一项调查结果令人惊讶——体弱多病者不少是长寿的。

法国大作家雨果以其长篇作品《巴黎圣母院》轰动文坛，可40岁那年突然心脏病恶性发作，人们纷纷叹惋：“这颗耀眼的巨星将要陨落了。”但是，刚进入中年的雨果却并不悲观，他非常积极地配合医生的治疗，并坚信自己能好起来。在医生的监督下，他开始改变自己原来的生活习惯，坚持每天进行各种体育锻炼……终于，他凭着顽强的毅力与必定会好起来的信念，向大自然要回了属于自己的健康。在60岁的时候，又创作了一部轰动世界的大作《悲惨世界》。80岁那年，还写了一部戏剧《笃尔克玛》。寿高84岁而善终。

百岁老人马寅初先生，在91岁高龄时患上直肠癌，医院里的手术专家已不敢再轻易地动大手术了。但是马老自己却坚持要做手术治疗，在手术台上神态自若地与医务人员谈笑，手术获得成功。不料后来又下身瘫痪。不服输的马老坚持做上肢屈伸运动，顽强地锻炼身体。他非常自信地说：“苟无他故，必活百年。”结果他真的奇迹般地享寿百岁以上，成为带病长寿的最好例证。

有病的人养生，首先要心强志坚，树立能够长寿的信心。“莫将身病为心病”是明代思想家王阳明的名言，也是带病长寿的第一要素。一旦患病在身，重要的不在于病而是在“心”。人无论患有什么样的疾病，最可怕的并不是疾病本身，而是人自己对于疾病的恐惧和沮丧所带来的影响。

慢性病人的养生还要有恒心，三分在治七分在养。

“祛病延年”讲授如何带病长寿，对当前社会上流行的高血压、高血脂、糖尿病、肥胖症等富贵病和生活中常见的各种慢性病的养生，分别进行探讨。

药物养生是慢性病人一个必不可少的养生方法。药物可以消除病因，恢复脏腑功能，使肌体痊愈康复。慢性病人应该了解科学合理正确的药物养生的基本知识，在医生的指导下做好药物养生。

食疗也是慢性病人养生的一个重要方法。我们的祖先为了生存，尝百草，吃野果，发展和创造了“药食同源”和“寓医于食”的营养学理论。“食用、食养、食疗、食忌”已成为中华民族日常生活中预防疾病、膳食调配遵循的原则。古代许多中医经典总结和描述了各种食物的“食疗”作用，“食疗”的专著也屡见不鲜。

3. 百岁大学教科书的编辑特点

百岁大学7门课程，大体分为三个层次。《〈黄帝内经〉百岁智慧》，是百岁科学教育的总纲，让学员了解如何活100岁的科学思路，从而加深对中华百岁科学的认识和理解。“天天快乐”是介绍在养生框架结构中居于第一位的精神养生，“饮食养生”“科学运动”“起居养生”“经络按摩”“祛病延年”，是百岁养生技术层面的五条主干。

除了这几门基本课程之外，百岁大学还开出很多选修课、讲座。在《黄帝内经》“法于阴阳，和于术数”养生大原则的指导下，古人和今人都创造了各种各样的养生方法。养生理论和方法可以说是百花齐放，琳琅满目，枝繁叶茂。百岁大学的基本课程不可能面面俱到。为了满足一些学员求知欲的需要，百岁大学开设各种选修课和各种讲座，对各种养生流派、各种养生方法单独做介绍，比如易经养生、宗教养生等各种养生流派，帝王养生、名人养生的一些知识，历代的养生经典，当代专家学者的最新研究成果，等等。百岁大学学员获取养生知识的内容空间十分广阔。

百岁大学教科书的编写特点，一是通俗易懂，二是实用性操作性强。因为百岁大学的学员是全体社会大众，包揽了大中小学各种层次的文化水平，因此，教科书要让他们都能看得明白，就要把《黄帝内经》之类的原本古典难懂的中医理论，演绎阐述得通俗明白，既不能像古代中医经典那样深奥难懂，也不能像明代《遵生八笺》那样繁杂，也不能是医学院学生读的《中医养生学》。中医教科书是为医生写的，百岁大学教科书是为社会大众写的，是为养生的人治未病写的。百岁大学的教科书要学习畅销书通俗易懂、生动活泼、可读性强的长处，摈弃它们的短处，紧紧抓住百岁科学的重点和要点，把主要的关键的内容介绍给学员。

百岁大学每门课，都是理论和实际相结合的课程，学员运用操作的办法要具体到位，同时介绍大量的供参考的操作办法。

# 东方百岁大学策划方案（下）

**四、保证“治未病”效果的有力措施**

百岁大学针对世界各国健康管理出现的问题，采取了一系列的有力措施，切实保证“治未病”能够取得完全有效的效果。

1. 建立独具一格的中医“治未病”体检中心

世界卫生组织的一项全球性调查显示，真正健康的人只占5%，患疾病的人占20%，剩余75%的人则全部处于亚健康状态。很多人常常感觉头晕头疼，眼睛干涩，疲倦乏力，胸闷气短，心慌，少气懒言，食欲不振，消化吸收不良，等等。但这些现象发生之后，到医院又检查不出异常指标来。拖着疲惫不适的身体，手持无异常指标的化验单，越来越多的人面对一种窘境：治病无门。

很明显，西医体检面对亚健康束手无策的弊端，在这里充分表现了出来。事实证明，西医体检只能检查“已病”，只能提供少数健康危险信息，大多数健康危险信息是检查不出来的。

《黄帝内经》指出，医学的最高境界是“不治已病治未病”。健康管理需要大量的健康危险信息做参考，西医体检是远远不能满足需要的。能够检查出“未来的病”的检查，就是中医体检的优势。

在亚健康席卷大多数人群的今天，东方百岁大学要充分发挥中医治未病的独特优势，建立世界上最大的独具一格的中医体检中心——真正能够检查出未病的体检中心，为百岁大学学员及社会大众的“治未病”和百岁人生做全程服务。

中医体检中心开展的中医体检，是在中医理论的指导下，根据人的时间生命信息，运用“天人合一”，人体阴阳平衡，五脏相生相克的原理，用传统的望、闻、问、切、断“五诊”合参，通过观察被检者的神、色、形态，再通过面色、头颅五官九窍、络脉、肌肤、手足、胸腹等局部检查，以及舌质、舌苔等舌象检查，加上把脉，询问被检者的身体情况、感觉、饮食、习惯、工作环境、既往史、家庭史等，来做一个综合判断。体检的结果也不是一张简单的检验单，而是一份辨证分型结果，具体确定被检者是哪一种体质，然后针对不同体质和健康状况，提出养生或治疗方案，制订个人健康提升计划。

中医体检这种全息诊断方法的科学性和先进性，在于中医认为人体是一个相互关联的整体，人体的很多局部特定领域，储存和包含了人体的全部信息，因此可以通过某一局部的变化，观察判别全身或其他部位的疾病。《黄帝内经》的经络学说和脏象论，提出局部有整体的信息，就表现了局部和整体之间的全息关系，为中医从各个方面诊断判别病情的全息诊断奠定了理论基础。当今世界风行的生物全息理论，其实两千多年前就被我们的中医理论家们发现和广泛运用了。

中医体检全息检查诊断的内容十分广泛，包括耳诊、足诊、头诊、面诊、目诊、鼻诊、舌诊、手诊、腹诊、脐诊等等，都是通过某一局部的变化，观察诊断全身或其他部位的疾病。为了把东方百岁大学的中医体检中心做大做好，我们要把民间已有的各种特色的全息诊断方法吸纳进来，编辑《中医体检学》和《中医体检大全》。





百岁大学的中医健康体检中心，当然也要把西医体检的所有技术、设备和手段都嫁接进来，将中西医体检的各自优势结合在一起。

可能有人会提出质疑，由于中医体检的结果不像西医体检那样有清楚明确的量化指标，相对抽象的体检手段也难以保证其准确性和唯一性，从而怀疑中医体检的科学性。其实，两种体检方法实际上针对的是不同的情况：已病和未病。如果要衡量一个人身体已有的病情，肯定是依靠西医体检手段更为明确；但如果您想知道疾病发展的趋势和预防未病而抗衰老，中医体检则具有明显优势而大有用武之地。

东方百岁大学体检中心是中西医体检结合的体检方式。西医各种项目的具体检验，了解病症，中医的全息检查，确定健康管理健康干预的方向，各发挥各的长处，优势互补，各领风骚，相得益彰。

东方百岁大学和现在的中医药大学、中医医院不同，百岁大学是治未病的，中医药大学、中医医院主要是治已病的。

东方百岁大学是治未病的抗衰老的大学，百岁大学体检中心自然是围绕治未病而开展体检工作的，中医体检自然是我们的最佳选择。

中医体检中心不仅服务于百岁大学的学员，也向社会公众开放，为社会大众的养生和百岁人生服务。中医体检中心在全国各地和世界各地开设分中心，为全国和全世界人民做未病预测和健康干预养生方案。

2. 为每个学员做出百岁养生处方

百岁大学百岁科学的教育和学习，理论知识与操作方法并重，但最后是落脚在养生的操作上，为每个学员做出一个“百岁养生处方”。

每一门养生课，学员在学习理解的基础上，一定要结合自己身体的实际情况，根据当前身体表现出来的问题，有针对性地制定出解决这些问题的养生方法。这就是“百岁养生处方”的第一步。

学员必须明白，每个人的身体情况和表现出来的问题是不一样的，因此，解决这些不同问题的养生方法也是不一样的。不是学同一门课程，学员的养生方法都是一样的。所以，到底采用什么样的养生方法，学员对自己的身体更了解，要充分发挥自己的主观能动性，摸索适合自己的养生方法。

当然，每个学员的百岁养生处方，最后是老师和学员一起，共同研究制定，既发挥学员个人了解自己情况的特长，又发挥学校老师的智慧。

百岁大学的科学养生，必须是全面养生。所谓全面养生，就是不能只做单一内容的养生，比如只做体育运动的锻炼，或者只做饮食方面的养生，或者只重视改变居住环境，等等。这种单一方面的养生，只有单一性，缺乏全面性，不符合《黄帝内经》“法于阴阳，和于术数，饮食有节，起居有常，不妄作劳，形与神俱”的要求。人是在大宇宙中一个各方面综合起来的环境中生活，所以必须适应各个方面的条件要求。只注意某一方面的单一养生，忽视其他的生存条件，成功百岁的概率就会减小。

比如，广西的巴马县，虽然因为百岁老人的比例高而命名“世界第五长寿乡”，但实际上，那里的人成为百岁老人的，也不到三千分之一。全县24万人口，也只有百岁老人74位。

全面养生就是各个方面都“法于阴阳，和于术数”。百岁大学课程的设置，就体现了全面养生的思想。一个学员的百岁养生处方，就是各门功课养生方案加起来的总和。任何一个方面都缺一不可，但又不能单一支撑。而且这个养生方案又是一个随着身体情况和客观环境的变化而变化的动态养生方案。所以，百岁养生处方是一个随着时间变化环境变化引起身体变化而产生的不断变化的处方。

百岁大学为每个学员做出的各个方面的养生处方——精神养生处方、饮食养生处方、娱乐养生处方、运动养生处方，经络按摩处方、起居养生处方、药疗处方等等，加起来就形成了一个学员完整的“百岁养生处方”，完全是对症下药，量身定做，对可能出现的健康危险因素围追堵截，是一个适合个人的个性化养生方案。

养生因人的体质不同而不同。有的人是阳虚体质，有的人是阴虚体质，有的人是平和体质。而每一种体质的人又有各种情况的不同。没有两个人的体质是完全相同的，就像树上没有完全相同的两片叶子一样。适合于别人的养生方法不一定适合于你，但是总会有一种适合于你的养生方法。

百岁大学就是让学员掌握百岁科学，自己把握自己的健康，而不是把所有的问题都交给医生去解决。

所以，百岁养生处方是百岁大学教师和学员反复探索共同研究确定的智慧结果。百岁大学百岁养生处方的形成，既是学员学习懂得百岁科学之后的运用和总结，也有指导教师的观察和思考，还要充分听取中医体检中心专家们的意见，体现了集体的智慧，更加科学也更加符合实际。这就完全体现了百岁大学的优越性。

每天，每个学员的养生按照百岁养生处方的程序操作，形成习惯，雷打不动，成为生活的一个重要部分。养生生活化，生活养生化，百岁大学的学员就个个都是养生家。

百岁大学就是全国最大的“治未病”中心。

### 3. 建立学员的“百岁身态档案”

百岁大学对每个学员的身体情况进行全程追踪，动态管理。学员身体一有什么变化，即调整经络按摩、食疗、药物、针灸、运动、起居等各种养生方案，预防向可能出现的坏的情况发展，真正体现了治未病的健康管理思路。这个记录人的身体状况、养生处方情况等发展变化历史过程的电子资料，就是一个人的“百岁身态档案”——一个人的百岁人生养生轨迹。百岁大学将它记录在每个人的电子档案里。

百岁大学为每个学员建立“百岁身态档案”。“百岁身态档案”是一个动态的档案。学员终止学习，学校也为他保存在校期间的“百岁身态档案”。如果他今后再来学校，学校又为他续写“百岁身态档案”，中断了的空白则尽可能地补充本人能够提供的资料。

4. 生活圈和工作圈的有效监督

20世纪80年代，在我国放映了一部日本影片叫《我的老师》。影片中有这样一个情节：班会上大家批评一个同学午饭不吃胡萝卜的事情。很多中国观众难以理解：“日本的学校怎么管这么宽？”因为日本对饮食养生的健康教育十分普及十分到位，监督也十分严格，完全进入到日常的学习和生活之中。《我的老师》这个电影就完全准确地反映了日本人的健康教育不只是说说而已，而是从各个方面形成严格的监督，对不良生活习惯群起而攻之。

有效的监督是健康管理的保证。健康管理干预措施，只有在工作圈和生活圈的随时随地的近距离零距离直接监督，才能够保证干预措施得到兑现。

百岁大学的健康教育和健康管理，当然也是学习和贯彻了这种从生活圈和工作圈进行严格监督的精神。百岁大学首先是进行百岁科学的教育，让你从思想上懂得科学养生的知识，提高百岁养生的自觉性和积极性，你会为了自己的健康、家庭的幸福而改正不良生活习惯；同时也有来自老师的天天询问，同学们经常的互相问候互相切磋，这些都形成一个监督的氛围，让你觉得还要坚持抽烟等不良生活习惯就无地自容。因此，在百岁大学里，就形成了一个有老师、学员及整个大环境的监督环境，科学养生的习惯就容易形成和坚持下去，不会半途而废；在家里就可能难以坚持到底。

百岁大学因为是专门“治未病”，专门进行健康干预的地方，所以，科学养生的监督，完全是全天候全方位的。整个学校，四面八方都是监督你的眼睛。人人是监督者，人人又被监督。上课是学习百岁科学，下课是实践百岁科学。谁要是露出一点不良生活习惯，人家的眼睛会透露出不满的眼神，你自己也会心中有愧。

同时，百岁大学还是一个宽阔的社交活动的天地。百岁大学每天安排各种各样丰富多彩的活动，唱歌跳舞，打拳赛球，游泳散步，琴棋书画，花鸟虫鱼，应有尽有，满足各种人的爱好，让每一个人经常参加各种活动，丰富生活，愉悦身心，陶冶情操，忘乎所以，乐在其中。特别是老年人来到这里，精神上得到了安慰，生活也变得更加充实而富有光彩。养生生活化，生活养生化，养生和生活水乳交融，养生的效果更好。

百岁大学的校规就是八戒：1. 戒烟；2. 戒生气；3. 戒醉酒；4. 戒暴饮暴食；5. 戒房事过度；6. 戒熬夜；7. 戒泡吧；8. 戒大悲大喜。

当然，百岁大学还有另外一种教育形式，就是学员不在百岁大学校园里学习。如果一个单位，比如一个工厂、一个公司、一个机关等，与百岁大学达成协议，由百岁大学对该单位的职工，进行百岁科学的教育。这是百岁大学开展百岁科学教育的形式之一。百岁大学对单位职工健康管理的监督，则采取和该单位组织协商，成立一个百岁科学教育管理的组织机构——百岁健康管理中心。

一个企业、一个单位的百岁健康管理中心，最好由该单位的医务室增加功能而成。百岁健康管理中心的职责，是负责百岁科学教育的组织和实施。其中包括：一、对职工进行百岁科学教育的组织工作。二、职工养生实践的组织落实——在百岁大学的指导下，根据每个人具体的身体情况，制定适合他的养生方案，包括经络按摩方案、饮食养生方案、运动养生方案、起居养生方案等等。三、建立一套检查监督制度，促使每个人养生的落实。四、为每个人建立一套健康管理档案，记录养生的进展、效果和问题。

百岁健康管理中心在百岁大学的指导下工作，对学员健康管理的监督，也充分发挥单位组织管理本单位的工作圈和生活圈的优势，对不良生活习惯进行到位的严格的监督。不仅管理到每一个人，而且对普遍存在的带倾向的不良生活习惯，比如抽烟、酗酒、暴饮暴食、熬夜、过度劳累、通宵打牌、大悲大喜等等，进行健康干预，一直干预到纠正过来为止。这样，单位组织就在健康管理中发挥了重要作用，既提高了职工的健康水平，也减少了医疗费用的开支，一举两得，单位开办百岁大学学习班的好处就充分显现了出来。

5. *培养学员的百岁素质*

百岁大学的一个主要任务，就是下功夫培养学员的百岁素质。

百岁素质包括身体素质、文化素质、行为素质和心理素质。

百岁大学不仅要使学员懂得百岁科学知识从而具备百岁文化素质，使学员坚持科学养生，从而有一副能活100岁的身体素质，同时还要使学员形成坚持科学养生的好习惯，具有长期坚持的毅力的行为素质，和不断调整心态，知足常乐，虚无恬淡，对百岁充满自信心的心理素质。没有养生知识，不懂得怎样才能活100岁，自然没有百岁素质；那些懂得一些养生知识，但没有坚持做下去，或者半途而废的人，同样没有百岁素质。

百岁大学，百岁至上。百岁素质教育是一个长期的过程，积累的过程，不断提高的过程。百岁大学要帮助每个学员学习新的思想方法，树立新的人生观、价值观、世界观。百岁教育是以提升人的整个生命质量为目的的。

百岁养生是不能由别人代劳的。比如彭祖创造、孙思邈继承发展的养生十法——叩齿，提肛，咽津，转睛，弹耳，揉面，梳头，鸣天鼓，等等，孙思邈坚持做，活了100多岁，乾隆皇帝坚持做，活了89岁。有的人老是推说自己忙，你总不能比皇帝还忙！

恒心是养生的关键。凡欲养生者必怀恒志，否则将一事无成。

俗话说：病来如山倒，病去如抽丝。而养生呢，则如针尖挑土，虽然是加法，但速度极其缓慢，需要持续不断的努力。这是对养生者恒心的极大考验。

例如“耳常弹”，这个能缓解耳鸣耳痒等虚症的方法，不仅细小，而且麻烦。没有耐心的人几天过后就不会做了，但有恒心的人同样可以坚持到底，几十年如一日。

百岁大学的百岁养生处方，要求我们做的每一件事情，都不是轰轰烈烈的大行动，而是一个个非常不起眼的小动作，但这些不起眼的小动作如果坚持几十年，就会积累成为对人体养生的大好处。这里的关键是有没有恒心。

百岁大学就是要培养学员坚持练习百岁养生处方的习惯和毅力。

影响人类健康长寿至关重要的因素是个人的生活方式，占到60%。百岁大学百岁科学的教育学习过程，一个重要的工作就是纠正和改变学员过去的不良生活习惯，形成新的良好的生活习惯。生活习惯从不良变成良好，个人的素质也自然提高了。

6. *百岁大学校风*

百岁大学的校风概括成一句话，就是笑的乐园。

虽然笑是“天天快乐”的心理养生课中的内容，但“笑一笑少一少”的思想要贯彻到每一堂课的学习中去。在每门课程讲授和学习的过程中，都要贯彻“在欢笑中学习”的原则，把每一堂课变成学员欢笑学习、欢笑生活的场地。既然每天都要欢笑，那就每一堂课都要欢笑。无论上什么课，老师开始上课时，全班学员要一起起立，大笑；下课时，全班学员要一起起立，大笑。中间老师还要在讲课中穿插几个笑话，让大家欢笑。总之，每堂课中，教师和学员都要一起营造欢笑气氛，在欢笑中开始，在欢笑中结束。





要让笑风成为百岁大学的校风。整个百岁大学就是一个欢笑的乐园。学员走进校门，要笑。门卫监督检查，没有笑的人留下来，老师教你笑了再进。放学时要笑。学校开展的每一项活动，都要贯彻这个原则。让欢笑充满校园，让学员无时无刻不充分感受到欢乐校园的欢乐气氛，让学员觉得这个学校才是他生活的最好最快乐的地方，一个值得留恋和舍不得离开的地方。

百岁大学无处不笑。上课在笑，下课在笑；每一堂课开头要笑，结束要笑。见面笑，告别要笑。经常举办笑的晚会、活动、比赛等等，还有大笑俱乐部。要营造一个让学员身心健康的乐园，让学员们天天快快乐乐。百岁大学就是一个无忧无虑的地方。

百岁大学校歌：《咱们都活一百岁》。

个人笑法养生，学校笑法养校。

定期举办百岁大学运动会。比赛项目按养生内容设置：针灸、经络按摩操、太极拳、金鸡独立、笑话、大笑、垂钓、书画、摄影、诗歌朗诵、棋牌等等。各个项目都设立校纪录，一届一届比赛下去。

**五、全面发展的统筹规划**

百岁大学的责任是普及百岁科学，百岁科学又是一个人人都需要学习和懂得的科学。因此，百岁大学的长远目标，就是办成一所全民大学，要尽量让全体民众接受到百岁科学的教育。

因为民众的经济情况、工作情况和居住情况的不同，对不同的人群就要采取不同的教育方法，因而形成不同的百岁教育模式。既有青少年、中年、老年人的区别，又有退休人员、上班族、学生的不同，还有工薪族、平民百姓和富人的不同。在百岁大学不断发展壮大的过程中，我们可以根据不同人群的特点和需要，陆续开设不同的班次，满足他们不同的需要。

正因为百岁大学是一所全民大学，所以，百岁大学要发展多种多样的教育模式，对各种人群进行普及百岁科学的教育。

*1. 少年儿童是百岁教育的潜在大市场*

现在的观念是老年人才养生，其实这是亡羊补牢的做法。人的身体禀赋从出生，或者更确切地说是从受精成胎时就决定了的，所以养生就要从幼儿开始，甚至从父母开始。

明朝的大医家张景岳在《景岳全书》中有这样的记载：“小儿气血未充，而一生盛衰之基，全在幼时，此饮食之宜调，而药饵尤当慎也。”就是说小的时候是人以后一生健康的根基所在，但这个时候气血还不充盈，身体的机能还不健全，这个时期饮食的调节是最为关键的，使用药物要特别谨慎。

除了注意养护阳气，调节饮食外，还要勤揉肚腹，多给小孩做做按摩，这不但有利于身体骨骼的发育，更能避免很多疾病的发生。

对于健康投资，并不是说你去运动一下，身体就健康了，就不生病了；或者你吃什么

"补药"就能健康了，不生病了。它需要一个漫长的过程，逐步形成一个人身体健康的素质。因此，少年时期是非常重要的，应该在儿童的时候，就关注自身的健康。比如要预防冠心病，就要从娃娃的时候开始。眼下到处可以见到好多"小胖墩"，那都是吃出来的。今后他们可能早早就会发生动脉硬化、血脂异常、高血压、冠心病等问题。

现在，孩子的父母都很重视儿童的成长教育，愿意在孩子身上多花钱。一旦整个社会百岁教育风气形成，孩子百岁科学的教育将会是一个很大的需求市场。

中医养生保健要从娃娃抓起，从小打牢健康的基础对于人的一生至关重要，这就给家长提出了更高的要求。中医养生保健的基本理论和方法可以说适合所有人，系统学习和掌握中医养生保健知识，是对每个家庭和每个人的起码要求。

日本人均寿命世界最高，日本的健康管理就是"从娃娃抓起"。从小学到大学，日本对健康教育非常重视。从2007年至2016年10年间，日本又实施新一轮的"新健康开拓战略"，第一项内容就是儿童健康。

少年儿童的百岁科学教育，首先应该从父母开始。父母要懂得百岁科学，然后在日常生活中不断给孩子灌输。父母以良好的生活习惯做出榜样，使孩子从小就形成良好的生活习惯。

幼儿园要对孩子进行百岁科学的启蒙教育，培养孩子养成良好的生活习惯。幼儿园教师要经过专门的百岁科学教育的培训，他们也要懂得百岁科学，懂得如何对孩子进行百岁科学的教育。

百岁大学要编辑出版专门供幼儿园进行百岁科学教育的图书，专门供家长学习的幼儿百岁科学教育的图书。同时，开设幼儿园百岁科学教学实验班，也对幼儿教师进行相关方面的培训。

百岁大学为了倡导百岁科学，倡导百岁人生，推动社会百岁科学教育蔚然成风，在条件成熟的时候，可以在全国策划开展一项"万人百岁人生大赛"。"万人百岁人生大赛"的第一程——起始程，是"百岁儿童赛"。全国全社会有条件的4—7岁的儿童报名参加，我们根据儿童的身体条件、生活习惯、父母的身体和生活习惯等等，综合进行选择。百岁大学对这些参加的儿童，进行全程式的健康教育和健康管理。寒暑假集中培训，进行百岁科学的教育。"万人百岁人生大赛网"随时公布每个人的百岁生态档案，包括身高、体重、西医体检情况、中医体检情况等各种健康指标和健康干预情况。这实际上是一个万人长寿比赛，要学习一辈子，比赛一辈子。网友可以从网上看到百岁大学对每个人是如何健康管理的，可以从中学到很多东西，是一个百岁科学学习网。

2. 大中小学学生的百岁科学教育

现在学校的体育课，完全变成了竞技体育课，就是跑步、游泳、打球、跳远等等，和奥运会设置的比赛项目差不多，看谁跑得快，跳得高，向身体各方面的极限挑战，是一种极限体育运动。这种体育教育只是为竞技体育培养后备人才，可以保证奥运会金牌第一，保证不了人均寿命第一。

请看国家颁布的2011版的"义务教育体育与健康课程标准。运动技能：学习体育运动知识，学习目标为获得运动的基本知识和体验。达到该目标时，学生将能够知道所学运动项目或体育游戏的名称或动作术语”。这哪里是健康教育，完全是竞技运动教育，和健康教育相差距甚远。

学生的体育课，应该成为学生的体育素质教育课，应该为学生活100岁的身体打好基础。既要有竞技体育运动的训练，更要有《黄帝内经》关于“法于阴阳，和于术数”养生大道基础知识的学习，懂得心理养生、时令养生、经络养生、饮食养生、起居养生、运动养生等基本知识，不仅防止他们走上“小胖墩”的可能短命的人生道路，还要让他们懂得灸疗养生，常灸足三里，储存充足的源源不断的生命能量，为攀登百岁人生打下牢固的基础。学生的饮食养生，要像日本那样配备营养师，保证学生的膳食营养科学合理，不出那么多的“富贵病”后备军。





长期以来，中国的学生树立的理想都是当科学家、工程师、医生、教师等。我们的学校应该通过百岁科学的教育，教育学生在树立当科学家等职业理想的时候，同时树立活100岁、当百岁寿星的生命理想。两个理想——职业理想和生命理想并行不悖，齐头并进，才能不枉度一生。只有很好地实现自己的生命理想，才能很好地完成自己的职业理想。我们伟大的科学家钱学森，就活到了98岁，对中国的“两弹一星”做出了巨大的贡献，为广大青少年学生树立了百岁科学家的榜样。

前面说过，日本影片《我的老师》就讲述了日本学校如何对学生严格进行饮食养生教育的故事。中国的大中小学，完全应该像那样做。

学生的百岁科学教育在保证时间的前提下，百岁大学一定要为大中小学认真编写出一套很好的百岁科学教育的教材。它应该像语文数学那样的标准化课本，教学内容循序渐进，把学生们应该掌握的百岁科学知识讲解清楚。小学生就应该普及太极拳，懂得起居养生、四时养生、饮食养生、经络养生、运动养生的基本常识，养成良好的生活习惯，不要染上不良生活习惯。中学生要懂得中医养生的基本原则和理念，对心理、经络、饮食、运动、起居等几个主要养生方法全面掌握，还要学会八段锦、五禽戏等传统运动项目。也就是说，一个高中毕业生，应该是基本掌握了百岁科学，并且自觉地在生活中运用和遵守。大学生就是在此基础上的深造和提升。

学生时期是一个人风华正茂的时候。学生时代开展百岁科学的学习，培养驾驭健康的能力和自身抗病能力，就为百岁素质百岁人生打下了一个坚实的基础。

学校是进行知识教育的最好地方。几千年的学校教育历史，积累了丰富的教学经验，形成了整套的科学教育方法。大中小学开展百岁科学的教育，对于学校来说，这不过是多开了一门课程。学校一定要充分认识这门课程的重要意义。日本开展全民足三里灸疗运动，学校就开展得最好。

现在大中小学教育有一个最大的问题，是学生学习压力大，负担重。根据中国优生优育协会2008年的调查，中国处于亚健康状态的青少年有3000万人，1/3的中小学生有不同程度的心理异常。国家教育部对12.6万大学生抽样调查，大学生心理疾病患病率达20.3%。这些问题都应该在教学计划中统筹安排，科学合理地解决。不要只追求知识量的学习，忘记了身体健康的大事。学校教育要培养学生德智体全面发展，不能盲目追求升学率。学校教育要端正方向，不能给学生留下一辈子身心健康的后患。目前学校教育无论是体育教育、知识教育，还是心理教育、人生教育，很多都有违背百岁科学的地方，都必须纠正过来。

现在，全世界的观念发生了很大的变化，西方社会人们的追求是健康第一，知识第二，家庭第三，金钱排第四！21世纪需要的人才，是道德、健康、素质全面发展的适应21世纪全面竞争的新的人才。世界卫生组织忠告全世界，要把权力、金钱、享受放到健康之后。学校教育要把这些观念体现进去。

3. 上班族的百岁科学教育

随着经济的发展，人们生活节奏的加快，职业竞争日趋激烈。目前，亚健康已经成为危害人类健康的大敌。而处于亚健康状态的主要人群为白领阶层、高科技人员、高级知识分子、医务人员、IT及媒体从业人员、市场营销人员、交通警察等上班族。

亚健康专家武留信教授说，摆脱亚健康状态不能只靠药物和补品，主要要靠自己掌握知识和采取综合措施，用健康的生活方式对抗亚健康。因此，上班族是最应该进行百岁科学的学习的。

上班族的亚健康状态直接关系单位的工作效率。所以，解决单位上班族的亚健康，也是单位利益的需要。百岁大学可以和各个单位合作开展百岁科学的教育。

单位和百岁大学合作开办百岁科学教育，完全符合本单位的利益。一个单位为职工花费了大量的医疗费用，开展百岁科学教育，进一步加强健康管理，可以大大提高职工的健康水平，大大减少医疗费用的开支。随着职工身体素质的提高，工作效益也会有所提高。同时，单位组织百岁科学的学习，也有利于健康管理的监督。员工们工作生活都随时在一起，不良生活习惯互相监督，健康干预措施很容易落到实处。

现在，受社会风气的影响，一些人特别是一些年轻人喜欢贪图一时痛快，追求刺激，玩起来通宵达旦，毫无顾忌；工作起来也是加班加点，像一台不用休息的永动机。早饭不吃或啃面包，午饭是快餐，晚饭要么来袋方便面，要么陪客户大吃大喝。这就是现在很多人的生存状态。

上班族百岁科学的教育，可以安排在双休日进行。讲课的内容，还是那几门必读的主要课程。讲解中要特别注意结合单位的实际情况，把一些带倾向性的问题结合进去。

除了和单位合作办班之外，还可以采取单独办班、社会上班族自由报名的形式，这样可以满足单位没有办班的上班族的需要。

4. 高端学员

学员有各种不同的层次。我们要为各个层次的学员定制百岁科学的学习教育产品，满足他们不同层次的需要。其中一个重要层次，就是高档次学员。

对长命百岁最渴望的，就是在改革开放中富裕起来的富人、企业高管和老板。他们的房子修了一次又一次，地方换了一个又一个，越修越豪华，越修越生态，其实他们想追求的，就是长命百岁。百岁大学教育指导他活100岁的办学宗旨，很对他们的胃口。

高端学员当然还包括一些官员、名人和白领。

百岁大学要针对高端学员的需要，开办高档次的培训班。百岁科学的学习内容，其实基本上还是那些，生命科学不可能因为人的身份不同有两个样子。但是，在教育的硬件软件上，都可以做高档次的服务。在硬件上，教室的档次、电子设备的档次等等，可以做高档次高规格的选择；学员需要购买的保健器材、保健产品，可以选择最好的；在软件上，教学的教师可以选择学历职称高一些的；有的养生方法，比如四九天服用的中药膏方，花费就比较高，对工薪阶层学员不介绍的，就可以给他们认真介绍；对一般学员，经络按摩课主要介绍如何自我按摩，对高端学员，就可以单独给他们配备很好的按摩师。在中医养生、中医保健方面，有很多方法或药材，都是很昂贵的，高端学员尽可以根据需要做选择。当然，如果是集中到一个地方学习，高端学员的住宿也要档次相当。



同时，高端学员也不可能有那么多的时间来参加学习。这也可以根据需要，量身定做学习产品，保证他们在短时间内基本掌握百岁科学的基本内容和操作方法。

有一些高档次学员，可以专门配备保健医生和按摩师。实践已经多次证明，凡是配备了保健医生的人，就比不配备保健医生的，要长寿得多，因为保健医生总是学习过养生保健知识，知道如何祛病延年。专职的保健医生，通过对服务对象的观察、熟悉和了解，对这个人的身体情况了如指掌，健康管理就会准确到位。百岁大学要逐步推广为有条件的人配备专职的或者兼职的保健医生，逐渐形成一个强大的保健医生队伍。随着中国社会生活水平的提高，保健医生队伍的需求量将会越来越大。百岁大学要充分估计这个发展需求，做好各个方面的准备。



实际上，百岁大学就是学员的保健医生，只不过这个保健医生是若干人共同的。

5. 全国各地开办分校

学习普及百岁科学，是改革开放30年，人民生活水平大大提高之后，全国人民特别是老龄人口的迫切需求。因此，百岁大学是全国人民的需要。既然是全国市场的需求，百岁大学就瞄准全国，做一个目标市场的最大化——在全国各地开办分校，这样可以达到事半功倍的效果。

6. 各种流派各种特色的养生院

中医养生流派很多，历史渊源很长。中医养生学形成伊始，即与儒、佛、道等宗教文化合流。传统文化出现了“诸子蜂起，百家争鸣”的局面，也促进了各种养生流派的迅速发展。儒家养生派讲究坐忘，以静坐修身养气为目的。道家养生派主张“道法自然”，“虚静无为”，常用的导引、吐纳、抱一、胎息等养生方法，都是“修道和养寿”的。佛家养生派讲究起居有常，动中寓静，静中寓动，注重明心见性，强调精神解脱，净化心灵的修炼，以坚强的信念来控制自己的心理和行为，逐渐减少杂念和思维活动，以到达心如明镜，从而获得心灵的净化和超脱。

百岁大学可以在历史文化和生态景观适宜的地方，建立相应的儒释道养生院。比如，在道教发源地或者有道教历史的地方，可以打造道家百岁养生院；在佛教圣地或者有佛教历史的地方，可以打造佛家百岁养生院；在有儒家历史的地方，可以打造儒家养生院；在有易经历史的地方，可以打造易经养生院等等。

7. 建设生态环境的百岁养生园

东方百岁大学在每个城市的附近，一两个小时的路程，寻找一个生态环境好的地方，修一片宽阔的校园，主要满足既想集中学习，又想环境幽雅的学员的需要，同时将百岁大学和养生园结合起来，融为一体。百岁养生园分三个档次：一是别墅式的高档校区，一家一户就住在别墅里；二是老年公寓式的中档校区；三是类似现在大学那样的集中住宿的校舍区。这三种情况，学员都在统一的教室里集中教学，学校的氛围浓，学习效果好，只是住宿分成了三种情况。追求的是集中学习的良好效果，但又有一个宜人的养生环境。

每个城市都可以开辟出这样一个吸引人的地方，百岁大学和养生养老兼备的百岁养生园。这也就形成了新兴的独具特色的百岁房地产业。把百岁大学这个概念和房地产结合起来，百岁教育和房产融为一体，房地产的品牌就会大幅度升值。

百岁大学还可以打造具有各种各样特色的百岁养生园，比如以海洋养生为主的滨海养生园，种植栽培花卉果树的园艺养生园，突出温泉特点的温泉养生园，具有田园风光的田园养生园，等等。

8. 百岁教育走向世界

之所以叫百岁大学，不叫其他什么学校，还因为培养百岁老人的学校，今后面向世界会有很多特殊的学员，比如总统、总理、部长、将军甚至国王、王储等等。他们只有上大学才能不失身份，你不能叫培训学校。大学的包容性大，什么人上都可以。

百岁大学要学习孔子学校在全世界办学的办法。因为是长命百岁的事，事关每一个人的健康和寿命长短，各个国家、各个民族、各种人都有迫不及待的旺盛需求。全世界健康管理的发展，百岁运动的发展，最后都需要中国的中医养生学的理论和方法去指导。这是百岁科学的必然发展趋势。百岁大学在世界各地开办分校，肯定比孔子学校更受欢迎。百岁大学也要充分估计这个发展需求，做好准备。

**六、百岁大学的文化建设**

十分明显，百岁大学就是百岁科学文化的集中代表。因此，百岁大学要采取多种多样的独树一帜的创意，营造百岁大学的百岁文化氛围。

1. 主体建筑的百岁文化

百岁大学的主体建筑，就是百岁大学的主教学楼，外观设计必须充分体现中国的百岁科学文化。

百岁科学发端于《黄帝内经》。主教学楼的外观设计，就是一部随意斜放在草坪上的大型立体精装的《黄帝内经》。这本《黄帝内经》，是过去某个朝代出版的版本。这个创意的寓意是：打开这本书，就可以实现联合国国际卫生组织提出的“千万不要死于无知”的效果。百岁大学的学生们，就是来这里学习以《黄帝内经》为代表的百岁科学的。

《黄帝内经》是一部对话体的书。对话的一方是黄帝，另一方是当时著名的医学家岐伯、少俞、雷公等人。百岁大学主教学楼前面的裙楼大厅，是《黄帝内经》的主人公黄帝的大型塑像，旁边是和他对话的医学家岐伯、少俞、雷公等人的塑像。黄帝正和他的卫生部长岐伯及医学家们，探讨人如何活100岁的养生大道。

百岁大学主教学楼的创意，是要教育全体学员学习古人刻苦钻研的精神，认真学习百岁科学，努力实践百岁科学，不仅自己走上百岁人生的道路，而且为提高中华民族的人均寿命贡献自己的力量。

主教学楼是百岁大学的标志性建筑之一，体现的是中华民族的优秀文化。以《黄帝内经》为代表的百岁科学，这个中华民族优秀文化的代表，将在百岁大学，在神州大地，由我们这一代人发扬光大。我们要认真学习老祖宗创造的百岁科学，使中华民族每一个人的身体都强壮起来，使中华民族崛起成为百岁民族。这是百岁大学的主旋律、主题曲。

2. *修建东方百岁博物馆和东方百岁堂*

百岁大学的另一个重大的具有标志性意义的项目，是东方百岁博物馆和东方百岁堂。

东方百岁博物馆汇集全中国和全世界百岁科学的历史、文物、资料，形成世界上第一个大型专业百岁博物馆。

东方百岁博物馆的中国部分，要展现百岁科学、中医养生学、养生历史文化等各种各样的文物、图书、史料。中医养生的典籍很多，各个时代，各种版本，比如各个时期出版的《黄帝内经》，各个时期的针灸铜人，等等。还要把一些中国和全世界著名的长寿之乡做成沙盘模型，比如彭山县的彭祖山庙，就可以复制到博物馆内。

东方百岁堂是东方百岁博物馆的一个部分。百岁堂把中国和全世界各国迄今为止有记载的具有典型意义的百岁老人一一塑像，同时用中英文做说明，体现全世界百岁老人汇聚一堂。

中国各个地方建立了很多罗汉堂，游客不少。东方百岁堂比罗汉堂更具有现实意义、接近性和市场参观的吸引力。

百岁堂的中国部分，应该把历史上知名的百岁老人一一塑像，比如：活一百多岁的陈抟老祖，清末中医李清云活了256岁。西晋高僧图澄活了117岁，受到皇家重视，荣禄加身。近代高僧虚云老法师活了120岁，弟子妙智法师活了116岁。海南历史上的寿星王公辅活了130岁。遭受特大冤屈而修身养性的张学良活到105岁，百岁科学巨星钱学森、贝时璋，106岁的上将吕正操，活了106岁的海南籍女性宋美龄，现在还活着的南京大学111岁的教授郑集，115岁的西藏林周县江夏乡加荣村阿麦次仁老阿妈，122岁的新疆喀什市泽普县维吾尔族老寿星萨迪克·萨伍提等等。

百岁博物馆和百岁堂的世界各国部分，一定要争取收集更多国家的文物、史料和百岁老人，体现百岁博物馆和百岁堂的世界性。有哪个国家的文物，有哪个国家的百岁老人塑像，那个国家的人就会因为有他们而骄傲，从而积极前来参观学习。世界各国有很多有代表性的百岁寿星，如日本有一个一家三代灸足三里成为百岁老人的足三里百岁家族，代表人物万兵，当年日本国家元首见他时，他已174岁，妻子173岁，儿子153岁，孙子105岁；发起日本全民足三里灸疗运动的108岁的原志免太郎；英国的弗姆卡恩活了207岁，经历了12个国王；澳洲的克查尔腾活了185岁；1978年苏联媒体报道，阿塞拜疆有个农民活了142岁；美国田纳西州被吉尼斯世界纪录确认为“全球最长寿的人”伊丽莎白·博尔登116岁；黎巴嫩妇女哈米达·穆索尔玛尼126岁时仍然在家中农场干活，有大约100个子嗣；1997年逝世的法国女寿星赞卡尔芒享年122岁等等。

所有的资料尽可能核实准确，注明出处。传说的如果实在要选，则标明传说。

百岁堂的百岁人物塑像，每个塑像下面有一个简短的说明，除了姓名、年龄、国籍、地点之外，还要介绍他的主要养生方法。参观者把百岁堂的人物塑像一一看完，或者把介绍百岁堂的资料读一遍，就等于上了一堂百岁科学的养生课。

还有，像珠海平沙大海环社区有一对年逾百岁的老夫妻李庆和赵笑，举行80年婚姻庆典，央视《夕阳红》栏目全程拍制特辑；英格兰寿星三姐妹年龄总和302岁。这些独特的“人间美景”均可通过图片展览，或者在影视室播放影视片。

百岁博物馆和百岁堂，一个是文物知识厅，展示各国百岁科学的历史长河和科学研究成果，一个是人物厅，陈列各国著名的百岁寿星、养生家和他们的成就。

百岁博物馆还要收集历年来世界人均寿命的排列资料，世界各地研究百岁科学的组织和成果，世界人均寿命排名前30名的国家的做法和经验，以及世界各地长寿村的图书、资料、图片、地貌沙盘等各种情况的展览，介绍具有一定意义的典型事件、典型事物，比如日本的全民足三里灸疗运动、韩国的针灸师制度、古巴的全民免费医疗制度、印度的大笑运动俱乐部等等。

百岁博物馆开馆时可以推出历史上的十大养生家。例如药王孙思邈，小时候身体较差，他潜心研究中医养生学，身体力行，最后活到102岁，还在100岁时出版了他的传世名著《千金方》。又例如张学良，在天大的冤屈中修身养性，活了100多岁。他的心理养生是艰苦卓绝、可歌可泣的，最后比蒋介石多活20多岁。西安事变陪衬了他坚持养生的毅力、世界观和伟大的人格力量。

如何建设东方百岁博物馆，具体参见《东方百岁博物馆设计方案》。

3. 修建“人体世界”公园

百岁大学的第三个具有标志性意义的重大项目，是“人体世界”公园。

“人体世界”公园的主要作用，是让人们更加清楚更加形象地了解“人”。

“人体世界”公园的主体建筑，外观造型是中国古代的“针灸铜人”——两个男女人体组成的双子大厦。一个男人体，一个女人体，800米高，并排站立，底部中间有一个连体的基础建筑。每个人体上面，标出人体的主要经络和365个穴位。人体内部一部分空间可以做宾馆，一部分供人们参观游览，像比利时的原子博物馆和拉斯维加斯的金字塔赌场一样。

这两个男女“针灸铜人”建筑，在底座的适当位置，标出“针灸铜人”的时代和版本。

男女人体双子大厦的大厅，可以将中国历史各个时期铸制的正统铜人、嘉靖铜人、高氏铜人、蜀府铜人、半跪式铜人、乾隆铜人、雍正铜人、锡制铜人、乐家药铺铜人等，一一塑像，展览介绍。

“人体世界”公园的男女“针灸铜人”的双子建筑，充分展现中华民族的养生文化，体现中医养生学“以人为本”的指导思想，也体现东方伊甸园的寓意。

“人体世界”公园除男女人体的主体建筑以外，还有人体各个器官或者结构的造型建筑，有的器官还能动，比如心脏、肺、胃等等。做这些仿人体器官，是让人们形象地认识了解自己的五脏六腑。

公园主题：以人为本，百岁至上。

公园大标语：了解人，认识人，热爱人！

“人体世界”公园在世界的场馆建设中独树一帜。

“人体世界”公园里开展一系列的了解人和养生的各种活动，比如有一个地方专门让游客学习艾灸，艾灸人体的足三里和十个养生大穴，标语是日本的一句流行语：不与没灸足三里的人同行。

4. 举办“百岁科学文化”娱乐演出

成立百岁大学百岁艺术团，推出一场体现百岁科学文化的演出，形象生动地表现人体百岁养生的知识。演出大厅就在人体双子建筑的后面。

这场演出的内容，是一台生动活泼、丰富多彩的养生文化娱乐节目。比如，十大穴位争宠记，反映各个穴位的功能；足三里欢乐舞蹈，庆祝五世同堂；北风吹诗歌朗诵，反映老人养生一定要避风。还有罗马城80岁老人早晨见了120岁老爷爷没行礼，被100岁老爸打了耳光的故事；日本足三里百岁家族和仁川将军一起过桥的故事；等等。把名医、名医案、养生家养生的故事等等，一一搬上舞台。开头便是黄帝问岐伯的“天下第一问”，结尾便是百岁大学校歌《咱们都活一百岁》的大合唱。从头到尾都是养生文化知识，整个演出笑声不断。百岁大学百岁艺术团这一场百岁养生的文化娱乐演出，也是中国和世界上都没有的“以人为本”的演出，生动活泼，别开生面、独树一帜，令人耳目一新，具有独特的教育性和娱乐性。

如何策划百岁养生文化演出，具体参见《百岁科学文化演出设计方案》。

5. 举办东方百岁国际论坛

百岁大学每年举办一次东方百岁国际论坛，地点就在百岁大学外观立体精装《黄帝内经》的主教学楼和“人体世界”公园的男女人体双子大厦。

东方百岁国际论坛专门设立一个“百岁为本奖”，在世界范围内评选。一是为推动人类百岁运动或百岁事业的发展做出重大贡献的，二是对百岁科学研究有重大贡献的人物或者机构。

“百岁为本奖”每年评选一至几个，在论坛开会期间颁奖。既要评选百岁科学的科研成果，也要评选百岁运动的组织成果。

“百岁为本奖”就是总结人类长寿事业发展的历史，所以，第一次评选时，可以将过去在百岁运动中做出贡献的事件，比如日本、古巴的成功做法，进行一次回顾总结式评奖。

“百岁为本奖”相当于世界百岁运动百岁事业的“诺贝尔奖”，争取对全球百岁运动的发展起到推动作用，成为全世界注目的一项重大活动。我们发起并组织，就像瑞典科学院掌控诺贝尔奖那样掌控百岁运动的话语权。

在论坛上，同时公布全世界年龄最大的年度十大寿星、身体健康状况最好的年度十大百岁老人，公布中国年龄最大的年度十大寿星、身体健康状况最好的年度十大百岁老人，评选十大百岁科学家（年龄满一百岁的科学家），评选十大百岁科学畅销书，发布《东方百岁风云榜》。

东方百岁国际论坛将成为一个有影响的重大国际活动。

6. 举行祭奠《黄帝内经》的大型活动

现在内地举办的祭奠黄帝的活动，都是以此为名搭台，实质上进行经贸招商活动。我们祭奠《黄帝内经》的活动是承前启后，学习继承发扬百岁科学，推动中国和世界百岁运动的发展。

7. 住宅建设的养生文化

百岁大学的养生住宅区，按照历史上中医养生形成的五大主要流派——儒家养生、佛家养生、道家养生，医家养生、武林养生，分为五个村落，分别为儒林村、佛家村、道家村、杏林村和武林村，融进各个养生流派的建筑特色。

8. 景观建设的百岁文化

百岁大学的校园内，要为百岁科学发展史上的重大事件和为百岁科学做出贡献的重要人物及著名的养生家塑像，如彭祖、扁鹊、华佗、孙思邈、张仲景、李时珍、葛洪、陶弘景等，还有如潜心养生的乾隆皇帝、遭受特大冤屈而修身养性活到百多岁的张学良、日本足三里百岁家族代表人物万兵、发起日本全民足三里运动的108岁的原志免太郎等等。

百岁大学养生文化的景观雕塑，要和百岁大学的运动场、园林、湖泊、亭堂楼阁、喷泉广场等景区生态环境建设天然地结合起来，表现百岁文化的历史、人物、知识和故事。这样，整个校园不仅是一个景色优美宜人的大公园，还是一个百岁科学文化的大观园。置身百岁大学校园，处处可以感受到这里浓浓的百岁科学文化的氛围。

9. 信息交流的百岁文化

创办一张养生周报，名字就叫《百岁大学》。《百岁大学》为文摘报，荟萃各类报刊、图书、影视、网络等传播的最新养生知识、人物、故事，供学员参考。

创办百岁电视台。

创办百岁大学网站，和每一个学员交流和互动。

编辑出版《东方百岁大学健康管理手册》。

10. 校址选择的文化

百岁大学规划了这么多的文化项目，自然而然，就会对校址的选择提出相应的要求。

百岁大学的校址，首先应该具有深厚的文化沉淀。文化胜地，名山古刹，以及有各种历史文化积淀的地方，自然是优先考虑的地方。

百岁大学因为是养生的，她的校址应该具有原生态的自然环境，青山绿水，空气清新，宁静幽雅。中国传统养生讲究天人合一，自然环境是养生的重要前提。滨海、滨江、森林、湖泊、山谷、湿地、种植园等等，均可作为百岁大学的选址参考。要最大可能地保留生态的原貌，充分理解山与水、林与溪的天然涵养，让养生的学员们亲近自然，融入自然，享受自然。

百岁大学因为着眼于长远发展，因此校址的选择，应该为今后可能出现的大发展，充分留有广阔的发展空间。像美国的太阳城，第一期预售1000套房子，二三十年之后，太阳城已经是一个30万人的老年人养生养老的城镇。

**七、推动时代发展的伟大意义**

百岁大学是一项造福人类的宏伟大业，她凭借传统的百岁科学和中医养生学，将“治未病”的伟大事业落到实处，将古老而优秀的传统中医养生文化发扬光大，造福全人类。

我们策划设计百岁大学，就是要做普及百岁科学知识的百岁教育家。

百岁科学，已经由《黄帝内经》做了系统的阐述，历朝历代的大医家、养生家，又不断结合实际进行了创造、发展和完善。但是，两千多年以来，百岁科学始终局限在书斋里，局限在中医医生、文人、高僧等精英人群中，始终没有走进社会大众的生活。所以，只有极少极少的人活到100岁。多数人活到100岁的任务，就这样一代一代地推下来。《黄帝内经》开篇提出的“度百岁”的梦想，直到今天也没有变成现实。把中华民族打造成百岁民族的大事，真的变成了一件“千秋大事”。

我们是龙的传人，我们正在奋力拼搏，实现中华民族的崛起。把中华民族建设成为百岁民族，是我们义不容辞的责任。我们决不能把打造百岁民族的千秋大事，再推给下一代。毛主席说过：“一万年太久，只争朝夕。”



百岁大学就是社会和政府进行百岁教育的强有力的组织形式。百岁大学创造了健康教育、健康管理两者结合、双管齐下的建设健康社会、百岁社会的全新模式。

百岁大学不是文凭教育，而是培养学员的自我保健能力，自己掌握和管理自己健康的能力。从学习内容的分量来讲，百岁大学最多只相当于一个专科学校。但是，学校具有庞大的分类体系，却是任何一个大学都望尘莫及的。学校按年龄和人生发展阶段的情况，展开分段教育，各个阶段有各个阶段的特点。百岁大学不仅对一个人的各个阶段做分段教育，同时对一个人的一生进行全程跟踪教育。这样，百岁大学就不仅是全民大学，还是对学员进行人生全程跟踪保健养生教育的终身教育大学。



百岁大学也是世界上最大的健康管理公司。她与现行的健康管理公司有根本的不同，那就是健康管理公司没有健康检查、诊断的人才和机构，只是利用现成医院的资源搞了一个组合嫁接，玩的是空手道。百岁大学虽然也利用现成医院的资源，但是自己本身就拥有强大的治未病人才资源，集中和拥有世界上最多最强的治未病人才队伍，有强大的检测治未病各种各样信息的中医体检中心。这两个优势就是其他健康管理机构不具备的。健康管理公司更不做健康教育，比起百岁大学来要低好几个层次。百岁大学将世界上所有的健康管理公司，远远地抛在后面。

百岁大学现在要招聘建设一个强大的治未病人才队伍，就相当于中华人民共和国初期成立中医药大学，招聘组建教师队伍和附属医院的医生队伍。

百岁大学汇聚了《黄帝内经》大厦、百岁博物馆、百岁堂、“人体世界”公园等等众多的百岁、养生、生命、长寿的建筑和文化，任何一个都是世界第一，都有强大的市场吸引力。这几个东西又集中地堆在一起，形成聚合效应。这等于向世人宣告，一个百岁科学文化中心从此诞生。她不仅是一个学习养生的学习圣地，还会成为一个游人参观学习的旅游胜地。在全球百岁运动和中国养生大潮中，一个百岁科学文化中心拔地而起，必然激起冲天巨浪。

以一种文化形态构建一个城镇，在世界上不乏先例。在英国，一个剑桥大学就形成了剑桥城，一个牛津大学就形成了牛津城；在美国，好莱坞用拍电影的办法赚世界人民的钱，也就形成了一个好莱坞市；一个赌博产业文化，催生了拉斯维加斯。

巴西人20世纪60年代在内陆高原一片荒漠中修建新的首都巴西利亚，因为设计理念先进，太具有新时代的前瞻性，既环保生态，又艺术文化，在仅仅过了20年后的80年代，就获得联合国教科文组织授予的“世界自然文化遗产”称号。百岁大学如果精心规划、设计和建设，完全可能是又一个“世界自然文化遗产”。

百岁大学的成立和建设，具有重大的独特的历史意义和现实意义。中国是百岁科学的发源地，两千多年来形成了系统的完整的百岁科学，百岁科学的内容博大精深。因此，建设百岁大学和百岁科学文化中心，是我们当之无愧的任务，这对于当今的中国，不仅标志着中华民族的崛起，而且预示着崛起的中国今后发展的方向，也是搭建中国走向世界的一个重要舞台。百岁文化交流中心、百岁文化论坛、百岁文化会议中心等等组织和活动，就会陆续跟着在这里诞生。

百岁大学所进行的工作，是一个世纪工程，是一个民族群体攀登人类寿命顶峰的工程。

百岁大学，完成了两千多年前就提出的但是两千多年来都没有完成的一个伟大任务——“治未病”；百岁大学的普及，将强有力地大幅度地推动中国人均寿命的提高，推动整个人类寿命的提高。

党的十七届六中全会号召，加快发展民族的科学的大众的社会主义文化，推动文化产业成为国民经济支柱性产业，推动中国从“文化大国”走向“文化强国”，大胆创新，在文化产品的市场化、产业化、品牌化上取得突破。百岁大学就是领时代风气之先的突破性文化品牌产品。她既充分发扬了中华传统文化，又满足人民的精神文化需求，还面向世界，面向未来，具有强大的国际竞争力和影响力。如果说美国旧金山是IT产业的硅谷，那么，百岁大学就会成为百岁产业的“硅谷”。

东方百岁大学无愧于时代的蓬勃发展，无愧于民族的伟大复兴，因为她复兴了中华民族的百岁科学，复兴了中华民族的百岁文化。

举起你的双手，满腔热情地支持和迎接东方百岁大学的诞生！

# 中国梦理所当然包括百岁民族梦



长期新闻工作养成了一个习惯，就是每天晚上7点钟，准时收看央视《新闻联播》。虽然退休多年了，也依然如此。

2012年11月29日，央视《新闻联播》说，习近平总书记在参观“复兴之路”展览时讲话，提出了实现“中国梦”的口号。当时我就意识到，这是一个催人奋进的口号，值得研究。《新闻联播》一结束，我就坐到电脑面前，从网络上查相关报道。因为刚才一听而过，一字一句并不清楚，我要看准确的提法和真正的含义。

网上很快就查出来了。新华社以《习近平总书记深情阐述“中国梦”》为题，报道了这则新闻。报道说：“习近平指出，每个人都有理想和追求，都有自己的梦想。现在，大家都在讨论中国梦，我以为，实现中华民族伟大复兴，就是中华民族近代以来最伟大的梦想。这个梦想，凝聚了几代中国人的夙愿，体现了中华民族和中国人民的整体利益，是每一个中华儿女的共同期盼。”“我们这一代共产党人一定要承前启后、继往开来，把我们的党建设好，团结全体中华儿女把我们国家建设好，把我们民族发展好，继续朝着中华民族伟大复兴的目标奋勇前进。”“习近平最后强调，我坚信，到中国共产党成立100年时全面建成小康社会的目标一定能实现，到新中国成立100年时建成富强民主文明和谐的社会主义现代化国家的目标一定能实现，中华民族伟大复兴的梦想一定能实现。”

越咀嚼越体会越觉得有味道。中国梦——中华民族崛起的梦想，这个概念可以动员千千万万的中国人为之英勇奋斗激情满怀。中华民族崛起经过30多年的改革开放，已经初露晨曦，强势崛起还需些时日，中国人会跟着努力奋斗不止。

读着读着，就在这一瞬间，我的脑海里把我这些年潜心研究的百岁运动百岁大学，和中国梦紧紧地联系在一起了。我觉得我研究的百岁科学文化，就是和中国梦的主题完全一致。

你想，《黄帝内经》的第一句话，黄帝向他的卫生部长、医学家岐伯提问：古人都可以活到100岁，为什么现在的人五六十岁就不行了呢？整个《黄帝内经》就是围绕如何活100岁来阐述的。黄帝是什么人？是当时国家的最高统治者。他把全国人民活100岁作为国家大事来抓，写成书来教大家读，叫大家照着做。这不正是中华儿女建设百岁民族的梦想吗！

当时的最高统治者不仅从口头上从理论上重视这件事，而且动员了几千人，花了好几十年，反复斟酌，经过几代人的努力，才完成了《黄帝内经》这部中医养生百岁科学的历史巨著。中国当时的人力物力财力，远远无法与现在相比，可以说是举倾国之力。他们为什么这样做？那是中国人的百岁梦在鼓舞着。

商贤大夫彭祖，在彭祖山开办百岁养生学校，他欢迎天下人都去他那里学习养生，一时开风气之先，四面八方的人云集彭祖山，连皇帝都把妃子派去学习。彭祖山养生百岁学校美名天下扬。彭祖为的什么？他也是想让中国人都活一百岁。

中国历代的养生科学家们，根据时代的发展和环境的变化，一代接一代地潜心研究百岁科学，为中医养生、百岁科学的广为传播，推波助澜。他们心中想的也是让中国人都活100岁。

所以，中国人的百岁梦，已经做了两千多年。现在提出实现“中国梦”，自然而然应该包括百岁梦。

我的一连串的联想思维结束之后，紧接着就是逻辑思维。中国梦就是中华民族崛起，崛起肯定是一个系统工程，次要的东西可以放后，主要的方面都要放到系统里去。经济强国打头，科技强国跟进，军事强国助阵。如果连黄岩岛都不敢打，海军就弱得让国民心寒，所以必须建设海洋强国。还有文化强国。如果中国人均寿命始终都在第80多位，这就给中华民族崛起添堵。中华民族崛起不能少了健康强国的建设。

经过一个晚上的思考，第二天，我就拟定题目：《百岁民族中国梦——中华民族健康事业的国家发展战略》，开始了我的写作。

经过三四个月的反复修改，终于完成了初稿——

百岁民族中国梦

——中华民族健康事业的国家发展战略

文稿：席文举

时间：2012年11月—2013年3月

**目录**

## 四、全民健康管理

1. 健康管理和健康教育一起抓
2. 健康管理机构设在本单位
3. 全民健康管理的组织体系
4. 大幅度提高人均医生的数量
5. 健康管理指标作为各级领导的重要考核指标



## 五、下功夫解决好大气、水、土壤、食品的污染问题

## 六、建设百岁民族的伟大意义

党的十八大提出了未来几十年中华民族伟大复兴的目标。这个目标系统地设计了经济建设、政治建设、文化建设、社会建设和生态文明建设“五位一体”的目标体系，这些加在一起组成了我们的国家发展战略。

习近平总书记在一次讲话中说：“实现中华民族伟大复兴，就是中华民族近代以来最伟大的梦想。”在2013年的全国人大闭幕会上，他又以坚定的话语向世人宣示：继续为实现中华民族伟大复兴的中国梦而努力奋斗。现在，大家都在讨论中国梦。中华民族伟大复兴的中国梦，凝聚了几代中国人的夙愿，体现了中华民族和中国人民的整体利益，是每一个中华儿女的共同期盼。

中华民族伟大复兴的中国梦，就是当今中国的国家发展战略。

中华民族伟大复兴的国家战略，小康社会是一个总目标，以后又加进文化强国战略、海洋强国战略等等，都是把总目标从各个方面进行分解。我认为，国家发展战略的内容应该包括人民的健康事业，所以应该明确提出我国的国家健康战略；而这个国家健康战略就是健康强国战略。

中国的健康强国战略，那就是在21世纪内，把中国的人均寿命提高到100岁。也就是把中华民族建设成为一个百岁民族。

百岁民族是我们的祖先在《黄帝内经》中就提出的梦想。黄帝是当时的最高领袖，他把全国人民活100岁作为国家大事来抓，写成书来教大家读，叫大家照着做。这不正是中华儿女建设百岁民族的梦想吗！

这个两千多年来的中国梦，现在是到了该由我们这一代人实现的时候了。

### 一、为什么提出建设百岁民族的健康强国战略

1. 全球百岁运动发展迅猛

全球百岁运动始于1963年。1963年，日本厚生劳动省第一次公布对全球百岁人口年度的调查结果。这也成了全球百岁运动启动的标志性日期。

日本的百岁榜单就像一纸动员令，各个国家都不甘落后，于是展开了一场百岁竞赛。

从此，全世界各个国家都关注百岁人口数量、在总人口中所占的比例的排名表，各个国家所占的顺序，以及顺序的变化，等等。

没多久，开出百岁人口榜单的国家、国际组织就慢慢多了起来。现在，这种统计表已经很多了。而最有公信力，被国际上引用最多的，是国际卫生组织的统计。

争百岁排名榜单，就是争全民的健康长寿，争全民的生命质量，争全民的保健养生。

自日本厚生劳动省1963年开始百岁人口年度调查以来，世界年龄超过百岁的人口数量一直呈上升趋势。世界百岁老人数量仅用2年时间就从3万突破4万。而从1万增加至2万用时5年，从2万增加到3万用时4年。

在发达国家，由于营养、卫生、保健事业的发展，百岁老人数量的增长很快。根据欧洲研究者调查，自1950年开始，工业化国家里百岁老人的数量每10年增加一倍。据西欧和日本的可靠统计，这些国家的百岁老人以平均每年大约7%的比率增长。他们还估计，随着人类历史的发展，在日本和瑞典这样的低死亡率国家，妇女出生后活到100岁的概率可以从2000万分之一提高到50万分之一。

1990年美国人口普查记录：约有37,000个百岁老人。预计到21世纪中期，逾60万美国民众可以成为百岁老人。统计数字显示，目前美国有8万多名百岁老人，比1980年增长了120%；预计到2050年会增至83万。

根据有关方面的统计，全世界现有百岁老人34万，而20世纪50年代全世界拥有百岁老年不足万人。专家预测，按照全世界百岁老人的增长速度，到21世纪中叶将会增长近20倍，全世界拥有的百岁老人将达到600万人，当中以美国及日本最多。

联合国经济及社会事务部人口司发表的《2300年全球人口预测》称，随着生活水平的提高和医疗技术的革新，各国的人均寿命都将有不同程度的提高。到2300年，世界60岁以上人口的比重将从10%上升到38%，80岁以上老人的比重也将从1%增至17%。300年后全球每100人中就有2位百岁寿星。

几千年来，任何人，无论是自自然然活到100岁，还是潜心修炼、养生保健活到100岁，这两种人都是个人行为。社会组织在里面没有起到多大的作用，可以说是真正的独善其身。

可是，这种现象在现代社会发生了巨大的变化。在高度发达的现代社会，人类的许多活动都慢慢地从人的个体活动，变成社会的群体活动，政府出面参与组织和推动，充分加强了这些行为活动的组织性和社会性。当今世界上有一些国家，用政府的强大力量，推动全民的健康长寿。比如日本和古巴，一个经济发达，一个经济落后，但是最后却殊途同归，都取得了大面积长寿的结果。他们的一个共同特点，是政府不仅重视，更是进行了强有力的组织、引导和推动，强势开展全社会的医疗保健养生活动，这就大面积地催生百岁老人，大幅度提高了人均寿命。

日本是一个政府出面系统组织全民健康长寿的国家，他们有一整套的办法。一是组织全社会的健康长寿教育，不仅有专门的保健养生学院学习养生，还以社区为单位对全民进行健康科普教育，每个月讲一次保健课，如果一个人这次没有听，下次还得补课。日本卫生部门经常大量分发各种手册、传单，向群众宣传医疗保健知识，动员全民自我保健。二是重视饮食养生，各个单位都配备专职的营养师，以保证人们的营养搭配科学合理平衡。连幼儿园、小学、中学都要接受系统的营养教育，幼儿园都有营养医师。

日本人的健康教育、营养知识营养法规的教育，首先是贯穿在整个学校教育当中，从幼儿园、小学到中学，都要接受系统的营养教育。学生时代结束，健康营养知识就牢牢扎根在脑海当中，一辈子不会忘记。

二战结束后，日本虽然经济状况非常糟糕，却将全民营养改善工作当成一项国策，放在了首位。继1947年颁布《营养师法》之后，1952年又出台了《营养改善法》，1954年出台《学生午餐法》，2003年又颁布了《健康增进法》。目前，日本涉及营养议题的法律法规就有10多部，其中以《营养改善法》和《健康增进法》最为基本。营养法规几乎覆盖了日本全社会。比如法律规定，凡能容纳100多人就餐的食堂必须配备至少1名营养师。据统计，在总人口1.2亿的日本，每153人中就有一个营养师。据1983年统计，全国有营养师40万人。

精诚所至，金石为开。日本在二战后全国平均年龄才45岁，那个时候瑞典平均70岁，居世界第一位；但是，也就是经过了三四十年，日本就成为世界第一长寿的国家。2005年世界卫生组织公布的报告，日本人均寿命81.9岁，瑞典才79岁。而这时，日本已经是连续20年的世界第一。

另一个政府组织全民健康长寿大见成效的国家是古巴。世界卫生组织2004年年度报告说，古巴的人均寿命达78岁，是拉美地区人均寿命最长的国家。古巴一位长寿专家宣布，古巴拥有1800名百岁以上老人，是世界上人瑞比例最高的国家。古巴人生活贫困，但平均寿命却高过世界平均寿命11年，在发展中国家中位居第一，全球排名第24位。而中国大陆排名83位，比排在首位的日本人均寿命83岁短10岁。

古巴政府把提高全民的健康水平作为重大的战略任务，提出了“让人人享有健康”的重大国策，使所有社会成员都病有所医。覆盖全国的三级医疗网络的医疗水平，已跻身于世界先进国家的行列，多年来一直受到世界卫生组织等国际机构的高度赞誉。古巴最有特点的做法，是在社区实行的“家庭医生”制度。家庭医生使居民得到最早期的、基本的和普遍的医疗服务，定期对居民进行体检，充分掌握每个人的健康情况，对分管区域内所有人的健康负责。

在2003年五一节庆祝大会上，卡斯特罗不无骄傲地说：“今天的古巴是世界上人均拥有医生最多的国家，比紧随其后的那些国家几乎多一倍。”

其实，由政府出面组织推动全民健康养生的，远远不只是日本和古巴，不少国家的政府十分重视和组织全民的健康养生活动。世界上人均寿命排在前一二十名的国家，多少年来变化不大。他们都是世界百岁运动的先锋。比如瑞典，在日本成为世界人均寿命第一之前，它长期保持世界第一；日本变成第一之后，它也长期保持在前几名内。这些国家，基本上就是一个全民养生的国家。

日本，以全民健康教育和注重饮食养生领先；古巴，以优越的全民免费医疗和家庭医生制度取胜。他们一个经济十分发达，一个经济落后，最后却殊途同归，都取得了大面积长寿的结果，一个是人均寿命第一，一个是百岁老人比例最高。他们的共同特点，是政府把此事作为国策，作为国家发展战略，进行了强有力的组织、引导和推动，强势开展全社会的健康养生活动。

所以在21世纪，将会是一大批国家的人均寿命超过100岁。现在人均寿命排在前面二三十位甚至三四十位的国家，都有可能超过100岁。当然，22世纪，大批国家会跟着前呼后拥地拥进人均寿命100岁的潮流。

这是人类历史上一件了不起的划时代的，可以举世同庆的大事。但是这件大事对中国来说，却是一个严峻的巨大的挑战。

这是因为——

2. 中国健康事业的差距太大

中国在全球百岁运动中的情况，可以用两句话概括：不自觉地卷进去了，但太落后。

卷进去了，就是中国近年来出现了波涛汹涌的养生大潮。落后呢，是因为养生大潮是群众自发的，不是政府有意识组织的。自发的就缺乏很多重要的东西。

中国的百岁运动处于落后状态，主要表现在人均寿命排名太落后，第83位。落后的根本原因，是政府不重视。政府就没有考虑还要把中国在世界人均寿命排名榜上的位置提前一些。

政府的不重视，就会出现两个突出的问题，一是不搞健康教育，二是没有健康管理。现在的高血压、高血脂、高血糖、肥胖症、痛风等富贵病的泛滥成灾，就是国民健康教育和健康管理缺位的结果。等到醒悟过来的时候，“全民三高”的既成事实已经形成，只有叫医院赶快医治。

比如健康教育，这应该由政府出面组织。日本政府抓健康教育很到位。从幼儿园到小学、中学、大学，都有全面的健康教育。社区的健康教育定期进行，缺席的要补课。可是，中国现在的学校就没有健康教育，只有竞技运动的体育教育，所以出现了大量的小胖墩儿。

据统计，中国经济增长的速度超越了世界上其他所有国家，但中国消费者平均用于保健养生方面的花费，只占其总支出的0.07%，而欧美国家消费者平均用于保健养生方面的花费，占其总支出的25%。为什么是这个结果？因为中国健康教育落后，民众的保健养生意识还没有形成。

现在中国的医药费一年是1.7万亿。这是个天文数字，在全世界是第一位的。可是预防疾病的钱花了多少？你看看四川大学华西医学院附属医院修建得规模多么庞大，说的是亚洲第一，世界第一，每天排队等待住院的人达一万七八千人。很多医院都大规模扩张。再看看防疫站修得有多大。两相对比，就可以看出“治已病”和“治未病”的比例完全是畸形发展。世界卫生组织说，如果投入预防1元钱，那么治病的钱就会少花7元钱。中国人看病的钱何时才能降下来呢？这就看预防的钱投入有多少。

也许有人会说，我们政府建立了医疗保险制度，这不就是为人的生命做了保障吗？对。这是一种政府行为，有组织的政府行为。可是，中国自古以来就把治病分成了“治未病”和治已病两个事情，现在只见治已病的组织行为，全国人民一年治已病缴给医院的费用高达1.7万亿，也就是说，全国的医院收了全国人民1.7万亿。那么，“治未病”的组织行为呢？雷声大，雨点稀。如果把用于预防疾病的开支公布出来，就与1.7万亿望尘莫及。

上级单位不重视，下面各个单位也是这样，只管治病，不管预防，不管健康教育。比如养生教育，电视台开了很多养生节目，北京卫视的《养生堂》就很受百姓观众欢迎。可是，就没有一个单位会组织职工收看，他们只是管你生病了去看病，就是不管如何预防疾病，提高身体素质，健康长寿。

现在医院到各个单位联系工作，就是组织体检。医院拉体检的生意就是拉治病的生意。可是，就没有什么医疗卫生部门上门来进行健康教育、养生教育。

就是专门负责医疗保险的社保局，他们负责所有医疗保险的人的医疗费用的报销，医疗费用越多，他们的开支越大，可是它仍然不做健康教育和健康管理的工作。他们可以说是世界上最蠢的“理财专家”。美国20世纪70年代提出健康管理，就是因为医疗费用太高。为了减少和控制医疗费用，美国人提出了预防疾病的健康管理理论和一整套方法。健康管理从此风行全世界，可是医疗费用最高的中国却无动于衷。

《这样可以活百岁》这本书里这样写道：保健、养生、健康、长寿这些几乎人人关心，关注度高，议论频率高的话题，至今并没引起行政层面的高度重视。在我国这样一个960多万平方公里面积、13亿9008万人口的国家里，至今没有专门的保健养生学院。政府没有具体的保健、养生方面的宣传教育计划。没有人系统组织保健养生方面的培训。即使有些人支离破碎地了解一些保健养生方面的知识，多是通过民间讲座、读书看报等非正规渠道获取。许多说法由于缺乏权威论证，不同的学派、专家各执一言，使人们无法适从。更多的人则是对这类知识不了解，不认识，不重视。中国这几年社会上有些单位引进了健康管理概念，办了健康管理公司，既不是政府组织的，也不是做得很好。

政府的不作为，健康教育和健康管理的缺位，使中国的人均寿命长期处于落后的状态，和全球百岁运动的发展形势落后太远。

国务院参事任玉岭在2009年4月13日《中国经济周刊》上发表《预防不力成中国健康管理难题》一文，说：中国健康管理面临四个方面的严重挑战。（一）来自环境污染的挑战。一是水的污染，80%的江河遭到废水的污染，造成了3亿人饮水不安全。有1.9亿人的饮用水有害物质超标，有6300万人饮用高氟水。二是空气的污染，我国现在是世界上三大酸雨国家之一，年均降雨的pH值为6.5的城市达70%，我国空气中二氧化碳的可容量为1200万吨，实际上已达3900万吨。另外，因为汽车尾气排铅量多飘浮于1米以下的空气中，极易造成儿童的铅中毒。三是农药、化肥、除草剂的污染。我国化肥的使用量是世界的1/3，单位面积施用化肥量是世界水平的3.5倍，是法国的6倍。（二）来自食品安全问题的挑战。农药、除草剂和化肥的超量使用以及畜禽粪便的面源污染，已经成了很多农产品硝酸盐超标、重金属超标、毒物超标的来源。（三）来自工作压力大和劳动保护缺失的挑战。很多企业为了创造利益，不遵守劳动制度，让员工加班加点。国家虽有加班费要翻番的规定，但很多企业都不执行。广大中小学生和大学生的学习担子重、压力大。根据中国优生优育协会2008年的调查，中国处于亚健康状态的青少年有3000万人，1/3的中小学生有不同程度的心理异常。国家教育部对12.6万大学生抽样调查，大学生心理疾病患病率达20.3%。另外，劳动保护缺失，也给很多人的健康带来了问题。这些年不断爆出的煤矿瓦斯爆炸、矿山透水，以及众多交通事故等，不仅损害了数以万计人的健康，而且还夺去了很多人的生命。（四）来自预防不力和医疗失当的挑战。这些年来，血吸虫病重新抬头，肺结核病死灰复燃，乙肝病人数量居高不下，实际上都与预防不力有关系。再就是医疗失当，抗生素种类多、价格高、回扣比例大，造成了医院对抗生素的滥用和药价上升。福建抗生素在用药中的比例占到70%，在全国高达80.2%。这比国外限制25%—30%的比例高出40—50个百分点。我国每年有8万人因使用抗生素不当而致死，还有2万儿童因抗生素使用不当而致聋。

任玉岭参事最后在文中发表评论说："健康管理要提升到国家层面来认识，我们的健康管理才会有较大突破，广大群众的健康水平才能迅速提升。"任玉岭参事的见解一针见血。所谓"提升到国家层面来认识"，就是国家和政府要重视才行，政府要像日本那样采取一系列有力措施。奥运会金牌第一，那是国家和政府的高度重视和直接干预的结果。如果政府也像抓奥运会那样抓健康教育和健康管理，人均寿命就绝对不会是第83位。

国家的人均寿命，是全国每个人随时随地都在参加的生命运动的团体赛。人的生命运动，是一个几十年如一日的不能停下来的全能运动。自从1963年日本开展百岁人口统计以来，可以说，全世界随时随地都在进行生命运动的团体赛，只有起点，没有终点。

与生命运动的比赛相比，奥运会那种少数人参加的极限体育运动的瞬时比赛或者计时计量比赛，都只能算是一种小儿科的单项比赛。

生命运动的团体赛和奥运会极限体育运动的比赛，到底哪个重要呢？当然都有意义，都很重要。但是真正体现整体水平的，肯定是人均寿命。

日本人就十分重视全国人民都参加的生命运动团体赛。在他们眼里，奥运会名列前茅就算数，不落后就行了，可人均寿命非要争个前两名不可。他们眼中看重的，是日本民族人人强壮无比。

开展体育运动的最终目标，其实还是提高生命运动的质量。如果奥运会体育运动的金牌数量第一，衡量生命运动的人均寿命名落孙山，那就完全是本末倒置，典型的形式主义和功利主义，一个奥运体育强国完全是一个健康弱国。

衡量社会发展水平的一个重要标准是人均寿命，而不是奥运会金牌数量。要提高社会发展水平，必须提高人口平均寿命。比奥运体育强国更重要的是健康强国。

目前全球平均寿命最长的前10个国家有：日本、澳大利亚、加拿大、法国、西班牙、新加坡、希腊、以色列、意大利和瑞典。全球人均寿命最短的国家是非洲地区的塞拉利昂，1997年的平均寿命仅为36.62岁。两相对比，社会发展水平的高低一目了然。可是，前10名国家中一些国家在奥运会上金牌很少甚至没有。

日本经过几十年的发展，经济达到世界第二，奥运会金牌数量名列前茅，科学技术领先，我们不太注意的是，它的人均寿命20世纪80年代就跃居世界第一，30年来一直名列前茅。

中国这30年的发展，经济跃居第二，奥运会金牌数量第一，科学技术发展也还不错，代表性的空间技术名列前茅，可是，人均寿命却名落孙山：第83位！比起古巴的第24位都望尘莫及。

我们一定要有寿命竞争意识。

日本人为什么能够成为人均寿命第一大国？因为他们在发展经济，和世界开展经济竞争的时候，就同时想到民族寿命的竞争，国人寿命竞争和经济领域的竞争齐头并进。日本厚生劳动省从1963年开始，就对全世界的百岁人口进行年度调查。我们当时不明白他们为什么要搞这个调查。现在回过头来看，日本1960年决定实施"全民收入倍增计划"的经济腾飞，1963年公布百岁榜单。他们搞这个百岁榜单调查其实就已经确定了他们的目的——日本民族在经济腾飞的时候同时要做百岁老人比例高、人均寿命高的长寿大国、健康强国。他们的国家发展战略是健康与经济并重。

卡斯特罗为什么在古巴百岁老人比例成为世界第一的时候，又提出了搞120岁俱乐部？因为他的寿命竞争意识太强。

中国人为什么人均寿命在第80多位停滞不前？因为我们发展经济的时候，压根儿就没有一点寿命竞争意识。

中国人为什么“两弹一星”走在世界前列？因为中华人民共和国一成立，毛主席就高瞻远瞩，提出要搞原子弹氢弹卫星和导弹，再困难也要搞。所以现在就发展得很好。

中国人为什么在发展经济的时候忘记了寿命竞争意识？因为过去吃不饱肚子，为了填饱肚子先解决生存问题，就忘记了还要长寿。这是可以理解的。但是，经济发展已经跃居第二位，中华民族已经崛起，就不能还把生命竞争意识丢在脑后。

美国《纽约时报》2010年11月23日发表题为《中国健康状况的不均衡发展》的文章，说中国是近20年来人均寿命增长最为缓慢的国家。文章说：“联合国所提供的数据表明，从1990年到2008年，中国的人均寿命增长了5.1岁，达到了73.1岁。然而其他发展中国家，比如巴西、埃及、埃塞俄比亚、印度、印度尼西亚和伊朗，在这一点都有着比中国更大的发展。21世纪以来，包括大部分西欧国家、澳大利亚和以色列这些人均寿命起点就比中国高的国家，也在发展速度上超过了中国。”

各种经济组织预测的时间虽各不相同，但是都认为中国在21世纪的前期或者中期就会成为世界第一经济大国。如果经济上是第一，人均寿命太落后，就太难堪了。现在美国经济第一，人均寿命第三四十位，就遭到很多的嘲笑。

人均寿命第80多位的中国，应该尽快摆脱第80多位的困境，赶快一步一步提升到前50位、30位、20位甚至10位，与我们当前的民族崛起和大国地位相匹配。

中华民族崛起，人民的生命质量也应该有一个大幅度的提高。过去是“盛世修庙”，我们今天要“盛世修寿”。 中国建设成为百岁大国、健康强国，完全是天时地利人和，万事俱备，水到渠成。强大我们的祖国，应该从强壮每一个国民做起。如果每个中国人都有一副强壮得可以活100岁的身体，这个民族就不得了了。

3. 中国能够迅速赶上的条件

中国能不能迅速赶上去呢？

我的回答是肯定的：能！

为什么呢？

其实，中华民族是世界上最早提出开展百岁运动的。两千多年以前，中国的《黄帝内经》就是百岁运动的宣言书。《黄帝内经》的第一句话，就是黄帝问他的卫生部长岐伯：上古之人都能活100岁，为什么现在的人五六十岁就不行了呢？岐伯从上古之人“法于阴阳，和于术数，食饮有节，起居有常，不妄作劳，故形与神俱”等几个方面阐述如何活100岁的方法。

中国虽然第一个提出了百岁运动，但由于长期的农耕文化，社会发展缓慢，社会文化水平很低，百岁教科书《黄帝内经》在人民大众中得不到普及，所以百岁运动没有很好地开展起来。

当然，由于中国两千多年前就提出了百岁运动，出版了百岁科学的教科书，中国的百岁运动还是取得了一些成果。第一个成果是诞生了两个长寿人群。一个是老中医，因为他们学习了《黄帝内经》，懂得了养生的经验，许多老中医都长寿。如《三国志·华佗传》里记载，神医华佗“年且百岁，犹有壮容”；汉朝名医吴普，90高龄牙齿完坚，耳聪目明；唐代中医名家、药王孙思邈活了101岁，年过百岁尚提笔书写了中医历史上的不朽之作《千金方》；元朝名医贾铭，享年106岁，其长寿秘诀就是合理饮食和日常保健；清代名医汤云山141岁时，乾隆御赐“再阅古稀”匾额，并与纪晓岚写下“花甲重逢，增加三七岁月；古稀双庆，更多一度春秋”的对联……。另一个长寿群体是寺庙的高僧。他们也是精通《黄帝内经》，不少高僧长命百岁。比如西晋高僧图澄活了117岁，唐朝慧昭法师活了290岁，近代高僧虚云法师为中国禅宗代表人物，活了120岁。

第二个成果是两千多年来，中医医学家们、养生家们对百岁科学就行了持续不断的研究，大大丰富、发展和完善了百岁科学。经过一代又一代的大医家、养生家的不断努力，诞生了一大批长寿养生的中医科学著作。我国以传统中医养生为代表的百岁科学，无论在理论上、方法上还是实践上，都显得丰富多彩，灿烂夺目。

从20世纪到21世纪，社会进入高速发展的全球化时代，气候和环境的变化，快节奏的社会生活，出现了以高血压、高血脂、高血糖为代表的新时代的“富贵病”和种种新的亚健康危机。中国当代的专家学者，又结合当代社会生活的实际情况，及时研究和总结出了应对办法。

归纳中国人的百岁科学发展史，可以用四句话概括：中国人追求健康长寿的历史是极为悠久的，中国历代的养生保健文献是极为丰富的，中国传统的中医养生保健理论是博大精深的，中医百岁科学是丰富多彩的。

正如英国学者李约瑟所说：中国人的中医养生学，是世界上其他任何民族所没有的。

只要用我们的百岁科学去检查世界各国健康管理存在的问题，就会发现和明白：中国的机会就在把别人没有做好的健康管理，按照中医养生学的标准做好，我们就可以超过他们了。

我们来分析一下各国健康管理到底存在一些什么问题。

西方的健康管理，管理公司与被管理人要多少天才偶尔见面一次，当面提醒改正不良习惯，过后没有工作圈和生活圈的监督，最后多数成了走过场，健康管理流于形式。

美国是健康管理的创始国。2010年5月25日，专家卢大能在健康有为网上发表了一篇《美国健康管理历史及现状》一文。文章说：“经过20多年的发展，现在已经有7700万的美国人在大约650个健康管理组织中享受医疗服务，超过9000万的美国人成为PPO（优先选择提供者）计划的享用者，这意味着每10个美国人中就有7个享有健康管理服务。”70%的人享受健康管理服务，结果美国的人均寿命连续几十年排名靠后，在发达国家中接近垫底。美国是当今世界的头号大国，经济、科技都高居世界榜首，然而美国的人均预期寿命却屈居全球第31位、36位，在八大工业国中，也排在倒数第二，仅比俄罗斯高一头。许多人不理解，有人说“罪魁祸首”是吸烟人数多，有人说问题出在医疗体制上。

2010年6月，主张研究医疗改革的联邦基金（Commonwealth Fund）报告，美国人医疗开支相当于其他发达国家的2倍——每人平均7290美元，得到的服务却是品质差、效率低。这句话虽然说得比较模糊，但却是打中要害。健康管理的干预措施如果没有有效的监督，服务自然是品质差、效率低。为什么有人说罪魁祸首是吸烟？因为美国人崇尚自由，许多人不会听健康管理人员不抽烟的劝告，虽然买了健康管理，仍然抽烟不误。

第二是健康体检。西医体检只能检查“已病”，不能检查“未病”。大部分亚健康问题，他们是检查不出来的，更谈不上如何应对，如何采取干预行为。

第三，最根本的，是缺乏正确的指导健康管理的指导思想。健康管理，说穿了就是“治未病”。世界上只有中国人发明了治未病的科学，就是以《黄帝内经》为代表的中医养生学。美国没有中医养生学的科学理论，因此就用西医那一套预防医学来指导健康管理，自然连亚健康都检查不出来，更不要说做全面的健康干预了。

所以，美国缺乏规范化的健康管理，根本原因是他们缺乏“治未病”的中医养生学理论的正确指导。本来，他们提出的健康管理这个概念是很好的，很科学的。但是，没有正确的理论指导，健康管理的行动自然走向盲目。

日本虽然拿了人均寿命第一，健康管理是目前世界上相比之下搞得最好的，其实也有不少问题。一个重要问题是没有对健康问题进行全面管理，实际上是个跛子。日本人只重视饮食养生，饮食养生每一百多人就有一个营养师。饮食养生也有工作圈和生活圈的有效监督，效果非常好；全世界公认：日本人就是靠饮食养生才夺取了人均寿命第一的桂冠。日本人也重视体育运动，经常参加体育运动。但是，除了饮食养生和运动养生之外，其他的事就不怎么重视了。比如，日本人工作高度紧张，晚上深更半夜坐酒吧不回家，就严重违背中医养生学的精神养生和起居养生。日本人完全忽视了精神养生和起居养生这两个重要的养生内容。如果这两个养生也能像饮食养生那样严格管理，日本的人均寿命就更不得了。

一部分健康问题严格管理，另一部分放弃管理，这就是日本健康管理的问题。

据2006年8月11日联合早报网讯，日本政府官员表示，在日本日趋普遍的西方营商手法，是导致人口危机以及大量日本人患上精神疾病的一个原因。据统计，60%的雇员经常处于精神紧张的状态，而65%的公司亦表示，公司内愈来愈多人患上精神疾病。日本精神健康研究所亦认为，工作使愈来愈多员工患上抑郁症，并导致自杀率上升。在众多富裕国家中，日本的自杀率是最高的。

美国《波士顿环球报》2000年4月6日发表一篇日本人“过劳死”的报道。报道说：“自小渊惠三中风后的这段日子里，日本媒体一直在计算他每天晚上睡多少觉，出国访问多少次，开了多少小时的会。”“对于这里的许多人来说，这些问题的结论只有一个：小渊可以算是‘过劳死’——死于过度劳累——的又一个受害者。”

这篇报道网络转载时标题改为“日本人活得太累”。文章说：“据一份调查报告估计，日本20—59岁的男人中，每年有3.5万人死于脑血管和心血管病，其中近1/3与过度劳累有关。”

日本本来长期以来是崇尚中医养生的国家，日本的养生专家也知道养生的内容包括精神养生和起居养生。可是，为什么完全懂得中医养生学理论的日本人，只重视饮食养生和运动养生，而忽视精神养生和起居养生呢？我们也找不到答案，只有一个猜测：那就是决策层不懂中医养生学，是决策层的疏忽。

所以，从根本上来说，日本也是没有按照治未病的中医养生学的科学理论，进行规范化的健康管理。只有坚持中医养生学的全面养生原则，才能把各个方面可能出现的健康危险因素全部堵住。

为什么要全面养生，不能只是重视某一方面的养生而忽视其他方面的养生？因为各个因素都可能影响生命。比如广西的巴马县，虽然因为百岁老人的比例高而被命名“世界第五长寿之乡”，实际上，那里的人成为百岁老人的，也不到三千分之一。全县24万人口，也只有百岁老人74位。所以不能只是靠生态环境好这一个条件你就能长寿了，其他的养生不重视，照样长寿不了。

再说古巴的健康管理。古巴人均寿命靠前的根本原因，是全民免费医疗制度和家庭医生制度。他们重视的是治已病的医疗，治未病也是弱项。家庭医生设在社区，也不如设在本单位更好。同样的是，古巴没有治未病的中医养生学理论的指导，只能是知道多少做多少。

其他国家的情况可见一斑。

总的说来，世界各国的健康管理，都处于没有正确的治未病的科学理论做指导的状况，都按照自己的认识和理解去做，存在很大的盲目性。唯有中国有中医养生学这门最先进的治未病科学，是指导健康管理的最好的科学理论。

世界各国健康管理的发展现状，凸显了中医养生学的科学优势，是中国做好健康管理、快速提高人均寿命的最佳时机。

从前面的分析可以看出，一个国家的健康管理，只要认真去做，即使只是做一个或者几个方面的健康管理，都会取得很好的效果。日本只做饮食养生和运动养生，古巴只做全民免费医疗制度和家庭医生制度，人均寿命就会上去。日本也就是用了25年左右的时间，就从人均寿命40多岁提高到人均寿命第一的位置。如果我们按照中医养生学的要求，把精神养生、饮食养生、运动养生、起居养生、经络养生、药物养生等等全面养生的内容，按规范化的程序做好健康管理，人均寿命提高的效果，就会比他们更快更好。

中国的人均寿命要在不长的时间突上去，是有条件的。这是因为：

第一，中国有一个强大的法宝，就是指导人们活100岁的中医养生学这门百岁科学。

第二，中国现在有一个强大的优势，就是中华民族崛起，经济腾飞，可以从财力物力上提供支持。

第三，中国政府的组织力量是强势的，有力的，只要政府下定决心做，什么事情都能搞上去。如果按照中医养生学的要求进行操作，中国的人均寿命完全可能像中国经济腾飞和奥运会金牌数量那样后来居上，一飞冲天，让世人目瞪口呆。如果日本人老不醒悟，就会给我们留下这样一个非常难得的千载难逢的机会。

**二、中国健康事业的国家战略**

中华民族伟大复兴，中国就一定要建设成为健康强国。前面已经说过，21世纪是百岁世纪。21世纪的后30年，全球进入一个崭新的百岁时代。复兴的中华民族不仅不能落后，还要走在前面。

中华民族复兴，由若干个领域的国家战略汇聚而成。我们必须加进一个中华民族健康事业的国家战略，那就是把中华民族建设成为百岁民族，把中国建设成为健康强国。这就是我们的国家健康战略。

我们的国家健康战略目标是：在全世界一二十个二三十个国家人均寿命达到和超过100岁的时候，中国也进入人均寿命100岁的行列。

也就是说，中国要在21世纪内，将人均寿命排名从第80多位提到前30位左右。

为什么要实行这样的健康强国战略？

1．中国是两千多年前就诞生了百岁科学的地方，同时又是当今世界唯一拥有中医养生学——百岁科学的地方。

2．中华民族崛起，自然应该是百岁民族，如果我们的人均寿命还处于落后状态，这个崛起就十分蹩脚，容易引起世人的嘲笑。

3．如果政府不把这件事单独列出来作为一个战略目标，就引不起国人的重视，就容易忽略，就收不到预期的效果。

4．反过来推理就更加清楚，如果中国不在21世纪实现人均寿命100岁，那么只有在22世纪实现人均寿命100岁。可以这样说，世界上其他大多数国家，基本上都会在22世纪实现人均寿命100岁，中国那个时候才达到这个目标，也就没有多大意义了。按照中国现有的比许多发展中国家都慢的人均寿命增长速度，联合国卫生组织预测中国要到2300年才能达到人均寿命100岁，也就是23世纪才能达标。

实施建设百岁民族的健康强国战略，必须有强有力的措施保证，必须从健康教育、健康管理和社会健康环境打造等各个方面下功夫。

### 三、全民普及健康教育

1．对全民进行百岁科学的普及教育

世界卫生组织1991年向全世界宣布：“个人健康和寿命60%取决于自己，15%取决于遗传，10%取决于社会因素，8%取决于医疗条件，7%取决于气候影响。”一个人有什么样的生活方式，就决定决定了他的身心健康和生命长短。所以，联合国提出来一个口号：“千万不要死于无知”。人们大多数死于对长寿科学的无知，死于自己长期养成的不健康的生活方式和行为。这就死得太冤枉了。

卫生部的一项调查显示，我国居民具备健康素养的总体水平仅为6.48%。

《寻医不如自医》一书的作者在序言中说：“十年来，我几乎走遍了中国大江南北，走到香港、台湾，演讲行医，接触无数病人，发现一个共同的问题：中国的老百姓可怜又可悲。可怜的是对健康知识几乎一无所知，太多太多的人仅仅因为一个很小的毛病甚至只是不良的生活习惯而断送了生命，至死也不知道是为什么。可悲的是中华文化的瑰宝，孕育了中华民族五千年的古老中医文化日渐式微，离老百姓越来越远。”“可怕的是无知，知识是我们保护身体健康最强大的力量。”

“千万不要死于无知！”这个口号无疑是向社会、向政府提出了一个重要任务：对广大人民群众进行健康保健的普及教育。

所以，中国必须对全民进行百岁科学的普及教育。

百岁科学的教育，是人的生命财产的教育。生命财产是人的第一财产。所以，百岁科学的教育是人类第一重要的教育，是应该放在首位的教育，是人人都应该接受的教育。健康教育让人人都懂得长命百岁的钥匙就掌握在自己手中，明确人人参与建设百岁民族的作用和意义。

国际上有一个为人熟知的数字是，一个人在健康上投资1元，就可以在医疗支出上减少6—7元。所以，对于每年开支1.6万亿巨额医疗费用的中国，开展百岁运动，普及百岁科学教育，具有多么重大的实际意义和长远意义。

2. 学生的健康教育纳入九年义务教育

健康教育、健康管理都要“从娃娃抓起”。现在的观念是老年人才养生，其实这是亡羊补牢的做法，是没有办法的办法。人的身体禀赋从出生，或者更确切地说是从受精成胎时就决定了的。所以养生，就要从幼儿开始，甚至从父母怀孕开始。

明朝张介宾在《景岳全书》中有这样的记载：“小儿气血未充，而一生盛衰之基，全在幼时，此饮食之宜调，而药饵尤当慎也。”就是说小的时候是人以后一生健康的根基所在，但这个时候气血还不充盈，身体的机能还不健全，这个时期饮食的调节是最为关键的，使用药物要特别谨慎。

对于健康投资，并不是说你去运动一下，身体就健康了，就不生病了；或者你吃什么“补药”就能健康了，不生病了。它需要一个漫长的过程，逐步形成一个人身体健康的素质。少年时期是身体素质建设最重要的时期。比如要预防冠心病，就要从娃娃的时候开始。现在，到处吃出好多“小胖墩”来，今后他们可能早早就会发生动脉硬化、血脂异常、高血压、冠心病等问题。

现在，孩子的父母都很重视儿童的成长教育，愿意在孩子身上多花钱。一旦整个社会百岁健康教育风气形成，孩子百岁健康科学的教育将会是一个很大的需求市场。

日本人均寿命世界最高，日本的健康教育健康管理就是“从娃娃抓起”。从小学到大学，日本对健康教育非常重视。从2007年至2016年10年间，日本实施的“新健康开拓战略”，第一项内容就是儿童健康。日本就是因为抓好了学生时代的健康教育，让养生保健要遵循的清规戒律从小就在脑子里扎根，一辈子牢牢谨记，严格遵守，所以日本人的健康素养很高。

幼儿园要对孩子进行百岁科学的启蒙教育，培养孩子养成良好的生活习惯。幼儿园教师要经过专门的百岁科学教育的培训。他们也要懂得百岁科学，懂得百岁科学的教育。

现在学校的体育课，完全变成了竞技体育课，就是跑步、游泳、打球、跳远等等，和奥运会设置的比赛项目差不多，看谁跑得快，跳得高，向身体各方面的极限挑战，是一种极限运动。这种体育教育只是为竞技体育培养后备人才，可以保证奥运会金牌数量第一，保证不了人均寿命第一。

学生的体育课，应该成为学生的“身体素质教育课”，应该为学生活100岁打好基础。既有竞技体育运动的训练，更要有《黄帝内经》关于“法于阴阳，和于术数”养生大道基础知识的学习，懂得心理养生、时令养生、经络养生、饮食养生、起居养生、运动养生等基本知识，不仅要防止他们走上“小胖墩”的可能短命的人生道路，还要让他们懂得灸疗养生，常灸足三里，储存充足的源源不断的生命能量，为攀登百岁人生打下牢固的基础。学生的饮食养生，要像日本那样配备营养师，保证学生的营养科学合理，不出偏差。

长期以来，中国的学生树立的理想都是当科学家、工程师、医生、教师等。我们的学校应该通过百岁科学的健康教育，教育学生在树立当科学家等职业理想的时候，同时树立活100岁、当百岁寿星的生命理想。两个理想——职业理想和生命理想同时树立，并行不悖，齐头并进，这样才能不枉度一生。只有很好地实现了自己的生命理想，才能很好地完成自己的职业理想。我国伟大的科学家钱学森，就活到了98岁，对中国的"两弹一星"做出了巨大的贡献，为广大青少年学生树立了百岁科学家的榜样。





一定要为中小学编写出一套很好的百岁科学的教材。从小学一年级到高中三年级，包括百岁科学内容的"身体素质教育课"课本，应该是像语文数学那样的标准化课本；教学内容循序渐进，把学生们应该掌握的百岁科学知识讲解清楚。小学生可普及太极拳、八段锦、五禽戏等传统养生运动项目，懂得起居养生、四时养生、饮食养生、经络养生、运动养生的基本常识，养成良好的生活习惯，不要染上不良生活习惯。中学生要懂得中医养生的基本原则和理念，以及对心理、经络、饮食、运动、起居等几个主要养生方法全面掌握。也就是说，一个高中毕业生，应该是基本掌握了百岁科学和中医养生学。大学生就是在此基础上的深造和提升。

学生时期是一个人风华正茂的时候，学生时代开展百岁科学的学习，培养驾驭健康的能力和自身抗病能力，就为百岁素质百岁人生打下了一个坚实的基础。

学校是进行知识教育的最好地方。几千年的学校教育历史，积累了丰富的教学经验，形成了整套的科学教育方法。大中小学开展百岁科学的教育，对于学校来说，这不只是多开了一门课程，而是为学生的百岁人生筑基。学校一定要充分认识这门课程的重要意义。

现在大中小学教育有一个最大的问题，不仅是体育课只有奥运竞技体育项目教育的偏科，还有学生学习压力大，负担重。根据中国优生优育协会2008年的调查，中国处于亚健康状态的青少年有3000万人，1/3的中小学生有不同程度的心理异常。国家教育部对12.6万大学生抽样调查，大学生心理疾病患病率达20.3%。这些问题都应该在教学计划中统筹安排，科学合理地解决。不要只追求知识量的学习，忘记了身体健康的大事。学校教育要培养学生德智体全面发展，不能盲目追求升学率。对学校教学质量的考核，一定要加上百岁科学学习效果和身体素质的考核。学校教育要端正方向，不能给学生留下一辈子身心健康的后患。

现在，全世界的观念发生了很大的变化，西方社会人们的追求是健康第一，知识第二，家庭第三，金钱排第四！21世纪需要的人才，是道德、健康、素质全面发展的适应21世纪全面竞争的新的人才。世界卫生组织忠告全世界，要把权力、金钱、享受放到健康之后。学校教育要把这些观念体现进去。

3. 机关单位企业职工的健康教育

机关单位和企事业单位，每天安排一个小时学习百岁科学，进行保健养生实践。

各个单位的离退休职工，在离退休前一两年，由单位组织半天时间的百岁科学的学习，因为他们要开始全新的退休生活，健康快乐成为他们生活的主题。要组织老师系统的讲解百岁科学，还要开展多种多样的文化体育社会活动。两年之后，健康教育课程安排逐步减少，各种活动仍然要长期搞下去，丰富他们的精神生活和退休生活。

4. 社区的健康教育

社区现在也开展了健康教育，就是组织工作还不完全到位，不普及，漏网的人很多。社区要把健康教育做到每个人的头上，无一漏网。同时健康教育的内容也要像单位的健康教育一样，要系统化。

5. 建立东方百岁大学

为了把百岁科学的普及教育深入持久地开展下去，创办系统传授百岁养生保健知识的正规学校——百岁大学，是大势所趋。全民健康教育的一个重大措施，是办一所进行百岁科学教育的百岁大学。取名东方百岁大学。

在高度发达的现代教育社会，什么事情都办教育，到处是各种知识培训的学校，煮饭有烹饪学校，美容有美容学校，跳舞有舞蹈学校，上电脑有电脑学校，有什么事就有什么学校。可是，人人都想活100岁，就是没有百岁学校。把人的生命财产这个最重要的大事，忘到九霄云外去了；本来应该作为一个重点教育和普及教育的项目，却被排斥到教育事业之外去了。

什么是解决“千万不要死于无知”的办法呢?

当然是办学校。学校可以使一个人从无知变成有知；学校更可以使很多人从知识缺乏变成知识丰富。

其实，在中国这样一个人口大国，拥有世界上最多最大的数以亿计的老年人群，早就应该开办百岁大学。

我们早就具备了办百岁大学的条件。中国人追求健康长寿的历史是极为悠久的，中国历代的养生保健文献是极为丰富的，中国传统的中医养生学理论是博大精深的，中医养生保健的方法是丰富多彩的。我们的祖先早就为我们准备好了一套百岁大学的教科书。这是我们办好百岁大学得天独厚的优势。

百岁科学教育的课程设置，以中医养生学的基本理论为框架；在浩如烟海、鱼龙混杂的养生理论方法中，剔除糟粕，优选精华，抓住要领，既注重摄取前人诸家之精华，又有机地融入中医养生的现代研究成果。学员学习了这些课程，就基本上掌握了活100岁的要领。如果按照这些办法坚持养生，身体不出大的差错，就能够健健康康活100岁。即使达不到100岁，也能够延长寿命多少年。

东方百岁大学开创的百岁教育产业，瞄准的是全国和全世界的百岁教育市场。

东方百岁大学要招聘全国研究“治未病”的优秀人才。中国现在研究“治未病”的人才不多，长期以来都是重视治已病，“治未病”的研究滞后。就连中医养生学这门学问，过去连中医学院的学生也没有列入教学课程，20世纪90年代才开始编辑出版《中医养生学》的教材，至今的教材都简单粗糙。整个中医养生教育落后，中医养生的人才队伍培养更滞后。东方百岁大学要争取把这方面有成就的，有研究的，最大限度地搜罗起来，一网打尽，在这个基础上，逐步培养和形成中国的一支强大的治未病的专业大军。

东方百岁大学公开招聘和吸纳全国各地对百岁科学有研究的人才，用全国的人才精心打造百岁大学；同时，百岁大学又反过来在全国各地开展百岁科学的教育，在全国各地和世界各地开办分校，把百岁教育的产业链条伸向全国全世界的各个角落。

卫生部、教育部、国家体委和全国的中医药大学要通力合作，把东方百岁大学办成世界第一百岁大学。为了为全国全世界的百岁教育百岁健康产业培养所需要的各种人才，东方百岁大学要下设若干教育学院。一是东方中医养生学院，为百岁大学百岁科学的教育培养中医养生师资。二是黄帝针灸学院，培养针灸人才。三是东方中医养生外语学院，专门培养懂得各种世界语言的中医养生人才。

**四、全民健康管理**

1. 健康管理和健康教育一起抓

如果只有健康教育没有健康管理，健康教育就会付诸东流。如果没有健康教育要搞健康管理，健康管理会缺乏原动力。美国发明了健康管理，却没有收到良好效果，就是因为健康管理和健康教育分开了，成了两张皮。

因为健康管理和健康教育这两件事情是一件事情的两个方面，所以必须同时一起抓，也必须由同一个机构抓。

同时，健康管理和健康教育两件事，还必须由负责医疗保险的单位抓。而医疗保险是由职工的工作单位负责，所以，当然他们应该对职工的健康教育和健康管理负责。

这也正好解决了健康管理中健康干预的监督问题。健康管理中的健康干预措施，只有经常见面的工作圈和生活圈的监督，才是最有效的监督。

西方的健康管理，管理公司与被管理人要多少天才偶尔见面一次，当面提醒改正不良习惯，工作圈和生活圈的人都不知道，缺乏强有力的监督，最后多数成了走过场，健康管理流于形式。

中国这几年搞的健康管理公司，也和西方一个样，所以无法取得很好的效果。

2. 健康管理机构设在本单位

20世纪80年代我国放映过一部日本影片叫《我的老师》，影片中有一个故事：班会上大家批评一个同学午饭不吃胡萝卜的事情。很多中国观众费解："日本的学校怎么管这么多？"因为日本的《通俗食物养生法》就强调："应认识到体育、智力培育及才能培育都包含在饮食教育中。"日本学校对学生饮食养生的管理监督，完全进入到日常的学校生活之中。

健康管理机构必须建立在工作单位。单位的健康管理机构，就是单位的一个职能部门，因为大家长期一起工作和生活，对每个人的身体状况和家庭、性格情况了如指掌；要采取健康干预措施，或者根据发展变化情况调整应对办法，都十分方便快捷。单位的人互相监督，为提高本单位的健康水平和人均寿命，会竭尽全力。如果一个人抽烟不戒，影响科室的健康指标，科室人员都拿不到奖金，就有可能像日本学校的班会批评一个同学午饭不吃胡萝卜的事情那样，科室开会讨论你戒烟的事情。单位、宿舍区、科室、家庭，以及社区，到处都是你的监督者，各种范围的舆论联成一个监督你的网络，对你形成强大的舆论压力。众目睽睽，天天有人过问，你不纠正就下不了台，你不纠正就影响整个单位的健康达标。

工作单位、宿舍区、工作科室、家庭以及社区等等，这些地方是一个人的工作圈和生活圈。健康管理最多最重要的事情，是纠正人的不良生活习惯。常言道：习惯成自然。生活习惯流露最多最经常的地方，是他的工作圈和生活圈。只有工作圈和生活圈对一个人的监督，才是最有效的监督。

健康管理机构设在本单位，就像毛主席当年提出的"支部建在连上"一样，从工作圈和生活圈形成对一个人不良生活习惯的监督，就达到了健康管理监督的最佳境界。

每个单位建立一个健康管理中心的健康管理，完全就是一场健康管理的人民战争。人人参加健康管理，人人是被监督者，人人也是监督者。这种中国式的健康管理一经问世，就远远地将西方的健康管理抛在后面，并且遥遥领先。

3. 全民健康管理的组织体系

为了保证全民健康管理工作的有序进行，我们要建立起全民健康管理的组织体系——健康管理中心。

全民健康管理的组织体系，由各级卫生局负责组织，是开展全民健康管理的组织保证。

全民健康管理的组织体系，是层层建立一个健康管理中心。有卫生局的，健康管理中心就由卫生局的相关部门转换职能而成。基层单位的健康管理中心，由城市社区医疗中心、农村医疗站、单位医务室等相关机构增加功能而成。没有单位医务室的，就直接建立一个健康管理中心的机构，和本单位其他二级机构平等的机构。

健康管理中心的职责，是负责管辖范围内的健康教育和健康管理的组织和实施。其中包括：一、对职工进行百岁科学教育的组织工作；二、职工养生实践的组织落实——在百岁科学的指导下，根据每个人具体的身体情况，制定适合他的养生方案，包括经络按摩方案、饮食养生方案、运动养生方案、起居养生方案等等。三、建立一套检查监督制度，促使每个人养生措施的落实。四、为每个人建立一套健康管理档案，记录养生的进展、效果和问题。

健康管理中心要配备齐全负责全面养生各个方面的业务人员。这些人员包括，指导饮食养生的营养师，指导太极拳、八段锦、五禽戏等传统运动的运动教练，指导经络按摩灸疗养生的针灸按摩师，指导起居养生、祛病延年、药物养生的中医师，等等。我们也学习日本，每几百人配备一个营养师。但是，除了营养师之外，健康管理中心还要配备齐全指导各方面养生的专业人员。

实际上，各个单位就是把过去的医务室改变成为以治未病为主的健康管理中心。这个健康管理中心也就成为单位职工共同的保健医生。

单位人数很少的和社会上没有工作的闲散人员，一律归社区健康管理中心管理。

在健康管理上，不允许没人管理的人存在。

健康管理中心的重点工作之一，要对普遍存在的带倾向的各种健康问题进行统筹管理。比如，现在社会上的“三高”等现代病、富贵病，都是饮食结构失调，大油大肉吃出来的。其中一个重要根源，是公款吃喝。许多单位的领导、中层干部、公关人员等等，借工作之机大吃大喝，不少人陷入“三高”的泥坑，害人害己害单位害国家。国家三令五申严加管理也难以刹住此风。我们开展全民健康管理，不把“三高”遏制住和降下来不行，必须采取强有力的措施。公款吃喝属于饮食养生，健康管理中心和营养师要参加管理。凡是餐饮费用报销，有主管领导签字还不行，必须由健康管理中心和营养师签字，审查是否符合饮食养生原则。日本有《营养法》，所以日本人少有“三高”。要制定相关规定，保证人人饮食结构科学合理。每次用餐，必须保证主食、肉食、蔬菜等的合理结构。午餐八分饱，晚餐七分饱。结构配搭不合理和分量超标的不予报销。报销要拿出饭店消费的菜单和参加人员名单，菜单金额要和发票数额一致。餐饮发票附菜单，就和中医报销要附上处方笺一样。营养师要认真审查再签字。营养师的工作报酬，按他所管辖人员的营养指标完成情况决定，这样，营养师就不敢乱签字。所有饭店宾馆，都必须配合制定相应的制度，出具相关的票据，否则取消营业资格。同时，也不只是让营养师一个人负责。管辖范围的营养指标也要和健康管理中心主任、单位一把手的收入挂钩。我们要用营养法规来管住饭店里公款报销的大吃大喝，为建设百岁民族负责，也为每个人的生命财产、百岁人生负责。

长寿大国日本的饮食习惯，很值得我们学习。日本人请客总是吃不饱，原因就是严格遵守饮食养生科学的规定。山东省济南市中心医院消化内科主任医师王德荣，几年前曾赴日本三家大学附属医院研修和访问。在日本生活学习期间，他不仅体重减轻了10公斤，原来的头晕、胃酸等老毛病也不治而愈。刚到日本时，王德荣很长时间都饿得饥肠辘辘，因为日本单位食堂的饭，用他的话说是“少得可怜”，几片新鲜蔬菜、四五片肉片、一碗酱汤、一小碗米饭就是一顿份饭。有时参加学术会议，他以为这下子可以像在国内开会一样，有一顿丰盛的会议餐吃。没想到会议餐也是“定食”，分量和平时相差无几。他曾多次到日本的导师和朋友家做客，发现日本人请客最大的特征是主人很热情，而客人却往往吃不饱。在日本吃饭，和在国内的日本料理店里看到的一样，每一份都是精致小巧的，因为他们吃得都很少。所以在日本除了相扑运动员以外，很少见到胖子。而且日本人吃饭很慢，一碟菜我们一口就能吞下，他们却能细嚼慢咽地吃上十几分钟。在生命的早期过度进食会促进发育成熟，而成熟后的过度饮食又会增加某些退行性疾病的发生，进而缩短寿命。因此。适当地节制饮食，是简便易行的健康长寿、延缓衰老的方法之一。日本人的膳食特点是食物种类多样而不偏嗜，每顿菜肴品种多，数量少。鱼、肉、蔬菜、豆类、水果和米、面，都用小碟、小碗盛装，花样繁多，这样每顿饭都摄入多种而且均衡的营养成分。调查资料显示，日本人摄取的油脂数量仅为欧美国家的l/6。

我们要学习日本饮食养生的各种做法，到哪里吃饭都没有大吃大喝，把公款大吃大喝完全刹住。

健康管理中心另一件严加管理的事是吸烟。吸烟致癌已经公认。流行病学调查表明，吸烟是肺癌的重要致病因素之一。肺癌死亡人数中约85%由吸烟造成。吸烟是许多心脑血管疾病的主要危险因素，吸烟者的冠心病、高血压病、脑血管病及周围血管病的发病率均明显升高。统计资料表明，冠心病和高血压病患者中75%有吸烟史。据中广网2009年7月17日报道，卫生部妇幼保健司副司长秦耕说，目前中国现有吸烟人数3亿，差不多占到全球吸烟者的1/3。而中国遭受被动吸烟危害的人数是5.4亿人。每年死于吸烟相关疾病的人数大概在100万。

《钱江晚报》记者采访了中华预防医学会会长王陇德教授和中华医学会健康管理学分会副主任委员黄建始教授。记者问：我们的生活方式中哪一类行为最要命？专家毫不犹豫地回答：抽烟！每年世界上诊断出三个肺癌，就有一个在中国。在过去的30年中，中国肺癌的死亡率增加了5倍。肺癌已经成为癌症的第一位。

当然，健康管理中心要管理和纠正的不良生活习惯还很多，抽烟、酗酒、暴饮暴食、熬夜、过度劳累、通宵打牌、大悲大喜等等，一切影响健康长寿的事情，都在“健康干预”之列。在健康教育、健康管理的群众工作中，要提出一些催人奋进、有动员力量的响亮口号，比如：“改正不良生活习惯，为建设百岁民族贡献力量！”“人人为百岁民族增光添彩！”

世界卫生组织前总干事中岛宏说："世界上绝大多数影响健康和过早夭亡的问题都是可以通过改变人们的行为来防止的，只要改变一下生活方式，死亡率可以减少50%。"我国卫生部前部长陈敏章在全国健康教育理论研讨会上指出："如果每个人都能主动地担负起保护自己健康的责任，建立科学的生活方式，养成良好的习惯，整个中华民族的健康水平就能得以提高。"

"大多数人死于无知，死于自己的不良生活习惯。"这两句人类生命运动现象的经典概括，指明了健康管理中心的工作方向。健康管理中心首先要做好百岁科学的普及教育，让每个人都懂得如何养生和坚持科学养生，另一项重要工作，就是要对他们管辖范围的每一个人的各种不良生活习惯进行干预，干预到纠正过来为止。管辖范围的每个人都形成健康的生活习惯，就是他们的工作目标。

健康管理中心不仅要负责单位在职职工的养生保健，同时也要负责管理离退休职工的养生保健，还要负责全部职工家属的养生保健。这些人的百岁科学的学习，养生方案的落实，健康养生档案的建立，等等，凡是健康管理的事情，都必须全部统一安排和管理。凡是统计健康管理指标，都包括健康管理范围的所有人员。

政府要制定一个《健康管理中心的管理规则》，对健康管理中心的编制、工作范围、职责、目标等等，都做出明确规定，使管理工作有章可循，有法可依。

4. 大幅度提高人均医生的数量

全国建立健康管理中心组织体系，肯定要增加一大批医疗保健和健康管理的相关人员。健康教育和健康管理的队伍，是一支"治未病"的队伍，也是一支健康产业大军。中国当前的医生数量比起人口数量来说是太少了，而且几乎全部都集中在"治已病"的领域。我们实施健康强国战略，就是要大幅度提高人均医生的数量，建设一支过硬的医疗保健队伍，提高中国人的医疗保健水平。现在，卡斯特罗为古巴人均医生数量高而骄傲；到时候，我们会为我们有一支强大的"治未病"的医疗队伍而骄傲。我们有这样一支强大的"治未病"队伍，再加上已经有的庞大的"治已病"的队伍，我们就能保证健康强国战略的实施。

我们大幅度增加"治未病"医生的队伍，其实，就是在大力发展我们的健康产业，不仅增加了就业人数，也拉动了全民的健康消费，还大幅度增加了GDP，三管齐下，一举多得。这就正好是国务院总理李克强在两会上提出的：打造中国经济的升级版。当然，要把这支队伍完全配齐，也需要一个过程。这个过程一完成，中国的人均医生数量也就达到了一个人人都有保健医生的新水平，健康产业也就凸显了在中国经济升级版中的突出地位。

5. 健康管理指标作为各级领导的重要考核指标

各级政府、各个单位、各个部门的领导，一定要充分认识健康强国战略的伟大意义，认真负责地领导好本地区本单位本部门的健康管理，制定行之有效的措施，保证健康管理取得实效。领导负责范围之内的健康管理指标，作为考核领导工作的一个主要指标之一。对于一个地区负责人的考核，对健康管理指标的重视不能低于对GDP指标的重视。如果各个地方各个单位都把健康管理指标完成了，今后健康产业的GDP就会高速飞奔。

中国经济30年能够持续高速发展，一个最主要的原因，是各级行政领导实施了强有力的组织领导，守土有责，监督推动落实。这正体现了政府的负责任和社会主义制度的优越性。

西方发达国家是自由主义，发展快慢与领导无关。全世界很多国家很多人不理解中国为什么发展能够持续不衰，其实个中道理简单得很——务实高效的领导体制。

我们一定要像抓经济建设那样抓全民健康教育和健康管理，用强有力的行政组织力量，组织全民健康教育和健康管理的各项工作，抓住不放，一抓到底，抓出成效。

各级领导负责健康管理的范围，和健康管理中心的负责范围一样。如果是一个单位，就既包括在职职工的健康管理，也包括离退休职工的健康管理，还包括全部职工家属的健康管理，不留任何空白。

领导既要负责单位的工作，还要负责职工的生活和身体健康，还要负责全部家属的健康养生和活100岁的事，这样一来，我们的领导就真正成了他们的“父母官”。

领导13亿人的健康长寿事业，是一个前人从来没有做过的事业，是一项伟大而光荣的事业。各级领导要呕心沥血，兢兢业业，不断创造，献策献力。

从前面的分析可以看出，一个国家的健康管理，只有认真去做，即使只是做一个或者几个方面的健康管理，都会取得很好的效果。日本只做饮食养生和运动养生，古巴只做全民全免费医疗制度和家庭医生制度，人均寿命就会上去。如果我们按照中医养生学的要求，把精神养生、饮食养生、经络养生、运动养生、起居养生、药物养生等等全面养生的内容，按规范化的程序做好健康管理，人均寿命提高的效果，就会比他们更快更好。

归纳起来，我们全民健康管理的优势有：

（1）指导全民健康管理的是博大精深的中医养生学——指导理论是最科学的；

（2）做全民健康管理的组织机构是设在本单位的百岁健康管理中心——管理机构是最先进的；

（3）按照中医养生学的心理养生、饮食养生、运动养生、经络养生、药物养生、起居养生等各个方面开展健康管理——健康管理的内容是最全面的；

（4）依靠工作圈和生活圈来纠正影响健康的不良生活习惯——健康管理的监督是最有力的。

从上面的分析可以看出，我们洞察了事物发展的基本规律。我们发现了解决问题的关键所在，我们就站在了历史和真理的制高点。

百岁健康管理中心的健康管理，完全就是一场健康管理的人民战争，人人参加健康管理，人人是被监督者，人人也是监督者。这种中国式的健康管理一经问世，就远远地将西方的健康管理抛在后面，并且遥遥领先。

**五、下功夫解决好大气、水、土壤、食品的污染问题（略）**

**六、建设百岁民族的伟大意义**

建设百岁民族的健康强国战略，是一种全新的独特的具有中国特色的国家战略。在中国经济高速发展的关键时刻，中国又在人们特别是外国政治经济专家意想不到的生命科学领域，强势推出百岁养生运动，大力提高中华民族的身体素质，中国就不仅是一个经济大国，不仅是一个体育大国，而且还是一个体魄强健的健康强国，一个人均寿命迅速提高的大国，一个百岁大国。世界人民会惊呼，中国走出了一条与众不同的全新的发展道路，一条强壮中国人强壮中华民族的道路。他们看到了中华民族灿烂的文化，看到了中国人的伟大。

中国经济高速发展成为经济大国之后，世界各国对中国的未来有很多猜测、很多疑问，甚至很多担心，主要担心中国成为称霸世界的超级大国。中国推出健康强国战略，在从根本上提高人民生活和生命质量方面下力气，就显示了中国以人为本、造福人类的发展方向，显示了中国超人的智慧和非凡的气魄。中华民族的崛起，中国的发展，核心是推动人类的前进，建设人类的美好生活，造福世界和平。

无论从人类前进的高度，从世界和平的高度，还是从中华民族崛起的高度，中国建设百岁民族的健康强国战略，都具有伟大的意义。

以人为本，不是人到了重病危难时刻临终关怀才是人性，关心人的生命长短生命质量才是最根本最重要的事。危难时刻的一时关心容易做到，关心人的一辈子长寿更能体现真正的人文关怀。我们不能只做小事，不做大事。不要以为关心了老百姓收入的提高，把长命百岁的大事丢在一边，就算做好了人文关怀。关注民生，这个民生的生，既有人民的生活，更包括人民的生命。

100年来为什么人均寿命提高的速度超过几千年？因为第二次世界大战之后，世界基本处于和平年代。没有大的战争，经济发展高速，人民生活稳定。和平，是老百姓的期盼。全球百岁运动，正是造就和平的土壤。

中国应该以夺取奥运会金牌数量第一的气魄，夺取人均寿命的金牌，那样，健康强国的梦想就会实现！

在习近平总书记“中国梦”讲话精神的鼓舞下，当今中国人民意气风发地做起了各种各样的中国梦。把中华民族建设成为百岁民族，就是我们共同的一个中国梦。只要我们认真地按照百岁科学的要求去做，脚踏实地，一步一个脚印，我们就会达到自己的目标。所以说：百岁民族不是梦！

一百多年来，中国在近代科学和科技产业的发展中，始终处于落后的地位。我们的许多产业都是在追赶西方的历史中迤逦前行。“追赶”成了我们的家常便饭。但是，在健康产业即将成为全球第一大产业的时候，这个状况将会完全改变，因为我们的祖先创造的中医养生学和百岁科学，在治未病和征服全球亚健康的健康产业中，完全处于高端、源头和上游的地位，具有压倒西方的强势地位。随着全球健康事业的发展，我们的优势越来越明显。聪明的西方人会来追赶我们。可是我们许多人还是“落后惯了”，还没有意识到我们的这个绝对优势。中医养生文化，百岁科学文化，丰富多彩，博大精深，我们完全可以创造出百岁科学文化的系列品牌产品，不仅在建设健康强国中发挥作用，而且可以以强大的优势进行健康产业的产业侵略，引领新时代健康产业潮流。

现在是一个上天赐予我们的发展机会。机不可失，时不再来。

在全球百岁运动风起云涌的今天，在21世纪一大批国家人均寿命冲过百岁大关即将到来的时候，我们独家具有的百岁科学——中医养生学，正是发挥的最好时机。

有一首歌：“千年等一回”。中国人储备了两千多年的以《黄帝内经》为代表的百岁科学，终于等到了健康产业压倒其他一切产业的21世纪，等来了一个大展宏图的机会。

我们应该提出一个口号：用我们老祖宗创造的百岁科学，为中国人活100岁服务，为全世界的人活100岁服务。

# 驰骋两千年纵横全世界的思维穿越



回过头来看，我关于百岁大学、百岁运动、百岁科学文化中心、百岁民族等等百岁系列策划，都有一个共同的特点，那就是：大胆使用现代科学思维方法，去寻求解决长期以来没有解决好的问题。

我本来就是一个中医养生的外行。2009年9月生病住院，朋友提醒我要读几本健康养生书，买来三本书读了之后，才第一次知道“治未病”的概念。可是，也就是几天之后，我就觉得医院治不了未病，得寻求另外的治未病的组织形式。

我为什么那么大的勇气？恰恰就是因为我是一个真正的外行。外行就没有多少这个领域传统思维的束缚，所以，思维就信马由缰，纵横驰骋。

现在提倡大众创新，人人创新。创新就要有创新的思维方法。那么，什么是创新的思维方法呢？创新思维，就是发散思维、求异思维，就是对过去已经有的结论、已经有的成果，敢于提出怀疑，敢于从另外的角度和方向去思考它们存在的问题，从而寻求新的突破。所有的创新，都是从对过去的现成的东西提出质疑、提出挑战开始的。

### 重新思考治未病的组织形式

这是一个从来没有人提出过的问题。

两千多年来，人们都对上医治未病的理论推崇备至，可是，在如何治未病的组织形式上，却因为一句“上医治未病”的名言，陷入医院医生治未病的概念里不能自拔。

我也不是贸然提出重新思考治未病的组织形式的问题，而是经过了三个思维过程——

第一个思维过程，是天天在中医医院治未病中心治病，目睹治未病中心在干什么。那里来治病的人，绝大多数都是像我一样，已经病得非治疗不可了，各种病情都是已病的表现。治未病中心的治疗，当然也包括一些治未病的内容，但是主要还是治已病。不是他们不能治未病，而是治未病的人没有来，来的都是治已病的人。他们挂的是治未病中心的牌子，病人还是把他们当成针灸二科那样的治已病的科室。

我打听了其他中医医院的治未病中心，基本上都是如此。所以，我从现实状况就做出了一个判断：挂出治未病中心的牌子，是想完成《黄帝内经》提出的上医治未病的神圣任务；但是实际上，这个组织机构承担和完成不了治未病的任务。

我这里使用的，也是三段式的逻辑演绎推理。事实胜于雄辩：摆在眼前的事实让你不得不做出这样的推理判断。

我的第二个思维过程，是把治未病的任务放在整个医院。我还是崇拜《黄帝内经》上医治未病的理论，而且看的养生书上，介绍了许多治未病的好方法。治未病绝不只是针灸科的事情，每一个科室每一个医生都有指导病人治未病的任务，所以我又把视线转移到医院的各个科室上，试图寻找新的答案。

结果，这个思维过程更是在很短的时间就结束了，因为医院的其他科室，个个都是排长队等候医生喊号，医生和病人交流的时间很短，就开好处方，喊下一个人了，不然的话，挂的号就看不完。挂号大厅，缴费的，拿药的，都是长长的队列。医院里的人流，比百货大楼还挤。他们治已病的事情已经忙得不可开交，完全无暇他顾。

医院的治未病中心不治未病，医院的其他科室也没有时间治未病，前后两个目睹的现实，使我很快产生了一个疑问：医院是不是治未病的最好的组织形式？因为按照“上医治未病”的理论，医生自然就在医院里。这就是逆向思维、求异思维。

我又马上开始第三个思维过程：看看“上医治未病”理论产生以来，中国医院医生治未病的情况。资料难找，因为我不懂古文。从我读到的书上看，治未病翻来覆去就那么几个经典故事。治未病的知识很多，但是成就记载不多。看来一时无法做出论证，怎么办？我突然想起一本健康书上讲的，治未病的成就主要表现在人均寿命上，一下有了方向。中国古人一直平均寿命都很低，长期都在三四十岁之间徘徊。常言道：“人生七十古来稀。”这个事实就是治未病的效果。

如果一件事情经过多少年多少人长期的努力都得不到解决，我们就应该怀疑原来思考的思路或者方法有问题，不妨用新的思维方法去寻求新的路径，创造新的组织形式。这就是求异思维、发散思维。

在当今养生大潮汹涌澎湃的时候，敢于对医院医生治未病的结论提出异议，确实需要一些胆量。但是我想，我并不是说医院和医生不能治未病；医院和医生当然能够治未病，问题是现在的形势发生了巨大的变化：随着改革开放和生活水平的提高，需要治未病的人从少数人变成了一个海量。面对人人都需要治未病的海量人群，医院和医生根本没法应对。现在治已病的“三高”和富贵病人群也是海量。治已病和治未病两个海量人群站在医院医生的面前，病重病急的自然优先。现有的医院医生去应对这个治已病的海量已经像打仗一样。

我这些年总结的海量思维，自然又发挥作用了。海量的治未病人群，需要一支庞大的治未病的“上医”队伍，来完成这个历史性的任务。社会已经从治已病的时代，跨入治未病的时代。这是一个重大的历史性转折，标志着中国人和人类生活水平的大提高。

再说，治未病和治已病确实也有些不同。治未病首先是重在健康教育，接着是健康管理的有效监督，是病人不良生活习惯的调整。这许许多多的内容是可以而且必须在医院之外的地方进行更有效。这样一来，组织形式的调整也是势在必行。

所以，如何让人人都来“治未病”，决不能再在办医院等病人上门求医的老路上走下去，必须用新的思维方法探索新的路径，寻求新的办法。

当然，用求异思维和发散思维去寻找新的组织形式的想法，如果找不到新的组织形式，完成不了新的组织形式的设计，寻求新的组织形式的设想也会成为一句空话，甚至最后就变成一个让人耻笑的笑柄。

这就是我在前面百岁大学策划方案中讲的，是联合国卫生组织的一句话，触动了我的灵感思维：办百岁大学解决大多数人死于无知的问题。教育可以让人从无知变成有知。新的治未病的组织形式——百岁大学，就这样提出来了。



### 量变思维解析治未病的两个层次

我是学数学的，数学专业的学习使我在研究事物的时候，总是忘不了观察分析事物的数量关系。

一天，北京卫视养生堂请来一个专家讲课，他讲了一个故事，给我的印象很深。他是20世纪60年代初从中医药大学毕业的。他说，70年代他在医院看病，上班很多时候就是读书看报，因为病人很少。那个时候中国人的病就很少。可是美国病人多，特别是“三高”病人多。美国人问联合国卫生组织，哪个国家“三高”少。联合国卫生组织说，中国人没有“三高”。美国人感到奇怪：中国为什么没有“三高”？于是就派了他们的一个医疗专家，到中国来调查研究。那个专家经过深入的研究，用大量的事实写出了一本书，说明中国人为什么没有“三高”，就是中国人的饮食结构科学合理，国家对人的肉食定量，主食定量，只有蔬菜不定量，人人都多吃蔬菜。美国专家调查研究写成的这本书，提倡学习中国人科学合理的饮食结构，在美国风行一时。

讲故事的这个中医专家诙谐地说，结果我们中国人的科学合理的饮食结构，被我们自己搞忘记了。三十多年之后，大面积的“三高”不亚于美国。现在我们在医院里上班，哪里还有时间看报，有的时候连喝水都忙得搞忘记了。

中国人的三高从70年代少得几乎为零，到21世纪初变成大面积的海量人群，这个惊人的数量变化到底说明了什么，就值得好好研究。

经过《养生堂》的学习教育，现在好多人都可以这样回答这个问题：“三高”是吃出来的。改革开放提高了生活水平，人人天天大肥大肉放开吃，自然就吃出了“三高”。

这个回答当然是对的，但是层次太低。

我用比较法对比中国和日本。日本60年代以“全民收入倍增计划”为目标搞经济腾飞，也就是经济改革，十几年就成为世界第二经济大国，人民生活水平大大提高，也有的是大肥大肉可以吃。可是日本人不吃，所以，日本没有出现大面积的“三高”。

日本人见了好吃的为什么不吃呢？他们不仅不吃大肥大肉，而且每一吨饭只吃七八分饱。

中国人和日本人对待吃的态度，真是形成了鲜明而强烈的对比！原因何在？根本的原因，是日本政府制定了《营养法》，用营养法对全民进行健康教育和健康管理，从而日本人个个都懂得了吃的科学。日本的这个做法，是给全国人民治未病。

虽然美国专家总结了中国人科学合理的饮食结构，其实中国人自己并不懂得。

这样看来，治未病就分成了两个层次。第一个层次，是医生给病人个人治未病，是一对一的治未病；第二个层次，是政府给广大人民群众这个群体治未病，是政府组织对海量群体的治未病。一对一的治未病，因为只涉及一个人或者一个家庭，不治未病或者治错了，那都不要紧，对面上影响不大；可是，政府组织对民众群体，特别是像中国13亿民众这样一个海量群体，一旦失误，就会铸成难以挽回的局面。大面积的“三高”，包括小孩中也出现了不少的小胖墩儿，要挽回这个局面，可能需要几代人的努力。

其实，《黄帝内经》提出的治未病，恰恰是一种非常好的思维方法。这是中国传统思维方法中最先进的经典思维，至今在全世界依然保持着它的先进性。而这个经典的思维方法，中国人在使用的时候，只是局限在医生对病人个人的一对一的健康管理上，就大大缩小了它的作用。治未病的思维方法，在对大面积的民众群体的健康管理上，更是可以大手笔地淋漓尽致地发挥作用。日本人就是擅长使用这个思维方法的高手，把全国人民的健康管理得井井有条。

对成千上万人的海量“三高”，是要在成千上万的人未出现“三高”的时候，就开始预防。所以，政府组织给人民群众治未病，完全是在下棋，要走一步看两步，甚至看三步看四步。日本人搞经济改革，就看到了经济腾飞之后，生活水平会大幅度提高；生活水平提高了，饮食习惯可能会改变；饮食习惯改变了，可能会出现各种病症。日本政府高瞻远瞩，在走第一步经济改革这步棋的时候，就把后面接二连三可能出现的问题估计到了，所以，还没有启动经济改革的时候，就全面铺开进行全民营养法的教育。日本政府在下给国人治未病这盘棋的时候，落子布局是走一步看三步甚至看五步，环环相扣，是一个运作治未病棋盘的高手。

其实只要你认真地想一想，日本人从《黄帝内经》提出的一对一的治未病思维方法，推而广之对海量民众群体治未病，就恰恰是运用了一个我前面经常讲到的思维方法，那就是裂变式思维。他们将对一个人的治未病，裂变为给海量民众的治未病。面对病人数量的裂变，作为医病的医生“上医”的一方，是不是也跟着以海量对海量，裂变为海量的“上医”呢？日本人“脑筋急转弯”，回答：不是，因为量变引起了质变——从作为医生的人质变为若干人组成的政府组织——卫生省（部）！

中国古人发明了治未病的理论，也有过一些治未病的病例记录，但都是一对一的治未病。第一个层次一对一的治未病，理论和实践都是成功的。但是，政府组织对民众群体的治未病，就还没有认识到。从理论和实践上，都还是一片空白。前人没有做过的，今天的政府也就不知道该怎么做，所以才酿成了这个局面。

这件事情充分地说明：中国人缺乏裂变式思维。中国人口虽然世界第一，但是，我们只知道人多力量大，不知道人多一害起病来，也是“病来如山倒”。怎么就不知道将病人数量裂变一下去思考如何治未病呢！

而这个给海量民众治未病的事情，恰恰才是上医治未病当中最重要的事情。第二个层次的治未病，意义远远比第一个层次的治未病更重大。而出任“上医”职务的，不是哪一个医生，而是领导千千万万个医生的卫生部。国民身体状况的这个巨大变化，检验着这个“上医”到底是上还是下。

给海量民众群体的治未病，“上医”不是哪一个医生，而是卫生部——这个结论可是两千多年前《黄帝内经》的作者和编辑们，万万没有想到的。

历史走到了21世纪的新时代。中国古人发明创造的治未病理论，我们这一代中国人必须加以发展和完善。民众大面积的“三高”，将我们教育得服服帖帖。现在城市化在高速前进，60%以上的人都集中在城市。这给治未病带来许多新的问题，也创造了许多新的机会。给海量的民众群体治未病，这是新时期政府组织的一个极为重要的光荣任务。量变引起质变。必须下功夫研究事物发展变化的规律，未雨绸缪，走一步看几步，防止走错每一步棋。

很明显，《黄帝内经》关于治未病的理论，到现在必须加以发展。就像数学从常量数学——初等数学发展到变量数学——高等数学一样，必须从研究一个个病人的治未病，发展到研究海量群体病人的治未病。把这个理论建立起来，并保证配套的健康教育和健康管理，中华民族建设成为百岁民族的任务也就落到实处了。





### 中国怎么能忘记生命运动团体赛

我在“一则网络预测推出21世纪两件大事”一节中，根据一则预测，用演绎法推导出21世纪将要发生的举世瞩目的两件大事，一是一大批国家人均寿命达到100岁，二是中国成为世界第一大经济体。

为什么要把这两件大事拉在一起？表面上看，这两件大事的关联度不高。我把它们放在一起，是想让正在为中华民族崛起而骄傲的中国人明白，中国GDP世界第一第二，人均寿命却是第83位。第一二位和第83位，这两个排位的数字反差太大了！我们可以为GDP第一二位而骄傲，难道就不为人均寿命第83位而羞愧吗？

其实，GDP和人均寿命，都是中华民族崛起的两个重要指标：一个代表经济强国，一个代表健康强国。它们之间有着十分紧密的内在关系，完全可以互相推动。中华民族要崛起，这两个指标缺一不可。如果经济第一第二，人均寿命第83位，中华民族能够说是崛起了吗？

当然，中华民族崛起，不是个个指标都要名列前茅，但是应该在几个主要指标上不落后，不一定是第一，但是都应该名列前茅，或者基本上要过得去。

为了使完全沉湎于经济、只顾埋头搞建设的中国人能够更快地醒悟过来，我还用概括思维的方法，构思了一个新的概念：“生命运动团体赛”！

什么是生命运动团体赛呢？国家的人均寿命，就是全国人民每个人随时随地都在参加的生命运动的团体赛。人的生命运动，是一个几十年如一日的不能停下来的全能运动。自从1963年日本开展百岁人口统计以来，可以说，全世界随时随地都在进行生命运动的团体赛，只有起点，没有终点。

所以，我用概括思维提出的生命运动团体赛的概念，科学而且准确。

为什么要提出这个竞赛？因为中国人喜欢看竞赛。看到竞赛落后，就奋起直追。奥运会的比赛，看到落后了，就刺激中国人的自尊心。中国人抓经济建设，二三十年经济就冲进第二位；中国人抓奥运会，也二三十年奥运会金牌数量就第一第二。我多么希望中国人能够以同样的精神来抓生命运动的团体赛。

与生命运动的团体赛相比，奥运会那种少数人参加的极限体育运动的瞬时比赛或者计时计量比赛，都只能算是一种小儿科的单项比赛。生命运动的团体赛的指标——人均寿命，那才是代表国民身体素质的第一指标。

日本人就十分重视全国人民都参加的生命运动团体赛。在他们眼里，奥运会名列前茅就算数，不落后就行了，可人均寿命非要争个前两名不可。

开展体育运动的最终目标，其实还是为了提高生命运动的质量。如果奥运会体育运动的金牌数量第一，衡量生命运动的人均寿命名落孙山，那就完全是本末倒置，典型的形式主义和功利主义。

衡量社会发展水平的一个重要标准是人均寿命，而不是奥运会金牌。要提高社会发展水平，必须提高人口的平均寿命。

全球百岁运动是人类有史以来的具有重大意义的历史大潮，中国自然不应该落在后面。我们要懂得，我们搞经济建设的目的是什么，那就是我们的人民生活得更加美好。生活美好的一个重要内容，就是长命百岁。

现在中国人只顾埋头拉车，不抬头看路，看不到全球百岁运动的浪潮汹涌澎湃，只顾搞经济建设。

中华民族崛起，人民的生命质量也应该有一个大幅度的提高。过去是盛世修庙，我们今天要盛世修寿。中国建设成为百岁大国，完全是天时地利人和，万事俱备，水到渠成。强大我们的祖国，应该从强壮每一个国民做起。如果每个中国人都有一副强壮得可以活100岁的身体，这个民族就不得了了。

## 纵横比较全世界的健康管理

也许有人会说，现在中国的人均寿命排名差那么远，一下子能赶得上去吗？

我在“中国梦理所当然包括百岁民族梦”一节中，提出了在21世纪末，把中国建设成为百岁民族的目标。这个任务当然是很艰巨的，但是不是不能完全实现呢？我的回答是肯定的：只要我们从现在开始就认真地采取措施，脚踏实地按照中医养生学那一套去做，经过几十年的努力，是可以实现的。

有三个榜样是可以学习的：一是日本。日本从20世纪60年代初公布百岁老人比例排名，到1985年人均寿命第一，也就是25年时间。二是古巴。古巴在美国对它全面封锁的前提下，经济十分困难，也只用了二三十年的时间，人均寿命就达到第24位。三是中国。中国经济在非常落后的情况下改革开放，30年时间就达到世界第二。

为了回答中国人能不能在几十年内赶上去的问题，我用比较分析法，对全世界各个国家的健康管理，进行了认真的对比分析，把他们存在的问题一一找出来，我们的努力方向就清楚了。中国的机会在哪里呢？中国的机会就在把别人没有做好的健康管理，按照中医养生学规范化的标准做好，我们就可以超过他们了。

世界各国健康管理到底存在一些什么问题呢？

第一分析美国。美国是健康管理的创始国。2010年5月25日，专家卢大能在健康有为网上发表了一篇《美国健康管理历史及现状》说，美国70%的人享受健康管理服务，结果美国的人均寿命连续几十年排名靠后，在发达国家中接近垫底。美国是当今世界的头号大国，经济、科技都高居世界榜首，然而美国的人均寿命却屈居全球第31位、36位。美国人医疗开支相当于其他发达国家的2倍——每人平均7290美元，得到的服务却是品质差、效率低。因为美国人崇尚自由，许多人不会听健康管理人员不抽烟的劝告，虽然买了健康管理，但仍然抽烟不误，健康管理的监督无效。

还有健康体检。西医体检只能检查“已病”，不能检查“未病”。大部分亚健康问题，他们是检查不出来的，更谈不上如何应对，如何采取干预行为。

最根本的，是缺乏正确的指导健康管理的指导思想。健康管理，说穿了就是“治未病”。世界上只有中国人发明了治未病的科学，就是以《黄帝内经》为代表的中医养生学。美国没有中医养生学的科学理论，因此就用西医那一套预防医学来指导健康管理，自然连亚健康都检查不出来，更不要说做全面的健康干预了。

所以，美国缺乏规范化的健康管理，根本原因是他们缺乏“治未病”的中医养生学理论的正确指导。本来，他们提出的健康管理这个概念是很好的，很科学的。但是，没有正确的理论指导，又缺乏行之有效的监督，健康管理的行动自然走向盲目。

第二分析日本。日本虽然拿了人均寿命第一，健康管理是目前世界上相比之下搞得最好的，其实也有不少问题。一个重要问题是没有对健康问题进行全面管理，实际上是个跛子。日本人只重视饮食养生，饮食养生每一百多人就有一个营养师。饮食养生也有工作圈和生活圈的有效监督，效果非常好；全世界公认：日本人就是靠饮食养生才夺取了人均寿命第一的桂冠。日本人也重视体育运动，经常参加体育运动。但是，除了饮食养生和运动养生之外，其他的事就不怎么重视了。比如，日本人工作高度紧张，晚上深更半夜坐酒吧不回家，就严重违背中医养生学的精神养生和起居养生。日本人完全忽视了精神养生和起居养生这两个重要的养生内容。如果这两个养生也能像饮食养生那样严格管理，日本人的人均寿命就更不得了。

一部分健康问题严格管理，另一部分放弃管理，这就是日本健康管理的问题。只有坚持中医养生学的全面养生原则，才能把各个方面可能出现的健康危险因素全部堵住。

第三分析古巴。古巴是靠全民免费医疗制度和家庭医生制度各列人均寿命第24位的。它和美国一样，缺乏中医养生学治未病理论的指导，不能做到全面养生。

其他国家更是如此。

总的说来，世界各国的健康管理，都处于没有正确的治未病的科学理论做指导的状况，都按照自己的认识和理解去做，存在很大的盲目性。唯有中国有中医养生学这门最先进的治未病科学，它是指导健康管理的最好的科学理论。世界各国健康管理的发展现状，凸显了中医养生学的科学优势，是中国做好健康管理、快速提高人均寿命的最佳时机。

从前面的分析可以看出，一个国家的健康管理，只有认真去做，即使只是做一个或者几个方面的健康管理，都会取得很好的效果。日本只做饮食养生和运动养生，古巴只做全民全免费医疗制度和家庭医生制度，人均寿命就上去了。如果我们按照中医养生学的要求，把精神养生、饮食养生、运动养生、起居养生、经络养生、药物养生等等全面养生的内容，按规范化的程序做好健康管理，人均寿命提高的效果，就会比他们更快更好。

所以，我的结论是：中国完全可能像经济建设那样一飞冲天，坐上人均寿命前二三十名甚至一二十名的交椅。

再算一算时间。截至我写作目前的2016年，到21世纪末还有足足80多年。我们抓80多年的健康管理，人均寿命冲进前二三十位，是没有多大问题的。

中国的人均寿命要在80多年的时间内突上去，有几个有利条件。第一，中国有一个强大的法宝，就是指导人们活100岁的中医养生学这门百岁科学；第二，中国现在有一个强大的优势，就是中华民族崛起，经济腾飞，财力物力充足；第三，中国政府的组织力量是强势的，有力的，只要政府下定决心做，什么事情都能搞上去。如果按照中医养生学的要求进行操作，中国的人均寿命完全可能像中国经济腾飞那样后来居上，一飞冲天，让世人目瞪口呆。如果日本人老不醒悟，就会给我们留下这样一个非常难得的千载难逢的机会。

我们要敢于比较，也要善于比较。比较可以发现别人存在的问题；比较又可以知道自己的优势。

中国人中医养生学两千多年的储备，现在正是发挥作用的最好时机。

### 三个标志性建筑的思维方法

在东方百岁大学的设计方案中，我设计了三个独具特色的标志性建筑：东方百岁大学的主教学楼、东方百岁博物馆东方百岁堂、男女人体双子座大厦。三个建筑都高度集中地体现了中国传统文化的特色，但是使用的思维方法却完全不同。

1. *东方百岁大学主教学楼*

如何设计百岁大学的主体建筑——主教学楼？我的脑子里就一步步地推想：首先它必须体现百岁大学的含义，那就是学了就要活100岁。那学什么呢？当然是学习以《黄帝内经》为代表的百岁科学。于是，我的脑子里就围绕《黄帝内经》盘旋：怎么把《黄帝内经》设计进去，《黄帝内经》那么多的内容，怎么设计呢？翻来覆去都想不出办法，因为从那么多的内容当中找不出合适的形象。

就在这一瞬间，我的求异思维提醒我，干脆不从《黄帝内经》内容中去寻找设计思路，而从另一个方向，从《黄帝内经》这本书的外观形象去寻找思路。思路很快就找到了。那就是用这本书的外观形式作为主教学楼的外观形式。即将书的外观平移过来，成为教学楼的外观。一下就解决了。这个创意的寓意是：打开这本书，就可以实现国际卫生组织提出的“千万不要死于无知”的效果。百岁大学的学生们，就是来这里学习以《黄帝内经》为代表的百岁科学的。学员们走进主教学楼，不就走进《黄帝内经》了吗！

当然，我又从细节上面补充完善了这个设计：一是书不能正面立放，那样就太严肃了，像巴黎的戴高乐图书馆一样。书是随意斜放在草坪上，有一些倾斜，并且呈打开状。二是选择某个朝代出版的历史版本，多少年前的，充分显示厚重的历史文化。

外观设计是模仿思维，模仿《黄帝内经》的外观形式；内部设计就要充分展示内容，我就用形象思维的办法，将《黄帝内经》中黄帝和几个医学家的对话场景展现出来。《黄帝内经》是一部对话体的书，对话的一方是黄帝，另一方是当时著名的医学家岐伯、少俞、雷公等人。教学楼正门的一楼大厅，正中是《黄帝内经》的主人公黄帝的大型塑像，旁边是和他对话的医学家岐伯、少俞、雷公等人的塑像。黄帝正和他的卫生部长岐伯及医学家们，探讨人如何活100岁的养生大道。

百岁大学主教学楼的创意，是要教育全体学员学习古人刻苦钻研的精神，认真学习百岁科学，努力实践百岁科学，不仅自己走上百岁人生的道路，而且为提高中华民族的人均寿命贡献自己的力量。这是百岁大学的主旋律、主题曲。

2. 东方百岁博物馆和东方百岁堂

为什么要建立东方百岁博物馆？其实这是我早就有的想法。过去我多次去过彭祖山，那个纪念馆小得可怜，能够买到的养生历史资料也就那么几本，因为他们只负责研究出版和彭祖有关的资料。我心里始终不满足，老是想：把历史上养生的资料都集中起来多好。这个夙愿一直埋在心底。等到百岁大学的雏形形成以后，我就明确起名百岁博物馆。

东方百岁博物馆汇集全中国和全世界百岁科学的历史、文物、资料，形成世界上第一个大型专业百岁博物馆。东方百岁堂是东方百岁博物馆的一个部分。百岁堂把中国和全世界各国迄今为止有记载的具有典型意义的百岁老人一一塑像，同时用中英文做说明，体现全世界百岁老人汇聚一堂。

百岁博物馆和百岁堂的世界各国部分，一定要争取收集更多国家的文物、史料和百岁老人，体现百岁博物馆和百岁堂的世界性。有哪个国家的文物，有哪个国家的百岁老人塑像，那个国家的人会因为有他们而骄傲，从而积极前来参观学习。

在这里，我使用了一个重要的思维方法，那就是裂变式思维。彭山县政府经营了彭祖山几十年，为什么老是成不了气候？因为那里只有一个彭祖。彭祖，包括彭祖文化，一个人的东西，不管怎么样都会显得单薄，数量太少，看不了多久就完了，不能让人眼花缭乱。

一个百岁老人不行，我们就把很多个百岁老人搬到这里来。在彭祖之后出现的养生大家和百岁老人，其实都是学习彭祖的，应该都是彭祖的学生，所以，我们就要把学习彭祖的都集中到彭祖山来。这样就汇聚成为全世界1000个百岁老人的百岁堂。一个彭祖没多少人看，把1000个百岁老人集合起来，千个百岁老人就规模化了，都要来看了。

当然，这个裂变式的集合是因为彭祖是第一个，是养生医学的创始人和教育家，所以，他有这个号召力和聚合力。是他举起中医养生的大旗，后面的百岁老人自然聚集在他的旗帜之下。其他的百岁老人都不是举旗的，只能是跟旗的，要搞这种集合就勉强了。当然，我们要在宣传的材料中，阐释这第一个和1000个之间的裂变式渊源关系。

我在这里不仅使用了裂变式思维，而且同时使用了全球化思维和一体化思维。因为我们的东方百岁博物馆百岁堂，是在全球百岁运动汹涌澎湃的高潮中诞生的，全世界都没有这个东西，所以我们就把它的目标观众游客，确定为全世界的游客。我们要登高望远，居高临下，稳坐世界第一把交椅。要修就修世界第一。世界第一就可以实现全球游客一体化，因为这里可以把全世界的百岁科学文物和全球著名百岁老人的情况都看全了。你如果只做中国的内容，也就没有这个效果了。

所以，我是用裂变式思维、全球化一体化思维，构建百岁博物馆和百岁堂的内容；同时用裂变式思维、全球化一体化思维，营造百岁博物馆百岁堂的游客。

3. 人体世界公园的男女人体双子大厦

第三个具有标志性意义的建筑，是“人体世界”公园的主体建筑——两个男女人体组成的双子大厦。一个男人体，一个女人体，800米高（高度可以斟酌），并排站立，底部中间有一个连体的基础建筑。男女人体以某个时代的“针灸铜人”为外观造型，上面标出人体的主要经络和365个穴位。人体内部一部分空间可以做宾馆，一部分供人们参观游览，像比利时的原子博物馆和拉斯维加斯的金字塔赌场一样。

世界上以各种各样物体做外观造型的建筑不少，双子大厦也常见，可是，在这个人类占绝对统治地位的星球上，就没有以人体做造型的建筑。

我为什么做这个创意？完全就是求异思维，标新立异。为什么人就不能在人类统治的地球上，作为建筑的外观造型！人的艺术造型在各个艺术博物馆比比皆是，为什么建筑造型就偏偏不选？这有什么禁忌？好像没有看到这个禁忌。

我想起了悉尼歌剧院的设计过程。1955年，澳大利亚为了把悉尼歌剧院修建得有特色，向全世界的建筑设计人员征集设计方案。一年以后的1956年，丹麦37岁的年轻建筑设计师约恩·伍重看到了这个征集广告，虽然对远在天边的悉尼根本一无所知，但是凭着从小生活在海滨渔村的生活积累，看到妻子剥橘子瓣所迸发的灵感，他就设计了一个方案寄去。

澳大利亚一共收到了来自32个国家的233件参赛作品，评委会经过反复认真的分析比较，评出了备选的前三名作品。约恩·伍重的方案，就像一个极不负责的人，用寥寥简单几笔勾画了一个草图，根本就不像一个严格的设计图纸，当然很快被淘汰出局。担任评委会主席的是芬兰籍美国建筑师埃洛·沙里宁，因为没有准时赶到悉尼参加评委会，来了之后，评委们请他定夺。他看了前三名的设计方案，都不满意，于是提出要看所有的方案。看了好多方案，他都摇头，最后约恩·伍重的方案才从废纸堆中重新翻出。埃洛·沙里宁看到这个寥寥几笔的草图，既像海边贝壳，又似一队帆船，形象生动活泼，创意新颖独到，别具一格，眼前一亮，觉得这才是创新的建筑设计，决定非它不可。于是力排众议，在评委间进行了积极有效的游说工作，最后，评委会向澳大利亚政府推荐了他们的最后决定。1957年，约恩·伍重的方案被宣布当选。

1973年10月20日，澳大利亚悉尼歌剧院落成，英国女王伊丽莎白二世亲自主持了隆重的落成典礼。它以独具特色的建筑设计闻名于世，它的外形既像几组竖立着的贝壳，又像列队等待远航的白色帆船舰队。这座建筑已被视为世界的经典建筑载入史册，是举世公认的20世纪世界十大奇迹之一，2007年被联合国教科文组织评为世界文化遗产。2003年4月，悉尼歌剧院设计大师约恩·伍重先生获2003普利策建筑学奖。

这件事最重要的人物是丹麦建筑设计师约恩·伍重。他年轻，37岁，名不见经传，建筑界的无名小辈，却没有思想束缚，这才拿出了一个反传统的独特设计方案。约恩·伍重说，他的设计理念既非艺术家描绘的“风帆”，也不是众人眼中的“贝壳”，而是一堆切开的橘子瓣。正是家里那些剥去了一半皮的橘子启发了他的思维，他豁然开朗，所以来不及做全案的细节设计，就迅速把一个只有外观形象的设计方案寄出去了。他来源于生活的外观形象设计，打败了全世界卓有成就又雄心勃勃的200多个建筑设计师完美无缺的设计方案。这一创意的来源，也因此刻成小型的模型放在悉尼歌剧院前，供游人们在观赏中思考：平凡事物可以点化大师们化腐朽为神奇的创造性思维。我1999年去悉尼访问的时候，在这个模型塑像面前驻足良久，印象深刻。

这个事情还有一个关键人物，那就是担任评委会主席的美国建筑师埃洛·沙里宁。他慧眼识珠，评委会评选的前三名他摇头，后面的一个个设计也摇头，一看到约恩·伍重的设计方案，就爱不释手，赞誉那份从淘汰的方案捡回来的，只有潦草几笔的设计方案“必将成为伟大非凡的超群创作”。如果是另外的人担任评委会主席，可能今天的悉尼歌剧院就不是这个样子了。

2008年11月29日，成千上万封悼念邮件涌向悉尼歌剧院网站。11月30日晚，悉尼歌剧院熄灭灯光；12月1日，悉尼海湾大桥上的澳大利亚国旗降半旗志哀——这一切，都为纪念一个人——11月29日早晨，90岁高龄的澳大利亚悉尼歌剧院设计者、丹麦建筑师约恩·伍重去世。

法国哲学家笛卡尔，也有一个从客观事物外观的形象，触发构思直角坐标系的故事。1619年，23岁的笛卡尔在一支德国部队服役。一个偶然的机会，他解出了数学教授别克曼的一道难题，从此成了别克曼教授的座上宾。他虽然身在军营，却天天钻研数学。自从欧几里得的《几何原本》问世以来，人们一直把代数限定在研究数及其关系的范畴内，把几何限定在研究位置和图形的范畴内。代数和几何截然分家持续了几千年，犹如两座高山被万丈深渊分割。他看到代数与几何各自为政、画地为牢的状况抑制了数学的发展，就琢磨如何架起沟通代数与几何的桥梁。11月的一天，他因病躺在床上，抬头望着天花板发呆。一只小小的蜘蛛从墙角慢慢地爬过来，吐丝结网，从东爬到西，又从南爬到北，在两个方向忙个不停。当时天花板是用木条嵌成正方形的图形。笛卡尔发现，要说出这只蜘蛛在天花板上的位置，只需要说出蜘蛛所在正方形是在天花板上的第几行和第几列。当蜘蛛落在第四行第五列的那个正方形时，他可以用（4，5）来表示这个位置……由此他联想到可用这类似的办法来描述一个点在平面上的位置。这一瞬间，笛卡尔突发奇想，茅塞顿开：在互相垂直的两条直线下，一个点可以用到这两条直线的距离，也就是两个数来表示，这个点的位置就被确定了。蜘蛛网的形象触发了笛卡尔直角坐标系的灵感。蜘蛛网最后变成了笛卡尔的直角坐标系。两条垂直相交的直线就是$x$轴$y$轴，两条直线的交点就是0点。于是，数和形两种形式结合起来，解析几何就问世了。这是数学史上用生活中的形象思维完成数学思维的哲学典范。

我的男女“针灸铜人”双子座建筑，实际上也是来源于生活。我在中医药大学附属医院第一次看到“针灸铜人”，就感到很好奇。觉得我们的前人真是了不起，居然有这样的创造，就在心中留下了深刻的印象，久久挥之不去。设计人体世界公园的时候，我想，既然是人体公园，以人体形象做建筑造型就是理所当然。于是就把“针灸铜人”加以扩张式放大，有一点裂变式的味道，做出了男女人体双子座大厦的外观形象。男女人体同时并肩站立，有“东方伊甸园”之意。

为了让人们理解男女人体双子大厦的造型，我在双子座大厦的一楼大厅，将中医历史上各个时期铸制的正统铜人、嘉靖铜人、高氏铜人、蜀府铜人、半跪式铜人、乾隆铜人、雍正铜人、锡制铜人、乐家药铺铜人等一一塑像，展览介绍。

“人体世界”公园的男女“针灸铜人”的双子建筑，充分展现中华民族的养生文化，体现中医养生学“以人为本”的指导思想，在世界建筑设计中独树一帜。

丹麦建筑设计师约恩·伍重，看见自己家中剥了皮的橘子瓣，就用它来作为悉尼歌剧院的外观造型；笛卡尔看见蜘蛛网上两条直线确定一个点的办法，就用它来构思出直角坐标系；我在中医药大学看见“针灸铜人”，就用它来作为人体公园标志性建筑的外观造型。这都是思维来源于平凡生活的典型案例，都属于形象思维。是将生活中见到的形象，做了一个平行移植。

这里，我们看到了三个源于生活中自己看到的形象产生的创造性思维。前面我在“六张报纸目标的横纵思维”一节中，介绍了1993年我在洛杉矶旅游车上听到导演讲解美国区域组合城市知识，1994年就根据听到的这些知识，把都市报设计成为区域组合城市报，从而独树一帜，而且大获全胜。当然，这里使用的不是形象思维，而是理性思维，逻辑思维，平行移植的不是外观形象，而是知识内核概念的嫁接。

一个人看到的，听得的，只要你会剪裁、借用、变化，无论平凡还是至伟，常见还是新奇，都有可能创造出新的思维成果，让人大开眼界。

### 全球思维系统思维完成百岁大学的设计

在关于百岁运动、百岁大学、百岁科学文化中心、百岁民族等一系列百岁事物的研究中，处于最核心的是百岁大学。我花了三四年的时间精心琢磨，最后用全球思维系统思维将各方面的内容统一起来，形成了百岁大学的整体方案。

首先是视野高阔，气势宏大，完全是一个新的角度思维。只要想一想现在的时代潮流——一、全球百岁运动如火如荼争先恐后；二、人类从治已病时代跨入治未病时代这个大转折的关键时刻；三、一大批国家人均寿命将在半个世纪后陆续达到100岁，在这个人类历史长河几千年难遇的洪流爆发前夜，由创造治未病理论即百岁科学的中国，推出一个为全中国和全世界人民活100岁服务的百岁大学，一个为百岁运动添砖加瓦推波助澜的动力工程，意义非凡。

我从全球百岁运动形势逼人、国内养生大潮汹涌澎湃和两千多年治未病历史的深刻启示三个方面，论述了办百岁大学的客观条件完全成熟；从诞生两千多年的百岁教科书、丰富多彩的养生理论和实践、当代专家结合实际的发展创造三个方面，说明中国人追求健康长寿的历史是极为悠久的，中国历代的养生保健文献是极为丰富的，中国传统的中医养生保健理论是博大精深的，中医养生保健的方法是丰富多彩的，论证了办百岁大学的主观条件已经充分具备，从而对百岁大学的前景胸有成竹，满怀信心。

百岁大学是一个庞大的系统工程。这个系统工程，从宏观上包括管理体制、治未病上医（师资队伍）人才高地的建设、全国分校全民普及全面发展的统筹规划、全球分校为全世界人民健康百岁服务的产业规划，从中观上包括百岁教科书的编写、百岁大学的文化建设、中医体检中心、大中小学学生的百岁科学教育等，从微观上构建的细节就更多了，在保证治未病效果的一系列措施中，就有诸如为每个学员治未病处方、建立学员的“百岁身态档案”、生活圈和工作圈的有效监督、培养学员的百岁素质、上班族的百岁科学教育等等。

前面百岁大学方案已经完整地解剖了那个系统工程的方方面面，这里想说的是系统里的几个创新。

首先是百岁大学的新型管理模式。真正要办好百岁大学，还得要探索和建立能够保证完成任务的新的教学模式。

到底百岁大学的任务是什么呢？前面的分析已经告诉我们：建立百岁大学是为了“治未病”。所以，百岁大学是治病的。名字叫百岁大学，实际上是“治未病”的“医院”。百岁大学要对学员进行百岁科学的教育，但在教育的同时，就对学员的未病信息提前采取相应的预防措施。所以，这个教育从一开始就是治未病理论和学员的身体实际相结合，切实解决学员身体健康的问题，健康教育和健康管理完完全全结合在一起了。

很明显，百岁大学与其他学校相比有三个不同：不是文凭教育，不是学历教育，不是职业教育。那是什么教育呢？是生命质量的管理教育。

百岁大学与其他学校的这三个不同，就决定了百岁大学不能采用一般学校的教学模式。同时，百岁大学与一般的医院也不同，所以也不能采用一般医院的管理模式。百岁大学不得不独辟蹊径，创造一个集健康教育、健康管理于一体的全新模式。

用百岁科学分析总结全世界在百岁运动中的健康教育、健康管理中存在的问题，百岁大学采取相应的对策把这些问题一一解决，百岁大学的全新模式就出来了。

百岁大学“健康教育+健康管理”的全新模式，是在总结全世界特别是西方健康管理教训的基础上，采取一整套措施。1. 这种健康管理模式，是以健康教育为基础的，大大提高了被管理人的健康管理的自觉性，使健康管理建立在普遍自觉的基础之上。2. 充分调动个人自己的积极性，自己管理自己的健康，管理者和被管理者做到水乳交融。3. 健康管理的干预措施，有工作圈和生活圈的随时随地的近距离直接监督，能够保证干预措施得到兑现。

这就是百岁大学的创造：健康教育和健康管理相结合。这和全世界和中国当下流行的健康管理公司相去甚远。它们是不做教育，只说管理，管理又是没有监督的管理，实际上两个都是脱节的。百岁大学是：健康教育就要教育到你完全弄懂弄明白，思想认识清楚了，执行才具有高度的自觉性；健康管理就管理到家，生活圈和工作圈都把你监督到位。百岁大学的学员，每天都按照百岁处方去生活。

百岁大学在中观系统的创新之一，是建立独具一格的中医“治未病”体检中心。

世界卫生组织的一项全球性调查显示，真正健康的人只占5%，患有疾病的人占20%，剩余75%的人则全部处于亚健康状态。很多人常常感觉头晕头疼、眼睛干涩、疲倦乏力、胸闷气短、心慌、少气懒言、食欲不振、消化吸收不良等等。但这些现象发生之后，到医院又检查不出异常指标来。拖着疲惫不适的身体，手持无异常指标的化验单，越来越多的人面对一种窘境：治病无门。

很明显，西医体检只能检查“已病”，而中医体检恰恰能够检查出“未来的病”。

在亚健康席卷大多数人群的今天，东方百岁大学要充分发挥中医治未病的独特优势，建立世界上最大的独具一格的中医体检中心——真正能够检查出未病的体检中心，为百岁大学学员及社会大众的“治未病”和百岁人生做全程服务。

中医体检中心开展的中医体检，是在中医理论的指导下，根据人的时间生命信息，运用“天人合一”，人体阴阳平衡，五脏相生相克的原理，用传统的望、闻、问、切、断“五诊”合参，通过观察被检者的神、色、形态，再通过面色、头颅五官九窍、络脉、肌肤、手足、胸腹等局部检查，以及舌质、舌苔等舌象检查，加上把脉，询问被检者的身体情况、感觉、饮食、习惯、工作环境、既往史、家庭史等，来做一个综合判断。体检的结果也不是一张简单的检验单，而是一份辨证分型结果，具体确定被检者是哪一种体质，然后针对不同体质和健康状况，提出养生或治疗方案，制订个人健康提升计划。

中医体检这种全息诊断方法的科学性和先进性，在于中医认为人体是一个相互关联的整体观，人体的很多局部特定领域，储存和包含了人体的全部信息，因此可以通过某一局部的变化，观察判别全身或其他部位的疾病。《黄帝内经》的经络学说和脏象论，提出局部有整体的信息，就表现了局部和整体之间的全息关系，为中医从各个方面诊断判别病情的全息诊断奠定了理论基础。当今世界风行的生物全息理论，其实两千多年前就被我们的中医理论家们发现和广泛运用了。

中医体检全息检查诊断的内容十分广泛，包括耳诊、足诊、头诊、面诊、目诊、鼻诊、舌诊、手诊、腹诊、脐诊等等，都是通过某一局部的变化，观察诊断全身或其他部位的疾病。现在，做这些研究的人，一部分还散落在民间，东方百岁大学中医体检中心要把这些有一定研究的人，统统吸引集中起来，为全人类治未病的宏图大业大展身手。首先要像当年编辑出版《黄帝内经》那样，编辑出版一本《中医体检学》和《中医体检大全》。

百岁大学的中医健康体检中心，当然也要把西医体检的所有技术、设备和手段都嫁接进来，将中西医体检的各自优势结合在一起。

可能有人会提出质疑，由于中医体检的结果不像西医体检那样有清楚明确的量化指标，相对抽象的体检手段也难以保证其准确性和唯一性，从而怀疑中医体检的科学性。其实，两种体检方法实际上针对的是不同的情况：已病和未病。如果要衡量一个人身体已有的病情，肯定是依靠西医体检手段更为明确；但如果你想知道疾病发展的趋势和预防未病而抗衰老，中医体检则具有明显优势而大有用武之地。

东方百岁大学体检中心是中西医体检结合的体检方式。西医各种项目的具体检验，了解病症，中医的全息检查，确定健康管理健康干预的方向，各发挥各的长处，优势互补，各领风骚，相得益彰。

大中小学学生的百岁科学教育，在中华民族普及百岁科学的教育中，是一场重要的攻坚战，所以在百岁大学的策划中，给予了特别的重视，因为一个人的健康长寿，从小是打基础的重要阶段。日本就是大中小学的营养法教育，就奠定了一生的健康意识和健康习惯。

现在中国学校的体育课，完全变成了竞技体育课，就是跑步、游泳、打球、跳远等等，和奥运会设置的比赛项目差不多，看谁跑得快，跳得高，向身体各方面的极限挑战，是一种极限体育运动。这种体育教育只是为竞技体育培养后备人才，可以保证奥运会金牌数量第一，保证不了人均寿命第一。

学生的体育课，应该变成百岁科学教育课，成为学生的体育素质教育课，为学生健健康康活100岁夯实基础。学生每天安排一个小时的百岁科学教育课，既有竞技体育运动的训练，更要有《黄帝内经》关于“法于阴阳，和于术数”养生大道基础知识的学习，懂得心理养生、时令养生、经络养生、饮食养生、起居养生、运动养生等基本知识，不仅防止他们走上“小胖墩”的可能短命的人生道路，还要让他们懂得灸疗养生，常灸足三里，储存充足的源源不断的生命能量，为攀登百岁人生打下牢固的基础。学生的饮食养生，要像日本那样配备营养师，保证学生的膳食营养科学合理，不出那么多的“小胖墩”和“富贵病”后备军。

长期以来，中国的学生树立的理想都是当科学家、工程师、医生、教师等职业理想。我们的学校应该通过百岁科学的教育，教育学生在树立当科学家等职业理想的时候，同时树立活100岁、当百岁寿星的生命理想。两个理想——职业理想和生命理想并行不悖，齐头并进，才能不枉度一生。只有很好地实现了自己的生命理想，才能很好地完成自己的职业理想。我们伟大的科学家钱学森，就活到98岁，对中国的“两弹一星”做出了巨大的贡献，为广大青少年学生树立了百岁科学家的榜样。

百岁大学一定要为大中小学认真编写出一套很好的百岁科学教育课的教材。它应该像语文数学那样的标准化课本；教学内容循序渐进，把学生们应该掌握的百岁科学知识讲解清楚。小学生就应该普及太极拳，懂得起居养生、四时养生、饮食养生、经络养生、运动养生的基本常识，养成良好的生活习惯，不要染上不良生活习惯。中学生要懂得中医养生的基本原则和理念，以及对心理、经络、饮食、运动、起居等几个主要养生方法全面掌握，还要学会八段锦、五禽戏等传统运动项目。也就是说，一个高中毕业生，应该是基本掌握了百岁科学，并且自觉地在生活中运用和遵守。大学生就是在此基础上的深造和提升。

百岁大学所进行的工作，是一个世纪工程，是一个民族群体攀登人类寿命顶峰的工程。百岁大学的普及，将强有力地大幅度地推动中国人均寿命的提高，推动整个人类寿命的提高。

### 求异思维创新思维贯穿百岁思维的始终

总结整个这一系列百岁事物的思维过程，实际上，它是我思维方法库的又一次重大战役，是将众多的思维方法调集起来，围绕百岁运动、百岁大学、百岁民族和百岁科学文化中心等一系列的百岁事物，进行了一次围追堵截，从里到外，由此及彼，蒸炖烧烤，加工制作，一番思维运动之后出现的结果，令人大开眼界又喜出望外。

我是一个医疗外行，没有传统思维的约束，既可以走与过去完全不同的思维路线，思维过程就可能高屋建瓴，异军突起；又可以像打造川菜王国一样，用从来没有用过的另一个领域的思维方法，来加工这个领域的各种信息，很容易柳暗花明，出奇制胜。

总的说来，在这一系列百岁事物的思维过程中，求异思维创造思维贯穿百岁思维的始终。

你看——

所有中医医院的治未病中心都在治已病，我考察审视之后，使用批判性思维对过去治未病组织形式提出质疑，从而推出了百岁大学的新模式，新桃换旧符。

其实，新旧也只是时代不同打上不同的时代烙印而已。彭祖3000年前就在仙女山办百岁培训班，现在治未病的学员数量发生裂变，思维跟着数量变化而变化，海量治未病学员只有迈进百岁大学。量变引起质变，形式与时俱进。

中国人生活水平大提高，结果就出现全民大面积“三高”。日本为什么没有出现类似的情况？中国治未病的上医到哪里去了？我的质疑接连不断。其实中国治未病的上医，个个都在，只是给海量病人治未病的上医，不是医生个人，而是领导千千万万个医生的政府职能部门——卫生部。治未病的人群从少量变成海量，量变引起质变，上医就从医生个人变成了政府组织。这个质变可是大家都没有预料到的。所以，连提出治未病的《黄帝内经》也没有把这个问题说清楚，那个时候也不可能认识到这一步，政府部门也就不知其然更不知其所以然了。当然，就这些问题发展《黄帝内经》的任务，就落在当今中国人的身上。如果出版新时代版本的《黄帝内经》，这一点必须有今人的理解。至少应该在注释上加以说明。

这就出现了前面所说的，治未病群体数量从少量变成海量，治未病的两个层次就凸显飞跃——从上医个人治未病到政府组织给海量民众治未病的飞跃。

创新自然求异，求异也就创新。求异思维永远是社会创新的动力。

人体世界公园，是将人类的养生活动，用公园的形式，将人体结构的各个部分一一展现出来，将相关的养生知识配合介绍。这是健康教育的一种新的形式，外观直觉形象生动，这在公园建设领域是一个创新。

我走过30多个国家，在很多参观圣地游览之后，都要配套看一次相关的演出，而且有的演出与参观内容演绎得丰富多彩。因此我突发奇想，这个人体世界公园也要成立一个百岁艺术团，每天为旅客举办“百岁科学文化”的娱乐演出。演出内容也是演绎人体养生的故事和知识。比如，十大穴位争宠记，反映各个穴位的功能；足三里欢乐舞蹈，反映日本足三里百岁家族和仁川将军一起过桥的故事；北风吹诗歌朗诵，反映老人养生一定要避风。还有罗马城80岁老人早晨见了120岁老爷爷没行礼，被100岁老爸打了耳光的故事，美国医疗专家调查20世纪70年代中国没有“三高”的书，等等。把历史上的名医、名医案、养生家养生的故事等等，一一搬上舞台。主题歌便是百岁大学校歌《咱们都活一百岁》的大合唱。这是中国和世界上都没有的“以人为本”的演出，别开生面，独树一帜，具有独特的教育性和娱乐性。

在中医治未病体检中心的具体设计方案中，我还有一个设想，就是将人的生命全息信息，输入现代化的电脑，将未病信息的判断通过电脑数码存储和智能化处理，提高它预测的数量级和准确性。我在《策划传媒》一书里讲述了“IBM导演人机大战”的故事：电脑公司为了设计能下棋的电脑战胜国际象棋大师，给电脑输入了近200万局国际象棋程序，不仅提高了它的运算速度，使它每秒能分析2亿步棋，同时，还能举办“棋艺培训班”。这个故事告诉我们，人类像下棋的棋谱这种带有规律性的智慧，通过数码存储，可以达到每秒能分析2亿步棋的思维速度，实现电脑战胜人类冠军。

现在我们的医生用耳诊、足诊、头诊、面诊、目诊、鼻诊、舌诊、手诊等方法看病治病，多数只是掌握了一般的常识，全国真正的高手也不是很多，能够准确判断的专家屈指可数。能够出版专著的，足诊有杨奕，手诊有王晨霞，等等，说明他们很有研究。全国需要治未病的人那么多，靠他们能看得过来吗？不行。怎么办？我们就用电脑下棋的办法，将相关信息做数码存储和智能化处理，用现代化电脑机器人的海量信息和超高速运转速度的优势，满足海量人群和远距离治未病的需求。这就将现代化高科技和传统中医治未病技术有机地结合起来，优势互补，比翼高飞。

当然，中医生命全息理论和现代高科技的结合，还有很多事情值得研究，还有很长的路要走。但是，这个方向是不容置疑的。中医人体生命信息治未病的人工智能诊疗专家，将在未来百岁世纪百岁运动中大显身手，大展宏图。一大批真正称得上“上医”的智能计算机医生将脱颖而出，出类拔萃，为人类做出巨大的贡献。生命全息理论和它的运用，将是未来影响时代潮流的风云科学和弄潮儿。

# 万里长城何不游万里



正在我写到这里的时候，央视十频道《远方的家》播出系列报道“长城内外”，几十集。2015年10月29日下午，我正准备看央视《健康之路》，翻到十频道的时候，看到记者唐月娇采访长城“北京结”。短短的时间就吸引住我了。这一段长城因为蜿蜒呈W状，形如满弓扣箭而得名“箭扣长城”。险峰断崖，雄奇险要，充分展现了长城的惊、险、奇、特、绝，领略到原汁原味的古老的长城景观。记者坐在特制的观摩气球里，近距离欣赏悬崖绝壁之上垒上去的层层巨石和直刺苍穹的烽火台，仍然是心惊胆战，叹为观止。

第二天，10月30日，《远方的家》又播出了长城脚下的国际村。一个外国人为了能够经常住在这里看长城美景，在这里租下房屋，重新改造，让各个房间都能够把长城尽收眼底。他的行动引起了一大批外国人仿效，多少年之后，那里就形成了一个规模不小的长城国际村。住在那里的中国人都跑到北京城去了，北京城里的外国人就跑到这里来，专门住下来慢慢琢磨着看长城。一个个外国人营造长城文化的国际村，就在漫长的长城脚下诞生了。

这样的长城文化国际村，在长城脚下有几十个。就在这一瞬间，我的整体思维、裂变式思维和聚合思维启动了！整体与局部也是一种数学思维方法。外国人看长城，当然更喜欢看长城的全貌。局部岂能代表全貌！万里长城万里长，横贯祖国大陆东西，逶迤连绵，气势磅礴。据报道，从卫星上看万里长城十分耀眼。如果能够从头到尾一气呵成看一遍，那真是雄伟壮观，心潮澎湃，难得的大饱眼福。现在只能是看一两个或者几个分散的零星的景点，就是这样也都激动得很。其实那只是一颗珍珠而已，看不到宏伟的气势，看不到壮观的场面。如果把这一颗颗珍珠串联起来，将看得个个眼花缭乱，凸现“千里冰封万里雪飘”似的画卷。

我想，既然古人都有修万里长城的气魄，我们今人怎么老是还在那里孤零零分散做“点点游”？万里长城何不来一个游万里？！我们应该有一点古人博大的胸怀。斯大林可以转着地球仪部署世界大战，我们也可以展开中国地图部署游万里长城。

我的思维结果是：全世界70亿人，想全程全貌观看长城的人不少。这个市场很大。我们向全世界推出“万里长城万里游”旅游项目，从观看一两个到几个长城景点，聚合为观看整个万里长城气势磅礴、从头到尾横贯中国大陆一万里的雄伟壮观景象。五日游、七日游、半月游，很多选择。

我马上联想起我在澳大利亚黄金海岸旅游时，就参加了他们的飞机观赏项目。黄金海岸是一个带状城市，一条街沿着海岸线延伸，长达10公里。所有的高楼大厦也都呈一字形展开，排列在海边。每一座大楼都不愿意躲到后面去。这个城市的地图一页纸根本装不下，只好呈折叠状，一段一段接起来，十几页。要看整座城市，只好乘坐飞机，在海空上瞭望黄金海岸。用相机拍摄出来，就是整整齐齐"一字形"的一排高楼大厦，挺立在波光粼粼的海面上，非常壮观。黄金海岸的书店，到处挂的是这个独具地方特色的海滩排楼精美照片。这是我第一次乘坐飞机观赏景色，留下了难忘的印象。现在要观赏万里长城的全景，飞机观景就是必须采用的办法之一了。

我越想越激动，随着中华民族的崛起，中国在世界上影响越来越大，万里长城是展现中国形象的最好的选项。记得不久前传媒报道，习近平总书记在讲话中提出，要让文化遗产活起来。收藏在禁宫里的文物、陈列在广阔大地上的遗产、书写在古籍里的文字，都展示着中华文化的独特魅力。习近平总书记既然发出了号召，我们就应该行动。中国本来就是一个文化遗产强国。不能让它们都束之高阁，远离群众，可以想方设法烹调成为大家喜欢的文化大餐。万里长城在中国的广袤大地上躺了两千多年，现在只拿出了几个小点点给人看。从巨龙身上的一根毛——八达岭，怎么能看清楚巨龙是个什么样子？！没有人欣赏过这条巨龙的全貌，真是太浪费了。那么值得一看的东西，闲置一边，多可惜。我们要把它巨大的市场价值开发出来，让全世界喜欢的人看个够，让全世界的人看了之后为之欢呼，为之骄傲。

世界不可能再出现比万里长城规模更大的建筑。这不仅是中国人的骄傲，也是整个人类的骄傲。人类在世界上修了多少建筑，哪里会有这么大的空间规模。这是人类唯一一个超长空间规模的宏伟建筑，永远不会有第二个。正因为如此，值得喜欢旅游特别是爱好文化古迹的旅游者，从头到尾认真地一边欣赏，一边琢磨。

也就在那几天，我又在央视《挑战不可能》节目里，看到一个外国人坐气球，跨越一个难以跨越的障碍，飞行成功。主持人问他：还有什么梦想？他毫不犹豫地回答：我要飞越长城！全场给以他热烈的掌声。你看，外国人对长城有多少梦想。

我想，成立一个"万里长城万里游"公司，专司其职。要设计专门的飞机，低空飞行。有的地方要停下来，换乘气球，像记者采访那样乘气球近距离观赏。重要的关口、烽火台，要直接去攀爬，参观游览。万里游规模会越来越大，还要修建为万里游服务的长城大酒店。万里游就有三种形式：飞机中远距离看宏观，气球近距离察微观，脚步现场做丈量式体验。

我想起了一个创意。1993年我第一次去拉斯维加斯的时候，那里还不算大。2000年再去，简直就大变样了，冒出了好多个以世界著名景观为造型的大酒店。拉斯维加斯不仅是赌博之都，而且成了世界建筑奇观大荟萃。埃菲尔铁塔、金字塔、威尼斯水城、古罗马等等，都在这里争奇斗艳。金字塔大酒店的外观，就是一座金字塔；威尼斯大酒店是在庞大的酒店内，修了一条可以坐船游览各种景观的"威尼斯运河"；巴黎大酒店则是将埃菲尔铁塔耸立在酒店之上，可以从酒店的大厅坐上去游览一盘。当时我就想，还缺一个中国文化的建筑。中国文化的建筑，外观造型是什么呢？我的创意是：以长城为外观造型，在这里建筑一个长城大酒店，最好有一公里长，以示长城之长。

现在，这座长城大酒店就先在"北京结"附近修好了。既然"北京结"充分展现了长城的惊、险、奇、特、绝，就在附近的哪个山头上，选择观望"北京结"的最佳位置，修建一个长城大酒店，外观与长城一样，就是一段长城，一公里长。里面和现在的五星级宾馆一样。住人的房间，就设置在长城安排住军人的地方，最多不超过三层。从房间爬楼梯上去，上面和长城一样。又可以瞭望对面的“北京结”长城。把酒店顶上的“长城”走完，还可以乘坐气球，到对面的“北京结”、望京楼近距离拍摄一番，真是心旷神怡了。



住在这座五星级长城大酒店里，那比住在长城国际村，更有一番超越时空的味道。如果再在长城大酒店的影院，看一场孟姜女哭长城之类的影视剧，或者关于长城的文艺演出，就别有一番滋味。

长城大酒店的文化设施，一定要把长城文化营造够。不仅有长城的各种各样的传说，烽火台的建筑艺术，长城文物展览，以及开发万里长城的游戏。有一次我看过一个立体电影，拍摄的是一个陡峭的山峰。拍摄者坐在飞机上，从山顶飞驰而过，一次又一次，从不同角度拍摄。戴上立体眼镜看，险象丛生，看得你心惊肉跳。我们不妨来一个平移法，用立体摄影拍摄万里长城，肯定给人是另外一种雄伟壮观、心旷神怡的感觉。在任何地方都找不到这样的感觉！首先要拍摄好这个3G立体宣传片，它会吸引很多人产生现场观看的欲望。



21世纪是旅游世纪，旅游产业的产值将占全世界生产总值的10%。中国是全世界瞩目的经济文化中心。万里长城万里游，将成为全世界火爆的旅游项目。我们要做出长远规划，建立“万里长城万里游”微信公众号，游万里长城者，网上报名。

那几天，我又从网上查阅了长城的一些资料，万里长城各个地方的看点，真是太多太多。比如——

**长城与黄河在老牛湾握手**。山西省和内蒙古自治区的交界处，既有黄土高原沧桑的地貌特征，也有大河奔流的壮丽景观。这里是长城与黄河握手的地方，是中国最美的十大峡谷之一。

**长城和黄河四度相逢**。长城和黄河是中华大地上的两大奇观，一个是人类用勤劳和智慧所造就之气势磅礴、雄伟壮丽的巨龙，一个是大自然神功奇力所造就之九曲连环、浊浪滚滚的玉带。它们四度握手，在很多地段结伴而行，相互辉映。长城和黄河在中华大地上，穿高山、越大漠，冲破一切险阻，始终勇往直前。

**劈山而造的山险墙**。在辽宁境内，明代辽东镇的长城就是利用悬崖陡壁，稍微把崖壁劈削一下就成为长城，巧夺天工，“一夫当关，万夫莫开”。

**司马台长城**。北京市密云区东北部的古北口镇境内，东起望京楼，西至后川口，全长5.4公里，有敌楼35座。整段长城构思精巧，设计奇特，结构新颖，造型各异，堪称万里长城的精华。中国长城是世界之最，而司马台长城又堪称中国长城之最，1987年被列入世界遗产名录。

**山海关长城**。万里长城的入海处，长城入海的端头部分，有“中华之魂”的盛誉。

**嘉峪关长城**。嘉峪关长城是明长城西端的起点，河西第一隘口，也是丝绸之路上的重要一站。城关两端的城墙横穿戈壁，可以体会到大漠孤城的苍凉。

**九门口水上长城**。位于辽宁省绥中县李家乡新台子村。在宽达百米的九江河上，筑起规模巨大的过河城桥，“城在水上走，水在城中流”。

…………

万里长城万里游，内容丰富多彩，看点多多，值得一游。

# 04 第四章 国人思维方法库贫穷落后

这是本书最重要的一部分。作者分析中国人思维方法库的贫穷落后，一系列论述振聋发聩。中华民族要崛起，中国就一定要打造成为思维强国，中华民族就一定要打造成为思维强族。

# 为什么很多人找不到我创造性思维的源头

### 思维方法库的公开考试

所有新闻的发生都是公开的，做不做新闻，怎么做新闻，都是对新闻工作者进行一次次思维方法库的考试，而且是开卷考试。你能不能不断取得优秀的成绩，就看你的思维方法库有多少思维方法的库存。

碧峰峡模式，那就是一场开卷考试。景区开业，新闻界的人都去了，然后是元旦、春节旅游高峰宣传报道，碧峰峡敞开让大家采访。可是，成都市的，四川省的，全国的，新闻界那么多人都认识不到碧峰峡的旅游体制改革是个马上可以引领改革潮流的新事物。我的碧峰峡模式系列报道，最后使得国务院修改了几十年不变的政策。

上海轻博会在省展览馆开张了，成都的传媒都做了开展的报道；但是，它卖假冒伪劣的事情就只有《华西都市报》报道。为什么？因为我使用的批判性思维，他们没有。追踪报道轰动上海，新民晚报找成都晚报供稿，成都晚报拿不出来。这个追踪报道使上海市人大专门制定了展览法。上海轻博会假冒伪劣，就对成都媒体进行了一场批判性思维的考试。

房地产质量里面的假冒伪劣现象，多少年来危害百姓。“国际大都会”三百多套房屋一半质量有问题，住户苦不堪言，这些住户联名四处告状，向媒体的反映也接连不断。有的媒体也做了报道，看到没有效果就放弃了。我使用裂变式思维和聚合思维，从“国际大都会”开头，向那几个质量问题严重的房地产小区，一个接一个地进行排炮似的猛轰。那些单个的批评报道，对这种顽固堡垒起不了多少作用，我们天天轰，规模效应就出来了，他们就坐不住了，因为四面八方到处都听到对他们的批评。我们同时发动和组织法律部门配合作战，消费者协会一起动手，舆论和工作部门相结合。他们四面楚歌，团团围困，只有做纠正、赔偿、维修等等弥补工作。这次大规模围剿劣质住房报道持续一年多，使得“国际大都会”和那几个小区，多少年没有解决的问题都解决了，中国质量万里行组委会表彰授旗。

“国际大都会”是一个香港人当老板，财大气粗，一向对找他的人置之不理。经过我们长达一年多的舆论围剿，他最后不得不全部解决住户提出的问题。香港老板专门到华西都市报登门拜访，要请让他低头的这个对手——华西都市报总编辑吃饭。在饭桌上，他一再向我敬酒。他说他在中国到处搞“国际大都会”，没想到在成都遭遇滑铁卢，说“佩服！佩服！”。

还有孩子回家行动、假郭燕正名演出、府南河工程、敞门发行学……

这样的事情不是一两个，不是几个，而是不断。

一个接一个新闻或者传播或者传媒经营管理的问题，让一个学数学的席文举，超越了那么多的专业新闻人。如果超越的是偶然一件事，还可以说是巧合，接二连三的超越，这就不能不令人思考了。

古人云，事不过三。过三的事情肯定就有规律可以研究。

首先是新闻业务的对比。席文举没有读过新闻系，没有系统学习新闻理论，他的新闻业务知识肯定不比新闻系的多。这么多的新闻人，新闻业务知识加起来，那比席文举多得多，如果是新闻知识竞赛，席文举是赢不了的。

所以，这肯定不是一场知识对知识的考试。

实际上，我和全国的新闻队伍，在新闻业务、新闻策划、报业管理、报业市场等各个领域，同时参加了一场新闻市场、报业市场的开卷考试，考场摆在上海轻博会的展览馆，摆在府南河工程指挥部的会场，摆在碧峰峡的山头上，摆在报纸发行人员走过的大街小巷，摆在打拐办发布8个被拐孩子找不到父母的新闻发布会上，摆在都市报晚报决一雌雄的报业市场，摆在……扬子晚报周总编介绍嫁接机关报的优势，就是一张考卷。省报办市场化报纸，是办周报、晚报还是市民生活报，就更考人。到处都成了开卷考试的考场，到处都是考卷。不少新闻人的答卷不及格，像自办发行协会就是交了一张不及格的卷。而在席文举参与的地方，就给出了与众不同的答卷。像碧峰峡模式、小金县卖景区、扬子晚报嫁接机关报优势，很多时候就是一两秒钟的瞬间，就拿出一张优秀答卷，以至旁人大为惊奇，目瞪口呆。

为什么出现这种情况？这是因为，新闻市场、报业市场要考的，哪里只是新闻知识和写作方法，更主要的，是考思维方法。决定胜负的不是新闻知识，不是写作方法，而是思维方法。那些在新闻学院课堂上书本里学到的新闻知识和写作方法，远远不够用。席文举以新闻人所不具有的独到的数理思维方法，以现代科学思维方法，在与仅仅只有一些新闻知识和写作方法的新闻人的竞赛中，屡屡胜出。

如果简单归纳，那就是：数学思维方法库的胜出。

实践是检验真理的标准。你没有多少现代思维方法，想在现代传媒世界中游刃有余，稳操胜券，做不到。

### 传媒教育缺乏科学思维方法的教育

中国新闻界有史以来大规模对席文举源源不断的创造性从哪里来的研究，最终也没有走到数学思维方法这个源头和终点。所以不断有人提出席文举为什么能创造都市报的问题，始终没有一个答案。明明看见“他从数学王国走来”，就不懂得他从数学王国带来了什么。

正因为如此，我要说，中国新闻队伍的科学思维方法库，还处于一个贫穷落后的状况。

新闻教育只重视知识教育，不重视方法教育，这是整个中国教育的通病。新闻和文科进行的方法教育，也只是写作方法的教育，都以为会写就可以把新闻工作搞好了。谁知道走上工作岗位以后，仅仅有一些写作方法，不仅解决不了所有的问题，而且解决不了主要的问题。比如那些处于编采领导和指挥岗位上的人，主编、主任、总编辑，他们担负的工作，就不只是会写，更重要的是会出点子，做决策。你领导的人越多，领导的领域越宽，你的思维方法库越要丰富多彩才行，不然你就拿不出创造性的新点子、新办法。主编、主任、总编辑，不是会写就能当好的，这些岗位对个人思维方法库的要求，远远高于写作方法的要求。

新闻界普遍认为，只要你会写就能干好些新闻工作。这是一个很大的误区。会写的人能够当好记者，或者编辑，很多人都当不好主任和总编辑。笔杆子、写手当总编辑办垮报纸的故事，远不止一两个。华商报原来的总编辑就是一个作家。老板为了办好《华商报》，千里迢迢从北京请来一个作家，以为会写就行，结果两年就亏了1000万元。后来换了一个被陕西日报称为“不会办报的”（就是不会写文章），只会端照相机的张富汉，结果把《华商报》办成了一张名牌报纸。张富汉不会写，但是他使用了恰逢其时的思维方法——模仿《华西都市报》，就成功了。

我的一位朋友和我讨论起这个现象的时候，说过一句打中要害的话。他说：当记者、写手和当主任、总编，都需要思维方法。但是两者需要的思维方法，层次是不一样的。记者、作家、写手的思维方法只能算是“术”，主任、总编出点子的思维方法，那是“道”。

新闻、文学以及人文科学的大学生，基本上都只有专业领域的思维方法，多数就是写作方法，没有各个领域普适的科学思维方法。思维方法的层次上不去。思维方法库结构的单一性，是中国大学教育特别是文科教育的最大弊端。

一张报纸，领头的总指挥为什么叫总编辑，不叫总记者？因为总指挥在编辑岗位上指挥。那么，总编辑又靠什么指挥呢？靠方法和智慧。总编辑当然要懂得记者应该怎么写作，但是更要靠思维方法来出点子，做决策。一张报纸的水平，不是由名记者的写作水平决定的，而是由总编辑的决策水平决定的。

总编辑靠什么决策呢？不是靠写作方法决策，而是靠思维方法决策。

一个媒体的强大，不是仅仅有几个会写的记者、笔杆子，就能强大起来。《华西都市报》之所以成为全国报纸蜂拥而至、如饥似渴的学习榜样，梁衡副署长称为都市报的领头羊，那是因为总编辑拥有一个现代化的思维方法库，才能产生市民生活报的报纸品种定位、都市报的产品设计、新闻追踪和特别报道等一系列新闻表现形式，碧峰峡模式、府南河工程、上海轻博会等影响市委市政府、省委省政府、外省外市政府、国务院、联合国环保组织等等一系列的重大报道。不是华西都市报已经有一批很会写作的名记者写出了这些报道，恰恰是总编辑的思维方法策划出这些报道，使得一批年轻的不知名的记者名气大增，逐渐成长为名记者。华西都市报的记者队伍，都是从社会上招聘来的，平均年龄24岁，都没有在正规的新闻单位工作过，在进华西都市报之前，全都拿不出一篇像样的新闻作品。《华西都市报》著名的报道，都是使用现代科学思维方法策划出来的。

其实，就是要培养优秀的记者，也需要学习科学思维方法，因为一个记者的新闻敏感，同样决定于思维方法库里思维方法的多少。思维方法多，新闻信息和思维方法就容易发生碰撞，新闻敏感的火花就出来了。思维方法少，思维碰撞的机会就小，表现出来的新闻敏感就差。新闻敏感主要是由思维方法库决定的。

一个记者，如果没有发散思维、模型化思维，不管他到碧峰峡去多少次也产生不了碧峰峡模式的报道。

新闻教育不懂或者忽视思维方法的教育，一个重要的例子，就是我总结创造的都市报理论、敲门发行学，新闻策划、追踪报道等新闻表现形式，新闻学院的教科书上，也同样是只介绍结论，不研究探讨这个结论形成的思维过程和使用的思维方法。本来，我创造的这些理论和方法，是新闻系进行思维方法教育的最生动最有说服力的教材，新闻学院如果有这样的教育习惯，就应该追踪研究其中的原因。可是他们依然不闻不问，一是他们不懂得使用了什么思维方法，二是他们缺乏思维方法教育的习惯。

我的都市报理论，演绎法推导出市民生活报的过程，敲门发行学产生的思维过程，全都是写出来了的。像敲门发行学的思维过程，在华西都市报内部出版的全国复印五六万本的《敲门发行学》小册子上，就专门以“敲门发行学的诞生”为题做了介绍，比这本书还要详细，只不过是没有点出每一步使用的思维方法的名称。在后来中国社会科学出版社出版的《敲门发行学》中，又增添了一些理论元素。像演绎法推导市民生活报，我的三个讲话每一次都在重复讲解，可是，很多人不知道那就是演绎法。

中国的新闻学院现在还没有专门的思维方法课的教材，这是新闻教育不重视思维方法教育的证明。有的新闻系使用《新闻写作方法论》《新闻采访方法论》《新闻评论写作》做教材，说明他们重视写作方法的教育；但是，这都是新闻和文学专业领域的思维方法。

蒋逸民在编著的《社会科学方法论》（重庆大学出版社）一书“前言”中说：“在国内高校，社会科学方法论似乎还没有得到应有的重视。与社会研究方法论有关的一些原理往往散落在其他专业课程之中，还没有整合成一门独立的方法类课程。即使有些高校开设了方法论课程，但也仅仅当作专业类方法课程，限于少数个别学科。”

本来，中国的大学设置哲学课，就应该达到思维方法教育的目的。可是，现在哲学课的教育，只是做了一些思维方法知识的介绍，并没有进行使用思维方法能力的培训。加上哲学课作为公共课，讲课老师和学生双方都不重视。哲学课的学习结果，学生并没有掌握哲学思维方法的运用，大学毕业以后没多久就忘得一干二净。我在大学里就学过哲学，从哲学课里学到的方法，远远不如从数学里学得多。学数学是天天都在做思维方法的训练。

这就是整个新闻队伍思维方法库的现状：思维方法库贫穷落后。为什么有人说“新闻无学”？“新闻无学”的说法，当然是错误的。但是，新闻界应该明白，为什么人家会说“新闻无学”呢？其实就是现在的新闻学理论中，用理论思维建立起来的新闻理论传媒理论不是很多，理论的数量规模没有上去，一些人就认为没有理论。“新闻无学”的现实，就是新闻队伍包括新闻理论队伍思维方法库贫穷落后的典型表现。

席文举没有学过传媒的经营管理，也不懂得商业的经营管理。可是，席文举一接触报纸发行，很快就总结创造出《敲门发行学》。很多人问过我你怎么就总结出了敲门发行学，其实就是我思维方法库5个思维方法的接力，敲门发行学就出来了。

新闻工作者应该努力使新闻理论、传媒理论发展和丰富起来。而发展丰富新闻理论的道路，最好的办法，就是使用哲学里所说的在各个领域普遍适用的逻辑思维方法，来研究新闻领域出现的问题。这就是笛卡尔的《方法论》。我的市民生活报报纸品种、都市报理论、敲门发行学、新闻批评心理学等等，就是用具有普适性的一般科学思维方法，研究报纸和新闻理论的成果。

## 数学和新闻怎么“文理相通”

席文举新闻工作的业绩，无可辩驳地证明，科学思维方法对于新闻工作来说，是十分必要的。

如果把这本书里我用到的思维方法梳理出来一看，演绎法、批判性思维、归纳法、分析法、综合法、反证法、逆向思维、裂变式思维、发散思维、概括思维、联想思维、时空思维、形象思维、想象思维、收敛与聚合、横向和纵向、抽象与概括、系统论、信息论、统筹法、优选法、调查法、比较法、模型化思维、力学思维等等，你可能说不少都是数理思维方法，其实全都是马克思主义哲学里指出的，各个领域都普遍适用的思维方法。

正因为如此，假若有人要问我，如果你这一辈子还是做新闻传媒工作，现在让你重新选择人生的读书学习道路，你怎么安排?

我会毫不犹豫地回答：我仍然选择读四川大学数学系!

我的实践已经证明，思维方法的学习，比新闻知识的学习重要千百倍。新闻知识比较容易学习，而思维方法的学习，特别是人类智慧核心——数学思维方法的学习，层次和难度要大得多。大学是一个人的黄金时代。我要用人生的黄金时代，安排学习一生中最难又最重要的东西，建设一个丰富多彩的现代科学思维方法库。如果我学习中文或者新闻，即使是高才生，即使是把新闻、中文领域的专业思维方法都掌握并且能够灵活运用了，也无法创造出市民生活报、敲门发行学，包括《思维方法库》这些需要逻辑思维方法才能创造出来的成果。当然，除非新闻、中文的大学生也开设数理思维方法课。

刘冠军先生在《科学思维方法论》一书中说：“数学的高度抽象性和精确性，使它成为不受任何具体内容局限的形式科学，这也带来了它应用的普遍性即广泛性的普适性。人们经常地、几乎每时每刻地在生产、日常生活、科学研究中运用着数学的概念、计算、程式和结论等，即数学思维方法在社会生产、生活及研究中经常被应用。在原则上，数学适用于任何科学，这是因为，现实世界的任何一种物质形态及其运动形式都具有一定的空间形式和数量关系，要想把握事物量的和形的规定性就必须运用数学思维方法。而在实际中，数学思维方法在各门科学的被应用的程度和所处的地位是不同的，这既和数学发展的水平有关，也与科学发展的程度有关。科学一般是从定性研究发展到定量研究，因此越来越多的科学学科在运用数学思维方法。”

《科学思维方法论》详细地介绍了数学思维方法“广泛的普适性”，特别讲述了数学思维方法向人文社会科学领域的渗透与应用。

中国的文科和社会科学长期不学习包括数学思维方法在内的哲学普适思维方法，严重地阻碍了社会科学的发展；但是因为短视，中国人似乎都看不到有什么严重的后果。

2012年10月15日，当瑞典皇家科学院将2012年诺贝尔经济学奖授予美国哈佛大学教授埃尔文·罗斯及加州大学的罗伊德·沙普利时，中国经济学界大吃一惊。89岁的沙普利说：“我一直将自己视为数学家，从来没有上过一堂经济学课，但奖项是给予经济学的。”沙普利和罗斯的获奖理论源于数学的博弈论思想，主要使用了博弈论的优化策略思维。两人分别在随后的采访中解释了配置理论，以及在日常生活中如何运用。

近二三十年来，诺贝尔经济学奖频频发给数学家。2003年的诺贝尔经济学奖，美国经济学家罗伯特·恩格尔和英国经济学家克莱夫·格兰杰，就是分别用“随着时间变化易变性”和“共同趋势”两种数学思维方法，分析经济时间数列给经济学研究和经济发展带来的巨大影响。这样一来，从1994年约翰·纳什首度因为博弈论获得诺贝尔经济学奖，使用数学方法的博弈论已是六度获奖。诺贝尔经济学奖频频发给数学家，其实表明了经济学急需数学思维方法来解燃眉之急。

博弈论也称对策论，这种数学方法主要分析在竞争环境下最适宜自己一方的策略，过去常用于政治和军事的博弈。其实，当今全球一体化的市场经济大潮，更是一场波澜壮阔的海量经济博弈战场，怎么就不使用博弈论呢?！所以，经济学就向数学“草船借箭”了。

数学家谢林从20世纪50年代开始，就把博弈论运用到了全球安全和军备控制领域。纳什更是把数学理论应用到了冷战、国际贸易和商业拍卖场合。以色列的奥曼利用数学分析博弈理论，建立“重复博弈”概念，提出有短期利益冲突的双方，可以采取和平合作达到平衡的解决方案。

数学思维方法能够在许多社会科学的领域开创出一片新天地。可是中国人长期认识不到这一点，所以在社会科学各个领域都是相当滞后。当记者采访北京大学金融数学系王铎教授时，他说，遗憾的是，我国相关人才的培养，才刚刚起步。现在，既懂金融又懂数学的复合型人才相当稀缺。金融数学这门新兴的交叉学科已经成为国际金融界的一枝奇葩。金融数学的发展曾两次引发了“华尔街革命”。20世纪50年代初期，马科威茨提出证券投资组合理论，第一次明确地用数学工具给出了在一定风险水平下按不同比例投资多种证券收益可能最大的投资方法，引发了第一次“华尔街革命”。1973年，布莱克和斯克尔斯用数学方法给出了期权定价公式，推动了期权交易的发展，期权交易很快成为世界金融市场的主要内容，成为第二次“华尔街革命”。今天，金融数学家已经是华尔街最抢手的人才之一。美国花旗银行副主席保尔柯斯林著名的论断是，“一个从事银行业务而不懂数学的人，无非只能做些无关紧要的小事”。在美国，芝加哥大学、加州伯克利大学、斯坦福大学、卡内基梅隆大学和纽约大学等著名学府，都已经设立了金融数学相关的学位或专业证书教育。

中国经济学界认识数学思维方法的作用，还只是晚半个世纪，其他社会科学领域，不知道要晚多少世纪了！

# 根源在于教育的落后

其实，中国的教育，还不只是文科的教育缺乏科学思维方法的教育，理工科同样存在这样的问题。只重视知识教育，不重视方法教育，是整个中国教育的通病。

## 中国教育的效果到底如何

诺贝尔奖获得者、美国华裔科学家杨振宁在一次讲话中说：中国留学生学习成绩往往比一起学习的美国学生好得多，然而十年以后，科研成果却比人家少得多，原因就在于美国学生思维活跃，动手能力和创造精神强。

杨振宁的这个对比，将中国教育存在的问题击中要害。中国的学生很会考试，因为学习的知识很多，对付考试的经验丰富。

你看好几个电视台举办的知识竞赛，《一站到底》之类，那些从外国回来的中国留学生，真是天上地下古今中外无所不知，以至某一次球赛的球员、某一部影视剧的演员、某一个历史场景的人物，都了如指掌，对答如流。他们真就是一个“图书馆”。我就不知道电视台举办这些比赛，真的能够考出他们的真实水平吗？这完全是中国教育只重视知识考试的翻版。电视台最好是将历次比赛的获奖者调查公布一下，那些来自海外的参赛者，他们在和外国人的竞争中取得了一些什么样的成就。不要是内战内行外战外行，知识竞赛行，面对现实问题的创新能力就不行了。

电视台之所以举办这样的比赛，是因为他们超不过他们的老师。他们的老师就只教知识，不重视教方法，所以，他们就把学校教育的那一套搬到了电视台。

中国的大学要办成世界一流大学，是不是很难？网络上有一个1901—2000年诺贝尔奖三大自然科学类获奖大学排行榜获奖大学10强名单：

1. 剑桥大学——56人（英国）
2. 哈佛大学——38人（美国）
3. 哥伦比亚大学——32人（美国）
4. 芝加哥大学——22人（美国）
5. 巴黎大学——19人（法国）
6. 牛津大学——18人（英国）

7. 加州大学——17人（美国）

8. 加州理工学院—16人（美国）

柏林大学——16人（德国）

9. 慕尼黑大学——15人（德国）

10. 麻省理工学院——13人（美国）

普林斯顿大学——13人（美国）

小计：美国有7所大学入围

英国有2所大学入围

德国有2所大学入围

法国有1所大学入围

进入获奖大学排名第11—16名（7—12人）的有9个国家的16所大学，其中，美国6所，德国、法国各2所，英国、日本、荷兰、丹麦、瑞典、奥地利各1所。

高等教育是一个国家、一个民族科技发展和社会进步的强大助推器。大学的办学水平就是这个国家整体水平和实力的反映。

19世纪德国崛起的一大秘密武器，就是19世纪初洪堡开创了德国高等教育改革与创新的全新模式，而几十年来德国的相对衰落在很大程度上也正是源于德国高等教育体制的日益僵化和相关的政策不当。

中国教育的一个奇观是高考。每年6月6、7、8日那三天，全国人民都围绕高考转圈圈，忙得不亦乐乎。高考状元更是成了抢手货，各个新闻单位找他们采访，各个学校请他们做报告，亲戚朋友请他们吃饭。中国每年也出了不少高考状元，一省出几个，全国出一两百个，从恢复高考以来，四十多年过去了，全国的状元该有六七千了，能让人印象极为深刻且为中国做出巨大贡献的状元数量并没有这么多。

每年，诺贝尔奖各门学科都有人获奖，但是，主要是在人口少的国家。中国60年获奖人数屈指可数。

天津人民出版社出版了一本《中国人的思维危机》。作者宋怀常在书中说："为什么我们的学校总是培养不出杰出人才？……中国学校教育对学生思维发展的阻碍与扼杀是一个重要原因。中国要健康发展，中华民族要复兴，就要战胜思维危机；要战胜思维危机，必须改革中国的教育。"

### 教育的指导思想

什么是现在中国教育的指导思想？我没有看到相关的文件。但是，我看到了教育的现状。现在的教育还存在分数教育、考试教育、文凭教育。学校、家长、社会，鼓励学生拿高分，当状元。中小学生一个学期都在忙于考试。家长都知道自己的孩子是班上第几名。名次落后的孩子还可能挨骂挨打。除了五天上课之外，学生双休日还得参加各种各样的补习班。学生一次考试成绩落后，班主任就把成绩单、名次和问题，用微信一一发给家长。

教师为什么要那样对待学生？因为学校考核教师的指标与学生的考试成绩挂钩。教育局考核学校校长，也是排学校名次。层层都排名次，就把分数教育和考试教育看得十分重要。

《钱江晚报》刊登了一则《博士妈妈做不出小学题发人深省》的消息。当事人的妈妈是杭州一位医学博士，平时带的是研究生，一天忍不住发朋友圈吐槽——翻了孩子的课堂练习，我真想说，孩子，你比你妈强多了！你的那些题目，为娘也不会做。博士妈妈做不出小学一年级孩子的数学题，暴露了学校教育的思想、理念、观念有问题：学校教育到底在追求什么？

这是一个普遍的问题。我在家里就经常碰到这样的问题。我的孙女、侄孙儿前几年是小学生，现在是中学生，他们的作业题我经常做不出来。全家几个受过高等教育的人总动员，有时候还要搞几天。完全就是难题教育，钻牛角尖，耽误了学生不少的时间。学生应该在基础知识上下功夫，不要在难题上耽误时间。

现在每个城市到处都在搞奥数教育、奥数比赛，还有奥数成绩计入高考成绩加分等情况出现。这更是从制度上鼓励难题教育。

难题教育对教育的危害，一是耽误学生大量的学习时间，影响了基础知识的学习；一是影响了大批智力一般的学生的学习兴趣和信心；最重要的是忘记了思维方法的培养，这才是学校教育的重点。学校教育要在培养学生的能力上下功夫。

大学教育的问题更多。大学生是大学门槛难进，毕业容易，一些大学要混一个毕业文凭不是很难。有时，学校的考核也是追求数量指标。一个大学一年要培养多少个博士，也是有指标的。博导如果没有博士生带，也不能体现水平。没有博士生源，就广开生源渠道。于是，“权力”博士、“金钱”博士、“关系”博士就随之而来。随着社会流行色的变化，开始是硕士头衔向权力和财富弯腰，慢慢又博士头衔与权力和财富握手。大学文凭也向引力方向发放。甚至有的官员用权、用钱（很多就是公款）就可以搞一个什么“在读大学”“在读硕士”“在读博士”文凭。名牌大学的后面，还有一批联办学院。向金钱看齐的大学教育现象，这样的大学文凭能够保证质量吗？不要说学生思维和能力的质量，就是知识的质量都难以保证。

坊间流传一个这样的笑话：有一个村支书，本来是小学毕业，有一次搞登记，别人问他是什么文凭，他骄傲地回答：老子研究生在读！

最近从微信上看到一篇文章：“假博士高官能带领人们建设诚信社会吗？”文中说，虽然震惊中外的“8·12”天津滨海新区爆炸事故发生两年多时间了，24名直接责任人员和25名相关职务犯罪人也进行了公开宣判，但留给人们的反思却非常多，其中由此引发的假博士高官问题，引起了网络热议！热议是从杨栋梁的个人命运发生了根本性逆转开始的。杨栋梁，1954年1月出生，1972年10月成为工人，初中、高中应该是在“文革”中度过，本身没有多少文化基础，工作后没有经历过任何全日制教育，其间仅有1995年9月—1998年1月在中央党校在职研究生班政治经济学专业学习的经历，却在任天津市副市长期间，经过2004年9月—2007年1月在中国政法大学国际法学专业学习，神奇地获法学博士学位。

在天津任职期间获得博士学位的天津市政协副主席、市公安局局长武长顺被查后，有人在网上晒出了他的博士论文——《人—车—路交通安全系统动态控制模式与策略研究》。笔者在《武长顺获工学博士，令同济大学颜面扫地》一文中提到，仅该论文复杂的函数，及随后的英文版，绝非一般受过系统高等教育的朋友能完全读懂，武长顺根本就没有能力诵读一遍整篇论文，更不要说撰写这篇论文了。

更有意思的是，与天津毗邻的河北省十八大之后遭查处的三名省委常委全都是博士。作为“班长”的周本顺，1953年2月出生，中学是在“文革”中度过，基础也不可能太好，但他不仅于2003年“知天命”时获得湖南大学管理学博士学位，3年后又获得武汉大学法学博士学位，成为学术界都稀有的“双料博士”。

在十八大之后遭查处的高级干部中，“假博士”可以说比比皆是，除天津的黄兴国、杨栋梁、武长顺，河北的周本顺、梁滨、景春华外，至少季建业、金道铭、沈培平、余远辉、乐大克、谷春立等人的学习经历，根本就没有可能靠学识获得博士学位。

据媒体报道，由国务院学位委员会、教育部、人事部进行的中国博士质量调查，历时两年，近30万字的报告透露：中国已超过美国成为世界上最大的博士学位授予国，其中半数以上博士进入政府当官，完全不同于早年90%博士留在大学及科研所工作，“博士大跃进”之风愈演愈烈。中国的研究生教育20多年就走完了美国100多年的路，实现了“赶美超英”的目标。这样“大跃进”、怎能保证博士生的质量？著名学者丁东尖锐地指出：“20世纪90年代以来，博士点和博士生的含金量便开始下降……现在，中国博士生的整体学术水平，不但不如80年代前期的硕士生，能不能超过那时的本科生，也很难说。”教育部原副部长张保庆也说：“我们现在高水平的博士生不多，导师水平不够，这很麻烦。”“有些导师没有科研项目，没有项目怎么带博士生，这不是瞎带吗？”

来自国务院学位办的最新统计显示，2007年我国的博士授予数量超过美国，成为世界上最大的博士学位授予国家。博士超级大国这个位子，至少20年内无人能赶超了。中国的“博士大跃进”的造假之风和所隐藏的巨大祸患，让稍为清醒的国人痛心疾首。在2009年10月27日，人民网转载了《钱江晚报》的一篇文章，题为《人大校长称中国最大博士群在官场》，倡议还学术权力以学术。

### 一个初中三年级的学生为什么厌学

最近，一个朋友告诉我，他上初中三年级的儿子坚决不上学了。他警告儿子说，你不读书毕业就只有去当保安。儿子说，当保安就当保安，我宁愿当保安，也不愿意去读书！儿子把老子气得吹胡子。儿子与老子对峙了一个多月，在学校老师的帮助下，儿子终于答应去学校上课了。但是，儿子心中的问题并没有彻底解决。

儿子心中到底有什么问题，这位朋友没有多说。我认为，肯定是学校教育产生的结果。本来，这个孩子一直看起来都很聪明，读小学的时候，还去奥数班学习过，成绩至少是中等。可是怎么现在就厌学了呢？

一个初三的学生为什么厌学？根本原因，就是学习压力太大。经常考试，天天大习题量，难题做不完，成绩排名次，不断受到老师的批评警告，心里的弦绷得太紧，受不了了，断了。

学校用这种办法教学生，哪里还有创造性？学生的创造性激发不出来，精神分裂症、抑郁症还可能激发出来。

我们的分数教育、应试教育、难题教育，培养不出学生的创造性，甚至会扼杀学生的创造性，学生受到太多的压力和压抑，就只有为毕业证而奋斗了。很多学生失去了自信心，以为自己真的就不行了。学校，成了个别分数“尖子”的天堂，成了有些学生丧失信心的地方。

丹麦学校不选模范生，12岁以下没有成绩单，老师与家长鼓励孩子发展天赋，不鼓励比较。意大利进大学不用高考，在校门口登个记就行了，只是毕业要考试，不及格拿不到毕业证。

面对学生作业太重的问题，20世纪60年代，毛主席就做过批示，要减轻学生负担，不要给学生过重的作业。哪知道现在有过之而无不及，愈演愈烈。从幼儿园开始，一句“不要输在人生起跑线上”的口号，就忽悠了成千上万的家长。择校大战从幼儿园开始。选择居住“学区房”也成了享受就近入学政策的捷径。有的地方的学区房一房难求，甚至卖到每平方米30万—40万元的天价。

现在的大知识量、大习题量、大难题量，学生就没有一点自由支配的时间了，还要不断受到老师和家长对分数和名次的责难，还有那些校外各种各样的辅导，将学生弄得没有一点自由支配的时间。这样培养出来的学生，哪里还有创造性空间的思考，完全只有按照学校老师的规定办事了。

学校教育这样来引导学生的黄金时代，只有让学生的“黄金”白白流失了。他们忘记了，学校应该重点培养的，一是基础知识，不是难题，二是思维方法。思维方法的教育，完全被大知识量、大习题量、大难题量所淹没了。

### 方法比知识重要千百倍

习近平总书记在一次祝贺儿童节的讲话中说：要从小学习创造。他寄语全国各族少年儿童从小学习做人、从小学习立志、从小学习创造，强调童年是人的一生中最宝贵的时期。

从小学习创造，这其实就应该是中国学校教育的指导思想。人生的黄金时代，是大中小学的读书时代。一个人能不能成才，学校的教育至关重要。学校教育的指导思想应该是培养学生的创造性，而不只是记得多少知识。学习创造性的路径，就是学习科学思维方法。

学习思维方法比学习知识重要千百倍。学生要懂得这一点，学校和老师也要懂得这一点，并且要把这个指导思想贯彻到教学中去。

英国哲人弗朗西斯·培根认为，思维方法决定了人类是否能成功地获取真知。他用一个比喻来说明认知方法的重要性：人的天分就像速度，聪明人跑得快；而方法就像路径，决定那人跑的方向。方法错了，就像跑错了路，跑得越快，离目标反而越远。所以用正确的方法去认知比拥有天分更重要。

培根的这句话是说，如果你认为自己笨，那么，思维方法可以使你变得聪明起来；如果你本来就聪明，你会变得更聪明。

知识再多，就是一座图书馆；思维方法才是一个人的智慧和能力。麦当劳有创造餐饮新产品的知识，但是没有征服全球市场的思维方法。克罗克有裂变式思维，就将麦当劳拿过来，建立起一个全球餐饮连锁帝国。

毛泽东和王明都在学习马列主义，但是，中国革命最后还是靠毛泽东的方法才成功的。王明是莫斯科中山大学的高才生，马列主义理论倒背如流，年纪轻轻就深得苏联领导的器重，27岁掌握了中国共产党的领导权，领导几十万军队、几十万党员，智商不低，绝非等闲之辈。毛泽东的马列主义是在山沟里煤油灯下自学的。两个人学习马列主义的主要区别在于，王明把时间用在背书上，毛泽东把时间用在怎样运用到中国这个实际环境的思考上。王明的马列主义理论知识，是在苏联马列主义大学里学习的，但是缺乏联系实际的思维方法。他就是模仿思维，模仿苏联的布尔什维克。他的著作《为中国共产党布尔什维克化而奋斗》，从标题上就看出他模仿思维的生搬硬套。中国革命过程中的反反复复，就是如何运用马列主义的方法选择，其实出发点和目的都是一样的。

中国共产党长期受到“左”、右倾机会主义路线的干扰，都是缺乏科学的思维方法造成的。正因为如此，毛泽东写出了《矛盾论》《实践论》《改造我们的学习》等多篇哲学著作，讲的都是思维方法，为的是提高党内干部队伍分析问题解决问题的能力。中国的学校教育，应该从中吸取教与学的经验。只有掌握了科学思维方法的学生，才会大有作为。学校的很多考试题是考不出真实水平的。教与学的功夫，都要下在思维方法的培养上，学校才会桃李满天下。

思维方法的教育，是教育改革最根本的一条。不管外部客观条件如何，如果学校教育紧紧抓住这一条不放，也就容易收到效果。现在大学培养出来那么多的博士，不少只能算是一些知识博士，很少有方法博士，知识可能渊博，方法却很浅薄，是“薄士”，不是博士。

知识造就知识竞赛的冠军（包括高考状元），方法才能成就人才。从中国学校里走出来的很多就是“书包”，你看那每一个学生的书包有多重就知道了；他们中间的方法人才很少。

现实生活不断告诉我们，是方法决定胜负，不是知识决定胜负。知识靠记忆，方法长智慧。方法是知识当中最重要的知识，是排在第一位的知识，是知识的皇后。方法凌驾于知识之上，是可以调动各种知识来进行创造的知识。

有些人学问渊博，但缺乏思维加工方法和加工能力，往往只能成为供人查阅的活字典。唐朝李善，学淹今古，精通典故，为《昭明文选》作注，旁征博引，后人叹服。他的工作对后人是有益的。但他终生碌碌，为人作注，没有站在这些知识的肩头之上，去构建自己独到见解的知识空间。

中国历史上很多学者，往往是博览群书，满腹经纶，看起来见多识广，实际上只能对经典做解说、注释，钻入故纸堆，有知识，无方法，只能人云亦云。

柳祖源的故事，对于新闻学院如何培养新闻人才，也是一个很好的教材。他没有当过编辑记者，没有什么像样的新闻作品，直接就当总编辑，一张《潇湘晨报》办成功，又一张《重庆时报》又办成功。他很快成为一个有全国影响的总编辑。各个大学新闻学院都请他去讲课。他和席文举一样，连新闻学本科的教材都没有学过。席文举还当过好多年的编辑记者。柳祖源是“不当士兵，直接当元帅”的总编辑。柳祖源的成功，也是得益于方法。他天天在总编室看席文举指挥华西都市报，把席文举那一套方法都掌握了。

柳祖源在来华西都市报之前，就是一个本科文凭，在中等专业学校担任教师。他在华西都市报6年之后，就是一个成功的总编辑。新闻学院本科生之后6年时间，也就是读完博士。一个博士生能够胜任一张报纸的总编辑吗？我认识一个名牌大学的博士，在一家大报夜班编辑中心主任位置上干过好几年，出去当一个总编辑就折戟沉沙，以至于现在连传媒都不干了。

人们说，知识创造财富，应该说是方法创造财富。有知识可以吃碗饭，赚大钱、干大事就要靠方法。方法是知识的皇后，数学是方法的皇后。

知识在现在这个时代，是以几何级数爆炸式增长。那么多的知识，你在短短的几年时间学得完吗？一辈子也学不完。只有选择基础知识来做教学。

中科院院士、数学家王梓坤的《科学发现纵横谈》一书，是一本讲述科学家思维方法的书。我自从1978年买了这本书以后，在各种场合，向各种人推荐这本书。他在书中说："从学生时代起，我就喜读方法论方面的论著。我想，做什么事情都要讲究方法，追求效率、效果和效益，方法好能事半功倍。《孙子兵法》启发了我：连打仗这样复杂而紧迫的事都有方法可循，其他事就该更有方法了。于是我很留心一些著名科学家、文学家写的心得体会和经验。我曾惊讶为什么巴尔扎克在50年短短的一生中能写出上百本书，并从他的传记中去寻找答案。我也很奇怪26岁的诸葛亮能在刘备三顾茅庐时发表著名的'隆中对'，对天下大事了如指掌，并确定了以后的战略方针。须知那时他住在穷乡僻壤，既无报纸杂志，也无广播电视。系统地给我以科学史知识的是贝尔纳著的《历史上的科学》、霍利切尔的《科学世界图景中的自然界》、《爱因斯坦文集》等书。此外，恩格斯的《自然辩证法》、海森堡的《物理学与哲学》、薛定谔的《生命是什么》、康德的《宇宙发展史概论》、梅特里的《人是机器》、莫诺的《偶然性与必然性》、怀特海的《科学与近代世界》、维纳的《控制论》、罗素的《西方哲学史》、普里戈金等的《从混沌到有序》，以及阿西莫夫等人的优秀科普作品，都是给人知识、增人智慧的好书。"

有的人想通过博览群书，学习大量知识来达到收获创造性成果的目的，都会是事倍功半，甚至一事无成；而通过掌握科学思维方法，走向创造性成果的目的地，那就是找到了一条捷径。

不管是什么领域什么专业，科学思维方法的学习都要放在第一位的位置。除了专业领域的思维方法，一定要学习现代科学思维方法。科学思维方法考试不及格不能毕业。中国的大学一定要像欧洲那样，进大学容易拿毕业证难。

# 中国人要实现思维现代化



学习西方先进的科学技术，这是我们改革开放以来提出的最响亮的口号。其实，应该放在前面的更重要的事情，是学习西方先进的思维方法。

因为西方那些先进的科学技术，都是在使用那些先进的思维方法下产生的。如果没有那些先进的思维方法，就产生不了那些先进的科学技术。

中国人现在追赶西方现代科学技术的速度是快一些，个别的都快赶上甚至接近了。但是，中国人现在追赶西方现代先进的科学思维的速度，还是太慢，因为从根本上，就没有提出追赶西方现代先进思维方法的任务、口号和目标。

所以，我们学习西方先进的科学技术，应该把学习西方先进的思维方法放在前面，把人家先进的思维方法，融合到中国人的思维之中去。

只追赶科学技术，不追赶思维方法，这就是舍本求末。科学技术追赶上了，思维没有赶上，随时都可能落后。只有从思维这个根本上追赶，才能在追赶上了之后不再落后。

在清朝，中国的有识之士在看到中国被打得很惨，在了解西方发展的实际情况之后，得出了一个重要的认识，就是中国人的思维方式和方法太落后了。追赶西方首先要改变我们的思维方式，学习西方的现代思维，一度成为国人的共识。可是，中华人民共和国建立以后，人们都忙于生产建设去了，急于改变经济贫穷落后的状况，就把思维落后的事情完全搞忘记了，以至于丢到脑后去了，以为我们有了马克思主义，就不用学习西方的现代思维了。

学习马列主义，就更应该好好学习现代科学思维方法，因为不仅现代科学思维方法是马克思主义哲学的一个重要组成部分，而且马克思主义哲学就是马克思运用现代科学思维方法研究哲学的产物。

## 西方三大革命的内在关系

近500年来，西方发生了影响世界的科学技术大革命。一批又一批的现代科学和技术，前呼后拥，此起彼伏，一浪高过一浪，把现代科学的大观园簇拥得繁花似锦。在科学技术的推动下，工业革命的浪潮也是波涛翻滚，气势磅礴的现代化大工业，把几千年的农业生产甩得老远。发生科学技术大革命和工业革命的中心地带欧洲和北美洲，很快在世界上称王称霸。

西方科学技术大革命和工业革命，这是人类有史以来发生的最大的历史巨变。它将人类的社会生活，推进到一个繁荣昌盛的现代化新时代。

其实，中国很多人不知道，伴随西方科学技术大革命和工业革命的，还有一个大革命，就是思维大革命。而且，这三大革命是你推我拥，紧紧交织，互相影响，互相促进。而真正走在最前面的，是思维大革命。

很明显，一大批现代科学技术的出现，运用到工业生产中去，大工业就出现了。工业革命的发生，当然是科学技术大革命推动的。所以，是科学技术大革命推动产生了工业革命。那么，科学技术大革命又是怎么来的呢？谁在推动呢？是思维大革命的推动。没有思维方法的大革命，就没有那一系列的科学发现和新技术的创造，也就没有科学技术大革命了。

十六七世纪以来，欧洲一些进步的知识分子，冲破中世纪宗教神学的思想桎梏，大胆否定过去的旧的思维方法，走上探索新的思维方法的道路。他们使用一个又一个新的思维方法，解开了长期以来不能明白的自然现象。一批批新的科学技术成果，就在这些新的思维方法的运用中诞生。科学家们使用的这一个个新的科学思维方法，就形成了一股科学思维的潮流。西方的哲学家们很快抓住人类思维史上的这一场变革，分析研究，得出结论：这是人类历史上的一次思维大革命，命名为“现代思维运动”。

美国宾夕法尼亚大学（University of Pennsylvania）的艾伦·考尔斯教授（Alan Charles Kors）就是研究这方面的专家。艾伦·考尔斯教授是牛津出版社出版的四卷《启蒙运动大百科全书》的总编辑。他的《现代思维的诞生》系列讲座，以“17、18世纪欧洲思想史”为主题，深入浅出地介绍了人类的思维方法和思想体系是如何走向理性和科学道路的。他在《现代思维的诞生》讲座中说：“牛顿引起的反响，绝不只是科学的、物理学的、天文学的。他改变了人类的思维方法，比如人类怎么去认识世界？”（新浪博客“湖畔风铃的博客”http://blog.sina.com.cn/u/2019276885思想史17、18世纪欧洲启蒙运动讲座【现代思维的诞生】）

牛顿逝世的时候，英国的伟大诗人亚历山大·蒲柏奉命为牛顿写墓志铭。亚历山大·蒲柏写的墓志铭，没有写万有引力，没有写牛顿力学三大定律，而是画龙点睛：“自然和它的规律被黑夜掩饰，上帝说：‘让牛顿出世’，于是光照寰宇。”

牛顿等一大批科学家，在西方科学技术大革命中凭什么攻下一个又一个的科学难题？他们都不是灵感从天而降，也不是天马行空任意想象，而是靠他们的思维方法取胜。科学的思维方法，是他们打开一个又一个科学技术难关的钥匙。

所以，西方500年来发生的这三场大革命，是科学技术大革命推动工业革命，思维大革命推动科学技术大革命。三大革命的源头，是思维大革命，是思维大革命推动产生了后面的科学技术大革命和工业革命。

历史是一部最好的教科书。我们一定要把历史读懂。很多中国人只知道西方发生了科学技术大革命和工业革命，不知道还发生了一场思维大革命，听了半截话就开跑，只学科学技术和工业生产，忘记了科学思维，知其然不知其所以然。

列宁说过：“最重要的就是不要忘记基本的历史联系。考察每个问题都要看某种现象在历史上怎样发生，在发展中经过了哪些主要阶段，并根据它的这种发展去考察这一事物现在是怎样的。”（见《马克思恩格斯与数学思想方法》）

我们一定要知道，中国为什么比西方落后，不仅是科学技术的落后，更是思维的落后。如果读不懂西方这几百年的发展史，读不懂中国落后的根本原因，只是在科学技术上追赶，那就是没有抓住根本，只是看到了有形的东西。其实，无形的思维才是动力的源泉。中国人的思维，比西方更为落后。

中国现在科学技术不断追赶西方，距离看来似乎越来越近，好像有的地方快赶上了，就误以为思维也赶上去了。

错了！即使科学技术赶上了，思维还差得很远，因为我们落后的思维方法，沉淀的东西太多太重。

正在为实现中华民族崛起的中国梦而奋斗的中国人，一定要读懂近代西方发展史，对比中国的落后史，懂得思维在社会发展中占据第一推动力的作用。不懂得和忘记了这一点，就是舍本逐末。

历史是一部不能改写的教科书，也是一部最有说服力的教科书，就看你能不能读懂。

中国经济上的贫穷落后还容易解决，科学技术的落后也还能解决，中国人思维方法库的贫穷落后，改变起来就很难，解决起来难度就大得多。经济上的贫穷落后，一代人基本上都能够解决，要解决思维方法库的贫穷落后，几代人都可能艰难前行。

### 风铃博客介绍《现代思维的诞生》

美国宾夕法尼亚大学艾伦·考尔斯教授的《现代思维的诞生》系列讲座，我是在新浪博客"湖畔风铃的博客"中看到的。这个长达24集的讲座，将几百年来西方几十个科学家、思想家、哲学家的思想发展演变脉络，做了系统的阐释。博客作者风铃在译介前面，特别讲述了自己的感受，她说——

> 思维方法的革命，和其它任何的革命相比，都更加深刻，影响更大、更广。
>
> 我年轻时所受的历史教育贫乏得可怜。教科书上千篇一律地把中国没有"坚船利器"作为打败仗的直接原因，加上朝廷腐败的背景。至于中国为什么朝廷腐败、为什么没有坚船利器，从来没有讨论过。当然，那时的我，对于历史的兴趣缺失，也从来没去深究。
>
> 走出国门让我有机会接触了西方的思维方式，并且不由自主地拿它来和中国的传统思维作对比，看到了很大的差异。我越来越好奇：这种差异是啥时候开始的呢？西方的思维方法又是如何演化的呢？我想知道它的起点和演化的轨迹，以及它和社会变革的联系。
>
> 幸好，这些问题早就有人问过；不但问过，而且研究过。美国宾夕法尼亚大学的艾伦·考尔斯教授（Alan Charles Kors）就是这方面的专家。他的《现代思维的诞生》系列讲座，以"17、18世纪欧洲思想史"为主题，深入浅出地介绍了人类的思维方法和思想体系是如何走向理性和科学道路的。人类摸黑走了漫长的路，在那200年间，终于见到了"启蒙"的曙光！
>
> 这个讲座共有24讲，12小时可以听一遍。我将在这里作松散的翻译介绍，和有兴趣的朋友们分享、讨论。
>
> 艾伦·考尔斯教授是牛津出版社出版的四卷《启蒙运动大百科全书》的总编

辑。如果您有意听考尔斯教授原汁原味的讲座，可以通过美国的公共图书馆借到CD书*The Birth of the Modern Mind: The Intellectual History of the 17th and 18th Centuries*。

因为讲座的内容很多很丰富，我在这里只能是将主要的内容和观点做一个概括。

说到人类的历史，我们往往想到改朝换代的编年史、科学史、军事史、经济史、哲学史、教育史，其实人类的思维方式和对世界的看法也有一部历史。我们必须要了解人类的思维是如何演化的。因为不一样的思维，会导致不一样的人与世界的关系。我们人类的思想，包括最基本的思维方法却一直在演变。思维方法的革命，和其他任何的革命相比，都更加深刻，影响更大、更广，因为思维方法决定了我们如何看待权威，决定哪些是可能的，哪些是不可能的，哪些是正确的，哪些是错误的，以及人类生命有什么潜力。17、18世纪发生的思想革命，堪称这类革命中对欧洲甚至对全人类影响最深远的一次。和当时的社会变革相比，欧洲的思想革命对于人们生活的变革起了关键的作用。

17、18世纪，欧洲对于“思想权威”的态度有了本质的转变：从“凡是古代圣贤说的就没错”，到质疑、推翻其中经不起实践检验的部分，到发展新理论、新思想。当传统的“地心说”被证明是错误的时人们还认识到：古人的说法，虽然历经几千年“时间的考验”，也不一定正确，所以不能过分相信公认的“权威”，什么都可以质疑。

政治革命来来去去，思想革命的效果却是长期的、深刻的。17世纪，是概念的革命；而18世纪，是新概念的普及和由此带来的“文化大革命”。

13世纪末，神学家托马斯·阿奎那（Thomas Aquinas）用古代亚里士多德的三段式演绎法解释基督教的神学，创立了经院哲学。到1600年的时候，经院哲学已经成了欧洲正统的、权威的思想体系，占据了教育界和思想界。第一个向强大的经院哲学权威全面挑战的，是英国人弗朗西斯·培根。培根推翻了宗教神学“权威不可质疑”的戒律，认为思维方法才决定人类是否能成功地获取真知。培根认为人类对自然界是可以逐渐认识的。认识有困难，但是只要我们思维严谨，方法对头，正确地使用心智，就能改变人类和大自然的关系。

“日心说”和“地心说”的对决，是两种社会力量最早的一场思维交锋。16世纪中叶，天文学家哥白尼修改了托勒密的“地心说”，把太阳放在了宇宙的中心，但保留了行星的圆形轨道。开普勒发现行星运动轨道是椭圆形，确立行星运行三定律。伽利略据此公开批判经院哲学“完美性”“目的性”的自然哲学观，认为自然界是可以量化的，有尺寸、有形状的，可测量的。他在和一个经院哲学学者辩论时写道：“你没搞清楚应该到哪里去找真理。”“自然之书是用数字、几何的语言写成的。”伽利略将经院哲学世界观彻底颠覆。

开普勒和伽利略的科学发现让人们意识到，使用正确的方法，人类第一次以自己的智慧发现自然界的真理。这是17世纪思维革命的第一场胜利。

笛卡尔哲学和经院哲学的对阵，是17世纪欧洲大陆思想界更重要的一场论战。笛卡尔的两本著作《方法论》和《第一哲学沉思集》，用批判性思维，引导人们质疑包括经院哲学在内的所有理论。他主张要用三段式演绎法的逻辑推理，重新检验那些理论是不是真知，确定了再相信。他呼唤重新构建人类对自然界的所有知识，使其建立在物质运动的规律上。他否认物质世界和精神世界有关联，除了人类灵与肉的结合。他留给后人一种对于真理存在的确定性，启迪后人去构造一个物质的、基于机械运动理论的、定量的科学体系。

笛卡尔《方法论》哲学像电光一样激活了一代人的思维。笛卡尔的这一套思想体系，包括数学、物理学、哲学以及生理学，不但在17世纪是非常特别、非常异类的，也对后人产生了深远的影响，其中很多基本思想成为现代思维的重要组成部分。很多科学家从此走上探索自然科学，建立笛卡尔所说的属于真知的科学体系之路。



17世纪的欧洲人从此走上科学革命的道路，用实验法来获得知识，使用演绎法、归纳法对自然现象做定量的观察研究，而且对传统权威和经院哲学持怀疑和批判的态度。



帕斯卡站在了17世纪科学革命的前沿。他通过归纳法、实验、定量分析以及数学推理，对数学、大气物理、流体力学、空气动力学、概率论进行了研究，都做出了很大的贡献。他是用二进制的“0”和“1”来做算术，创造发明了计算机。他的父亲是个收税官，他就为父亲做了世界上第一架机械计算机。

紧接着是牛顿的出现。牛顿所在的三一学院深受笛卡尔主义的影响。年轻的牛顿在那里学习了笛卡尔的解析几何和其他数学理论，受到了笛卡尔哲学的启蒙。在大学毕业后的18个月中，23—24岁的牛顿从研究苹果熟了为什么落到地上而不是飞到天上，行星绕着太阳转的轨迹为什么是椭圆而不是圆等等，采用演绎推理方法，做出了一系列的重大发现。他找到了计算重力的公式，总结了现代经典物理学的力学三定律，创立了微积分，开创了现代光学，还解决了大量的数列计算问题。牛顿成为当之无愧的科学巨人。没有牛顿，就没有现代科学，我们如今也不会在博客上相遇了。

牛顿《自然哲学的数学原理》一书的问世，不但是西方科学史上的重大事件，而且标志着西方文化革命的开端。这本著作用数学演绎法论证了哥白尼的日心说，与开普勒对行星椭圆形轨道的假设完全一致。在牛顿之前，没人能够为开普勒提供证明。牛顿给世人提供的，是用数学语言来表述、符合经验、具有普遍性的一个公式。用他自己的话来说：“这个公式让我能够解释世界。”

具体地说，世界上任何两个物体之间的引力，可以用一个简单的公式来计算：

引力= $m_1 \times m_2 / d_2$

这里的$m_1$和$m_2$分别是那两个物体的质量，而$d_2$是它们之间的距离。物体越重，距离越近，它们之间的吸引力就越大。天体之间的运动，就可以用这种引力来解释。

这个公式将世界的规律和秩序，表达得清清楚楚明明白白。

18世纪30年代，法国伟大的启蒙学者伏尔泰流放英国后，写了一封信向法国人推荐牛顿。他在信中说：“笛卡尔把我们领上了通向真理的道路，而牛顿带我们走到了那旅途的终点。”

经院哲学的物理，其至高无上的目标是理解上帝赋予世上每一个物体的特别属性是完美性和目的性。牛顿对西方科学和文化最伟大的遗产是：世界是有序的，清晰的，可知的。牛顿的学说将经院哲学打得粉碎。

牛顿和紧接着的一系列科学家的科学成就，有力地推动了西方思想家哲学家们关于人类如何认识世界的研究。

首先是17世纪伟大的英国思想家约翰·洛克（1632—1704）。他对现代思维的主要贡献在于“认知理论”。洛克认为，人的想法是从经验而来的，不是天生就有的。获得知识有两个渠道：感知和思考。感知是指我们通过五官感受到外部世界，得出了对于世界的认识。但我们不但对自己的感觉有知觉，我们对于自己和外界的互动也是有知觉的。洛克提出的认知模式中，一切知识都是从简单的感知和思考开始的。这些简单的感知和思考被结合起来，形成了复杂的思想。

洛克认为，逻辑和经验是两个不同的思维类型。逻辑关系是必需的、肯定的。你对外界的所有看法，只要不是逻辑性的，只会是“可能正确”，而不是“一定正确”。经验只是知识的本源，在此基础上经过推理建立起来的理论才是真理。洛克的认知模型导致对于分析推理的需要。他认为，一个复杂的思想可以被分解成简单的组成部分，可以和我们对于真实世界的体验相比较，从而加以确认或否定。这种分析和判断，在很多方面对很多学科的理论系统进行了重审和批判，成为18世纪的使命。

分析和思辨，成为西方思维的最大特点和长处。自然科学和社会科学之所以十七八世纪在西方得到迅速的发展，取得那么多的重大成果，这是最根本的原因。

紧接着，法国思想家、哲学家伏尔泰（1694—1778）写出《哲学书简》，从各个角度对一系列新的科学做出阐释，由此开始了将17世纪科学技术新成果向大众普及的进程，开启了现代科学知识的启蒙运动。伏尔泰被公认为启蒙运动的领袖，“法兰西思想之父”。

苏格兰哲学家和历史学家大卫·休谟（1711—1776），则是推动启蒙运动广泛开展的重要人物。他采取编辑《百科全书》的办法来普及现代科学知识和思维方法。这部巨著由德尼·狄德罗（1713—1784）主编，囊括人类当时所有的知识和经验。狄德罗写道：“新的野蛮仍然可能侵略我们。上一次的野蛮毁灭了欧洲的智识；但只要有一本《百科全书》幸存，人类就能重建自己的知识。”《百科全书》从一开始就热销，致使盗版丛生。《百科全书》表达了这样的信念：人类如果采取适当的方法去运用心智，会不断地获得、积累更多的知识。它赞美非宗教的、对自然科学和人文科学的探索。《百科全书》的传播浪潮，瓦解了传统文化最神圣的偶像。民众的广泛参与，科学技术的启蒙运动波涛滚滚。

风铃博客《现代思维的诞生》还介绍了托马斯·霍布斯（1588—1679）的“政治哲学”和“社会契约”理论、卢梭（1712—1778）的《论科学与艺术》、英国的“自然神论”、皮埃尔·拜尔（1647—1706）的《历史批判词典》、查理·路易·孟德斯鸠（1689—1755）的《论法的精神》、西萨尔·贝卡利亚（1738—1794）的《论犯罪与刑罚》等等。

风铃博客的作者是谁？博客首页“关于我”只有几句话：80年代初出国读研究生，如今在北美一家汽车公司任职。两个孩子的妈妈。喜欢读书、旅游、古典音乐、爵士乐。

### 不能把思维现代化忘到九霄云外

中国人思维方法的落后，教育部门有责任，但也绝不只是教育部门的问题。

新中国在20世纪60年代提出了一个战略口号，叫实现四个现代化：工业现代化，农业现代化，科学技术现代化，国防现代化。这四个现代化当然是应该实现的战略目标。但是，如何实现呢？中国落后的思维怎么办呢？因为，要实现四个现代化，最根本的，是要实现思维现代化，决不能把思维现代化搞忘记了。实现思维现代化是实现四个物质现代化的保证。

中国落后了几百年，现在要追赶上去。如何追赶呢？必须认真研究追赶的学问。从思维方法追起，乃是从根上追赶。中国人必须在思维方法上能够与西方并驾齐驱，不然随时可能被落下。

没有科学思维方法武装的中国人，就没有多少创造力，没有进一步发展和超越西方的后劲。

怎么实现思维现代化？我建议大家都想办法。在没有更好的办法想出来之前，我觉得有一个笨办法：教育全国公民，包括学生，特别是知识精英、教育精英、财富精英们，先把西方现代思维中的经典思维方法学到手。

普及现代经典科学思维方法，应该成为现代中国人一个刻不容缓的重要任务。一代一代普及下去，可能在三五代之后的某个时候，思维革命就会发生。

创新驱动发展，是当今中国的国家发展战略。国家这些年来制定了好几个创新驱动发展的文件，强调创新对于国家发展的重要意义。创造驱动发展，那么，什么驱动创新呢？创新的源头在哪里呢？

一个人要创新，必须具备丰富多彩的科学思维方法库才行。你如果没有必要的思维方法，你创什么新？所以，要推行创新驱动发展战略，中国要建设成为创新型国家，必须抓一个重要的基础工作，那就是抓大面积的科学思维方法的教育和学习，特别是经典思维方法的普及教育。

创新驱动发展，思维方法驱动创新，这是一个连环套，就像西方思维大革命推动科学技术大革命、科学技术大革命推动工业大革命一样。

中国人一定要在思维方法库的建设上下功夫。中国要努力实现思维的现代化，要把西方的现代思维方法中的经典思维方法普及开来。不然的话，人人创新就是一句空话。

全世界的竞争，军事竞争，太空竞争，海洋竞争，长寿健康的竞争，等等，当然都是实力的竞争。其实，归根结底，是智慧的竞争，思维的竞争。思维如何竞争？那就是思维方法的竞争，学习先进的思维方法，不断创造新的思维方法。一种思维方法，就打开一个领域，一个世界。

当今世界美国称霸，那是实力最强，其实也是思维最强。你不能不去认真研究和学习人家的思维。

未来的星球大战，打的是实力，打的是智慧。实力和智慧，是先有智慧，后有实力，归根结底是智慧。不管你是什么阶级、什么制度、什么社会，科学思维方法和智慧，很多是超越阶级和制度而存在的。既然如此，我们不应该好好研究学习吗？！

### 把“想”的问题作为民生大事来抓

我们要把老百姓天天时时都在“想”的问题，作为民生问题的一件大事来抓。要努力提高人民“想”的水平。

民生问题，一般都简单概括为衣食住行。我现在要加一个字：想。民生问题就是衣食住行想。

现在中国人的衣食住行，有很多讲究。衣，一个人有衣橱，里面放了各式各样的衣服。食，主食五谷杂粮，还有蔬菜水果肉食，冰箱就是一个食物储藏库。住，有各种房间安排，一个城市那么多的各种各样的小区。行，有汽车自行车三轮车公交车，不少家庭现在还有一个车位或者车库。想呢？有什么选择安排呢？很多人都说不出来。大量中国人的思维方法库里，都没有现代科学思维方法，多是一些落后的经验思维、模仿思维，还有形形色色的垃圾思维。

老百姓“想”的事情，比衣食住行的事情还要多得多，因为任何人时时刻刻都在想，而且还在不断变化。房子买了可以管很多年，一件衣服最少也要穿若干天，吃的东西可能天天变，想的事情却是时时在变。而且，衣食住行的解决，也要靠自己去想。想，是决定一切问题的源泉。一个人想的水平提高了，衣食住行的水平也就提高了。所以，想的问题，是民生问题当中最重要的问题，牵一发而动全身的问题。

我们要把提高老百姓“想”的水平，摆在与衣食住行同样的位置；不，应该是更高的位置，一起来抓。现在，我们关于衣食住行的问题，每个人都有一套一套的办法，可以说是多得不计其数，可是，怎么想的问题，基本上还等于零。

如果不解决好“想”的问题，一个人不懂得怎么思维，那么，这个人可能就是一个穿名牌衣服、吃山珍海味、住高楼大厦、坐豪华汽车的准动物而已。

哲学只是研究少数精英如何想的问题，就贫穷落后了。哲学应该转轨，转到研究老百姓和一般大众如何想的问题，要使得哲学书老百姓也能读懂，而且照着去做。

# 为什么现代思维不诞生在中国

## 两个有联系但又不同的问题

很多人说，中国自古以来都是文明古国，几千年来的科学技术在世界上都是遥遥领先的，为什么这四五百年就落后得一蹶不振，以至沦为西方列强的半殖民地？一两百年、两三百年来，无论是中国人还是西方人，很多人都在提出一个问题：现代科学技术为什么诞生在西方，不诞生在中国？

为了论述这个问题，许多人写出了一篇又一篇的论文，相关的书也出过不止一两本。我今天要提出另一个问题：现代思维为什么诞生在西方，不诞生在中国？

有人会问：这不是同一个问题吗？

的确，这好像是同一个问题，其实是两个不同的问题。

为什么？因为这是两个层次不同的问题，是一个追根到底的问题，虽然为什么现代科学技术不诞生在中国的问题，也要触及思维落后的问题，因为出发点到根源终点还是远了一点，根子还是没有挖到底。

研究问题，最终还是要找到根源最好。就像我们去山上挖东西，从根子上挖，最容易挖出来。开挖点离根越远，越费力气。很多时候是费力不讨好。

现代科学技术为什么不诞生在中国？因为中国的思维落后，没有一场现代思维运动，很多科学技术就发现不了。这个回答当然是对的。那么，为什么现代思维又不诞生在中国呢？你怎么回答这个问题呢？

所以，我们必须要打破砂锅问到底：现代思维为什么又不诞生在中国呢？中国为什么不来一场现代思维大革命呢？

所以，这是两个既有联系，但又有不同的问题。研究的层次更深了，也更直接更彻底了。

## 从宗教神学禁锢中冲出一个笛卡尔

中国为什么不能产生现代思维，众口一词的说法，是长期封建统治的思想压制。本来春秋战国时代还百花齐放，产生了孔子孟子这样的思想家哲学家。但是，一进入封建统治时期，统治者压制人们的思想，人们的思想就被禁锢了。先有秦始皇的焚书坑儒，后有汉代的罢黜百家独尊儒术，紧接着是长达一千多年的科举制度，人文科学独占科举考场，自然科学被列入旁门左道之列。所以，科学技术在中国就起不来了。

封建社会长期的思想压制，当然是中国不能出现现代思维的一个重要原因。但是，这绝不是唯一的原因，或者说，不是主要的原因，只能是原因之一而已。

这是因为，西方的现代思维，正是诞生在欧洲中世纪宗教神学统治时期。中世纪宗教神学的统治，比中国的封建统治压制思想更厉害。哥白尼、布鲁诺、伽利略等人不畏入狱、火刑的杀戮，坚持不屈地向教会做斗争。布鲁诺被处死，伽利略被监禁，笛卡尔的著作遭到封杀，同样坚持为真理而斗争。

欧洲中世纪的时间跨度大概从公元 5 世纪到 16 世纪，1000多年。封建的专制，宗教神学的压迫，还有教会对人们的思想和行为的控制，那是非常严酷的，所以称作“黑暗的中世纪”。如果说思想压制就不能思想解放，人家欧洲的宗教神学压制思想那么厉害，怎么还一下就冒出来一场轰轰烈烈的现代思维大革命呢?

犹太民族也是惨遭打压的民族。3000多年来，犹太人在极其恶劣的环境下生存，几度亡国，沦为奴隶；漂泊四方，没有自己的家园，没有自己的祖国；几千年来遭到世界各国的鄙视、排斥、镇压，甚至几经种族灭绝式的大屠杀。就是在这样的生存环境中，犹太人却在思想上、科学上对全人类做出了巨大的贡献，他们在近代取得的思想和科技成就是其他任何民族都无法比拟的。迄今为止，犹太人获得诺贝尔奖的人数高达20%，没有任何一个民族能够与之比肩。

一个人思想上没有创造性思维，统治者思想压制只是一个客观原因，人的主观意识能不能创新，那才是自身的主观原因。客观原因和主观原因，主观原因是第一位的原因。

历史已经无可辩驳地证明，西方人在宗教神学的思想压制下，依然冲破重重阻力，总结创造了波澜起伏的现代思维革命运动，为尔后的科学技术大革命和工业革命加足了第一推动的马力。

两相对比，西方人产生现代思维，还有一个中国人所不具备的重要原因，就是西方人比中国人更会思维。

标志西方人比中国人更会思维的代表人物，是西方出现了一个笛卡尔（1596—1650），一个哲学思想史上划时代的人物。尽管他当时不断遭到封杀，有的政府还判他有罪，他也看到伽利略遭到监禁和杀戮，但是他仍然冒着风险，于1637年在莱顿匿名出版了他的《方法论》。从此笛卡尔哲学与中世纪经院哲学展开了一场激烈的旷日持久的论战。《方法论》和他的一系列哲学著作，引导西方人走上科学思维的道路。黑格尔称笛卡尔为“现代哲学之父”。他是将哲学思想从传统的经院哲学束缚中解放出来的第一人，是唯理论的创始人。

几个世纪以来，欧洲的经院哲学敌视科学思想，用火刑和监狱对付先进的思想家和科学家。经院哲学以《圣经》的论断、神学的教条为前提，用亚里士多德的三段论演绎法进行推论，得出符合教会利益的结论。经院哲学引起了一些有识之士的反对。前面说过，第一个站出来反对的是培根。可是培根为了反对经院哲学，把经院哲学使用的三段式演绎推理方法也一起否定了，倒污水把污水中的婴儿一起倒掉了。

笛卡尔是一个了不起的人。他坚决反对和彻底否定经院哲学，但是，他觉得亚里士多德的三段式推理方法是科学的。宗教神学把三段式演绎法生拉活扯用来论证上帝的存在，真理的真与假让人辨别不清，使得科学的三段式演绎法也蒙上了诡辩式的阴影。笛卡尔觉得必须拨乱反正，义不容辞写出了如何正确使用三段式演绎法的《方法论》。他要用演绎法来反对经院哲学，推动人类的思维迈入科学思维的轨道。

笛卡尔1637年的《方法论》，对过去正反两种使用演绎法的情况做了分析研究，提出了一整套防止演绎法像宗教神学那样走偏，保证演绎推理出来的是“真正的真理”的理性思维方法。

笛卡尔《方法论》的要点是——

第一，用批判性思维对人类过去的知识怀疑审视，重新用科学的演绎法，即从一些已经清楚明白的公理原理出发来推演，正确的坚持，错误的则推翻重建。这种怀疑不同于否定一切知识的不可知论，而是以怀疑为手段，达到去伪存真的目的，所以被称为“方法论的怀疑”。

第二，演绎法从公理化方法开始。这个推理的起点——公理，一定要是通过观察、实验证明了的公理，是自明的直观公理。不能用像“上帝是神圣的”这种无法证明的东西作为前提来演绎推理。

笛卡尔自己首先做出了一个成功的例子，是从自明的直观公理出发，运用数学的逻辑演绎，使用代数的方法来解决几何问题，创立直角坐标系，从而建起了解析几何学。

第三，研究复杂的问题，就分解为多个比较简单的小问题，一个一个地分开解决。

第四，小问题从简单到复杂排列，先从容易解决的问题着手。

第五，各种问题分析解决之后，再综合起来检验，看是否完全，是否将问题彻底解决了。

笛卡尔的理性思维方法，因为总结欧几里得几何学和托马斯经院哲学正反两方面使用演绎法的经验教训，提出了包括批判性思维、公理化方法、观察实验方法、演绎法、分析法、综合法等一整套思维方法，来保证演绎推理结果的正确，使得三段式演绎推理方法更加完善更加科学了。演绎法从此迈上了一个新的台阶。科学家们大受启发，一个接一个地像他说的那样使用演绎法，取得了空前的成功。

当时的社会各界，对他提出的方法并不重视。1650年他去世的时候，只有一家报纸做过报道，还用了措辞讥讽的语言说：“在瑞典死了一个疯子，他以为人能任意地活下去。”笛卡尔因是天主教徒，在信教的瑞典被埋葬在为未受洗礼的孩子准备的公墓里。出殡时，仅有寥寥几位友人送葬。

可是，不到几年，人们都发现了他的伟大，承认了他是时代的先知。1667年，法国将他的遗骸运回巴黎，隆重地举行了盛大的悼念仪式。他的遗骸埋葬在巴黎的名人公墓圣格内弗埃-蒙特的圣堂中。1799年，法国政府又把他的遗骸供在法国历史博物馆中，与法国历史上的光荣人物列在一起。1819年以后，他的遗骸又被安置在柏雷斯的圣日曼教堂中，供人瞻仰，墓碑上写着：“笛卡尔，欧洲文艺复兴以来第一个为人类争取并保证理性权利的人”。1896及1937年，世界各地都隆重地举行哲学会议和悼念活动，纪念他的诞生和《方法论》问世300周年。

王梓坤在《科学发现纵横谈》中说：“方法与方法论并不是一回事。方法论是论方法，它的研究对象是方法。研究方法论，必须熟悉许多基本的方法，但罗列许多方法，并不就是方法论。把各种方法进行分析、比较和评论，从而提出一般的关于方法的理论和原则，应是方法论的任务。”

因为笛卡尔阐释了科学思维方法在认识客观世界中的作用和意义，从此之后，欧洲人进入了一个接一个疯狂运用和创造思维方法的境界，完全就是一场运动。所谓运动，就是有一个接一个的“运动员”去参加这个运动。虽然参加这场运动的“运动员”多数都是唯心主义的科学家，但是他们却创造出了一大批科学的思维方法，形成了一场现代思维的革命运动，破解了一个又一个的科学技术难题，迎来了人类有史以来的科学技术大革命。

《烟台大学学报》1996 年第4期发表了李建珊先生的《论笛卡尔对科学理性分析传统的贡献》一文。文中说：“从思想史渊源上讲，笛卡尔的认识程序理论，产生于对近代欧洲乃至古代希腊科学方法论思想的批判、继承和改造。”“为了实现建立自然科学理论大厦的目标，笛卡尔批判地汲取了亚里士多德等古希腊学者关于科学是公理化系统的思想。”“认为数学中借已知求未知并循着一定的次序和途径由一个问题进到另一个问题的方法，完全适用于经验自然科学。因此他把数学方法作为直观——演绎法的基础。”“在笛卡尔的认识程序理论中，最核心的是作为其知识哲学中心要素的直观——演绎方法。在他看来，真理的认识只能来自理性的直观及其得到的公理的演绎展开。正如他所指出的：‘离开理性直观和演绎，就不可能获得科学知识，’‘除了通过自明性的直观和必然性的演绎之外，人类没有其他途径用来获得确定性的知识。’”

后人对笛卡尔做过各种各样的评价。我认为，最中肯最科学的评价是：笛卡尔为科学家们总结出了“建立科学的科学”。亚里士多德给人类贡献了一个最重要的思维方法——演绎法，笛卡尔为人类贡献了“建立科学的科学”。

### 演绎法像冬天里的一把火

投入现代思维运动的，首先是直接见过笛卡尔的英国科学家罗伯特·波义耳（1627—1691）。波义耳的姐姐莱尼拉芙夫人，是笛卡尔的朋友。波义耳比笛卡尔小30岁，他在姐姐家中认识了笛卡尔，就对笛卡尔佩服得五体投地，从此走上笛卡尔倡导的思维方法之路。他高高举起怀疑思维的旗帜，批判过去的元素理论。最早提出元素这一概念的是古希腊著名哲学家柏拉图，他认为万物之源的四种基本要素是火、水、气、土（中国是金木水火土）。后来医药化学家们提出的硫、汞、盐三要素理论也风靡一时。波义耳通过一系列的实验批判四元素说和三要素说，提出只有那些不能用化学方法再分解的简单物质才是元素。波义耳公开出版的化学书，书名就是《怀疑的化学家》，直接把“怀疑”二字放在书名上，以表示他的科学态度。他在书中强调，实验方法和对自然界的观察、测量方法，才是科学思维的正确方法。波义耳最终用实验方法证明了物质是由化学元素组成的，化学元素是不能再分的物质。这个划时代的成果，使得化学从此成为一门独立的科学。1662年，波义耳用实验法论证的“波义耳定律”问世：“在密闭容器中的定量气体，在恒温下，气体的压强和体积成反比关系。”这是人类历史上第一个被发现的定律。

波义耳经历的道路，充分说明笛卡尔的怀疑法，是具有充分说服力量的辩证思维。

接着是英国科学家牛顿（1642—1727）。牛顿使用笛卡尔倡导的演绎法，解决了一系列科学领域的问题，成为一位百科全书式的科学家。他之所以在许多领域都能做出杰出的贡献，是因为他为了解决这些科学难题，在使用笛卡尔提倡的批判性思维、演绎法、裂变式思维等方法的同时，又创造了许多的科学思维方法。我们都知道牛顿在科学上的伟大贡献，其实他在科学思维方法上的贡献，也与在科学上的贡献一样，是无与伦比的。

牛顿看见苹果从天上掉下来，联想起月亮围着地球转、地球围着太阳转的已有事实，用直觉思维提出了一个假说：这三个事情都是因为所有物体之间都存在一个万有引力。假说思维是使用演绎法研究问题中的一个重要方法。

为了证明他提出的万有引力今后不会被别人怀疑推翻，牛顿决定按照笛卡尔提倡的方法，用已经知道的公理和知识，用演绎法来进行严密的演绎推导，一步也不能马虎。他使用的知识有阿基米德几何学、伽利略学说、第谷观察行星的记录、开普勒的恒星运动三定律、前面数学家创造的极限理论等等。这时候，牛顿感觉到现成的思维方法完全不够用，特别是变量的运算方法，成为摆在他前面的一座大山。于是，他开始了变量数学的研究。

牛顿为了研究变量数学的问题，又把极限思维向前推进了一步，创造了无穷小无穷大理论。无穷小无穷大的数学方法，和他22岁时发明的二项式定理，成为建立微积分的重要数学方法。

创立微积分的数学方法，是牛顿最卓越的数学成就。是演绎法把他逼上了微积分的创造之路。他为了解决物体运动中的变量问题，如切线问题、求积问题、瞬时速度问题、函数的极大和极小值问题等，将自古希腊以来求解无限小问题的各种技巧统一为两类普通的算法——微分和积分，并确立了这两类运算的互逆关系，从而完成了微积分发明中最关键的一步，为近代科学发展提供了最有效的工具，开辟了数学史上的一个新纪元。

1687年，牛顿《自然哲学的数学原理》出版。这本书牛顿写了18个月，它改变了整个文化，改变了人们理解世界的方法，也改变了人类和自然的关系。

牛顿是笛卡尔倡导演绎法以后，在演绎法沉寂一千多年之后，第一个成功使用演绎法的科学家。微积分建立之后，他运用演绎法做推导，无可辩驳地证明了万有引力的宇宙奥秘。本来，地球上物体的力学，和天上各种星体的天体运动，一直是分开做研究的。牛顿用综合法将这两个问题统一到一个基本的力学体系中，创立了经典力学的理论体系。

从此以后，微积分加上数学分析的方法，众多的数学家一起动手，将高等数学的各门学科扩张得琳琅满目，形成眼花缭乱的数学王国。

更有意思的是，与牛顿同时代的德国数学家莱布尼兹（1646—1716），基本上同时研究出了微积分。牛顿创立微积分比莱布尼兹早十年左右，但是正式公开发表微积分这一理论，莱布尼茨却要比牛顿早三年。他们的研究各有长处，也都各有短处。两个人并蒂双辉共同奠定了微积分学。牛顿从物理学出发，运用集合方法研究微积分，其应用上更多地结合了运动学，造诣高于莱布尼兹。莱布尼兹则从几何问题出发，运用分析方法引进微积分概念，得出运算法则，其数学的严密性与系统性是牛顿所不及的。莱布尼兹认识到好的符号能节省思维劳动，因此发明了一套适用的符号系统，如引入dx 表示x的微分，用S拉长之后的∫表示积分，dnx表示n阶微分，等等。这些符号进一步促进了微积分学的发展。

牛顿和莱布尼兹两个互不认识的人，分别在两个不同的国家，没有任何一点联系和交流，使用不同的思维方法，在不同的领域做研究，走过不同的思维路径，最后都到达了建立微积分的同一个目标。这充分地说明，对于科学技术的发明创造，思维方法的创造是可以大有作为的，是可以百花齐放的，也是可以殊途同归的。牛顿是创造使用一个接一个的思维方法，形成了思维方法的连环接力；莱布尼兹从另外的路线，也走到了一起，形成思维方法的“路路通”。方法连环套和方法路路通，形成了思维方法运动中的两个奇观。为什么一个经过物理学，另一个经过几何学，最后都到达微积分的终点？因为他们使用的是同一个演绎分析方法。可以这样说，牛顿和莱布尼兹在创造微积分过程中的思维方法运动，将笛卡尔倡导的演绎法，做出了一个形象生动的全面诠释。

笛卡尔的《方法论》提倡用严格的演绎方法来推导和建立新的科学，这个号召首先在数学领域大面积开花结果。其代表人物就是瑞士数学家、物理学家莱昂哈德·欧拉（1707—1783）。他在数学及许多分支中都有很多创造，有许多以欧拉命名的常数、公式和定理。他的著作《无穷小分析引论》《微分学》《积分学》，是18世纪欧洲标准的微积分教科书。欧拉还创造了一批数学符号，如f（x）、Σ、i、e等等，使得数学更容易表述、推广。中国科学院数学与系统科学研究院研究员李文林说：“欧拉就生活在这个分析的时代。如果说在此之前数学是代数、几何二雄并峙，欧拉和18世纪其他一批数学家的工作则使得数学形成了代数、几何、分析三足鼎立的局面。如果没有他们的工作，微积分不可能春色满园，也许会打不开局面而荒芜凋零。欧拉在其中的贡献是基础性的，被尊为‘分析的化身’。”

欧拉的另一个重大贡献，是把数学应用到数学以外的很多领域。他把经典数理逻辑方法推至几乎整个物理领域，还涉及建筑学、弹道学、航海学等领域。他研究天文学，就与达朗贝尔（1717—1783）、拉格朗日一起成为天体力学的创立者，发表了《行星和彗星的运动理论》《月球运动理论》《日蚀的计算》等著作。他研究流体的运动性质，建立了理想流体运动的基本微分方程，发表了《流体运动原理》和《流体运动的一般原理》等论文，成为流体力学的创始人。他不但把数学应用于自然科学，而且还把某一学科所得到的成果应用于另一学科。比如，他把自己所建立的理想流体运动的基本方程用于人体血液的流动，从而在生物学上添上了他的贡献，又以流体力学、潮汐理论为基础，丰富和发展了船舶设计制造及航海理论，出版了《航海科学》一书，并以一篇《论船舶的左右及前后摇晃》的论文，荣获巴黎科学院奖金。

欧拉用数学演绎的思维方法，横扫整个物理世界，到处都是他数学方法的用武之地。

1760年到1762年间，欧拉应德国亲王的邀请为夏洛特公主函授哲学、物理学、宇宙学、神学、化理学、音乐等。他函授的信件后来整理成《致一位德国公主的信》一书，1768年分三卷出版。这些通信充分体现了欧拉渊博的知识、极高的文学修养和哲学修养。世界各国译本风靡，一时传为佳话。欧拉为什么可以成为一个横跨十多个领域的通才科学家？就是因为他用的经典数理逻辑方法，能够解决各个领域提出的问题。笛卡尔的方法论，在欧拉的身上充分应验。

19世纪，数学史上又出现了一个将分析方法严格化的法国数学家柯西（1789—1851）。他最有代表性的著作是《分析教程》和《无限小计算教程概论》，它们以严格化为目标，对微积分的基本概念，如变量、函数、极限、连续性、导数、微分、收敛等等给出了明确的定义，并在此基础上重建和拓展了微积分的基本理论。

柯西的研究结果引起了科学界很大的轰动。据说柯西在巴黎科学院宣读第一篇关于级数收敛性的论文时，使德高望重的拉普拉斯大感困惑，会后急忙赶回家去检查他那五大卷《天体力学》里的级数，结果发现他所用到的级数幸好都是收敛的。

随着科学技术的不断发展，人们追求科学思维方法达到一种痴迷的程度。比如德国数学家大卫·希尔伯特（1862—1943）。1880年秋天，他18岁的时候要去读大学。父亲是法官，希望他学习法律。他毫不犹豫地进了哲学系学习数学。当时的大学，数学还设在哲学系内。他选择的哥尼斯堡大学，是当时德国所有大学中最讨人喜欢和最富浪漫色彩的学校，特别是微分方程名家拉撒路·富克斯的课。富克斯讲课，好像课前没有做准备，对要讲的内容，在课堂上现想现推。于是常常发生这样的情形：某个问题在黑板上推不下去了，这时他就再想另外一种方法，有时一连要换好几种方法，但他最后总能推导出结果来。他就是这样，习惯于在课堂上把自己置于危险的境地。一位学生后来回忆时写道：这样的课，使学生们“得到一个机会，瞧一瞧最高超的数学思维的实际过程”。学生可以从中领悟到一个数学家是如何思考问题的，包括几经碰壁之后终于找到解法的探索过程，在教科书上无论如何是看不到的。把思考问题的实际过程展现给学生看，实际上是非常富于启发性的。

这样的训练，对希尔伯特后来的成长起了很好的作用。学习数学不仅要学会一种解题的方法，而且要学会探索多种多样的解法。他研究的领域涉及代数不变式、代数数域、几何基础、变分法、积分方程、无穷维空间、物理学和数学基础等。1899年出版的《几何基础》，就成为近代公理化方法的代表作，且由此推动形成了“数学公理化学派”。可以说希尔伯特是近代形式公理学派的创始人。1900年，希尔伯特38岁时在巴黎举行的第二届国际数学家大会上做了题为《数学问题》的著名讲演。在讲演中，他根据19世纪数学研究的成果与发展趋势，以卓越的远见和非凡的洞察力，提出了新世纪所面临的23个问题。这23个问题涉及现代数学的大部分重要领域（著名的哥德巴赫猜想就是第8个问题中的一部分），对这些问题的研究有力地推动了20世纪各个数学分支的发展。

### 门捷列夫被老师赶下台时的呐喊

科学思维方法推动科学技术发展的潮流，一浪高过一浪。研究的领域从数学扩展到各个门类的自然科学，参加的人员从欧洲扩展到大洋洲。

法国化学家、生物学家安托万·洛朗·德·拉瓦锡（1743—1794），使用实验方法，通过精确的定量实验，证明物质虽然在一系列化学反应中改变了状态，但参与反应的物质的总量在反应前后是相同的。他用定量分析方法验证和提出了质量守恒定律，被后世尊称为“近代化学之父”。他专注实验，建立了一整套体系，使得现代的化学正式成为科学，跟炼金术彻底区分开来。他用燃烧的实验，第一次准确地识别出了氧、氮和氢三种气体的作用，发现了燃烧原理，彻底否定了燃素说的错误。他提出规范的化学命名法，撰写了第一部真正现代化学教科书《化学基本论述》。

英国化学家汉弗莱·戴维（1778—1829），是一个醉心于实验方法的实验科学家。他精心设计了一系列的实验，取得了丰硕成果。他使用电解法分解苛性碱，就发现了两种金属元素钾和钠，从而获得了制取金属元素的新途径：用伏打电池来研究电的化学效应。他用这种方法接着制得了钡、镁、钙、锶等碱土金属，成为发现元素最多的科学家。他1820年当选英国皇家化学会主席。

1820年，丹麦科学家奥斯特用实验法发现，通电导线能使旁边的磁针偏转，说明通电导线周围能产生磁场。同年，法国科学家安培也用实验法发现两根通电导线之间有相互作用。电流同方向时相斥，异向时相吸。一时间，电产生磁这个科学发现，成为科学界流行的新知识，广为传播。实验科学一时成为科学发现的新潮流。

英国科学家迈克尔·法拉第（1791—1867）知道这个消息后，慢慢地琢磨起来："既然电可以产生磁，那么反过来，磁可不可以产生电？"他用逆向思维和求异思维的方法，开始了自己的假说思维。

法拉第验证自己的假说，并不是一帆风顺。他在11年中，做了几百次的实验，始终未能成功，因为开头他还是沿着传统观念去做实验，认为电流总是沿平直导线流动，所以实验中总是将各种变化的磁场作用到平直导线上（收敛思维），然后去观察该导线上是否有电流产生，结果总是失败。后来，他想到电流可以沿任意方向流动，作为电流载体的导线也可以是任意形状，于是就把导线弯成圆形（求异思维、发散思维），并做成螺线管形式，然后把永久磁铁插进去再拔出来，以改变磁通量，结果成功了。这成了电磁感应定律的基础实验。法拉第于是创立了感生电动势大小与磁通量变化率成正比的电磁感应定律。

在大洋彼岸，美国人本杰明·富兰克林（1706—1790），仔细观察和研究了雷、闪电和云的形成，提出了云中的闪电和摩擦所产生的电两者性质相同的推测。为了证明这个推测，1752年，他冒着生命危险在费城进行了震动世界的电击风筝实验，成功地捕捉到雷电。风筝实验成功之后，他由此设想在高物上安置避雷装置，就有可能把雷电引入地下。经过试用，果然能起避雷的作用。避雷针马上传入欧洲及全世界。富兰克林在后来的研究中创造了许多专用名词，如正电、负电、导电体、电池、充电、放电等，都成为世界通用的词汇。1753年，英国皇家学会选他为院士。

19世纪60年代，英国物理学家麦克斯韦建立了电磁场理论，并从理论上推测到电磁波的存在。可惜他英年早逝，未能用实验来证明这一推测的正确性。1888年，30岁的德国青年科学家赫兹为了证明电磁波的存在，用圆形导线自制一个实验设备。他把导线的两端接到两个铜钮上，两个铜钮之间的距离调节得很小。当莱顿瓶发出的波落到导线上时，在适当的条件下，两个铜钮之间就产生细微的火花。赫兹成功地使这些波发生反射、折射、衍射和偏振，从而无可争议地发现了电磁波的存在。

英国博物学家达尔文（1809—1882）提出进化论之前，法国人德·拉马克骑士（1744—1829）对动物内脏进行研究，提出了一套震惊世人的人体器官进化学说：如果一个动物反复做同样一件事情，它的相应器官会慢慢发生进化以便适应。拉马克的动物器官进化论，研究进化的时间太短，看不出有多少进化，不科学，所以遭到了科学家们的嘲笑和否定。达尔文接过进化论的思维方法，用它去研究动植物几百万年的变化，这期间又阅读马尔萨斯《人口论》中"适者生存"理论，受到启发，他把两者结合起来，生物进化论就产生了。

奥地利生物学家孟德尔（1822—1884）自幼就对生物的变异规律感兴趣。他耗时八年进行了豌豆杂交实验，使用四条思维方法：1．殚精竭虑地做好实验观察；2．深入细致地分析实验结果；3．独具匠心地做好定量研究；4．大胆提出遗传因子假说。因为他恰当地选择了豌豆做实验对象，一下获得成功。他总结出遗传学上的两个基本定律——分离定律和自由组合定律，统称为孟德尔遗传规律。自由组合规律为解释自然界生物的多样性提供了重要的理论依据。分离规律还可帮助更好地理解为什么近亲不能结婚。孟德尔遗传规律在实践中的一个重要应用就是在植物的杂交育种上。在杂交育种的实践中，可以有目的地将两个或多个品种的优良性状结合在一起，再经过自交，不断进行纯化和选择，从而得到一种符合理想要求的新品种。





1869年，俄罗斯青年化学家门捷列夫在俄罗斯化学会上，用自己做的纸牌一个个往桌子上摆放，阐述他提出的化学元素排列理论，遭到了大会的质疑。他的老师齐宁批评他："你身为教授、科学家，不在实验室里老老实实做实验，却异想天开，摆摆纸牌就要发现什么规律。这些元素难道就由你这样随便摆布吗？"门捷列夫见老师大发脾气，不慌不忙地解释说，不是我不做实验，是前人——戴维、本生、基尔霍夫他们已经做了够多的实验，发现了这么多元素，我们该从方法上另想办法了。开普勒当年从他的老师第谷手中接过700颗恒星的观察资料，并没有按照师嘱去观察1000颗，他做了理论思考，终于发现了能解释众星运行的三定律。勒维烈之前有多少人在观察寻找天王星外的新星，他并没有把主要精力放在实地观察上，而是做了理论推算，一下就准确地找见了海王星。门捷列夫说："在研究元素的过程中，人们使用的思维方法够多了，有光，有电，有分馏法，这些都不够了，现在需要探索新的思维方法了！"

门捷列夫的这一番讲话，看起来是在为自己辩解，实际上是喊出了那个时代科学家们探索思维方法的心声。为了研究各门科学，这些科学家使出了浑身解数，在寻找思维方法的道路上不断探索，有的成功了，有的就失败了。像英国青年化学家纽兰兹，在门捷列夫发现元素周期律前三年，1866年的英国化学学会上，就提出将元素按原子量增加的次序排列。他的方法就被大会粗暴地否定了。后来门捷列夫坚持用分类法排列化学元素，最后大获成功。回顾化学元素周期表走过的曲折历程，科学家们都为纽兰兹的探索夭折而扼腕长叹！那些功成名就的权威，你们怎么能凭借过去的经验，去否定后来者采用新方法所做的探索呢？！你们不也是从探索思维方法的道路上走过来的吗？！

人类探索新的思维方法，确实走过了一条不平凡的坎坷道路。门捷列夫那一番探索思维方法的呐喊，是科学家的呐喊，是人类思维进步的呐喊，是时代的呐喊。门捷列夫的呐喊，和笛卡尔吹响《方法论》的号角，两者遥相呼应，形成西方人演绎推理思维大踏步前进的足音。给他们伴唱的，是一大批科学家一个接一个科学技术的成功交响乐。笛卡尔的《方法论》与科学家们实践和创造的各种各样的思维方法，汇成了一股推动现代科学技术大发展的现代思维的滚滚潮流。

中国人没有发出门捷列夫那样的呐喊，是中国人思维方法库的落后。中国人没有参加这一场思维大革命的滚滚洪流，是中华民族永远的遗憾。

笛卡尔《方法论》之后，一个又一个创造思维方法的大师出现了。欧洲一批又一批唯心主义的科学家，创造出一个又一个科学的思维方法，将世界和宇宙的真实面目揭开了，科学技术大革命和工业革命就发生了。

科学家们创造的一个接一个的思维方法，堆起了一座现代思维的大山。人们不得不认识到，这就是一场现代思维运动，一场现代思维的大革命。

# 春秋战国百花齐放放了些什么

有些人说，西方科学技术大革命的时候，中国正在遭受清朝残酷的封建统治，思想怎么能够解放！如果那时赶上春秋战国百花齐放思想解放的时候，中国的科学技术也会大发展。

研究中国为什么没有出现科学技术大革命和思维大革命，决不能只看到西方大发展的这500年，而是要从更长远的历史来研究，才能找到中国落后的真正原因。是不是赶上春秋战国百花齐放的时候中国就能够大发展？既然这样提出问题，我们就不妨从春秋战国时代开始研究中国人思维的历史。

## 西方探索理性思维走过了漫长的道路

为了把问题探索得更为清楚，同样，我们首先要看一看西方在那些时代干了些什么。

其实，理性思维虽然是笛卡尔叫响的思维概念和名词，但是实际上在笛卡尔之前，已经走过了相当长一段时间的探索之路，起起伏伏，曲曲折折，可以说是一波三折。

第一时期（公元前384年之前）——演绎法酝酿时期。

这是一段很长的酝酿时期。也就是古希腊哲学家亚里士多德（前384—前322）写出《工具论》之前的时期。

公元前4世纪中晚期，亚里士多德理智地总结了当时地中海欧、亚、非三洲接壤地区的各种知识，以形式逻辑的抽象分析和演绎推理方式，创建了古代百科全书式的学科体系。他认为这些学科有一个可以统一使用的工具，就是演绎法。所以，他的逻辑学著作就汇编成一本书，取名叫作《工具论》。《工具论》阐释了演绎法的推理方法，用三段论的形式做推理和论证，结论就能够保证正确无误。

三段式演绎法也不是亚里士多德凭空臆想出来的。在亚里士多德总结出演绎法之前，演绎法已经经过了一个很长的酝酿时期。留下来的记载中，最多的是古埃及人修建金字塔，发现了很多简单的几何图形，发觉它们满足了一定的规律——简洁、明了，具有一种美感。于是他们开始研究几何，便出现了逻辑推理。开始是对土地测量的经验规则给予合理的说明，慢慢就过渡到后来的具有比较完备的演绎形式。

这个时期有多长，没有哪一个做出肯定的说明。有一个说法是4000年。到底是公元前

4000年，还是经过了4000年，弄不清楚，也没有必要弄清楚。肯定是一个极其缓慢的过程。

其实在这个时期，中国人也已经慢慢悟出了演绎法，我们后面将会看到。

第二时期（公元前384—公元前212年）——演绎法总结推广的第一时期。



亚里士多德是柏拉图的学生。他在柏拉图学园跟随柏拉图学习哲学20年，后来开始游历各地。亚里士多德在总结各方面知识的时候，认为演绎逻辑既不是理论知识，又不是某一方面的实际知识，应该算是总结一切科学知识的工具，所以书名取为《工具论》。这是人类第一本专门研究理性思维方法——三段式演绎法的书。这本书为形式逻辑奠定了基础，对这门科学的发展具有深远的影响，在科学史上占有开天辟地的地位，他是用文字总结和倡导演绎推理的第一人。

亚里士多德是一位百科全书式的科学家，他的著作涉及形而上学、心理学、经济学、神学、政治学、修辞学、教育学、诗歌等等。他把演绎逻辑思维自始至终贯穿于他的研究之中，使得他在众多领域都取得了卓越的建树。他自己总结出演绎法，又做出了如何使用演绎法的榜样。

演绎法问世以后，很快取得了显著成效。第一个成果，就是欧几里得几何学。欧几里得（前330—前275年）是古希腊数学家。他最著名的著作《几何原本》，就是使用三段式演绎法建立了一个完整的几何学体系。欧几里得几何学是历史上公认的最成功的教科书。

最早的几何学兴起于公元前7世纪的古埃及，后慢慢传入古希腊，又经毕达哥拉斯学派系统奠基。在欧几里得以前，人们已经积累了许多几何学的知识，然而这些知识当中，存在一个很大的缺点和不足，就是缺乏系统性，大多数是片断、零碎的知识，公理与公理之间、证明与证明之间并没有很强的联系，更不要说对公式和定理进行严格的逻辑论证和说明。因此，把这些几何学知识加以条理化和系统化，成为一整套可以自圆其说、前后贯通的知识体系，是当时一件刻不容缓的事情。

欧几里得也和亚里士多德一样，是柏拉图学园的学生。他通过早期对柏拉图数学思想，尤其是几何学理论系统而周详的研究，敏锐地察觉到了几何学理论的发展趋势。他下定决心，要在有生之年完成这一工作。为了完成这一使命，欧几里得不辞辛苦，长途跋涉，从爱琴海边的雅典古城，来到尼罗河流域的埃及新埠——亚历山大城调查研究。他一边收集整理资料，一边向有关学者请教，最后静下心来，使用亚里士多德提倡的三段式演绎法著书立说，几易其稿，终于在公元前300年完成《几何原本》一书。

欧几里得几何学成为用公理化方法建立起来的数学演绎体系的典范。《几何原本》全书共分13卷。书中包含了5条“公理”、5条“公设”、23个定义和467个命题。在每一卷中，欧几里得都采用了与前人完全不同的叙述方式，即先提出公理、公设和定义，然后再由简到繁地证明它们。这使得全书的论述紧凑和严密。欧氏几何学所有的定理都是从一些确定的、不须证明而礴然为真的基本命题即公理演绎出来的。在这种演绎推理中，对定理的每个证明必须或者以公理为前提，或者以先前就被证明了的定理为前提，最后做出结论。

第二个成功使用演绎法的科学家是古希腊数学家阿基米德（前287—前212年）。阿基米德流传于世的著作有10余种，集中探讨了求积问题，主要是曲边图形的面积和曲面立方体的体积，其体例也和欧几里得《几何原本》一样，先是假设，再以严谨的逻辑推论得到证明。比如《论球和圆柱》一书，他从定义和公理出发，推出圆和圆柱面积体积的50多个命题。阿基米德的数学思想已经蕴含微积分，他对“无穷”的研究，只是没有极限概念。他利用“逼近法”算出球面积，球体积，抛物线，椭圆面积，后世的数学家依据这样的“逼近法”加以发展，就成为近代的“微积分”。

第三个时期（公元前212—公元1225年）——演绎法沉寂时期。

阿基米德以后，即公元前2世纪以后，演绎法经过短暂的辉煌，销声匿迹了，既没有人出来提倡，也没有人使用。从亚里士多德总结演绎法，到欧几里得、阿基米德两个人使用演绎法取得成果，也就是短短的100年。演绎法就像流星在天空划过，然后消失得无影无踪。

演绎法沉寂时间为什么长达1500年？真是一个不解之谜。欧几里得几何学推理那么严密，像泰山一样无法撼动，推出以后就广为传播，怎么就没有一个人动动心去模仿一下呢？

第四个时期（1225—1637年）——经院哲学诡辩时期。

中古时期，基督教在欧洲发展和盛行起来。13世纪末，神学家托马斯·阿奎那（1225—1274）为了推广基督教，使用亚里士多德的三段式演绎法来解释基督教的神秘和“真理”，创立了经院哲学。经过几百年的整合、推广，到1600年的时候，经院哲学已经成了欧洲正统的、权威的思想体系，占据了教育界和思想界。神学、哲学和科学，都混合在这个大框架里了。

那个时候的欧洲，绝对的权威就是基督教的《圣经》。《圣经》中自相矛盾的地方很多，如何把那些矛盾的地方说圆，托马斯的《神学大全》就使用亚里士多德的演绎法来完成这个任务。例如上帝是不是存在，托马斯就提出了“五个证明的方法”。他的方法是在演绎推理的时候偷梁换柱，采取类比的手法用来形容一些特征相同但又非完全相同的事物。比如，他类比论证说：1. 既然自然界最终只有一个权力（大前提）；2. 上帝是宇宙的主宰，君主是世俗的统治者（小前提）；3. 那么，君权就是神圣的（结论）。

类比，就是用类似的东西做比喻，这和演绎法使用的公理完全是两码事。托马斯将根本就没有的上帝来做“逻辑类比”，实际上是将演绎法变成了诡辩。但是，因为他高高举起亚里士多德演绎法的旗帜，虽然演绎出来的结论是完全错误的，却凭借广泛开展的神学哲学辩论会，将三段式演绎法做了一个推广和普及。所以，这段经院哲学三段式诡辩时期，在人类演绎思维发展史上，仍然起了很重要的作用。第一，它普及了演绎法，虽然是诡辩式演绎法；第二，它促成了它的反对派人物——笛卡尔的诞生。这就将演绎法推进到一个新的历史阶段。

第五个时期（1637年至今）——演绎法演绎出科学技术大革命（演绎法推广的第二时期）。

反对经院哲学的第一个人物是培根。但是培根反对经院哲学的时候，连同演绎法一起反对，所以他并不是推动演绎法发展的历史人物。这一个时期的起始时间定为1637年，因为这一年笛卡尔的《方法论》出版。《方法论》是继《工具论》之后，人类历史上第二部专门论述理性思维演绎法的伟大著作。





笛卡尔的《方法论》，总结了亚里士多德《工具论》提倡演绎法之后，1800多年来正反两种使用演绎法的经验教训。笛卡尔之所以了不起，是因为他想出了一个战胜诡辩式演绎法的高招。他为了保证演绎推理出来的是“真正的真理”，而不是像托马斯“逻辑类比”推出宗教神学那样不可信的鬼话，就提出了在使用演绎法的同时，必须配套使用的几个思维方法。这些方法包括：怀疑“真理”真与假的批判性思维、经过检验的“公理”化方法、观察法、实验法、归纳法、分析法、由浅入深法、综合法等等。

笛卡尔的《方法论》为什么站得比亚里士多德《方法论》更高？是因为他从托马斯那里学到了防止乱用演绎法的方法。我们现在很多人使用演绎法推出了过几年就过时的理论，就是不懂得笛卡尔的防伪术。

正因为笛卡尔使用演绎法有这一套配套的思维方法，能够保证演绎推理结果的正确，所以使得三段式演绎推理方法，从此走上披荆斩棘所向无敌的科学道路。科学家们运用演绎法创立的一门又一门的自然科学，都成为无法推翻的科学。

培根和笛卡尔都在反对经院哲学，培根连托马斯使用的演绎法一起反，笛卡尔却并没有被培根的理论所迷惑，而是将演绎法的旗帜高高举起。笛卡尔深深懂得演绎法的科学性，那是人类思维向前发展的一把金钥匙。

笛卡尔的《方法论》，风铃博客说是“像电光一样激活了”一代又一代科学家的思维。所以法国流放学者伏尔泰从英国写给法国人的信中说，笛卡尔把我们领上了通向真理的道路，牛顿走到了这条道路的终点。西方科学技术大革命从此如滚滚洪流，波涛汹涌。人类历史翻开了崭新的一页。

### 晏子使楚的雄辩是中国人演绎法酝酿的成熟

知道了西方演绎推理方法发展的历史，我们回过头来看看中国人的思维表现。

公元前4世纪之前的好几个世纪，都是演绎法的酝酿时期。那个时期正是中国的春秋战国时期。春秋是公元前770年—公元前476年，战国是公元前475年—公元前221年。亚里士多德总结演绎法写出《工具论》的具体时间是哪一年不知道，但是亚里士多德的生卒年月是公元前384年—公元前322年。

中国春秋战国时期就出现演绎法的萌芽，我没有更多的材料。但是，我可以提出一个确切有力的证据，那就是过去语文课本里学习过的课文《晏子使楚》。晏子（前578—前500）是春秋时期重要的政治家、思想家和外交家。晏子当场驳斥楚王编造的假话，就使用的是三段式演绎法。那个时候比亚里士多德出生还早100多年。

百度词条“晏子使楚”说，“晏子使楚”现已选入苏教版语文八年级上册第十课与人教版和北师大版语文五年级下册第十一课。内容如下——

晏子将使楚。楚王闻之，谓左右曰："晏婴，齐之习辞者也。今方来，吾欲辱之，何以也？"左右对曰："为其来也，臣请缚一人，过王而行，王曰：'何为者也？'对曰：'齐人也。'王曰：'何坐？'曰：'坐盗。'"

晏子至，楚王赐晏子酒，酒酣，吏二缚一人诣王。王曰："缚者曷为者也？"对曰："齐人也，坐盗。"王视晏子曰："齐人固善盗乎？"晏子避席对曰："婴闻之，橘生淮南则为橘，生于淮北则为枳，叶徒相似，其实味不同。所以然者何？水土异也。今民生长于齐不盗，入楚则盗，得无楚之水土使民善盗耶？"王笑曰："圣人非所与熙也，寡人反取病焉。"

翻译成白话文就是——

晏子将要出使楚国。楚王听到这个消息，对左右的人说：晏婴是齐国善于言辞的人，现在将要来了，我想羞辱他，用什么办法呢？左右的人回答说："在他来的时候，我们绑一个人从大王您面前走过。大王问，这是什么人？我们回答说是齐国人。大王问他犯了什么罪？我们说，犯了偷窃罪。"

晏子到了，楚王赏赐晏子喝酒。酒喝得正高兴的时候，两个官吏绑着一个人走到楚王面前。楚王问："绑着的人是做什么的？"回答说："齐国人，犯了偷窃罪。"楚王瞟着晏子说："齐国人本来就善于偷窃吗？"晏子站起来回答说："我听说这样的事：橘子生长在淮河以南就是橘子，生长在淮河以北就变成枳了，只是叶子的形状相像，它们果实的味道不同。这是什么原因呢？是水土不同。现在老百姓生活在齐国不偷窃，到了楚国就偷窃，莫非楚国的水土使得老百姓善于偷窃吗？"楚王笑着感叹说："圣人不是能同他开玩笑的人，我反而自讨没趣了。"

晏子在这里使用的是标准的三段式演绎法。你看，晏子提出的大前提（公理）是：橘生淮南则为橘，生于淮北则为枳。小前提即面前的事实是：齐国人在齐国不偷，到楚国来就偷东西。结论是：岂不是楚国的水土使人善偷吗？

晏子使楚使用三段式演绎法做雄辩，说明演绎法在当时的中国已经酝酿得接近成熟阶段了。为什么这么说呢？理由如下：

1. 晏子面对楚王的骗局做应对的时候，是突如其来，没有准备，临场发挥。晏子之所以能够随机应变，急中生智，熟练地使用三段式演绎法做雄辩，是因为他对三段式演绎法已经烂熟于胸，很熟悉了。三段式演绎法不可能临时才在他的脑子里从天而降。

晏子是诸子百家的一家，是当时的精英。他在公元前6世纪的时候就会使用三段式演绎法，比亚里士多德总结三段式演绎法早200多年，与埃及人修金字塔使用三段式演绎法，基本上是同一时期。

2. 楚王和出主意的大臣们当场就服输了，认为晏子说得好，很有道理。他们——一个国家的领导层，也都懂得三段式演绎法的逻辑力量，说明当时懂得三段式演绎法的，已经不是小范围的人了。

使用演绎法做辩论的和听辩论的人，双方都认可演绎法的说服力量，说明演绎法已经有一定的社会思想基础。

3．齐国和后来的史学家，都把晏子使楚的雄辩故事记录进史册《晏子春秋》，等于是当时的主流社会认可了三段式演绎法。

晏子使楚以雄辩取胜的故事，充分说明，在春秋战国时代，中国人的逻辑思维，已经对三段式演绎推理方法的酝酿，进入很成熟的时期了。



## 使用演绎法又为什么总结不出演绎法

既然如此，三段式演绎法已经在春秋战国酝酿成熟，很多人都懂得，而且文字记载，广泛传播，为什么又没有总结出演绎法呢？埃及人修金字塔使用三段式演绎法，就走出来一个亚里士多德，将其总结成为一个经典推理方法——演绎法。

这确实是一个值得思考的问题。

“晏子使楚”的故事，在春秋战国这个思想解放百花齐放的时期，就有400年的传播时间。诸子百家创造了那么多的学说，怎么就没有把这个已经使用的演绎法总结成为一种思维方法呢？

其实，这就是中国人思维的缺陷。很多知识分子琢磨过“晏子使楚”的雄辩思维，没有琢磨出个名堂。可以从经验中琢磨运用一个方法，但是不能上升到总结这个方法的层次上去。

最应该总结出演绎法的，是春秋战国最有名的思想家孔子（前551—前479）。这是因为：

第一，诸子百家中，孔子是直接多次接触过晏子的思想家。

鲁昭公二十年（公元前522年），孔子30岁时，齐景公与晏婴出访鲁国，孔子作为鲁昭公的重臣出席了这次元首会面。其间，齐景公向孔子请教“国小处辟”的秦穆公能够称霸的原因，孔子的回答是“国虽小，其志大；处虽辟，行中正”。孔子由此结识了晏子和齐景公。鲁昭公二十五年（公元前517年），鲁国发生内乱，鲁昭公被迫逃往齐国，孔子也离开鲁国，到了齐国，当了高昭子的家臣。这一次他在齐国待了好几年，前前后后与齐王和晏子有过多次的接触。那个时候晏子已经60多岁，政绩显赫，名满天下，齐国的二号人物，齐王都让他三分。晏子使楚的故事广为传播。孔子知道晏子使楚的雄辩。晏子等于是他的顶头上司。孔子说过三人行必有我师焉，自然应该把晏子当成是自己的老师来学习研究。

第二，孔子是专门总结各方面的经验知识来教育推广的人。《论语》就是这么做的。比如，孔子用“三”做论语的，就有好几个，像“三人行必有我师焉”，“吾一日三省吾身”。如果他以晏子使楚为例，也来一句“遇事做三步推理乃严”的论语，中国人三段式演绎法就走在全世界的前面了，比亚里士多德还要早200年。

可是，孔子没有。

孔子对晏子使楚的推理方法总结不出来的原因有三：

一、晏子反对了他，使他得不到土地财富，他对晏子就不感兴趣，甚至把受到晏子打击记入他的历史。

孔子在齐国的时候，齐景公曾经两次向孔子问政。第一次孔子说了“君君臣臣，父父子子”那番话，第二次孔子提出了“政在节财”的理论。齐景公听了非常高兴，就打算给孔子封赏，把尼溪一带的田地封给孔子，但被晏婴阻止。晏子一口气指出了孔子的四个“不可”：一是“滑稽而不可规法”；二是“倨傲自顺，不可以为下”；三是“崇丧遂哀，破产厚葬，不可以为俗”；四是“游说乞贷，不可以为国”。这四条虽然并非句句真理，但大多言之有理。在这四个“不可”之后，晏子又着重批评了孔子的“礼”，说如果这样繁琐地规定尊卑上下的礼仪、举手投足的节度，花上一年的时间也学不完孔子所提倡的礼乐，学上一辈子也搞不清楚其中的那些所谓学问。用这一套理论来改造齐国的习俗，引导齐国的百姓，不是一个明智的选择。最后，齐景公认可了晏子的说法，就对孔子只是以厚礼相待而不加以册封。历代史学家认为晏子对孔子的评价是站得住脚的。孔子在追求理想的路上又一次碰了壁，不久就偷偷地离开了鲁国，连告辞的礼节都不要了。

晏子不同意给齐景公给孔子土地，孔子不满意，从此孔子和弟子们就将此事作为孔子到处受到打压的一个例子，记入历史。

二、孔子思维的问题，只是关心当时的时事政治，诸如仁义礼智信之类的问题，还没有上升到思考人类如何思维如何提高思维水平的问题。《论语》是仅限于人文科学的范畴。这也是由于孔子首先考虑的是各国大王如何执政的问题，解决了这些问题才会得以任用，也才能发财。他考虑自己眼前的利益，限制了他思维的空间。

三、孔子思维的哲学层次仍需提升。《论语》都是结论式的语言。这个结论怎么来的，不知道。他根本就没有推理的习惯。他的那些论语怎么来的，他自己就说是年龄大了，就“五十而知天命”，50岁以后，他就天上地下什么都知道了。古人把他称为圣人，圣人的思想就是从天上来的。孔子建立儒家学说的思维过程，和笛卡尔“建立科学的科学”完全是两码事。

春秋战国百花齐放的代表人物孔子，并不懂得三段式演绎法。我们这里用反证法来证明这个结论。反证法也是演绎法的一种形式。比如，我们假设（演绎法的一个做法）孔子懂得三段式演绎法，那么，孔子的论语就不会那么写。他的论语都是结论式的，没有推理过程。如果他懂得三段式，就会运用三段式来为自己的结论增加逻辑力量。

中国的人文科学，长期以来都处于没有论证、只有《论语》式的结论，根源就来自两个，一个是《易经》，一个是《论语》，特别是《论语》的影响太大。中国人从春秋战国开始，就被孔子的《论语》引上了不论证、只说结论的思维道路，一条偏离演绎推理的非理性道路。

本来，中国人如果坚持研究晏子使楚，还有可能走上三段式演绎法的理性思维道路。可是，春秋战国时期的诸子百家，思维都向《论语》看齐，一部接一部的《论语》就演绎成百花竞放了。那之后，中国人的思维就沿着《论语》的道路奋勇前进，两千年来出现了多少部《论语》数都数不清。中国人长期没有从不论证就提出结论的做法跳出来，也没有走上用公理推理论证结论的科学思维道路。

从上面的分析可以看出，几乎诞生在同一个时期的孔子《论语》和欧几里得《几何原本》，就成为东西方思维发展的分水岭。

另一个应该总结出三段式演绎法的，是墨子（约前468—前376）。

墨子是诸子百家当中唯一研究过认识论和逻辑学的人物，是中国古代逻辑思想体系的重要开拓者之一。他总结出了假言、直言、选言、归纳等多种推理方法，从而使墨子的辩学形成一个体系。但是，虽然晏子使楚的雄辩是按照典型的三段式推理方法来做的，墨子的生活时间也在晏子之后好几十年，他最终却并没有把这个三段式演绎法总结出来。很多科学家都说过，推理不按三段式严格进行，推出来的就不一定是真理，因为它逻辑不严密。墨子是走到了逻辑推理的面前，可是没有抓住逻辑推理的精髓，最后与三段式演绎法失之交臂。如果墨子能够把三段式演绎法总结出来，就比亚里士多德还要早100多年。

墨子为什么没有总结出三段式？最根本的，还是思维认识水平问题。晏子使楚的三段式雄辩故事，早在100年前就发生和传播开来，墨子专门研究逻辑推理，不可能不知道。知道又总结不出来，你怎么解释？他不可能像孔子那样对晏子有意见，因为不是同一个时代的人物。再说，墨子还是一个思想解放的人物。他开始是学习孔子的儒学，思想成熟之后发现儒学有不少的问题，则反对儒学，另立新说，在各地聚众讲学，以激烈的言辞抨击儒家和各诸侯国的暴政。大批的手工业者和下层士人开始追随墨子，逐步形成了自己的墨家学派，成为儒家的主要反对派，是先秦时期和儒家对立的最大的一个学派。

所以，不能只是简单地说思想解放就能够发现真理。思想解放，不等于你就有多高的水平。如果思维方向就是错的，越解放离真理越远。墨子称他的逻辑学为“辩”学，建立了“别同异，明是非”的思维法则，认为判断无非就是“同”或“异”、“是”或“非”。用现代逻辑学的名词来说，就是排中律和毋矛盾律。他这样研究逻辑，就使得中国人离三段式越来越远。晏子使楚的三段式推理过程明明摆在那里，他也熟视无睹。他缺乏认识真理的方法，从而丢掉了中国人总结三段式演绎法的最好机会。真是令人扼腕长叹！

孔子等诸子百家不研究推理逻辑；墨子研究逻辑，又只是研究如何判断是非的“排中律和毋矛盾律”。这个百花齐放的春秋战国，虽然表面上看似繁花似锦，却没有开出长盛不衰的科学思维之花。

### “人人眼中有个个心中无”的今古奇观

“晏子使楚”作为经典故事，在中国有2000多年的传播历史。2000多年的传播，不是家喻户晓，在知识分子中间也是人人皆知。历朝历代，中国有多少知识分子读过这个故事。中国人目睹晏子使用演绎法2000多年，也没有人从中悟出这就是三段式演绎法，没有一个人能将其中的三段式演绎法提炼归纳总结出来。

这正是：人人眼中有，个个心中无。

这是思维水平的限制，还不如一个托马斯。托马斯搞类比逻辑，也要生拉活扯做演绎法，把本来莫须有的上帝也能证明出“上帝的存在”。晏子比托马斯的水平高到哪里去了，晏子提出的“橘生淮南则为橘，生于淮北则为枳”，那是千真万确的客观存在的真理和公理，是笛卡尔所说的经过反复证明都是绝对的真理。

更令人不解的是，演绎法作为逻辑推理的第一大思维方法，现在在世界上特别是西方已经很普及了，可中国网络里的“晏子使楚”，也依然跟古代人一样，只是赞美“晏子机智勇敢，善于辞令，灵活善辩”，没有从方法上做出解读和阐释。

这就跟中国的新闻界都为席文举的市民生活报定位叫好，就是说不出使用的演绎法一样。

百度百科“晏子使楚”词条在“内容赏析”一段里说：“外交无小事，尤其在牵涉到国格的时候，更是丝毫不可侵犯。晏子以‘以子之矛攻子之盾’的方式，维持了国格，也维护了个人尊严。晏婴是聪明机智，能言善辩，勇敢大胆、不畏强权的人。”

你看，这里也讲了方法，可是讲的是‘以子之矛攻子之盾’的方法。‘以子之矛攻子之盾’当然也是一种辩论的推理方法。但是，三段式演绎法是统领‘以子之矛攻子之盾’之类的具体方法的。只看见小的，看不见大的，这就是中国人思维的诟病。本来可以“开门见山”，可是个个开门之后都只看见了脚下的一块石头，对面那么高的一座山摆在那里，都看不见。直到今天，三段式演绎法已经在西方全面普及，中国人从晏子使楚中也只能读出机智幽默和以子之矛攻子之盾的方法来。

中国的语文教材“晏子使楚”又怎么样呢？我在网络上查了一些材料，也是“王顾左右而言他”。比如，苏教版八年级上册语文教案《晏子使楚》［整理版］中说：“晏子使楚[教学目标] 1. 能流利地朗读课文，复述晏子使楚的故事。2. 学习晏子机智勇敢，不辱使命，维护国家尊严的精神。［重点难点］1. 重点：掌握重要的文言实词、虚词。2. 难点：语言艺术特点。”又比如，人教课标版小学五年级语文下册《晏子使楚》教案教学设计中说：“教学重点　精读晏子与楚王针锋相对的话，了解楚王三次是怎样侮辱晏子，晏子是怎样反驳的，理解句子中含着的意思，体会晏子超人的智慧和善辩的口才，以及维护齐国尊严的思想品质。”还有一篇小学语文《晏子使楚》教案中，教学目标是：“1. 理解句子间的逻辑关系，学习简单的推理。2. 正确流利地朗读课文，创造性地复述课文。3. 了解故事内容，理解宴子出使楚国时表现出的聪明、才智和维护齐国尊严的思想品质。”还有一篇教案提出的作业指导是：“根据‘阅读思考’第2题的提示，想象晏子的心理活动，进一步展示晏子机智地识破楚王的伎俩，巧妙应付，维护了齐国尊严的品质。”另外一篇自称为“小学语文公开课优秀教案《晏子使楚》教学设计”说：“四、教学重点：体会晏子语言的巧妙，并从他机智的回答中体会人物的特点。五、教学难点：体会晏子能言善辩的才能和维护国家尊严的精神。”总而言之，就是不提三段式演绎法。

我搜索了近10篇这样的语文教案，终于有一篇提及演绎法的语文教案出现了。百度文库中有一篇《晏子使楚》的教案说：“从课文中我们可以看到晏子外交语言的艺术，主要在于他成功地运用了逻辑严密的三段式推理，以子之矛攻子之盾，比喻、类比等反驳方式和语言艺术。”这里虽然提及了三段式演绎法，也是轻描淡写，一带而过，落脚的重点还是“以子之矛攻子之盾”的“外交语言的艺术”，演绎法只是作为一个论据当陪衬而已。很多教案重点都集中在如何当好外交官和外交官的语言艺术。其实，晏子征服楚王的，最重要的恰恰是他的三段式演绎推理的逻辑力量，语言艺术虽然也有作用，也可以锦上添花，但那绝对是次要的。假若没有从“橘生淮南则为橘，生于淮北则为枳”“水土异也”开始的三段式推理，再“艺术”的辞藻也不能征服楚王。

晏子使楚的艺术魅力到底在哪里？不在外交语言的艺术，而在逻辑推理的三段式艺术。那一步一境（推理意境）的严密逻辑，不得不让楚王心服口服，找不出半个字的反驳理由。

这才是晏子使楚的艺术真谛。什么语言在这个三段式推理艺术面前都相形失色。

《晏子使楚》是传统文化中的一篇难得的思维方法教材。课文后面的背景介绍，不仅可以借机好好讲一讲如何进行三段式的演绎推理，还可以说一说演绎法发展过程中曲曲折折的历史、演绎法对现代科学技术大革命的贡献，分析一下中国人为什么痛失演绎法的教训，启发学生们要好好学习演绎法，为中国的现代化贡献智慧和力量。可是并没有。为什么呢？原因有两条：一、编教材的和讲课老师对演绎法似懂非懂，也不追究到底；二、缺乏思维方法教育的指导思想。

你看，一个是教育，一个是网络，最能体现中国人思维方法的现状和生态环境，都对三段式演绎法视而不见。

由此可见，中国人至今缺乏一次理性思维方法的启蒙教育。西方的现代思维运动，最后的高潮是来了一次全社会的启蒙运动。启蒙什么呢？对于社会大众来说，是启蒙现代科学知识；对于知识分子和社会精英来说，就是启蒙科学思维方法。经过几百年科学思维的启蒙，西方人的理性思维已经经过多少代人的传承，变成一种科学素质了。这就把与中国人思维的距离拉得很远。

一些人老是说，中国人的思维是长期受到封建统治者的压制。其实，哪个人从晏子使楚的故事中总结提炼出三段式来，他不仅不会受到压制，还会受到热捧。你看，亚里士多德总结了三段式，当地统治者吹捧他，连欧洲宗教统治者一千年以后也要拉他过去捧场，把亚里士多德吹捧成为圣人。你的理论受不受到打压，关键问题是看你研究出来的理论是什么理论。像三段式演绎法这样的思维方法，什么阶级什么社会制度都可以使用，谁个来打击你呢？

如果再把视野放开一点，晏子使楚熟练运用演绎法的时候，也正是尼罗河畔的埃及人修金字塔，大量运用三段式演绎法的时候。埃及人几个世纪修建金字塔，点、线、面、三角形、圆形等几何图形让他们着了迷，演绎法成为他们研究几何图形的工具。他们的演绎法还不断向四面八方的地区和国家传播。可是，最后总结出演绎法的也不是最早熟练操作演绎法的埃及人，而是希腊人。古希腊的亚里士多德，把各种各样的三段式推理方法认真研究，第一个写出了阐释演绎法理论的《工具论》。

亚里士多德为什么能够总结出演绎法？因为亚里士多德师从柏拉图，重点研究形式逻辑。他从形式逻辑出发研究埃及人的方法，很快就总结出三段式演绎法，并且著书立说，强调演绎法在科学研究中的意义。埃及人为什么总结不出演绎法？原因和中国人一样。中国的孔子看重眼前利益，研究升官发财掌权的学问去了。埃及人呢，也看重眼前利益，金字塔比思维方法重要，最后研究出了金字塔需要的一些几何学知识；由于没有用演绎法做指导，研究出来的几何学也零零碎碎。后来欧几里得不满意那些零零散散的几何学，专门从希腊跑到千里之外的埃及调查学习，写出了成功运用演绎法的第一部数学著作《几何原本》。

两个熟练使用演绎法的地方——埃及和中国，都没有总结出演绎法。2000里之外的亚里士多德为什么能够总结出演绎法？那是因为柏拉图学园的哲学家思维研究的层次高。墨子虽然也研究逻辑推理，但层次太低，面对演绎法也不识庐山真面目，无所作为。

所以，能不能总结出可以广泛应用的思维方法，特别是像演绎法那样的理性思维最基本的思维方法，绝不是有意愿或者想象就可以完成的。思维没有达到那个层次，天天碰到也会熟视无睹。完成三段式演绎法的总结，看起来只是总结总结，其实那是思维认识的飞跃，是创造性的劳动。自身不具备认识真理的条件，你永远也不会认识。

### 科学思维方法为什么老是只萌芽

中国人思维存在的一个最大的问题，是缺乏研究思维方法的领袖人物、引路人物，既没有出现总结三段式演绎法的亚里士多德，更没有提出用若干方法来保证演绎法演绎出科学真理的笛卡尔。

有人说，中国的思维产生不了笛卡尔坐标系。其实，中国是产生不了笛卡尔，当然也就不会产生笛卡尔坐标系。没有笛卡尔，哪里有笛卡尔坐标系?

中国人也总结了不少的方法。各种术士，就是研究每一个领域的方法而成为术士的。算术也是一种方法。人文科学里更是总结出了不少的思维方法。但是，中国人没有从这些各种各样的方法中，抽象总结出思维方法的学问——方法论。没有人超越这些方法，瞭望五洲四海，看有什么值得研究的问题提出来。没有。没有人能够站在所有的方法之上，将方法概括为一种思维方法的学问，一种超越思维方法的方法。单个的思维方法都有，人文领域里还可以说是不少，就是没有人把它们集合起来，研究出一门学问。

其实，中国古代也不仅创造了大量的人文科学的思维方法，就是自然科学思维方法，也有不少的萌芽，还不只是演绎法在萌芽。我们读书的时候，老师讲到无穷小的概念时，曾引用《庄子·天下》里的一句话：“一尺之棰，日取其半，万世不竭。”说是中国古代就出现了无穷小思想的萌芽。这个“日取其半，万世不竭”不仅有无穷小的概念，也包含了极限的概念。

其实，这个命题不是庄子的，而是庄子的朋友惠施的。惠施也是名家人物，本人没有留下著作，庄子就将惠施的“历物十事”和二十一个命题，以《庄子经天下》为标题装了进去。

孔子就对晏子的雄辩方法置之不理。庄子比孔子好，他把他的朋友惠施的思想也拿过来传播。当然庄子也没有进行加工提炼，更没有总结出一个像极限、无穷小之类的思维方法。

“一尺之棰，日取其半，万世不竭”，这个概念也长时期地在中国传播了2000多年，与晏子使楚使用演绎法雄辩的故事一样，中国的知识分子同样没有琢磨出无穷小和极限的数学思维方法来。

在墨子的著作中，还有一部分学说涉及自然科学，如力学、光学、声学等。小孔成像原理还是墨子最早发现的。他也有微分学的萌芽，比西方要早得多。

哈雷彗星，中国在公元前1057—1056年周武王伐纣时就有了它的记载。据《淮南子·兵略训》记载：“武王伐纣，东面而迎岁，至汜而水，至共头而坠。彗星出，而授殷人其柄。时有彗星，柄在东方，可以扫西人也！”《春秋左传·鲁文公十四年》记载：“秋七月，有星孛入于北斗。” 这是世界第一次关于哈雷彗星的确切记录。从公元前240年（战国秦王政七年）起，哈雷彗星每次回归，中国均有记录。其中最详细的记录，是公元前12年，《汉书·五行志》记载：“七月辛未，有星孛于东井，践五诸侯，出何成北率行轩辕、太微，后日六度有余，晨出东方。十三日，夕见西方，犯次妃，长秋，斗，填，蜂炎冉贯紫宫中。大火当后，达天河，除于妃后之域。南逝度犯大角、摄提。至天市而按节徐行，炎入市中，旬而后西去；五十六日与苍龙俱伏。”中国古代彗星记录精确可靠。与之相比，阿拉伯人直到公元66年才做了记载，欧洲到公元989年才第一次记载哈雷彗星。

但是，尽管中国人做了那么多的观察记录，却没有研究它，认识它。春秋战国时代对哈雷彗星的观察也算是进入极盛时期，多次观察，准确记录，也同样是对彗星熟视无睹，弄不清楚彗星的运行规律。彗星之所以命名为哈雷彗星，就是因为英国天文学家哈雷，依据牛顿的万有引力定律，使用三段式演绎法推理，准确预测出哈雷彗星光临地球的时间。哈雷的这个预测被天文学界的观察得到验证，让科学界为之一振，因为它既证明了万有引力的正确（当时还有一些人怀疑万有引力的正确性），又说明了演绎法威力无穷。中国人不懂演绎法，早2000年看到也难以辨认，思想解放的春秋战国也不例外。

三国时期的数学家刘徽在他的割圆术中也提到：“割之弥细，所失弥小，割之又割，以至于不可割，则与圆周和体而无所失矣。”这些都是朴素的也是很典型的极限概念，同样也是一闪而过。

《易经》中，也有二进位制的萌芽，这也是在春秋战国之前很多年了。“思想解放百花齐放”的春秋战国，同样不能把它演绎出计算机，最多只能是个算盘。

归纳法在中国古代也有“朴素的萌芽”。

祖冲之曾经把圆周率算到小数点十几位以后，而西方人达到这个精算程度要在数百年以后，可是祖冲之研究圆周率，只为实用，也就是说他从来没有发展成为一个完整的数论逻辑体系。

中国历史上多次出现某个思维方法萌芽的个案。但是，因为不懂得思维方法的归纳概括，也不懂得大家都可以使用同一个思维方法来思维，所以，个案变不成可以普遍使用的方法，久而久之不使用，也就枯萎了。

秦始皇搞过规范化。他搞车同轨，统一度量衡，统一文字。思维也统一过，就是统一和皇帝思维。那也只是政治上，其他的思维也没有去统一过。

西方思维发展的历史很值得我们深思。演绎法两千多年前在地中海萌芽，萌芽之后还结出了欧几里得几何学的丰硕成果；但是，后来也跟中国一样，中途死亡了，再也不开花结果了。很多人不理解，为什么两千多年前的演绎法不用了呢。可是，沉寂多年的演绎法又起死回生，复活了，复活之后还结出了万有引力这么大的一个硕果，引起了一场科学技术大革命。起死回生的原因，是西方的思维走上了科学思维方法的道路。

中国人只有人文科学的思维方法。这些思维方法面对自然科学问题束手无策，啃不动。但是，老天爷又偏偏捉弄中国人，硬要让人类进入自然科学改变人类命运的时代。

许多人都说中国人的逻辑思维能力差。其实，中国人不是不知道有逻辑思维，也不是逻辑思维很差，而是没有出现笛卡尔那样的哲学家，站出来提倡和推广以三段式演绎法的推理逻辑。

所以，中国的哲学，始终在术的低层次运行，抓不住可以推动社会发展的动力的哲学，所以老是出现先进思维方法萌芽了，萌芽之后却不生根开花结果的事情，一次又一次地丧失形成思维方法的良机。

中国人什么时候才能够总结创造几个经典的科学思维方法出来，进入现代科学思维的史册？这比科学技术上的创造发明，难度大得多。中国现在连想都没有人去想。中国人现在都是在想如何发财，少数人个别人在想发明创造一点科学技术，哪里有人去想要总结创造一个思维方法？

中国很多介绍西方科学技术知识的书里，说起中国古代哪一个思维方法有“朴素的萌芽”，什么归纳法、演绎法、极限、无穷小等等，都是沾沾自喜，为古代文明而骄傲而自豪一番。从来没有人提出，为什么萌芽之后就没有下文了呢？为这些“萌芽”骄傲一下也可以，为什么骄傲之后不好好思考一下，中国为什么老是萌芽之后不开花结果呢？

最滑稽的是，现代的中国人还为谁有二进位制的“萌芽”权，发生了一场旷日持久的争论。双方争得面红耳赤，互相上纲上线，扣上“不尊重科学”、伪科学和反科学之类的帽子，争论了若干年的时间。莱布尼兹是不是根据《易经》太极八卦图的启示而发明二进制数学的呢？其实，创造发明受到前人的启发，是很正常的事情。牛顿就说他是站在众人的肩膀上。既然萌芽了，就研究如何向前走。萌芽之后又死了，就应该研究萌芽为什么没有生根开花结果。正事不研究，去争“萌芽权”，十分可笑。这场争论暴露了中国人的思维内涵。

莱布尼兹是一位有着极其广泛兴趣的学者，他的研究领域涉及数学、哲学、逻辑学、力学、地质学、法学、历史、语言、法律及神学等，被誉为百科全书式科学家。他兴趣的触角也伸向了中国。从年轻时候起，他就通过广泛阅读了解中国的传统文化。1689年，莱布尼兹认识了从中国返回的耶稣会士闵明我。两人交往数月。1694年，当闵明我再次回中国时，莱布尼兹交给他一个希望了解中国的提纲，共30项之多，几乎包括了所有的知识领域。1697年10月，另一位著名的法国传教士白晋与莱布尼兹开始了通信。1697年12月，在与白晋的通信中，莱布尼兹阐明了自己的二进制观点。1701年11月，白晋从北京给莱布尼兹回信，信中告诉他“伏羲六爻”的排列与二进制记数法的顺序是相同的。白晋还随信附上了伏羲六十四爻排列的木版图。经过辗转，1703年4月1日，莱布尼兹收到了这封信，并看到了伏羲易图。几天后，他完成了那篇递交给法国科学院的论文。此论文的题目是《关于仅用0与1两个符号的二进制算术的说明，并附其应用以及据此解释古代中国伏羲图的探讨》。透过这个长题目，不难窥出莱布尼兹在此论文中不但阐明了二进制，而且已经把它与中国的八卦联系在一起了。他为几千年前中国圣人的创造与自己的发现相一致而高兴，并为自己解开了《周易》之谜而欣喜若狂。

西方人受到前人思想启发的事情多的是。至于莱布尼兹是不是受到易经八卦图的启发，我觉得没有必要去弄个一清二楚。应该弄清楚的是，中国人为什么不去研究西方的文明？

西方的科学界研究东方，研究中国；可是反过来，中国人不研究西方，长期对西方的情况一无所知，到1840年人家打上门来的时候，还弄不清楚是怎么回事。

中国人只为萌芽而骄傲，不为萌芽不开花结果而反思，这也是中国人思维的一大弊病。中国人老是夜郎自大，故步自封，不求甚解，得过且过。自以为是“中央之国”，只等待别人来进贡。虽然有“丝绸之路”，但只重视交流“丝绸”财富，不重视交流思维文化。如果那个时候就与“地中海文明”的古埃及、希腊、意大利等多多交流，三段式演绎法也许早就成为中国人的思维方法了。

欧洲人追求的，是思维的最高境界，是人怎么变得更聪明。

中国人追求的，是人怎么更富有，更有权力。

中国人长期占统治地位的主流思维，是封建统治者的思维。封建统治者搞的是什么思维？我看就是两个思维。一是天子思维。最高统治者皇帝就叫天子，上天的儿子，那就是信奉老天，信奉神学。二是文学思维。许多宰相就是文学家诗人。宰相等于是半个皇帝，除了皇帝就是他们说话算数。他们的思维方法呢？那就是文学的思维方法。文学就是人学。“熟读唐诗三百首，不会写诗也会吟”。唐诗宋词元曲明清白话，一代代传承。皇帝和宰相，天子思维加文学思维，就将偌大一个中国，带入了半殖民地。皇宫出事情都用八卦算命做法事来解决，这和科学思维相去十万八千里。

就连当时的科学家亦是如此。我看香港拍摄的电视剧《武则天》里，天下大旱，几十天不下雨，饿死了很多人，中国古代最著名的天文学家袁天罡，就在那里摆一个祭坛，烧一堆大火，祈祷老天下雨。说穿了，还是西方中世纪的宗教神学那一套。

中国人过去其实也做逻辑思维，但是各行其是，不善于归纳总结和规范出公理化的方法，思想解放变成了思维自由散漫。思维缺乏归纳，认识不到思维还可以归纳出方法来统一使用，所以思维老是得不到提高。

中国的哲学家老是站在思维方法当中研究思维，不能站在思维方法之上研究思维。出现了一个又一个的思维方法，但都是像晏子使楚演绎推理的个案，个案形不成方法，更没有人站在若干个方法之上，来指点方法。

中国不缺哲学家，缺的是振臂一呼的大哲学家。

我们当然为中华民族几千年光辉灿烂的历史文化而骄傲，而自豪。但是，骄傲自豪之后，也不要忘记思索我们那么多的落后是怎么一回事。我们不要忘记，当今世界和这会儿你我的生活，天天发手机微信，是微积分、电脑这些先进科学技术带来的。我们既然提出要学习西方先进的科学技术，那为什么不应该努力学习造成西方先进科学技术的现代思维呢？

中国当代哲学家的一项重要任务，就是研究如何让大多数中国人聪明起来的速度更快一些。

## 中国为什么产生不出一个“笛卡尔”

拿破仑看到英国的牛顿横空出世，光照全球，就召集法国的科学家们来问：会不会再出一个牛顿？他其实就是想法国也出一个牛顿，因为拿破仑自认为军事上法国是打赢了欧洲大陆和英国的，法国在科学上至少也应该和英国打平。

我要用拿破仑的方法提出一个类似的问题：笛卡尔使西方人的思维一下迈入现代科学思维的新时代，中国怎么没有出一个笛卡尔？

要提出这个问题，是想中国人的思维能够有一次快速的进步。

笛卡尔身上，反映了那个时代的欧洲人法国人在思维什么，追求的是什么。

首先摆在面前的一个问题是：一个民族，一个国家，思维进步靠哪些人去推动？

答案肯定是：靠生活得比较好一些的人去推动。这是因为，穷人一天连吃饭穿衣的物质世界的事情都没有着落，哪里有时间去思考精神？当前的事情都没有解决，哪里有心情去思考未来？个人的事情都没有解决，哪里会去思考民族前途？所以，只有生活过得好一些，责任感又比较强的人，才能够承担这样的工作任务。这就是鲁迅先生所说的：民族的脊梁。

所以，思维进步靠哪些人？这些人的条件就是：一、基本生活无忧虑；二、责任感很强，能够以天下为己任；三、具备这样的研究能力，又能够著书立说的人，你的思维方法不写出来，就无法传播出去，不传播出去，也就影响不了别人。

看看西方思维方法发展史上的几个人物——亚里士多德、欧几里得、阿基米德、培根、伽利略、笛卡尔、马克思，这些都是三个条件都满足的人物。

也就是说，还是要从知识分子群体中产生。

怎样才能产生笛卡尔呢？

我们看看笛卡尔是一个什么样的人。

首先，笛卡尔有钱，是一个富二代。笛卡尔出身贵族，父亲是议会议员兼地方法院法官，所以他能够受到良好的教育，追求自己的兴趣而不用担心经济来源问题。他在中学学习8年，接受了传统的文化教育，学习了神学、哲学、数学、文学、历史、法学、医学及其他自然科学。毕业后遵从父亲希望他成为律师的愿望，进入普瓦捷大学学习法律与医学，对各种知识特别是数学深感兴趣，并获得学士学位。父亲去世以后，他把家产变卖，带着“银行卡”四处游走，从此过上中产阶级的生活，衣食无忧，一心一意专心致志做研究。

笛卡尔虽然是一个富二代，但是他不追求金钱，不追求权力，不追求职务，不追求地位。他写论文，既没有想得到什么硕士博士学位，也没有想要评什么高级职称。他到处跑，是为了自由自在地搞研究，不受宗教神学的限制。他也不追求名誉，看见伽利略被关起来了，就匿名出版《方法论》。《方法论》出版以后，开始读者并不知道是他写的。

笛卡尔真正追求的东西只有一个，那就是真理。

我们要问：中国过去的历史上有没有这样的人？中国现在有没有这样的人？

真理要不受任何影响才能判断是不是真理。社会其实也是遵守“万有引力”规律的。一个人如果追求地位，地位的引力可能会使他的理论向权力弯腰；如果看重金钱，金钱的引力会使他的理论向金钱致敬；如果看中美女，美女也会使他的理论向美女微笑。

笛卡尔既不追求权力，也不追求金钱，更没有美女环绕，所以，他一心一意追求的，就是他所说的“真正的真理”。

笛卡尔的胆识不一般。人家说他胆子小，一听说他的学说遭到打压封杀就开跑，在欧洲好几个国家跑来跑去，完全就是一个流浪汉；一看伽利略被问罪并且抓起来坐牢了，他的书就匿名出版。其实，笛卡尔不是胆小，他完全就是一个“方法论”，就像毛主席所说的搞游击战，保存实力，不做无谓的牺牲，但是一定要发展自己。他坚持要把自己追求的真理写出来，让全人类学习、醒悟。他最后完全实现了他的理想。

他一生除了当过学生之外，就是当过兵。笛卡尔没有任何头衔，不是博士，不是教授，不是院士，不是官员，除了当过学生，当过兵，什么职务职称头衔都没有。这样一来，他的思维就不容易受到许多条条框框的限制。

笛卡尔有一个重要的思想，就是为大多数人提高思维水平而奋斗，完全是想把自己认识到的真理让一般的老百姓都能够读懂。所以，他写作《方法论》的时候，把这本书的书名取为《方法论》，不像有的学术论著引经据典，摆起一副用权威来教训人的架势。他为了让一般人都能够读懂，宁愿用当时人人能读的口语法语写作，不用文人学士惯用的拉丁文。他在书中专门讲了他为什么用白话文写作，就是为了让大家都能够读懂。他的《方法论》，没有那些玄而又玄、晦涩难懂的哲学名词。中国的《易经》，基本上就是人人都读不懂。十几亿人中有多少个读懂的，如果做一个比例统计，恐怕任何需要统计的地方都会忽略不计。

笛卡尔的出现，绝非偶然。

笛卡尔的《方法论》是站在方法之上，研究运用方法的方法，从而创造了“建立科学的科学”。笛卡尔“方法论”的唯一性，是他建立了一个完整的体系，纵观世界，无人能出其右。

笛卡尔想引导人们思维的美好愿望和理想，最终得以实现，西方一大批科学家用他倡导的思维方法，接二连三取得了巨大的成果和成功。

笛卡尔，人类思维史上出现的一个教育和引导人类如何变得更聪明的人，成为人类思维发展史上划时代的哲学家。他的思维，永远居于各种各样的政治家、科学家之上。

# 东西方思维发展线路图

## 人类思维领袖的作用和意义

一个国家，一个民族，人们的思维必须有人引领。这就像一个家庭要有家长，一个国家要有国王或者皇帝一样。国王、皇帝、政党，这些都想领导人们的思维。可是，思维这个东西和人不一样。人可以由国王、皇帝、宗教领袖来领导，但是，国王、皇帝、宗教领袖等等这些行政领袖，不一定领导和控制得了人家的思维。思维方法只有思维领袖才可能引导。

世界上创造科学技术的科学家很多，总结创造科学思维方法的科学家很少，大多数都是运用已经成功的思维方法。

相对说来，思维方法比较起来也不少，引领人们思维方法道路的人，那就太少太少了。

> **思维领袖的定义：**
> 引领人们思维方法道路的人，就是思维领袖。

亚里士多德、笛卡尔就是思维领袖。

世界上的政治领袖多得数不清，思维领袖说不出几个。国家领袖、行政领袖、政党领袖、宗教领袖等等，这些都是出面领导人行动的领袖。思维领袖是不公开出面但是能从思维上引导你做思维活动的人。

其实，哲学家就是想成为思维领袖的人。哲学就是研究思维的。但是，许许多多的哲学家都没有成为思维领袖。这里面有各种各样的原因。一个重要的原因，是他们的哲学太深奥，一般人读不懂，自然失去了领导力和领导作用。像《易经》，它能领导和左右几个人的思维？有的哲学是跟风哲学，什么流行就说什么话，如果一种潮流不流行了，他的哲学也就终止了。行政领袖基本上都不是思维领袖，因为行政领袖追求行政的利益，他们的思维带有明显的功利性。

思维领袖也不同于思想领袖，因为思想领袖往往有政治性，很多思想家就是政治家。而思维领袖倡导的思维潮流，往往是不带有政治性的，各种政治倾向的人都可以使用。就像三段式推理方法，各种阶级、各种政治制度、各种意识形态派别和组织都可以使用。

人们的思维方法并不是先天固有的，而是后天学习总结的。思维方法也是能够学习和改变的，是一定的社会生活环境的产物。这就给出现思维领袖创造了条件。

亚里士多德因为总结创造了三段式演绎法这个最重要的思维方法，所以，黑格尔称亚里士多德是“人类的导师”。黑格尔说：“真正讲来，只有思维才配称为哲学的仪器和工具。”（楚渔《中国人的思维批判》，人民出版社2011年出版）

笛卡尔《方法论》那一套思维方法，在亚里士多德的“发明的发明”基础上，精心打造人类思维的工具和方法，推出了“建立科学的科学”——以分析归纳方法为主要内容的逻辑推理方法，使得西方的科学家们创造出庞大的科学体系。

英国哲学家怀特海说过：“所有的工具中最伟大的工具是思维的工具，思维工具是器中之大器。”

亚里士多德、笛卡尔之所以成为思维领袖，是因为他们总结、提倡的思维方法，不仅是人人都可以使用，而且在人类发展史上建立了辉煌的成就和功勋。

我们这里提出思维领袖的概念，主要是为了划分人类思维发展的历史阶段。要把人类思维发展的历史阶段清楚地区分出来，只有按照影响人类思维发展的思维领袖及其著作来分出阶段才科学。

### 理性思维发展的三个阶段

前面一节讲述了西方探索理性思维走过了起起伏伏的5个时期——

第一时期（公元前384年之前）——演绎法酝酿时期。是亚里士多德《工具论》诞生之前。

第二时期（公元前384—公元前212年）——演绎法总结推广的第一时期。是《工具论》诞生之后，演绎法由欧几里得和阿基米德运用取得初步成功。

第三个时期（公元前212—公元1225年）——演绎法沉寂时期。这1500年演绎法是停滞不前，无所作为。

第四个时期（1225—1637年）——经院哲学诡辩时期。托马斯运用演绎法做宗教神学的诡辩。

第五个时期（1637年至今）——演绎法演绎科学技术大革命（演绎法推广的第二时期）。是笛卡尔《方法论》问世之后。

如果再把演绎法整个发展过程全部拉通来看，还可以比较清楚地概括为三个历史阶段：酝酿阶段、探索阶段、大发展阶段。

酝酿阶段：就是前面所说的第一时期（公元前384年之前），是亚里士多德《工具论》诞生之前。

大发展阶段：就是前面所说的第五个时期（1637年至今），笛卡尔《方法论》诞生之后，演绎法取得辉煌的成就，演绎出科学技术大革命和工业革命。

中间阶段：包括运用演绎法取得初步成功的第二时期（公元前384—212年），演绎法沉寂停滞的第三个时期（公元前212—公元1225年），托马斯运用演绎法做宗教神学诡辩的第四个时期（1225—1637年）。这三个时期都属于演绎法走过的探索过程。所以，中间阶段的三个时期可以统称为探索阶段。

酝酿阶段、探索阶段和大发展阶段这个划分方法，也符合事物发展的一般规律。先是思想上的酝酿，自然形成酝酿阶段；通过归纳法提出概念之后，还有一个试用和改进的过程，这就是探索阶段；探索结束，方法成熟，产品定型，当然就进入大量使用和批量生产，大发展阶段就开始了。

为了对比东西方思维发展的过程，我们来看一看中国人在这三个阶段的表现——

酝酿阶段：中国人表现良好，并不落后。时间上也和西方同步，都是在公元前3世纪之前。代表人物和事例就是晏子使楚的雄辩，和长时期的晏子使楚的文字记载和认可传播。

演绎法第二阶段即探索阶段，中国人就不行了，根本就没有探索。因为酝酿之后没有总结出演绎法来，自然就没有人使用，也没有人像托马斯那样乱用。中国人没有进入探索阶段，是因为中国人没有总结出演绎法，自然就没有进一步探索的意识。

实际上，中国人的思维，从第二阶段就开始落后了。

但是，从历史的表现和记载来看，人们还看不出中国的落后，因为西方人在探索，并没有什么成果产生出来，历史上也不会有记载。这个时候，中国人的感觉还是不错的，不会觉得有什么落后了，还会像以前一样，认为中国很不错。特别是有春秋战国百花齐放的光荣，唐宋时期的繁荣，“中央之国”的思维，自我感觉非常好。

所以，从探索阶段的表面现象来看，中国并不落后，但是，实际上已经落后了。不要说在演绎法总结推广的第一时期，欧几里得和阿基米德做出了那么大的成就，就是托马斯生拉活扯把演绎法弄过去证明上帝的存在，也是大面积的人群在使用演绎法。波涛汹涌的三段式诡辩“暗流”，会马上将探索阶段推进到演绎法火山爆发的前夜。

第三个阶段，演绎法大发展阶段，中国就只有被演绎法武装起来的西方列强打得赔款割地的份了。

中国人在演绎法发展的第二第三阶段，连使用演绎法的故事都没有记载了。

为了把中国人的思维和西方人的思维做比较，我们要引入“人学思维”的概念。

纵观人类的思维领域，可以区分为两大类，一类是社会科学，一类是自然科学。

毛主席说过一句话：与天斗其乐无穷，与地斗其乐无穷，与人斗其乐无穷。我以为，与天斗和与地斗都是与大自然斗，所以，两大类可以概括为与人斗和与大自然斗。与大自然斗的学问叫科学，与人斗的学问不妨就叫人学。

> **人学思维的定义：**
> 研究与人斗的思维方法，就是人学思维。

于是，人类也就形成了两种思维，一个是科学思维，一个是人学思维。

我这里用“人学”二字做概括，不是否定的意思，而是和“科学”一词形式上一致，容易理解和辨别。人学就是人文科学。中国的人学同样是一个百花齐放的大观园，有光辉灿烂绚丽多彩的人学文化，主要的问题是与科学大观园的距离太远。

西方人在我们的春秋战国时期，也是在做人学思维。但是，他们在人学思维的同时，开始了科学思维的起步。科学思维发展经过了酝酿、探索、运用三个阶段，最后圆满收官，结出了科学技术大革命、工业革命的丰硕成果。西方人完成了从人学思维道路转向理性思维康庄大道的飞跃式发展。

中国人呢？中国人春秋战国时期的人学思维达到百花齐放的繁荣；春秋战国之后，中国人依然继续人学思维。本来，春秋战国做了三段式演绎法这个科学思维的酝酿，可是，中国没有人意识到演绎法可以总结成为一个思维方法，也没有人总结出来，后来也就慢慢地置之不理了。当西方人继续探索和使用演绎法的时候，中国人仍然在人学思维的圈子里辛勤耕耘，直到鸦片战争到来的时候，还没有醒悟过来。





春秋战国诸子百家百花齐放百家争鸣，都是在研究人学。孔子是诸子百家的代表人物。百度孔子词条介绍孔子的成就，分类为：道德思想、政治思想、经济思想、教育思想、美学思想、史学思想、旅游观念、人生观念。孔子的专著作品有《六经》（《诗》《书》《礼》《乐》，序《周易》，撰《春秋》）。他的弟子把他的言论汇集成为《论语》。《论语》与《大学》《中庸》《孟子》在南宋后并称“四书”。孔子是儒家学说的代表。很明显，孔子的学问属于人学，孔子的思维是人学思维。

1637年笛卡尔《方法论》问世之后，西方人与中国的人学思维分道扬镳，在科学思维的道路上大踏步前进，浩浩荡荡，形成新的人类思维主潮流，将中国的人学思维甩在一边。

从此，东西方思维的方向不同了，道路也不一样了。

春秋战国之后，中国人依然在人学思维的道路上越走越远，以至于人学高峰时期，出现了司马迁这样的记录人学发展史的《史记》，从此诞生了记录中国人学发展的二十四史。

我们绝不能就亚里士多德和孔子等诸子百家，作为东西方文化相提并论的人物。在思维发展史上，那是两条道的人物，是人学和科学两条道路的代表人物。

毛主席说的三个“其乐无穷”，中国人只做到了“与人斗其乐无穷”。“与天斗其乐无穷，与地斗其乐无穷”是没有多少成果的，不仅谈不上“其乐无穷”，而且因为没有认真去“与天斗”“与地斗”，就遭受了无穷无尽的苦难。

西方一大批科学家可以说是“与天斗其乐无穷，与地斗其乐无穷”的代表。牛顿让微积分成为现在发射卫星和天体都要使用的方法。爱因斯坦的相对论也受到全世界的崇拜。发现天体运行规律的开普勒虽然穷困潦倒，死在为生计和科学奔波的路上，但是他死前留给儿女的两句诗作为他的墓碑碑文，也让人敬佩不已：“我欲测天高，现在量地深。上天赐我灵魂，凡俗的肉体安睡在地下。”开普勒就是死，也要对科学幽他一默，真是其乐无穷。

电视剧《康熙王朝》里的康熙，真是与人斗的一个典型代表。他一生斗死了多少人。这个电视剧的主题歌有一句主题词——“我真想再活五百年”，表现他“与人斗其乐无穷”的英雄气概。我觉得这句话不是康熙的思想，而是导演的思想。如果康熙真的再活五百年，那就是活到今天了，那中国不知道落后成个什么样子。今天导演们的这句话，不是导演们的过错，它反映的是当今的中国人还局限在人学思维的圈子里走不出来。那一大批“千古一帝”的电视剧，几乎把历史上有一点名气的皇帝都写完了，都是“与人斗其乐无穷”的指导思想。导演、演员、投资者、观众，个个都沉浸在人学思维的“其乐无穷”中。

我绝不是说人学思维都是错误的思维，那里边也可以一分为二。我只是说，中国人为什么不尽快跳出人学思维的圈子，在科学思维里大展宏图？

西方从人学思维走上科学思维的道路，是不是就不要人学呢？不是。西方的人学在科学思维的推动下，走上了更高一个层次。因为科学有推动社会发展的强大力量，所以西方的人学更加发达。从此以后，中国低层次的人学就被西方高层次的人学压倒了，连我们崇拜的马克思主义也只有西方才能诞生。所以，有人说，怎么大学里学习的社会科学，也主要是西方人的？因为西方人掌握了科学的思维方法，用这些科学的思维方法去研究社会科学和人文科学，其成果也比中国单纯用社会科学的思维方法研究社会科学，层次和结果都高得多。就像席文举使用裂变式思维之类的科学思维方法，轻而易举就搞出一个“敲门发行学”来，弄得新闻界和发行队伍百思不得其解。他们不懂得科学思维，更不知道科学思维还有这么多神通广大的用处。

楚渔先生在《中国人的思维批判》中说：“古希腊人是为了真理（真实、真性）而追求智慧，是理想主义的；而中国人是为了富贵而追名逐利，是实用主义的。苏格拉底是为了追求真理而献出生命，孔子是因为没有实现自己的政治抱负忧郁而亡。这两种态度必然会导致中西哲学和文化向不同的方向发展，其结果是不言而喻的。”

## 东西方思维发展路线图

我们要像达尔文那样站在几百万年历史长河的高度研究生物一样，从几千年的人类思维研究东西方思维的发展变化。

为了更清楚地比较东西方思维的发展变化，我们绘制了四张思维发展线路图。

**人类理性思维发展五个时期示意图**

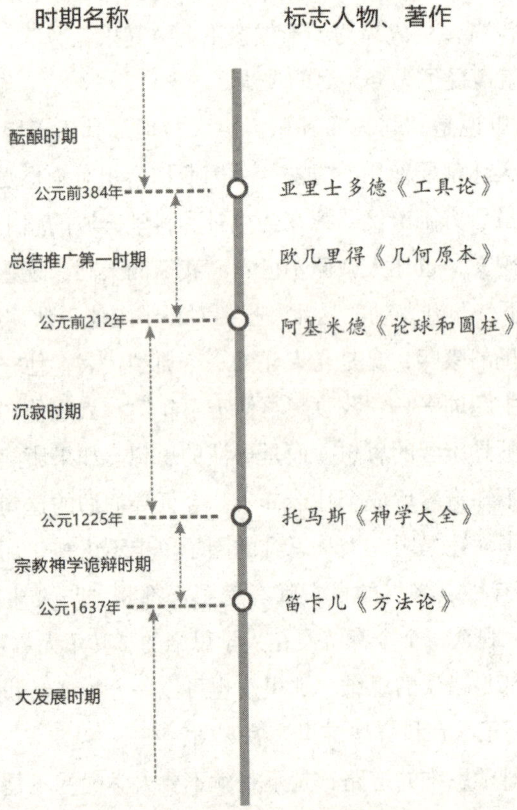


图1　人类理性思维发展五个时期示意图

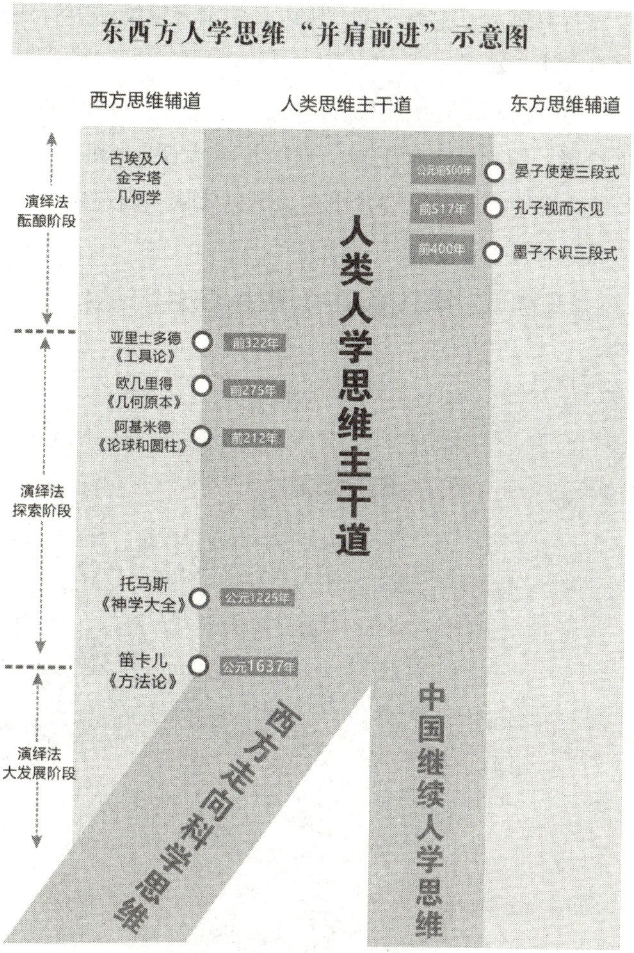


图2　东西方人学思维“并肩前进”示意图

东西方人学思维“并肩前进”示意图说明以下问题：

1．无论东方还是西方，在公元1637年笛卡尔《方法论》之前，都是处于人学思维占统治地位的时代。所以，东西方是在人学思维的道路上并肩前进。东西方人学思维各自都有许许多多的代表人物和代表作品，是人学思维繁荣昌盛的时代。即使中世纪的宗教神学，那也是人学思维的典型代表。

2．这个示意图最妙的是主干道旁边的两根辅道。中国人在辅道上出现了晏子使楚的演绎法，在主干道行走的人们目不斜视，看见了也无动于衷。

3．西方除了主干道的人学思维之外，辅道上的一些人在中国春秋战国的时候，就走进了三段式演绎法的酝酿时期，紧接着又进入演绎法的探索时期 。

4．所以，虽然都是同在人学思维并肩前进的时代，西方从公元前4世纪开始，演绎法的理性思维就从酝酿时期转向了探索时期。这个时期既有亚里士多德总结三段式演绎法的《工具论》，还有运用三段式演绎法的欧几里得几何学，以及托马斯三段式诡辩的宗教神学。这个探索时期长达1000多年。他们做了正反两方面的探索，为以后进入科学思维大发展阶段做好了充分的准备。东西方从表面上看起来都走在人学思维的大路上，实际上西方即将转移到科学思维的方向上去，而中国人还在睡大觉。所以，中国人思维的落后，完全就是从公元前4世纪，即春秋战国中期，就开始了。

5．这一张示意图，也给许多人中国人思维长期不落后，只是这500年才落后了的错误认识，做了一个误判的诠释。因为从表面上看，中国并不落后，还可以找出许多先进的例子，西方理性思维在漫长的孕育期，看不见婴儿出生，所以就从表面现象上做判断了。

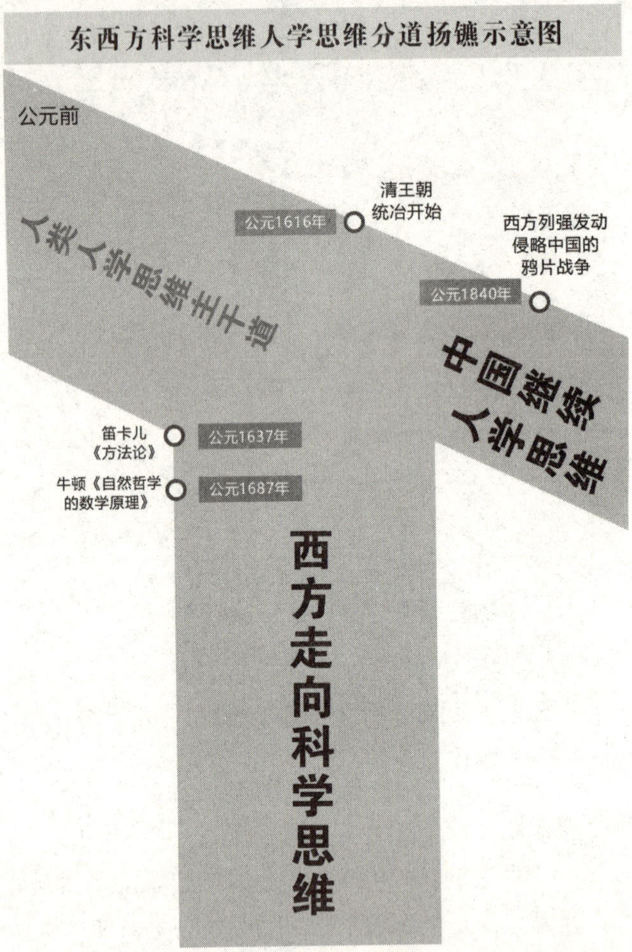


图3　东西方科学思维人学思维分道扬镳示意图

其实，图3就是将图2倾斜45度。因为从笛卡尔开始，人类思维的主干道就变成了科学思维，图2就把人类思维主干道放在垂直的方向。中国人的人学思维虽然是按照过去的路线继续前进，可是，就与人类思维发展主干道发生偏离了。

图2、图3实际上是同一个图，只是按照习惯性的做法，把人类思维的主干道放在正中垂直的位置。所以，在东西方人学思维“并肩前进”示意图中，人学思维是东西方共同的思维，是思维主干道，摆在垂直向下方向。在东西方科学思维人学思维分道扬镳示意图中，西方科学思维是人类思维主干道，所以把科学思维主干道摆在垂直向下方向。

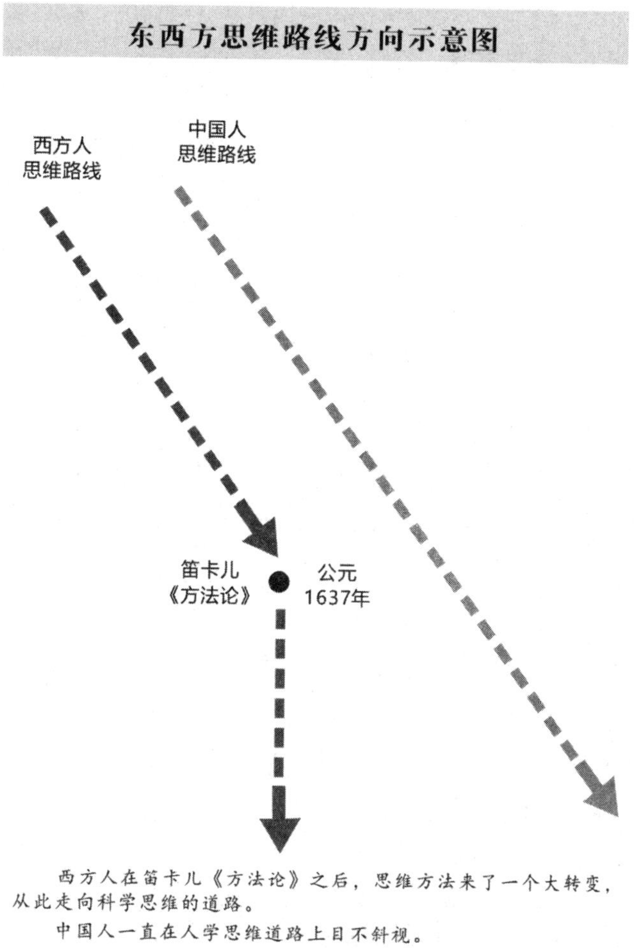


图4　东西方思维路线方向示意图

**图片说明：**

1. 右边虚线表示中国人走过的思维路线，左边虚线表示西方人走过的思维路线。

2. 人类思维发展的主干道在笛卡尔《方法论》这个地方转了个弯，西方人向科学思维的大道高歌猛进，中国人在人学思维的道路上继续前进。

3. 中国人的思维虽然还是沿着老路在走，但是，这条路已经不是人类思维的主干道了。路还是那条路，但已经边缘化了。

## 中国人的思维落后从春秋战国开始

研究历史，一定要从历史的长河来研究。研究中国人近500年为什么落后，不能只是看这500年，也不能只是看中国当时正处于的封建社会，而是要像达尔文那样，站在更高的角度，观察更久远的历史，才能看清楚来龙去脉，找到真正的原因。过去没有找到真正的原因，就是研究的历史时间太短，是时间思维的角度有问题。

有的人也会眼光短浅，看见500年落后就算是眼光很长的了，怎么会去看3000年的落后？所以老是有人说，春秋战国时期我们不是思想解放百花齐放了吗？

确实是百花齐放了，但是，只是在人学大观园百花齐放而已。

鲁迅说过，世界上本来没有路，走的人多了，也便成了路。可是，中国人看见晏子三段式演绎法的思维之路，就是没有人去走。

中国人思维的最大弱点：不善于站在高处总结，只是站在地上总结。

中国人经常为春秋战国百花齐放而骄傲。其实，在我们骄傲的春秋战国百花齐放的时代，中国人的思维就已经落后了，只是我们不知不觉。因为春秋战国的百花齐放，仅仅是在人学的大观园里百花齐放，中国人根本就没有走进科学大观园的大门，科学大观园里是西方人在百花齐放。西方人在科学大观园里的百花齐放，比中国人在人学大观园的百花齐放，还要绚丽多姿。它们的科学技术之花开遍全世界。中国人在人学大观园的百花齐放，只能是在那个封闭的四合院里孤芳自赏。

但是，恰恰就是这个中国人思维百花齐放的时代，西方人就走到科学大观园的门口了。埃及金字塔的修建，推动了几何学的诞生。几何学引领西方人认识和走上三段式逻辑推理的理性思维道路，走进科学大观园的大门。西方人不仅走进去了，而且很快就发现总结出了三段式的演绎法逻辑思维。亚里士多德总结演绎法，欧几里得马上用演绎法完成了欧几里得几何学，欧几里得的学生的学生阿基米德，又运用演绎法在数学、物理等科学领域做出了很多贡献。

中国清朝的三大藏书阁，四书五经，二十四史，四库全书，都是中国人学的集大成，人学思维大观园，中国人思维的精华。里面有那么一点点的科技知识，如果放到现代科技大观园里去，也只能是边边角角，很多还放不进去。

孔子是思想家、教育家，李白是文学家、诗人，两个都是中国人学的代表人物。这些人物因为思想上老是想当官，所以很难发现真理。

想当官的，想挣大钱的，都发现不了真理，因为权力和金钱的引力会将他们研究的理论在引力涨潮的时候发霉变味。

人类思维发展所走过的两条道路——人学思维和科学思维，到底有什么不同呢？不同的地方很多，最关键的是，科学思维是向大自然要财富，人学思维是向权力要财富。几千年来，以孔子为代表的中国知识分子，无论“万般皆下品，唯有读书高”，还是“十年寒窗无人问，金榜题名天下知”，都是围着帝王的金榜题名团团转，那样创造出来的知识怎么能为社会创造巨大的财富？！向大自然要财富的思维，就能够发现科学和真理；向权力要财富的思维，创造出来的只能是掌握权力的学问。

《中国人的思维批判》一书中说：“西方人从古希腊的那些大思想家传承下来的人生哲学是追求真理，……中国人总幻想一步登天，因而做事就总是想走捷径。潜意识中，都想不劳而获，梦想着好运，天上掉下馅饼来。”

中国人在历史上明明出现了三段式演绎法的萌芽，而且记载萌芽的文字作为范文传播两千多年，可惜没有一个人认识到这个三段式演绎法的思维作用，视而不见，见惯不惊。中国人老是只赞扬晏子“机智勇敢、敢于斗争”的人学精神，不研究晏子那“机智”的思维是演绎推理方法。一代又一代的中国人，看不明白一个三段式推理。

问题严重的是，西方人现在已经用这个三段式演绎法做出了那么大的成就，至今中国人依然无动于衷。

笛卡尔为什么是点燃西方人科学思维的关键人物？因为虽然西方后来也出现了黑格尔、马克思，把逻辑思维推进到完美无缺的理想境界，譬如黑格尔的辩证逻辑，在逻辑思维前面加了一个辩证，马克思的唯物辩证法，在辩证逻辑前面加了一个唯物。两个人就像做了一次类似“互联网+”的思维。一个加了辩证，一个加了唯物，于是成了唯物辩证逻辑思维。虽然从理论上是更加完善和完美，其实在他们加辩证、唯物之前一百多年，牛顿就把改变人类生活的《自然哲学的数学原理》完成了。所以，理性思维的核心，那是三段式演绎法。

有些中国人现在对于西方人用科学思维方法创造的奔驰车、别墅房、豪华游艇、珍珠项链等奢侈品很感兴趣，就是对西方人总结创造的科学思维方法无动于衷，这就是思维的差距。

自然科学在中国长达3000年的人学时代，只是一门旁门左道的“术”而已，低看一格甚至几格。科学就长期被排斥在人学主宰的主流社会之外，这是从春秋战国孔孟之道以后就形成的思维定式，科学在中国怎么能发展起来？

中国现在还没有真正进入科学思维阶段，因为真正掌握科学思维的人为数太少，比例微。

中国人引为骄傲的四大发明，其实也就是站在科学大观园的围墙边耍了一下就走了，连瞭望瞭望都没有。《九章算术》也只是到了门口，就止步了，因为现代科学大观园的把门将军就是变量数学微积分，是微积分把现代科学的各门科学打开和建立起来的。中国人为什么止步？因为没有三段式推理逻辑的思维方法。

其实，四大发明诞生的时候，三段式逻辑思维已经出现了。在四大发明之前，晏子不是就使用过的吗？晏子的三段式虽然也是用类比来推理，但如果用笛卡尔的公理化标准来要求，那是不能用植物异地变异来推理人的异地变异情况的，但是楚王们不知道三段式有这个讲究（是千多年以后的笛卡尔才点出类比逻辑的短处），马上就服输了，因为，晏子的三段式推理方法毕竟是很标准的。

中国人既没有人运用演绎法建立科学，也没将演绎法引进宗教。这样一来，就不会像西方宗教那样普及演绎法，也不会有后来的批判宗教神学的现象出现。

综上所述，中国人实际上一直在使用演绎法，就是没有一个人总结它，前面缺乏一个亚里士多德总结演绎法，后面又缺乏一个笛卡尔出来推广演绎法。

### 方向、方法、关系

从亚里士多德到笛卡尔，时间长达近20个世纪，2000年的时间。这是西方从人学思维转向科学思维的酝酿探索时期。这么长的时间，中国人只要抓住一个机会，就可以转向理性思维——

如果汉代以后一千多年的丝绸之路，能够把意大利的亚里士多德三段式演绎法带回来，也可能有变化的机会。

如果唐朝玄奘法师西天取经不只是到了印度，再往前走到意大利，把宗教神学的那一套诡辩式三段式演绎法学回来，中国也就可能出现转机。

在牛顿创造微积分的时代，中国各个领域也出现了变量数学的问题，比如天文学领域。中国历史上的天文学是走在前面的，唐朝就出现了著名的天文学家袁天罡、李淳风等。我的家乡阆中的盘龙山，就在我就读的中学背后，是唐朝的国家古天文基地，现在都是保护遗址——古天文一条街。观察天象，记录星球的运动轨迹，就是一个不断变化的变量。还有航海，中国古代的航海也不落后。郑和太监下西洋，就是一次大规模的海上航行。船只的运动轨迹，同样是一个变量。事物运动的时候出现了大量的变量问题，可是，中国人不得其解，没有动脑筋想办法，没有拿出一个思维方法，来解决这个问题。

…………

令人遗憾的是，这么多的机会，中国人一次也没有抓住。

所以，中国不能出现现代科学技术，最根本的原因，是思维方法的落后。

德国数学家、哲学家莱布尼兹，在1697年出版的《中国近事》一书中就说："看来中国人缺乏心智的伟大之光，对证明的艺术一无所知……"

实践证明，人文科学、社会科学、伦理道德领域的思维方法，对解决自然科学领域的问题，是无能为力的。中国的传统思维方法，就拿变量数学没有办法。但是反过来，现代自然科学的许多思维方法，拿到社会科学领域来使用，不仅大多数都有用，而且神通广大，运用广泛，成果累累。

中国人的思维主流，都记载在中国历来的著作中，你把这些著作梳理一下，就可以看出三个问题：

一、方向上，中国人的人学思维与人类科学技术大革命的主流思维——科学思维，相去甚远。你把中国人编纂的《四库全书》和欧洲人编纂的《百科全书》一对比，就会发现，中国人只是在人学思维上下功夫，而欧洲人的《百科全书》是以科学技术知识挂帅，旁及社会科学各个领域。中国人的思维领域大受局限，说明思维的方向太成问题。

二、方法上，中国人把圣人顿悟的结论作为真理，与西方人用推理探索真理的方法相去甚远。你只要把两本标志性著作——《论语》和《几何原本》一对比，不论证就出结论和三段式演绎推理，就形成截然相反的两种思维方法。

在《论语》中，不推理论证，结论就出来一大批。中国的学者两千多年来就源源不断推出五花八门的《论语》。

欧几里得的《几何原本》，从定义、公理出发，演绎推理之后做结论，结论永远正确。牛顿和一个接一个的科学家如法炮制，一门又一门自然科学问世了，一门又一门社会科学也问世了。

这正是：榜样的力量是无穷的！西方人和中国人都各有各的榜样。西方人靠推理探索真理，中国人靠圣人顿悟先知先觉，方法大相径庭。

虽然在中国漫长的人学思维的历史记录中，除了晏子使楚之外，还有一些推理雄辩的论文，比如中学课本中贾谊的《过秦论》，还有不少其他的著述，其中不乏三段式演绎法的例子，但是，推理辩论始终没有成为中国文化的主流，主流是《论语》式的思维文化。中国人思辨能力的局限，就不可能产生多大的成就，既不可能破解某个自然科学的秘密，也不可能演绎出某个社会科学的学问。

三、形象思维和逻辑思维的关系也认识不清。虽然哲学从理论上把逻辑思维和形象思维并列为两个大类，但实际上，人类在使用这两类思维方法的时候，它们的地位并不是同等的。

逻辑思维和形象思维的关系，可以用一句话来概括，那就是：形象思维从属于逻辑思维，逻辑思维统领形象思维。

比如研究一个问题的时候，首先是确定方向，或者确定目标，确定选题，确定主题，等等，要确定这些事情，就要靠逻辑思维。

就说中国人擅长的形象思维吧。真正在开始确定一件事情的时候，也是逻辑思维打头阵。比如，《西游记》孙悟空的形象，那是光彩照人，作者的形象思维达到了登峰造极的地步。可是作者在写这部小说的时候，未必事先就没有一个计划：他通过这部小说要说明一个什么问题，为什么要塑造孙悟空这个形象。尽管作者吴承恩的形象思维非常发达，但是，他脑子里还是有潜意识的逻辑思维。我们的语文课本在讲解《西游记》的时候，就要讲这部作品的时代意义，我们要向孙悟空学习什么。那就是作者心中的主题思想。他是要用形象思维的方法，来表达心中的主题。确定主题是逻辑思维，表达主题使用了很多形象思维，同时也使用了很多逻辑思维，不然的话，一个猴子"孙悟空"哪里有那么聪明？

一本书，一篇小说，一篇作文，一开始总会谋篇布局，提纲挈领，这就需要运用逻辑思维、系统论思维、横纵思维等等思维方法。

又比如，唐朝诗人贾岛吟成一首诗，其中两句是："鸟宿池中树，僧推月下门。"贾岛觉得"推"字不够恰当，想改为"敲"字，但一时不知哪个好，斟酌之际请教韩愈。韩愈深思片刻后说："'敲'字好！在万物入睡、沉静得没有一点声息的时候，敲门声更是显得夜深人静。""推敲"一词就是根据贾岛锤炼诗句的故事引申出来的。这是一个著名的形象思维的例子，常常被人们作为形象思维的典型而津津乐道。但是需要指出的是，在做"推"还是"敲"的思维里，居高临下的是一个逻辑思维——比较法。他们对"推"和"敲"两个形象，做了一个反复比较，比较法凌驾于形象思维之上，是一个形象思维从属于逻辑思维的典型例证。

我们研究任何问题，首先要抓住要点。俗话说，纲举目张。纲若不举，目怎么能张？但是，形象思维担当不了举纲的任务。

没有逻辑思维，就不能举纲。逻辑思维差，就乱举纲。

一个人逻辑思维差了，整个思维水平就处于低层次的状态。所以，一个人，一个民族，一个国家，一个团体，一个单位，首先要提高本身的逻辑思维即理性思维的水平，才能在社会竞争中走到前面去。逻辑思维能力和水平，决定这个民族、这个国家的水平和命运。

思维可以分为形象思维和抽象逻辑思维。但是，抽象逻辑思维是人类思维的高级形式或是核心形态，是人类和其他动物的本质区别之一。而思辨能力就是运用抽象逻辑思维的能力。所以，《中国人的思维危机》一书说："中国人在思辨能力方面的不足给我们带来了许多不良影响。"

中国人过去不是没有逻辑思维，而是逻辑思维差。

西方人过去的逻辑思维并不比中国人高，所以那个时候中国还能和西方人并驾齐驱。但是，西方人一旦逻辑思维理性思维发生飞跃，现代科学思维诞生了，就一下把中国人丢到脑后，最后就越甩越远。

所以，从方向、方法、关系等三个方面，都可以看出中国人思维的落后。

一些人认为，中国古代在科学技术领域占优势，为什么会落后呢？这是一个只是从表面上看问题的虚假现象。比如我们有“四大发明”，西方那个时候没有，似乎就落后了。其实，我们的“四大发明”，也只是四个“术”；而“四大发明”的时候，西方人的演绎推理方法已经酝酿成熟并且开始使用了，中国人还蒙在鼓里，还在骄傲自满。我这里做一个比喻，中国人从森林中捕获了几只猎物，洋洋自得。西方人还没有猎物，但是正在打造打猎的工具。西方人的打猎工具先进无比，一出手，整个森林的猎物全部捕获。这时候去看中国人的猎具，根本无法相比。中国人琢磨为什么过去我们很先进呢？其实就在我们认为先进的时候，工具就是落后的，你的先进只是偶尔碰到而已。

西方收获现代科学技术，那是必然，是思维方法先进的必然。中国人科学技术的落后，是思维方法的落后，也是思维方法落后的必然。

有的人认为中国过去先进现在落后是一个反常现象，英国著名生物化学家李约瑟就提出了一个疑问：为什么科学和工业革命没有发生在中国？美国经济学家肯尼迪·博尔丁将这称之为“李约瑟难题”。其实这不是反常，而是正常，是思维方法落后的正常结果。

其实就是“四大发明”，也只是四个技术，不是四门科学；这四个技术对中国社会进步的推动作用也非常有限，火药主要做了民间娱乐的烟花和爆竹，没有像西方一样迅速拿来充当国家强大的暴力工具；指南针还曾经几度失传，用途基本上是看风水，没有像西方一样充当资本开拓的助推器。只有印刷术作用发挥得好一些。根本原因就是没有西方人的思维方法。如果我们也有西方那一套使用推理建立科学的思维方法，那就不仅是四大发明，很多萌芽的东西都可以发展成为科学。中国长期都是有“术”无“学”，就是因为没有科学的思维方法，萌芽了也很难往前推动一步，更难以形成系统的科学理论。黑格尔说：“离开抽象思维，任何一门科学的任何一个规律都不可能被发现。”

### 中国人的理性思维为什么远远落后于西方

我使用历史纪年图表的方法，来表示东西方思维发展的线路，可以一目了然看清楚中国人是从什么时候思维就落后了。其实，这个方法虽然简单，还是不能从深层次反映中国人思维落后到什么程度！

我用三件事情来说明西方理性思维的普及程度——

第一个，是托马斯宗教神学的诡辩时期。这个时期从13世纪到16世纪，长达三个世纪。托马斯为了解释《圣经》里不能自圆其说的东西，运用三段式演绎法来证明上帝的存在，以说服人们信教，就广泛开展三段式大辩论。宗教神学演绎法大辩论的结果，是将三段式演绎法普及到广大教徒。而那个时候欧洲的宗教，已经普及到广大民众中间。因为没有可以发展的空间了，所以欧洲的宗教就把传教的视线转移到亚洲。欧洲基本上是家家户户都信教，小孩子从小就跟着大人在教堂里听三段式大辩论。虽然那个三段式是笛卡尔所说的诡辩，但是，三段式的推理演绎还是标准的。所以，欧洲人在中世纪的三个世纪里，接受了演绎法的普及教育，时间的长度和普及的深度都是空前的。西方一大批科学家，都是在宗教神学里接受的这些教育。

第二个，是在现代科学技术大革命时期。因为培根、笛卡尔等站出来公开反对宗教神学，所以，大辩论就从宗教神学的教堂，扩展到了全社会，而且辩论的领域也从宗教发展到哲学、心理学、社会学、法学、伦理道德、文化等等。这就是现代思维运动。这是一场更加广泛更加普及的演绎法大辩论，因为笛卡尔提出了一整套辨别真假演绎法的方法，大大提高了人们运用三段式做演绎推理的水平。西方人的理性思维水平从此进入了一个新阶段。伴随着现代思维运动、科学技术大革命和工业革命的前呼后拥，演绎法成为欧洲人思维的家常便饭。

第三个，西方现代思维运动、科学技术大革命、工业革命等三大革命波涛汹涌，推动西方产生了资产阶级大革命。资产阶级政党角逐总统和各级政权组织，也采用了辩论的方法来竞选。各级政权组织竞选和总统竞选的全过程，就是运用理性思维做推理的过程。媒体逐一传播竞选的辩论内容，国民参与投票，也是一场演绎推理的教育和学习。所以，西方的政治家们个个都擅长辩论。

这个时期也长达三四个世纪。

所以，西方人的理性思维，是经过了宗教神学的诡辩时期，到现代思维运动的演绎法大发展时期，加起来是六七个世纪的普及、熏陶、感染，经过了一代又一代人磨砺、传承，三段式演绎推理深深地扎进西方人的思维方法库。

中国几千年来，从来没有一种思维方法，或者一种知识，能够像中世纪宗教神学和科学技术大革命时期这样去普及，而且收到人人皆知的效果。

### 中国人真的擅长形象思维吗？

经常看到这样的话：西方人擅长逻辑思维，中国人擅长形象思维。好像人家擅长逻辑思维，你就一定擅长形象思维了。

中国人不擅长逻辑思维，形象思维就一定很擅长吗？就一定比西方人更强吗？

不见得。

中国人的形象思维也有很大的局限性，一是简单的形象思维，二是层次很低，三是领域很窄。科学研究的形象思维几乎没有。

科学技术也需要形象思维，而且需要更高层次的形象思维。

西方科学家的形象思维能力很强。比如牛顿的思维：苹果从天上掉下来，月亮围绕地球转，地球围绕太阳转。这就是三个形象——三个物体运动的形象。他把三个不同的运动形象，一个是直线落体运动，两个是椭圆运动，联在一起思维，做出了一个抽象的看不见的"万有引力"新形象——一个表面上静止不动实际上内部却酝酿裂变式爆发的形象。牛顿善于把几个不同的形象综合和转化成为一个新的形象，这是形象思维和逻辑思维相结合才能产生的一个伟大的科学成果。

卢瑟福提出原子结构的假说，就以太阳系星球围绕太阳转的结构形象来构思，这是一个经典的形象思维，后来被实验所证实。我去比利时原子纪念馆参观，外观就是一个太阳系原子结构模型。

瓦特的蒸汽机转动轴，也是仿照太阳系的结构来设计的。

笛卡尔将蜘蛛网变成直角坐标系。蜘蛛网自古以来在中国家家户户到处都是，哪个把它变成了直角坐标系？

澳大利亚向全世界的建筑设计人员征集悉尼歌剧院的设计方案。丹麦37岁的建筑设计师约恩·伍重看到妻子剥了皮的橘子瓣，迸发灵感，就用橘子瓣作为悉尼歌剧院的外观形象造型。这一创意的来源，也因此刻成小型的模型放在悉尼歌剧院前，供游人们在观赏中思考。橘子瓣之类的东西在中国也多得是，谁用它做一个形象思维出来？

中国人的形象思维，到底有一些什么样的经典形象，能够体现中国人很强的形象思维呢？玉皇大帝、孙悟空、天兵天将、嫦娥奔月、观音菩萨等等，这些形象深入人心。可是你看，都蒙上了神的色彩，都是盼望上天来救苦救难。不是盼望科学引路，而是盼望神仙下凡。

楚渔在《中国人的思维批判》一书中说："古中国人极为丰富的整体形象思维经形而上方法，抽象概括成形象化，但由于缺乏理性的思维方式，这种形象思维对客观世界的形象化演变成形式化，对感知的客观世界形成了固定的思维定式，因而丰富的、变化的客观世界经形而上方法形成的典型形象在思维中变成了固定的形式。这样，我们中国人对客体的反映在大脑中就是形式化。……这就不难解释，我们的文艺作品为什么很难达到世界顶尖级水平。……自古以来的中国艺术作品能冲出国门而得到全球认可的大作很少。"

中国人的形象思维都缺乏科学性。

中国也有科学幻想，像嫦娥奔月就是一个很好的科学幻想。但是，因为中国人的科学知识和科学水平太差，做科学幻想也不到位，嫦娥奔到月亮上，就住在广寒宫不走了。

美国的科幻小说比主流文学发达。一是发行量远远比社会文学畅销，畅销小说是科幻小说；二是科幻作家远远比文学家收入高。科幻小说是美国文学的主流。就连好莱坞的电影，科幻大片也层出不穷，影响全世界。中国的科幻小说和人文小说比起来，远远不如美国的科幻小说发达。美国的科幻，有先进的科学技术做背景。中国人科学技术落后，科幻仍需提高。中国人喜欢科幻小说的程度，也远远不如美国人，说明两个民族思维追求的差距。美国人天天看科幻小说科幻电影，都是在做一种思维启迪体操。

中国人的形象思维，老是在神仙迷信的圈子里转不出来。长期的结果，就阻碍了中国人的思维走上科学发展的道路。

楚渔在《中国人的思维批判》一书中说："西洋人兼具形象思维和抽象思维的能力，不但使他们的艺术流光溢彩，也能向科学的未知领域不断扩展。"

中国人的形象思维，与科学不搭边，就和西方人的形象思维，分成了两个不同的层次，一点都不能帮科学的忙。连自己认为最擅长的形象思维，都帮不了科学的忙，科学也只能落后了。

西方先进的科学技术，绝不只是逻辑思维的结果，而是逻辑思维打头阵，形象思维经常帮忙插上翅膀，是两种思维方法共同使用的结果。

# 裂变式思维在中国的遭遇



## 中国的网络搜索不到裂变式思维的词条

裂变式思维是现代科学思维的一种经典思维方法之一。在写这本书的时候，我想随便介绍一下裂变式思维的知识，就去网络上查找相关的词条。一般我都是从百度上搜索。结果是：百度没有“裂变式思维”的词条，接近和类似“裂变思维”“裂变”的词条也没有。

我马上使用搜狗，得到的结果一样。又用谷歌搜索，谷歌出来两句话：“非常抱歉，无法找到您要访问的网站。可能是网络原因或者输入的域名有误，建议在下面重新搜索。”

我在开始写这本书的2014年6月搜索，是这样的结果。中间多少次，不断搜索，都没有出现词条的正解。

我在写这一节的时候，2016年3月3日，百度搜索的结果是——

搜索工具
百度为您找到相关结果约 336,000 个

裂变式发展模式_百度文库

2013 年 11 月 9 日 - 这也是燕京“裂变”式发展思维的首次试验。燕京收编华 斯以后,进行了资金注入、管理克隆和市场整合,实施了“五统一、一独立”的经营方针(统 一生产计...
wenku.baidu.com/link?u... - 百度快照 - 85%好评

《裂变 造就互联网思维下的产品、思想、行为的传播奇迹》(杨铎...
——

互联网思维和裂变式传播 为什么雕爷牛腩、西少爷、黄太吉、伏牛堂这些餐饮店从开张就获得了裂变式的传播?为何脸萌、围住神经猫能在一夜之间火遍互联网?是什么让“...
product.dangdang.com/2... - 百度快照

【返利购买】裂变 造就互联网思维下的产品、思想、行为的传播奇迹
（继《疯传》后中国本土造就影响力传播的著作）裂变思维文化_质华太思_新浪博客

2012 年 8 月 10 日 - 讨论裂变思维和裂变思维源流,首先要强调质华论的初衷原旨,并非无条件绝对否定,...能克服暴力史观的惯性作用,因此在以色列人的早期历史上仍然不乏上帝...

blog.sina.com.cn/s/blo... - 百度快照 - 88%好评

裂变思维:再也不用担心的你的博客内容-天朝学子网赚精品

2015年1月17日 - 如题,采用裂变的思想和方法,你将再也不用担心自己的博客内容了。本篇文章,绝对不是你之前所见的那种月经文,而是我自己的实战总结。 我自己玩网络也有些年数了,...

www.chinastudents.cn/p... - 百度快照 - 评价

裂变式创业(豆瓣)

图书裂变式创业 介绍、书评、论坛及推荐... 宗毅独创裂变式创业,用人民币投票选总经理,规定自己不投钱不...作者该是把互联网营销思维全部都用上了,字里行间都是营...

book.douban.com/subjec... - 百度快照 - 89%好评

"裂变"式发展模式 中国企业报道

2012年6月27日 - "裂变"式发展是指企业发展到一定阶段,并在规模、技术、生产、装备、资金、品牌、管理、赢利能力和企业文化等核心竞争力的各要素具备以后,根据自己所...

www.ceccen.com/html/20... - 百度快照 - 评价

裂变式创业_百度百科

宗毅独创裂变式创业,用人民币投票选总经理,规定自己不投钱不能参与竞选;不相信...用互联网思维武装传统企业 // 产品型社群:芬尼粉丝走天下 // 不需要隐瞒的私心...

内容简介作者简介目录

baike.baidu.com/

::热泵市场::裂变思维,又来了!

2014年9月4日 - 据悉,芬尼克兹此次裂变式创业大赛不同于以往历届,本届比赛的事业部主要...市场分析、营销模式、互联网思维、财务分析等方面来阐述团队项目的可行性。...

www.rbsq.cn/newsvi...a... - 百度快照 - 评价

【实践】贵州卫视:融合思维下的裂变式传播

2015年3月15日 -【实践】贵州卫视:融合思维下的裂变式传播 2015-03-15 求全 欢迎点击上方的"求全"关注我们! 2014年是中国传媒行业的转折之年,随着打造新型传播集团战...

www.iliuye.com/Wap/Ind... - 百度快照 - 评价

宗毅:"裂变式创业"背后的玄机_财经频道_东方财..._东方财富网

2015年4月17日 - 宗毅把这套制度体系称为“裂变式创业”。依靠这套体系,他把员工变成股东,先后创立了七家裂变创业公司,还被罗辑思维创始人罗振宇称为“传统产业转型最...

finance.eastmoney.com/... - 百度快照 - 83%好评

相关搜索

| | | |
|---|---|---|
| 思维裂变时代 | 裂变式创业 | 裂变式创业 pdf |
| 宗毅裂变式创业 | 裂变式传播 | 裂变式创业 mobi |
| 裂变式创业 电子书 | 核裂变公式 | 裂变式营销 |

12345678910 下一页>

当今中国的网络，高度发达，什么词条没有？现代科学思维方法中那么重要的一个思维方法，中国的网络上居然没有词条，真是不可理解。

我后来知道，网络上的词条是由词条的创建者向网络提交的，网络经过严格审查合格的，才能上网。网络上搜索不到“裂变式思维”的词条，只能说明：

1. 中国没有几个人懂得裂变式思维，所以，就没有一个人想起要创建这个词条；

2. 需要查找这个思维方法的人很少，网络就不予重视；

3. 做网络的人不懂得裂变式思维的重要性和社会需要，所以也就不做这个词条。

这看起来是各方疏忽出现的漏洞。偶然中包含必然，不然的话，怎么百度、搜狐、谷歌都没有这个词条？

更有意思的是，网络本身就是人类使用裂变式思维的结果，操作网络的人，居然不知道裂变式思维。这和中国两千多年来的知识分子，天天朗诵晏子使楚的课文，不懂得三段式演绎法一样。

如何解释这个现象，我向广大读者求教。

## 两篇批评裂变式思维的博客文章

更有意思的是，网络上虽然搜索不到裂变式思维的词条，但是在搜索出来的大量五花八门的信息里面，却有两篇批评裂变式思维的博客文章。阅读这两篇文章，可以看到两点：一、作者懂得裂变式思维；二、作者对裂变式思维持批评的态度。

我们看一看这一篇题为《裂变思维缺陷》的文章——

### 裂变思维缺陷

1. 近代科学是以西方裂变型文化为背景，在裂变思维主导下发展起来的，实验科学强调通过局部实验分析认识整体，本身带有还原论与循环论特点，仍然是裂变思维派生物！至今几乎所有科学理论都是裂变思维型的。甚至聚变效应发现的表述以及聚变科学研究至今仍然是裂变思维主导的！

2. 小本位点性思维、线性思维、环性思维、面性思维、体性思维，都强调个体、要素、单元、部分的主导和决定作用。

3. 单一学科、单一理论、单一方法、单一向度、单一标准、单一可能、单一解释、单一表述等先天局限性。

4. 自思，自验，自证，自洽，自定，自是，自为，自足，自美，自以为是小学科习惯思维。

5. 以点代面，以偏概全，以斑为豹，以木为林，以此为彼，以特为常，以小为大，以今为古的科学习惯思维。

6. 小看大、小推大、小知大、小成大、小定大、小代大、小即大的哲学习惯思维。

7. 以小推大推导出的整体效应，只是一种理论放大效应与质量扩散效应，因此得出的整体图景往往模糊甚至错误！

8. 科学理论符号化，象征化，形式化，神秘化，虚拟化，导致理论科学发展停滞。

9. 千军万马钻牛角，越钻越深，越深越专，越专越尖，越尖越前，越前越高，越高越好，越好越不知道，最后连本专业同行也看不懂了。

这些就是现代科学本身的局限性，只有科学革命才能克服！近年来科学界展开系统工程，大科学思维，非线性科学，复杂性研究等等，就是科学革命的前奏，一场以科学方法论改革为主的科学大革命正在到来！

另一篇博客文章《裂变聚变思维》，摘要如下——

五四以来，许多中国学者对中西文化作了初步比较分析研究，提出许多大同小异的观点，这里不能也不必尽述，但是可以高度概括如下：

1. 中国文化是合的文化，西方文化是分的文化；
2. 中国文化是纵的文化，西方文化是横的文化；
3. 中国文化是质的文化，西方文化是量的文化；
4. 中国文化是德的文化，西方文化是力的文化；
5. 中国文化是引力文化，西方文化是斥力文化；
6. 中国文化是升华文化，西方文化是扩张文化；
7. 中国文化是连续文化，西方文化是断裂文化；
8. 中国文化是柔性文化，西方文化是刚性文化；
9. 中国文化是水性文化，西方文化是火性文化；
10. 中国文化是吃苦文化，西方文化是享乐文化！

这种概括虽然比较直观朴素和简单粗疏，但大体不错，可作为进一步深入讨论的基础！

哲学是文化的升华与核心，而哲学的基础与核心实质就是思维方式方法，因此我们作中西文化比较研究，最终应该上升到哲学层次分析中西思维方式方法的不同！而要这样做，最好以现代科学成果为基础！众所周知，20世纪最大的科学成就实际就是发现裂变效应和聚变效应，裂变效应与聚变效应上升为裂变思维与聚变思维完全顺理成章。既然裂变思维与聚变思维可以成立，那么裂变哲学与聚变哲学理所当然也可以成立，这样，就产生了一个两变哲学的简单理论框架：

1. 以大看小与以小看大；
2. 聚变效应与裂变效应；
3. 聚变思维与裂变思维；
4. 聚变哲学与裂变哲学；
5. 聚变史观与裂变史观；
6. 聚变文化与裂变文化；
7. 聚变科学与裂变科学；
8. 聚变技术与裂变技术；
9. 聚变方法与裂变方法；
10. 聚变模式与裂变模式！

据此可以做出基本结论：西方文化是裂变思维主导的文化，而中国文化则是聚变思维主导的文化，这正是中国文化的本质特点与优点所在！

读这两篇文章，我感觉到我的哲学知识、思维知识是太少了，不能和作者一起讨论他的内容。他对裂变思维在西方思维中的地位评价很高。我觉得裂变思维只是一个重要的科学思维方法，在高等数学中就起到了不小的推动作用；怎么裂变式思维一下又成了西方思维的主导？

所以，我就两个问题提出来讨论。第一，为什么中国人的思维就是聚合思维在主导，西方人的思维就是裂变思维在主导？一部中国史，长期以来都是分分合合，怎么就成了聚合思维主导？在我看来，中国人的聚合性就不高。所以，这篇文章的结论缺乏逻辑推理的基础，令人难以置信。为什么东方思维和西方思维总是相反和对立的呢？这种提出结论又不给予证明的方法，不能够以理服人。

第二，思维方法就是一个思维工具。亚里士多德写出《工具论》，笛卡尔写出《方法论》，都是这个意思。思维方法和工具都一样，每一个都有它的适用功能，各有各的用处，每一个都有局限性。就像没有永动机一样，没有万能工具，我们只能根据它的功能来发挥它的长处，根据具体情况选择思维方法来使用。如果一种思维方法有什么缺陷，我们使用的时候，就注意避免它的缺陷。不能因为它有缺陷，我们就不学习，不使用，置之不理。

思维方法就像农民农具库里的镰刀斧头一样，工具本身没有错，你拿它干什么是人的事情。镰刀斧头是用来割草砍柴的，万不得已才打人杀人。陈胜吴广揭竿而起，抗日战争中国的大刀队“大刀向鬼子们头上砍去”，那是特殊情况下的选择。

我们不要因为意识形态的原因，而放弃对西方现代思维方法的学习。毕竟科学思维方法是超越阶级、超越社会制度、超越意识形态而存在的。自然科学的成就，就是超越阶级超越社会的，它的思维方法，可以为各个阶级各个社会制度服务。这就是为什么不同制度不同社会的人，都在使用同样的思维方法。

现在的电脑、互联网普及到家家户户，那都是西方科学思维产生的产物，互联网还形成了互联网思维，难道我们就不用？每天中午央视1频道的《今日说法》，播出了形形色色的案件，不少就是罪犯使用电脑、互联网、手机等高科技手段作案。电脑、互联网、手机的负面作用不少，难道我们就放弃这些现代化手段不用？

同一个科学思维方法，无产阶级可以用，资产阶级也可以用。既然人人都可以用，为什么我们就放弃不用？

毛主席说，看见敌人手里拿着刀，我们也用他的办法，手里也拿起刀来，针锋相对，用别人的方法对付别人。所谓在战争中学习战争，就是学习对方的思维方法。

不学习另一个领域的思维方法，不学习敌人的思维方法，都不是好方法。知己知彼，百战百胜。学习敌人的思维方法，是最好的一种学习方法。

就算是裂变式思维有多少不足之处甚至负面作用，我们也可以反面文章正面做。正反东西都可以为我所用。

### 也有人使用裂变式思维

尽管网络上搜索不出裂变式思维的词条，说明中国懂裂变式思维的人很少，同时还出现批评裂变式思维的文章；但是，中国人还是有人懂得裂变式思维，并且使用裂变式思维来思考和解决问题。

就在点击“裂变式思维”没有出现词条的同时，大量五花八门的信息中有一条运用裂变式思维取得效果的信息。中国企业报道网站报道北京燕京啤酒集团公司，采用裂变式思维，把母公司作为一个“原子核”，积蓄能量，发生“裂变”；利用“裂变”释放出来的能量激活被收购兼并企业，使被收购企业在外力的冲击下，继续“裂变”，并释放出更大的能量，与母公司形成一个强大的核反应堆，释放出巨大能量，形成市场冲击力。

燕京裂变式发展不是简单的规模扩大，而是在保证“裂变”后形成整体的生产实力，在保证母体基因不变的情况下，使子体的活力与母体保持高度统一。它持续“裂变”的过程，目的是追逐规模最大化、市场最大化和效益最大化。北京燕京啤酒集团公司的“企业‘裂变’式发展及其管理”，获第八届国家级企业管理创新成果一等奖。

企业有运用裂变式思维的，个人也有运用裂变式思维发展自己的。其中就有一些人搞“裂变式创业”。最引人注目的是有两本介绍运用裂变式思维的书。一本是机械工业出版社出版的《裂变式创业》，作者是宗毅和小泽。宗毅是芬尼创始人兼CEO，中欧创业营及湖畔大学一期学员，被誉为传统企业转型互联网最成功的企业家，荣膺美国最具影响力的商业杂志*Fast Company*评选的“2014中国最具创意人物100”。他开创独特的裂变式创业模式，先后创立8家裂变公司，创业成功率100%，裂变式创业已经作为中欧国际工商学院的经典教案和湖畔大学一号案例。小泽是两家传统制造型企业创始人，实战型财经作家，自媒体人。2015年初写作的《座山雕是一位顶级CEO》一文被正和岛等知名财经媒体转载，总阅读量超过百万。

影响最大的是《裂变——造就互联网思维下的产品、思想、行为的传播奇迹》一书，也是机械工业出版社出版的。作者杨铎在书的第一章开头就说：“为什么雕爷牛腩、西少爷、黄太吉、伏牛堂这些餐饮店从开张就获得了裂变式的传播？为何脸萌、围住神经猫能在一夜之间火遍互联网？是什么让‘狼来了’成为传统企业岌岌可危的共识？”他接着回答：“是互联网思维让传播的路径升级。互联网让不可聚集的品类聚集。人网互联让传播路径升级。互联网让人的思考路径改变。互联网思维让裂变传播感染式爆发。互联网实现人与人的直接互联。互联网思维让裂变传播感染式爆发。”

作者用裂变式思维，对互联网传播的特点和作用，阐释得生动活泼，淋漓尽致。作者完全陶醉在互联网的裂变式爆发之中。所以，在接下来的内容中，他分别以“造就裂变式传播的7条思维路径”“造就裂变式传播的14个技巧”“造就裂变式传播需注意的5个问题”等等为标题，对互联网的裂变式传播现象做了详细的解读。

这本书的中心思想就是一句话：互联网引导人们走上了裂变式思维的道路。因为在互联网的世界里，裂变的工具和路径就摆在每一个人的面前。事实是最好的教育。中国人过去对裂变思维一无所知，虽然现在对裂变思维的理解还很肤浅，但毕竟是看到了裂变思维的表象，慢慢就可以深化了。

# 中国人为什么产生不出共享经济思维

## Uber让我陷入了沉思

华西都市报原来的餐饮记者陈坚，离开报社后开了一个名叫“藏乡缘”的特色餐饮店。2015年8月29日，他请我去他那里休闲品赏。

餐饮记者杨航前来接我。因为在清水河公园旁边，离我家很远，只有打的。杨航用手机联系之后，很快一辆豪华车停到我们面前。我坐上汽车，感到奇怪，马上问他：这个出租车为什么没有出租车顶子，你和“野的士”有合同关系？

杨航说，这是现在从美国传过来的新兴租车公司Uber。社会上各种多余的汽车都可以加入，从电脑上下一个软件，就可以参加运营了。智能手机就是联系平台，连面都不见。你需要的时候就用手机联系，告诉它一个地点，附近的Uber车就来了。比出租车快，而且还便宜一些。杨航越说越兴奋。他说，我们现在根本就不赶出租车，上下班，到哪里去，都是坐Uber，方便得很。社会上所有多余的车，一辆车多余的时间，都可以参加Uber。物尽其用，发挥余热。各方都得到好处。

这是我第一次听到Uber的名字。他说“优步”（Uber）说得很快，我几次学都咬不准字音。我一下感到我落后了，这才退休几年，社会发生了这么大的变化，我居然一无所知。

杨航说，Uber已经出现一两年了。现在大城市到处都是Uber，还有滴滴。都没有挂牌子，你不知道哪个车是。手机上下一个软件，用手机联系就是了。

这之后，我老是在想，美国人真聪明，把社会上多余的车，一辆车的空闲时间，都拿去为它服务了。这不就是统筹法吗？

我马上想起了我卖特别报道版面的事情，那是一次我很满意的统筹法的运用。这一次，我觉得美国人的统筹法，比我的更高级，统筹到“野的”身上去了。叹服！

我想，我一定要把Uber统筹“野的”这件事，加到那一段中间去，作为解释统筹法运用统筹法的一个生动活泼的例子。

没有多久，华西都市报原来的广告部主任、经营管理中心主任廖文利来访。廖文利离开报社后，出去担任过都市报经营副总编、公司老总，现在是上海一家外国公司的CEO。我给她说起Uber这件新鲜事，她一点也不觉得新鲜，他们公司现在就在搞类似Uber一样共享经济的培训。她刚刚才带一支队伍去旧金山培训，请这方面的专家讲课。国内很多人报名参加这次培训。这是一个新的潮流，名字就叫共享经济。他们公司培训的不只是共享出租车，而是共享多余的房屋。现在房子两三套的人有的是，房屋空着的多的是，都可以用来参加共享经济，得到一定的收益。还可以共享其他的社会资源。只要有多余的社会资源，都可以考虑走共享经济的思路。

小廖的介绍，更将我引到一个新的世界。她后来又给我发来了这方面的几个材料。我一边如饥似渴地学习，一边陷入了深深的思考：面对这么多的剩余资源，面对发达的网络平台，中国人为什么没有产生这个共享经济的思维方法呢？





共享经济成了我新的学习课题。到网络上一搜，就是一个海量，看得你眼花缭乱。新闻：Uber（优步）覆盖全球55个国家；中欧国际工商学院创业学教授龚焱说：共享经济绝对是未来主流；新浪网举办主题为"商业大变革中寻找未来"的对话，一致认为"共享经济：中国具备后发优势"；消息：滴滴打车与快的打车在过去三年高速发展……

我原来以为优步老总是共享经济的创始人。2015年12月13日，央视财经频道搞了一次共享经济的对话，将"共享经济的鼻祖"罗宾·蔡斯请上了对话节目。我这才知道，优步CEO还不是共享经济最早的创始人，第一个搞共享经济模式的是美国罗宾·蔡斯女士。

通过央视这一场和共享经济鼻祖的对话，我对共享经济才算是真正理解了。现在各个领域都出现了共享经济，酒店、房屋、办公室，小到衣物，大到挖掘机、机床设备，再到人的时间、技能，似乎一切都可以共享。每一个人剩余的劳动力、剩余的技能、剩余的产能都可以借助于一个公共的平台搞分享。蔡斯在对话中描画出一种新的时代精神：过剩产能+共享平台+人人参与，形成崭新的"人人共享"模式，把组织优势（规模与资源）与个人优势（本地化、专业化和定制化）相结合，从而在无须增加生产资料的同时创造出更多的效益。共享经济对于绿色物流有着十分重要的意义，其本质是对已有资源使用的重新分配，把"使用权"从"产权"中解放出来。

如今，一场前所未有的共享经济的产业革命潮流正在中国兴起，人人都在思考如何搭上共享经济这趟快车。

### 罗宾·蔡斯怎么总结出共享思维的

事实已经表明，共享经济已经成为很多人使用的一种思维方法。

我就在想：中国人为什么产生不出共享经济的思维方法呢？走在前面的美国，优步、滴滴，不是把中国的"野的"都搜罗在它的名下了吗？！那赚了多少中国人的钱！

其实，共享经济的共享思维方法，就是中国数学家华罗庚的统筹法，无非就是将统筹法运用到家家户户的汽车房屋等生活资料上去而已，只不过加了一个互联网。从统筹法到共享思维，最多只能算是走了半步而已，怎么中国人就没有去走这半步呢？

我想起了牛顿为了解决苹果从树上掉下来的事情研究变量数学，创造了一个新的数学方法，就是无穷小。无穷小这个方法怎么总结出来的呢？就是把极限的方法，运用到极限为0的特殊情况下去研究，就产生了无穷小。无穷小永远不等于0，但是总是越来越趋近于0。这个无穷小的数学方法，在建立微积分中起了很大的作用。恩格斯曾经给予很高的评价。

牛顿将已经有的极限方法，在使用的时候往前走了半步，就产生了一个新的数学方法无穷小。从华罗庚的统筹法到共享思维，也就是半步，就是统筹法运用的范围做了一个扩大，怎么中国人就走不过去呢？

为了研究罗宾·蔡斯提出这个思维方法的经过，我专门买了她写的《共享经济》一书，认认真真研读起来。

罗宾·蔡斯的父亲是一位外交官，她跟着父亲经历了多年举家迁徙的生活。大学毕业工作一段时间以后，进入麻省理工学院斯隆商学院攻读MBA。然后，她变成了三个孩子的母亲。她经常为工作，为家庭和孩子，忙忙碌碌。她说："我需要找到一种最快速、便捷的交通方式，来让我和三个孩子在幼儿园、公司、超市和公园之间来回穿梭。"

罗宾·蔡斯在她写的《共享经济》一书中说，1999年9月的一天，她和另一个母亲丹尼尔森在离孩子幼儿园几条街的Rsacafe里喝咖啡，一边等着孩子，一边聊丹尼尔森最近去德国度假的事。丹尼尔森在柏林的一个咖啡馆里，看见街道对面停着一辆可供他人分享的车。后来她发现，这辆车可供人们以小时或天为单位租赁。这件事后来一直在她的脑海里萦绕。她问我："这种方式在坎布里奇市是否可行？"

灵感的爆发就在这一瞬间。刚刚参加完麻省理工学院校友聚会的罗宾·蔡斯，听到诸多同学的创业故事，都是一个业务加上互联网，很快获得成功。她马上就想到了使用"互联网+"的思维方法，创建一家汽车共享租赁公司。她想，她自己就是最需要汽车共享的目标人群。丈夫每天早上开车去位于郊区的办公室，然后将车停在停车场里闲置一整天。她也需要一辆车，但因为买车之后，停放、清洗和保养都是问题，她不想每天总要记着还有洗车的任务没有完成，也不想每天早上7点总是受到拖车司机的警告然后跑出去挪车。对于那些和她一样不需要开车去工作的人来说，拥有一辆车的成本比车带来的益处要大得多。在某些无奈的情况下，她偶尔会向邻居借车。但是，经常借车的行为会让她感觉自己像一个乞讨者。因此，她太需要一个可以随时随地租赁的共享汽车公司。罗宾·蔡斯和丹尼尔森两个母亲，商量之后，决定公司取名为Zipcar。

罗宾·蔡斯的这些叙述，说明她产生创立Zipcar共享汽车公司的几个思维元素：一、朋友丹尼尔森说，她在柏林街道上看见供他人租用的车。这是她产生思维灵感的最重要信息，没有这个信息，她的思维走不到那里去，因为多余的汽车到处都有。二、她才去硅谷参加了校友聚会，了解到诸多同学的创业故事和成功经验，那些人都在利用互联网创业。"互联网+"是她心中埋下的一个思维方法。三、她作为三个孩子的母亲，还要工作，需要方便的交通工具又不想买车。也就是说，她工作和生活的需要，成了她创业的目标。而有这个市场需要的是一个庞大的社会群体。

归纳起来，罗宾·蔡斯产生创立共享汽车公司Zipcar的思维结果，具备三个条件：社会上多余的汽车、"互联网+"的思维方法、很多人需要灵活方便的私人租车。

Zipcar就在罗宾·蔡斯和丹尼尔森两个母亲的酝酿中，很快发展起来，风靡一时。但是，即使如此，罗宾·蔡斯还不能说是共享经济的鼻祖，也就是说，她还不能说是共享思维方法的总结者，她只能算是像优步CEO特拉维斯·卡兰尼克一样，做了一次共享经济的操作。在硅谷那个地方，使用"互联网+"的方法创业的人很多，罗宾·蔡斯也就是使用了一次"互联网+"的方法而已。

思维方法的总结者和使用者，是两个完全不同的概念，这相当于拖拉机的研制者和使用者，电脑的研制者和使用者，手机的研制者和使用者等等。一种思维方法的总结、研制，那是一个更高层次的思维。很多人只能局限于使用思维方法，而难以总结、创造出一种思维方法。

像三段式演绎法，亚里士多德研究了大量的使用三段式演绎法的例子，特别是埃及人修建金字塔的几何学探索方法，最后总结出了经典的三段式演绎法的推理方法。欧几里得几何学只是使用三段式演绎法建立的一门学问。后来牛顿的使用更上一层楼。现在千千万万的人都在使用三段式演绎法。

笛卡尔没有创立新的思维方法。他的伟大，在于研究出如何使用三段式演绎法的一套方法。因为三段式演绎法是理性思维科学思维的根本大法，如何使用，又成了人类思维领域的大事。像托马斯那样使用，就大大败坏演绎法的名声。亚里士多德为什么一度声名狼藉，就是因为托马斯搞的拉郎配似的“逻辑类比”。所以，笛卡尔是在人类思维发展出现危机的关键时刻，力挽狂澜，将三段式演绎法从危险的边缘拉了回来。笛卡尔在三段式演绎法的历史上，创造了“建立科学的科学”，是不亚于亚里士多德的人物。

罗宾·蔡斯为什么是共享经济的鼻祖？不仅是因为她第一个创办共享经济公司，在2000年（优步是2009年）；更重要的是，她写出了《共享经济》一书。她是一个善于做思维方法总结的人。她不甘心于只是共享经济的操作者，她觉得这是一种可以到处推广的思维方法。所以，她决定要写出一本书，讲一讲这里面的想法和规律。《共享经济》这本书，就是一本阐释共享经济思维方法的书，既有理论，又有完整的一套操作办法。读完这本书，你就知道共享经济公司的操作办法了。所以，罗宾·蔡斯不是仅仅只做一个共享经济的示范标本，而是总结一种可以广泛使用的新的思维方法。我们不能只是把罗宾·蔡斯看作是一个企业家，她是一个总结思维方法的思想家。

罗宾·蔡斯后来辞去了Zipcar CEO的职务，专门从事这方面的研究。她在美国商务部长的国家创新和创业委员会、美国交通部的智能交通系统咨询委员会、经济合作与发展组织的国际交通论坛委员会任职。她被评为《时代》周刊“全球最具影响力的100人”之一，《商业周刊》“年度十大设计师”之一，《快公司》“年度50位最具创新精神的人物”之一和知名技术慈善家，全球最具声望的环保NGO组织世界资源研究所（World Resources Institute）董事。她对人类的贡献，远远比做一个像优步那样的共享经济企业，要大得多。

有人也许会问，罗宾·蔡斯既然是共享经济的鼻祖，怎么Zipcar还没有优步做得大？我开始也有这样的疑问。其实，在思维方法的历史上，早就有这样的例子。亚里士多德是三段式演绎法的研究和总结者。亚里士多德是一位百科全书式的科学家，他把三段式演绎法运用到心理学、经济学、神学、政治学、教育学等众多领域，都有建树。但是，真正作为三段式演绎法标志性样板的，是欧几里得几何学。欧几里得不是三段式演绎法的提出者，而是操作者，但是，他做出了使用三段式演绎法的样板。

这将像火箭的研制者，如果去做发射火箭的操作手，恐怕还不如操作手更熟练。

罗宾·蔡斯从共享经济的操作者，变成共享经济思维方法的总结传播者，这是一个了不起的飞跃。她的思维方法库更为丰富多彩，有这方面的思维创造能力，同时她还有为人类思维发展思维进步贡献力量的宽广胸怀和高尚境界。

罗宾·蔡斯为《共享经济》中文版作的序，标题就是："人人时代，人人共享"。她在序里说："尽管我在书中讲述的很多'人人共享'成功案例都发生在美国以及欧洲，但是成功的要素是存在于全球各地的。想必你们都知道共享型公司阿里巴巴实现了规模最大的首次公开募股吧。我希望本书能够鼓励创业者、公务员、科学家以及学生重新思考充满力量的新方式，将过剩产能转化为让人们充满惊喜的新价值。这一平台经济赋予组织和个人以灵活性使其能够快速、创造性地适应改变，让社会的潜力得以释放。"

她接着说："能让全球读者阅读本书是我最大的荣幸。我很高兴能够为你们呈现大公司平台如何与个人的才能结合从而带来比他们单打独斗更好的结果。我希望本书以及共享经济将能够为中国及全世界经济的转型带来一剂良药。"

她还说："当你以与众不同的方式思考时，才会发现这些无形的过剩产能，而后你就会不由自主地发现它们其实无处不在。"她干脆把这句话做成一个小标题："被忽略的过剩产能，无处不在"，提醒读者注意你生活的这个环境。

罗宾·蔡斯的这些话，表明了她宣传推广共享思维方法的理想。

### 中国具备总结出共享思维的5个条件

罗宾·蔡斯的故事给我很大启发。我更加觉得，中国人应该反省自己，我们为什么不能总结创造出共享经济的思维方法呢？我们各方面的条件都不比美国人差。

当今的中国，具备了产生共享经济思维方法的五个条件。

一、中国人可以利用来共享的社会剩余资源很多。中国社会各个领域的闲置资源太多太多，比其他任何国家都多得多，因为中国公有制的计划经济，实际上物质资源极其分散，统筹运用的效率极低。

共享经济一个重要的客观条件，是社会上的剩余资源多。不然你没有共享的资源，怎么产生出共享经济，中国的大中小城市，多年来出现了不少"野的"，那就是等待你去共享的，是嗷嗷待哺的共享资源。中国的房地产高速发展，不少的家庭拥有两三套甚至更多的房子，你到一些小区去看，晚上很多房子长期都不亮灯。中国经济30年的高速发展，不仅造成了大量的产能过剩，还有大量的资源过剩，已经是一个严重的社会问题。

二、中国有高度发达和普及的互联网通信传播网络，数量是全球第一，远远超过第二；共享经济需要的互联网传播网络和智能手机，为共享经济服务的智能手机网络平台早就形成。中国的手机达到10个亿，智能手机都有5亿以上，这个共享技术平台早就形成。

三、中国还有一个比其他国家更有利的条件，那就是中国数学家华罗庚早在20世纪50年代就总结创造了统筹法的思维方法，并且进行了大面积的普及推广，已经距离共享经济思维很近很近了，往前面走半步就到了；如果将统筹法往剩余资源上一用，共享经济就出来了。

这是中国人所具备的一个得天独厚的主观条件：中国人在认识论上，已经先走了一步，已经走到统筹法了，再往前走半步，就到共享思维方法了。

从统筹法到共享经济思维，完全类似于牛顿从极限思维到无穷小思维。将极限的极值取一个特殊点0，就出来无穷小。也就是说，无穷小就是极限运用到一个特殊点。统筹法的运用也有一个选择运用范围的问题。如果用统筹法去统筹社会上的"野的"，共享汽车的公司就出来了。席文举卖特稿，就是用统筹法去统筹外省及全国各地的报纸。

共享经济就是将统筹法运用的范围加以放大，放大到整个社会，把各个个体，包括个人拥有的资源，都统筹起来使用。也就是应用范围放大到整个社会。美国人就把共享范围放大到全世界。

一个是将极限运用范围缩小到一点，一个是将统筹法运用范围放大到全社会，都是思维方法应用范围的选择。

可惜的是，中国人长期使用的统筹法，基本上都是在一个企业、一个单位、一个系统内部统筹，最多也就是地方政府在它管辖的范围做统筹。也就是说，只是在它领导的范围内统筹，外单位、外系统、外地，领导范围之外的，都不会去统筹。这是中国人自己对自己的限制。华罗庚的《统筹方法平话》一书中，并没有做这样的限制。我把特别报道卖给全国的报纸，卖给我们不管的报纸，那是创造性的破天荒。

当然，也许有人会说，罗宾·蔡斯创立Zipcar的时候，使用的不是统筹法，而是“互联网+”的思维方法。是的，罗宾·蔡斯在听到私车租用信息和看到社会需要灵活方便的租车形式的时候，可能她并不知道统筹法。她使用的是“互联网+”的思维方法，因为她在硅谷读过书，又有很多校友使用“互联网+”创业，“互联网+”是存储在她的思维方法库里现成的方法，拿来就用。她使用“互联网+”的思维方法之后，又创造出了共享经济的思维方法。

但是，我们要懂得的是，面对私车租用信息和社会需要灵活方便的租车形式的时候，并不一定非得要使用“互联网+”的思维方法（当然要使用互联网通信传播技术平台），才能走到共享经济这个思维方法。如果思维方法库有很多思维方法，你还可以选择别的思维方法试一试。这就是求异思维。这就像微积分的创造，牛顿通过物理学的道路研究出微积分，莱布尼兹通过几何学的道路研究出微积分，殊途同归。所以，在研究问题的时候，可以通过不同的道路、不同的思维方法，走到同一个目的地。

中国人在面对私车租用信息和社会需要灵活方便的租车形式的时候，应该说比美国人罗宾·蔡斯的路径还要多。我们有三条道路选择：1. 统筹法；2. “互联网+”；3. 统筹法和“互联网+”并用，双管齐下。这三个办法同样可以产生共享经济的创意。所以，在通向共享经济的思维道路上，中国人有比美国人多两个思维路径的选择。

当优步、滴滴在大街小巷畅通无阻的时候，出租车公司火冒三丈，有的地方搞游行，提抗议，等等。其实，这样的高科技新经济潮流涌来的时候，是无法阻挡的。怎么办？出租车公司如果聪明一点，就紧紧跟上时代的步伐，也通过网络通信技术平台，为打的的人提供方便快捷的服务。我为打的，多次等半小时甚至一小时。这就像当年《华西都市报》采用新闻追踪、特别报道、敲门发行等一套新办法办报的时候，《成都商报》就紧紧跟上，《成都晚报》就纹丝不动，最后《成都晚报》遭到淘汰，《成都商报》跟着发展一样。你也可以使用同样的思维方法，或者搞“互联网+”，或者嫁接优步的优势，这样至少不至于落后得太多。如果一个城市出租车公司很多，还可以联合起来，共用一个通信传播技术平台，在市场上比一比。总之，你不能坐以待毙。

四、中国是一个社会主义国家，制度和意识形态里面，都包含了许多社会主义和共产主义的元素。不管我们有多少不完善的地方，社会主义和共产主义的元素还是不少的。这个制度对于共享经济来说，还是息息相通的。这也是我们具有创造共享经济思维的社会制度条件。我们过去不是还搞了不少的一平二调吗？你都可以一平二调，为什么不可以有赏共享呢？

在共享经济的对话、讨论以至报道中，经常提到共享经济包含了许许多多社会主义共产主义元素的萌芽。所以，从社会制度来说，中国人产生共享经济思维，也应该走在别人的前面。这也是一个有利于共享经济产生的社会条件之一，是别的国家都不具有的。

五、过剩产能问题多次提到社会和政府的面前。

这也是产生新的思维方法的条件之一：兵临城下，形势逼人，这个问题不解决不行了。形势逼迫你要去想办法。这就像16世纪，天文、航海、采矿等领域不断提出变量数学怎么运算的问题。问题提出来之后就促进科学家们去研究，最后就产生了微积分的数学方法。

中国早在一二十年前，20世纪90年代，就有不少人提出如何解决中国的产能过剩的问题。过剩的问题提出来了，并且摆在政府的桌面上。比如“野的”问题。各个城市的“野的”现象，从80年代就出现了。各个城市也做过研究，研究的结果就是打击“野的”。

中国本来具备了5个产生共享经济思维的条件，可是，最后还是没有产生共享经济的思维方法。

## 一个美国孩子妈妈PK了多少万中国人

我们一个个来分析中国人是怎么丧失和错过这个难得遇到的天赐良机的——

一、面对丰富的产能过剩，胡乱支招。

比如汽车，各个城市都有大量的“野的”，80年代就有“野的”了。“野的”成为政府管理部门的打击对象，下达文件，组织人力。有的“野的”还形成小的组织，等于是共享经济的萌芽。但是，权力精英们没有认识到这就是生产力，反而当成阻碍生产力的阻力来打击，结果就把本来可以产生巨大的先进生产力的共享经济给打没了。

多余汽车的问题怎么解决，政府机构多次提出来研究过。因为没有科学的思维方法，就沿用过去扫除资本主义尾巴的办法，来扫除“野的”。每个城市每年都有几次打击行动。但是，虽然屡打屡胜，仍然屡禁不绝，“野火烧不尽，春风吹又生”，因为很现实，多余的车摆在那里，多余的人也摆在那里。

在中国人的心中，“野的”就是一个随时随地遭到打击的形象。自认为擅长形象思维的中国人，怎么也不会把“野的”和先进生产力联系起来。可是，美国一个女士用“互联网+”的办法，就把“野的”变成了先进生产力的代表，参加打击他们的人怎么想也想不明白。

成群结队的“野的”，被我们的政府组织长年累月地扫除。他们哪里知道，他们想扫除的，具有旺盛而且强大的生命力，正是社会主义和共产主义的元素！中国那么多人找不到工作，你扫除他们干什么？你就没有别的办法可想吗？你看，美国人就帮助我们想出了办法。Uber，把全世界闲置的汽车，统统统筹起来为它创造财富。它在中国赚钱最多，因为中国闲置的汽车最多。中国最早出现大批的“野的”，中国政府管理部门天天打击，结果美国人把中国“野的”的钱赚走了。“野的”通过美国人的共享思维，享受了中国巨大的财富。中国“野的”本来可以变成“家的”，结果最后真正变成了“野的”。

二、网络平台的运用，各自为政。

中国的网络平台，因为人口众多，发展快速，市场巨大。但是，很快就进入行业管理部门画地为牢各自为政争夺利益的时代。移动、电信网、互联网三网统一成为一个网，这是新时代的时代呼声，可是，喊了多少年，还是统一不起来。

三、政府号召普及统筹法，统筹工作有待提升。

四、罗宾·蔡斯听到她朋友讲述私人租车的见闻，就产生了建立一个共享租车公司的创意，进而总结出共享思维方法。中国人遇到类似信息的机会，那就太多太多了，而且时间也比罗宾·蔡斯的1999年还要早得多。我90年代就多次看到“野的”，也遇到“野的”走上前来招揽生意，问我要不要车。我也坐过“野的”。

中国“野的”诞生的时间，比罗宾·蔡斯女士喝咖啡的时候听到“野的”见闻的时间，要早得多。

中国见过“野的”、知道“野的”、坐过“野的”甚至研究过打击“野的”的人，加起来起码有几十万人。美国一个罗宾·蔡斯，三个孩子的妈妈，就把中国这几十万人全部PK了。这几十万人，可能还有哲学系的、经济系的、社科院的，我也在内，都没有往这方面想过。你就可以看出，中国人的思维和美国人思维的差距。

那么多的人都看到了这个现象，看到的人个个都无动于衷。

有的人说中国人的思维被制度被领导压制。可是，面对“野的”，没有人压制你去想共享经济！美国的优步滴滴进入中国，中国政府完全允许。所以，即使政府没有压制你的思维，也是人人都想不出来。不压制你你也想不出来，这就是思维水平思维能力的问题。

如果把中国人和罗宾·蔡斯做一个对比，罗宾·蔡斯第一次听到“野的”故事，就产生了要利用“野的”办共享经济公司的思想。中国人看见多少次“野的”，就反复研究如何打击。我们自己说是先进生产力的代表，当然就打击落后生产力，结果这个落后生产力被美国人搞成了先进生产力的代表。我们应该想一想，我们的思维为什么与别人有这么大的差距?

总结科学思维方法，对于中国人来说，就像一座翻不过去的大山。

当然，应该肯定的是，这一次，中国人使用西方创造总结的共享经济思维方法，是有史以来学习运用西方科学思维方法中，跑得最快的一次。我也为这个进步叫好。在为中国人跑步使用共享经济思维方法的同时，我也要大呼一声：以三段式演绎法为中心的现代科学思维方法，是中华民族崛起的第一推动力，个个应该像学习共享经济思维方法那样，去一个个地好好学到手。

# 国民思维方法库贫穷落后

## "中国人在国外的行为让人皱眉"

我在这个小标题上面加了一个引号，因为这是网易上的一条消息，时间是2013年7月24日。我需要这方面的内容，随便在网上一搜，这样的内容多得是——

网易教育讯 据新华每日电讯报道，又逢暑期旅游旺季。近来，中国游客在海外不文明行为屡现报端。

据德国《明镜》周刊报道，一家德国酒店发布告示，劝告客人若想安静吃早餐，就等中国人走了再来。另有报道说，在法国南部普罗旺斯薰衣草田，两拨中国人为争抢拍照位置大打出手。事实上，中国游客在海外的不文明行为远不止这些。乱扔垃圾、随意插队、不给小费、乱写乱画、如厕不冲、衣衫不整、缺乏礼让、用餐奢侈浪费……不仅个人形象全无，国家形象也跟着受损。

据新华社巴黎7月22日电（记者梁霓霓） 法国是近年来中国游客在欧洲旅游的热门之选。据统计，30%的中国出境游客将法国列为目的地之一。

面对如此庞大的中国游客，法国方面的观感如何呢？也许用痛并快乐着来形容比较贴切。先来说说令法国人快乐的事——中国游客横扫一切的购买力。法国旅游发展署负责人克里斯蒂安·芒太说，中国赴法游客的消费实力同其他国家游客相比遥遥领先。

虽然中国游客舍得在法国一掷千金，但是他们在当地往往得不到与之相符的尊重。一些法国人对某些中国游客身上的不文明行为无法忍受。其中最典型的，当属在公共场所内大声喧哗。搞了16年旅游接待工作的法国安赛尔旅行社总经理周建防说，欧洲人在就餐和交谈时，都会表现出安宁和私密的状态，声音大小以不打扰邻人为原则。但是，中国游客常常未见其人先闻其声，在餐馆就餐和接打手机时往往调门比较高，不顾及其他人的感受。有的游客回到酒店后想放松一下，干脆敞开房门打牌，呼三喝四，这样非常容易引起其他住户的不满。

一些中国游客在排队方面的表现也让当地人气恼。据法国康辉旅行社总经理姚晓竞介绍，不久前他送朋友到机场办理退税，1位中国游客在队里面排着，结果前前后后通过他总共夹进来11个人。法国人气得跑到办事窗口投诉。言语调解未果，退税窗口里的工作人员只好走出工作台，强令夹塞的中国人重新排队，否则停止办公。插队者担心退不了税照办了，这场争执才最终平息下去。

此外，长期在巴黎带团的导游金拓告诉记者，许多中国游客不了解西方礼仪，入乡却不随俗，表现得我行我素。比如，在一些演出场所，主办方明令禁止观众拍照，导游也三令五申，但是，有些人毫不理会，仍然频频按动快门。

随着不良习惯的曝光与受到谴责，中国出境游者的素质也在不断提高。原先中国游客遭到诟病的一些不文明举止减少了，大家知道不能随地吐痰，早餐时不再裹挟食物，不再在卢浮宫这样的景点外随意坐卧等。

另一则报道说："中国游客在美应避六件事"——

据新华社洛杉矶7月21日专电（记者王军）提起中国游客在海外的不文明行为，记者眼前浮现出这样两幅图景：

——在洛杉矶东部城市棕榈泉附近的名牌产品直销中心，中国游客在"血拼"过程中，有人霸着货架和试衣间，有人在交钱时插队……

——在洛杉矶通往圣迭戈的5号州际公路旁一处观赏海鸟的景点，一名中国女游客下车后大呼小叫地冲到前面左拍右拍，两个男伴作势驱赶鸟儿，然后抓拍众鸟惊飞的场景。先来者扫兴地摇头，离开这里。

业内人士认为，中国游客在美国旅游过程中表现出的上述行为，大多是"无心之失"，是一些可以注意和改进的"小事"。这主要源自他们在出国前缺乏适当的培训或教育，如果有关方面在游客出国前介绍这方面的常识，一些状况原本可以避免。还有一些问题与游客的自身素质有关，这就非短时间所能解决。

据多位本地旅游业者介绍，中国游客在美国应避免以下不文明行为：

一、说话不注意场合，大声喧哗。无论是在购物、就餐、看电影，还是参观游览，许多游客习惯于提高嗓门，旁若无人，给他人造成干扰。

二、不注意遵守公众秩序，排队时大模大样地"加塞"，即使被批评，也以听不懂英语为由，试图蒙混过去。

三、贪图小便宜，多吃多占。一些游客在入住酒店吃早餐时，常常"吃不了，兜着走"，违反酒店规定把水果、鸡蛋、面包往包里塞，并用纸杯接满果汁或咖啡带回房间。

四、炫富。个别富有的中国游客瞧不起导游、司机、饭店和餐馆服务员，认为钱可以摆平一切，致使美国一些服务业从业人员抱怨中国人难"伺候"。

五、不考虑西方礼仪和习惯。例如不管当地人是否愿意，均把他们摄入镜头；在未经家长和教师允许的情况下，对当地儿童拍照。除了招致不满，个别中国游客甚至因此摊上官司。

六、不给小费。小费是美国服务业从业人员获取收入的主要方式，但有些游客在这方面斤斤计较，故意少给或不给小费，引来非议。

**文明要培养，入乡要随俗**

“你知道吗，在新加坡随地吐痰、吃口香糖，都是要被鞭刑的，就是要用很长的鞭子打屁股哦。”在北京飞往新加坡的航班上，一群参加暑期夏令营的孩子们七嘴八舌地议论着，他们满心欢喜地期待着新加坡的圣淘沙、滨海湾花园的美丽风景，同时也对这个以严刑峻法闻名于世的花园城市充满着被误读的“恐惧”。

记者休完假期返回新加坡，恰好与他们同机。不论是在飞机上的叽叽喳喳，还是在入境时、提取行李时他们过分“活泼”的表现，都已经反映出了新加坡人对中国游客的印象：公共场合太过喧哗。

面对这样的问题，已在新加坡从事导游工作18年的华人阿德告诉记者，新加坡人对中国游客的这种不良印象确实存在，但他不认为这是中国游客的普遍问题。“一般我们在机场接到中国游客的时候，都会多多少少告诉他们一些新加坡人的生活习惯、风土民俗等，他们也能接受并在整个旅游的行程中听从我们的劝告。再加之当游客们看到新加坡整洁的街道、漂亮的景点，都会被这个地方的文明所影响，所以很多游客都会自然地约束自己一点，”阿德介绍说。

每每黄金大假，中国人出国旅游高峰之后，媒体都会出现一批这样的报道。出国的人换了一批又一批，事情过了一年又一年，表现基本上一样。为什么？有的报道说得好，那是素质问题。你不要以为那些人只是出国去才表现不好。有的媒体说“中国人有种种失态”，其实他们不是“失态”，而是他们的正常表现，他们在国内的表现也是那样，他们是习惯成自然。习惯又是怎么来的呢？习惯就是思维方法。他的惯性思维指挥他就按照长期的习惯去做。

其实，旅行社在这些人出国之前都是打了招呼，做了交代的。我出了多次国，走了30多个国家，每一次旅行社都要打招呼。招呼对有的人有用，对形成了习惯的人无用。

那么，黄金周参加国内旅游的人比出国旅游的人多得多，为什么国内的反映没有那么突出？

问题就出在这里！

中国人在国外旅游表现出来的问题，其实在国内旅游人群中完全一样，而且国内更为突出。因为国内都习以为常，见怪不怪了。国内旅游，旅行社连招呼都不会打，除非酿成事件，才有人过问，一般都不管了，正因为国内对于这些坏习惯不闻不问，就形成了坏习惯的市场。

比如炫富。在国内的炫富比去国外更甚，因为国外炫富的市场受限，国内那么多的穷人，炫起富来吸引观看的眼球更多，他更得意。

比如在文物上乱画。国外还有人会怯生，国内他就是肆无忌惮。那些本来旅行社还打了招呼的时候，他竟然在金字塔上敢写“某某某到此一游”的人，在国内就是无法无天。

比如乱丢垃圾。一场体育比赛下来，运动场里的各种抛弃物和垃圾，有的要用汽车来拉。而在日本，体育场里观众散尽，几乎没有垃圾。中国人到处都是乱丢垃圾，清洁工扫了就是了。清洁工谁个去过问？又几个敢过问？批评他一下，他还理直气壮反驳你。多数都是埋怨埋怨就完事了。

还有排队加塞，开车横冲直闯，随地吐痰，都是随心所欲，随时都可以见到。

这就是中国人的素质。什么素质？思维素质。一个人的行为素质，是由一个人的思维素质决定的。我们中的许多人成天就是这样思维的。国内对这些事这些人见怪不怪，任其怎么想怎么做，管理部门也管，收不到多少效果，也就算了。长期的放任自流，出国了就会被人看不起。报道说是损害了中国人的形象，其实那就是中国人的真实形象。孔子说，子不教父之过。中国人出国的这些表现，是我们长期没有教育好的结果。有些事情根本就没有教育。比如大声喧哗，这在中国的大街小巷就是家常便饭，他才不管你影响四邻不影响四邻。他在家里就是这样的习惯，出国去声音怎么会小得下来？实施这些恶劣行为的，当然只是一部分人，中国还有很多人不是这样；但是，这种人比例太高了。

比如闯红灯。你可以选择欧洲或者美国任意一个大城市，最繁华的街道，人流量最多的地方，在一个红灯口站着不动，观察一天，看有多少人闯红灯，恐怕一天都难以抓到一个。你如果抓到一个，说不定就是一个中国人。可是你如果在中国，任意一个城市，一个红绿灯口，可以说，一天不知道要抓住多少个。

绝不要以为媒体上批评几次就好了。要改变这些人的习惯，得从改变他的思维开始。这些人从来就是那样思维的。

最有意思的是，我看到电视台做的公益广告，劝告人们出国旅游一定要讲文明。我想问的是，难道国内旅游就可以不文明吗？正是因为中国人长期国内旅游就不文明，习惯成自然，走到国外就原形毕露了。

文明一定要从本身做起。平时不文明，关键时刻就要露出狐狸尾巴。我们的公益广告，不仅要劝中国人出国旅游讲文明，更要要求国内所作所为同样讲文明。内外一致，表里一致，从根本上做起，这才是科学思维。

### 利益思维远远高于理性思维

什么东西是最顽固最不容易丢掉的呢？

那就是思维。

中国人的思维方法库里，存储了很多早就应该丢掉的垃圾思维，但是很难丢掉。

中国人思维的一个核心问题，是利益思维远远高于理性思维。个人利益思维是这些人思维方法库中放在第一位的思维方法。

因为利益思维高于理性思维，他们在看到丰盛的自助餐时，就会“吃不了，兜着走”，违反酒店规定把水果、鸡蛋、面包往包里塞，并用纸杯接满果汁或咖啡带回房间；就会不顾及别人，在公共场所内大声喧哗。更是得意忘形，我行我素，随地吐痰，乱扔垃圾，只要自己方便，旁若无人。

因为利益思维高于理性思维，就把社会上各种法规、政策、纪律等等当成儿戏。

当然，人人都有个人利益。但是，个人争取自己的个人利益，必须有一个底线，那就是不要危害他人和社会的利益。

中国人表现出来的那些被外国人鄙夷，也被中国正直的人鄙夷的行为，主要是由于他们在意识中，总是想多占一点便宜，多捞一点好处。

## 中国人的垃圾思维

我之所以把产生那么多不良行为的思维称为垃圾思维，就是因为经过这些思维活动产生的思维结果——行为，危害了他人和社会，这样的思维就应该像丢垃圾一样地丢掉，那是一些思维垃圾，应该从他的思维方法库中驱除干净。

人的思维方法库里的思维方法，只有两个来源。一个是学习前人总结的思维方法。比如从书本上、各种传播媒介、老师的讲课中，学习演绎法、归纳法、分析法之类的思维方法。这些进入传播媒介的思维方法，都是人类的优秀人才经过多少年的研究，总结出来的先进的思维方法。另一个来源，是个人自己总结的思维方法。比如他经过一个挫折之后，就总结经验教训，不能那样做，做了要受到惩罚。个人自己总结的思维方法，往往都是经验思维、从众思维、模仿思维，特别是个人利益至上思维、以我为中心的思维等等。思维方法除了这两个来源外，没有任何其他的来源。

个人总结的思维方法，绝大多数都是层次很低的。层次很高的有识之士，都会去好好学习人类已经总结出来的先进的科学的思维方法，那是人类智慧的精华。人要变得聪明起来，只有一条道路——学习科学思维方法。而那些只是凭个人经验总结思维方法的人，根本就不懂得科学思维对于自己的意义，是一个科学思维盲。

你仔细观察那些贫穷落后的人，包括落后的民族，他们根本的是思维的贫穷落后。当然文化也落后，文化落后导致思维的落后。不读书看报的人，思维怎么也跟不上大学生。但是，人的经济、文化虽然落后，他每时每刻都还是要思维，思维方法库里的思维方法虽然层次很低，但是思维的时候，还是要找一个思维方法来用，不然的话，思维活动就进行不下去。怎么办？人是思维的动物，他就只有自己总结思维方法来用了。这样一来，什么样的思维方法都出现了。

所以，那些没有文化的，缺少文化的，经济贫穷落后的，他们的思维方法库同样落后。没有先进的科学的思维方法，就像农民一根扁担也可以当床睡觉一样，临时用来代替的思维方法也不少。你看鲁迅笔下的阿Q，枪毙他的时候，他的思维在想如何把那个枪毙令上的圆圈画圆。不知道他这个思维是从哪里总结出来的，书本上、媒体上是不会有的。

中国人经济上的贫穷落后，造成文化上的贫穷落后，所以造成思维的贫穷落后。

中国人思维方法库的贫穷落后，“贫穷”和“落后”是两个不同的概念，不能混为一谈。

一、思维方法库的贫穷，是思维方法库里缺乏甚至没有先进的科学的现代思维方法。就跟中国人长期没有先进的科学技术一样。因为中国人没有先进的科学技术，自然不懂得科学思维方法。先进的科学的思维方法，西方人有，中国人没有。就像外国人有汽车，有电灯电话，你没有，当然就是贫穷了。中国人在中华人民共和国成立以后，也没有对国民进行科学思维方法的普及教育。除了少数或者部分大学生学到了一点点科学思维方法外，大部分的中国人是不具有科学思维方法的。所以，中国人思维方法库的贫穷，是普遍现象。

二、思维方法的落后，是思维方法库里已经有的思维方法，都是一些很落后的思维方法。一个人的思维方法库里总是有一些思维方法的，不然他怎么思维呢？但是，那些堆在思维方法库里的思维方法，都是一些个人自己总结的思维方法。这些思维方法，很多就跟一个农民农具库里破铜烂铁的农具一样，太落后了。平时，中国人自己周围都是一样的中国人，彼此都习惯了；但是，中国人跑去国外一趟，外国人一下就发现了这些中国人与他们的不同。西方人没有见过的形形色色的行为，把这些人思维方法的落后暴露得淋漓尽致。

那么，中国人的思维方法库里，到底堆了一些什么样的思维方法，做出的行为就让外国人看不顺眼呢？

我们前面介绍的西方媒体报道的中国人在国外旅游的种种表现就把中国人的行为和思维的落后，给了一个答案。

许多中国人的思维方法库里，存储了大量的垃圾思维，他们把这些思维方法拿出来一用，就危害社会或者他人。这些垃圾思维的核心，是个人利益和私心作祟。

每个人都会总结思维方法，我这本书里就有自己总结的思维方法。但是，一个人在总结思维方法的时候，一定要牢记一条底线，那就是不能危害他人和社会。

什么是垃圾思维呢？

> **垃圾思维的定义是——**
> 一个人思维的最后结果，造成了危害他人或者社会的后果。这种思维，就是应该像丢垃圾一样丢掉的垃圾思维。

如果按照这个定义来检查中国人的思维，中国人的很多思维都是垃圾思维。你看一看那些人的表现，就知道他们的思维方法库里，垃圾思维堆积如山。

在国外，一个规定下来，都会执行；在中国，就会有很多人想办法违规。中纪委反对贪污腐败多少年了，可是照样年年都有许多新的贪污腐败出现。红绿灯在城市多少年了，你还是可以看到成群结队的人闯红灯。税法公布多少年了，总有一些人想偷税漏税。打击乱涨价的法规公布多少年了，2016年春节期间，哈尔滨的天价鱼就被消费者抓住了。2016年2月21日央视《焦点访谈》，揭露哈尔滨"北岸野生渔村"天价鳇鱼事件，进价30元一斤的人工饲养鳇鱼，卖398元一斤。2016年春节被消费者揭发，实际上卖了多少年。出租汽车司机如果拉客来店里还可以从中提成。这个黑店已经开了好几年，才罚款几十万元。这些人不应该只是罚款就完了。第一应该罚个倾家荡产，第二应该坐牢几十年。为什么罚款几十万元就了事，就是因为罚款的与被罚款之间有说不清楚的关系。

我这一节还没有写完，网上又爆天价马。南京一个景区放着一块牌子骑马1元，有游客觉得便宜就上马骑了几分钟，结果被收了好几百元，因为这马居然是按秒来收费的。联想三亚的天价海鲜、医院的天价医疗费，天价似乎在中国变成了常态。新华报业网讯在这个报道中还说："遭遇到消费纠纷，有些商家会牛气地给你来一句'有本事你去告我呀'！"商家为什么还牛气冲天？因为商家与有关部门早就达成默契。双方的默契，就是垃圾思维对垃圾思维，都在垃圾思维堆里快活，所以天价鱼店就在那里逍遥自在生存了多少年。

两相对比，就看出思维的素质。

### 中国人思维生态环境污染严重

现在有一个众所周知的事实，就是改革开放以后，为了提高GDP，中国牺牲了山清水秀的自然生态环境。央视每天晚上的天气预报，出现了中国人几千年没有见过的两个东西：冬天，大城市就是雾霾；夏天就是36摄氏度以上的高温。

共同的结论就是：中国30年的经济大发展，给生态环境造成了严重的破坏。

我要说的是，还有一个生态环境遭到了更严重的破坏，那就是中国人的思维生态环境。

现在大家都在议论自然生态环境遭到破坏的严重性。可是，很多人还没有意识到，思维生态环境的破坏，比自然生态环境遭到的破坏更严重。自然生态环境的还原性治理要花费很长的时间；思维生态环境的治理比自然生态环境的治理，恐怕要难多少倍，花的时间更长。

本来，中华人民共和国成立以后，国家就没有提出思维现代化的任务，没有对国民进行现代科学思维的普及教育。所以，国民思维方法库里没有现代科学思维方法，就是很普遍的事情了。中国人的科学思维方法，就像空气中的负氧离子一样稀薄。现在再加上垃圾思维堆积如山，就使得科学思维和垃圾思维的比例严重失衡。

一方面，现代人应该具备的科学思维方法，中国人思维方法库里没有；另一方面，不应该有的垃圾思维，在思维方法库里堆积如山。这就是中国人思维方法库的现状：贫穷加落后。

宋怀常先生在《中国人的思维危机》一书中说："国民的思维决定了国民的性格，中国人的许多劣根性，比如好面子、窝里斗、不知反省、奴性等，无一不与思维能力有着莫大的关系。思辨能力的不足，使他们不能全面地看到某种行为的利与弊，往往只看到了利，而看不到弊。"

很多人没有意识到这个问题的严重性。

有一次，一个学生在埃及金字塔题写"到此一游"，引起很多中国人的批评。但是，网络上就有中国人站出来护短，说这算什么事，外国人也有乱写乱涂的。是外国人贬中国人。有一个留言是："屁大点事，古时候皇帝、诗人出游不也会题词嘛，不是和这个差不多？"

是的，中国人的不文明行为，外国人身上也有。如何认识这个问题？科学的办法就是：用统计学的概率来区别，用定量的办法定性。

我那年去澳大利亚的时候，导游就是一个中国人。他在旅游车上陆陆续续介绍了他的经历，先是留学澳大利亚，然后就在澳大利亚工作，后来办了绿卡。他的父亲是一个教师，退休以后，就到澳大利亚来和他一家人一起生活。根据澳大利亚的有关规定，他的父亲到澳大利亚以后，当地政府考虑他的情况，每个月还给了一定的生活补助。我当时想，这澳大利亚的生活还是挺好的。

一天，导游给我们讲起一定不能随地吐痰的事。他说，有一次，他父亲和他一起上街，走到半路，父亲就随地吐了一口痰。他很生气，马上说，你来澳大利亚我就多次说过，不能随地吐痰，你怎么又吐痰呢？父亲说，这里又没人看见，有人的时候我不会吐。他更生气了，说，随地吐痰是文明的表现，没有人看见，你就不文明了，你在中国是为人师表的老师，随地吐痰这句话就是这么解释的吗？他对他父亲说，你今天应该去把这口痰擦干净。你不擦，我这个当儿子的只有帮你擦掉。说着他就去把父亲吐的这口痰擦掉了。

这是一个真实的故事。我为澳大利亚能够把中国留学生和中国移民教育得这么好而高兴，这就是国民素质。这个中国留学生移民澳大利亚之后，能够这样做一个高素质的澳大利亚国民，也说明中国人是有种的！中国人只要好好教育，都是好样的！

而导游的这个中国父亲，当了一辈子的人民教师，几十年站在讲台上给学生讲中国的文明，居然看见没人就随地吐痰，而且还说有人的时候他不会随地吐痰，真是暴露了中国人难以改正的本性——非得要有人监督不可，不然他就要随心所欲了。这就是中国一个人民教师的思维。当然，他不能代表中国的全体教师，但是，他可以代表一部分；他特别能够代表中国人的思维。

中国人的诚信思维，本来还是很好的。20世纪60年代，我认识一个会计，他贪污了1000元钱，被发现了。他吓倒了，觉得问题很严重，最后就自杀了。他的自杀，一方面说明他的心理承受能力很低，另一方面也说明，他知道贪污是有罪的，罪孽深重，无脸见人，他的良心受到了谴责。

可是现在，一些人肆无忌惮地搞假冒伪劣，在食品中参假制假，坑蒙拐骗。他其实已经比过去更富了，但是他还要不择手段地更富。他为了参加一部分人先富起来的竞赛，就不择手段。国家现在提倡社会主义核心价值观，进行传统文化教育，就是想让人的思想能够回归过去的样子。

2015年12月25日，凤凰卫视的《全媒体大开讲》报道和探讨中国高速发展的电商中的一个热点：网络订餐平台。说是网络订餐成为电商的一支劲旅，2014年已经达到100亿元。人人都想图一个方便，哪知道卫生状况十分堪忧，就讲了其中形形色色的不顾卫生只讲营业额的问题。

在2017年2月15日微信公众号“文案狂人日记”里，有一篇《共享单车，真是一面很好的国民照妖镜》的文章，它发了很多共享单车被用户破坏的照片。有的被人卸了两个轮子像被肢解了两条腿，还被“四脚朝天”地这么放着；有的居然直接把车筐整个卸了，笔者问：这能卖钱吗？有的装了两道密码锁的“双保险”，为了占为己有，用密码锁“加固”；有的把车给扔了？有2辆车全部被撕掉编号，用也不能用了；还有的被人喷漆，改头换面了；有人在座位上插了针，“你下次用时，一定要检查清楚”……形形色色，触目惊心。作者发出感叹：“共享经济？的确共享了啊！真是一面很好的国民照妖镜！”从照片上清清楚楚显示，那里是号称“国际大都会”的上海。

那些人为什么那么干？因为自行车没有人当面监督。滴滴为什么又没有出现这种情况？因为滴滴汽车上有人开车。如果没有人开车，也有人会把汽车都拿来卸了。

2016年1月4日晚上，央视十频道《文化之旅》，一位国医大师讲中药的炮制，不能省工省材，说了两句话：“修合无人问，存心有天知”。讲中国人过去的中药，那是绝对的诚信。

古人如此，今人堪忧，今人的诚信程度远远不如古人。这就成了，时间上比过去不如古人，空间上比全球不如西方人。我们不能完全否定自己，也不能自暴自弃，但是，我们要实事求是地承认，中国人现在的诚信度，就是这个现实。

我们要敢于承认现实，敢于批判现实，为的是敢于面对现实，敢于医治现实，最后才能超越现实。

我们要大幅度提高全民思维方法库的整体水平，就要下功夫清除垃圾思维。

# 知识精英思维方法库贫穷落后

中国的国民思维方法贫穷落后，是不是知识精英们的科学思维方法就丰富多彩了呢？

同样是贫穷落后。

知识精英们掌握科学思维方法的人数比例和科学思维方法的数量，相对来说要多一些。但是，因为中国忽视了思维的现代化，缺乏科学思维方法的教育和引导，知识精英群体中的很多人也并没有真正掌握好科学思维方法。

有一年，因为有人推荐我给一个房地产项目做策划，我去那个地方走马观花看了一下，虽然最后没有给那个项目策划，但一些信息触发我思索起城市房地产如何规划的问题，于是写出了一篇研究中国城市扩张的文章。这篇文章2012年写的，没有打算发表，几个朋友看过。文章太长，为了说明本书的主题，这里引用其中的一部分，小标题也是原来的小标题——

## 谁偷走了上海的“城市绿肺”

### 一个“没心没肺”的城市

上海修建浦东，是上海人民的一件大事，也是全国人民关心瞩目的一件大事，因为上海是中国的纽约，中国的骄傲，屹立东方的一颗闪闪发光的明珠！

但是，浦东建起来的时候，我们去参观，当我们坐车从黄浦江铁索桥过去的时候，看见黄浦江两岸的景色，却让我们大跌眼镜：

一排排高楼，紧贴黄浦江河岸而修，往日印象汹涌宽阔的黄浦江，一下变得拥挤而狭窄。黄浦江水似乎也失去了原来的靓色，暗淡无光。

因为在我的心中，上海向浦东扩张，肯定也会像纽约扩张时修中央公园那样，为拥挤的上海增加一个“城市绿肺”！我1993年随中国新闻代表团访问美国纽约，好几次从中央公园旁边经过，导游介绍了中央公园的来历，对“城市绿肺”的印象太深刻了。

上海的浦西多年来就是一个一千多万人口的特大城市，高楼堆积，交通拥挤，人口密集，修浦东新区时，如果沿黄浦江修一个宽阔的绿化带或大型公园，就可以让拥挤不堪的城市空间缓一口气，变得更加舒展更加开阔；像纽约的中央公园，长一二十公里，面积340公顷，成为城中绿岛——城市之肺；对于一个大城市来说，无疑是个无价之宝。可是上海错过了这个千载难逢的机会！这是多大的遗憾！

上海修浦东是1990年！这时，纽约的中央公园已经修了130多年，伦敦市中心的海德公园已经修了140多年，城市中心建绿岛绿肺、扩张时建绿环绿带的理念，也在世界城市规划史上流行100多年了！

上海向浦东扩张时的城市规划，足足比世界落后了140多年！

上海本来可以借这次向浦东扩张的机会，配置一个非常好的绿肺，结果却忘得一干二净，上海就变成了一个“没心没肺”的城市。

这真是中国城市规划史上令人扼腕长叹的遗憾！是20世纪90年代决不应该有的遗憾！

在寸土寸金的纽约曼哈顿中心地带，占地843英亩（相当于5200亩）的超大型森林公园——中央公园，足足占据了153个街区，成为钢筋混凝土森林中的一块绿洲。它是纽约的骄傲，也是纽约市民休闲的好去处。纽约中央公园始建于1858年，由奥姆斯特德提议兴建并担任设计。他坚信城市中的人需要缓解压力的舒适环境，开现代城市景观设计的先河，被尊为“美国园林之父”。在以后100多年的城市发展中，无论市区怎样扩展，这块绿地一直没有被侵占。

城市公园兴起于英国。1843年，英国利物浦市动用税收建筑了免费向公众开放的伯肯海德公园（125英亩，约50公顷），它标志着城市公园的正式诞生。

1844年，诗人W.C. Bryant最先提出“城市的绿地就是城市的肺”这一观点，建议在城市中间拿出一大块土地，修建城市市民休闲放松的去处。“城市绿肺”的概念从此开始流行起来，成为城市规划设计的一个重要理念。

有一个著名的规划专家后来给浦东做了这样一个规划：沿江10公里进深为绿化带，布置为森林公园、高尔夫娱乐场、马术场、打猎场、野生动物园、儿童游戏场、体育场、休闲公园等等，江边布满大树、树丛及座位，以供人们休闲与观赏；设游览码头，供人们上船游览江面景色。这块绿带之外才是浦东的建筑开发区。

这片镶嵌在浦西老城和浦东新城之间的绿色长廊，因为有一条宽阔的黄浦江跟随蜿蜒而去为其增色，就比纽约的中央公园漂亮多了！

16公里宽的绿化环带是伦敦、莫斯科等国际大都市实施多年的流行标准。黄浦江边的绿带即使没有10公里宽，就是只有一两公里宽，也称得上是东方国际大都会的一颗璀璨的绿色明珠。遗憾的是这颗本该轻而易举就戴上的“绿色明珠”没有戴上，就是因为规划的落后！规划时没有听到熟悉世界城市规划史和流行规划理念的专家的意见，也就拿不出高屋建瓴的大手笔的策划！等到醒悟过来，再在后面的地段增加绿地时，前面的城市空间已经无可挽回地铸定了。浦东只在后面的地方甚至边缘的地方散见一些零零星星的“肺叶”。

纽约人骄傲地说，没有纽约的美国就不是美国，没有中央公园的纽约也不再是纽约。可是，现在上海说不起这个硬话：没有黄浦江绿化带的上海还是上海。

两年前，上海举办了世博会。上海给这一届世博会提出来一个主题：让城市生活更加美好！

我们说，如果站在外滩向对面瞭望，对面是一片黑巍巍的森林，微风吹来，林涛滚滚，送来一阵森林的清香，那么，上海的城市生活该是多么美好！欧洲莱茵河、多瑙河畔一些城市，河这边高楼鳞次栉比，河对岸绿荫逶迤。

如果说，我们坐车穿过黄浦江，汽车就钻进一片森林，行驶一二十分钟后再从树林里钻出来，飞上浦东宽阔的街道，那么，上海的城市生活多么美好！

可是，这本来很容易做到的"多么美好"的事，现在却化为泡影。

在上海旅游，导游骄傲地向游客介绍，那个陆家嘴就是曼哈顿！陆家嘴的建筑群确实很像曼哈顿。但是他们就不知道，曼哈顿摆在那里，完全就是摆错了地方，完全成了上海城市规划落后世界140年的标志性设计。这边是一排排楼房争先恐后的外滩，那边是高楼林立的曼哈顿，两片水泥森林都紧贴黄浦江河岸。这个城市规划中的大忌，上海却引为骄傲，真让人哭笑不得。

城市河流两岸，用一排高楼去对另一排高楼，这就像对对联，上联是高楼，下联依然对高楼，行吗？典型的败笔！曼哈顿对外滩，这就是浦东最大的败笔。

上海的知识精英为中国创造了"过河摊大饼"的典型，楼紧紧挨着河边修，河边不留一点空地。如果有可能，也许他们还要往河中延伸，填河造地修楼。

当然，浦东有些地方的规划还是做得不错的，但是，那只是在微观层面的规划。城市扩张规划，首先是城市空间的架构。宏观的空间布局，才是决定整个规划优劣的关键。建设浦东是要给上海增加一个大的新市区，它的城市空间的规划，如果大踏步离开黄浦江，让浦东和浦西中间留下一个宽阔的绿化带，几公里宽甚至十几公里宽，这就让上海人出气都出得匀净一些。

上海市规划和国土资源管理局总工程师兼上海市城市规划设计研究院院长俞斯佳，后来在一篇《反思大上海空间结构——试论大都会区的空间模式》的文章中说："有些方面则表现出我们上海对外界经验反应的迟钝和滞后。"

这篇文章让我第一次看到上海人的谦虚。我认为他们远远不只是"反应的迟钝和滞后"，而是只知道固守错误。固守什么错误呢？他们只知道城市扩张就是摊大饼，他们前40年已经在浦西摊了一千多万人的大饼，现在要摊两千万人的大饼；有一条河隔着也不怕，走过河去，继续摊大饼。虽然建设浦东的时候，国内批评摊大饼的事情已经有一段时间了。

### 黄浦江呜咽而去

为什么浦东扩张时，上海没有任何理由忘记建设城市绿肺？一个绕不过去的事实，是那里摆着一条宽阔的黄浦江！

现在流行的规划理念是，城市中的河流，沿江两岸都辟为绿化带，更不修高层建筑及占地面积大的建筑，即为限制建筑区。这样可以确保江面的自然性，从而使江面变得更加宽阔。市民和游人沿江游览，更感觉城市的博大与自然。如果沿河建高层建筑，是突出高层建筑，还是突出沿河的自然景观？显然，河流在城市里是稀缺的不可再生的生态景观，建筑凌驾于河川之上是不可取的。高层建筑群贴河布置，一下子就把江面缩小了，破坏了河流的自然景观。

为什么浦东长期没有开发？就因为有一条日夜流淌的黄浦江横在浦东与浦西之间。开发浦东，自然而然就应该想到黄浦江的利用和保护，自然而然就应该在江边打造上海的中央公园。这个顺理成章的事，怎么就会化为乌有？

就像老师给学生布置作业，有的在旁边留有明显的提示。黄浦江就是规划浦东的提示！规划人员怎么笨拙到一点都读不懂提示的地步！





## 大面积高密度的城市化绝不是科学

上海摊大饼式的扩张，只是全国城市摊大饼扩张的一个缩影。中国的城市几乎都是沿中心区密密麻麻、严丝合缝地向外摊开，导致城市功能混乱、人口无序、交通拥堵，带来交通、环境、住房、社会治安上的诸多问题。包括二、三线城市在内，中国城市都出现了严重的城市病。

中国改革开放的一个重大成果，是50%的人口城市化。可是，这些人口本来想脱离经济生活落后的苦海，结果又掉进环境污染的苦海。

我们为什么老是重蹈西方城市发展中弊病的覆辙，而不能复制它们成功的经验呢？

这都是思维方法的问题。中国虽然人口众多，但是国土辽阔，幅员广大，世界第二。我们还远远没有达到非得像日本那样大面积高密度地拥挤在一起的地步。那样拥挤会给我们子孙后代的生活，造成难以弥补和挽回的后果。

上海向浦东扩张是20世纪90年代初。也就是10年前，巴黎城市扩张，新区拉德芳斯的选择，就在离开老城区5公里之外。跳跃式的空间结构，为的是城市和大自然的和谐。

中国社科院工业经济研究所研究员曹建海撰文指出，当城市规模不庞大时，集中的城市发展有利于节省建设成本；但是当城市规模很大时继续无边缘地发展，也必然带来交通、环境、住房、社会治安上的诸多问题。

如果因为要节约建设成本而挤在一起，那么南非规划约翰内斯堡的时候，南非的经济状况远远比不上中国，可是它却做出了人口大面积超低密度的城市规划，建设成了一个森林城市。约翰内斯堡的市中心，就和中国一个乡镇的规模一样。我去过约翰内斯堡，导游介绍说，它的面积是北京市的4倍，人口只有一百多万。南非过去是英国的殖民地，英裔的侨民很多。它的规划和建设都是白人按照英国城市规划的方法来做的，做出了一个生态化的森林城市。高楼、商城、机场、各种设施，都是西方现代化水平，高标准的国际化；可是，它们都是星星点点错落有致地分布在一大片的森林之中。如果南非聘请中国人做约翰内斯堡的规划，那规划出来就会是另外一个样子。为什么？因为中国城市规划设计的理念和思维方法太落后。

一个城市，如果搞大面积高密度人口和建筑的堆积，无论从哪个角度考虑，那都是违反生态规律的，是短视眼光、短期行为。

2014年2月5日，习近平总书记视察北京市规划展览馆时指出，城市规划在城市发展中起着重要引领作用，考察一个城市首先看规划，规划科学是最大的效益，规划失误是最大的浪费，规划折腾是最大的忌讳。习近平总书记强调，城市规划务必坚持以人为本，坚持可持续发展，贯通历史现状未来，统筹人口资源环境，让历史文化与自然生态永续利用、与现代化建设交相辉映，遏制城市“摊大饼”式发展。

但是，我们的首都已经是七环时代了，今后是不是还有八环十环呢?

21世纪是城市的世纪。2008年是人类历史上第一次城市化水平超过50%。人类进入城市时代。中国的城市扩张，几百万人，上千万人，以至更多的人，为什么总喜欢挤在一堆？为什么不可以挤成几堆呢?

2003年5月，云南省委、省政府提出了昆明城市扩张的新思路：以滇池的保护和生态建设为前提，建设以滇池为中心、“一湖四片”的现代新昆明。“一湖四片”分别是：东城，即昆明呈贡新城；南城，即晋城新城；西城，即昆阳新城；还有现在的昆明老城。未来的昆明将由一个昆明老城和三个新城区组成，4个城区之间也是大幅度地跳跃而不粘连。昆明的市政府早就搬到新城区去了。

昆明分为四个城区扩张城市空间的决策，虽然也是在滇池遭到严重污染、老城区拥挤不堪的时候做出的，但是，他们“亡羊补牢为时不太晚”的做法，还是值得肯定的。他们终于打破中国城市扩张摊大饼的格局，创造组合型城市的城市空间结构。

美国第二大城市洛杉矶，是两千多万人口的特大城市，洛杉矶机场每分钟起落班次居世界第一。繁忙的机场表明这是一个多么繁忙而又充满活力的城市。可是，洛杉矶的市中区比1979年以前的成都市区还小得多，多少年来也没有一丝一毫的扩大。它既没有中轴线，也没有一二三环，两百多个中小城镇星罗棋布，交通四通八达，井然有序。他们的汽车既不围着市中区转，也不围着二三环转，更不围着中轴线转。

在我国有些城市，大面积高密度密集型的城市化，其恶性负面效应才刚刚开始，夏天就是36摄氏度—40摄氏度的高温，冬天就是雾霾，今后还有什么现象出现，都难以预料。这些精英的思维方法库不是太贫穷落后了吗?

正在我修改这本书的时候，看到了G20杭州峰会的盛况，看到了西湖岸边一片高楼大厦，心里不免有些担忧。杭州我去过几次，对西湖的印象很好。我希望西湖的环境保护做一个示范。西湖四周都是青山绿水，希望几千年保护下去。要修房子，都应该离开湖岸至少10公里。凡是有景点的地方，应该离得更远。

### 西方的社会科学为什么也了不起

《中国人的思维危机》一书中说：“在面对世界现代科学的伟大成就时，我们不能不感到汗颜，我们所学所用的知识，不论是自然科学领域还是社会科学领域，大都是西方人创造的，我们的贡献是很少的。自然科学不用说了，社会科学中，现代哲学、心理学、社会学、法学等等学科的理论，基本上都是洋人创立的。”

作者讲述的这个情况，是很多中国人没有想过的。很多人以为，中国这500年来，科学技术也就是自然科学当然是落后了，没有去想社会科学怎么样了。中国人常用的推理方法，就是逻辑思维西方人强，那中国人就是形象思维强，科学技术中国人落后，那社会科学中国人可能先进吧？宋怀常先生说得对，中国人落后的绝不只是自然科学，社会科学同样在不少领域是落后了。他的论证方法是，我们大学里所学的社会科学，基本上也是西方人的。

为什么中国的社会科学也落后呢？其实，根本原因就是中国研究社会科学的人，思维方法库贫穷落后。

这个结论也不是我提出的。那是风铃博客里介绍美国宾夕法尼亚大学艾伦·考尔斯教授《现代思维的诞生》系列讲座的内容。我前面因为篇幅限制，重点介绍了自然科学家们运用演绎法等科学思维方法，打开了一个又一个自然科学大观园的大门。其实，因为那是一场现代思维的革命运动，卷进去的岂止是自然科学家。研究社会科学的科学家们，同样将演绎法和科学家们总结创造的各种各样的科学思维方法，运用到研究工作中去，创造和产生了一门又一门社会科学学科。

在西方现代思维大革命中，涌现出来的社会科学领军人物和总结创造出来的社会科学学科很多。《现代思维的诞生》系列讲座里介绍的有：英国思想家约翰·洛克（1632—1704）的《人类理解论》；法国人皮埃尔·拜尔（1647—1706）的《历史批判词典》；法国社会学家、西方国家学说和法学理论的奠基人查理·路易·孟德斯鸠（1689—1755）的《论法的精神》（全面分析了三权分立的原则，被赞为“理性和自由的法典”）；法国思想家、哲学家、文学家伏尔泰（1694—1778）（被公认为启蒙运动的领袖，被称为“法兰西思想之父”）的《哲学书简》和《老实人》；苏格兰哲学家、经济学家和历史学家大卫·休谟（1711—1776）的《自然宗教对话录》；意大利法学家西萨尔·贝卡利亚（1738—1794）的《论犯罪与刑罚》（深刻地批评了刑求、酷刑与死刑，提出了最符合人性的法治规划，是现代刑法学的奠基之作）；法国思想家、哲学家、政治理论家和作曲家让-雅克·卢梭（1712—1778）的《论科学与艺术》《论人类不平等的起源和基础》《社会契约》（他的思想深刻地影响了启蒙运动、法国大革命和现代的政治、哲学和教育，就连马克思主义也可以溯源到卢梭的理论）；等等。

在西方现代思维运动中，社会科学的发展潮流虽然比不上自然科学，但是，它同样汹涌澎湃，势不可挡，给人类社会的发展带来了很大的影响。

纵览西方社会科学的发展潮流，有这么四个特点：1. 高举批判性思维的大旗，批判旧世界；2. 思辨思维推动大辩论，辩论出真理；3. 时间和实践不断检验和发展真理；4. 自然科学与社会科学营养互补，携手并肩。正是这四个特点，使得西方的社会科学在现代思维运动中突飞猛进，产生了社会科学的许多学科体系。

西方社会科学发展的第一个特点，是高举批判性思维的大旗。批判最集中的火力，首当其冲的是宗教神学，同时也有国家机器、法律、历史、文化、道德、意识形态等等。本来，笛卡尔提出怀疑一切，管它是不是真理先怀疑，怀疑之后用三段式演绎法做推理，证明是真理的，就是真理，不是真理的，就推翻。人多势众，社会上各种各样的问题都提出来讨论研究。

卢梭《论人类不平等的起源和基础》，就批判社会的不平等现象；伏尔泰介绍英国的政府和社会制度，用英国的事例来批判专制愚昧的法国政府，提倡现代社会应该由靠法律而不是统治者的意愿来维系。

拜尔的四卷《历史批判词典》，充满了哲学的、宗教的、历史的、学术的、博学的尖锐评论，每本都引起大论战。他的文字雄辩有力，他认为必须用振聋发聩的文字，才能把观者、读者从自我陶醉中叫醒。《历史批判词典》取得了现代出版史上无与伦比的成功，一次又一次地再版、扩增，被欧洲人广泛阅读。

休谟的《自然宗教对话录》，就是一本批判宗教最深刻、最有针对性的著作。一些朋友在付梓出版之前读过，担心他遭到不利的评判，建议他把书中费罗的观点冲淡一些。休谟考虑了很久，仍然向自然宗教的基础提出怀疑和挑战。

西方社会科学发展的第二个特点，是用三段式演绎法做推理，从而引起不同意见的双方展开大辩论。思辨思维推动大辩论，使得真理愈辩愈明。社会科学的很多学问，就在不断辩论中形成。欧洲几个世纪以来的宗教神学，本来就到处开展三段式推理的辩论，这一下，辩论的领域又从神学扩展到政权、国家机器、法律、历史、文化、道德、意识形态等等，更热闹了。

比如，休谟通过《自然宗教对话录》中的费罗之口，用推理的方法指出了自然宗教的四个致命缺陷：1. 这个理论把宗教变成了不确定的东西，因为人的经验并不能保证一定是真知，而只是接近真知的过程。2. 把“设计一座建筑或一台机器”比作“创立宇宙”，这种类比不足以说明问题，因为二者之间的相似是很有限的。它们之间的差异远远超过了类似之处。3. 我们只观察到一个宇宙，不能类比。假如我们观察了多个宇宙，那么从一个宇宙的研究中得到的认识可以放到另一个宇宙中去验证。但这是不可能的。4. 在科学上，如果要确认某一个假设的正确，就不能有反例。一个反例就能推翻假设，所以不能通过研究自然界去认识上帝，也不能从人类造物的经验去推论上帝的创世。

洛克《人类理解论》的认知论说，一个复杂的思想可以被分解成简单的组成部分，可以和我们对于真实世界的体验相比较，从而加以确认或否定。这种分析和判断，在很多方面对很多学科的理论系统进行了重审和批判，成为18世纪的使命。这个使命，是洛克认知论的遗产。

艾伦·考尔斯教授的讲座《现代思维的诞生》中说：17世纪的知识分子们所受的教育，让他们自认是争辩者，是讲逻辑的人，不害怕别人的争论和反对意见。当时的教育观点是：要想证明你的观点正确，你必须先想好可能有的反对意见，并且有论据来驳倒它。你驳倒的对手越强，就越能证明你的正确。他们从来不会放弃论战的阵地，只要还有反对的意见，他们就要继续论战下去。

《现代思维的诞生》还介绍说，笛卡尔《沉思录》的出版商是个僧侣。在出版之前，他先请当时思想界的名人们读笛卡尔的手稿，征求他们的反对意见；再把那些反对意见转给笛卡尔，让他反驳。这些反对意见和笛卡尔的反驳都加进书中一道出版，所以当你读到《沉思录》时，也读到了这些争议。

分析和思辨，形成西方思维的潮流。社会科学和自然科学，就在这种辩论的潮流中同时得到发展。

经院哲学和启蒙学者是当时大辩论的两大阵营，经过将近两个世纪的大辩论拉锯战，经院哲学节节败退，启蒙学者们乘胜追击，到最后，经院哲学只有在宗教界内的市场了，它的统治地位被彻底推翻。在社会上，在受过教育的人群中，新思想已经冲出了传统的禁锢。

探讨“新哲学”的书刊大量出版，几千年的传统观念被质疑，迷信被科学知识取代。知识的来源不再是古人之言，而是基于对事物的观察、归纳、推理、验证；追求真理是一个认知过程，这个过程应该用正确的方法指导。一个完全的新时代到来了。

西方社会科学发展的第三个特点，是真理要经过时间和实践的不断检验，很多理论是经过反反复复的波折，最后才证明是不是真理。

社会科学与自然科学最大的不同，是自然科学只要是严格按照三段式演绎法，一步一步做严密推理，推出来的结论就像铁板钉钉一样，是无法推翻的真理。牛顿的万有引力经过演绎法和微积分数学方法一证明，就是绝对真理。有好几个人想推翻，多次试验也推翻不了。可是社会科学就不行。

人们都知道现代思维运动引起科学技术大革命，进而引起工业革命。思维大革命、科学技术大革命、工业革命，这三场革命成了连环套，一个推动一个。其实，思维大革命还推动产生了两次政治大革命，一个是资产阶级大革命，一个是无产阶级大革命。西方社会的政治变革和社会科学的理论变革纵横交错，一起推动新的理论学科的诞生。

所以，在欧洲社会科学发展的过程中，因为政治革命的原因，多次出现反反复复的现象。比如伏尔泰，他的言论为法国所不容，《哲学书简》在司法宫前被焚毁。官方判他坐牢或者流放，伏尔泰选择流放英国，才被放出巴士底狱，但是仍然被判终身不得回巴黎。可是十多年以后的1778年，他逝世后运回巴黎安葬，却像英雄一般凯旋，因为，法国的政治形势变了，他的理论受到社会的欢迎。于是有人说：“伏尔泰离开法国的时候是个诗人，回到法国的时候是个哲学家。”

所以，西方社会科学的发展，并不像自然科学那样一帆风顺，是经过了血与火的考验，有的就是用鲜血换来的学问。有的人的理论，在世的时候反应平平，一百多年后却成了畅销书；有的理论本国反对声浪很高，在另一个国家却大受欢迎。这种时空错位现象，在社会科学形成的过程中屡见不鲜。

西方人不仅使用演绎法建立了高等数学、物理学、化学等一系列自然科学的体系，而且使用演绎法建立了各种社会科学的学科体系。如果没有理性思维提纲，怎么能够建立起一门新的学科？如果中国的一个社会科学工作者，连演绎法都弄不清楚，他还能建立什么学问，有什么新的作为？

中国人的社会科学理论，以孔子儒家学说为代表，包括《易经》在内，理论观点都是直截了当地抬出来，那就是结论，就是真理。怎么来的呢？不知道。没有论证推理的过程。所以古代称那些提出结论的人为圣人。如果按照西方的理性思维，凡是没有经过严密的推理产生的理论，那都要打问号。另外，中国更没有出现长期拉锯战的大辩论，不同意见说一说就完了。就是五四运动的时候，学生提出了打倒孔老二，辩论过一阵子。辩论在中国没有形成习惯，因为和为贵。

所以，中国的传统文化，所有的记载文字，都缺乏思辨性，长期接受这些文化的熏陶，就不能熏陶出思辨能力。中国人思辨能力不如西方，文化缺乏思辨性的内涵，是一个非常重要的原因。

西方人善于使用笛卡尔创造的“建立科学的科学”，中国人没有这样的科学，又不学习

“建立科学的科学”，至今为止，中国没有几个人弄懂这一门“建立科学的科学”。

## 社会科学和自然科学营养互补

西方社会科学发展的第四个特点，是自然科学的突飞猛进有力地推动社会科学。自然科学为社会科学注入了丰富的营养，既有丰富多彩的思维素材和原料，又有科学的思维方法。也就是说，自然科学的大发展，改变了社会科学的落后面貌。

首先是伽利略“地球围绕太阳转动”的日心说，打碎了宗教神学地心说的理论。伽利略说：“自然之书是用数字、几何的语言写成的。”接着是牛顿用万有引力的数学公式，论证了开普勒提出的地球围绕太阳转的是椭圆形轨道。面对宇宙的真理，所有人不得不改变自己对世界的看法。自然科学将过去传统哲学的世界观彻底颠覆，哲学和社会科学必须做出重大调整，探索如何建立新的学说。

那个时期，出现了一个接一个的科学家兼思想家、哲学家的百科全书式的学者。像笛卡尔、牛顿，其实那是应运而生。他们在自然科学和社会科学两个领域左冲右突，用自然科学的成果和方法去研究社会科学，取得了突破性的进展。

当然，更多的是社会科学学者运用科学思维方法来研究社会问题。马克思就是现代思维运动后期涌现出来的，一个运用自然科学成果和思维方法研究社会问题的杰出代表。

马克思认为，数学是丰富唯物辩证法的一个源泉，他在高等数学中找到了最符合逻辑的同时又是形式最简单的辩证运动。他综合各方面的认识，最后总结出了唯物辩证法。恩格斯在《反杜林论》中说：“要确立辩证的同时又是唯物主义的自然观，需要具备数学和自然科学的知识。”“对数学和哲学了解到足以胜任这一工作唯一的人，就是马克思。”在这里，恩格斯高度评价了马克思所掌握的数学知识和他综合运用数学的能力（参见李晓白、李理的文章《马克思、恩格斯的数学观对当前大学生的启示和指导作用》）。

马克思的《数学手稿》，就是最卓越的一部数学哲学著作。马克思考察了数学特别是微积分学思想的历史演变，发现其中的辩证实质，他用唯物辩证法分析了方法的转化在微分学建立中的重要意义，总结了不同学术观点的论争对于微分学发展的积极作用。马克思主义和马克思主义哲学，凝聚了马克思从微积分这些自然科学中得到的营养。

恩格斯的《自然辩证法》，更是将自然科学和哲学结合起来研究出的一门学问。

《中国学术期刊数据库》2013年第2期发表了李晓白、李理的文章《马克思、恩格斯的数学观对当前大学生的启示和指导作用》。这篇文章介绍说——

> 在《数学手稿》的第三部分“历史的概述”中，我们可以看出马克思当时主要研究了以下著作：牛顿《自然哲学的数学原理》，莱布尼茨的著作，泰勒的《增量方法及其他》，达朗贝尔的《流体论》，欧拉的《无穷分析概要》《微分学基础》，拉格朗日的《解析函数论》，谟阿尼奥的《微积分学讲义》，等等。
>
> 马克思是一生致力于无产阶级革命事业的伟大思想家，他为了揭示人类历史的发展规律，不遗余力地研究当时出现的自然科学，为的是寻找其中的规律。
>
> 马克思在黑格尔的基础上总结创造唯物辩证法，就总结和分析了微分学的基本

概念和方法，认为微分学之所以成为研究和解决实际问题的有效工具，就是在于它反映了客观世界的辩证运动规律，因此从中吸取了丰富的营养。

《资本论》共三大卷，约180万字，从这些标题可以看出几乎在每一卷，每一篇都有数学的名称和术语。反复出现的有："绝对""相对""价值率""价值量""循环过程""公式""周期""过程""总过程""平均利润""超额利润""利润率""利息""利息率""汇兑率""分割"等。这些术语的大量出现，说明著作中有了非常丰富的数学内涵，甚至可以毫不夸张地说，仿佛使人看到一部经济数学的教科书。

马克思、恩格斯之所以对数学学习有浓厚的兴趣和忘我的钻研精神，就是因为他们有明确的学习数学的目的。要研究经济学，要研究"资本"，要研究社会的发展规律，离开数学是不行的。

不能只看到数学在科技领域或工作实践或后续学习的课程中的直接应用。而更重要的是数学在方法论上的巨大作用，它能指导我们的思维，能帮助我们分析、推导、归纳、综合，无论哪个领域，包括思想问题、社会问题、经济问题、工程问题等。正如著名数学家华罗庚所说："宇宙之大、粒子之微、火箭之速、化工之巧、地球之变、生物之谜、日用之繁，无处不用数学。"由此而见，在人类活动中，未受数学影响的学科，几乎找不到了。

我国现代数学家江泽涵先生说过一段名言："马克思研究资本主义的方法同我们研究数学的方法是一样的。《资本论》的论证方法同我们的数学论证方法一样，都是严密地从逻辑上一步步推理和展开，真是无懈可击，令人信服。"如果我们的大学生能够学习马克思、恩格斯研究数学的精神和方法，并将其付之于实践，那么他们不仅可以学好数学这门课程。更重要的是：他们分析问题，解决问题就会有更好的思维方法和应用能力，尤其是将马克思主义的精髓——唯物辩证法逐步应用到实践中去。

哲学是自然科学和社会科学的总结。这是哲学课本里的一句经典。用这一句话来概括哲学，只有西方人才能提炼出来，因为中国人既没有自然科学，就是社会科学，也是七零八落，不成体系。在清政府以前，中国的社会科学、人文科学分出了什么体系？怎么条分缕析的？哪个说得清楚？没有人说得清楚，因为还没有人去研究过，只知道把这些书统一编纂起来，形成四书五经、四库全书之类的东西。看起来也像是百科全书，实际上科目分得就不科学。只能说文学和历史这两门学科还稍微清晰一点，另外就是中医和军事科学。

李晓白、李理在《马克思、恩格斯的数学观对当前大学生的启示和指导作用》一文中还说："在数学教育教学的改革实践中，我们愈来愈发现这样一个问题，就是当前大学生普遍存在对数学这门学科认识不足的问题，在认识上有很大的片面性。一般地把数学仅看成一门应用工具的科学，而忽视了数学更为重要的功能和作用——数学思维方法，它是一种解决实际问题的思维形式，尤其是建立某种新思想的分析和综合的方法。"

其实，这不是某一个中学生的思想认识，而是中国社会科学界普遍存在的问题。

中国这几十年中，哲学系的学生都不学习数学，或者是简单地学习一点数学定理公式，不参与数学问题的三段式推理的证明练习，那怎么能学得好逻辑推理？真不愧为“贫困的哲学和哲学的贫困”。

中国一些人高举马克思主义，实际上只是引用了马克思主义的结论，根本没有像马克思、恩格斯那样使用科学的思维方法（包括自然科学的思维方法）去研究问题。他们又走上了毛主席批评的只是背诵结论并不学习方法的死记硬背的老路。其实，学习马克思主义，最重要的是学习马克思、恩格斯的思维方法。用这些思维方法来分析研究中国现实的问题，才能算是真正的马克思主义者。

西方人建立的很多社会科学理论，都既吸取了自然科学成果的营养，也使用了自然科学的思维方法。这就是中国人在社会科学领域也没有建立什么学问的原因。

我这里还要再举一个例子，就是政法大学学生学习的刑事侦探学。每天央视《今日说法》栏目，每一个案例，都是运用这门科学来分析推理，一步一步破案的。这门刑事侦探学，就是西方在现代思维运动的同一个时期总结形成的。三段式演绎推理，是刑事侦探当中普遍使用的思维方法。

我在80年代有空余时间的时候，看到各种杂志刊登的西方形形色色的案件，就把它们收集起来，编辑成为《世界著名案例精选》。书出版了，几年以后我才知道，政法学院把它指定为学生的教学参考书。为什么产生这个效果呢？我按照数学的排列组合方法来排列案件，正好契合了西方刑事侦探学的发展历史，是事物发展规律思维的运用。案件发生的时间跨越18、19、20三个世纪，正好也是西方三大革命时期。这些案例其实在全世界包括中国在内，都多的是，但是，只有西方人从中把刑事侦探学总结出来。

西方人所以能够总结出刑事侦探学这门政法领域的学问，就是因为他们有科学技术的支撑。比如说，英国法院审判一个案件，法庭上针锋相对的激烈辩论相持不下，医官史比尔伯里就把显微镜搬上法庭，让双方都去显微镜前，看清楚那个疤痕是子宫切开手术后所形成的典型刀疤，从而最后做出正确的判决。法医学从此走进刑事侦探的舞台。中国那个时候哪有显微镜？

刑事侦探学的内容很丰富，但是，起关键性决定作用的，是毒物学、法医学、指纹学、心理学，以及笔迹学、痕迹学等科学。而这些科学又来源于化学、解剖学、生物学等。显微镜就来源于光学。

中国古代就有包公、狄仁杰之类的办案侦探人物，甚至家喻户晓，现在都经常看到这一类的影视片，破案的小说、故事经久不衰。但是，中国人就总结不出形事侦探学。为什么？因为没有相应的科学技术。

比如，李时珍的《本草纲目》中就列出了几十种含毒的植物，案件中也经常出现砒霜杀人被检查出来的事情，可是，真正科学地分离和制造出植物性毒物，却是19世纪的事，因为中国人没有发现化学。化学是英国科学家罗伯特·波义耳首先高举笛卡尔怀疑一切的旗帜，推翻万物之源的四种基本要素是火、水、气、土的理论，提出只有那些不能用化学方法再分解的简单物质才是元素，从而建立了化学这一门自然科学。化学的不断发展，就派生出毒物学等一系列学科。中国是长期的“金木水火土”没人动摇过，虽然可以用原始的办法检验砒霜，但形不成学问。

指纹法最先也起源于中国。我国7世纪就在解除婚约的证书上按五个指印。但第一个用指纹来鉴定罪犯的是欧洲人，一个在孟加拉当警官的英国人威廉·拉尔。他发现到孟加拉的一些中国商人，有时用发黑的大拇指在文件上盖手印，随即被纸上的指纹迷惑而开始了研究。从1859年开始，他收集了几千个指印，认真研究，归纳总结出这门学问，并在孟加拉一个监狱里用指纹作罪犯鉴定。指纹学就从此诞生了。

中国人最先发现和使用指纹做人的身份辨认，这已经是明确成为一种方法来使用了。可是，又一次只是“萌芽”，没有人在总结学问的道路上前进和提高一步。中国人的指纹鉴定方法只是一种“术”，西方人就使用他们的思维方法做研究，把指纹鉴定演绎成为一门学问。学问学问，就是要会问。问什么？问为什么？为什么指纹可以鉴定身份呢？实践已经证明可以鉴定身份，但是还不够，还要找出原因。原因一找出来，就是学问，就是科学了。这就像牛顿，开普勒说地球围绕太阳转是椭圆形轨道，为什么？开普勒说不出个子曰，只能说测量结果就是如此。牛顿就发明一个万有引力公式，使用演绎法就把为什么是椭圆形轨道给证明出来，一清二楚，伟大的学说就诞生了。

所以，社会科学怎么能完全脱离自然科学去发展?！脱离自然科学研究出来的社会科学，往往都是低层次的社会科学，像豆芽一样看起来长得长，实际上软弱无力，始终伸不直。

这些年来，随着信息论、控制论、系统论、互联网的大发展，西方使用自然科学的成果和思维方法来研究发展社会科学，有了进一步的发展，甚至出现了社会科学和自然科学交叉融合的杂交学科。《科学思维方法论》一书有很多介绍。

中国的社会科学和自然科学之间的距离，远远比中国社科院到中国科学院的距离长。鸡犬之声相闻，老死不相往来。所以就是见面了，也互不相识。新闻界很多人就看不懂席文举用演绎法推导出市民生活报的定位，也不懂我将扬子晚报周总编嫁接机关报优势变成嫁接很多报刊优势的裂变式思维。几十年一贯制的《报纸编辑学》，每个编辑岗位怎么做编辑的学问都有，就是不使用统筹法和系统论，讲一讲总编辑应该怎么统筹编辑整个报纸。只分析，不综合，更不懂得席文举就怎么总结创造出一个《敲门发行学》来。

不是新闻无学，而是新闻队伍，包括教授、博导和专家，都不懂得“建立科学的科学”。

### 诺贝尔自然科学奖告诉我们什么

中国社会科学的知识分子思维方法贫穷落后，是不是从事自然科学的知识分子，思维方法库就很好呢?

中国从事自然科学的知识分子，掌握科学思维方法的情况，相对要好一些，因为他们毕竟接触了相关的知识。但是，由于我们的教育长期只重视知识教育，忽视方法教育，教材上就缺乏思维方法的内容，老师也只是重视本学科内容的知识学习，所以，还是有相当多的人，并没有真正掌握科学思维方法。大量的理工科学生是只学习了专业知识，而没有学习这些专业知识产生的思维方法。理工科学生长期学习的高等数学教材，多数定理公式的推导过程极其简单甚至没有。

楚渔先生在《中国人的思维批判》中说：“即使是我国学理工科的人，虽然也在有意或无意中受到过逻辑不深不浅的训练，但逻辑思维的能力照样非常薄弱，离开书本指定的套路，就啥都不会了，也就是说逻辑思维并没有真正被主观意识到。”没有逻辑思维，什么辩证思维、创新思维或者别的什么思维，都不可能发挥真正的功效。逻辑思维是轴心，是基础。就像爱因斯坦的相对论是建立在牛顿的经典物理学基础上的，没有经典物理学，不可能产生相对论。

中国科技人员的思维方法库，同样是贫穷落后的，一个有力的证明，就是中国人老是不能获得诺贝尔科学奖。现在终于有了一个屠呦呦获得诺贝尔奖，虽然是零的突破，也并没有从根本上改变思维贫穷落后的面貌。贫穷落后是比较出来的，不比不知道，一比吓一跳。

资料表明，仅在中国大陆的知识分子和科技人员就比全世界的犹太人总数还要多好几倍。但我们的思想和科技成果比以色列如何？犹太人仅占世界总人口的0.3%，但从1900年至今，获得诺贝尔奖的人数占20%。

1901年开始的诺贝尔奖，二战之前的1901年到1939年的物理、化学、生理或医学的诺贝尔奖分布情况（不包括文学或和平奖以及后来设立的经济学奖）为：德国34人次，英国21人次，美国15人次，法国13人次，荷兰9人次，奥地利6人次，瑞士5人次，瑞典5人次，丹麦4人次，俄国3人次，意大利2人次，比利时2人次，匈牙利1人次，加拿大1人次，印度1人次。总共122人次，德国占28%，英国占17%，美国占12%。

大约1/4的诺贝尔奖得主是犹太人，而犹太人仅占世界人口总数的0.3%。

中国人没有赶上参加西方那一场现代理性思维运动，后来又没有认真学习逻辑思维，就是莱布尼兹所说的，整个中国人都不善于推理与证明，缺乏思辨的能力。可惜的是，这正是现代科学发展的必要条件。在追赶西方科学技术的道路上，中国参与科学技术的知识分子，比起其他人来说，更应该努力学习掌握现代科学思维方法，才能加快我们追赶的速度。

楚渔先生在《中国人的思维批判》（人民出版社2011年第二版）一书中说：“任何国家和民族，知识分子都是决定这个民族和国家命运的基本因素。知识分子聪明，这个民族就聪明，知识分子愚蠢，这个民族就愚蠢；同样，知识分子高尚，这个民族就高尚，知识分子堕落，这个民族就堕落。这应该是我们中国每个知识分子应该思考的问题。”

# 权力精英思维方法库贫穷落后





### 官员损公肥私的思维渊源深厚

2016年1月15日，中国新闻网报道，中纪委晒2015年反腐大数据：去年全国处分33.6万人。中纪委的5位高官亮相国务院新闻办的新闻发布会。中央纪委副书记吴玉良介绍，2015年中国反腐"打虎拍蝇"双管齐下，无论是给予党纪政纪处分人数还是审查中管干部人数均为改革开放历年来的最高值。全国共立案33万件，处分33.6万人，涉嫌犯罪被移送司法机关处理1.4万人。涉嫌违纪的中管干部结案处理和正在立案审查的90人，其中涉嫌犯罪被移送司法机关处理42人。查处的中管干部覆盖了31个省区市。查处的人既有周永康、令计划、苏荣等严重违纪的高官，也有参与顶风违纪公款吃喝、公款送礼、公款旅游，以及领导干部出入私人会所、违规打高尔夫球等问题的各级官员。追捕海外出逃的"百名红通人员"，已有20名嫌犯归案。

十八大以来，中央在反腐败方面取得了一系列重要的成果，特别是打下了一些正国级的"大老虎"，打破了包括"选择性反腐""刑不上常委""退休不追究"等所谓的"潜规则"，建立了一系列的反腐败制度，比如巡视制度、财政透明、抓捕海外出逃官员、整顿裸官等。广大老百姓对中央的反腐成就高度肯定，齐声点赞。

但是，为什么总是抓出来处理了一批，没有多久又冒出来一批？一年就牵出33万！这个数字真是骇人听闻。真就是前腐后继，自有后来人。

前面说过，丹麦官员廉洁，30年才出一个贪官，受贿金额75,000人民币，行贿的就是一个中国留学生。杨佩昌在《德国为什么民富国强》的演讲中说，德国一个联邦银行行长到奥地利休假，那个老板一看中央银行行长来了，赶紧拍马屁说，住在我这儿不要钱。后来被媒体报道出来结果是丢官，白住两个晚上就丢掉联邦银行行长的职位。德国现任总理默克尔一次跟企业家吃饭，之后立马有媒体质问，总理是不是用国家的钱请客吃饭，总理慌忙把单据拿出来贴在网上，说是自己出的钱。这样媒体才罢休。

中国出现前腐后继这种情况，有深刻的历史根源、社会根源和思想根源。

正在我苦苦思索如何解释这个现象的时候，2月1日晚，央视举办的2015《中国成语大会》冠亚军总决赛，决赛选手轻而易举回答了这个问题。

冠亚军决赛在作家和大学生两组选手之间进行。邯郸学院两个女学生的组合"白话灵犀"，迎战两个男作家组合"PM2.5"。第一场是双音节对抗，主办方给出一个成语做竞猜，组合之一给出两个字的提示，组合之二猜出为赢，猜不出则由另一对选手继续做提示竞猜。“白话灵犀”之一的张钰桦看到“损公肥私”的成语，提示“贪污”二字，“白话灵犀”之二的白娟，不假思索，马上对出“损公肥私”四个字。全场掌声雷动，一片欢呼。

冠亚军决赛这个脱口而出一锤定音的回答，在网上被网友们传为佳话，白娟被誉为“成语女神”。

贪污就是官员们损公肥私的思维所致。中国古人早就专门为这个丑恶行为，量身定做了“损公肥私”这一成语，你说这是不是具有深厚的文化积淀？著名的大贪官和珅，电视上的银幕形象不知道出现了多少次，可以说是家喻户晓。一个稚气未脱的小女孩白娟，不假思索地拿出答案，大家都说她是女神的“心有灵犀”，我说她是了解社会，熟悉历史，懂得中国历史文化。央视《中国成语大会》把“损公肥私”这个成语拿来做冠亚军决赛的第一个考题，真是独具匠心。

### 拉帮结派官官相护思维成公害

全国的贪污腐败案件，现在都是异地审判。为什么？因为拉帮结派、官官相护的思维，在权力精英中普遍存在。2001年的辽宁慕马案，马向东妻子章亚非使尽浑身解数，动员关系网打通关节。异地管辖后，马向东的态度发生重大转折，连司法机关尚未掌握的线索，马向东也主动进行了交代。

对于贪污腐败官员进行异地审判的制度设计，体现了党中央对中国国情的深刻洞察和把握。腐败官员在一个地方盘踞多年，影响非常大，许多官员，包括法院院长都有可能是腐败高官提拔起来的，异地审判后，法院和审判人员与被告人没有任何利害关系，就会秉公办理，形成的判决也有权威性。

现在，异地审判的制度又从贪腐案件扩展到其他案件。为破解“民告官”案立案难、胜诉难，从2014年起，河南法院将全部行政案件交叉到相邻的市县立案审理，成为全国首个试行行政案件异地管辖的省份。一年以后，“民告官”案异地管辖取得明显效果，老百姓胜诉率提高至27.3%，比此前增长17.1个百分点。

2016年3月8日，央视《今日说法》报道，过去全国民告官胜诉率9.1%，河南10.2%，现在河南上升到27%。

异地审判，针对的就是权力精英们普遍存在官官相卫思维的现实。

本来，中国人自古以来就是讲人情思维的。官官相卫思维和人情思维一脉相承，只是从大众社会移植到官场而已。改革开放以后，从西方传来一个现代公关学理论。本来公关学还有一些道理，但是到了中国人手里，就变味了；到某些官员手里，就从公关思维演变成了关系网思维。提拔靠关系，利益交换靠关系，投桃报李靠关系，一个官员几年下来，就编织出一个密密麻麻的关系网。关系网思维的官员，不仅运用自己手中的权力谋私，还借用关系网中的权力为自己谋私。他们通过关系网思维来放大自己的权力。

为什么官官相卫？因为这样可以扩大自己的关系网。你看那些贪污腐败案件，一查出来，参与的官员都是盘根错节一大串，一个班，一个排，甚至好几十个。倒台的贪官就暴露了他们的关系网，那么，没有倒台的时候呢？

公关学和官官相卫思维联手操作，给中国社会的风气，官场的风气，造成重度的污染，甚至雾霾。

我曾经写过一篇报告文学《正因为我喜欢光明》，发表在《十月》杂志上，报道德阳县报道组的新闻干事江道衍，敢于用批评报道为无处申冤的弱势群体说话，很多信访局不理不睬的事情，他一过问就解决了。老百姓都称他是“民办信访局”，因为找信访局多少年也解决不了问题，找他就解决了。

像江道衍那样的故事，二三十年来媒体报道的不少。政府部门不解决，新闻记者一出面报道，迎刃而解。信访局为什么不去认真调查研究解决问题呢？为什么非得要媒体出面才公正处理呢？官官相卫。遇到媒体过问，官官相卫掩盖不了了，不得已才处理。有的是媒体过问也遇到层层官官相卫的重重阻力。

云南个旧市一副市长的情妇被其殴打，向当地的有关部门多次投诉，没有结果，无奈之下，向远在东北而且互不相识的姜焕文求助。姜焕文是谁？年过五旬，创办了“中国民间举报网”，举报近4000件案子的“中国民间第一职业举报人”。姜焕文从几千里之外来到个旧，走访当地部门，核实了“童副市长与女子杜某发生争执、纠纷”的材料，将向各级纪委的举报信原文发在了他的网上。一夜之间，“官员殴打情妇”的帖子在网上迅速传播，舆论哗然。19天之后副市长童外元的职务被罢免。

这样的故事这些年来在网络上很多。本来应该由相关的信访、纪检、法律等部门调查解决的，而他们不作为，让网络“民办信访局”大显身手。

政府机关为什么不作为？原因可能多种多样，最多的还就是一个官官相卫思维作怪。老百姓要想得到公平公正，维护自己的权益，遇到官官相卫就难上加难。

官官相卫也是中国古代社会的恶习，是古代官场的思维方法。文字记载的故事很多，“官官相卫”“官官相护”的成语，也早就总结出来。所有的记载全都是批判性的，没有一个人站出来说好。最出名的批判官官相卫的戏剧故事是包公铡美。可是，无论过去和现在怎样批判，现代很多官员依然将其发扬光大，因为这就像臭豆腐一样，闻起来臭，吃起来香，市场效益特好，所以清除这种思维很难。

### 中国人的水泥空间魔方没玩转

上一节讲知识精英思维方法的时候，讲了城市规划和建设的问题。因为城市规划是设计者设计，领导者拍板，领导承担的是更重的责任，所以，掌握权力的官员如何思维，决定城市发展的命运。

我们换一个思维方法，来研究中国城市建筑的空间排列。

排列组合方法是数学上经常使用的思维方法。比如，把一个序列打乱之后重新排列，就可能有新的发现。像门捷列夫的化学元素表，前面英国科学家是一个排列办法，没有成功，他打乱之后，慢慢琢磨出另一个排列方法，化学元素周期表就轰动世界。

这就像玩魔方一样，把组成魔方的一个个小方块，打乱重新排列组合，就可能出现各种各样的图案、颜色，变出各种花样来。

我们现在任选一个城市，比如北京、上海、成都……哪一个都可以。我们假设把这个城市现在所有的建筑，各种高楼大厦，各种企业公司，各种住宅小区，各种街道，等等，都重新排列，安排的范围扩大到这个城市管辖的全部地域空间，包括郊区的若干个区县。很明显，这样重新排列之后，房屋之间的空隙加大了，建筑就稀稀拉拉了，街道也零零星星到处散落了。连一些大型现代化商场，也可能就像美国一样分布到高速公路路边上的山林里去了，因为现在的城市建设空间只占整个城市规划的几分之一。

这就出现了一个情况：城市乡村化，乡村城市化。这就类似于洛杉矶、约翰内斯堡的建筑排列情况。

当然，这也就出现了另一个情况：土地价格大大下降。因为都不到拥挤的中心地带去争夺地皮了，中心地带的地价肯定上不去了，从而房价大幅度下降，房地产的产值和利润也就会大幅度下降。这些年来，城市中心区的地价火箭式飙升，有的飙升成一个难以理解的天价，其实道理很简单，全都是靠“拥挤”挤出来的。于是，这一地带什么东西的价格都飙升成天价了。

所以，中国房地产GDP的巨大效益，实际上是城市空间拥挤带来的，是一种虚高。如果把城市空间一稀释，其他的什么都不变，结果就完全不一样了。

请注意，我这里使用的是假设演绎法，从假设把同样数量的建筑重新稀疏排列开始演绎，推导出来的结果就是：空间就是效益，空间就是利润。越“挤”赚的钱越多。

中国的经济靠房地产支撑。显赫一时的GDP，结果是“挤”出来的。“挤”就是金钱，“挤”就是效益。很明显，中国经济很短的时间就飙上去，这是一种虚高，是空间结构造出的虚高。GDP中间，城市空间GDP占的分量太重。

也就是说，同样的建筑，同样的数量，同样的一切，什么都一样，只是摆放的空间位置不同，GDP就出现两个差距很大的不同结果。

房子越挤，对政府、对资本，也许是一件好事。但是，对老百姓来讲，就完全不一样了。

这是因为，进城的农民，不需要到那么拥挤的地方去买房子。农民是迫不得已，才把那些花苦力挣的低工资血汗钱，来买高价房的。凡是凭个人劳动力挣钱吃饭的，包括城市居民、机关干部，都是不得已去买了一个拥挤、污染的高价空间房。农民，城市居民，机关干部，用一生的劳动所得，买了拥挤不堪的空间房，所剩无几甚至赤字。但是，有的人却是从中拿到了大把大把的金钱。

结果是，凡是劳动力都没有赚到钱，钱都被资本和权力赚走了。

这就是中国经济高速发展，《福布斯》排行榜上增加了不少中国人的原因。

城市建设，就是决策者在这个城市玩水泥魔方。参与玩魔方的，有权力精英、财富精英、知识精英三个精英群体的人物。可是，这个玩了40年的魔方，让老百姓感到越来越糟糕！

很明显，中国人玩这个水泥魔方，远远没有西方人玩得好。

中国每个大城市在改革开放的时候，都按照西方城市的办法，扩大郊区范围，划出了一二十个的郊区县。有的城市把周围一两个两三个的地区都划进去了。西方城市建设的这个经验，其实就是为把城市扩张为生态城市做土地储备。可是，因为他们没有把西方人的科学思维方法学到手，只学习了西方土地储备的形式，忘记了还有城市生态环境建设的精髓，储备了40年的土地也并不怎么使用。一大半的郊区都闲置无用，农村还是农村，依然如故，只是靠近市区的周边地区，在摊大饼的时候给粘进去了一些地方。

中国城市扩展学习西方的做法，没有抓住生态城市的实质，只是看到一点点土地储备的形式。

你想想，如果城市的郊区都不能城乡一体化，中国那么多幅员广大的农村，又怎么一体化呢？一体化岂不就是一句空话？

城市规划是一门科学。是科学就得好好学习，好好研究。要使用先进的科学的思维方法规划城市，不能用中国人落后的思维方法想当然地到处摊大饼。

城市领导者把城市规划成为大面积高密度的密不透风的城市，思想上的原因，有形式主义、政绩思维、急于求成、模仿跟风等多种原因，总的说来就是缺乏科学思维方法。

中国的城市，古代就是修城墙。西方和中国古代一样，是修城堡。城墙和城堡都是为了防御外敌入侵。但是，随着时代的变迁，东方的城墙和西方的城堡都没有了。全世界的古代城市都向现代城市演变。西方的现代城市，都演变成为开放性城市，要么街道呈放射状向四面八方辐射出去，要么是大面积撒满天星的辐射，发散思维、裂变式思维的指导思想表现得淋漓尽致。可是中国的城市，依然围着中心、圆点转，四四方方的街道结构放弃了，三环四环五环地环绕结构紧紧跟上，从正方形变成圆形椭圆形，总是要把口口封起来，封闭思维阴魂不散。从这里也可以看出两者的思维方向和道路就是不一样。

写到这里，2016年3月26日中午，我看到凤凰卫视的一个节目，介绍凤凰卫视在北京新修的凤凰国际传媒中心。报道中说，改革开放以来，中国各大城市出现了一大批标志性建筑。因为是向全球招标，结果绝大多数都是西方设计师夺标，所以，中国当代的现代化标志性建筑，大多数是由西方人设计的。凤凰国际传媒中心这次是北京市建筑设计研究院设计。设计师邵韦平采用德国数学家“莫比乌斯环”数学模型的造型，同时又融进了太极文化的符号，形成全方位开放性的独特设计，在北京的众多外国人设计的标志性建筑中独领风骚，为设计水平落后的中国设计师争了光。

我们祝贺凤凰卫视的标志性建筑获得成功。但是，从这里也知道，中国建筑设计师以实事求是的态度，承认设计水平整体不如西方。这就产生了一个问题：中国城市这些重大建筑的决策者，都知道向全球设计师公开招标，为什么中国城市扩张的时候，城市规划设计不向全球招标呢？如果城市规划设计也像建筑设计一样向全球招标，我们即使不全盘照搬人家的设计，至少也会得到一些启示，那么，中国的城市规划可能就会出现一些像约翰内斯堡由白人设计出来的效果，至少不至于全部都是密密麻麻地摊大饼，大面积高密度地拥挤成现在这个样子。我相信，如果由西方设计师来规划上海向浦东的规划扩张，绝不会是现在这个样子。

思维方法不够就学习。通过借脑的办法来提高和发展自己，是改革开放的一条重要经验。我们的城市规划，为什么非得要硬着头皮赶鸭子上架，让上海规划设计研究院院长俞斯佳所说的“迟钝和滞后”的设计师来规划城市，做出遗恨千年的城市规划呢？！中国的城市规划，至少应该有一部分城市，可以由西方的规划设计师来设计。

中国城市的大型标志性建筑，大多数都由西方设计师设计；中国城市扩张的城市规划，基本上都不是西方设计师设计。这发生在同一城市建设领域的迥然不同的现象，也有些令人啼笑皆非，难以理解。如果这个现象反过来，该多好。一栋建筑设计得不那么美好，它只是一个微观建筑，再修一栋就是了。也就是说，可以采取弥补措施。像国家大剧院，如果修得不满意，北京再修几个都不算多。国家大剧院虽然是巴黎搞出来的，实际上巴黎也远远不止一个剧院。可是，城市规划就不一样了，因为它是一个比一栋建筑更宏观的决策，一旦定型，就无法修改。

中国大面积高密度的城市化，现在显现出来的恶果，是空气污染了，雾霾了，38摄氏度高温了，城市管理混乱了，等等。还有些现在看不到的恶果，今后还会慢慢地显现。一座城市，如果建筑稀疏点，要加进几座建筑，很容易。像巴西20世纪60年代新修的首都巴西利亚，就将各种建筑稀稀拉拉摆在宽阔的大片平原上，如果再加一倍甚至几倍的建筑，也显得稀疏。但是，如果反过来，要把上海陆家嘴密密麻麻的高楼匀稀一点，就难以操作。疏变密容易，轻而易举；密变疏很难，难于上青天，一栋栋高楼搬不动。就像一根松紧带，拉断了，伸缩的弹性就没有了。

中国人应该懂得，只有大自然和城市建筑水乳交融的生态城市，才是人类宜居的城市；中国很多城市就是人口大面积高密度的城市，绝不是人类宜居的地方，而是污染严重的不宜居的地方。这种拥挤不堪的城市化，给中国人后面要提高生活水平带来了难以逾越的障碍。西方人一旦懂得这个道理，城市规划和建设马上就向这个方向前进，取得了大面积的显著成效：新修城市，全都是生态城市，像洛杉矶；旧城市，都到此为止，扩张出来的新区，全都是生态环境；在老城市区，不断做“+生态环境”的旧城改造，也在生态城市的道路上有所前进。

这些年来，中国人老是在那里评选宜居城市，都是捏住鼻子哄眼睛。我就住在成都的母亲河府南河边上，每天从河边经过，都是一股股难闻的气味，多少年也没有多大的改观。可是，成都市经常在全国宜居城市的排行榜上名列前茅，因为中国的大小城市，都是密密麻麻拥挤不堪的高密度人口城市。

中国所有的城市，包括现在的小城市，都应该马上悬崖勒马，对摊大饼紧急叫停。这个大饼已经火箭式加大了，还要做多大?！所有大中小城市，凡是需要扩张，都应该另外择地，像巴黎新区那样，做跳跃式的异地扩张，原来城市的模样不要再变了。贵州大学校长就批评了这个问题。中国人老是用撤旧房修新楼的办法来破坏中国城市的文化。中国的城市化，应该和农村的现代化相结合。欧美几万人的小城镇多的是，就是小城镇也不那么拥挤。硅谷没有在旧金山的城市区，照样搞成了世界第一的经济区。牛津剑桥离大城市那么远，照样办成了世界第一的大学。美国、澳大利亚、巴西的首都都不在繁华热闹的大城市。为什么中国就什么都想往市中心挤?

根据世卫组织的报告，一个地方清新空气的负氧离子标准浓度为每立方厘米不低于1000至1500个。现在中国大城市市区的负氧离子，都是几十个几百个，基本上没有上千的。现在中国人就在“三高”中苦苦挣扎，中国一半以上的人世世代代将在这样的环境中生活下去，中华民族的身体素质还能够崛起吗？一两百年之后，我们的子子孙孙都要骂我们，中国这么大的地方，怎么老祖宗就把我们搞得这么拥挤？我们天天大喊建设生态环境，实际上建设城市生态环境才是重中之重，因为它直接影响人的身体健康。住那么多人的地方生态环境不好，远距离的生态环境再好也鞭长莫及，远水救不了近火。我们一定要把城市生态环境建设放在第一位。现在要采取一切措施，尽量挽救转来。那些密集度高的地方，应该对一些楼房实行关停并转。只有这样，才能有效地制裁那些老是喜欢在黄金地段挤建高楼的房地产老板，给那些喜欢这样为自己提高政绩的领导以惩罚。他们为了几个人发财赚钱，几个领导提高政绩，让广大市民拥挤在气都透不过来的城市空间，白白地耗费寿命。是可忍孰不可忍！请他们去旧金山看一看，旧金山能找到这样的黄金地段吗？旧金山的资本家就不赚钱了吗？

我们规划城市，应该站在几百年的高度来规划，不应该只看到自己当政的那几年，不要成为历史的罪人。

### 中国到底应该怎么向西方学习

楚渔先生在《中国人的思维批判》一书中说："一百多年来，我们中国人一直在变革，一直在学习，我们几乎引进了一切西方创造的东西，从科技、文化、思想直到各种各样的流派，一百多年中我们一直在改，一直在变，一直在反传统，但变来变去，反来反去，好像都没有使我们中国人进步多少。一百多年前，我们在苍白地复制西方人当时的创造，一百多年后我们仍然在苍白地复制西方人现在的创造。"作者问："为什么呢？"作者回答："真正的原因还是我们落后的思维方式。""西方文化的精髓是什么？是他们的思维方式，是他们的哲学精神和开拓进取的精神。"

西方很多很好的东西，中国人学习模仿操作，就按照中国人的思维方法去搞，结果就成了另外一个样子，变味了。

我是四川省三届新闻高级职称评委会成员，每年都有一批高级职称从评委会的评选中产生，但是传媒质量提高了多少？评的时候，都说这是涉及人家拿工资的事情，要慎重。我是最早看穿这个问题本质的。所以，华西都市报人员的招聘、使用和报酬发放，我就提出了不看文凭，不看职称，一律按他写出的稿件质量决定，评出一二三等，实行计件工资。以稿件评判能力，不以文凭职称决定报酬，因为我看到的现实就是，许多初级职称采编的稿件比高级职称的还好。《华西都市报》很快就受到读者喜欢，这是一个重要的原因。如果我们依然像传统报纸那样以职称决定工资，那就无法提高采编人员的积极性。

在中国，实际能力和文凭职称相符的也有一部分，但是，另一部分则具有权力含金量、关系含金量、资历含金量。但是，只要有这一部分存在，整个文凭职称的结果，就完全违背了西方创造的文凭职称制度的初衷。

中国学习西方的文凭职称制度，结果为什么连积极性都调动不起来？因为中国的文凭职称在权力、金钱、关系面前，同样是点头哈腰，鞠躬尽瘁。我就老是在想，官员案件审判要异地，评职称发文凭是不是也异地评审更好，不然怎么避开领导的意志和关系的影响力？法院审判按照属地管辖，也是学习西方的。中国使用属地管辖，法院就开后门，所以中央果断决策，实行异地审判。这个调整就符合西方法律审判维护公平公正的法律精神，所以是对的。文凭职称现在遇到的是同样的问题，怎么办？

中国向西方学习的很多东西，只是学习了西方人创造的表面形式，从外观上看起来像，实际上没有相同的内容和本质。产生这种“形似而不神似”的原因，是我们的人在操作的时候，使用了不同的思维方法，按照我们落后的思维方法，加进了操作者自己的“调料”，去学习西方先进的科学创造，结出了一个变味的果实，真正就是晏子使楚中讲的“橘生淮南则为橘，生于淮北则为枳”的味道。老百姓经常戏说这是“中国特色”。

现在，中国已经发生了翻天覆地的变化。但是，作者接着说：“即使是当代，……我们仍然落后于日本，那原因是什么呢？原因就是中国只学到了一点皮毛，而日本学到了精华。”“中国学习西方是实用主义的，所谓‘中学为体、西学为用’，‘师夷长技以制夷’（魏源语），而日本学习西方是现实主义的，提出‘日本精神，全盘西化’（所谓‘脱亚入欧’），重点在于‘开发民智’。中国只看到西方现有的思想和科技成果，而日本人却想到西方为什么会创造出这些成果的，是用什么方法创造出来的。”“根本的原因是日本人学到了西方思考问题的方式、方法，日本人是真正在学习，而中国只是低效模仿。”

作者同时又对中韩两国学习西方做了对比。他说：“对于中韩两国三十年发展的这种结果，我国政府科技部原副部长刘燕华解释原因是：“韩国人注重技术创新，而中国人是盲目引进，要以市场换技术。为什么是这样呢？唯一的解释就是我们僵化的思维模式。……更别忘了这样一个事实，现在我国的科技人员是4200万人，总数超过科技创新的第一大国——美国，小小的韩国科技人员只有500万人。我们4200万人的科技队伍竟然干不过只有500万科技人员的韩国（更别说只有约6万科研人员的以色列了）。……一些人又强调，中国科技进步不快的原因是过去基础不好，难道韩国人的基础好吗？”

2015年，中国药学家屠呦呦荣获诺贝尔生理学或医学奖，国家机构及社会各界纷纷表达祝贺，但在新闻媒体尤其是博客、微信等网络媒介中争议不断，坊间议论纷纷。为诠释相关争议的焦点问题，《科技导报》采访了中国科学院研究生院人文学院教授、科学史与科学哲学专家任定成。任定成说：“屠呦呦获大奖引发的争议，给了我们一次绝好的反思机会：我们的价值观是不是出了问题？我们的科学运行机制是不是出了问题？”“我们的价值观确实出了问题。我们在评价研究者和研究机构时，过度使用了过多的指标，而且这些指标就跟计件工资、企业产能一样，几乎都可以核算转换为‘当量经费’（或称‘科研GDP’），严重模糊甚至偏离了科学家追求发现、造福人类的目标。发表论文数目，论文被引次数，载文刊物影响因子，研究项目级别和经费数量，实验设备级别、精度、数量和价格，图书资料藏有量，实验室面积，团队是否属于国家、省（部）级别重点机构，获奖级别、等级和数量，人才级别和人数……多如牛毛，不胜枚举。科学家和研究生的很多精力都耗在填写和争取这些指标上。须知，科学贡献靠的不是‘行头’高端大气上档次，而是解题低调奢华有内涵。单纯追求指标只能让许多科学事业的从业者为这些花样百出的指标而活，为它们而死，只能让科学事业从‘人民公社’‘包产到户’走向‘现代公司制度’，远离健康自主的科学建制。用这样的指标去推荐屠呦呦，她能获得拉斯克奖和诺贝尔奖吗？用这样的指标衡量爱因斯坦，他还是人才吗？难道除了各种各样的奖励和指标，管理者就没有别的办法激发研究者和研究机构的活力了吗？”

任定成进一步说：“我们的科学运行机制确实出了问题。单就评奖机制来说，评审规则和过程政府官员主导过多，评审者缺少国际科学界有声望的科学家，评审前缺乏针对有争议者的客观调查和甄别，评审过程缺乏利益相关者的回避制度，评审标准参照国际性的标准不够，评审过程不够透明，评审后的国际影响注重不够，获奖等级和名次与工资、职级、待遇、资源挂钩过多，科学精英不时被公众指责为‘既得利益群体’……读一读围绕屠呦呦获奖事件披露出来的材料，我们可以设想，如果拉斯克奖和诺贝尔奖的评审过程采用求是奖和玛西顿奖的推荐方式，一切由我们中国的官员做主，屠呦呦可能获得这两项大奖吗？我们已经把发现屠呦呦的机会送给了外国人，切不可把发现下一位屠呦呦的机会留给外国人了。”

你看，本来好好的一个奖励，到中国人的手里就变味了。

文凭、职称、奖励，都是为了鼓励发展科学技术，带一些利益是应该的。我们给它加上那么多的具体指标，中国人本来就有利益思维，你这些具体指标一出来，他就去追求这些指标了。这就造成了这些人的利益至上思维，不是努力追求目标和结果，而是追求过程中的指标，视线都转移了。相关群体的利益至上思维，再加上做决定者的权力至上思维，就把整个这些好东西搅得一团糟。做这些决定的权力，思维方法看起来倒是不少，可都是一些垃圾思维，绝不是科学思维，因为它与科学精神是完全背道而驰的。

# 全面从严治党的思维方法

习近平总书记上任以后，大刀阔斧反对贪污腐败，取得显著成效。短短两年多，58名副省部级以上官员被查处，不仅大快人心，而且大大振奋人心。就在老百姓拍手叫好之时，2014年12月，习近平总书记在讲话中又提出了一个新的口号：全面从严治党！全面，那就不只是贪腐问题。思想作风、组织建设、制度漏洞的问题，都得一一解决。老虎苍蝇一起打，大事小事一起管，各种不正之风、违纪违法行为都必须严惩不贷，绝不手软。两年来，总书记的讲话和党中央的会议文件，"全面""从严"的措辞严厉，振聋发聩。

## 全面从严治党的整体思维

从严惩贪污腐败，到全面从严治党，是我们党在党的建设上，一个战略决策的飞跃。2012年，新一届中央领导甫一上任，首次亮相就表露决心，从严治党，并且采取了派巡视组、群众路线教育实践活动等一系列措施。但是，工作中又不断发现，贪腐现象边反边犯，不正之风屡禁不止，干部管理失之于软，监督体系功能没有有效发挥，制度建设存在不少漏洞，党员干部思想政治作风上存在不少问题。反腐实践告诉我们：党的建设形势严峻！长治久安才是根本大计。

从重点反腐到全面从严治党，在思想认识上，是从局部到整体的飞跃。

整体思维，是哲学思维方法中的一个非常重要的科学思维方法。整体是由一个个局部组成的。整体从形式上等于各个局部相加；但是，整体的作用远远大于所有局部之和。同时，一个小小的局部出问题，又可能危及整体。所谓"一颗老鼠屎坏一锅汤"，就是局部和整体的依存关系。

全面从严治党，绝不是只抓几个巨贪典型，从表面上看轰轰烈烈就行了。苍蝇、村霸，同样让人丧失信心。有一天看到《焦点访谈》揭露一个村霸为非作歹，最后这个村霸被绳之以法。我觉得，像那样典型的非抓进监狱不可的村霸可能为数不多，但是，横行霸道、欺压百姓的事情在很多地方都可以见到。一个社会，如果不好好管理这些事情，同样让人灰心丧气。而所有的怨气，都会发泄到共产党的身上。

全面从严治党，现在正在抓的是党内自我教育。这很好。但是，我以为只是自我教育还远远不够。因为，靠自己教育自己，自己改正自己，绝大多数都会走过场。必须要有严密的监督措施做保证。我们看到各种各样的贪污腐败案件，许多贪腐官员在过去的岗位上，都是高唱全心全意为人民服务，可是实际上做的却是另外一回事。一些单位开会，“台上”动员从严治党，实际上应该从严治理的正是“台上”的人。“台下”的人看到他在台上，哪个敢去“从严治他”呢！所以，从严治党动员大会也开了，小组讨论搞了多少次，最后什么问题也没有解决，面貌“涛声依旧”。

中国过去很多整顿党风的工作，包括群众路线教育实践活动，不也是想解决党风问题吗？最后怎么样呢？一些单位同样走了过场。

真正要全面从严治党，必须实事求是，考虑怎么把“台上”的问题治理好。而治理“台上”的问题，靠台下的人是远远不够的。台下的人有几个敢站出来，说“台上”哪个人哪些事做得不对？敢站出来的，就是说“台上”的做得好。“台上”的人做得不好的，台下的都忍在心里。如果你今天说了，以后会慢慢收拾你。不是群众落后，而是审时度势，胆小怕事。你看现在的贪腐分子，大都是党中央派出的巡视组才绳之以法的。如果“台上”的人自己能够从严治理自己，那就不会有那么多贪腐现象出现了。自己纠正自己的故事，少之又少，好像还没有听到过。

我的建议是，每年，纪委都派出一个小组，到管辖的每一个单位，在全体职工中做一个不记名的群众意见问卷调查，让群众对领导的方方面面评议，打分，提意见。对民意测验的支持度、满意度张榜公布。意见收集起来分门别类整理，然后给问题人见面，逐一分析问题形成的原因，拿出纠正的办法，制定整改的措施。

为什么每年都要这样做？因为要全面从严治党，就要形成制度，常抓不懈，每年都要敲响警钟。如果只做一次，就会像一阵风吹过，过去了就完事了。年年做，等于是年年警示。对于那些民意测验支持度连续两年过低的，就终止职务。只有支持度一直比较高的，4年之后才能连任。定期民意调查、张榜公布支持度，这个办法既让眼睛雪亮的群众有一个表达的地方，也让官员谨慎他的一言一行。

我们决不能过高估计自己教育自己和自己纠正自己的力量，而是要把上级检查督促和自己教育自己结合起来，才会真正收到实效。

### 把权力关进笼子里的时空思维

在中央提出如何把权力关进笼子里的问题之后，我苦苦思考了三年。我觉得，要真正把权力关进笼子里，只有一个办法：在权力做决定的第一个时空坐标位置，做全程摄像和校对工作。

校对，是我们新闻出版工作中的一个重要环节。为什么我们的报纸书刊上很少有错别字？就是因为在出版工作的流程中，建立了一个校对制度。一篇文章要刊登出去，校对组要比对原稿进行一字一句的校对；不仅要校对一次，还要做二校和三校，四川日报还设了一个“第一读者”，报纸开印之后第一个拿起报纸读的人，发现了错误可以马上叫停印，这就相当于四校了。这样严格把关的校对制度，就把错别字和政策性错误、知识性错误95%以上都给堵住了。

你若到外国的报社参观，就会感觉到：校对是全世界新闻出版工作保证质量的一个通用制度。

其实，校对——这个对工作中出现的差错进行严格检查和及时纠正的办法，社会上很多单位都在做。比如产品质量检查，就是各个企业的一个重要制度。现在，全国的企业，无论是国有还是民营，因为长期学习大庆的“三老四严”一丝不苟和“两弹一星”的层层检测把关制度，使得中国制造的质量不断提高。质量检查局，就是国家在各个领域专门设置的检查机构，对社会上的各种产品进行把关检查。这种严格检查的制度，正是中国制造走向世界的可靠保证。

我1990年采访西昌卫星发射中心发射亚洲1号卫星的时候，听火箭专家任新民讲，中国卫星发射之所以很少出差错，就是因为我们按照钱学森的指示，对火箭、卫星等产品的每一个零件都要进行质量检查。有的国家为什么发射事故多，就是零件质量不是件件检查，而是抽样检查。抽样检查就可能将问题零件放过去，最后就出了问题。

所以，产品质量合不合格的检查，至关重要。

其实，这就是科学技术工作中的一个重要的思维方法——验证思维。到底做得对不对，用一个办法验证一下，不对的地方就及时采取措施校对纠正。

现在，我们就使用验证思维这个思维方法，来研究一下各个地方各个单位党委会的工作。

当前老百姓最关心的事情之一，是反对贪污腐败。党中央采取了一系列果断措施，比如建立巡视组制度，对所有的省和部委机关开展巡视，巡视出不少的问题。但是，巡视组都只能是腐败的事情出了之后，各方面的蛛丝马迹显露出来，被有关人员抓住把柄，然后检举揭发，才抓了出来。巡视组是事发几年之后的事后诸葛亮，不能防患于未然。

为什么老是当事后诸葛亮呢？就是在事情开头的时候，即权力做出错误决定的时候，我们并没有使用验证思维的方法，对这些决定正确与否进行“校对”。也就是说，根本就没有做校对工作，放弃了校对这个最重要的环节。

所以，我在这里要运用验证思维的办法，提出一个建议，就是对中国所有的单位、党和政府的机关，凡是建立党委会、党组织的，凡是领导开会做出决定的时候，第一时间在第一时空坐标位置（开会地点）就有监督者到位做“校对”工作。一是上级主管单位和纪律检查机关，派出观察员列席旁听会议，二是党委会会议全程录像送审。监督部门用党的方针政策来衡量这些决定，凡是正确的决定，自然放过不管；凡是错误的决定，则提出校对纠正意见。这样就能防患于未然——错误决定没有变成既成事实或者刚刚开始露头的时候就终止了。

现在，各个单位党委会会议，研究的问题是五花八门。有的一把手家长作风盛行，在班子内搞一言堂、个人说了算，有的形成小团体，拉帮结派，压制民主，打击不同意见，有的决定塞进私货，有的议题就公开违背党的方针政策。但是，一把手为了某种原因，操作表决机器，照样在会上获得通过。如果把各个单位党委会会议的录像拿来看，你会看到党委会中的形形色色。

不要以为贪污腐败是领导人背后偷偷摸摸干的事情，它一定会通过某种形式在权力上表现出来。比如，四川乐山市东能集团董事局主席、总裁王德军，为了用少量的钱收购犍为县国有电力公司，先后向县委书记田玉飞、县长杨国友赠送人民币、美元、股份、豪宅、名车等共计价值2000多万元的财物。他行贿的结果很快见分晓，在国务院已经下发文件停止电力国有资产转让的2002年11月27日，县委书记田玉飞拍板，将拥有4.6亿元总资产、1.9亿元净资产的犍为电力公司仅作价4000万元，签约卖给了民营企业——东能集团公司。而乐山市电力股份公司等国有企业过去开价8000万元购买该公司，却被拒之门外。私企老板王德军为什么要向这两个人行贿？因为这两个人是县委常委会开会做决定的两个关键人物。低价出卖犍为电力公司，必须有一个会议做出决定。如果我们有上级机关观察员列席制度和党委会会议全程录像送审制度，即校对制度，犍为县委常委会讨论低价出卖犍为电力公司的会议，就可能出现几种情况：一、县委书记根本不敢将之作为议题提出来；二、反对的意见可能敢于表达出来，低价出售的决定通不过；三、当然也可能一把手一意孤行，在二把手赞成的情况下强行通过，那么检察机关和上级主管部门可能启动校对制度，予以校对纠正。

又比如，中纪委拍摄的《永远在路上》第三集报道，年营业额超过300亿元的天津市医药集团，一把手张建津掌握着不少合作项目的决策权，一些私企老板就投其所好把他拉下水。这些决策权毕竟要通过会议来决定，不然谁敢去签约？一把手再专断，也要走一走会议民主通过的过场。好了，如果我们来一个观察员列席会议和会议全程录像送审制度，就可能增加堵住的机会。

如果我们各个单位领导做出的决定，有上级纪律检察机关联合主管部门，用党的方针政策认真分析衡量一下，到底符不符合党的方针政策，或者分寸掌握得是否恰当，正确的给以肯定，不对的给以校对纠正，那不是就更完美了吗？

有时各个单位做的决定，上级单位完全是免检，等于是承认他们做的决定都对，都符合党的方针政策。

领导人和党委会的“产品”就是行使权力做决定，他们做的决定真的完全都对吗？难道他们比我们的党中央还高明？历史上党中央的决定都甄别纠正过好几次，各个单位的领导就这样完美无缺吗？

既然达不到各个单位的决定都完美无缺的标准，那又为什么任其错误的决定执行下去呢？为了提高党和政府的工作质量，为什么不进行“校对”呢？

全国各地各个单位的一把手们当然为党为国家办了许许多多的好事，他们是党的精英和中坚力量。党给他们委以重任，这都是他们应该干的事情。但是，全国数以万计的一把手队伍，组织部长即使睁开火眼金睛，也难免混进杂质，队伍参差不齐，水平有高有低，私心有重有轻，党的同样一个方针政策，各个地方各个单位的一把手具体执行的决定会五花八门。有的一把手并没有多高的水平，而是采取公关等手段当上一把手的。党中央老是对下级提出要求，要“执行中央政策不走样”，实际上就是有的地方有的单位就走样了。

党委会做出与党的方针政策背道而驰的决定，表现是各种各样的：

比如，中央文件和讲话三令五申明令禁止的事情，有的党委会仍然多次决定，提倡干那样的事情，还制定鼓励干下去的经济政策。尽管下面怨声载道，还要坚持干多少年。

又比如，某单位的一个小团体为了谋取私利，几个人私自挪用单位公款投资了一个项目，结果遭到惨败。因为小团体的一些人是领导班子成员，他们就操控党委会，把投资损失转嫁到单位承担。虽然当时在会上就遭到班子成员的激烈反对，结果依然达到了目的。

一位单位提出了一个创新项目，党委会为了鼓励发展，专门为这个项目制定了鼓励发展的经济政策。当创新成果获得了一些经济效益的时候，这个经济政策还能够模范执行；可是，当看到创新者拿的钱更多的时候，领导就眼红了，就开始降低政策比例了，以至于最后干脆就不执行政策了。创新驱动发展本来是国家长期的发展战略，党委会却既不执行国家的政策，也不执行本单位党委会制定的政策。

…………

类似这样做出错误决定的事情，如果到各个单位去严格检查，那不是个别的。中国的贪污腐败、不正之风，绝不只是几个大贪巨贪在表演，很多手持权力的人物都各尽其能，各显神通。特别是基层单位，政策水平受到限制，加上“天高皇帝远”，会议决定更是五花八门。有的基层腐败的表现，直接面对群众，涉及方方面面的利益，许多事情对老百姓来说就是切肤之痛，群众意见很大。老百姓直接面对的不是大贪污犯，而是本单位的领导。本单位领导通过党委会的合法渠道，不公开不公正地处理各种问题，多吃多占，打击排除异己，老百姓有冤无处申，告状也无门。

长期以来，一些单位的一把手摸清了中央和上级领导并不对下面单位进行认真检查的习惯，所以便放心大胆地自行其是，想怎么决定就怎么决定。如果党委会有上一级组织或者监察机关的观察员列席旁听，同时全程录像送审，一些议题他们根本就不敢提出来。

为什么要提出党组织党委会开会全程录像送审？因为我们已经进入高科技时代，政府各种方法和手段也要与时俱进，实现办公自动化和现代化。过去开会只是文字记录，现在看来就太落后了。每天看央视《今日说法》，公安人员办案很多都是看摄像头的摄像记录。党委会开会从文字记录升格为摄像记录，是技术手段的进步，也是组织建设工作的提升，应该理所当然地升级换代。摄像可以记录各个人的形态表情和具体细节，对于党委会各个成员在讨论决定的态度和过程一清二楚。那是最好的档案资料。上级机关看一看下级单位党委会到底开了一些什么会，会议又干了些什么，对他们了解下级情况，指导下面工作，是大有好处的。你领导下面的工作，如果连他们开了一些什么样的会议，做了一些什么样的决定都不知道，就太高高在上了。

当今社会上还有“一把手社会”现象。有些一把手为自己“说了算数”的权力得意忘形，总是根据自己的好恶做决定，把中央的政策丢在脑后，无视领导班子其他成员的作用。贪污腐败仅仅只是一把手专权的一个表现而已。中纪委《永远在路上》的8集专题片，就记录了很多贪官操控党委会的事情。一些二三把手的贪官说一把手的意见我们当然支持。其实他们本来就是同伙。

现在，党中央提出要更好地监管各个地方各个单位“说了算数”的一把手，必须有强有力的组织措施和切实可行的制度保证，那就是实行对各个地方各个单位的决定一一进行严格检查的校对制度。

可有的单位一把手并不买账，而是根据自己的好恶做决定，这是当前中国社会的一个严重问题。2013年初，习近平总书记在十八届中央纪委二次全会上发表讲话，强调要加强对一把手的监督。全国两会的部分代表委员提出，要“把权力关进制度的笼子里”。

为什么要用时空思维来解决“把权力关进制度的笼子里”的问题？这是因为：一、现在抓住贪腐犯是在权力完成贪腐行为之后的三五年甚至更长时间，很多都是在更高的职位上了，

"时空滞后"，关也是把人关进监狱了，不是关权力，而是关人；二、如果"时空提前"，贪腐行为还没有发生，他还没有使用权力做贪腐，你最多只能教育，预防贪腐。所以，"时空提前"和"时空滞后"都不妥，只有在权力做决定的"进行时"，发现一个制止一个。

所以，对各个地方和各个单位一把手和领导班子的各种决定，建立第一时间就进行校对的制度，正确的决定维持不变，发现错误就立即纠正，这就真正把权力关进笼子里了。这样，共产党就形成了自己检查自己、自己纠正自己的制度。这既能显示共产党的诚意，又增强了自身的免疫能力。也就是说，不让一把手完全"说了算数"，只有说得正确才算数，说得不对的就采取措施给予校对纠正。校对制度就是一个切实可行的关住权力的笼子。





中国历代的统治者对各地的掌权者都缺乏严格的检查和监督。他们也意识到各地的掌权者中，有些人不听中央政府的话，自行其是，于是派出钦差大臣到各地巡视。但是，钦差大臣听到的也只是"敢于拦车挡驾告御状"的零星故事，片言只语，很难做到全面检查。

其实，如果真正要追究产生那么多贪污腐败的原因，最根本的不是哪一个贪污犯个人，而是我们现在的制度。我们现在的制度是产生贪污腐败的最根本的根源，不是我们社会主义社会的社会根本制度，而是我们实行的具体操作制度。这个具体操作制度变成了个人领导一切，而领导一切的个人，又得不到切切实实的监督，监督是口头上的。领导决定了一切，并没有人去检查、监督和校对。

毛主席说，共产党最讲认真。各个地方、各个单位方方面面的工作，涉及政治、经济、文化、社会等各个方面的发展和稳定，这么重要的事情，怎么就不认真校对呢？怎么就放弃校对这个最重要的关口呢？怎么就对各个单位的决定都发免检牌呢？

《中共中央关于全面深化改革若干重大问题的决定》，一个重要的指导思想是放权。但是，放权不是放任自流。放权的配套措施，是要加强对权力的检查和监督。党不是不相信他们，委派他们当一把手，把权力交给他们就是最大的信任。信任不能代替监督。我信任你，给你做决定的权力，但是我要尽到检查你的决定对不对的责任。检查的程序是必要的，不可少的。你都按照党的政策办事，还怕什么检查呢。恰恰相反，检查和校对，是对一把手最大的爱护，与其今后出了问题把你抓进监狱，不如现在尽到校对监督的责任，纠正你做的错误决定。当然，认真校对和检查监督，对于那些心术不正和水平不高的人，就是一种威慑力。

对党委会决定建立校对制度，实行观察员列席和全程录像，决定的文件和录像送审制度，这是党和政府稳定社会、巩固政权的一项重大决策。为了办好这件事情，用多少人，花多少钱都是值得的。老百姓也绝不会说是浪费，反而会拍手叫好，因为一把手做的决定有人来检查了，有人来衡量到底对不对了。全国就不会有那么多的人上访，信访局也不会有那么多的群众来信，也不会出现那么多的冤假错案，因为许多问题都在"校对"的过程中，在基层单位就解决了。一把手做的决定，专门有人再做一次分析评估，正确的维持不动，错误的就要校对纠正，这才叫严格管理。过去的一律不管实际上是放任自流，一把手当然就为所欲为，很多决定都塞进自己的私货。

"把权力关进制度的笼子里"，一定要有操作性很强的切实可行的具体办法，不然就是一句空话。校对制度每天对全国各地各级领导各个单位一把手和领导班子做的各种决定，进行分析、评估、审查，这才真正叫作监督。

对各个单位党委会的决定实行校对制度，不仅仅是为了防止贪污腐败，因为党委会决定一个单位方方面面的事情。党委会都是由人组成的，人的思想是形形色色，一把手和党委会的一些决定，不少是维护他自己小团体的利益。比如在人事决定中千方百计排除异己，极力培养壮大小团体的力量；在经济问题有关决定中维护小团体的利益，有失公平和公正，等等。这个制度只要一实行，对那些心怀鬼胎的人，对那些违背党的方针政策的做法，就是一种威慑，有的议题就不敢公开提出来，各个单位的决策水平就会有很大的提高，因为他们知道不能乱决策，那不仅影响自己的声誉，还会断送自己的前程。

那么，谁个来担任观察员列席会议，谁个来对会议的全程录像做审查和纠正决定呢？

上级行政主管单位可以派出观察员列席会议，因为主管单位要了解下级情况，要提出指导下级的领导意见。但是，只有主管单位是不行的。实践已经证明，主管单位的领导往往和下级单位一把手形成利益相关体，很多上级都没有完成监督下级贪污腐败的任务，有的甚至是上下级联手贪腐，所以贪腐案件都是异地审判。因此，派出观察员列席单位党委会的，还同时应该由纪委、监察厅、信访局等机构轮流派出。

会议全程录像审查的单位，也由这些机构组成。审查工作由纪委牵头，主管单位、监察厅、信访局参加，共同做出如何校对的意见；当然还要调查研究，听取群众意见，然后传达给单位党委会执行。

当然，由哪些机构参加审查工作，或者审查的组织机构如何建立，观察员和审查校对工作如何组织安排，这些都可以研究和探索，逐步积累经验，完善办法。关键是一定要做监督和校对。

权力是干什么的？权力的重要工作就是开会做决定。权力做的决定你都不监督，你监督权力不就成了一句空话？权力做决定的主要场合就是党委会，党委会做决定的事情你都不监督，你又监督什么呢？既然是要全面从严治党，理所当然应该全面从严监督党委会开会做的决定。

也许有人会说，你这不是又把权收回去了吗？我们要说，校对制度不是收权，你做的正确决定，同样畅通无阻，上级不仅绝不过问，而且大力支持；但是，你做的错误决定，行使校对的权力不是收回权力，而是你没有做错误决定的权力。

肯定会有人提出保密的问题。这好办，凡是提出党委会有保密内容的，可以请示保密局。保密局认为属于保密范畴的，单独开会研究，同时由保密局参与观察和录像送审。如果保密局认为不属于保密范畴，自然不在此列。我们现在一些领导提出要求保密的，不少是为他们的不正当行为保密，我们的保密制度很多在为贪污腐败和种种不正之风保密。

对于观察员和审查党委会录像的人，我们要进行相关组织纪律的教育。违反纪律的，取消观察员和审查资格。

共产党对于掌权者的监督，一定要在掌权者做决定的第一时间到岗，不能缺席，不能迟到。监督和校对既是对人民负责，也是对被监督者负责。记住澳大利亚那个中国退休教师跟儿子说的话："有人的时候我不会随地吐痰"。这是中国人的思维本性。既然如此，我们就要保证监督者准时到场，不然的话，可能不少人都会"随地吐痰"！如果中国大大小小的每一个单位都这么做了，贪污腐败和歪风邪气就会大大好转，从严治党才不会成为一句空话。

### 财富分配公开透明的民主思维

民主思维是现代科学思维方法中一个最重要的思维方法，是西方现代思维运动中举旗的思维方法。中国人在这个思维方法面前经常处于落后状态。

比如现在提倡领导人收入公开制度，传媒上说了多长的时间了，大家都搞忘记了。为什么搞忘记了？就是民众对此失去了信心。

现在的干群关系紧张，绝不仅仅只是一个贪污腐败，还有一个就是分配不公。一个人看社会的分配不公，也绝不只是看社会上有钱人横行霸道，基尼系数超高，更重要的，是他自己单位的财富分配。中国在改革开放以后，提倡不吃大锅饭，在工资之外还有一笔财富要拿出来分配。一些企事业单位，中央文件规定有一部分财富让他们自主分配。可是，很多单位这一部分的财富分配，群众的意见就很多。领导人决定给群众的分配，当然你掌握全面情况，一般会站在公正的立场，也容易实行公开的办法。领导人决定给领导人的分配，现在许多单位就搞暗箱操作。经常传出来领导人的年收入分配数字，几十万几百万元的，让老百姓大吃一惊，但是又弄不准确，于是就传来传去，最后就变成了一个传说。老百姓就在这些传说中大发牢骚，情绪互相传染，正能量就在传说中消磨了。

人都是有私心的，自己决定给自己分配多少，难道会决定给自己少分配一点？那么大的反腐倡廉运动，国字号的人物都抓起来了，不少官员还敢冒天下之大不韪，顶风作案，自己给自己的合法分配，多一点就多一点，不属于贪污腐败，属于“有权不用过期作废”之列。

我们的分配制度，特别是自主分配部分，应该提倡公开、公正、透明、阳光、民主、科学。国家公务员收入公开制度，一时还不能做到，那么，单位领导人收入，应该完全公开，先走一步。

一个单位的领导人收入为什么一直不能公开透明？根源就是缺乏民主思维，民主在这里完全靠边站了。

按照民主思维，科学的分配办法应该是公正、公开、透明、阳光。单位领导人的收入，应该由群众推举的各方面的代表，组成一个分配协调委员会，讨论制定相关办法或者政策，做到有法可依，有章可循，而不是随心所欲，个人说了算。比如今年利润增加了多少，各个方面起了多少作用，该得到什么样的比例，或者采用评分制，各个领导到底发挥了多大的作用，由群众打分。群众的眼睛是雪亮的。哪个项目得多少分，有一套计算方法。这样一来，收入再多也理直气壮。如果暗箱操作，一把手自己决定自己和领导成员的几十万几百万元的年薪，即使这个分配是完全合理的，群众也会怀疑有猫腻。

领导人的年收入为什么成了一个传说？因为缺乏民主思维。

本单位自主决定，绝不是说就由一把手决定，应该是民主决定、科学决定。那么严格的反腐监督，有些人依然要不择手段往自己包包里拿；单位领导暗箱操作，岂不是放手为自己谋利益？有的群众问：到底他们做了些什么工作，就拿那么高的年薪？愤怒之后也无可奈何。

# 建立国家的思维方法库

## 人无完人，因为库无完库

为什么要建立一个国家的思维方法库?

这是因为，任何一个人，不管他有多聪明，都不可能把他遇到的所有的问题，一个个地都圆满解决。

原因也很简单：之所以人无完人，是因为库无完库。所谓“库无完库”，就是没有哪一个人的思维方法库，是什么思维方法都有，能够成功解决他碰到的各种各样的问题。

其实，即使他思维方法库里的思维方法应有尽有，完美无缺，他也不可能在使用的时候，能够选准应该选用的思维方法。选择思维方法错位，同样会造成一个错误的思维结果。

我用例举法来论证我的这个结论——

牛顿是人类使用演绎法的大师，他用演绎法和他创造的微积分、无穷小等数学方法，论证了万有引力，从此打开现代科学的大门，使得人类从此步入现代化的生活时代。如果要讲思维方法，他是当之无愧的思维方法大师。可是，他的思维方法库里，却还有上帝存在的思维。有人说牛顿是为了解释万有引力是怎么来的，才走上了上帝是第一推动力的唯心论思维道路。其实不是。他在研究万有引力之前，就迷信上帝；研究出万有引力之后，还是相信上帝。他的上帝思维，是因为他是教徒，从宗教神学那里学来的。他的演绎法，是读书的时候，从亚里士多德和笛卡尔的书中学来的。在他的思维方法库形成过程当中，是先有上帝思维，后有演绎法。在他研究万有引力的时候，上帝思维和演绎法这两种思维方法，在他的思维方法库里同时都有的。

1720年，英国南海公司（South Sea Company）的股票紧紧地吸引了牛顿的眼球。这家公司在美国南部西班牙殖民区取得贸易垄断权，很多人认为跟海外新世界做生意可能产生巨大的财富，于是股票从1月开盘的每股100英镑涨到7月的近1000英镑，而12月又跌到100英镑。牛顿在这一场泡沫运动中损失1万英镑。（美国戴维·麦克亚当斯著《博弈思考法》，杨珮艺、唐源旂译，中国出版集团出版）

你看，牛顿这个人类创造和使用科学思维方法的大师，思维方法库也有出错的时候。

再说我们崇敬的领袖毛泽东。毛主席运用理论联系实际的方法，把马克思列宁主义与中国革命实际相结合，将中国革命从困境引向成功，那是思维方法的胜利。当时党内多次出现“左”、右倾机会主义，他马上写出《矛盾论》《实践论》等若干论述思维方法的书。毛主席的思维方法库是丰富多彩的，解决了一系列中国革命的难题。但是，一进入社会主义建设时期，就不行了，就多次出现冒进和急于求成的思想。他的思维方法库里，缺乏指导经济建设的思维方法，这是另一个领域的学问。

斯大林也是如此。斯大林是个军事天才。第二次世界大战，他指挥苏联红军保卫莫斯科，保卫列宁格勒，在希特勒进攻苏联，包围莫斯科的关键时刻，举行红场阅兵，从此挥师西进，攻克柏林，那是人类战争史上不朽的经典案例。有人说他是转动地球仪指挥战争。他的军事思想无疑是出类拔萃的。但是，斯大林在处理党内斗争、经济建设方面，同样也是欠缺思维方法的。斯大林在处理中国革命的问题上，也有很多不足之处。所有这些不足，都是思维方法库里思维方法的欠缺。

还可以举出很多很多这样的例子。这些年来出现的高官贪官现象，也说明这个问题。有的官员，有的高官，工作中还是取得了一些成绩，不然不会得到提拔重用。有的贪官被关进监狱之后，还有人说他做了一些好事。这就表明，他的思维方法库里有各种各样的思维方法。他使用科学思维方法，把事情做成功了，就成为他的政绩；他使用拉帮结派的思维方法，就会网罗编织关系网；他使用损公肥私的思维方法，就贪污腐败；他使用裂变式思维搞贪腐，人家贪污几千万元，他就贪污几亿元。他还使用像裂变式思维这种科学思维方法来为自己的贪腐服务。

所以，现代中国就出现了一批有能力的贪官。有些人对这种现象不理解，感到奇怪：能人怎么还会贪腐？能力和贪腐是两种思维方法决定的。能力和成绩是在工作中正确使用科学思维方法的结果；贪污腐败是在处理公与私的问题上使用损公肥私思维方法的结果。有的人虽然读了党校，但是垃圾思维并没有从他的思维方法库里清除出去。一个人的两面性就表现出来，甚至还有多面性。

《科学发现纵横谈》中说："任何事物都不可能十全十美，爱因斯坦的科研方法也是如此。例如，他对归纳法不够重视，有时过分强调思维的自由创造等。其实归纳与演绎相结合才是更为完善的方法。但每个人都处于历史发展的一定阶段，都有历史局限性，不能要求他成为完人。"

**思维方法库定律——"库无完库"定律**

任何一个人的思维方法库里，都不可能将人类创造的各种各样的科学思维方法全部学习收集起来，应有尽有，完美无缺，成为一个"万能思维方法库"。之所以人无完人，就是这个道理。

当然，我们不能根据这个"人无完人，库无完库"定律，去原谅贪官的贪污腐败，也不能将功抵过。每个人都必须以法律为准绳。法制思维是人人都应该遵守的思维方法。

### 建立集思广益的群体思维方法库

虽然"人无完人，库无完库"，但是你看，西方一场科学技术大革命，几十几百个科学家，一个接一个地，就把许许多多的自然科学的大门打开了。靠一个人不行。就是靠牛顿那么伟大的科学家，也打不开那么多的科学技术的大门，他只能打开一些，或者一部分科学技术的大门，打不开所有的科学技术的大门。但是，那一群科学家，就把所有的大门，一个接一个地，都打开了。因为每个人虽然都不是"完库"，都有短处，但是，各人发挥各人的长处，加起来就没有短处了。你看，现在哪一个人要想再开创一门自然科学的学问，真是太难了。

这就给我们一个启示，将很多人的思维方法库整合起来，就可能形成一个接近"完库"的思维方法库。整合的人愈多，这个思维方法库接近"完库"的程度就愈高。

"人无完人，库无完库"的问题，是任何一个人都无法解决的。但是，恰恰对于一个国家、一个团体，就能够得到稳妥的解决。那就是运用整合思维的方法，整合很多个人的思维方法库，来形成一个接近完库的群体思维方法库。

所以，我们要用整合思维的方法，解决国家领导人的"人无完人，库无完库"的问题。这个办法就是，挑选若干个思维方法库丰富多彩的人，组织起来，就形成若干个人思维方法库的群体集合，个人思维方法库的"无完库"问题就迎刃而解了。这就是智囊团。

其实，古今中外的历史上，很多国家领导人都有智囊团似的机构，或者是个人，或者是几个人。中国古代，东汉时就出现了谋士。中国军队有军师，西方军队有参谋部，就是出主意的。诸葛亮就是智慧军师的代表。智囊团逐步发展到现代，西方国家就出现了智库这样的机构。

光学原理告诉我们，如果一个房间只有一盏灯从上面照下来，那有物体遮住光线的地方，就是黑的，还会出现明暗相交的阴影区。如果多加一盏灯，阴影区就会减少。再多加几盏灯，阴影区更少。加的灯越多，阴影区越小。医院手术室的无影灯，就是按照这个原理发明创造的。几十个灯源加起来，就把每一个地方都照亮。这样一来，就能从不同的角度把光线照射到手术台上，既保证手术时有足够的亮度，同时手术室好多人走来走去也不会挡住光线而影响手术。

我们将无影灯原理移植到国家的决策过程中去。一个人的思维方法库，不能够思考那么多领域的问题，那么，就选择组织几十个人甚至几百个思维方法库丰富多彩的人，就可以形成一个接近"完库"的思维方法库了，可以从各个方面取长补短，以得到更加完美的结果。

每个人都是库无完库。但是，几十个人甚至几百个人加起来，就是一个接近完库的思维方法库了，方方面面的思维方法都有了。

中国人的思维方法库贫困落后，但是因为中国人口众多，经过几十年长期的大学教育，总会有一些人的科学思维方法库会丰富一些。我们把这些人遴选出来，组织起来，整合起来，就可以形成一个非常全面的完善的强大的思维方法库。它可以为国家提供各个领域各种各样的决策方案，供国家领导集体做参考。有这么一个思维方法库做思维参谋，就可以保证没有疏漏，或者没有重大疏漏。

俗话说，"智者千虑，必有一失"，国家思维方法库用几百个人的思维方法库组合起来，就可以让这"必有一失"的"失"也不出现，因为智者千虑的智者，是个人，国家思维方法库是一个智者群体，代表中华民族的智者群体。

一个国家的思维方法库，如果善于遴选，可以建立一个远远高于个人水平的思维方法库。中国国民虽然科学素质很低，整个思维方法库贫穷落后，但是，从近14亿人中，完全可以挑选出若干思维方法库优秀的人才。国家的思维方法库，可以远远高于全民思维方法库的平均水平。这就像中国人现在的身体素质，比起很多国家特别是发达国家，还是差得远；但是，参加奥运会的运动员，就可以选出十分优秀的高手，去代表国家参加比赛。因为我们有近14亿人口，选拔几百个运动员去奥运会参赛，结果就可以夺得金牌总数名列前茅，最近这两次奥运会金牌就第一第二了。又比如中国长期都是数学弱国，现在也没有摆脱数学弱国的面貌，可是全世界的数学奥林匹克比赛，北京大学数学系教授张筑生带队指导，连续5年拿总分第一。

国与国之间的竞争当然是实力的比拼，同时也是智慧的竞赛，既是国家领导人思维方法库的竞赛，更是国家思维方法库的竞赛。我们不能让国家领导人只是个人在那里竞赛，也用不着全中国的人都来参加比赛，而是组织一个智者团体去参加竞赛。

使用比较法、优选法，在国民中遴选出十分优秀的思维高手，组成一个国家的智库团队，来为国家的各种决策服务，乃是当今中国思维贫穷落后的时候，一个重要的对弈方法。

我们现在当然也有类似这样的机构，各种政策研究室、社会科学研究院、人大代表、政协委员等等；各个地方，也搞了科技顾问团。这些都是想达到帮助党和政府决策的目的。但是，我们还是会有失误的决策。实践证明，只是靠这些人还远远不够，因为那些机构，往往是从代表性来选择人；国家思维方法库，则是从个人思维方法库的思维方法去选择，从科学思维能力和水平的角度去选择。

过去，很多国家都是领袖的思维方法库就是国家的思维方法库，个人决策，个人思维方法库“无完库”的缺陷就充分暴露出来。慢慢地，西方一些国家搞起了智库，国家思维方法库的思维方法就形成了。

实行民主集中制，其实绝不只是一个班子的人来民主集中，而是要集中群众的智慧。集中群众的智慧，也不是方方面面的意见都听到，而是要把洞察一切的智慧高手的智慧吸取过来。就像毛主席在井冈山和江西瑞金的时候，党中央如果不把毛委员的智慧和主张接受，那就只有失败。所以，民主集中，一是要体现代表大多数人的利益，二是要科学洞察社会发展的方向和规律。也就是说，一定要使用科学的思维方法来拿出方案，这是民主集中的基础。

也就是说，我们的决策机构决策的时候，一定要有经过科学论证的若干方案。国家思维方法库就是要拿出多种多样的决策方案，让领导班子、人代会、政协会去讨论和选择。这样酝酿得就更充分，讨论得更成熟，最后就真正是做到了科学决策。西方国家很多都是智库提出方案，参众两院讨论，总统最后拍板。

国家的思维方法库，是使得国家决策走上科学化的道路。无论领导人怎么更替，国家思维方法库都正常运转。哪个领导人上台，它都可以提出种种决策方案，都会利用它来为自己的决策服务，国家政策也会比较稳定。

当然，国家思维方法库的人员选择，那是科学思维方法库的考试，不是思维方法的知识，而是运用思维方法取得的成果说话。而且，人员要不断吐故纳新，与时俱进，保证思维方法库充满活力。

## 广泛吸取群众中的创新智慧

国家的思维方法库，首先是发挥智库人员的智慧和创造性，研究、提出和论证各种各样的决策方案。但是，这还不够。还有一个重要的事情，是疏通民间渠道，让国民中蕴藏的智慧能够直达智库。

中国人口众多，藏龙卧虎。海量人群中蕴藏着海量的智慧。怎么办？在国家思维方法库里，专门设置一个部门，负责眼观六路耳听八方，从民间名不见经传的人和事中，寻找智慧人才和智慧思路。

比如，我在习近平总书记中国梦的影响下，当时就写了《百岁民族中国梦——中国国家的健康强国战略》，就想交给国家的有关部门。但是，我不知道应该交给谁，所以，只有一直放在电脑的文档里。

日本在吸取民间智慧方面就做得很好。比如，日本从1960年开始实行的经济腾飞——全民收入倍增计划，最早就来源于一篇杂志上的文章。1957年，日本内阁会议制定了“新长期经济计划”。1959年，岸信介政府又搞了新经济十年计划。这些纸上的理论与现实相距很远。日本开发银行的一位理事下村治，毕业于帝国大学的经济学博士，他有不同的看法，就在杂志上发表了一篇《日本经济的基调及其增长力》的文章，提出了10年日本全民收入倍增、经济规模翻一番的高速增长理论。他的文章在日本经济学界引起了一场政策论争，同当时任经济企划厅综合计划局局长大来佐武郎、一桥大学教授都留重人等专家，展开了一场所谓“增长力争论”。1960年日本岸信介内阁总辞职，池田勇人上台，果断采纳了下村治的“国民收入倍增计划”。日本政府当时的这个决策，是很有胆识的，放弃政府部门专家的理论，采用一个名不见经传的小人物的建议，真是非同凡响。

下村治大学毕业以后，长期身体状况不佳，无所作为，一度消沉。但他对经济问题的酷爱始终不离不弃。他的方案一被采纳，马上就组织250人的班子，进行广泛的调查研究，最后综合运用经济学、预测原理、乘数理论等，对战后日本经济状况及发展趋势进行了一系列的分析与预测，写出了38万字的“国民收入倍增计划”。这一计划成为日本经济起飞的基础和转折点：1967年日本提前完成翻一番的目标，实际国民收入增加了一倍，1968年成为西方世界仅次于美国的第二大经济强国，造就了世界经济发展史的奇迹。原来病病怏怏的青年大学生、银行职员下村治，从此成为日本著名的经济学家。

20世纪20—30年代，日本军国主义思潮泛滥，不断发动侵略战争，掠夺国外的领土和资源。连年征战，长期穷兵黩武，使日本不堪重负。战争需要有足够的体格合格的兵源。当时的海军军医总监高木兼宽男爵曾经批评说：“今国民陷于偏重智力、忘却体力养成之重要。征兵结果，体力年年下降，此即明证。”1935 年，日本肺结核患者达120 万人。日本政府出于战争的需要，希望提高国民体质。

日本的一位医学博士原志免太郎（1882—1991），本来是学习研究现代西医科学的，一个偶然的机会，他接触了艾灸疗法，发现艾灸的疗效非常神奇，从此改变了他的研究方向。他使用西医的思维方法研究艾灸，博士论文题目就是“灸对血液的影响”，提出了灸的非特异性蛋白学说，是他对灸法治疗结核疗效的科学性证明。从此以后，他一生致力于艾灸疗法的研究。他的《万病奏效灸疗法》一书在日本再版了50次。

原志免太郎为了推广自己的灸疗，1929 年，在东京成立了三里灸实行会，向社会各界广泛宣传推荐。当时的一些政府公务人员和知名人士如外务大臣宇垣一成、铁路大臣永田秀次郎等人也参加了该组织，一边参与接受灸疗，一边帮助宣传。在这个过程中，原志免太郎不断向政府人员提出，在全国开展保健灸，可以培养日本人强健的体魄。如果在当今中国人看来，针灸医生原志免太郎的做法，完全就是一个个人医疗业务的市场推广行为。可是，最后真的就变成了国家的一个决策，日本从此掀起了“日本国民三里灸健康运动”。原志免太郎组织的三里灸实行会，后来就改称国民保健灸实行会。日本国民三里健康灸运动普遍开展，学校儿童施灸，工厂职工施灸。就连在中国东北地区执行“开拓和防卫任务”的，由于药品和医生的严重缺乏，1938 年加藤完治等医生对3 万人进行了以保健和治疗为目的的灸疗；同时，医生代田文志等人为给开拓团讲习灸疗法而远赴中国东北各处巡回灸疗。

原志免太郎自己也身体力行，天天坚持艾灸，活到108 岁。他的灸疗研究结果犹如给当时内困外扰的日本朝野注射了一支兴奋剂，同时也为以后灸法在日本的普及奠定了基础。这是日本政府吸收民间智慧做决策的一个典型案例。

2016年3月15日晚，深圳卫视的《军情直播间》栏目，报道美国国防部组织成立了一个国防创新咨询委员会，任命硅谷阿尔法贝塔公司的一把手担任这个委员会的主任。《军情直播间》有几个嘉宾就这个问题开展讨论，说实际上就等于是让硅谷的互联网智力公司民转军，也就是国防部嫁接互联网创新思维方法和能力。这是一个非常重要的思维方法，将“+互联网”的思维方法装配到国防上，而这个“+互联网”，不是加一般的互联网，而是全世界互联网的发源地和孵化基地——硅谷，用硅谷的智慧提升五角大楼的军事实力。这是用民间智慧和科技智慧武装军事的一个重大决策。五角大楼吸取民间智慧的科学决策真是了不起。

05 第五章

# 建设现代化的思维方法库

这是本书的高潮。作者总结归纳出思维方法库的11条定律。中国人还没有享受到“想怎么想就怎么想”的思想自由，许多人都是科学思维盲。思维方法库决定一个人的思维生产力和创造力。只要你用科学家总结创造的经典思维方法去思维，你的聪明才智就会裂变式爆发。

# 思维方法库的11条定律

我们前面讲了一些思维故事，现在回过头来，将思维方法库的概念、规律，做一个归纳总结。

> **思维方法的定义：**
> 人在收到一个信息之后，对信息进行思考、分析和加工，决定采取下一步的对策；在这个思维过程中，他所运用的方法、工具和手段，就是他的思维方法。

思维总是要借助思维方法的。一个人为什么这样想，为什么这样做，总是有原因，有依据的。他在思考过程中依据的工具，就是思维方法。

> **思维方法库的定义：**
> 每个人脑子里都积累了一些思维方法，这些思维方法加起来，就形成了一个人的思维方法库。

每个人的思维方法库里，思维方法数量的多少，层次的高低，领域的广度，各不相同。所以，不同的人，思维方法库是不同的。

一个人的思维方法库，就相当于一个农民家庭的农具库，一支军队的武器库，一个工厂的各种加工机床和设备库。一个人的思维方法库里，思维方法越多，层次越高，思维加工的能力就越强，思维的空间就越广阔。具有创新思维能力的人，必须有一个储量丰富、品种多样、层次较高的思维方法形成的思维方法库，同时他还能对这些思维方法信手拈来，运用自如。

思维方法库的高下，在任何时候任何情况下，都会表现出来。比如下棋，生手自以为想了好几步，熟手看来却很平易；生手挖空心思，熟手则灵活自如。同一道数学题，甲做来单刀直入，十分简捷，乙虽然也做对了，却繁杂冗长。同一个作文题，甲30分钟交卷，得90分，乙一个小时交卷，才60分。参加同样的面试，甲条分缕析，头头是道，乙东拉西扯，不知所云。看同一部推理电影，甲能迅速地透过现象抓住本质，“一眼看穿”，乙到结束时还没有摸清头绪，云里雾里。这都表现了思维方法库的差距。

人的行动和能力，都受到思维方法库的指挥和制约。一个人的思维方法库，决定一个人的能力和水平。因此，一个人的思维方法库决定一个人的一生。

本书在前面的相关内容中，提出过思维方法库的一些定律。现在，我们要从总体，从宏观，来研究、归纳和总结思维方法库基本遵守的规律。

我这里提出的思维方法库11条定律，用笛卡尔的话来说，大多数都是不证自明、完全理解的公理。虽然很多规律都是不证自明的公理，但思维方法库的概念是全新的，特别是中国人思维方法库的贫穷落后，所以，还是人人都应该懂得这些规律，认真掌握这些规律才行。

你可以用例举法来验证或者破坏这些定律。你可以千方百计寻找不成立的例子，来挑战这11条定律。

### 1. 思维方法库定律之一——人人都有思维方法库定律

每一个人都有一个思维方法库。没有哪一个人没有思维方法库，因为他天天要思维。思维是受思维方法库里的思维方法指导和制约的。

如果你说你没有思维方法库，那你根据什么做思维呢？未必临时从天上掉下来一个思维方法？

这就像农民一样，如果他的农具库里没有几件像样的农具，比如，耕地的耕牛、挖地的锄头、挑粪的扁担和桶、割草的镰刀，那他怎么耕地、挖地、挑粪和割草呢？

笛卡尔说，我思故我在。这里是：我思故库（指思维方法库）在。

一个人的一言一行，都是受思维方法库的指使的。

人的思维方法库，只有思维方法数量多少之分、层次高低之分，没有有无思维方法库之分。如果没有思维方法库，那他不就无法思维，从而退化成一个动物了吗？

人的一生，无论你干什么，你的一切都是由思维方法库决定的。所以，这个定律告诉我们，一个人，一定要把思维方法库的建设放在第一位。

### 2. 思维方法库定律之二——方法来源定律

一个人思维方法库里的思维方法，有两个来源：一是学习别人总结出来已经证明很好的思维方法，二是自己从生活和经验中总结出来的思维方法。

人类有识之士，特别是科学家们总结的科学思维方法，为全人类广泛使用之后证明行之有效，因而进入书籍、传媒等媒介广为传播，是人类创造的最科学的思维方法。学习这些思维方法，是人类武装思维方法库、提高个人思维水平和思维加工能力的最重要的途径。

个人总结思维方法，往往受到水平的限制，普遍层次很低。正因为如此，这些思维方法都难以进入大众传媒进行传播。但是，很多没有文化的人，文化层次很低的人，经常都在凭着自己的认识，自己总结思维方法。所以，这些人的思维方法库，整体上都处于一种贫穷落后的状态。

思维方法库里的思维方法，不能遗传，不能购买，不能赠予，只能通过学习别人的思维方法和总结自己的思维方法两个渠道来完成。

从遗传学的角度讲，人的聪明程度，与父母的遗传有一定的关系。但是，这种遗传是人体神经元的遗传，基因的遗传，绝不是父母三段式演绎法或某种思维方法的遗传。你不可能生下来就懂得三段式演绎法。如果你遗传了父母反应快速的神经组织，那么，你在学习接受三段式演绎法的时候，可能学得快一些，但是，三段式演绎法还得从头到尾开始学习。

所以，学习学习再学习，乃是建设思维方法库的最重要的途径。

除了这两个途径之外，没有其他捷径。

遗产可以继承，思维方法库无法继承；职务可以任命，思维方法库无法任命。

这个定律指出了建设思维方法库的途径。一个人如果长期以来都不学习书本和媒介介绍的科学思维方法，只是凭自己想当然总结的思维方法做思维，这个人肯定难以有所作为。

思维方法库方法来源定律的现实性、普遍性很强。中国大多数人都是自己总结思维方法，不学习先进的思维方法。自己总结的思维方法，要么层次低，要么就是垃圾思维。这是中国人思维方法库贫穷落后的根本原因。

各个领域的从业人员，都应该学习现代科学思维方法。仅仅靠自己个人的经验做总结思维方法的工作，那是蜗牛爬行。仅仅靠专业领域的思维方法，不能高瞻远瞩，不断创新。只有学习先进的科学的思维方法，聪明起来的速度才能更快。你有一个丰富多彩的思维方法库，思维起来就能跃马扬鞭，纵横驰骋。

中国人长期以来都不善于总结思维方法。像晏子使楚的经典故事，历朝历代的知识分子读了多少遍都数不清，也总结不出三段式。庄子的“日取其半，万世不竭”，完全是站在极限和无穷小思维的边边上了，就是总结不出极限理论，也总结不出无穷小来。华罗庚已经总结了一个统筹法，各种各样的人都曾经站在“野的”的跟跟前，或者坐上“野的”到处跑，也不能总结出共享思维“优步”“滴滴”来。

中国很多人不善于总结科学的思维方法，但是，他们却老是总结出一些落后的甚至是垃圾的思维方法。

思维方法库两个来源的定律告诉我们，中国人要提高自己的思维方法库水平，最好是学习使用人类已经创造总结的科学思维方法，提倡拿来主义。要尽量少使用自己总结的思维方法，因为个人总结思维方法的水平太低。

这就像农民的农具库，你就花钱买人家农具厂生产的标准的农具来使用就可以了，不必自己去打造农具。农民自己打造农具的水平肯定很低，那已经是超越农业本职工作的事情了。

中国人思维方法落后的根本原因，就是绝大多数人基本上都使用自己总结的思维方法。个人总结的思维方法，往往都是经验思维、从众思维，跟着感觉走，怎么不落后？

现在很多成功人士，你到他家里去参观，古色古香的图书室有四书五经装点门面，琳琅满目的家具中，欧美风、古典风样样齐全，汽车的档次越换越高；总之，衣食住行的库房都丰富多彩，就是思维方法库里没有几样像样的科学思维方法，垃圾思维倒表现得淋漓尽致，明眼人一眼就能看穿底细。

现在一些人使用权力和金钱，使自己家里衣食住行各种各样的库房丰富多彩起来。权力和金钱都可以使自己得到一套豪华别墅、一个书库、一个汽车库房、一个高档衣橱，但是，权力和金钱没有办法使自己思维方法库丰富起来，因为一个一个的思维方法，只有努力学习才能装到自己的脑子里去，没有其他的捷径，花多少钱都不行。聘请顾问高参当然可以节约很多时间和精力，但是最后还是要你自己拍板。这个拍板就需要思维方法了。





### 3. 思维方法库定律之三——最佳结构定律

如果一个人的思维方法库由两部分组成，一部分是自己从事专业领域的思维方法，一部分是马克思主义哲学里各个领域都适用的科学思维方法，则这个思维方法库就是一个最佳结构的思维方法库。

思维方法库的思维方法，因为是学习和个人自己总结两个来源，而这两个来源的每一个来源，又各自都有多种多样的思维方法，特别是自己个人总结的思维方法，更是没有规律的五花八门，因此，思维方法库里的思维方法，就会出现各种各样的组织结构。

由各种各样的思维方法形成的思维方法库的结构，是一个复杂的问题。不同的人，会呈现出不同的结构。社会上的人是一个大千世界，思维方法库的结构也会呈现一个大千世界。我们这里只是研究一个做本职专业工作的人思维方法库应该有一个什么样的结构为最佳。

中国人思维方法库结构最多的有三种情况：一是没有读过书的人，或者文化层次很低的人，思维方法库里的思维方法，多是自己个人总结的，这种人思维方法库就是真正贫穷落后到极点了。二是虽然也读过一些书，甚至读过大学，但是只是学到了一些知识，没有掌握多少思维方法，这些人的思维方法库只是比前面的情况好一点，仍然是贫穷落后。三是掌握了一些本专业的思维方法，没有哲学层次的可以普适的科学思维方法。这一种情况在各个专业领域都普遍存在。

最佳结构定律告诉我们，一个人如果仅仅只有专业领域的思维方法，你的思维方法库就像一根豆芽一样，缺乏丰富的多种“维生素”的营养。大学为什么要学习哲学？就是要丰富你的思维方法库中的哲学思维方法，那是人类各门学科综合起来的学问。你的思维方法库如果缺少这一部分，你的思维空间就会受到很大的限制，专业工作也就会缺少创造性。

为什么专业领域的思维方法，加上哲学中的科学思维方法，就会形成一个最佳结构的思维方法库？这是因为，这两类思维方法相加，就形成了一个复合型思维方法结构，既有本专业领域的思维方法，又有其他知识领域的思维方法。哲学所谓的科学思维方法，都是从各门学科里使用的思维方法综合起来，概括总结出来形成的对各个领域都普遍适用的思维方法。

过去经常有人说，一个人要有复合型的知识结构，就是一个复合型人才。其实，所谓复合型知识结构，复合知识是没有多少用处的；只有掌握复合方法，才能算是复合型人才。而这个复合型人才，就是有一个复合型思维方法库。具有两个专业领域以上的思维方法，也就是说，具有许多不是本专业领域的思维方法，这个人就比只具有本专业思维方法的略胜一筹。如果他具有与从事的专业种族关系很远的专业领域的思维方法，他就会独领风骚。

现在哲学里介绍的科学思维方法，从理论上包括了自然科学和社会科学的思维方法。如果从数量上来看，大多数都是自然科学特别是数理思维方法。你如果真正掌握了这些思维方法，无论你从事社会科学还是自然科学，都会给你的专业思维方法，起到补充和复合的作用。但是，现实的情况是，中国大学的哲学课只是讲授了一些哲学知识，并没有进行思维方法的训练。很多人虽然学习了哲学这一门课程，却只是知道了哲学的一些知识，并没有真正学到思维方法。

学习思维方法库最佳结构定律，一个人首先要弄懂自己思维方法库的结构，这样可以明白你的优势和弱点，你要努力发挥自己的优势，才能取得更好的成果；其次，如果你想干其他的什么事情，你就要从那个事情的需要出发，去学习相应的思维方法，你才能够有所作为；第三，如果你只是想把现在的工作做好就行了，那就努力学习本职专业的思维方法和各个领域普适的科学思维方法。除了本专业的思维方法之外，你还得掌握各个领域普适的哲学思维方法，才算得上是最佳结构。

### 4. 思维方法库定律之四——方法库现代化定律

*如果一个人掌握了笛卡尔方法论，这个人的思维方法库就是一个能够不断创新的现代化思维方法库。*

在人类思维发展的历史上，法国哲学家笛卡尔总结的方法论，是使一个人变得聪明起来的捷径。笛卡尔方法论是一个体系，其要点是：（1）怀疑一切。无论是书本知识还是权威结论，都可以怀疑它是不是真正的真理。他主张用科学的演绎法进行推演证明，正确的才坚持，错误的则推翻重建。（2）推理演绎从公理开始。公理一定要是通过观察、实验反复证明了的公理，是大家都自明的直观公理。（3）研究复杂的问题，就分解为多个比较简单的小问题，一个一个地分开解决。（4）把问题从简单到复杂排列，先从容易解决的问题着手。（5）各种问题分析解决之后，再综合起来检验，看是否完全，是否将问题彻底解决了。

使用笛卡尔方法论研究现实问题分为三个步骤：第一是用怀疑一切的方法寻找确定研究的选题，第二是准备公理等理论论证的基础建设，第三是严格证明结论的正确。确定选题、准备公理、证明结论，构成了笛卡尔方法论的“三步曲”。

笛卡尔方法论的巨大成果，是推动人类社会出现了有史以来最伟大的科学技术大革命。整个自然科学，一座无比辉煌的科学大厦，枝繁叶茂，那么多的门类，那么多的学问，都是使用笛卡尔方法论创造出来的。紧随其后的，是一整套社会科学体系的建立，政治学、经济学、法学、教育学、心理学、史学、文艺学、伦理学、美学，等等，也应运而生。

实践证明，笛卡尔方法论是人人都应该学习掌握的创造性思维方法，它是经过几个世纪，自然科学和社会科学的科学家们反复运用，证明行之有效的方法。西方哲学家对笛卡尔方法论的评价是：笛卡尔为人类总结出了“建立科学的科学”。

西方人的正反实践证明，笛卡尔方法论是使得西方人这五百年来比中国人更聪明的捷径。中国人只有努力学习笛卡尔方法论，走上思维现代化之路，才能赶上和超过西方人的思维水平。

思维方法库现代化，应该是当今中国人的追求。以中华民族崛起为目标的中国人，实现思维方法库的现代化，全力达到自己追求的现代化目标。





**5. 思维方法库定律之五——清除垃圾定律**

思维结果危害他人和社会，这样的思维就是垃圾思维。人的思维现代化，一定要把思维方法库里的垃圾思维清除干净，这样才能充分发挥现代科学思维方法的智慧作用。

因为垃圾思维一多，很容易妨碍科学思维方法的学习和使用，新的信息一来，垃圾思维就习惯性地跑出来对付，你就会走到斜路上去。

垃圾思维多了，坏处多多。

中国人建设思维方法库的一个重要任务，就是清除垃圾思维。

很多中国人的思维方法库里堆满了杂七杂八的垃圾思维，哪里还有堆放科学思维方法的地方？

治理思维方法库的贫穷，虽然很难，但还好办一些，学习先进的科学思维方法就行了。最恼火的是库房里堆满垃圾，清除垃圾思维的工作就很难。

如果农民的农具库贫穷，没有几件像样的农具，这还好办，因为库房是空着的，买来拖拉机、洒农药飞机等堆满进行了。

学习来的新的思维方法，思维方法库没有地方堆，因为垃圾思维堆满了，把位置占了。

这就相当于生态环境建设的清除污染源。

思维方法库要吐故纳新。吐故，就是清除垃圾思维；纳新，就是学习西方先进的科学思维方法。这边吐故，那边纳新，这边不断吐故，那边不断纳新，思维方法库就建设得更好了。

**6. 思维方法库定律之六——灵感频率定律**

一个人对一个问题做思维加工时，产生创造性思维成果的频率，与思维方法库存储的思维方法数量成正比。

用公式表示——

$F = nk$

其中，$F$表示灵感频率，$n$表示思维方法库存储量，$k$表示经典科学思维方法占据思维方法库的比例系数。

这个规律叫灵感频率定律，或者创造性频率定律。

灵感来自哪里？人们常说，灵感来自长期积累。其实，这个长期积累，就是积累思维方法，绝不是积累知识。知识积累再多，也无用。

灵感绝不是从天而降，而是新信息触及了你思维方法库里的一根神经——这根神经就是其中的一个思维方法。

灵感从哪里冒出来？灵感是从思维方法库里的一个思维方法中冒出来的，是你长期积累思维方法的结果。

为什么是他生出这个灵感，不是你生出这个灵感？因为你没有踏破铁鞋、长期积累的多种多样思维方法组成的思维方法库。

所以，建设思维方法库，是人生智慧建设的一件大事。

如果你的思维方法库储存太少，没有先进的科学思维方法，只有几个老式的落后的思维方法，经常派不上用场，大多数信息来了你都束手无策，麻木不仁，只能眼睁睁地看着人家灵感爆发，你的思维方法库真的就是贫穷落后了。

### 7. 思维方法库定律之七——思维加工三种形式定律

思维方法库进行思维加工产生思维结果，一般表现为三种形式：一次性的思维碰撞、一个接一个的多次思维接力、各种思维方法围绕一个问题进行思维会战。

所谓一次性的思维碰撞，就是外来的信息与思维方法库的思维方法发生一次碰撞，就产生出思维结果。

所谓思维接力，就是思维方法与信息发生碰撞，不是一次碰撞就结束，而是像接力棒似的传递思维结果，经过多次思维碰撞和接力之后，才形成最后的思维结果。

所谓思维会战，就是在解决重大而且复杂问题的时候，思维方法库在横纵若干条经纬线上同时展开思维碰撞、思维接力等思维加工运动，形成了类似军事上的战役。

这三种思维活动形式，一个比一个更高级。

本书所讲述的思维故事，基本上就是这三种思维加工形式。

一次性的思维碰撞，是人类最多的最常见的思维现象。本书前面讲过的很多思维故事，特别是一些新闻，往往都是一次性思维碰撞的结果。比如：碧峰峡模式，我吃饭的时候一听说，就马上拍板，晚上就开会研究。孩子回家行动、府南河工程大参与、解救三陪小姐、出让景区经营权、与毛新宇吃公馆菜吃出元首宴等等，都是一次性碰撞就产生思维结果。它的规律都是事情简单明了，恰当的思维方法运用上去，就产生理想的结果。

思维接力也是思维过程当中经常见到的一个普遍现象。当新的信息与思维方法库的某一个思维方法碰撞之后，产生的结果并没有走到终点，事物还在一个运动和变化过程当中。这样，思维活动就会继续往前走，出现第二次思维碰撞、第三次思维碰撞等等。经过多次思维碰撞，最后才产生一个思维结果。

高等数学里许多数学题的证明，就要经过多次三段式演绎法的推导接力，才能最后走到结论的终点。这就是思维接力。第一次三段式演绎推理，走到第一个节点；第二次三段式演绎推理，走到第二个节点；第三次三段式演绎推理，走到第三个节点。如此不断向前推导下去，经过好几个、十几个，甚至几十个几百个思维接力，最后才证明成功。所以，高等数学完全是一个训练思维接力的训练场。

我在工厂里接受再教育的时候，看见工人加工一个零件，先在磨床上磨一磨，又在车床上车一车，后在刨床上刨一刨，还在砂床上砂一砂，经过若干个工序的加工接力，才完成这个零件的加工制作。思维接力和这个零件加工过程的接力，是一样的。

本书中的思维接力故事有：

《敲门发行学》是在我听到了“敲门”二字之后，经过了概括思维、裂变式思维、优选法、联想思维、归纳法五种思维方法的思维接力，四个多月的敲门发行工作的运作、交流和提炼，最后才总结诞生了《敲门发行学》。

我看了北京奥运会之后，做出的奥运会地球仪电子火炬围绕地球仪运动的点火创意，就经历了9次思维接力：三次发散思维，两次联想思维，三次类比思维，一次裂变式思维，三次灵感思维。每一次都比前一次前进一步，使得创意方案不断升华，最后达到一个比较理想的境界。

思维会战是最高级的思维活动。几乎所有的重大科学成就，都是一场思维会战，其中还包括了若干次的思维接力，因为它要研究问题的方方面面，使用的思维方法很多。如果用一张图来做图示，可能就像是一棵大树，有主干，有若干支干，支干上又生发出枝枝叶叶，枝繁叶茂，那都是需要思维的营养去哺育的。我的每一本书，《新闻批评心理学》《报纸策划艺术》《策划传媒》，包括这本《思维方法库》，都是一场场的思维会战。一个重大研究课题，比如都市报、川菜王国、百岁运动……也是一场场的思维会战。

一个人思维武器库里存储了多少武器，就知道他能打多大规模的仗。思维方法库的库存量和存储结构，决定了你能打大仗，打小仗，还是打大战役，还是根本就打不了什么仗。

现代知识的更新换代像高速路的汽车一样飞快，思维方法的更新换代很难很难，像蜗牛一样爬行，一个时代创造不了几个像样的可以传承下去的经典思维方法出来。三四百年前西方科学家们创造的许多经典思维方法，我们许许多多的中国人现在还没有掌握。

绝大多数中国人，现在还是一个现代科学思维盲。

### 8. 思维方法库定律之八——远缘杂交定律

如果用与本学科发展关系很远的学科思维方法，来思维加工另一个学科的问题，一旦成功便会产生意想不到的效果。

这个定律叫作思维杂交定律。

这个定律是从生物学的远缘杂交原理移植过来的。生物和人类都有远缘杂交培育优良品种的很多事例和经验。白人和黑人杂交，东方人和西方人杂交，北方人和南方人杂交，远缘杂交人又漂亮又强健。

生物杂交是做基因杂交，学科杂交是做思维方法的杂交。两门学科，如果在知识种类和形成历史上相差很远，交叉使用思维方法，就形成了思维上的远缘杂交。

数学和新闻，无论从发展历史上，还是从学科分类上，都相去甚远。我研究出市民生活报报纸品种、敲门发行学、新闻追踪、特别报道等等，都是使用的数理思维方法。新闻专业、文科专业、社会科学的学生们都不懂得，所以就难以理解，因为这种思维方法的远缘杂交，中国还没有人做过。也许有人认为这是席文举天赋聪明。可是，这恰恰是思维方法远缘杂交的优势，如果我没有在四川大学数学系学过高等数学，我也同样不会这样做。

如果说报纸的事情席文举有所创造，席文举毕竟还在报社工作了20多年，有那么多年的经验了，那么，餐饮领域可是从来没有进去过，我写了一篇《倾力打造“川菜王国”》，就被川菜界称为“川菜理论家”了。我哪里来的川菜理论，无非就是将科学思维方法和川菜在市场上的火爆情况两相杂交，就出来了

科学史上思维方法远缘杂交的故事很多。达尔文时代的生物学家，都是在显微镜下研究生物解剖学，他们同被研究的生物之间，不仅没有距离，不少还相当于钻进生物的肚子里去研究，距离就是一个“负数”。达尔文呢，则从几十几百万年的时空高度，来观察研究生物。达尔文站在与现实生物的距离很远很远的地方，思维的视野做了一个飞跃式的大跨度，没有一个生物学家会想到。所以最后是想不到的事情发生了——生物进化论横空出世。

### 9. 思维方法库定律之九——信息必要定律

信息是激活思维方法的必要条件。没有信息碰撞，思维方法库里的思维方法是不能凭空产生出思想火花的，更没有办法做进一步的思维加工。碰到有用的信息越多，思维方法库的用武之地越大。

也就是说，信息碰撞是思维方法库做思维加工的必要条件，是思维的依据和舞台。离开了信息，你的思维方法库再强大也无用。

这就回归到毛主席的《实践论》。如果我没有经过那么多的报纸工作的实践，是无法产生市民生活报的理论和方法的。为什么那么多的都市报总编辑产生不了都市报理论？他们一是没有多少思维方法，连个嫁接机关报优势的裂变都不会，二是他们报纸工作的经验积累也远远不够。即使有的人有一些思维方法，也没有经验信息供他们做思维加工。

就在我写作这一部分的时候，2015年11月的一天，我在深圳接到一个电话，四川一个酒厂要我为他们策划“一个碧峰峡”，他们愿意给我100万元。我一听，就觉得他们根本不懂得什么是碧峰峡。我到碧峰峡的当天晚上就策划出碧峰峡模式的系列报道，那是接待者给我的关于碧峰峡的信息，已经具备了旅游体制改革的碧峰峡模式，而且是西部大开发正嗷嗷待哺的急需模式。没有这个信息，我是不能凭空捏造出一个碧峰峡模式来的。你那个酒厂有什么模式？所以，我当即就谢绝了他的要求。我说，碧峰峡之所以成为碧峰峡，那是碧峰峡当时的客观条件，已经是水到渠成，我使用思维方法进行加工，也就是将水和渠连接起来而已。你现在这个酒厂，我既没有看到“水”，也没有看到“渠”，我没有模式的信息，巧媳妇难做无米之炊。

我之所以要在华西都市报形成思维碰撞沙龙，也是为了增加我思维方法库与广大编采人

员的信息碰撞频率，充分发挥我思维方法库的优势。我十分清楚我自己的优势。思维方法库那么多的思维方法摆在那里，不用就等于浪费。





### 10. 思维方法库定律之十——“库无完库”定律

任何一个人的思维方法库里，都不可能将人类创造的各种各样的科学思维方法全部学习收集起来，应有尽有，完美无缺，成为一个“万能思维方法库”。

自古以来，公认的说法都是“人无完人”。为什么“人无完人”呢？根本的原因就是“库无完库”。所谓“库无完库”，就是没有哪一个人的思维方法库，什么思维方法都有，能够成功解决他碰到的各种各样的问题。

其实，即使他思维方法库里的思维方法应有尽有，他也不可能在使用的时候，每次都能够选准应该选用的思维方法。选择思维方法的错误，同样会造成一个错误的思维结果。

这个定律告诉我们，一个人要认真研究和懂得自己的思维方法库的优势和短处，善于扬长避短，充分发挥自己思维方法库的长处，避免思维方法库的短处，使得思维方法库做良性循环，不要恶性循环。所谓知己知彼百战百胜，就是这个道理。

一个人的思维方法库，是由这个人读书学习的内容、生活的经历，以及他对这些问题的摸索和感悟慢慢形成的。思维方法库的优势和不足之处，也就奠定了。

虽然每个人都不能使自己的思维方法库成为万能“完库”，但是，我们还是要尽量多学习科学思维方法，使得自己的思维方法库在需要的时候能够“该出手时就出手”。也就是说，没有主意的时候要尽量减少。第一，要能够创造性地解决自己职业和工作中遇到的问题，满足做好本职工作的需要。第二，要满足自己兴趣爱好的需要，学习相关的思维方法。

总之，不能以“库无完库”来做推卸自己思维方法库贫穷落后的借口。

“库无完库”定律，可以很好地解释牛顿那么伟大的科学家，怎么最后去说“上帝是万有引力的第一推动力”；也可以很好地解释伟大领袖毛主席，把中国革命从困境引向胜利，却在经济建设的时候犯急于求成的错误；也可以回答为什么一些贡献很大的官员，最后又走上贪污腐败的道路。

### 11. 思维方法库定律之十一——思维碰撞沙龙定律

经常和几个兴趣爱好相同又思维活跃的人聚在一起，交流信息，探讨问题，互相启发，就会形成思维的碰撞，触发灵感。搭建这种思维碰撞沙龙，可以营造提升个人思维境界的环境。

当自己的思维方法库不够用的时候，就采用借脑的办法，从思维方法库丰富多彩的人那里“凿壁偷光”。也就是有意识地给自己营造一个良好的思维生态环境，增加自己产生创造性思维的条件。

思维方法库的11条定律，分为三个部分，一是如何建设，二是如何使用，三是如何借用别人的思维方法库为自己服务，弥补个人思维方法库的不足。

除了第一条定律之外，前面四条定律——方法来源定律、最佳结构定律、方法库现代化定律、清除垃圾定律，都是属于如何建设思维方法库的问题，接着的四条规律——灵感频率定律、思维加工三种形式定律、远缘杂交定律、信息必要定律，都是属于如何使用思维方法库的问题，最后“库无完库”定律、思维碰撞沙龙定律，是当你的思维方法库不够用的时候，如何借用别人思维方法库的问题。

毛主席在延安整风的时候，发表了《改造我们的学习》的讲话。现在，我们要改造我们的思维。中国人一定要改变思维方法库贫穷落后的面貌。思维贫穷，就追赶现代思维，实现思维现代化；思维落后，就认真清除垃圾思维，像治理自然生态环境清除各种污染源那样，清除危害社会危害他人的垃圾思维。

# 人生的第一建设



中国人个个都想聪明起来，但是，几乎个个都不知道怎么聪明起来，都以为聪不聪明是父母遗传的。

其实，使自己聪明起来的捷径只有一个，那就是认真努力切切实实地多学习一些科学的思维方法，使自己思维方法库里的思维方法丰富多彩。

## 什么是人生的第一建设

我们学习和研究思维方法库的规律，最后就要明白一个道理：一个人思维方法库的建设，那才是人生的第一建设。

这是因为，一个人到底一辈子能够有多大的作为，全看你的思维方法库。思维方法库决定你的一言一行，决定你在各种情况下采取的行动。你如果事事面前都拿不出办法，都让给别人去表现和发展，你就从束手无策变成无所作为了。

思维方法库决定一个人的思维生产力和创造力。一个人，只有思维方法库丰富起来，具有很强的创新能力，才能大有作为。靠拉关系走到前面去的人才，是不能长久的，只有在领导排队的时候你可以排在前面，实际工作的时候你就只有排到后面去了。

很多人都想努力提高自己的能力和水平，以为多读几本书就行了，那是误区。必须多学习思维方法，多读一些思维方法的书。在当代，就要多多学习和真正掌握现代科学思维方法。

几千年来，中国的很多家庭一有点钱，就送小孩子去读书，这就是懂得第一投资的意义。好钢用在刀刃上，读书可以使孩子有文化，更聪明。

但是，中国人的认识如果只是停留在这一步，那就不行了。自从西方发生了科学技术大革命之后，人们渐渐地懂得，科学知识是由科学思维方法创造的。思维方法是比知识更高层次的知识，是创造知识的知识。所以，仅仅是学习知识就不行了，更重要的是学习思维方法。

从此，学习思维方法就排在学习知识的前面去了，位居第一了。现在进入21世纪了，人生的第一投资，也就自然而然从学习知识，变成为学习思维方法了。

这个人生第一投资的变化，反映在家庭教育思想上，那就是鼓励孩子在学校的学习，要以学习思维方法为主。你的孩子今后要有所作为，那必须把科学思维方法学到手，而不是死记硬背知识，考试分数第一。

现在，中国人经济生活水平大大提高，很多人不仅舍得给培养孩子投资，也舍得为提高自己的生活水平投资，购买住房、汽车、电脑等等，家庭生活不断迈入现代化。我们享受时代的进步无可厚非，但是，也不要忘记提高和武装自己的思维方法库。中国人思维方法库贫穷落后的面貌还没有多少改变。

一个人有了钱之后，最应该投资的，是如何使自己更聪明。这是因为，人的每一件事情，都是要经过思维的，都要打上你思维的烙印，无论好坏，都是你思维留下的脚步，都是你思维方法的记录。只有学好思维方法，掌握当今世界最先进的科学思维方法，你才会更有能力，更有才华。

一个人的智力与父母的遗传有一定的关系。但是，通过基因DNA遗传给孩子的，只能是基因的反应力，是反应的速度快慢而已，不可能把父母掌握的演绎法直接通过DNA遗传给下一代。孩子使用演绎法的水平，能不能达到他父母使用演绎法的水平，还得看孩子自己学习的情况而定。如果你反应很快，可能学习起来很快，但是，绝不是天生就会演绎法。

我们正处于中华民族复兴的伟大时代，祖国突飞猛进的步伐不可阻挡。想要投身洪流，为民族复兴尽绵薄之力，就要有真才实学；想掌握真才实学，就要认认真真地学习科学思维方法。古人说过：工欲善其事，必先利其器。磨刀不误砍柴工。这里的“磨刀”“利器”，就是打造思维方法库里的思维工具。一个人的思维方法库不先丰富起来，你怎么去创新呢?

## 几种错误的认识

前不久我认识了两个理工科毕业的大学生，他们过去在中国科学院四川分院工作过，现在下海了。我同他们交流到思维方法，他们觉得很陌生，很多思维方法的名称都生疏了，连过去大学里怎么学的都忘记得一干二净。他们现在四五十岁，还可以有一番作为，可是并不知道如何提高自己的能力和水平，而是赶时髦地追风，社会上什么热就追赶什么。大学里没有掌握好思维方法，出校门之后更不学习思维方法，这就是中国大学生队伍、知识分子队伍思维方法库的现状。

在中国，一个大学生毕业以后，思维方法库的建设基本上就止步了。不进则退，很多人大学毕业以后的思维方法库，实际上是一步一步往后退。最后，一些人的思维方法库里就只剩下一点点经验思维、从众思维了，人家怎么做他就怎么做，完全就是紧跟流行色了，不仅没有一点创造性，连自主决定的自主性都没有了。他自己就没有觉得他还有一个思维方法库，更没有想到要去建设这个思维方法库。

思维方法库，这个本来应该成为人生第一建设的大事，中国人从来就没有要去建设的意识。不仅不是第一，连尾巴都不是。他们会理直气壮地说：想嘛，哪个不会想？！我想怎么想就怎么想。难道如何想还有一套可以学习和提高的学问?

这就是中国人思维方法库建设的现状。

中国人成天要想的事情多得很。城里人想的是买一套房子，农民想的是修一套房子。经济条件好的，想买一辆汽车。有钱人想买一套高档别墅。个个都想有一部智能手机。没有哪个会想到要“修”一个智能思维方法库?！

也有人想到要有知识。我看到深圳一个人创业的介绍。他瞄准有钱人想装潢门面，在自己的高档别墅里建设一个高档图书室的市场需要，于是策划设计出一个家庭图书馆建设方案，从装修设计，到图书配套，全套服务到位。他的公司业务居然应接不暇，看来市场需求量不小。可惜那多是形同虚设，很多书摆了好多年都没有动过，只是清洁工把灰擦得干干净净。

人类创造的科学思维方法，是一个思维方法的宝库，是一个魅力无限、魔力层出的大世界。它能让你的思维插上翅膀，自由自在翱翔在茫茫太空。可是，大多数中国人现在还徘徊在这个思维大世界的大门之外，是科学思维的门外汉。

中国人还没有享受到“想怎么想就怎么想”的思想自由。

中国人也从来没有追求过思想的自由。在思维这个大世界里，中国人没有一点思想的自由。

中国人对于建设一个思维方法库，有很多的错误认识。有的人会说，我们祖祖辈辈没有建思维方法库，也过来了，还不是过得好好的。有的人以为学习了知识，就学习了方法。更多的人是本末倒置，先完成衣食住行库的建设，思维方法库的建设等以后弄明白了再说。还有的人觉得自己已经比周围很多人都聪明，没有必要更聪明了。

我认识几个企业家。他们致富了之后，长时期没有见过面了。我再与他们接触的时候，只要一深谈，就发现他们的思维还是老样子，对科学思维方法“涛声依旧”，一个“文盲”（思维盲）。因为他没有有意识地去学习过，你只要用“化学试剂”一测试，就发现他“原形毕露”了。可是他本人不这样认为，他现在有钱了，自认为聪明得很。

其实这是一个误区。一个人有了比别人多的东西之后，比如很有钱了，或者很有权了，是不是一下也就很有思想了，马上就比别人更聪明了？不一定。而且往往可能相反，因为有钱有权之后，人的思想可能发生变化，钱和权最容易遮住他的视线，他更不容易看清楚事物的本来面目和真实样子。再说，权钱也换不来思维方法。思维方法只有通过学习才能得到。

思维方法库不会因为人的地位变化而变化：你职务提拔了，思维方法库还是原来那个思维方法库，没有人能提拔它；你发财致富了，无论是企业家，还是富二代，无论你的财富像飞火箭一样增加了多少，思维方法库还是原来那个思维方法库，不会增加半个思维方法。当然，如果你条件变了，你更努力学习思维方法了，那又是另一回事，像特朗普的女儿伊万卡，27岁就出版了一本专门讲方法的书《特朗普王牌：工作和生活的双赢之道》，成为全美最畅销的图书之一。

无论你发生了什么变化，脑子里的思维方法库依然是原来的模样。思维方法库只有通过学习，才能一个一个地增加思维方法。

学习学习再学习，是建设思维方法库的首要任务。第一位是学习，第二位也是学习，第三位还是学习。自己个人总结思维方法，那要放到很次要的位置上去。

现代科学思维方法，比起任何个人总结的那些思维方法，那不是以一当十，而是以一当百。前面许许多多的例子，席文举一个人使用科学思维方法的时候，新闻界一百个人一千个人一万个人也只有瞪着眼睛看。我推出敲门发行学的时候，全国几万人的自办发行协会都目瞪口呆。

21世纪的竞争，实质上是知识创新和技术创新的竞争，是具有创新能力的高素质人才的竞争，归根到底是思维方法库的竞争。面对这样的形势，我们任何一个人，从事任何一种职业，都不能缺少创新能力。可以这样说，一个人的创新能力，特别是创新思维能力的强弱，将决定他未来的发展前途。

所以，人生的第一建设，就是使得自己的思维生产力，从低下的状态走向和达到高度发达的程度，实现自己的思维现代化。不管你想实现什么样的追求和目标，都要有一个丰富多彩的思维方法库。你只有想好了，才能做得好。

每个人都应该盘点盘点自己现在的思维方法库，看看到底有多少存货，有没有几个现代思维方法。如果净是一些破铜烂铁，或者是人人都有的东西，甚至垃圾思维，在新的信息到来的时候，你就不能碰撞出新的思想火花，也就不能走到人家前面去。

### 建设思维方法库的黄金时代

人人都知道，一个人的黄金时代，是青少年的读书时代。那也是一个人建设思维方法库的黄金时代。中国和西方的科学家，思维方法库基本上都是那个时候建设和形成的，只不过很多科学家在离开学校之后，又不断学习和丰富自己的思维方法库。但是，学校特别是大学时期学习形成的思维方法库，是思维方法库的基础。

我的思维方法库，完全就是在四川大学数学系读书的时候形成的。以后虽然也通过学习毛主席著作，在工作中也有所总结，补充增加了一些思维方法，但是比起大学期间学习的，那是望尘莫及，因为在四川大学数学系学习的，是一个现代科学思维方法的体系。

一个人读书的时候，一定要懂得，只有学习好思维方法，今后才能有所作为。所以，去年四川大学学生会请我去给贫困大学生讲课的时候，本来出的题目是励志讲座，我却把题目改为：方法比知识更重要。

学生读书是为今后工作打下基础。这个基础，一是基础知识，二是科学思维方法。现在中国的学校教育质量太低，根源是重知识教育，忽视方法教育，所以培养出来的学生缺乏创造性。学校教育忽视方法的表现，一是大知识量，二是大难题量，三是分数第一；总认为给学生灌输的知识越多越好，结果是适得其反，把学生大量的时间白白耗费在知识学习里，学习思维方法的时间完全被挤掉了。中国学校教育的这个问题，一时半会儿还纠正不过来。所以，凡是当学生的，自己一定要头脑清楚，不要跟着学校老师的瞎指挥跑，不要做那么多的练习题，不要去钻研那些难题，更不要追求分数第一，参加什么奥数比赛，也不要天天抱着英语书不放，而是把自己的学习重点，放在学习思维方法上。

我给四川大学贫困生讲的一个例子，是牛顿。牛顿出生于一个农民家庭，还没有出生父亲就因病去世，三岁的时候母亲改嫁，他成了一个孤儿，是跟着外婆长大的。牛顿读大学的时候，西方科学技术大革命还没有发生，现代科学的各门学科根本就还没有诞生。牛顿在课堂上学习的知识，远远没有现在一个大学生学的知识多，更没有那些难题了。但是，牛顿创造了人类有史以来最伟大的科学，迄今为止还没有哪个能够超过。牛顿的知识量有多少？牛顿做了多少个难题？完全无法与今天的大学生相比。

但是，牛顿23岁就发明了微积分，很快又发现了万有引力。牛顿凭什么创造了万有引力、微积分，还有经典力学和光学？

牛顿的成就，完全来源于他在大学时期就学习和形成了一个最先进的科学思维方法库。

牛顿认识思维方法的重要性，也走过了一个曲折的过程。一天，牛顿在剑桥大学附近的夜店里买了一本《几何原本》，起初他认为这本书的内容没有超出常识范围，因而并没有认真地去读它，而把重点放在笛卡儿"坐标几何"的攻读。1664年4月，牛顿参加学校特列台奖学金的考试，成绩很差，最后落选。当时的考官就是他的老师巴罗博士。巴罗博士对牛顿的学习情况十分了解，从他考试的试卷中就能够看出问题。巴罗博士告诉他，你的试卷就说明几何基础太贫乏，主要是逻辑推理方法没有很好的掌握。巴罗老师告诉他，《几何原本》是使用三段式演绎法的样本，从中可以学会一步一步严密的逻辑推理，那是最需要好好掌握的思维方法。

巴罗老师这一席谈话对牛顿的震动很大。于是，牛顿又重新把《几何原本》拿出来，从头到尾反复进行了深入钻研，对演绎法的推理方法不断琢磨，牢记在心。牛顿按照老师教导的方法，很快建立了微积分。老师巴罗看见学生的数学成就超过了他，十分高兴，就主动让贤，推荐牛顿取代自己成为三一学院的数学教授。那一年，牛顿才26岁，《自然哲学的数学原理》还没有问世。老师巴罗培养牛顿超过老师、老师主动让贤的故事，成为师生关系史上的美谈，也是思维方法史上的一段佳话。

牛顿后来从苹果落地的现象提出万有引力的假说，怎么证明这个假说是正确的呢？于是，他采用了完全模仿《几何原本》的方法，用演绎法一步一步推理论证。通过几年的努力，他最后做成了一门人类历史上的大学问，完成了《自然哲学的数学原理》的辉煌巨著。

牛顿的伟大，是使用思维方法的伟大。他是西方演绎法诞生却又沉寂了1800年之后，第一个重新使用演绎法获得成功的人。他之所以真正掌握了演绎法，那是考试落榜之后，虚心听取了老师关于方法论的教导，刻苦钻研，从而掌握了方法的真谛，才成功的。

牛顿考大学的奖学金都名落孙山，那么多人都考起了，说明牛顿不是很聪明。牛顿认真钻研方法之后，就很快攻下万有引力这个人类科学的第一高山，成为最聪明的人。牛顿从不聪明到最聪明，就是因为他学习了两个东西，一是欧几里得几何学的演绎法，二是笛卡尔的方法论。

中央党校王克迪教授为北京大学出版社出版的牛顿《自然哲学的数学原理》（2006年1月第一版）写了一篇《导读》。他在《导读》中说："牛顿的《原理》大致上仿照古希腊欧几里得的《几何原本》来布局。全书是一种逻辑体系，从基本的定义开始，再给出几条推理规则（运动定律），经过一系列的推理和演算，得到一些普适的结论，再把这些结论应用到实际中与实验或观测数据相对照。"

北京大学出版社的编者还在书前介绍说："在结构上，《原理》模仿欧几里得的《几何原本》，是一种公理化体系，它从最基本的定义、公理出发，推导出全部的定理和结论。"

欧几里得的《几何原本》，开创和树立了使用三段式演绎法建立一门科学的典范，它在一系列公理、定义、公设的基础上，创立了欧几里得几何学体系，成为用公理化方法建立起来的数学演绎体系的第一个典范。书中包含5条公理、5条公设、23个定义和467个命题。在每一卷内容当中，欧几里得都先提出公理、公设和定义，然后再由简到繁地证明它们。这种独具匠心的安排，由浅到深，从简至繁，先后论述了直边形、圆、比例论、相似形、数、立体几何以及穷竭法等内容。在这种演绎推理中，对定理的每个证明必须或者以公理为前提，或者以先前就已被证明了的定理为前提，最后做出结论。

牛顿的《自然哲学的数学原理》，建立了多少条公理、公设、定义和命题？我试图也用数字来说明。可是，我数了一次又一次，一会儿就搞忘记了。那个数字比欧几里得几何学多得多，我年龄大了，数都数不过来。《自然哲学的数学原理》又成为人类科学史上，继欧几里得《几何原本》之后，第二部使用演绎法建立一门科学的典范。

艾伦·考尔斯教授在《现代思维的诞生》讲座中说："牛顿所在的三一学院，深受笛卡尔主义的影响。年轻的牛顿在那里学习了笛卡尔的解析几何和其它数学理论……为他自己后来成为数学大师打下了坚实的基础。"

所以，牛顿在学习思维方法上，是下了一番真功夫和硬功夫的。他把欧几里得几何学的演绎法和笛卡尔的解析几何方法，研究得十分透彻，发挥得淋漓尽致。不仅如此，牛顿在《自然哲学的数学原理》第三编中，又创造性地提出了四条"哲学中的推理规则"。牛顿是既学习别人的思维方法，又创造自己的思维方法。微积分、无穷小无穷大、二项式定理，就是他创造出来又被数学家们公认的经典数学方法。

你看，牛顿学习思维方法，就钻研了人类两个思维方法大师的思维方法，一个是亚里士多德提出的三段式演绎法，一个是笛卡尔提出的一整套"建立科学的科学"方法；同时，他又研究了两个使用思维方法的样板，一个是欧几里得使用演绎法的样板《几何原本》，一个是笛卡尔使用坐标系的方法研究几何的《笛卡尔解析几何》。他还吸收了培根的归纳法。他把这些方法全部运用到了他的《自然哲学的数学原理》一书中，获得空前的成功。

艾伦·考尔斯教授在《现代思维的诞生》讲座中说："牛顿引起的反响，绝不只是科学的、物理学的、天文学的。他改变了人类的思维方法，比如人类怎么去认识世界？""为牛顿的著作写前言的作者们也一再地说：牛顿使用归纳法和数学，推导出一种力，可以解释天体运行的轨道；而且那种力又能解释为什么苹果熟了会掉到地上来。"

牛顿是大学生、青年人在人生的黄金时代学习建设思维方法库的榜样。他1661年19岁的时候进入剑桥大学三一学院，1665年毕业，并发明二项式定理，次年发现万有引力、微积分，并开始光谱和望远镜研究。1669年，26岁的牛顿晋升为三一学院数学教授。

少壮不努力，老大徒伤悲。黄金时代精力旺盛，理解力很强，学习思维方法正当其时。有的思维方法，像微积分那样的数学方法，年纪大了学起来就难一些。所以，人人都应该抓紧自己的黄金时代，学习最应该学习的思维方法。

牛顿、爱因斯坦都是在20多岁时到达学术顶峰的；达尔文是在20多岁形成进化思想的；爱迪生在20多岁时也取得了多项重要的发明专利，32岁发明了电灯，到达了发明的顶峰。他们都是因为年轻时代就建设了一个强大的思维方法库。

现在，很多年轻人都知道，要抓紧黄金时代学习。他们都在学习知识，不是学习思维方法。这样下去，往往就虚度光阴，没有学到创造力。好钢要用在刀刃上。你学的各门学科绝不能平均用力，而是重点放在思维方法上。黄金时代要在建设思维方法库上下功夫，今后才能收获黄金。不要黄金时代抓了芝麻，丢了西瓜，最后就成了黄金时代收获黄沙。

牛顿的故事提醒我们：一、牛顿当时学习掌握的知识，远远没有现在的大学生那么多。

所以，方法与知识相比，方法是第一位的。二、牛顿所掌握运用的思维方法，现在很多大学生都没有掌握。

一个人一定要懂得，黄金时代一定要在校园里淘到知识黄金——思维方法，因为出校门之后，你的周围环境和社会环境更加浮躁和复杂，难以使你安下心来，不容易集中精力学习思维方法了。中国几千年流行的口号是：十年寒窗无人问，一朝成名天下知。现在我们应该更加明确：十年寒窗无人问，精心打造方法库；一朝出来闯天下，纵横驰骋皆有余。





### 改变我人生命运的第一个贵人

现在一些大学生，黄金时代不好好学习思维方法，而是急功近利，连书都不读了，天天跑去做生意赚钱。这也是一种利益思维作祟，比利益思维更利益思维——急功近利、眼前利益为重。看到这种现象，我总是想起学生时代的一个故事。

1959年夏天，我在阆中县金垭中学读初中。临近毕业了，学校要我们填写升学志愿。高中是阆中城东中学，师范是阆中师范学校，技校有卫校、水利学校、林业学校、邮电学校、冶金学校等等，很多中等技术学校可以选择。每个人根据自己的爱好、成绩等情况，填写三个志愿。班主任建议，最好高中、师范、技校三个志愿都各填一个，给招生学校留下挑选的余地。

第一次填写志愿，是初步试填，填了之后班主任要和你一起讨论、审查，看是不是合适。最后一次才是正式填写。同学们的志愿，班主任都一下就通过了，我的志愿却被班主任李家言老师卡住了。李老师说，你是读高中的材料，门门功课都好，全校第一名。你读了高中，今后考大学，有很好的前途，不能像你这样全部志愿都填技校。

我的志愿，完全是从当时的家庭条件出发。婆婆刚刚饿死了，父亲病重，失去了劳动能力，母亲瘫痪，弟弟妹妹都很小，全家人都等着我挣钱呢，等读了高中再读大学，等到哪一天去了？我等不及了。我读两三年技校，赶快出来工作好挣钱。我看父母长期身体都差，小时候就萌发了当医生的愿望，我多么希望自己就能够给父母看病治病呢。所以，我填的志愿是，卫校第一，技校第二和第三，坚决不读高中。

班主任李家言老师苦口婆心地给我反复做了几次工作，我根本听不进去。最后，他生气了：你怎么这么不听话！跟过去完全是两个人。从一读书开始，我一直就是一个听话的好学生，这一次填写志愿表，变成了坚决不听话的人，李家言老师没有想到。

第二天，校长曹爽找我谈话了。他又像班主任一样，给我讲了革命、理想、前途的问题，叫我一定要读高中：你是全校第一名，你最有资格读高中。那些成绩差的，想读高中也考不上。你要听学校的话，正确填写志愿。

我认为，是班主任向校长曹爽反映了我的事情，校长才跑来做我的思想工作。接着那几天，一些其他学科的老师也跑来做我的思想工作。他动员了所有的力量，要啃下我这根硬骨头。我对李老师更有怨气了。最后填写志愿，我依然卫校第一，技校第二，唯一改变的是师范第三，绝不填高中。我当时正像人们所说的，十头牛也把我拉不转来。

我毕业离开学校的时候，李老师还对我说，今后无论录取什么学校，你都要好好学习。我点了点头，向李老师鞠个躬，告别了金垭中学。

一个多月以后，我在乡场上收到了录取通知书，是去阆中城东中学读高中。我知道，这是李家言老师把我的志愿修改了。李老师一直是个很威严的老师，同学们都很怕他。他要怎么办，你扭不过他。我在阆中第二中学读初中一二年级的时候，他是初5班的班主任，我是初7班，就听他们班同学说他很厉害，要求严格在全校出名，别班同学都怕他。我转到金垭中学读初三，他就成了我们班的班主任。

从那以后，我一直对李老师有意见，特别是紧接着爸爸妈妈都饿死，弟弟抱给别人，家破人亡的时候，我一点都不能为父母挣钱，心里始终埋怨他。

时间一年又一年过去了，不知不觉进入中年。等我工作中有了成绩之后，再回过头来看我的人生，才慢慢觉得，当年李老师“武断”地强行干预调整我的志愿，那真是救了我的一生。如果我真的按照我的志愿去读了技校，不仅会无所作为，也救不了我那一贫如洗的家庭。这时候，我的心里又慢慢开始感谢他了：幸好他把我的志愿改了，不然的话，我哪里有今天！

有时候我想，志愿就是个人的愿望，但是，你认识不到的时候，志愿可能就不是自己真正的愿望。我那个时候的思想，完全被当时家庭的困难罩住了，根本就没有一点长远的眼光，看不到未来是个什么样子。李家言老师“武断”强行修改我志愿的行为，那才是对国家对个人极端的负责任。那不是“武断”，是对我一生高度负责任的果断。

我是很久很久以后，在新闻界做出了一定成就以后，才认识到他调整我志愿的重要性。他是我人生道路上的第一个贵人。当我还不懂事的时候，金垭中学班主任李家言老师，为我把正了人生的航向。

李老师是一位数学老师。他的数学教得很好，我很喜欢听他的数学课，逻辑性很强。是他唤起了我学习数学的乐趣。但是，我认为，李老师是师范学院教育的，他培养人才的学问学得很到家。他会看人，从小看到大，相信我今后会有作为，所以不顾一切，一定要让我读高中。李老师的愿景，是要让我不被眼前的困难所困扰，坚持修炼一个强大的智力库，去面对那充满各种考验的人生。

但是，自从离开阆中金垭中学之后，我再也没有见过他。不知道他现在在哪里，我打听过好几次，都说他早就调走了。

李老师，我永远会记着你。你在我最不懂事的时候，为我，也为我的家庭，做出了最关键的调整人生方向的决策。你不仅是人类灵魂的工程师，也是我真正的人生道路规划师。

所以，学生时代不要急于求成，不要把眼前利益看得太重。人生的规划要高瞻远瞩。磨刀不误砍柴工。如果你有一个现代化的思维方法库，今后大显身手的机会就会接踵而至。

### 犹太人大搞“第一建设”

在人生如何做智慧银行这个第一建设的问题上，最值得中国人学习的，是犹太人。

两千多年来，犹太人曾面对多次毁灭性的灾难和迫害，历经坎坷，长期过着四处流浪的生活。可是，谁也没有想到，就是这些四处流浪的犹太人，成为全世界最聪明的种族，平均智商高达117以上。近代这一两百年的历史，犹太人几乎影响了全世界人的思想。马克思是犹太人，马克思的科学社会主义和唯物史观，彻底改变了我们对历史、对社会的认识。爱因斯坦是犹太人，他的相对论，彻底改变了人类对时间、空间的认识。弗洛伊德是犹太人，他的精神分析说，彻底改变了人类对于自我的认识，让人类发现了多层的自我。从自我到社会到自然，三个世界都被三个犹太人改变了。曾经有人写了一本书《影响世界历史的三个犹太人》，书中把马克思、爱因斯坦、弗洛伊德称为上一个千年最伟大的三个天才。

犹太思想大师还有很多，如生物学家达尔文、哲学家哈列维、思想家迈蒙尼德、人文社会学家海耶克、泛神论大师斯宾诺莎、现象学大师胡塞尔、符号大师卡西尔、现实主义理论家卢卡契、当代分析哲学的首倡者维特根斯坦、法兰克福学派的代表人物马尔库塞、新弗洛伊德主义者弗洛姆、著名心理学家马斯洛等等，他们的思想都为人类贡献出宝贵的精神财富。

犹太人科学家中，被称为“父亲”的很多，如“原子结构学说之父”波尔、“核和平之父”西拉德、“原子弹之父”奥本海默、“氢弹之父”特勒、“控制论之父”维纳、“世界语之父”柴门霍夫等等。科学“父亲”多，说明犹太人在科学研究方面作用巨大，贡献显赫。

最能体现犹太人智慧的事实，是1901—2001年中680位诺贝尔奖获得者，犹太人犹太裔就有128位，占总获奖人数的19.84%。在思维强国美国，犹太人只占人口的2%—3%，可是，全美200名最有影响的名人中，犹太人占了一半；全美100多名诺贝尔奖得主，犹太人占一半；全美名牌大学教授，犹太人占三分之一；全美律师中，犹太人占四分之一；全美文学、戏剧、音乐的一流作家，犹太人占60%；美国的百万富翁中，犹太人占三分之一；美国国会参议员中，犹太人占10名；美国国会众议员中，犹太人占27名。

成天到处流浪，为什么还这么聪明？因为犹太民族是爱阅读的民族，爱思考的民族。犹太人都最爱读书。犹太人是世界上唯一一个没有文盲的民族，就连犹太人中的乞丐也离不开书。犹太人平均每人每年的阅读量是65本书。中国人是多少本？有人统计，中国人平均每人每年阅读5.14本书，其中还包括教学书、教科书，相差10多倍。你想，一个读5本书的民族，怎么跟读65本书的民族去竞争呢？

正因为犹太人四处流浪，每个人，每个家庭都不可能带上很多沉重的东西。带的东西那么少，又要在竞争中取胜，只有积聚智慧和能力。在他们眼中，财富不是最重要的东西，早上腰缠万贯，晚上一贫如洗，这几乎是犹太人的家常便饭。金钱可以被带走、被剥夺，唯有知识才是一旦拥有却永不流失的东西。要战胜各种困难，顽强地生存下去，他们最大的护身符就是知识和智慧，这是犹太人认识到的颠扑不破的真理。

由于历史的原因，犹太人常常会遭到迫害，往往流离失所，甚至家破人亡，于是，追求智慧和汲取知识成了他们一种立身之本。犹太人几乎个个都认为，学者远比国王伟大，也远比富翁伟大。

1948年，当世界上唯一以犹太人为主体的国家以色列正式建立时，以色列人就选择了教授哈伊姆·魏茨曼当总统。1952年，伊姆·魏茨曼总统去世前，听取了广大民众的意见，提请爱因斯坦为以色列共和国第二任总统的候选人。爱因斯坦发明创造了相对论，而且用一个简单的公式$E = mc^2$概括了他的研究成果，大家称他为耶稣之后最伟大的犹太人，有些人更直接地称他为“犹太圣人”。1952年11月9日，以色列驻美国大使向爱因斯坦转达了以色列总理古里安的信函，正式提请他为以色列共和国第二任总统的候选人，并且在电话中说："由您来担任以色列总统，象征犹太民族的伟大，再好不过了。""教授先生，每一个以色列公民，全世界每一个犹太人，都在期待您呢！"爱因斯坦再三推却不过，最后只有在报上公开发表声明，谢绝出任以色列总统。

犹太民族非常看重学问，但是与智慧相比，学问也略低一筹，他们把仅有知识而没有智慧的人，比喻为"背着很多书本的驴子"。犹太人从小就教育孩子，学习应该以思考为主，思考是由怀疑和答案组成的。思考是学习的基础。学习是打开智慧大门的钥匙，懂得越多，产生的怀疑就越多，问题就随之增加，所以提问使人进步，提问和谋得答案一样重要。

会想问题，是犹太人最重要的一个传统。"逻辑，理性，精神世界，终极信仰"，是犹太人智慧的法宝。贝勒大学教授总结犹太人的教育方法：1. 教育目的是让学生能有自己的观点和独立思考的能力，须讨论和争辩。2. 放学后问"你今天向老师问了什么"，而非"你今天学了什么"。3. 老师授课好不好，不是看教室安静与否，而是是否有更多人发出挑战提问。4. 当每个人都可以随意提问时，就是自由的实现。

现在中国的父母询问孩子的，第一是今天考了多少分，第二是挨没有挨老师批评。分数引导和创新引导，就形成了中国父母和犹太父母教育孩子的分水岭。犹太人对孩子的启蒙教育主要是激发好奇心，培养独力性，保护创造力，拥有质疑的精神。中国的学生是答题和背诵。

犹太人强调创造性。成功是属于会思考的人。思考分两种，一种是本质性的思考，一种是功能性思考。他们认为，一般的学习只是一种模仿，而没有任何的创新。学习应该以思考为基础。学习便是经常怀疑，随时发问。怀疑是智慧的大门，知道得越多，就会怀疑得越多，而问题也就随之增加，所以发问使人进步。

犹太人这种教育方法，就是启迪思维和智慧，是丰富和武装思维方法库的第一建设。你把影响人类思想的三位犹太大师马克思、爱因斯坦、弗洛伊德，以及前面提到的几十个犹太科学家、理论家、企业家、金融家、艺术家和名人拿来仔细分析，全都是西方近几百年来现代思维运动中涌现出来的人才，是学习运用现代科学思维取得成果的佼佼者。像爱因斯坦，就是使用亚里士多德三段式演绎法、笛卡尔《方法论》"建立科学的科学"的思维方法大师，是犹太人建设现代化思维方法库的标志性人物。他不用实验室，就在脑子里构想一个理想实验室来进行演绎推理，居然推导出了伟大的相对论，使演绎法达到无与伦比、令人叹为观止的境界。

正因为重视思维方法库的建设，犹太人中就涌现了不少研究思维方法和思维科学的人物。像卡尔·波普尔的著作《科学发现的逻辑》《猜想与反驳——科学知识的增长》，提出猜想–反驳方法论，就是当代科学发现的方法论，引领当代思维方法研究的最新潮流。波普尔的学生乔治·索罗斯毕业以后，运用波普尔的理论和方法投身金融市场的搏击，屡建奇功，又总结出"反身性"的理论方法，写出《金融炼金术》一书，引起全球股民粉丝的热捧。索罗斯还专门发表《我和卡尔·波普尔》的文章，阐释他学习卡尔·波普尔思维方法的由来和发展。

我们还应该明白，犹太人长期以来是没有国家，没有领导，没有组织动员，没有文件号召他们这样做。他们不仅分散，而且流浪。他们的读书学习，追求智慧，提高能力，全靠个人高度的直觉，完全是各自为战，既没有人监督，也没有人检查。多少个世纪以来，他们年年如此，个个如此，而且日甚一日，不断为自己的智慧银行添砖加瓦。这个了不起的民族，怎么不超越全世界的各个民族，成为最有智慧的伟大民族！

我们看看中国人的表现。现在中国人一出国，就四处抢购。全世界的传媒公认中国人成了“抢购族”。中国人有钱之后，钱都花在衣食住行库的建设上。中国人现在的衣食住行库越来越丰富。你观察那些抢购族，有几个在搞思维方法库的现代化建设？

以色列每4500人中就有一名教授或副教授。由于国内容纳不了这么多专家、学者，以色列输出了不少的人才，许多人才外流，特别是流向美国。对比一下，中国人可能创造另一个纪录：每几个人中就有一个抢购族。





## 《思考的技术》为什么在日本畅销

日本这些年来出现了一个提倡思维方法的人，叫大前研一。他推出了一系列推崇思维方法的书，其中最具有代表性的经典力作，就是《思考的技术》。

《思考的技术》的主题是：在这个激荡的新经济时代，思考力跟不上时代的人，将会被社会淘汰，而思考力的倍增将得到千倍的回报！

大前研一1943年出生于福冈县，毕业于早稻田大学理工系，后获得东京工业大学原子核工科硕士学位、麻省理工学院原子力学工科博士学位。曾任麦肯锡咨询公司日本分社社长，1994年辞职。之后从事国际跨国公司和亚太地区国家经济顾问活动，同时他大胆地提出了“无国界经济学”和“地域国家论”的观点。被英国《经济学人》杂志评选为“全球五位管理大师”之一，“日本战略之父”。

《思考的技术》一书中有大量思维方法的介绍。比如，解决问题的过程中，一定要分清现象和原因的区别；很多时候，我们去调研的时候，得到的是现象而不是真正的原因；真正的原因可能只有一个，要大胆假设，小心求证，亲身调研去验证；预测未来几年后的商机，最好的办法就是对功能进行拆分后，分别预测趋势……

大前研一训练自己思考能力的方法是：看到身边的很多事物，就问问自己，如果这个问题交给自己，应该从哪些方面着手？慢慢这样训练，你的思考力就会得到提升。

《思考的技术》的前言做了一个醒目的标题：“思考力差距化的时代”。文中说，现在进入了人与人拉开差距的时代，拉开差距的就是思考力，思考力决定竞争力。

大前研一提倡的创新思维模式，就是要对自己的思维不断加以训练。仅仅是遇到问题就做思考还是不够的，而是应该形成思考力。他要求一个人碰到问题，能够对整个问题的前因后果进行系统的分析：当前出现了什么问题，原因何在，产生了什么样的后果，接下来该如何解决，解决方案是否可行……要使用逻辑思维来追本溯源，求得问题的圆满解决。当然这不是随随便便就可以做到的，但是，是每个人都可以培养出来的能力。

尽管人人都在思考，却未必人人都知道思考也是需要技术的，要不然，人与之间的差别怎么那么多那么大？为什么有些人的思想火花能形成燎原之势，创造出辉煌的事业和不朽的业绩，有些人的思想火花只是星星点点昙花一现呢？其实，大前研一所说的思考力，就是一个人的思维方法库。

《思考的技术》在日本出版以后不断再版，4年创下再版30次的纪录，说明日本人追求思维方法的学习，是人人你追我赶，不甘落后。

日本管理大师大前研一还有另外一本著作叫《低智商社会》，与《思考的技术》构成姊妹篇。《思考的技术》讲如何增强自己的思考力，《低智商社会》批评那些不思考也不学习如何提高思考力的现象，造成社会上的低智商人群。

大前研一在《低智商社会》中主要分析日本社会各种各样的低智商现象，也顺便提及在中国的见闻。他说：在中国旅行时发现，城市遍街都是按摩店，而书店却寥寥无几，中国人均每天读书不足15分钟，人均阅读量只有日本的几十分之一，中国是典型的“低智商国家”，未来毫无希望成为发达国家！

这段话可能会触痛不少中国人的敏感神经，有些甚至要气急败坏地咒骂小日本了：你怎么能这样损我们啊？不就是个读书吗？单凭这一点，你怎么就能判断“中国是典型的‘低智商国家’，未来毫无希望成为发达国家”呢？小日本就是见不得中国和平崛起，中国一发展壮大起来，他们就要用恶毒的心理妄加揣测了。

我们能理解部分国人的民族感情，但大前研一说的不是完全没有道理。读书标志着一个国家文化和文明的高度，要想成为当今世界的发达国家，舍此还真的找不到其他捷径。中华民族的崛起，靠的是国民整体素质的提高，不是仅仅只靠几个精英把尖端技术搞上去就行了。如果大面积的人群不努力，只是天天读读头条和微信客户端，同样会拖精英的后腿。学习科学思维方法，只有通过读思维方法的书才能实现。

除了以色列，世界上还有一个最爱读书的国家是匈牙利。匈牙利的国土面积和人口都不足中国的1%，但却拥有近两万家图书馆，平均每500人就有一座图书馆，而我国平均45.9万人才拥有一座图书馆。匈牙利常年读书的人数达500万以上，占人口的1/4还多。在匈牙利，诺贝尔奖得主就有14位，涉及物理、化学、医学、经济、文学、和平等众多领域，若按人口比例计算，匈牙利是当之无愧的“诺奖大国”。以色列和匈牙利不过是两个小国，只因为爱读书就源源不断地获得了智慧和力量，毫不起眼的小国变成了让世界各国不得不服气的“智慧大国”。

当然，不读书的那些中国人还是忙得不亦乐乎。麻将馆和网吧是各地城镇最繁荣的娱乐业。中老年人在麻将桌上筑“长城”，青少年昏天黑地地上网，虽然都在思考，都有智慧，怎奈娱乐智慧不敌科技智慧。虽然一些人网络阅读手机阅读的时间不少，但基本上都是娱乐阅读消遣阅读，即时信息很多，知识含金量很低，方法含金量更谈不上。“低智商社会”的批评不无道理。

其实，中国的低智商现象和低智商人群比比皆是。数量之庞大，确实很让人担忧。思维方法库的贫穷落后就是明证，很多人都没有现代科学思维方法。如果我们不脚踏实地地人人都做好思维方法库的第一建设，实现大面积人口的思维现代化，发达社会的目标完全可能半途而废。我们对中华民族崛起要有信心，但是不能只喊口号，每个人都要脚踏实地地参与进去。要像大搞精准扶贫消除贫困人口那样，一步一步消除大面积的低智商现象和低智商人群。消除思维贫困人口，消除低智商人口，比消除经济贫困人口，难度要大得多。如果中华民族建设成为一个高智商民族，我们发达社会的目标不仅能够尽快实现，而且能够坚如磐石。

# 熟读科学思维一百法





### 从《中国诗词大会》说起

这两年，央视办了几个很有影响的节目：《中国汉字大会》《中国成语大会》《中国诗词大会》。很多人特别是学生们，每次都兴致勃勃地坐在电视机前观看，很多时候还跟着嘉宾同时回答问题。我虽不是一场不落，也是多数不漏。2016年春夏，中国诗词大会成为收视黑马，霸占了各大综艺榜榜首，常年被八卦娱乐承包的微博平台，也被这档问答节目给搅火了。入选节目的诗词几乎全部出自中小学课本，上千套题目是诗词大家侃出来的，着力打造一场“全民参与的诗词文化盛宴”。

有专家评论说，吟诵古典诗词能够培养孩子的语感。“小孩子现在不一定能完全理解这些诗词的意思，但小孩子记忆力强，接受事物的能力也强，从小接触古诗词，对他们的精神世界是一种潜移默化的滋养，长大之后还可以不断丰富，毕竟中国古典诗词都是经过几千年文化积淀的。”有人感慨：“不知唐诗宋词，焉知中文之美？”一位专家表示，在广大中小学生中，这些古诗词脍炙人口，会融入他们的精神灵魂，融入他们的血液。家长陪着孩子参与答题，家长们也可以补补课，整个社会都唤醒了学习古诗词的热爱。中国诗词大会带动了全民学诗词的热潮。

大家齐声叫好，唯有我在思考：中国人就这样下去，能够赶上西方人的智力吗?

我们的古训是：熟读唐诗三百首，不会写诗也会吟。中国很多家庭从小就让孩子背唐诗，难道这样就真能够聪明起来吗?

我的答案是：如果真是那样，中国只能是越来越落后。

中国“熟读唐诗三百首”多少年了？起码是上千年。恰恰中国社会就是这几百年上千年，经济和科学越来越落后。

牛顿没有熟读莎士比亚诗歌三百首，就创造了微积分、万有引力、力学三大定律，而且还彻底改变了人类的生活，把我们熟读唐诗三百首的人也推到了人人天天微信的互联网时代。我们现在很多人有感而发的打油诗，载体就是手机微信。

而坚持“熟读唐诗三百首”的中国人，古典诗词的水平也越来越不如古人。北京奥运会号召人文奥运，很多知名作家写的诗词赋，在网上被网友贬得一塌糊涂。眼看奥运会都快到了，还没有像样的诗词歌赋被大家公认。最后，一个英语专业毕业后来钻研古文字的小说家王金铃，才以一首《奥运赋》救驾。代表人文奥运的代表作，终于在一位老先生手中诞生。

当今的中国，有少数人对古典诗词有兴趣，完全可以，多数人痴迷于此，那就不妥了。这是因为，那条道路并不能使中国人聪明起来。

古典诗词能够丰富一下个人的精神生活，但是干不了大事，因为古典诗词都是在人学思维里思维。我小时候也背诵唐诗，但是，思维方法库是学习高等数学，成天做思维体操，慢慢建立起来的，与唐诗没有任何关系。所以，小孩子、青年人决不要花费过多的精力去研究钻研古典诗词。古典诗词仅仅是文学知识中的一个小小角落而已。

### 坚决修改“熟读唐诗三百首”的古训

在中国人思维贫穷落后的今天，在人人为中华民族崛起而献身的时代，中国人不能再搞什么“熟读唐诗三百首”了。党和政府号召我们人人创业，万众创新，这就要求我们人人学习科学思维方法了。我们要彻底颠覆“熟读唐诗三百首”的古训，坚决修改为“熟读科学思维一百法”！

中国人要聪明起来，要痴迷科学思维方法才行，而不是沉迷文学知识。一个人，知识多只能说明你是一个图书馆，方法多才能有创造性。

思维方法库11条定律告诉我们，中国人聪明起来的第一件大事，是学习现代科学思维方法，使中国人实现思维现代化。中国人衣食住行的现代化已经迈开了很大的步伐，思维现代化的步子一点都没有迈开。

实现中国人思维的现代化，绝不是几千年圣人所说的什么“熟读唐诗三百首”。我们一定要将“熟读唐诗三百首”，改为“熟读科学思维一百法”。

牛顿如果诞生在中国，看见苹果从天上掉下来之后，就去“熟读唐诗三百首”，他肯定发现不了万有引力。他在英国看见苹果从天上掉下来，如果就跑去抱着莎士比亚的诗集，成天在那里倒背如流，他把莎士比亚诗集读烂了，也证明不出万有引力。

无论是古人写的古诗词，还是现代人写的古诗词，最大的问题，它们只能是表达一下心中的想法，抒发一下感情，描绘一下诗情画意的感受；它不能做出什么物质世界的创造，只能创造“意境”，不能创造物质。

“熟读唐诗三百首”这句话，在中国起码流行了上千年。请问，给我们培养出了几个什么样的人才？也许个别人成了封建王朝的官僚，也离科学技术大观园十万八千里。唐诗中最出名的诗人李白，写了那么多脍炙人口的诗歌，许多诗歌都成为人人背诵的绝句，可是，就连李白本人最后都被皇帝抛弃不用。我就不明白，为什么大家都要去步李白的后尘？

中华民族要崛起，必须是大面积的人群实现思维方法库的现代化。不能只是少数人思维方法库先富起来，而是绝大多数人思维现代化。“熟读唐诗三百首”，只能是思维古诗化。只有“熟读科学思维一百法”，才能向思维现代化迈进。

我们不妨将“熟读一首唐诗”和“熟读一个思维方法”做比较，就可以看出两者是天渊之别。如果你熟读了一首唐诗，你可以干什么？我看就是能干两件事，一是参加语文、古典诗词之类的考试，二是写文章的时候可以引用两句诗词，为文章增光添彩，抒发一下自己的感情，表现出自己的文学修养。还有什么用处呢？但是，如果你真正熟读了一个思维方法，比如演绎法，熟悉的程度可以达到运用自如的地步，那你可以在今后的工作和生活中，分析解决各种各样的问题，你就可能才华横溢了。牛顿使用演绎法发现万有引力，就推动全世界进入现代化的工业社会和信息社会。

两者对比，“熟读唐诗三百首”的用处很少很窄，“熟读科学思维一百法”的用处则是无穷的。

中国很多电视台现在搞的许多知识竞赛，都把人们的思维向知识的边边角角方向引。比如，我从网上查出《一站到底》向选手提出的问题有：中国古代的足球运动在公元前300年就已盛行，当时这项运动叫作什么？被誉为“人间天使”的《罗马假日》女主角是谁？1987年徐克导演拍的《倩女幽魂》中饰演宁采臣的男主角是谁？电影《盗梦空间》中，莱昂纳多饰演的主角用来分辨真实与梦境的道具是什么？我就不明白，把这些东西都记住，到底有什么用处？除了在《一站到底》上获奖之外，我看没有任何用处。既然如此，学生们花大量时间去记这些干什么？电视台举办这样的竞赛到底鼓励什么？

中国由诗人、文学家当宰相的时代，已经一去不复返了。诗歌还是只能助兴，不能决策。国家的决策是根据实际情况使用某个思维方法来做出的。

中央电视台举办《中国汉字大会》《中国成语大会》《中国诗词大会》，都是对的。偌大一个中国，几千年的灿烂文化，这几个大会当然可以做得丰富多彩，观众喝彩。我想说的是，中央电视台在举办这些活动的同时，更应该打造几个甚至更多的“全民参与的思维方法盛宴”。放眼世界，我们举办几个《世界科学思维方法大会》《演绎法大会》《思维现代化大会》《对弈法大会》之类的节目，推动中国人思维方法库向思维现代化大踏步迈进，岂不是站得更高，看得更远？现代科学思维方法，在人类科学技术大革命和生产力大革命（工业革命）中，发挥的作用是拨开云雾，解析真相，披荆斩棘，呼风唤雨，惊天动地。一个思维方法打开一个世界，建立一门学问的故事，比比皆是。中国人应该对这些东西，像我们如数家珍背诵诗词名句、成语典故那样，了如指掌，学习模仿，运用自如。那是人类文化的精华。既然你可以记住《盗梦空间》中莱昂纳多饰演的主角用来分辨真实与梦境的道具是什么，那么，你为什么不应该知道，牛顿在论证万有引力的时候，使用了哪些思维方法呢？

为什么改“熟读唐诗三百首”为“熟读科学思维一百法”，而不是“熟读科学思维三百法”？

因为真正算得上是经典的科学思维方法，并没有那么多。能够把基本的几十个经典思维方法掌握好，你就可以大有作为了。“一百法”也只是一个笼统的概念，而不是真正去数一百个。

### 西方人的思辨能力是长期的辩论辩出来的

西方人比中国人思维能力强的，是思辨能力。思辨思维的核心，就是三段式演绎法。

为什么西方人思辨能力很强？那是因为，西方人经过了长达六七个世纪的演绎法大辩论的训练和锻炼，演绎法家喻户晓，深入人心，人人耳濡目染，代代潜移默化，演绎推理思维已经渗透进西方人的骨髓。

演绎法虽然在公元前3世纪就诞生了，虽然欧几里得和阿基米德也用演绎法做了创造新科学的事，但是实际上，一直没有大面积地推广。最早将三段式演绎法推理搞成群众运动的，就是13世纪那个神学家托马斯。因为《圣经》里充满了各种不能自圆其说的矛盾，宗教神学哲学家托马斯以光大宗教神学为己任，使用亚里士多德的三段式演绎法，从五个方面论证上帝的存在。为了普及他的著作《神学大全》，说服广大教徒信奉上帝，就在各个教堂开展了演绎推理论证上帝存在的大辩论。这场在欧洲各个教堂广泛开展的上帝存不存在的群众性大辩论，持续了三个世纪之久。它虽然并没有完全征服所有的教徒，以致后来出现了不少的反对批判宗教神学的科学家、思想家和哲学家，但是，它还是起到了普及三段式演绎法推理的积极效果。那个时候的欧洲，宗教已经普及，几乎是家家户户。孩子从小就经常跟着大人去教堂，参加和观看教堂的各种辩论活动，大人小孩都接受了三段式演绎法大辩论的教育。

而西方学校里课程的设置，又都是以哲学打头阵。那个时候西方没有语文课，因此欧洲人从小就从哲学课里接受了三段式演绎法的教育。

16世纪以后，培根和笛卡尔陆续发动批判宗教神学的运动，宗教神学不甘退出历史舞台，批判和反批判的两种力量，就展开了一场旷日持久更大规模更大范围的大辩论，从宗教到社会、科学、政治、法律、历史、文化等各个方面。随着科学技术大革命的发展，现代思维运动的汹涌澎湃，三段式演绎法大辩论在更宽阔的领域展开。这更是一场演绎法的普及教育，时间长达三四个世纪。

同时，伴随这个时期出现的资产阶级大革命，西方社会政体出现了竞选制度。竞选就要搞演说和辩论，辩论时事，辩论政策，辩论国家发展方向，辩论施政纲领。演绎法是辩论的主要方法。西方社会的议员、政治家，都是通过一层层的辩论走上政治舞台的。想走这一条路的人很多，个个都会演说辩论。这样一来，各个地方、各个层次的竞选演说，又对社会进行了演绎法的普及教育，提高了人们演绎推理的思辨能力。

所以，西方人的思辨能力，是长达多少个世纪的大辩论，对社会对人们长期普及教育熏陶的结果。西方形成了培养思辨能力的社会环境、教育环境和思维环境。

中国人长期缺乏这样的社会环境、教育环境和思维环境，现在要赶上西方人的思辨能力，又很难重复那样的社会思维环境，怎么办?

中国人要追赶西方人的思辨能力，必须切切实实加强思辨能力的培养。这件事情只有通过学校教育来完成。大中小学生特别是中小学生，必须大幅度调整知识结构，同时配合进行思辨能力的训练培养。

### 把思维方法教育放在学校教育的第一位

学生知识结构的调整，首先是大中小学生，都应该加一门思维方法课。思维方法课应该和语文、数学并重。写作能力与思维能力相比，思维能力远远比写作能力重要。如果讲综合知识，哲学的综合知识比语文的综合知识更强。大幅度加强思维方法特别是逻辑推理的训练，对于提高学生作文的能力，对于学习自然科学和社会科学，都是大有好处的。

培养学生的创造性思维，是学校教育第一位的重要任务。恩格斯说：“一个民族要站在科学高峰，就一刻也不能没有理论思维。”俄罗斯教育家瓦·阿·苏霍姆林斯基在《给教师一百条建议》一文中说：“给学生上一种专门的思维课”，“思维课的内容既包括接触周围世界的形象，……也要有逻辑分析、知识探求、思维练习和寻找因果关系”。爱因斯坦也指出：“发展学生的逻辑思维、判断力”是学校应该完成的重要任务（苏振芳《创新思维方法论》，社会科学文献出版社，2013年3月第1版）。

现在，中小学语文课本里有一些涉及思维方法内容的课文，但数量太少，并且思维方法的阐释有时不甚透彻。我记得的课文有晏子使楚（演绎法）、田忌赛马（对弈法）、曹冲称象（化归法或者等量替换法）、草船借箭（化归法）、司马光砸缸（逆向思维）等。现在一些学生写作文很难，其实，他们不完全是难在没有生活，更重要的是没有理性思维方法。一篇作文，首先是谋篇布局，确定主题，然后是提纲挈领，安排段落层次。这些都离不开逻辑思维。单单只是懂得一点形象思维，加一些形容词做比喻，那是写不好作文的。作文的思想性、逻辑性，主要是思维方法决定；就是艺术性，那也是形象思维和逻辑思维共同决定。

自然科学的课程虽然包含了不少的思维方法，但都是按照科学领域内容安排结构，其中需要什么方法才用什么方法。方法是工具，招之即来挥之即去，缺乏科学思维方法体系的系统性。

既然中国人思维方法贫穷落后，既然我们要培养学生的科学思维能力，尽快赶上西方人的思维能力，就应该专门设置思维方法课，以思维方法教育为重点，系统讲解科学思维方法，让学生把一个个的经典思维方法都学到手。

习近平总书记提出，从小就要培养学生的创造性。那就是从小就要进行思维方法的训练。一些最基本的思维方法，像演绎法、归纳法、分析法、综合法、观察法、实验法、抽象与概括、比较法、统筹法、排列组合法等等，都可以从小学就开始学习，由浅入深，循序渐进。这些内容，对于没有多少积累的孩子来说，其实比那些晦涩难懂的古典诗词，更容易理解，也更容易产生兴趣，因为很多都是看得见摸得着的东西。如果引导得好，就能够培养他们的兴趣。

我以为，在中小学没有开设思维方法课之前，语文课的内容中，应该大幅度增加思维方法的教学内容，比如说，用四分之一到三分之一的课文讲思维方法。其中很多内容也可以是原来的课文，但是重点改变为思维方法的解读，课外作业也加上如何运用课文中的思维方法，解决生活中碰到的实际问题。思维方法课的比重，应该远远高于古典诗词的比重。

比如《晏子使楚》的课文，我们就把重点放在讲解三段式演绎法，课文后面的知识就是演绎法的知识，演绎法发展过程中曲曲折折的历史，演绎法对现代科学技术大革命的贡献，中国人为什么痛失演绎法的教训，等等，作业就布置寻找生活中的演绎法。对于小学生来说，演绎法比任何一首古典诗词都好理解。古典诗词文字精练，意境需要很多知识积累才能解释得贴切一点，很多就是靠所谓的悟性去领会，许多大人都不能说得透彻明白，小孩子只能是死记硬背。思维方法就不一样了。像三段式演绎法，你课堂上讲了人总是要死的（大前提），学生张三是人（小前提），所以张三最后也是会死的（结论），下课之后，同学们个个都会开玩笑似的互相演绎“你也会死的”。

《草船借箭》是语文课本里一篇脍炙人口的故事。我们也可以结合课文讲解科学思维方法。周瑜想方设法致诸葛亮于死地，要他三天之内造10万支箭。这在当时那种条件下是人力所不能达到的，但诸葛亮却和周瑜签了军令状。结果，诸葛亮借助天气，利用草船，成功地向曹操借了10万支箭。课文充分表现周瑜的气量狭窄、妒才忌能，诸葛亮的宽宏大度、谦虚礼让、足智多谋、料事如神，人物个性鲜明，栩栩如生，艺术形象十分成功。思维智慧呢？就讲了一条：诸葛亮的神机妙算。其实，这个神机妙算的概念也是太笼统了。

诸葛亮其实是使用了一个思维方法——化归法。化归法是数学家总结创造的一种思维方法。在有一些问题不能直接想出解决办法的时候，就把要解决的问题进行某种变化，比如分解、变形、平移、旅转、伸缩等多种方式，将它转化为另一个我们熟悉的问题，从而得到解决。这种思维方法，称之为化归法。化归法在高等数学各个分支学科和其他自然科学里有广泛的运用。

诸葛亮的草船借箭，实际上就是将制造10万支箭的问题，转化为一个气象问题，造箭问题化归为气象预报问题。诸葛亮懂得天文地理，算准了第三天必有大雾，而且大雾持续时间足够他得到10万支箭，所以他敢于与周瑜签军令状。使用化归法的条件，是转化为的另一个新问题，是他能够解决的，不然的话，化归过去也束手无策。天文气象是诸葛亮的拿手好戏，所以“手到擒来”。虽然诸葛亮时代还没有化归法的名称，而诸葛亮这样的智者，自然是无师自通，运用起来天衣无缝。

只要认真研究，语文课本的思维方法教育，是可以选出很多篇章的。当然，也可以从国外和自然科学的作品里，选择思维方法教育的教材。

如果我们在小学阶段都可以完成几十首难以理解的古典诗词的教育，那么小学阶段完成主要经典思维方法的初步教育和训练，那更是没有任何问题的。一定要把思维方法的训练，远远放在古典诗词的学习之上。现在小学生中都涌现出了一些诗词爱好者，那么，通过几年思维方法的教育，小学生中涌现一些钻研思维方法的优秀苗子，便是顺理成章的事。

中学阶段当然就应该完成科学思维方法的全面教育。现代科学思维的各种方法，结合自然科学的内容，可以由浅入深地进行。如果我们的中学生都能够熟练掌握和运用演绎推理、批判性思维、发散思维、裂变式思维、求异思维等等，中国人拿下诺贝尔科学奖的概率，就会令人鼓舞了。

大学阶段，思维方法课的教育就应该更加深入了，内容可以向哲学研究的各个领域扩展。因为有中学学习思维方法的基础，很多学生可以向创造性思维进军。牛顿就是在大学期间完成微积分的创造的。

这样一来，我们就将现在学校教育中的大知识量和难题量的教育精力，转化为思维方法的教育了。

最近，网络上流传徐贲在《读写月报—新教育》上的一篇文章《中国学校缺一门必修课——讲理》。许多转载者开头都说：从“他是地主，肯定压榨贫农”到“他考上了公务员，一定是走了关系”“这个明星红了，肯定有后台”……这些看法，无不体现出许多中国人缺乏逻辑，不讲道理！徐贲先生汇总了美国从中小学到大学的逻辑课程的要点，中国学校可以借鉴怎么教会孩子讲道理。

这篇文章在网络上的广为传播，说明传播者对大中小学学生学习逻辑推理重要性的认识，已经成为社会众多有识之士的共识。中国人理性思维的欠缺，必须从中小学生抓起，要将它作为一门重要的课程来学习。

## 广泛开展培训思维方法的课外活动

为了培养学生们的思维能力，一定要理论联系实际，开展各种各样的培训思维方法的活动，将课堂学习和课外活动结合起来。

首先是各个学校都应该广泛开展辩论赛。每个班，每个年级，每个学校，每个学期，都应该有多次的辩论赛，决出辩论赛的名次。教育局应该按照辩论赛的名次，判别思辨能力教育的高低。各个县、市、省，都应该举办小学生辩论赛、中学生辩论赛、大学生辩论赛，领导给辩论赛的前三名颁奖。奥数比赛的名次不应该计入高考成绩，因为那是难题比赛，不是基础知识。省、市中学生辩论赛前三名，可以计入高考成绩。

现在，教育局是按照考试分数排列学校教育成绩的名次。以后，可以用三个成绩来综合评判：一个是基础知识考试成绩，二是思维方法课考试成绩，三是辩论赛成绩。三个成绩综合评判学校教育的效果。

学校学生们的辩论赛，可以广泛征集辩论选题。既可以结合课本的内容，也可以离开课本，从社会上发生的各种各样的事例，来议定选题，展开辩论。社会热点的辩论，还可以吸收学生家长、社会部门来参加，让学生感受到他们的辩论是理论联系实际。也可以请社会上的人士来辩论。凤凰卫视每天举办的《一虎一席谈》，就是一场很好的时事问题辩论赛。我们的大中小学，应该培养一大批擅长思辨教育的哲学教师。每个学校每年都应该从学生中产生辩论明星。

在九年义务教育六年制小学教科书中，有一篇《田忌赛马》的故事。战国时代，齐威王与大臣田忌赛马，两人各出上、中、下三匹马，齐威王的三个等级的马都比田忌的强，因此，田忌三战三败。后来，军事家孙膑给田忌出了个主意：以下马对齐威王的上马，以上马对他的中马，以中马对他的下马。结果，田忌一败二胜。同样的马匹，由于田忌改变了排列组合，从而实现了由败到胜的转变。这个生动的故事表明：客观事物内部排列组合方法不同，往往会导致不一样的结果。

以田忌赛马的故事，可以得到很多思维方法的启示。一是排列组合法，将双方参加比赛的马排列出各种对阵形式；二是比较法，对各种对阵形式的优劣进行比较，从劣势中找到优势；三是学会取舍，舍掉小我成就大我是上策；四是以己之长攻敌之短，知己知彼，隐藏自己，才能百战不殆！总而言之，加起来就构成一组绝妙的对弈方法组合。

《田忌赛马》的教学，就可以将学生中喜欢下棋的人的兴趣，引导到对弈论思维的训练。这方面的故事很多。拿破仑曾经描述过骑术不精但有纪律的法国骑兵和当时最善于格斗但没有纪律的骑兵——马木留克兵之间的战斗。拿破仑认为："两个马木留克兵绝对能打赢三个法国兵，一百个法国兵与一百个马木留克兵势均力敌，三百个法国兵大都能战胜三百个马木留克兵，而一千个法国兵则总能打败一千五百个马木留克兵。"这里的奥妙何在？正如恩格斯在《反杜林论》中所指出的那样："许多人协作，许多力量融合成一个总的力量，就造成'新的力量'，这种力量和它的一个个力量的总和有本质的差别。"也就是说，一个连、一个营、一个团的战斗力决不等于全连、全营、全团官兵战斗力简单相加的总和。一个由众多劳动者实行协作分工的工厂或企业的生产能力，决不等于全工厂、全企业各个劳动者个人生产能力简单相加的总和。这就说明战斗组合、劳动组合的不同，会引起战斗力、生产能力的变化。

事物内部排列组合不同引起量变进而导致质变，要求我们思考和处理问题时不应该仅仅把眼光盯在人力物力绝对数量的增减上，还应该从多方面、多角度着眼，精心协调，科学使用现有人力物力，力求达到最佳效果。

策略思维，即战略战术思维，是军事和其他各种对弈中要研究的思维方法。它决定着双方的胜败、对弈的效果。要战胜已经走在前面的前行者，必须用非常规的新思路，用非常规的新方法。

研究这种竞赛对弈策略的数学分支，叫博弈论，也叫对弈论、对策论；它是运筹学中的一个重要学科。博弈论已经成为经济学的标准分析工具之一，在生物学、经济学、国际关系、计算机科学、政治学、军事战略和其他很多学科都有广泛的应用。

从学习《田忌赛马》开始，可以在学生中组织对弈兴趣小组。成都棋校在过去的几十年中，就在中小学生中培养了大批棋坛明星。既然小学生都可以培养出对弈思维高手，我们为什么不将这种效应在学校的思维方法训练中加以放大?

科学技术大革命中，科学家使用思维方法出奇制胜创造发现新科学的故事，应该让个个小学生都十分熟悉，就像现在熟悉成语典故、诗词名句一样。

一个学校，可以成立各种各样的思维方法兴趣学习小组，以学生使用思维方法解决了一个问题的实际例子，来授予演绎明星、归纳明星、对弈明星之类的称号，提高学生使用科学思维方法的积极性。

# 编一套实用性的思维方法培训教材

学习科学思维方法，当然就要有思维方法的教科书。中国人因为过去没有提出思维现代化的任务，所以，推广和普及思维方法的书也很少。中国过去出版的哲学书和介绍科学思维方法的书，多是一些知识性的书。读这些知识性的方法书，就是学习了解了一些思维方法的知识，缺乏如何使用思维方法的培训内容。所以，哲学系的很多学生，并不懂得思维方法的运用，实际操作能力很差。而那些操作思维方法的技术，不经过多次的反复训练，特别是正反两方面的训练，是不能掌握真谛的。

为了普及科学思维方法，实现我国国民思维的现代化，方便广大群众学习科学思维方法，中国应该下功夫编辑出版几套实用性的科学思维方法丛书，作为人们自学或者培训科学思维方法的教材。

第一套科学思维方法培训丛书，是各个经典思维方法的介绍和运用。

这是我们首先应该编辑出版的思维方法丛书，为每一个经典的科学思维方法，比如演绎法、归纳法、分析法、综合法、发散思维、裂变式思维、逆向思维、假设法、公理化法、反证法、化归法、系统思维、批判性思维等等，编辑一本学习培训教材。为了达到培训的目的，这本书的内容应包括：

一、这个思维方法的概念和基本知识；

二、这个思维方法产生和形成的历史过程；

三、这个思维方法在自然科学和社会科学发展史上建立的功绩；

四、使用这个思维方法的操作方法和注意事项；

五、运用这个思维方法解决各个领域实际问题的各种事例；

六、举出各种各样错误使用这个思维方法的事例，指出错在哪里；

七、列出大量的各个领域的练习题，让各个领域的读者在学习的时候做练习，也可以给出参考答案。

比如，运用这个思维方法在自然科学和社会科学各个领域各个学科中，解决了哪些问题，怎么解决的事例。自然科学的内容一些人看不懂，那没有关系，他省略不看就行了。我们的书是供各种专业各种文化程度的人看的。看了这些内容，让读者对这个思维方法的理解更深刻。

又比如，运用这个思维方法解决实际问题的事例，既包括在自然科学各个领域的事例，也包括社会科学各个领域的事例，还包括由浅入深各个层次运用的事例，以及各种奇思妙想各种思路的事例，等等。就像同一个勾股定理，2000年来西方的数学爱好者给出的证明方法就有500余种，E.S.卢米斯就收集370种证明方法出版了《毕达哥拉斯命题》一书。证明方法有的非常巧妙，有的独辟蹊径。读这种书，就可以不断启迪你的思维，打开形形色色你意想不到的思路，令你茅塞顿开。

为什么把各个领域运用这个思维方法的事例都列举出来？主要是让读者知道这些思维方法都是在各个领域普遍适用的，运用非常广泛。知道在其他各个专业领域的运用，会启迪你在本专业的运用。

比如演绎法，很多人只是从书本上知道这种思维方法，真正到具体事物的时候，就忘得一干二净了，有的在运用的时候，连大前提、小前提都搞不清楚了。就没有人想到，分析中国报业市场20世纪90年代的情况，还可以使用演绎法来推导出市民生活报的新的报纸品种。像这样使用演绎法的事例放到演绎法的例子里，就可以开阔读者使用思维方法的视野。

又比如阅读优秀发行人员的经验，我使用归纳法总结创造出敲门发行学；面对全国报纸转载《华西都市报》特别报道的侵权行为，我使用统筹法做出买卖特别报道版面的决策；看到有一定实力的演员冒名假“郭燕”演出，我使用逆向思维请假“郭燕”回成都“正名”演出……这些使用思维方法的事例，看起来是独出心裁，实际上是恰到好处，选进相关思维方法的培训教材，读者可以大受启迪，从中领会运用思维方法的诀窍。很多人学习思维方法不能搬家，不能从书本上的情况变成现实中遇到的情况，换一个场景就什么都忘记了，哪里还想到可以使用科学思维方法来转换场景，活学活用！如果多看看别人怎么在各种特殊情况下使用这个思维方法解决遇到的各种各样的事例，就可以达到加深印象、启迪思维和举一反三的目的。

列举使用思维方法中出现的各种各样的错误事例，可以更好地帮助读者加深对思维方法真谛的理解，防止今后在运用的过程中重蹈覆辙。这样的事例在社会科学领域比比皆是，经常是写出的论文没有过多久就过时了。任何一个思维方法，如果能够编出一本类似于名医的《误诊集》那样的书，那比成功集的教育作用更大。从别人错误使用思维方法的事例中，可以吸取宝贵的教训，自己使用起来就会自觉地防范错误。

正反两个方面大量事例的学习，加上一定习题量的练习，对一个思维方法的运用训练，就比仅仅知道一点知识要实际得多。一本书读完，就可以达到多学多看多练的目的，见多识广，就会熟能生巧，以至灵活运用了。多读这样的思维培训教材，可以大大提高读者的思维加工能力。

我们一定要学习莫斯科大学成为世界第一数学强校的经验。莫斯科大学由数学大师编出一套高等数学各门学科的教材和习题集，来训练他们的学生，收到了很好的效果。中国人没有经历西方的科学技术大革命和那一场现代思维运动，对现代思维方法极其陌生。所以，我们应该组织力量，下功夫编辑出版一套切实有效的思维方法培训教材，如果将发生在各个国家各个领域各个学科使用思维方法的案例，一一编选出来，琳琅满目，让读者看到使用这个思维方法的各种路径，肯定能够启迪他的思维，这就可以进入“学而时习之”“熟读唐诗三百首，不会写诗也会吟”的境界了。

第二套科学思维方法培训丛书——综合运用各种思维方法来分析解决实际问题。

除了单个的思维方法的培训教材外，还应该有将许多思维方法综合起来运用的书。许多实际问题的解决，往往需要几步几十步甚至更多的思维接力，需要的思维方法是若干个。这就像学会了加减乘除乘方开方单个运算方法之后，还要掌握加减乘除乘方开方各种方法混合运算的方法。我们编辑出版一套这样的丛书，主要是培训读者运用各种思维方法做思维接力的能力。

第三套科学思维方法培训丛书——运用笛卡尔“建立科学的科学”的方法进行思维大会战的事例，对读者进行思维会战的培训。

西方现代自然科学和现代社会科学的各门学科，都是运用笛卡尔“建立科学的科学”方法，一步步建立起来的。因为中国人没有学习现代思维方法，许多人不知道更不懂得笛卡尔那一套“建立科学的科学”。一些人虽然也学习过某一门学科，但是对于建立学科科学的规律并不了解。这一套丛书，对没有建立多少学科学问，又想建立学问的中国知识分子来说，就是一套非常好的学习教材，对于普通中国人来说，也是学习现代思维方法进行思维会战的极好教材。

思维方法培训丛书，即使就是一本书，靠某一个人也是编不出来的，因为不仅需要的知识面很宽，还需要若干领域的积累，因为每一本书都要展现一个思维方法在各个领域如何使用的事例。中国应该像古人当年动员几千人编《黄帝内经》一样，完成这一个系统工程。有了这一套思维方法培训丛书，普通人都知道该怎么去学习和运用思维方法了。

为了适应现代传媒多种表现形式的发展，满足受众的需要，这三套思维方法培训丛书，都可以融入影视、游戏、微信公众号等各种形式的媒介中。

我们不仅应该编辑出版这样一套实用性的科学思维方法培训丛书，而且应该将之推广普及，让农村各个村的图书室，让各个机关各个单位的图书室，让城市里的家家户户，都有这么一套或若干套思维方法培训丛书，经常翻出来看看；多看，多学，多想，那么，久而久之，这些科学思维方法，就会从陌生到熟悉，每个人的思维方法库就不愁丰富不起来；慢慢地，运用思维方法也就会熟能生巧，活学活用了，中国人特别是下一代人的思维方法库，也就从书房里的思维方法书库，变成脑子里的思维方法库了。

# 努力练好人类思维的体操

学方法用方法，对于一般大众的思维需要来说，对于思维贫穷落后的中国民众来说，对于已经过了学习黄金时代的大龄人士来说，作为一个吹糠见米“扫现代思维盲”的应急办法，是可以的。但是，对于要承担攻克科学技术难关，解决结构复杂问题的精英人群，对于要想大有作为的年轻一代，那是远远不够的。

真正要把现代思维掌握得得心应手，运用自如，还得要学好数学，这是因为我们前面讲过的三个理由：

1. 哲学总结归纳的现代思维方法，绝大多数都是数学思维方法，不仅是数量最多，而且居于思维科学里最重要的位置；任何其他学科领域的思维方法，数量和作用都有限。

2. 自然科学和社会科学的发展历史反复证明，以演绎法为中心的逻辑思维方法，在各个领域都大有用武之地，是各个领域普适的思维方法；离开了这些思维方法，仅仅凭借专业领域的思维方法，思维空间会大受限制，创造性的概率也就大大减少。

3. 数学是人类思维的体操，数学具有天然的思维方法论的属性。通过学习数学来学习这些思维方法，是最好的捷径。马克思、恩格斯就为我们做出了榜样。

为什么西方很多数学硕士轻而易举就拿下哲学博士学位？因为高等数学本身就具有很高的哲学含金量。可是反过来，本来是自然科学和社会科学总结的哲学，却不具有多少数学含金量。出现一个哲学硕士拿下数学博士学位的事情较少。有时不仅是哲学硕士拿不下数学博士学位，就是哲学博士也拿不下数学硕士学位。如果哲学博士想拿个数学学士学位，可能需要从大学数学一年级学起。

这就是高等数学和哲学两门学问的差别。

你如果想学习思维，又不想学习数学，这就是想吃饭又不愿意吃最好的饭，填饱肚子就行了。

如果你努力学习科学思维，就是不学习数学，那你的思维永远是在低层次的思维空间运行。

最好的思维方法都集中在数理思维方法，你却要绕开它，这就像一个人喜欢当兵，永远也当不了将军，当不了元帅。

### 马云三次高考的启示

你可能会说，我的数学成绩不好，我学不好数学。

是的，在一些人当中，特别是文科学生当中，一些人数学分数不太高。

我要说，这完全可能就是一种假象，也是一种认识误区。最有说服力的例子，是马云三次高考三个数学分数的故事。

1982年，18岁的马云参加高考，他不仅总分名落孙山，而且还创造了个奇迹：数学成绩1分。心灰意冷的马云和他一个表弟一起去宾馆应聘服务生，因为长得有点儿歪瓜裂枣的意思，让老板给拒绝了。他没有办法，最后通过关系，才找了一份给出版社送书的活儿。但是，马云没有死心，一边工作一边复读，第二年又走进了高考的考场。高考成绩出来以后，照样落榜，数学成绩略有增长——19分！马云又开始了第二次一边打工一边复读的日子。到20岁那年，马云毅然参加了第三次高考。在高考的前一天，一位姓余的老师对马云说，就你这个数学成绩，能考及格了我就把姓儿倒过来写。无论这老师是什么心态，马云是被刺激得够呛。但是，马云这次数学成绩不只是及格，还跨进了良好成绩的边缘——79分。

虽然马云这回数学成绩大幅提高，不过他总分数比本科线还是差5分。马云心想，有个大学上就不错了，管它是本科还是专科，马云就填写了杭州师范的志愿。那年杭州师范英语系由于刚升本科，报考的学生竟然不够招生数，校领导做了一个令马云感觉是天上掉馅饼的决定，让几个英语成绩好的专科生直升本科。英语成绩很牛的马云光荣地以“准本科生”的身份踏进了杭州师范。

马云三次高考的第一个启示，是我们的高考存在多么严重的弊病！它两次扼杀了中国未来的首富、中国最具有创造力的知识精英，扼杀了今后要站在美国哈佛大学、英国剑桥大学、中国清华大学，给全世界名牌大学学生们讲课的中国人！这样的高考你还要迷信它吗？这样的高考还不痛下决心改革吗？

幸好马云的哲学是不服输，不信邪，数学1分他还敢再考，第二次失败又第三次参加高考。

中国的首富，不是在高考状元中诞生，也不是在名牌大学诞生，而是在两次高考落榜，最后还不是一本二本三本，而是在一个“准本科”中诞生。这对中国的高考和大学教育，是一个莫大的讽刺！

马云三次高考的第二个启示是，数学考试成绩可能是一个假象。马云三次数学分数，你说哪一次是真实的？我说，全都不真实。1，19，79，这三个数字说明，马云的数学成绩可以随着学习时间的增加呈现火箭式增长，可以一飞冲天。你看，20多年之后，马云冲到了全世界互联网首富和中国首富的位置上。互联网是什么？互联网就是微积分的第五代表现形式。人类创造发明微积分之后，人用手工计算数量结果完全不行了，因为计算量太大了，这种需要推动了科学家们研究计算机，计算机又发展到电脑，电脑又发展到互联网。马云攀登上高等数学的第五代表现形式，坐上了互联网的第一把交椅，试想，他的数学分数应该是多少呢？

大家仔细看看马云三次数学分数——1，19，79，与我们前面讲过的什么相像？裂变式思维。“1→19→79→？”马云的第四个数学分数是多少，我们不知道；但我们知道，马云使用云计算、大数据打造的阿里云计算有限公司，于2009年9月10日率先成立，汇集来自国内外顶尖的技术人才，成为中国互联网数据分享的第一平台。云计算、大数据就是最新的数学方法。他超越了中国所有学数学的人。

但是，很多人面对高考数学成绩1分、19分的事实，都退却了，都以为数学成绩真的不好了。我要说，这是一个假象。因为人的智力发展，并不是按照同一个速度发展的。有的是早熟型，有的是慢热型。人的思维成熟速度本来就是参差不齐的，可是我们的学校教育全部是齐步走。自古以来就说要因材施教，可是学校总是对不同的人采用同一个教育进度。本来这是教育的落后，结果还要去怪学生的智力差。真是冤枉好人！

所以，我这里提出一个办法，学校的数学教育，分成快班和慢班。就像学习开车一样，一次培训，没有学会，又来一次。有的人反反复复参加好几次的驾照培训班，最后也学会了。那些几次才学会开车的人，今后开车未必就不是中国好司机，说不定还像马云一样，成为“中国第一好司机”。

反复重复是最好的学习方法。子曰：学而时习之。开设数学慢班，就像学习开车一样，一次培训，没有学会，又来一次。未必第一次分数高的人就一定会赢，未必今天跑得快的人永远都跑得快。马云这个两次高考的落榜生，最后就跑到所有高考状元的前面去了。

再说，一个人在事关自己能力、水平和前途的思维方法库建设上，多花一些时间和精力，那也是应该的，必需的。不管你比别人多花了多少时间，不管你多读了几次慢班，只要你最终掌握了人类智慧的核心，那也是值得的。

所以，大学教育必须普及高等数学，普及数理思维方法。学习进度慢的，就读慢班。无论快慢，人人都必须把数理思维方法这座大山攻下。

为什么数学就开快慢班，其他学科就不开呢？因为数学这门课决定你的思维方法库，你不学习就没有别人聪明，你就缺乏最好的思维工具，智慧就差人一等。至于其他学科，分数高低无所谓，无关思维方法的大局，只是知识的多少而已。

大学生到工作岗位之后表现出来的水平和能力的高低，不是以你各门学科成绩来判断，而是以你的思维方法库来判断。你的数理思维方法课不及格，你的思维方法库怎么丰富多彩？

我在大学里的成绩，也只能算是一个中等。因为走上社会取得的成就突出一些，很多人就说我是数学系的高才生。如果你要去查我在大学时期的考试分数，肯定就是一个中等。一个到加拿大去当了教授的数学系同学，见了我之后直截了当地说，当年我们没有看出你有多得行！持这种看法的同学不是一两个。我不是依靠数学知识取得成功的，而是依靠数学思维方法取得成功的。

所以，那些数学分数不高的人，那些文科的大学生和毕业生，一定不要认为自己的数学就真的不好。你的数学成绩肯定比马云的1分高得多。可以这样说，数学分数不高的人，绝大多数人经过反复学习，是可以把数学学好的，更不消说是学习数学思维方法。我们一定要改变对数学分数的误会，改变对自己的误判，积极参加高等数学的学习，把数学思维方法真正学到手。也不要以为慢班学习不光彩，要像马云那样去不断攀登。数学不只是计算科学，更是一门方法科学。既然数学是人类思维的体操，磨刀不误砍柴工，你为什么不多用一些时间练一练这个思维体操呢？

### 西方人一直重视数学

西方人重视数学，从古希腊开始。公元前385年，古希腊哲学家柏拉图在雅典城外修建一个学校——柏拉图学园，就以数学为最重要的研究对象。柏拉图在学园大门口立了一个牌子，上面铭刻了一行警句："不习几何者不得入内！"

柏拉图学园中最杰出的当数亚里士多德和欧几里得。亚里士多德既是数学家，又是总结创造三段式演绎法的哲学家。欧几里得使用演绎法创造的欧几里得几何学，名垂千古。

柏拉图学派晚期导师普罗克洛斯（约410—485年）的《几何学发展概要》中，记载了这样一则故事：欧几里得几何学成为人们日常生活中的一个时髦话题之后，希腊国王多禄米也想赶这一时髦，学点儿几何学，于是派人把阿基米德请去，拜他为师。从此以后，阿基米德就当上了国王的私人数学教师。开始上课时国王挺认真，可是时间一长，多禄米的兴趣就逐渐消失了。

阿基米德细心而又耐心地向多禄米国王讲解着各种几何的图形、原理以及计算方法，可是多禄米对眼前出现的一个个三角形、正方形、菱形的图案毫无兴趣。国王问："请问，到底有没有简捷一些的学习几何学的方法和途径？"听了国王的问题，阿基米德思考着，冷静地回答："陛下！学习数学和学习一切科学一样，是没有什么捷径可走的。学习数学，人人都得独立思考，就像种庄稼一样，不耕耘是不会有收获的。在这一方面，国王和普通老百姓是一样的。"从此，"在几何学里，没有专为国王铺设的大道"这句话，成为千古传诵的学习箴言。

柏拉图学园前后延续近千年之久，对西方的科学发展特别是数学的发展，起了重大的推动作用。

数学在欧洲各国的皇宫，都是热门的追逐学科。1650年，55岁的笛卡尔穷困潦倒，在斯德哥尔摩的街头过着在纸上写写画画的乞讨生活。在与笛卡尔街头交流的人中，瑞典皇宫的小公主克里斯汀竟然对他着了迷。几天后，笛卡尔意外地接到通知，国王聘请他做小公主的数学老师。从此，笛卡尔当上了皇宫的数学老师。瑞典皇宫重视数学的传统，在公主的身上表现得淋漓尽致。

俄国女皇叶卡捷琳娜，看见瑞士数学家欧拉的数学才华不断绽放，就聘请欧拉为圣彼得堡科学院的院士。欧拉担任圣彼得堡科学院院士达31年之久，俄国人视他为俄国数学大师，并以他为自豪。在那里，他承担了俄国亟待解决的许多科研课题，就连当时大学的数学教科书也由欧拉编纂。

叶卡捷琳娜女皇慷慨地给了数学以很多无法报偿的资助，使得数学的发展在整整一个世纪之中处于科学史上一个最活跃的时期。叶卡捷琳娜给予欧拉很好的待遇，薪水和津贴十分优厚，尽管欧拉的家属一度不少于18个人，但他们仍能过着丰裕的生活。他的孩子们只要有任何一点才能，都给予很好的施展机会。欧拉失明以后，又与衰老和黑暗拼搏了17年，留下了886篇论文和著作，直到生命的最后一刻。

这中间还发生了两个皇宫争夺欧拉的故事。1741年，俄国的伊丽莎白女皇登基。普鲁士国王腓特烈大帝就乘俄国政权转换之机，邀请欧拉到柏林科学院物理数学所当所长，并为国王的侄女德韶公主讲授数学、天文、物理等课程。在柏林，欧拉又培养造就了许多数学英才。

俄罗斯著名作家列夫·托尔斯泰在他的名著《战争与和平》中，也讲到了宫廷学数学的故事：老亲王鲍尔康斯基热心于教女儿玛利亚学几何学，每次都吓得她心惊胆战。他走到女儿身旁坐下说："小姐，数学是一门庄严的功课，它会把你脑子里的无聊念头赶走。"这位老亲王不懂得教学方法是无疑的了，但他却能欣赏数学的"庄严"。这庄严，就是几何学中逻辑思维的严密性。数学在科学方法中占有重要地位，有人认为：科学方法乃是归纳与实验、演绎与数学相结合而完成的。

由于俄罗斯长期重视数学，所以，前面18世纪有欧拉引领世界数学发展潮流，后面20世纪就出现了世界第一数学强校莫斯科大学。

《自然哲学的数学原理》，是牛顿使用数学方法解决物理学重大问题的辉煌巨著，不仅是物理学的经典名著，也是数学发展史上的重要经典著作。300年之后，英国举行了《自然哲学的数学原理》300周年的纪念活动，发行的纪念邮票中万有引力定律公式的背景就是一只红色的大苹果。英国学者威斯特福尔专门为此撰写了一篇文章，他意味深长地写道：我们从不纪念某某文官的300周年诞辰，原因在于数学具有广泛持久的魅力。

19世纪威震世界的著名军事家、政治家拿破仑，在他执政的17年中，南征北战，东讨西伐，驰骋天下，所向无敌，不愧是一位叱咤风云的人物。其实，这位杰出的军事、政治天才，从小就重视学习数学，颇具数学头脑。拿破仑在布里恩军校学习期间，对数学就有着特殊的兴趣。教官对他的评语是："一直勤于数学而表现突出，史地知识尚可，才艺方面很弱。"1784年拿破仑被巴黎军校召见，召见人中就有当时世界著名数学家拉普拉斯，他发现拿破仑具有杰出的数学才能，这也成为拿破仑能够进入巴黎军校的一个重要原因。拿破仑在行军打仗的空闲时间，经常研究平面几何。

1795年，拿破仑在读了意大利数学家马克罗尼的几何作图著作后，曾给当时的法国数学家出了一道题目："仅用圆规而不用直尺将一已知圆心的圆周四等分"。该问题后来被解决后称之为"拿破仑问题"。

拿破仑在数学上还有一个称之为"拿破仑定理"的定理，说的是：如果从一个任意三角形的三边上向外或向内分别作三个正三角形，那么这三个三角形的中心彼此联结起来，必然也是一个正三角形。该正三角形称为拿破仑三角形。2001年第3期的《山东电力高等专科学校学报》，就刊登了作者张庆华、山圣峰写的论文《拿破仑定理在城镇规划中的应用》。

拿破仑对数学的爱好，使他结识了许多当时著名的数学家，如拉格朗日、蒙日、拉普拉斯、傅立叶，法国数学从而获得了突飞猛进的发展。比如数学家傅立叶，1801年回法国担任巴黎理工大学教授，第二年他被拿破仑任命为格勒诺布尔市的行政长官，1809年又被拿破仑授予帝国贵族头衔。

数学是所有科学的基础，是真正的基础科学。拿破仑说："一个国家只有数学蓬勃地发展，才能展现它国力的强大。数学的发展和至善与国家繁荣昌盛密切相关。"

毕达哥拉斯定理，是欧几里得几何学里提出和证明了的一个经典定理——勾股定理。可是，两千多年来，西方人反反复复地寻找新的证明方法，迄今为止，关于勾股定理的证明方法已有500余种。其中，美国第20任总统加菲尔德对勾股定理的证明，直观、简捷、易懂、明了，人们就把这一证明方法称为“总统证法”。

1876年一个周末的傍晚，在美国首都华盛顿的郊外，美国俄亥俄州共和党议员詹姆斯·加菲尔德正在散步。他走着走着，突然发现附近的一个小石凳上，有两个小孩正在聚精会地谈论着什么，时而大声争论，时而小声探讨。加菲尔德循声向两个小孩走去，只见一个小男孩正俯着身子用树枝在地上画着一个直角三角形。加菲尔德便问他们在干什么。

只见那个小男孩头也不抬地说：“请问先生，如果直角三角形的两条直角边分别为3和4，那么斜边长为多少呢？”加菲尔德答道：“是5呀！”小男孩又问道：“如果两条直角边分别为5和7，那么这个直角三角形的斜边长又是多少？”加菲尔德不假思索地回答道：“那斜边的平方一定等于5的平方加上7的平方。”小男孩又说道：“先生，你能说出其中的道理吗？”加菲尔德一时语塞，无法解释了，心里很不是滋味。

回家以后，加菲尔德就开始了他对这个定理的思考。接连几天，都不得其解。一天，他在国会听议员们讨论问题时，突然触发灵感，想出了毕达哥拉斯定理的一个非常简洁的证明。他赶忙记录下来，寄给了《新英格兰教育日志》。1876年4月1日，《新英格兰教育日志》上发表了他对勾股定理的这一证明方法。

1880年11月，詹姆斯·加菲尔德当选为美利坚合众国的第20任总统。他虽然政绩平平，并且在任上惨遭暗杀，却因为发现了毕达哥拉斯定理的一个非常简洁的证明方法，而在数学上青史留名。正是因为这个原因，詹姆斯·加菲尔德的青铜雕像被安置在华盛顿的国会山前，在那一圈白色的大理石的台阶四周，并没有其他人物与他分享这份殊荣。

前面说过，欧几里得关于勾股定理的证明，并不是证明毕达哥拉斯定理的唯一方法。2000年来西方人创造的证明方法有数百种之多。参加证明的有美国总统，有大画家达·芬奇，更多的都是数学家和数学爱好者。西方人总是想拿出与众不同的证明方法，这是西方人迷恋数学的有力见证。

西方人重视数学，到西方科学技术大革命和现代思维运动时期，达到了空前的程度。轰轰烈烈的西方科学技术大革命，领头羊就是高等数学微积分。就连无产阶级革命家、理论家马克思和恩格斯，为了建立无产阶级革命理论，都不遗余力地学习和研究高等数学。如果离开了高等数学，马克思、恩格斯就创造不出唯物辩证法，也写不出具有雄辩力量的《资本论》。中国人不能只是口头上崇拜马克思、恩格斯，而是应该在行动上，好好学习马克思、恩格斯重视数学方法的数学精神。

为什么西方人思辨能力很强？就是因为西方人基本上普及了高等数学。欧美发达国家大多数普及了高等教育，而大学前两年多是基础教育和通识教育，都是在学习高等数学之后，才转入专业课的学习。西方人高等数学的普及率很高，连大画家达·芬奇证明毕达哥拉斯定理的证明方法，都与众不同，可以收入数学经典著作。可能很多中国人会认为，一个画家去证明数学定理干什么？这个定理早就被大科学家证明了，还去做这个无用功？吃多了没事干，浪费时间！还不如打两盘麻将，休息娱乐一下。可是达·芬奇不这么认为。他寻求毕达哥拉斯定理与众不同的论证思路，为的是训练自己的思维能力！这绝不是什么无用功，而是对一个人来说大有用处的思维基本功！达·芬奇能成为全世界数一数二的画家，与他苦练人类思维体操的基本功是分不开的。他在绘画创作过程中观察人物、景物和事物时，就善于从一个角度不停地转向另一个角度，对创作对象、题材的理解随着视角的每一次转换而逐渐加深，从而最终抓住了创作对象的本质，创作出了一幅幅传世之作。

### 专才和通才都要掌握数学思维方法

在西方科学技术大革命和现代思维运动中，出现了一个又一个横跨好多个领域的人才，大家给他们取了一个名字：通才。

前面说的达·芬奇就是其中之一。达·芬奇是美术家、雕塑家、天文学家、数学家、物理学家、医学家、解剖学家、动物学家、水利学家、地质学家、建筑学家、工程师、军事机械学家、文学家、文艺理论家、哲学家、诗人、音乐家、发明家……

笛卡儿建立的解析几何，在数学史上具有划时代的意义；他又是一位在哲学史上产生了深远影响的哲学家，黑格尔称他为“现代哲学之父”；他还是一位物理学家，他推导了折射定律，与荷兰的斯涅耳共同发现光的折射定律，创造了动量守恒定律；他还发展了宇宙演化论，在生理学方面提出了刺激反应说。笛卡儿堪称17世纪的欧洲哲学界和科学界的巨匠，他的哲学与数学思想对历史的影响是深远的。

牛顿是数学家、物理学家、天文学家和自然哲学家。

欧拉是科学史上最多产的一位杰出的数学家，一生写下了包括书和论文共886个著作，其中分析、代数、数论占40%，几何占18%，物理和力学占28%，天文学占11%，弹道学、航海学、建筑学等占3%。圣彼得堡科学院为了整理他的著作，足足忙了47年。

英国人罗素，也是一个著名的通才。他是哲学家、数学家、逻辑学家、文学家，历史学家、社会活动家，1950年诺贝尔文学奖得主。罗素一生的著作有40多部，其中《数学原理》至今依然是数学基础研究发展史上的一个里程碑。

民国时期的中国，一些中国人到西方去学习科学技术，也出现了一个个通才。最有代表性的是赵元任。他1910年8月赴美，在康奈尔大学学习数学，同时选修物理、音乐。1914年获理学士学位。1918年获哈佛大学哲学博士学位。1919年，赵元任在康乃尔大学物理系任教，1920年在清华大学教授物理、数学和心理学课程。1925年赵元任回清华大学教授数学、物理学、中国音韵学、普通语言学、中国现代方言、中国乐谱乐调和西洋音乐欣赏等课程。他1926年创作的歌曲《教我如何不想他》，已成为中国近现代音乐宝库中一首经典的艺术歌曲，也是专业音乐学府的优秀声乐教材。

赵元任既是数学家，又是物理学家，哲学的造诣也很高，然而他主要以著名的语言学家蜚声于世。他是中国第一位用科学方法做方言和方音调查的学者。他运用自然科学的实验方法做语言学研究，用物理学的知识解释语音的物理基础，用生物学的知识解释语音的生理机制，用渐变音高管、浪纹计等仪器来分析语音的音高、音强、音长的性质，并用现代科学的先进技术灌制了大量的音档。这些自然科学的方法使语音研究趋于科学化、精确化。

纵观古今中外所有的通才，他们之所以能够在那么多的领域有所成就，是因为他们掌握了最重要的思维方法——数学思维方法，从而能够在各个领域左右逢源，纵横驰骋，畅通无阻，形成一种思维“路路通”现象。他们使用的思维方法，在各个领域都可以自由发挥。

欧美比较重视通才教育，苏联重视专才教育，中国的教育偏重专才教育。通才教育和专才教育各有所长，各有所短，于是产生了专才教育和通才教育的争论。我认为，通才的产生必须具备三个条件：一、一生精力充沛，才有可能去涉猎那么多不同的专业；二、爱好广泛，对很多专业产生兴趣；三、天赋很高，很容易触类旁通。这样的人无论怎么培养，那都是很少的。为了少数几个人成为通才，全社会的教育都变成通才教育，我认为没有必要。在我们的教育对象中，不可能是大多数，所以，对于广大的接受教育的人，应该是专才教育。从社会需要来讲，专才的需要也比通才要多得多。

但是，通才的故事告诉我们，思维方法是战无不胜的法宝。我们大多数人可以不去追求成为通才，但是应该掌握这些思维方法。一个人要想成为专才，决不能只是学习一点点专业思维方法，更应该努力学习在各个领域都通用的思维方法。如果专才只具有专业思维方法，那他只能是一个低层次的专业人才；要想在专业领域大有作为，必须学习掌握各个领域都适用的思维方法。

哲学是自然科学和社会科学的总结。哲学把从各个领域汇集起来的思维方法，分成三类：最高层次的思维方法即哲学思维方法，像唯物辩证法一系列的原理、规律，就有着广泛的普遍性和适用性。第二个层次的思维方法，即各门科学所通用的一般思维方法，也具有较大的广泛性。第三个层次的思维方法，是不同学科所独有的具体思维方法，即专业思维方法。

要达到所有的专才都掌握好各个领域都通用的思维方法，最好的办法就是大学生无论文科还是理工科，统统都要学习高等数学。文科学生的数学，可以开成慢班甚至慢慢班。大学学几年，高等数学就学几年，当然重点在一个个思维方法的训练。

所以，专才通才的争论没有意义，根本是加强思维方法的训练，训练到人人都像掌握游泳那样，对各种思维方法运用自如。只要调整好教学时间，这些都是可以完成的。只要掌握了这些通用的思维方法，你想研究什么，都能研究出一点名堂来，既可以成为专才，也可以成为通才。

一个人要想成为有成就的专才，必须学习好最重要的思维方法——数学思维方法。专才学习数学思维方法，不是为了成为通才，而是为了使得自己在专业领域大有所为，成为更好的专才。

所以，无论你是想成为通才还是专才，你都应该学习好思维方法，特别是学习好数学思维方法。这是“磨刀不误砍柴工”，不是浪费光阴。通才和专才的不同，是通才用数学思维方法研究几个领域的问题，专才是用数学思维方法研究本专业的问题。

几千年的人学思维和文史思维，把中国人的社会科学固定在一个窄小的圈子里，缺乏大气磅礴的思维空间，所以不仅自然科学落后，社会科学依然落后。我们应该对文科教育痛下决心，文科学生不学好数学，就不是一个合格的新时代大学生。社会科学的大学生，人人都应该学会笛卡尔的“建立科学的科学”，因为中国人不仅是“新闻无学”，而是在许多社会科学领域都无所作为。

前几天我才听到，2016年录取的文科大学生高考考了数学，可是进大学之后，就不再学习数学了。我听了大吃一惊。这无疑是放弃最重要一门课的学习。这样下去，中国的社会科学怎么提高？

中国的社会科学工作者为什么必须学习高等数学？因为这就可以像马克思、恩格斯建立起真正的经过检验无法推翻的无产阶级革命理论一样，在社会科学领域有所建树。社会科学理论，必须是经过反复推理论证出来的。这就是笛卡尔总结的“建立科学的科学”。中国有些社会科学工作者不懂得这一套。本来，大学为各门学科开设哲学课，就是想达到这个目的。可是几十年哲学教育的那一套做法，根本达不到这个目的，因为哲学课只是说方法，不是练方法。哲学课只是介绍有一些什么思维方法，并不训练如何使用这些思维方法。不训练就达不到掌握思维方法的目的。而训练思维方法最好的课程，就是高等数学。

为什么新闻和文科的学生都要学习数理思维方法？因为一个新闻系的学生，或者文科的学生，如果你把新闻专业和文科专业的思维方法都学到手了，而且能够运用自如，但是，无论怎么发挥，也无法完成席文举使用数学思维方法创造的那些思维成果，比如市民生活报、敲门发行学、碧峰峡模式、出售特别报道版面等等。所以，只有学习掌握数学思维方法中那些普适的思维方法，你才能在新闻和文科各个领域立于不败之地。而且，这些普适的数理思维方法，早就被马克思主义哲学统筹到一般的思维方法里去了，已经不是单纯的数理思维方法，而是可以而且应该在各个领域广泛发挥作用的思维方法了。

当然，文科大学生的高等数学教材，可以精心编排一下，一些数学知识，包括一些定理公式，可以省略，但是，重要的内容一定不能丢掉。要把高等数学当中启迪思维方法的过程，一一推导出来。这既是训练思维，也让学生们欣赏人类思维的精彩篇章。一定要给学生布置足够的习题量，保证他们对证明题的训练到位。不要老是让西方人嘲笑中国人不懂得证明。文科学生不是老是没有习题做吗？高等数学就来完成这个任务。一个学生如果在大学期间都不进行几百上千道数学证明题严密推理的训练，他的思维水平就只能是一个低层次。

高等数学应该作为文科的一门主课——思维方法课，实行学分制。凡是不及格的，不发毕业证，继续学习，到考试及格为止。思维方法决定一个大学生今后的能力和水平。毕业以后工作了，遇到问题了，缺知识可以翻书，在电脑上一点，什么知识找不到；如果缺方法，你翻什么书都翻不出来，因为你并不知道该使用什么思维方法。知识可以临时抱佛脚，电脑帮忙，临时抱佛脚还有用；方法临时抱佛脚，所有的东西都帮不了忙。所以，一个文科大学生，无论花多少年的工夫，都应该把推理证明和“建立科学的科学”学到手，不然你就比人家矮一截。

### 和几十个科学家一起思维

为什么我们要认真学习西方现代思维运动中诞生的那些经典的科学思维方法？那是因为，这些思维方法是经过多次检验证明行之有效的。

经典科学思维方法具有四大特点：一、已经得到公认和载入史册；二、在解决自然科学和社会科学的实践中，取得了很大的成就；三、人们已经摸索出了一套完整的运用程序；四、使用这个思维方法的人很多。

经典科学思维方法和经典小说、经典名画、经典电影等等经典作品一样，有很高的艺术性。不同的是，经典小说、经典名画、经典电影等等经典艺术作品，只能不断被人们欣赏，难以以新的面貌出现；而经典科学思维方法却不断被人们运用，创造出更多的思想作品，从而具有无穷无尽的创造魅力，成为超越一切经典的经典。

比如，同样一个演绎法，欧几里得公元前3世纪使用它，创造出了人类第一部经典科学著作《几何原本》；牛顿1687年使用它，创造出《自然哲学的数学原理》，让人们欣赏到宇宙空间万有引力的秘密；英国剑桥大学的学生亚当斯和法国青年勒威耶1846年使用它，推出了海王星的准确位置；数学家高斯使用它，算出了谷神星的轨道；19世纪，物理学家麦克斯韦使用它预言了电磁波的存在；物理学家狄拉克使用它预言了正电子的存在；一大批数学家使用它，建立了一个又一个数学分类学科；一大批社会科学的理论家使用它，建立了一门又一门新的社会科学……无论时空怎么变化，演绎法在人类3000年的历史长河中，在世界的各个地方，都大显身手，不断产生新的创造。





各种各样的科学思维方法，都有一段总结创造的历史，从而打上总结创造者的烙印，又都有一个接一个的运用业绩，从而创造出光辉灿烂的方法业绩史。

演绎法，那是亚里士多德的总结创造。

分析法、批判性思维、直角坐标系，那是笛卡尔的创造。

归纳法，是培根大力倡导的方法。

无穷小无穷大，那是牛顿的创造。

微积分，是牛顿和莱布尼兹的创造。

符号方法，是莱布尼兹的创造。

排列组合方法、极限方法、裂变式思维，那是一批数学家的创造。

门捷列夫用排列组合法，创造了化学元素周期表。

达尔文用超远距离的时空思维，总结出生物进化论。

爱因斯坦用理想试验方法，创造了相对论。

华罗庚总结出了统筹法、优选法。

…………

学习科学家们总结创造的思维方法，比学习科学家创造的科学技术知识，更重要，更有用处。

如果你的思维方法库里储存了几十上百个思维方法，那你在思维的时候，实际上是几十上百个科学家、思想家在和你一起思维，你何愁找不到解决的办法？所以，你为什么不把这些科学家使用的思维方法，多装几个到你的思维方法库里呢？

如果你的思维方法库丰富多彩，今天碰到一个问题用这个科学家的这个思维方法，明天碰到问题用另一个科学家的那个思维方法，后天又用某一个科学家的某个思维方法……那么，你使用一个又一个的思维方法，实际上就是一个又一个的科学家在帮你思维，一个又一个的科学家在和你一起思维。你就不是一个人在思维，而是和很多人一起思维，你的思维也就插上了多少个翅膀，在广阔无垠的思维空间里任意翱翔。

如果你老是就只用自己总结的思维方法去思维，你就老是局限在自己狭小的小天地里，怎么也打不开视野，思维空间怎么也飞不高。

我的思维方法库里，至少有几十个经典的数理思维方法，也就是说，至少有几十个科学家的思维方法为我所用，等于是几十个科学家在帮助我的思维。所以，总结创造思维方法的科学家，才是最了不起的科学家、思想家，因为他们不只是科学成果为大家使用，他们创造的思维方法更是随时为大家在各种场合各种情况下使用。不用才是傻瓜。使用他们的科学成果是有条件的，因为科学定理是有条件的；但是，绝大多数的科学思维方法是可以广泛使用的，不受领域的限制，各个领域各项工作都可以使用。

“和几十个科学家一起思维！”这句话，应该成为当今急需提高科学素质的中国人，特别是大学生的座右铭。“我要和几十个科学家一起思维！”应该成为要干一番事业的人的雄心壮志。不要成天就围着微信转，和你的微信一起思维，那是不知道自己前景为何的人碌碌无为的满足。

一个人小的时候，有什么事情就叫父母帮你想一想；结婚成家了，有什么事情就和爱人一起想一想；人老了，有什么事情就叫儿女们帮你想一想。还有，发生了什么事情，就请亲戚朋友们来帮助想一想。现在，中国人要改变这种有什么事情就和亲戚朋友少数几个人在那里想的状况，要和几十个科学家一起想。几十个科学家和你一起出主意想办法，你就不愁想不出好办法。天天和几十个甚至几百个科学家、思想家一起想，你创新的点子也就出来了，越来越多了。

你是和几十个科学家一起思维，还是就只是和老婆孩子一起做亲属思维，还是和酒肉朋友一起做酒肉思维，甚至和贪官一起做垃圾思维呢？每个人都会找一些人一起思维，或者模仿人家做思维。有的人思维之后成了英雄，有的人思维之后就成了科学家，有的人思维之后就把自己送进了垃圾堆甚至监牢。

中央电视台办了一个栏目，名字就叫《向经典致敬》，介绍中国近代的经典歌曲。我觉得，应该开办一个类似的栏目《向经典思维方法致敬》，宗旨就是普及经典科学思维方法的教育。

什么是经典？北京大学出版社编辑出版了一套《科学素养文库·科学元典丛书》。丛书主编任定成写的序言一开头便说：“这套丛书中收入的著作，是自文艺复兴时期现代科学诞生以来，经过足够长的历史检验的科学经典。为了区别时下被广泛使用的‘经典’一词，我们称之为‘科学元典’。我们这里所说的经典，不同于歌迷们所说的经典，也不同于表演艺术家们朗诵的‘科学经典名篇’。”序言又接着说：“相比之下，国人眼中的经典，往往多指人文而少有科学。一部公元前300年左右古希腊人写就的《几何原本》，从1592到1605年的13年间先后三次汉译未果，经17世纪初和1850年代的两次努力才分别译刊出全书来。近几百年来移译的西学典籍中，成系统者甚多，但皆系人文领域。汉译科学著作，多为应景之需，所见典籍寥若晨星。借20世纪70年代末举国欢庆科学春天到来之良机，有好尚者发出组译出版《自然科学世界名著丛书》的呼声，但最终结果却是好尚者抱憾而终。1990年代初出版的《科学名著文库》，虽使科学元典的汉译初见系统，但以10卷之小的容量投放于偌大的中国读书界，与具有悠久文化传统的泱泱大国实不相称。”

主编的序言最后大声疾呼：“我们不得不问：一个民族只重视人文经典而忽视科学经典，何以自立于当代世界民族之林呢？”

只知人文经典，不知科学经典，岂不是中国人的悲哀！岂不是中国传媒的悲哀！中国绝大多数人至今还只是在人学思维里思维，没有走进科学思维的广阔天地。很多人一辈子都在狭窄的一个专业领域的思维空间里转动，不知道哲学思维方法的广阔空间还可以漫无边际地遨游。中国人的科学素质，中国传媒的科学素质，由此可见。

# 创造性之路层出不穷

我们学习现代思维方法，建设一个现代化的思维方法库，目的只有一个，就是能够不断地做创造性思维，产生更多的创新成果。

## 到底什么是创造性思维

人们追求创造性思维，但是，很多人不知道什么是创造性思维。比如，看见席文举总结推出了《敲门发行学》，就说：哦，他使用的是创造性思维。怎么创造性思维的呢？不知道。还有人说，他使用的是创造性思维方法。

这里就有两个问题。一、将创造性思维当作一个笼而统之的抽象概念，自己理不清楚，也就不理清楚了。二、将某一个或一些思维方法，当成是创造性思维方法，将创造性和思维方法两个概念混为一谈。

这种情况还不只是某一个人，有的论述思维方法的书，也要犯类似的错误。

创造性思维的概念，集中在“创造性”三个字。我们说某一个思维具有创造性，其实是说这个思维的结果具有创造性。如果思维的结果是一个早就见惯不惊的事实，那他的思维过程无论多么波澜起伏，都算不上什么创造性思维！

所以，一定是思维的结果具有创造性，才能叫创造性思维。是用思维的结果，来判断思维的创造性。而有的创造性思维过程，要经过若干步的思维接力，才能达到最后那个创造性的结果；有的甚至要经过几年甚至几十年的漫长岁月。我的敲门发行学，从我在重庆市发行工作会议上听到新闻处长说“敲门”二字，到《敲门发行学》内部工作本下发，也经历了整整5个月的时间。牛顿从看见苹果落地，到写出《自然哲学的数学原理》一书，经历了10多年的探索研究过程。

创造性思维是一个过程。这个过程有什么规律，很值得研究。

还有的人，看见你思维的过程中使用了某一个思维方法，因为结果具有创造性，于是就说，他使用的是创造性思维方法。将创造性思维等同于某一个思维方法。这也就出现了第二个误区。

很多思维方法，特别是先进的科学思维方法，具有创造性。但是，不同的人使用同一个思维方法，不一定都会产生创造性的思维结果。比如，裂变式思维是现代科学思维方法，有的贪官做裂变式思维，将情人从几个裂变到几十个，将贪污款从几千万元裂变到几亿元，这难道是创造性思维吗?！不折不扣的垃圾思维！

同一个思维方法，不同的人使用，完全可能是不同的结果，有创造性的，也有不具创造性的，还有破坏性的。现在一些骗子将“互联网+”和“+互联网”的思维方法，引进欺骗犯罪领域，就出现了近年来传媒大量揭露的网络诈骗和电信诈骗的犯罪新潮流。

所以，不能将思维方法划分为哪些是创造性的，哪些不是创造性的。思维方法有先进和落后之分，没有创造性和没创造性之分。

比如模仿思维，那些晚报总编辑在听了《扬子晚报》嫁接机关报优势的时候，回去依然嫁接机关报的优势，就没有表现出多少创造性；但是，张富汉在听到席文举办《华西都市报》之后，回去就模仿《华西都市报》办《华商报》，结果在西安就成了轰动一时的创造。

思维的创造性，决定于思维的人会不会选择思维方法。如果思维结果不具有创造性，那也不是他选择的思维方法有什么错误，而是他选择的错误。思维方法本身没有错误，是思维的人错误选择了一个不合适的思维方法。所以，不是那个被选择的思维方法不好，而是人不好，这个人在思维的时候，把思维方法选错了。结果不具有创造性，不是思维方法没有创造性，是错误选择了思维方法。

这就像农民的农具库，农具库里堆了不少的农具。农民使用的时候，要做选择，割草的时候就拿镰刀，挑粪的时候就拿扁担。锄头当然没有拖拉机先进，但是也不是没有一点创造性。在山上，你用锄头挖出一块荒地，种上红薯，也能收获几筐红薯，一家人饱餐几顿。当然，锄头创造的财富远远没有拖拉机创造的多。你不能说锄头就没有创造性，拖拉机才有创造性，只能说锄头没有拖拉机先进。如果你选择锄头去割草，结果割草效果很差，那不是锄头有什么错误，而是你选择工具的错误。

你的思维要有创造性，你要会根据条件选择合适的思维方法。你选择思维方法的错误，不能责怪思维方法。当然，你的思维方法库里库存很少，没有选择的余地，只有将就用，那结果完全可能没有创造性。

所以，思维有没有创造性，首先看你的思维方法库里有没有那个可以产生创造性结果的思维方法。如果没有，当然就走不到创造性思维那一步；如果有那样的思维方法，你选择的不是它，而是别的思维方法，你同样走不到创造性思维的道路上去。

### 三个层次结构的方法可以借鉴

正因为创造性思维在人类社会和科学发展史上起到了第一推动力的作用，所以，研究创造性思维的哲学家、思想家越来越多。创造性思维的理论也堆积如山，很多是众说纷纭，莫衷一是。

1918年，西方心理学家武德沃斯提出了一个创造性思维结构的理论。这个理论主要肯定发散思维在创造性思维中的带头作用，认为创造性思维由六个要素组成：发散思维、辩证思维、横纵思维、形象思维、直觉思维和时间逻辑思维。这六个要素又形成三个层次。第一个层次是方向指针，由发散思维完成，用于解决思维前进的方向；第二个层次是策略，由辩证思维和横纵思维完成，用于提供中观的思维指导，是思维前进的道路；第三个层次是方法，由形象思维、直觉思维和时间逻辑思维完成，用于微观的思维加工方法。三个过程一结束，最后就形成创造性思维的结果。

这样，创造性思维就由宏观、中观、微观三个层次，即方向、道路和方法，来完成思维的全过程。

这个创造性思维结构，也有不少人使用过。后来由于心理学家吉尔福特及其同事托兰斯等人的大力倡导，并编写教材和进行测试实验，使发散思维的影响不断扩大，以至不少人误认为创造性思维主要是取决于发散思维，甚至有些人干脆把发散思维等同于创造性思维。

凡是经过现代科学思维学习和训练的，都有探寻创造性思维路径的思考。我觉得，武德沃斯提出的创造性思维过程呈现三个层次的结构，有一定的参考价值。

比如我前面讲过的碧峰峡模式的思维过程。在我去碧峰峡之前，碧峰峡开业、元旦、春节三次新闻高潮，省市新闻界甚至全国新闻单位报道出来的，全都是清一色的风景新闻。我的思维恰恰与整个新闻界的思维反其道而行之。表现出来的，就是发散思维。

发散思维和求异思维，是人们经常使用的思维方法。发散思维，又称辐射思维、放射思维、扩散思维或求异思维，是指在大脑思维时，思维活动呈现出一种多维发散状态的思维模式。它表现为思维视野广阔，如“一题多解”“一事多写”“一物多用”等方式。因为思维沿着许多不同的方向扩展，使观念发散到各个有关方面，最终产生多种可能的答案而不是唯一的答案，因而容易产生有创见的解决方案。

但是，在碧峰峡这个地方，你通过发散思维发散出去不做风景新闻，又做什么新闻呢？从收敛的原点按照360度发散出去，就是一个漫无边际的海洋。思维到哪里去落地？如果没有落地的地方，创造性最后就是一句空话。你的新闻总要有个落脚的地方，发散思维不能成为“马航失联飞机”，不知道哪里去了。

所以，发散思维是好说不好做。很多人也想发散发散，就是不知道发散到什么地方去，这是发散思维要解决的一个操作问题。武德沃斯的创造性思维结构的理论，在人们寻找创造性思维的过程中，能够给你指出一个思维过程中可以参考的方向、道路和方法，所以具有一定的参考价值。

当然，我在碧峰峡模式思维的过程中，并没有完全按照武德沃斯创造性思维结构的理论进行，而是甩开了中观层次的横纵思维和辩证思维，直接进入微观层面方法的选择。因为我在同碧峰峡领导的交流过程中，已经知道了应该发散到什么地方去。当雅安市领导讲起他们出让景区经营权遭到质疑的时候，我联想起历史上的几个改革场景，都是以前没有先例，干起来后还争论不断，就和碧峰峡的事情很相似。联想思维之后，我马上使用数学建模的模型化思维，将碧峰峡出让经营权的做法，概括为“碧峰峡模式”。

我的创造性思维，最能体现三个层次结构理论的，是都市报的创新。四川日报叫我办一张晚报，我觉得用晚报去和晚报竞争，同质竞争很残酷，胜败难以预料，干脆另外设计创新一种新报纸。这个想法就是发散思维。但是，只有这个发散思维还不行，还要把新报纸设计创造出来。在中观层次上，我是采用了三种办法，一是用演绎法推导出市民生活报的定位，二是用系统论方法做出了市民生活报的产品设计，三是用横纵思维提出了区域组合城市报纸、党和人民都喜欢、通俗报、畅销报等六张报纸的目标。这些都体现了辩证思维和横纵思维的思维路线。当然，在微观层面上，我使用的思维方法就更多了。比如用系统思维、悬念思维、力学思维、裂变式思维、平民思维等思维方法，完成了特别报道、新闻追踪、批评报道等都市报新闻表现艺术的设计。这样一来，从宏观、中观到微观，一张新的都市报就全部设计成功了。

我之所以说武德沃斯创造性思维三个层次结构的方法有一定的参考价值，就是不要完全从形式上去严格拘泥于他所说的那些方法，大体上按照它的思路去探索，就有可能找到创造性的思维结果。

使用发散思维到最后形成创造性思维的结果，可能时间很短。比如碧峰峡模式，从决定发散思维到形成结果，也就是很短很短的时间，几乎可以说是同时。但是，也有的时间很长。比如前面说过的开普勒，他决定对第谷观察的750颗行星运动轨迹的研究，进行发散思维，就花了好几年的时间。现在回过头来看，开普勒发散思维得出的结论，其实也很简单，就是把正圆形运动变成椭圆形运动，现在的小学生都知道。可是，这却花去了开普勒四五年的时间。

## 求异思维的经典故事启迪思路

在科学史上，一些人喜欢发散思维，一些人喜欢求异思维。求异思维当然也是发散思维，但"求异"二字本身，就表明了它的发散是有方向可循的，不是漫无边际的360度，而是与原来事物的方向有关系。

1820年，丹麦科学家奥斯特发现，通电导线能使旁边的磁针偏转，说明通电导线周围能产生磁场。同年，法国科学家安培也发现两根通电导线之间有相互作用，电流同方向时相斥，异向时相吸。一时间，电产生磁这个科学发现，成为科学界流行的新知识，广为传播。法拉第知道这个消息后，慢慢地琢磨起来："既然电可以产生磁，那么反过来，磁可不可以产生电？"他开始了磁产生电的研究。

法拉第用的是方向相反的逆向思维，但这个逆向思维也不是一帆风顺。他在11年中，做了几百次的实验，始终未能成功。因为开头他还是沿着传统观念去做实验：认为电流总是沿平直导线流动，所以实验中总是将各种变化的磁场作用到平直导线上（收敛思维），然后去观察该导线上是否有电流产生，结果总是失败。后来，他想到电流可以沿任意方向流动，作为电流载体的导线也可以是任意形状，于是就把导线弯成圆形（求异思维），并做成螺线管形式，然后把永久磁铁插进去再拔出来（以改变磁通量），结果成功了。这成了电磁感应定律的实验基础。法拉第于是创立了感生电动势大小与磁通量变化率成正比的电磁感应定律。

德布罗依关于光的"波动说"，也是对当时的"粒子说"潮流的求异思维。1905年，爱因斯坦就已从理论上提出光有粒子性，每个光子（也叫光量子）具有速度和质量（光量子的静止质量为零）。不久以后，科学家康普顿还通过实验证实了这种粒子性（康普顿效应）。于是在20世纪初，光具有粒子性已成了毋庸置疑的结论，几乎没有人对此产生怀疑。当时科学家们认为波动性和粒子性是完全对立的两种性质两种现象。德布罗依却大胆假设：能不能把这两种对立的性质和现象统一在光这种物质中？也就是说，光既具有粒子性，也可以具有波动性。1924年，他在此思想指导下提出了"波动说"。3年后，"波动说"果然被戴维逊的电子衍射实验所证实（干涉与衍射现象是波动性的本质特征）。德布罗依将光的"波动说"

和"粒子说"相结合，就形成了物理学上著名的"光的波粒二象性"理论。对爱因斯坦的权威结论做了重大的修正与发展。

比尔·盖茨的经历，也是求异思维的成功。1975年1月，比尔·盖茨还是哈佛大学法律系二年级学生。一天，他从《大众电子学》（*Popular Electronics*）封面上看到MITS公司研制的第一台个人计算机照片。该计算机使用了Intel 8080CPU芯片（8位机），他马上认识到，这种个人机体积小、价格低，可以进入每个家庭，甚至人手一台，因而有可能引起一场深刻的革命，不仅是计算机领域的革命，还是整个人类社会生活方式、工作方式的革命。他意识到这是千载难逢的机遇，于是抓住这个机遇，主动写信给MITS公司老板，要为他的个人电脑配BASIC解释程序，因为如果没有便于用户掌握的计算机程序语言，个人电脑难以普及。在好友艾伦的帮助下，他花了五个星期的时间，终于出色地完成了这一任务，为个人电脑的普及做出了巨大贡献。接着他从哈佛大学中途退学并和艾伦创办了Microsoft公司，这就是现在名闻遐迩的微软。

比尔·盖茨的这个想法，是与当时计算机界的主导思想背道而驰的。当时统治计算机王国的是IBM公司，他们是靠大型机、巨大型机领导时代潮流。IBM公司认为，微型的个人电脑不过是小玩意，只能玩玩游戏，不能登大雅之堂。正是比尔·盖茨奇特的求异思维和敢于向传统、权威挑战的精神，才造就了他后来的巨大成功。现在的电脑世界，完全成了微型电脑的天下。

求异思维的运用很多。直升机的发明，也是起源于对螺旋桨安装方式的求异思维——将螺旋桨安装位置由机身前方改到机身上方；航空母舰的创造，也是对机场那钢筋水泥浇铸的不动的飞机跑道，进行求异思维，搬到海上移动的轮船上……

人们归纳总结了一些求异思维的方法，其中有几条思路是可以借鉴的：

1. 逆向思维

思考问题时，大多数人习惯于一个"A→B"的过程，而逆向思维却是相反的思维路线，实行"B→A"的思维过程。这种思维方法在证明几何题和初级逻辑代数题时经常用到。前面法拉第的电磁场理论，就是在发散思维之后逆向思维的结果。比尔·盖茨对电脑大型机潮流也使用了"大→小"的逆向思维。华西都市报的假郭燕正名演出，就是使用了"假名→真名"的逆向思维。

2. 侧向思维

从问题的某一个侧面来研究这个问题，看能不能产生新的创意。

3. 横向思维

"横看成岭侧成峰"。如果从某一个角度出发观察问题，也许能够产生新的创意。德布罗依关于光的"波动说"，也是对当时的"粒子说"潮流的横向思维。我把碧峰峡从风景新闻变成旅游体制改革新闻，其实就是发散思维之后，从观察角度做了一个横向思维。

4. 多路思维

分析问题时从多角度、多方面思考，这是发散思维最一般的形式。逆向、侧向、横向思维是其中的特殊形式。《华西都市报》六张报纸目标的提出，使用的就是多路思维和横纵思维。

多路思维是从不同的方向对一个事物进行思考，更注意从他人没有注意到的角度去思考。数学中的“三点找圆心法”，就是从三个角度去探试。爱因斯坦创立的相对论，就是在对事物用不同视角进行观察后，对其相互之间的关系，做出了自己的解释。

5. 周边思维

到问题的周围去看一看有没有可以做文章的地方，说不定有意外的发现。

6. 对立思维

从对立的方向去思维，从而将二者有机地统一起来。邓小平同志就是将社会主义制度和资本主义制度两种不同的社会制度结合起来进行思考，提出了香港回归后的祖国统一的“一国两制”的构想。我党又以此为例，顺利地解决了澳门回归的问题。

7. 假设法

这是科学研究经常采用的方法。前面几个例子，如法拉第的磁产生电、开普勒的行星椭圆形运动轨迹，就是先提出假设，然后加以验证的。牛顿的万有引力，也是先有假说，后面慢慢论证。我用演绎法推导市民生活报的定位，也使用了假设思维：假设《华西都市报》赚了大钱，那么，这些钱从哪里来的呢？一步一步地推理演绎，就把读者是市民的定位推出来了。

## 批判性思维建设性方案同时并举

其实，任何一个科学思维方法，只要使用得当，恰到好处，都可以产生创造性思维的结果。本书前面讲过很多例子，没有经过三个层次的思维路线，直接就产生创造性思维的结果。像小金县提出卖景区，我当即决定组织全省旅游景区出让经营权；孩子回家行动，解救三陪小姐，假“郭燕”正名演出等等，思维活动都是直截了当，直奔最后目标。所以，不要把创造性思维都往复杂结构上引，自己把自己搞复杂。创造性思维三个层次的结构，多属于复杂纷纭的问题。

创造性思维有一个重要的方法，就是笛卡尔提倡的批判性思维。笛卡尔的《方法论》，高举的旗帜是三段式演绎法。但是，笛卡尔为了保证演绎法演绎出“真正的真理”，提出了一套将几个思维方法组合起来的套餐方法，打头阵的就是“怀疑一切”。首先用批判性思维来审视你的理论，看其中有没有破绽被我抓住。寻找和抓出破绽，往往是创造性思维的开始。

高等数学就完全是一部批判性思维的历史。它不断抓住过去数学中存在的问题做研究，就不断产生和建立起新的数学学科。所以，学习高等数学的过程，就是批判性思维的训练过程。我的批判性思维，就是在那个时候训练出来的。

新闻出版署在修改《华西都市报》报纸名称的时候，就叫我们把都市报当成晚报来办就是了。我经过思考，决定不按照晚报那一套办法办报。为什么？因为我发现了晚报的许多不足之处。这些不足之处的发现，就使用的是批判性思维。晚报在1993年的时候，那是市场上的宠儿，整个新闻界都认为中国报业市场是晚报的天下，你却找出了它的许多不足之处。全国没有办晚报的省报，都决定要办一张晚报来与晚报争天下，你却要说晚报不行，这需要的是批判精神，因为除了《华西都市报》之外，新办报纸不是晚报，也是像市场畅销的《精品购物指南》那样的周报。1993年中国第一张都市报《贵州都市报》，就办的是一张周报；1995年与《华西都市报》同时创刊的《南方都市报》和《燕赵都市报》，也是一张周报。

我做批判性思维的时候，有一个突出的特点，那就是批判的同时，提出了一个改进的建设性方案，批判和建设并举。因为如果你只是批判，提不出改进的建设性意见，批判过后又会风平浪静，等于没有批判一样。

1980年，我接手办《巴蜀小议》的时候，四川日报领导给我的任务，就是模仿《人民日报》的《今日谈》。我模仿《今日谈》，就高举它批判性思维的旗帜，向社会上的各种不正之风开火；同时又感觉到它还火力不足，于是采取一个建设性的措施，在《巴蜀小议》里嫁接鲁迅杂文的笔法，发挥小言论投枪匕首的战斗作用。这一下，《巴蜀小议》就火了，以至成了中国人民大学新闻学院学习新闻评论的参考书。

1988年，我在全省通讯员会议上，听到通讯员们一片“批评报道难、采访难、审稿难、打官司难”的呼声，马上决定在《四川日报》上公开搞一场“批评报道为什么这样难”的群众性讨论，就是在报纸上公开运用批判性思维的方法，批判那些在干部和群众中存在的，阻碍批评报道的各种各样的思想问题。在报纸上公开批判形形色色阻碍批评报道的思想问题，是中国有史以来没有的，收到了很好的效果，最后被评为全国好新闻特别奖。

我们的党中央向来都提倡用批评报道批评不正之风和社会不良现象，新闻界面对批评报道难的现实就干脆不作为，实际上是毛主席批评的缺乏创造性，是消极应付上级的办法。面对这个现实，我马上提起笔来，写作《新闻批评心理学》，探讨新闻批评的艺术。《新闻批评心理学》一书，就是对新闻界批评报道冬眠现象的批判。等到我办《华西都市报》的时候，我就推出了“打苍蝇抓生活”的批评报道方针。《华西都市报》的批评报道在市场上大受欢迎。《华西都市报》批评报道的艺术，就是建设性思维的结果。

什么是建设性思维？建设性思维就是提出一个操作性强的建设性的解决方案，解决过去存在的问题。

20世纪90年代，市场经济兴起。企业为了使产品宣传的稿件见报，就跑到报社编辑部内部公关，对整个稿件生产流水线的六七个关口一一打点。报社内部对这种红包流水线的现象早就议论纷纷。于是，办《华西都市报》的时候，我的封杀产品报道的“连坐法”，在创刊之前就公之于世了。凡是产品报道见了报的，不管你是不是收到了红包，一律按照流行的300元红包罚款，因为我给了每一个关口封杀的权力。

《华西都市报》产品报道“连坐法”，就是对红包发给稿件流水线的批判，也是报纸质量管理制度的建设，一时轰动全国新闻界。那是长期观察思考酝酿出来的一个建设性方案。

全国新闻界评选好稿制度，刺激了全国新闻单位的领导，每年下功夫抓出几篇好稿，每年都可以赢得荣誉。好稿成为报纸质量的一个象征，但是，整个报纸可读性很差。这个现象我进行了多年的思考，觉得应该抓好整个报纸的质量，才是合格的总编辑。所以，我在办《华西都市报》的时候，就提出了《华西都市报》要实现大面积的可读性，喊出一个响亮的口号：每一篇报道都要让读者喜欢。这个大面积的可读性，就是对报纸只有少数报道有可读性的批判，提出了层层把关的一整套封杀有偿新闻的措施。

报酬制度不以职称、学历来发放，而以稿件市场效果评判等级来发放，是对现行学历、职称制度的批判；

选择市民生活报的市场化报纸品种，是对晚报内容一半市场化一半非市场化的半市场化的批判；

办一张“党和人民都喜欢的报纸”，是对不遵守新闻纪律搞低级庸俗内容的批判；

特别报道版面出售给几十家报纸，就是对全国报纸侵权转载《华西都市报》特别报道的批判；

…………

因为我长期以来形成的批判性思维的习惯和建设性方案的积累，到我受命创办《华西都市报》的时候，一张新报纸从宏观到中观到微观，像新闻策划、新闻追踪、批评报道、特别报道等等，各种各样的报纸板块的改革“预制件”，已经一个又一个地形成了。这就叫“长期积累”，不是“偶尔为之”。我将这一系列建设性方案的成果组合起来，再用系统论的思维方法做有机整合，都市报的完整方案就出来了。

批判性思维的本质，是发现缺陷，分析原因，提出解决问题的方案，敢于冲破习惯思维的束缚，敢于打破常规去思维，敢于另辟蹊径独立思考。批判性思维是创新的基础和开始。毛主席说，共产党人就是要善于破坏一个旧世界，建设一个新世界。你没有批判性思维，你不批判和否定存在的问题，你怎么去创造新的世界呢？

批判性思维已经成为西方教育改革的焦点，80年代成为美国教育改革的核心。学校的思维教育，重点应该是培养学生的批判性思维品质。可是，从中国学校走出来的学生，不仅缺乏独立的思维习惯，更缺乏批判性思维，致使很多人不敢想、不敢改、不愿改，墨守成规。新闻队伍里很难有长期对报纸工作新闻工作做批判性思维的人。很多人对传媒内部存在的问题，视而不见，置若罔闻，麻木不仁。所以，很多问题在传媒内部存在多年，一代又一代的领导更换，面貌依旧。这不仅是新闻队伍普遍存在的问题，也是各个单位普遍存在的问题。思维贫穷落后，谁还能做批判性思维？

批判性思维，不是只有批评领导、批评制度一条路可走，更多的是发现社会生活、各行各业、各个领域存在的问题，解剖矛盾，解决症结。其实，这就是改革。习近平总书记提出，改革永远在路上。批判性思维就是改革的基础。著名的发明家瓦特，改革蒸汽机的次数都难以统计，因为他只要发现更好的办法，就把前面的零部件淘汰了，以至他自己前面的创造，后面也推翻不要了。瓦特永远走在发明的路上，因为他不断做批判性思维，甚至自己批判自己。

中国人缺乏创造性思维，根本的就是缺乏批判性思维，唯书，唯上，不敢问为什么，不敢挑战书本，挑战领导，挑战权威，唯唯诺诺，书上说的就是对的，领导说的就是对的，权威说的就是对的。实际上，社会和生活永远都不可能十全十美，都有不足之处，你寻找出不足之处，再找到解决的办法，不就改革了吗？前进了吗？

## “学习你的创新思维让我办好了两张报纸”

2013年夏天的一个晚上，湖北日报总编辑蔡华东来访。

蔡华东原来是楚天都市报的总编辑。《楚天都市报》比许多都市报创刊都晚。1996年，湖北日报到四川日报交流，听说《华西都市报》创刊即发展很快，他们马上现场访问，从此才决定要办《楚天都市报》。由于取经到位，一创刊就飞速发展，很快超过前两年创办的都市报，成为都市报中的一颗新星。不几年，楚天都市报的一二三把手，一个接一个地调到湖北日报领导岗位，成为创业班子提拔最多的都市报。

全国各个省的都市报，创业时期的领导班子由于贡献很大，几乎每个都市报都有人被提拔到省报领导岗位上去，一些甚至成为省报总编辑或者一把手。

蔡华东在《楚天都市报》创刊时是二把手，以后一把手调到省报当领导之后，他变成一把手，再后来也提拔为湖北日报副总编辑。几年以后，蔡华东又从湖北日报副总编辑升为湖北日报总编辑。

省报总编辑的担子压在蔡华东身上之后，他觉得要对得起省委的信任，应该对报纸下一番功夫。过去副总编辑是听总编辑的，现在人家要听我的，我得有一套办报方略才行。经过深思熟虑，他终于下定决心，要对这个省委机关报进行一番改革。他一生最重要的经历就是创办《楚天都市报》。都市报那一套创新思路，其实任何报纸都是可以借鉴和使用的。他日思夜想，终于拿出了一套湖北日报的改革方案。

他首先将自己的改革思路给集团一把手、湖北日报社长做了汇报。社长给予了充分肯定和支持。于是汇报给省委宣传部和省委，省委马上肯定和支持。湖北日报的改革于是隆重启动，省委领导亲自参加了省报改革的启动仪式。

展现在读者面前的《湖北日报》，慢慢发生了变化，变得越来越好看了。一年以后，发行量20年一直徘徊在20万份的《湖北日报》上升到36万份，三年以后上升到66万份。读者看到可读性提高，一片叫好。市场上的广告分量也不断增加。

来自高层领导、业界和社会的高度认可，也彰显了湖北日报改革的成功。省委、省政府主要领导称赞《湖北日报》改版创新为“奇迹般的变化”，省委授予“文化强省建设重大创新成果奖”。中央主管领导多次批示，中宣部两次派出专题调研组实地调研，中宣部7次发专题肯定《湖北日报》改版成果和报道经验。中国记协、省记协3次为《湖北日报》重大报道组织专题研讨会。《人民日报》、新华社、央视、《光明日报》、《中国新闻出版报》等中央媒体近20次刊发报道，推介《湖北日报》宣传报道与改版创新。《中国记者》专门做了长篇介绍：《湖北日报》近三轮改版战略构想与实践》。

湖北日报成了全国省报改革的一面旗帜。《党报创新解码》一书隆重出版。

那天晚上，蔡华东给我介绍了他担任湖北日报总编辑之后，思考和组织省报改革的日日夜夜。

他对我说：我这次出差成都，我这个湖北日报总编辑没有去拜访四川日报总编辑，而是专门来拜访你这个退休多年的都市报席总编，还特地给你带来武汉时下最贵的酒，就是想说感谢你。

蔡华东说：我从你这里学习的创新思维，让我办好了两张报纸，一张《楚天都市报》，一张《湖北日报》。

蔡华东的故事给我以极大的鼓舞。我退休以后，好久没有听到这样的故事了。哪个都市报的成绩和胜利，那已经不是新鲜的故事了，只不过是又多了一个例子而已。本来，我后来专门做了一本书《超越媒体》，就是专门讲如果策划主旋律报道。我的那些报纸理论和方法，其实并不只是适用于都市报的，很多都适用于其他报纸，包括党报在内，因为，新闻纪律都是一样的。可是，新闻界很多人都认为那是都市报的办法。蔡华东是第一个突破习惯概念的人。蔡华东之所以能够突破，那是因为他学到了创造性思维的真谛。创造性思维的真谛是什么？那就是首先使用批判性思维发现存在的问题，然后使用分析的方法研究如何解决这些问题。这时候，都市报的做法往往又成为运用经验思维和模仿思维的对象，于是，一个个创造性思维就完成了。

在学习《华西都市报》的人中，绝大多数人只是学到了结论，没有学到思维方法。席文举的讲话，虽然也讲了整个思维过程，但并没有把使用的每一个思维方法讲出来，没有悟性的人，不懂得思维科学的人，就还是不知所以。蔡华东是学习都市报理论的人中最具创造性的人。

那些运用模仿性思维学习《华西都市报》的，表现就不尽相同。比如《成都商报》，扬言“席总编的讲话我们第二天就知道了”，以后又不断提高到当天就知道了，甚至当时就知道了。以至于我们购房直通车的策划会一结束，他们的策划会就开始，第二天两张报纸都开出购房直通车。有一次我们策划了一个王海打假，内部有人把这个点子捅给了成都商报，于是成都商报的王海打假也宣布开始。两张报纸都是同一个王海打假，王海你一天我一天跑过去跑过来轮流干，把读者都看花眼了：到底是作假还是打假？市场竞争变成了演双簧，让读者大倒胃口。华西都市报被安插内奸的消息不胫而走。

我们策划了一个“四川企业黄金之路大行动”，组织四川企业集体去中央电视台竞标广告，中央电视台广告部主任谭希松到成都来做动员报告。成都商报也想像上次模仿两个“王海打假”一样，半夜里敲开谭希松的房门，要谭希松也去他们那里做一场报告。谭希松不是王海，哪里吃它那一套：我在成都只做明天这一场报告，要听报告明天就来听，不听拉倒！

模仿思维的局限性，就在于只懂得模仿，不懂得创造。成都商报模仿华西都市报采取盯人紧跟战术，几乎让华西都市报喘不过气来。一度让人们觉得，在市场经济中，模仿也可能当老大。忘乎所以之间，指挥模仿华西都市报一系列创造性思维的总指挥，又做起了一系列垃圾思维的模仿，超越了模仿的底线，最后不得不到prison报到，为他的模仿思维画上了一个迟到的句号。

### 从全省汽车大巡展到全国千城汽车特卖汇

1998年到2000年，华西都市报为了推动市场经济，连续三年在成都搞大型车展，取得了很好的社会效益和经济效益。2001年，许多媒体醒悟过来，不断挤进车展的行列，给我们造成很大的市场压力。怎么办？汽车版的编辑记者都在问我。

面对众多媒体竞争成都汽车展的情况，我又一次使用裂变式思维，决定大踏步做战略扩张，成都车展不放，同时把车展办到全省的中小城市去。并且第二天就在书记市长会议上宣布了这个决定。我说："西部大开发的重要内容之一，就是要开发市场。汽车巡展就要把商家忽略了的二级市场开发出来，变成真正的大市场，不要只盯着大城市。中小城市群的消费能力远远大于大城市的消费能力。"

四川首届汽车大型巡回展就这样开始了。乐山是汽车巡展的第一站。短短的一天多时间，3辆夏利2000现场售出，赛欧被预订了17辆，奇瑞售出了6辆，红旗"世纪星"订了3辆，马自达、英格尔等品牌轿车也销售了好几辆。汽车巡展首站告捷。

紧接着，汽车巡展在泸州、绵阳、南充等城市开展。酒城泸州沸腾了，十余万市民从四面八方涌向展区，展场周围万人空巷。绵阳、南充都像过年一样热闹，销售业绩继续飙升。仅仅5个城市，销售量就超过成都的一次车展。

奇瑞汽车川渝总代理捷顺实业公司董事长彭和说："这届汽车大型巡展是个创举，也是一个壮举，全国还没有哪家机构、单位组织过，《华西都市报》把它组织起来是一件非常不容易的事，我们公司将无条件参加。"神龙汽车有限公司西南商务代表处主任王升德也说，汽车巡展办得非常好，影响很大，一个中等城市的二级经销商从平时的每月10来辆卖到了20多辆，翻了一倍。

四川汽车大型巡回展还受到国内一些媒体的密切关注。长沙晚报、东方新报汽车周刊总监吕叶专程来四川考察。吕叶说："搞汽车巡展，这个点子新，形式新，对汽车厂家商家、市民和政府都有吸引力。"吕叶回湘后，即刻向有关媒体和政府有关部门介绍了四川汽车巡回展盛况，于是，媒体和政府联合举办的"湖南首届汽车大型巡回展"拉开序幕。

几年的四川省中小城市汽车巡展，不仅使华西都市报《汽车周刊》的编辑记者们组织能力得到很大的锻炼，更重要的是一体化市场扩张的裂变式思维深深扎根于他们的头脑之中。时任华西都市报汽车事业部主任、《汽车周刊》主编，很快又担任华西都市报常务副总经理的郭登礼，对思维方法感受很深。为了提高自己的思维加工能力，他下决心离开华西都市报，集中一段时间给自己的思维方法库充电。他先拿下南洋理工大学管理学硕士，紧接着就去美国攻读管理与哲学博士。通过哲学方法论的学习，思维方法库很快得到大大提升。在确定中小城市汽车营销问题的研究方向后，他先后考察了欧美、日韩、印度汽车营销市场。也就在他读书期间，国内三四五线汽车市场真的爆发了，各种车展如雨后春笋般地冒了出来，但多而不专业、不规范，同质化严重，还彼此诋毁，消费者无所适从。主机厂也不知道该与哪家合作能达到品推、集客目标，而且性价比更高；无奈主机厂只有选择多家合作，结果营销费花了不少，效果大多不理想。这让郭登礼更加坚信：三四五线城市缺少一个能解决让汽车购、销双方信赖的品牌营销机构。

2014年郭登礼回到中国，便与朋友联合创业成立北京大众侃车网络科技有限公司。他们策划的第一个项目，就是运用裂变式思维，选择人口大省的三四线城市举办车展，不仅为主机厂提供三四线城市直接推广、集客解决方案，还为主机厂搭建了销售平台，为消费者提供信赖购车的平台。由于车源丰富、厂家直达、特价车多、价格便宜，营销方式很接气地，主机厂营销成本大幅度降了下来。全国三四线城市三千多，怎么统筹安排？+互联网、020就成了。他们取的名字更是气势磅礴，规模宏大：千城特卖汇！

千城特卖汇整合消费者需求，以消费者为核心搞终端营销，形成了汽车文化嘉年华体验平台，也给大众侃车带来丰富的收获和价值：从2015年6月20日四川德阳举办第一场千城特卖汇起，至2017年4月不到2年时间，已在全国23个省287个城市举办千城特卖汇436场，汽车嘉年华节目5000多个，团队总行程120多万公里；020，千城特卖汇已经裂变演绎成为全国大中小城市24小时永不落幕的汽车展销会。

营销离不开传播。令人叫绝的是，他们又来一个整合法，将 6000个三四线城市区域媒体、3000个汽车垂直自媒体、TOP100的超级IP，全都整合在旗下，从而形成大众侃车又一个新产品“千城云媒”，让信息直达三四五六城乡潜在购车用户，达到了品牌传播、集客甚至销售三重目标；同时，原来很难得到主机厂广告区域媒体和自媒体也终于分享到了传播的收益。

千城特卖汇和千城云媒的“双千”，较好地解决了主机厂的传播、推广、集客，如何实现畅销呢？唯一路径是降低营销成本。借助互联网做电商能减少中间环节，节约一些成本；但纯互联网电商不能解决体验问题，怎么办？他们又将三四五线城市闲置的4S店整合起来，有效地将互联网和线下体验相结合。如此一来，阿米什汽车020电商三大要素即大数据来源（双千、阿米什APP）、体验平台（千城特卖汇）、交易闭环工具（阿米什APP）就形成整合优势。你看，汽车生命周期全服务的看车、赏车、试车、订车、付款、金融购、保险、提车、售后、车贷、换车等都由汽车电商全部给搞定了。

正因为如此，郭登礼带领他的团队，已经将中小城市车展升级为千城特卖汇体验生态平台，将媒体升级为千城云媒传播生态平台，将阿米什汽车商城升级为包括交订金、付款、车款、预约售后服务、换车、二手车卖等“汽车生命周期”闭环交易平台。其商业模式已得到资本市场认可，2016年9月大众侃车完成了估值超过6亿人民币的A轮融资，2017年春节又再次完成了A+轮的融资。

华西都市报几百人的队伍中，很多人从实践中感觉到学习提高能力的重要性，纷纷拿了本科、硕士甚至博士的文凭。不少人不懂能力来自方法。唯有郭登礼从华西都市报发展的过程中悟出了方法论的真谛，所以充电的目标不是文凭，而是思维方法库。他给智慧银行的充电马上就收到立竿见影的效果。

机遇总是留给有创造性思维的人。未来10年，中国每年有超过3000多万辆新车的销售潜力，其中50%以上市场份额在三四五线城市。千城特卖汇解决了新时期汽车营销困境，引领中国汽车电商新潮流，前景一片大好。

# 思维现代化的示范效应

努力建设现代化的思维方法库，掌握最基本的科学思维方法，应该实现和达到什么样的目标呢？我们怎么衡量思维方法库的建设达到现代化的标准呢？

## 一个IT大学生为什么能够大举入侵传媒

现在，传统媒体在新媒体的挑战面前虽然也在奋力拼搏，想出了一些融合办法，但都不能力挽狂澜。恰恰相反，不少的IT技术人才却长驱直入，大举入侵传媒世界，以至闹得天翻地覆。

最有代表性的事例，是南开大学软件工程专业毕业生张一鸣，大学毕业没几年就开发创造了《今日头条》，成为国内增速最快的新闻客户端。截至2016年9月底，今日头条已经有5.8亿用户，日活用户超过6300万，单用户日均使用时长超过76分钟，也就是说现在用户每天在今日头条上会停留45亿分钟。

今日头条干的事情，就是利用人工智能方法，向智能手机客户端推荐网络上的新闻。这个被张一鸣定义为按照读者口味进行的新闻分拣业务，一进入市场就坐上火箭高速发展。“今日头条”从上线到拥有1000万用户只用了90天，2012年7月获得SIG海纳亚洲等数百万美元A轮投资，2013年9月获得DST等数千万美元B轮投资，2014年6月3日确认获得1亿美元C轮融资，红杉资本领投，新浪微博跟投。此轮融资估值5亿美元。

张一鸣，1983年出生于福建龙岩，从高中起就酷爱计算机，2005年毕业于南开大学软件工程专业，曾先后参与和创建酷讯、饭否和九九房，一个典型的80后技术宅男。张一鸣今日头条的成功，很多媒体都去探讨他成功的秘密。他在各种场合讲述了走过的道路和过程，最有代表性的有，他在杭州互联网大会的发言，在上海第九届金投赏国际创意节的发言。几乎所有讨论媒体转型的场合都邀请他发言。在这些讲话中，他多次叙述如何从一个IT技术员走向今日头条CEO的思维发展过程。我们不妨就来研究他做了一些什么样的思维。

2009年10月，张一鸣开始了第一次独立创业，创办了垂直房产搜索引擎“九九房”。在九九房，张一鸣开始涉足移动开发，6个月间推出掌上租房、掌上买房等5款移动应用，在当时的移动互联网环境下实现150万用户，是房产类应用的第一名。

“我这时候对移动市场有了认识，感觉个性化信息推荐在手机上的需求更大。”于是，张一鸣在2011年底辞去了九九房的CEO职位，在2012年年初开始筹备今日头条。

截至2012年12月底，我国网民达到5.64亿人，而用手机上网的比例快速增长至74.5%，达到了4.2亿人的手机网民规模。报道分析说：张一鸣也察觉到了移动互联网的发展趋势，“在这个前提下帮用户发现感兴趣、有价值的信息，机会和意义都变得非常大”。这就是懂得事物发展的趋势和规律。所以，他辞去了九九房CEO的职务，开始了自己的第五次创业。他为自己的这家公司取了个很有趣的名字——字节跳动bytedance，顾名思义，公司产品和数据相关。bytedance开发出名为“今日头条”的智能手机客户端，成为国内最火爆的新闻客户端。

张一鸣在第九届金投赏国际创意节的讲话，诚恳，实在，而最深刻的，是他直白的思维。他说：“在座的各位都是营销的专家，我其实是广告行业的外行。聊这个，有些班门弄斧。但是我是一个技术出身，在我理解下信息随着这个时代发生了很多的变化。从技术的角度来聊一聊信息以及广告的新的趋势，我觉得这个可能是我更擅长的话题。

“第一个趋势，我们认为是广告要信息化。……第二个趋势，我们认为广告分发要自动化。未来的广告其实肯定是走向个性化的，不同的人看不同的广告。广告行业有一个经典的名言，就是说：你花的广告费一半是浪费了，但是你不知道浪费在哪儿。但是这个已经越来越不是这样的了，这在以前你是不能想象广告会像普通内容一样更灵活地分发、更个性化地分发。现在因为今日头条建了不同的档案，你可以有不同的信息。不论是地域、年龄、喜欢的行业、喜欢的话题，广告的素材也可以定向化。我们可以给同一广告内容配上不同的素材，对不同地域的用户展现不同的广告。比如：你可能卖一件羽绒服，你可以在下雪的城市，说：北京今天下雪了，你备好了今年的羽绒服吗？能够根据大数据给不同的用户展现不同的广告，所以真正地要通过精准的技术分发出去，其实还是蛮有挑战的。”

你看，张一鸣在这短短的发言中，就使用了好几个思维方法。第一个是事物发展规律思维。他给广告的发展概括了两个趋势，一是广告要信息化，二是广告分发要自动化。“未来的广告其实肯定是走向个性化的，不同的人看不同的广告”。他说得那么肯定，那么自信，对发展趋势归纳和概括得一清二楚，那是深思熟虑的结果。这就是抽象与概括的思维方法。第二个是裂变式思维。他要把广告进行个性化分发，按照地域、年龄、喜欢的行业、喜欢的话题，对广告的素材分别进行定向化分发。他还举了一个例子，“北京今天下雪了，你备好了今年的羽绒服吗？”一个广告，他要裂变成很多条个性化的内容来做投其所好的表现。这样来做裂变式思维，是裂变式思维的活学活用。第三个思维方法，是大数据方法。广告内容怎么裂变呢？大数据是他已经掌握的数学方法，他要充分发挥大数据的智能作用，用大数据对广告和新闻做智能分发，达到个性化的精准要求。这是许多文科学生不能想象的。这就像牛顿使用微积分的数学方法论证了万有引力一样。第四个思维方法，是归纳法。他给自己的这一套做法归纳出一个概念，一个名称，叫广告分发自动化。

“别人靠编辑选取新闻，我们靠算法推荐新闻。”很多人不懂得什么是大数据，他却运用大数据的算法功能，将一条新闻分拣成若干条新闻。他还给他创造的新闻服务工作取了一个名字：新闻“搬运工”。这个概念的幽默，只擅长文学幽默的幽默大师永远也想象不出来。

在谈到今日头条的成功秘诀时，张一鸣说：“今日头条是个性化信息推荐引擎。我们2012年初成立公司，2012年8月推出产品。当时市面上已有很多信息应用。那时新闻APP要么人工订阅，要么一两千名编辑编排内容，而我们希望用信息推荐的方式，给每个用户提供最感兴趣的内容，让它越来越懂你。”这完全就是一个裂变式思维，将网络上统一的一堆新闻，按需裂变分配给各自需要的人。

《财经》记者问：你什么时候意识到头条有这么大的势能？张一鸣回答：物理上从高位到低位的能量越迁叫势能，而我们并没有往下跳。这里他又使用了物理学上的势能思维，也就是力学思维。

张一鸣的抽象概括能力和逻辑思维能力，可见一斑。他用“今日头条”做旗帜，做名号，比新闻界的人对头条的理解更形象，更深刻。这就像重庆市新闻处长用“敲门发行”来概括“上门征订”一样那么绝妙。“今日头条”这个概念的确立，就是张一鸣思维方法库现代化的一个标志。那些跟着叫“头条”的，只不过是一个跟班而已。

张一鸣说：“我是程序员出身，我是计算机专业的，从技术的思维来理解的话，我觉得文化传播的本质就是信息的流动。大数据、云计算的技术越来越发达，让个性化成为可能。”所以，新浪财经报道张一鸣在第九届金投赏国际创意节的讲话，标题就是：技术思维下的顺势而为。

什么是技术思维？其实就是科学思维。现代科学思维方法都是在科学技术大革命的过程中诞生的。16世纪以来的科学技术大革命，直到现在都没有结束。张一鸣使用的思维方法，无论是发展规律思维、裂变式思维，还是归纳法、模仿思维、类比思维、嫁接法、力学思维、势能思维等等，统统都是数理逻辑思维的范畴。张一鸣懂得IT技术，在钻研的过程中再运用这些思维方法，今日头条就创造出来了。

实践检验了张一鸣思维成果的正确和科学。新闻传播的历史从此进入一个新时代：新闻内容的生产和新闻内容的分发，形成新闻传播链条的两个环节。传媒进入大工业化分工明细的作业时代。

为什么张一鸣能够大举入侵传媒？明眼人一看就是技术优势。其实，站在技术优势后面的，是思维方法库的优势，这才是最根本的优势。这是因为，那么多IT人才都有技术优势，为什么独独是张一鸣独占鳌头？这些IT人才，并不是个个都有丰富多彩的数理思维方法库。学校里的老师教了同样的思维方法，但是真正学到手并且能够灵活运用的只是一部分人。同样是计算机专业毕业的程序员，都在同一个公司干同样的工作，一些人忙忙碌碌碌碌无为，一些人不断创造大有作为，差距就是思维方法库。

张一鸣在“2016今日头条Bootcamp”上，对研发产品部门应届毕业生的一席寄语，引起无数毕业生的感喟。他说：一定要保持一颗好奇心、求知若渴的上进心，不甘于平庸。有好奇心，就能够主动学习新事物、新知识和新技能。做事不设条条框框，没有太多自我要维护，经常能打破常规，非常努力、不妥协、不圆滑世故。

张一鸣给应届IT毕业生的这番话，就是他自己求异思维、创新思维的总结和写照。他在2008年9月以技术合伙人的身份在饭否创业，负责饭否的搜索、消息分发、热词挖掘、防作弊、用户排名等后台系统方向，他做的这些工作为社交分析储备了大量的知识和技术。因为饭否是个社区，需要跟用户有更多的互动。“我们经常去做用户沟通和访谈，所以更懂得了如何理解用户。”饭否让张一鸣切身感受到了信息在人与人之间流动的作用。如果把他上一次在酷讯的工作和后来在饭否的工作嫁接起来，其实就是“组织信息+社交行为分析”。这不就是“今日头条”的雏形吗？！张一鸣在每一个工作过的地方，都怀着一颗好奇心和求知若渴的上进心，对这些日常工作进行琢磨和研究。用户各自不同的需求启发了他的模仿思维、类比思维，于是萌发了做“个性化信息推荐”的想法。

我们从这里就看到了张一鸣和其他IT毕业生思维方法库的不同。张一鸣对别人看来很平常的工作，始终保持一颗好奇心和求知若渴的上进心，从见惯不惊的日常工作中的点点滴滴，去思考，去追究，去发现，去问一个为什么。“看似平常却奇崛”。张一鸣最后就从这些平常工作中发现和钻研出了自己的奋斗目标。别人虽然也是IT毕业生，但只是按照领导的指示办事，圆满完成任务了事。张一鸣告诫大学毕业生要保持一颗打破常规的好奇心，就是他思维方法库与这些人的不同。

我们从这里可以看出，同样是大学出来的一个专业的毕业生，思维方法库呈现两种完全不同的情况。张一鸣没人提醒，就自觉地去思考平常工作中蕴藏的问题，很快获得成功。另一些IT毕业生，即使有人提醒也见惯不惊，因为没有思维的习惯。张一鸣的思维方法库，已经将他的思维变成了一种习惯。

这和我过去的情况一样。报纸工作几十年都是批评报道难，可是，只有席文举提出和开展了一场“批评报道为什么难”的大讨论；1989年以后，全国报纸批评报道冬眠状态，只有席文举这个时候要去研究批评报道，最后写出《新闻批评心理学》；20世纪90年代市场化以后，全国企业对报纸采取层层公关送红包的手法，四川日报红包过五关斩六将也是从沿海传染过来的，可是，制定“连坐法”封杀红包中的有偿新闻，只有席文举想出来；追踪报道古今中外早已有之，只有席文举想出新闻追踪规模经营的表现形式……

同一个单位，同样的工作，碰到同样的问题，为什么这个人反复思考，琢磨出成果，另一个人见惯不惊，无动于衷？这就是思维方法库的不同。能够想出创新办法的，一个接一个；想不出来办法的，一个也想不出来，这就是思维方法库里有没有科学思维方法、有多少思维方法的区别。

当今大学生如何建设现代化的思维方法库，张一鸣树立了一个榜样。

### 一个现代化思维方法库的成功典范

2016年底，我从微信上看到一篇介绍华为老板任正非的文章：《华为老总任正非身份彻底曝光，全世界感到害怕！》。文章说——

如果中国没有了阿里巴巴，腾讯和京东在电子商务上分分钟取而代之。如果中国没有了华为，没有任何一家公司能替代！

我们都知道，阿里巴巴、百度、腾讯这些互联网巨头，背后其实是大量的外国资本，但华为不仅是一家百分之百的中国民营企业，还是一家没有上市圈钱的公司，并已成为全球通信产业龙头。

现状：全球已经有超过20亿人每天使用华为的设备通信，即使在4G技术领先的欧洲，华为也有过半的市占率。它在150多个国家拥有500多个客户，营收七成来自海外！

论体量，华为的体量相当于中国互联网最挣钱的BAT的总和。

BAT员工：阿里3万，百度5万，腾讯大约3万。员工总数11万，华为全球员工总数为17万。

从2000年开始的最近15年，华为累积营收2.3万亿，超过70%来自海外，在外国人身上赚的钱达1.38万亿元！

…………

华为不仅早就把其他国内厂家甩了十万八千里，并且已经超越了苹果！

华为十分重视产品的研发。它的研发队伍有1万名博士，几十名俄罗斯数学家。2015年，华为研发经费预计500亿元，远远超过台湾的台积电+鸿海+联发科+联电+纬创的总和！以投入研发经费计，华为最近十年研发经费已经达到1900亿人民币！

2015年，华为甚至进入了世界各国非军工企业研发经费前10强！华为注重研发的最直接结果，是它已经拥有了3万项专利技术，其中有四成是国际标准组织或欧美国家的专利。

任正非到底是怎样一个人，居然创造这样的奇迹？

任正非出身于贵州贫寒家庭，兄妹七个，全靠父母微薄的工资生活。儿女们都要读书，每个学期交学费时，妈妈都发愁。“我经常看到妈妈月底就到处向人借钱度饥荒，而且常常走了几家都未必借到。”中国的知识分子对知识的重视和追求，可谓“贫贱不能移”。即使在三年严重困难时期，任的父母仍然坚持从牙缝里挤出粮食来让孩子读书。

“我们家当时每餐实行严格分饭制，控制所有人欲望的配给制，保证人人都能活下来。”“高三快高考时，我有时在家复习功课，实在饿得受不了了，用米糠和菜合一下，烙着吃。”“高考前三个月，妈妈经常在早上塞给我一个小小的玉米饼，要我安心复习功课。我能考上大学，小玉米饼功劳巨大。这个小小的玉米饼，是从父母与弟妹的口中抠出来的，我无以报答他们。”

19岁时，任正非带着父母的重望考上了重庆建筑工程学院。还差一年毕业的时候，“文化大革命”开始了。担任都匀中学校长的父亲被关进了牛棚，任正非回到老家看望父母，父亲让他快回学校去。父亲叮嘱他：“记住知识就是力量，别人不学，你要学，不要随大流。”任正非回到学校，重庆已经是“枪林弹雨的环境”，同学们都卷进“文化大革命”的潮流里去了。但是任正非硬是不为所动，学校不上课，他就自学，他把电子计算机、数字技术、自动控制等自学完。他还结交了西安交大的一些老师，这些老师经常给他一些油印的书看。他另外还把《高等数学习题集》从头到尾做了两遍，接着学习了许多逻辑、哲学知识。他自学了三门外语，当时已到了可以阅读大学课本的程度。由于他的广览博收，知识渊博，他的讲话经常旁征博引，见解独到，一针见血。

任正非本来是学建筑专业的，但是却下功夫钻研思维方法。樊映川的《高等数学习题集》许多都是选自莫斯科大学高等数学习题集，他从头到尾做了两遍，同时还学习了逻辑、哲学知识。这都是在努力建设自己的思维方法库，有意识地提高自己的思维加工能力。虽然那个时候并没有思维方法库这个概念名称，但是他懂得多多学习思维方法，用这些思维方法武装自己的头脑，是提高自己思维加工能力和水平的路径。

这，就是任正非为什么能够超越其他企业家、华为能够超越其他电子企业的根本原因。他在大学时期，在人生的黄金时代，就已经在自己的脑子里，初步建设了一个现代科学思维方法库。这为他后来一生的作为打下了坚实的基础。

有了这个思维方法库，他很快就表现出强过别人的思维加工能力。20世纪70年代，他进入部队之后，抽调到贵州安顺地区一个飞机制造厂工作，参与一项代号为011的军事通信系统工程。他刻苦钻研，有多项科技发明创造，两次填补国家空白。因技术方面的多次突破，他被选为军方代表，到北京参加第一届全国科学大会，时年33岁。1982年又参加了中共第十二次全国代表大会。

现在，任正非的这个历史故事，在记录他事迹的众多资料里，都只是一个被淹没的历史花絮。其实，那正是他思维方法库最有力的证明。虽然远远不及现在华为的功劳那么显赫，但在那个时代那个年龄能够结出那么出色的果实，是思维方法库闪耀出智慧的光辉。

在华为的新闻报道中，还有报道说：任正非是一个"学毛标兵"，华为还有不少毛泽东的战略思想，比如集中优势兵力歼灭敌人，因为任正非在用毛泽东思想处理华为的事情。这也说明，任正非不放过任何一个学习思维方法的机会，在全国学习毛主席著作的热潮中，认真学习毛主席的哲学思想，丰富自己的思维方法库。熟读毛泽东著作的任正非，后来在企业竞争中选择了一条被称之为"农村包围城市"的销售策略——华为先占领国际电信巨头没有能力深入的广大农村市场，步步为营，最后占领城市。任正非是一个不断丰富自己思维方法库的人。

财经作家、《华为真相》作者程东升评价任正非和华为：大凡真正的大企业家，首先应该是个思想家，对企业的宏观战略有清晰的认识，以自己独特的思想认识，影响和指导企业的发展。华为之所以成为中国民营企业的标杆，不仅仅因为它用10年时间将资产扩张了1000倍，不仅仅因为它在技术上从模仿到跟进又到领先，而是因为华为独特的企业文化，这种文化的背后则是总裁任正非穿透企业纷繁复杂表象的深邃的思想力。从产品营销到技术营销再到文化营销，华为做得有条不紊。任正非对企业目标的界定，对企业管理的创新，对智力价值的承认，都开了中国民营企业之先河。

中国不少企业家是碰运气碰上的，任正非是凭借自己的智慧一步一步走出来的。

华为因为任正非而成功，任正非因为思想而杰出。

中国从来就不缺企业家，但从来都缺真正的商业思想家——在当代中国，任正非应该算是一个。他是沉默、孤独、果决、不求闻达、坚持到底的人，而具有敢于胜利的大勇，总能对一切胜利者以及对每次胜利的偶然因素做出独立而精辟的分析。

程东升说，任正非"看事、看人、看物都有了别样的视野"。这里所谓的"视野"，其实就是思维方法。他常常根据企业的发展，不时抛出凝聚着深刻洞见和教益的文章，说公司、说战略、说做人，从而把引导公众与教育员工巧妙地结合在一起。

正因为任正非拥有智慧无穷的思维方法库，所以他写的文章，做的讲话，既有思想的深度，又饱含能够打动人的情感。他根据家庭苦难生活写成的《我的父亲母亲》，不仅激励所有员工努力奋斗，还让王石感动得泪流不止；他关于企业"危机管理"的理论与实践，在业内外都产生广泛的影响；他的名篇佳作《华为的冬天》，被许多企业作为企业危机管理的范本。

华为的俄罗斯数学研究所成立于15年前，由几十名俄罗斯顶尖的数学家组成。这些俄罗斯数学家在3G和2G算法层面取得了革命性突破，大大增强了华为产品的竞争力。华为的产品凭借重量轻、体积小、性能强的特点，实现了欧洲市场的领先，为华为做出了巨大的贡献。

尝到甜头以后，华为又在巴黎设立法国数学研究中心，研究人员全部为博士及以上学历。

对于业外人士来说，很难理解华为投资数学研究的举动，为什么要建立俄罗斯和法国两个数学研究中心？

任正非是站在全世界的制高点，思考华为的市场战略。

任正非使用的一个重要的思维方法，是对弈论。

对弈论的思维方法，就是在这场信息通信技术的市场竞争中，华为如何超越竞争对手，取得竞争的主动权，取得市场的最大占有率？任正非深深地懂得，数学是信息通信技术的制高点。数学算法上的创新，才是竞争的制高点。这个制高点的竞争，必须依靠数学家们超强的数学能力。我要压倒竞争对手，首先要有超一流的数学家团队。世界上最优秀的数学家在哪里？前面已经说过，俄罗斯。

你看，当大家都还不知道怎么开拓信息通信技术市场的时候，任正非已经用他的思维方法——对弈论，做出了重大的战略部署。他的目光一开始就瞄准世界大市场，瞄准大市场的制高点。他出的第一步棋，是组建最强的数学家研发团队。他像田忌赛马一样，表面看来是出其不意地出牌，实际上是经过深思熟虑。他像斯大林"转着地球仪部署战争"一样，居高临下做占领国际市场的战略决策。

你一定要明白，这是任正非15年以前决定的事情。他要用数学强国的数学家团队，来代表华为参加全世界的算法创新比赛。那个时候有谁会这样想？可对于任正非来说，15年前做的这个决定，其实在30年前大学期间他抱着《高等数学习题集》从头到尾做两遍的时候，就在为这场对弈方略做准备。万丈高楼从地起。这个地，就是"思维方法库"之"地"。华为那耸入云霄的高楼，地基是他从习题集里垒起的思维方法库。

这些年来许多数学家使用对弈论夺走诺贝尔经济学奖。任正非不是数学家，但是他使用对弈论的思维方法，夺得了信息通信技术市场的经济效益大奖。对弈论既可以建立经济学理论，也可以做市场战略决策。你掌握了一种科学的思维方法，各个领域各个地方都可以使用，灵活多变，变化无穷。

任正非一辈子有过多次的专业变换。他读书学的是建筑工程学院暖通工程专业，毕业后从事的是建筑工程，1974年参加建设从法国引进的辽阳化纤总厂，参军以后转战飞机制造厂。43岁下海经商卖程控交换机时，他还是个通信技术的门外汉。1987年集资21000元创立华为公司，选择了高科技含量的电信。他一生经历了多次专业、单位、职业和岗位的转换，可是，有一个始终不变的东西跟着他，那就是他的思维方法库。他用思维方法库里一个又一个的思维方法，冲破前进道路上的种种障碍，创造了人生一个又一个的辉煌。使用数学强国的数学家团队为华为而战，只是思维方法库的一个故事而已。

下面从出版的几本书中，摘录几段任正非的思维语录——

有了正确的思想，才有了正确的方向；有了正确的方向，才有正确的理论；有了正确的理论，才有正确的战略。

都江堰从两千年前到现在，水还是这么流动的呢？为什么我们总是落后？就是因为我们没有仰望星空，没有全球视野。

华为公司缺少战略家和思想家，因为我们都是来自“上甘岭”，喜欢一手拿枪、一手握稿，喜欢手里握有权，眼睛总是往下看，不喜欢当思想家。

华为要产生越来越多的大思维家、战略家，今天若不培养，到大数据时，战略机会点就可能会一个个丢掉。

开放是为了战略平衡，提升我们的战略竞争力。华为不缺能力，而是缺战略意识。

为什么公司现在收窄作业面，要纵向进攻，不横向进攻？横向进攻是多元化了，抢了许多山脚，形不成制高能力。还要踩别人的脚，带来了一种冲突，解决这个冲突要消耗一部分能量，对抢占制高点不利。

英国《金融时报》专栏作家周掌柜写了一篇文章《财经人物任正非的苦难辉煌》。文中说——

理解任正非，不仅需要科学的方法论，也需要历史观，更需要辩证的勇气。

本文，和您以前看到的财经人物报道会有明显的不同，我们为了深刻地阐述任正非的生态式思维和战略视角，不得不应用一些物理学、信息学和哲学的叙述方式，组织熵减、耗散再造、量子赋能这样的词语或许让您觉得陌生，不过真实的任正非就是这样充满复杂性科学的思维，我们力求还原真实。

学无止境：一位华为负责任正非思想传播的PR负责人对此举了两个例子，任在高层的会议上多次讲述热力学第二定理中“熵”的概念，以及在信息学“信息熵”的应用，在内部邮件中多次提出过类似于“焓”理论的“耗散”思维。由于笔者在《华为能否走出战略无人区？》的文中曾经对“信息熵”做过独立研究和阐述，华为传播部门怀疑讲话泄密了，因为在他们看来不太可能有人和老板一样喜欢研究如此抽象的理论体系。

华为人访谈中，我们从“均衡发展”“辩证思维”“组织第一”“去中心化”和“先人后事”这几个角度中可以清晰地看到任正非生态级战略思想的大逻辑。

均衡发展的全局观（耗散）：2000年《华为的冬天》中，任正非曾经提到，“管理要抓短的一块木板。华为组织结构的不均衡，是低效率的运作结构。就像一个桶装水多少取决于最短的一块木板一样，不均衡的地方就是流程的瓶颈；这里面强调了组织要素的均衡转换。”

辩证思维的方法论（信息熵）：任正非在处理企业高难度的管理问题的时候，体现出了高超的辩证思维水平，往往能抽丝剥茧地找到本质的逻辑层次。比如，他对“事物负责制”和“人员负责制”有两个维度看法：一个是扩张体系，一个是收敛体系。在本职工作中，我们一定要敢于负责任，使流程速度加快，对明哲保身的人一定要清除。他还用“信息熵”的思想思考人力资源体系对于降低系统不确定性的作用。

## 思维加工和学科知识深度融合

从任正非的思维文化中，我们看到了一个又一个不熟悉的名词：组织熵减、耗散再造、量子赋能、“信息熵”，“焓”理论的“耗散”思维……很多读者可能如坠五里雾中。

这就是思维方法库在做思维加工中，出现的一种思维现象：在思维加工过程中，将自己学习过的学科方法和理论知识，紧紧地融合在一起做思维。这往往会产生新的思维成果或解决方案。

运用已经学过的学科方法和理论知识，和思维方法库的思维方法融合并用，这是一个科学思维方法库做思维加工中的最常见的现象。人们总是用自己已经知道的知识和方法，来理解和解释新的现象。

所以，一个人能不能在新信息面前思考出新的东西，完全取决于他过去学过多少知识，学过什么方法。他创造性思维的成果，往往通过那些学科知识和方法来加以理解和表现。

我们看看本书前面曾经介绍过的现象——

马克思的《资本论》三大卷，几乎每一卷每一篇都有数学的名称和术语。反复出现的有：“绝对”“相对”“价值率”“价值量”“循环过程”“周期”“过程”“平均利润”“超额利润”“利润率”“利息率”“分割”等等。这些术语的大量出现，说明作者将自己烂熟于心的微积分和高等数学知识，融会贯通到了经济学著作中。

民国时期的赵元任，学过数学、物理、音乐、哲学、语言，在清华大学教授过数学、物理学、中国音韵学、普通语言学、中国现代方言、中国乐谱乐调和西洋音乐欣赏等课程，是一个全才；但是他主要以语言学家蜚声于世。他语言学的成果是怎么来的呢？他运用自然科学的实验方法做语言学研究，用物理学的知识解释语音的物理基础，用生物学的知识解释语音的生理机制，用渐变音高管、浪纹计等仪器来分析语音的音高、音强、音长的性质，并用现代科学的先进技术灌制了大量的音档。自然科学各种各样的知识和方法使他的语音研究趋于科学化、精确化，让其他语言学者相形见绌。

今日头条CEO张一鸣在他的讲话中，说出了一连串的IT名词：势能、技术思维、“组织信息+社交行为分析”，等等。他给自己公司取的名字——字节跳动，也是专业语汇。

我的都市报理论、策划传媒理论、百岁运动，更是不少的数理语言：变量思维、极限、无穷小、数列、借势思维、海量思维、定理思维法、力学思维等等。

专业术语，成了思维加工的元素。

任正非所说的“熵”，就是信息论的一个专业名词，指的是体系内某种元素混乱和均匀的程度，它在数论、概率论、控制论、天体物理、生命科学等领域都有广泛的应用，是各个领域十分重要的参量。1850年，德国物理学家鲁道夫·克劳修斯在热力学中首次提出“熵”的概念，用来表示一种能量在物体中分布的均匀程度。后来克劳德·艾尔伍德·香农将“熵”的概念引进信息论；再后来被其移植到社会学中，表示社会某种元素的不规则程度。任正非企业管理中引用“熵”的概念，主要是研究如何保证公司运作过程中的有条不紊，防止某些元素混乱无序酿成企业的危机。

思维方法库能够自如地运用各种学科的知识和方法，那就是思维方法库具有很强的思维加工能力了。他能将过去掌握的知识随手拈来，放在思维过程的某一个地方做思维的元素，就像建筑师在施工的过程中，将一块石头、一根木条、一个元素，镶嵌在建筑的某个部位一样，不理解的觉得别扭，是知音的就感觉恰到好处。



### 思维方法库的三个层次

我们可以从前面看到的思维方法库加工能力的表现，概括出思维方法库的几个不同的层次。

第一个层次的思维方法库，也就是最基本最起码的要求，是现代科学思维方法体系中那些最基本的思维方法，都能够熟悉掌握和熟练地运用。在遇到各种新信息的时候，能够选择合适的思维方法，做出分析判断，拿出应对的决策。

比如一个新闻工作者，在8个被拐骗孩子找不到父母的时候，能够使用力学思维，拿出帮助孩子寻找父母的“孩子回家行动”；在采访碧峰峡的时候，使用发散思维和模型化思维，做出“碧峰峡模式”的系列报道；在上海轻博会卖假冒伪劣产品的时候，能够使用批判性思维，做出批判性报道……面对这些现实发生的新闻，你拿不出来的，或者拿出来的都是老一套的程式报道，那说明你的思维方法库没有现代科学思维方法，自然属于贫穷落后的思维方法库了。

现代科学思维方法体系中最基本的思维方法，应该包括：演绎法、批判性思维、公理化法、直觉思维、假设法、归纳法、观察法、试验法、比较法、优选法、分析法、综合法、裂变式思维、发散与聚合、抽象与概括、时间与空间、横向与纵向、证明与反正、博弈论、混沌理论、逆向思维、反证法、模型化法、统筹法、排列组合法、辩证思维、因果思维、事物发展规律、对立统一规律、形象思维、嫁接思维、系统论、控制论、信息论、耗散结构论、协同论、突变论、全球化、一体化、市场化、互联网思维、共享经济思维等等。

这一个层次，主要是能够熟悉和掌握这些思维方法，遇到问题的时候，能够分析和提出解决实际问题的方案，能从对具体现象的分析，到采取相应的实际行动。

第二个层次的思维方法库，更高一个层次的要求，是思维加工从具体的现象和信息出发，创造出带理论性的成果。

比如，目睹敲门发行的现象，使用裂变式思维、联想思维、归纳法等思维方法，总结创造出《敲门发行学》；从晚报畅销于中国报业市场的种种情况，使用演绎法创造出市民生活报的新报纸品种；使用系统论等思维方法拿出都市报的产品设计；根据批评报道难的讨论和中国媒体批评报道冬眠的现象，写出《新闻批评心理学》……

任正非一系列企业管理的理论，就是从企业各种具体现象和信息出发，进行了理论层次的思维加工，提出的一系列企业管理理论和方法。这就是任正非与其他企业家的不同之处。

思维加工能力从具体问题的表现，到进行理论层次的思考，思维加工就从实践层次飞跃到理论层次。

第一个层次的思维方法库，主要是要求在实践中自如地运用思维方法，能够解决实际问题；第二个层次的思维方法库，不仅是能够解决实践中的问题，还能够从实践向理论的高度飞跃。

第二个层次思维方法库产生的思维成果，能够在更高的层次、更大的范围，转化为社会成果。像市民生活报的理论和产品设计，可以让学习者懂得都市报的文化内涵和为什么能够畅销；《敲门发行学》可以让全国的报纸发行人员很快去敲开千家万户的门，中国报纸发行量两三年间就冲上了一个亿。理论有转化为物质的巨大力量。

任正非一系列的管理理论，在中国企业中产生了很大的影响力。很多企业家没有他那样的知识结构，没有他那样的思维方法库，绝不会把"熵"这样的思维方法运用到企业管理中。而任正非运用得恰到好处，以至其他企业也产生共鸣。企业管理理论产生这样的感染力量，是任正非高超的"烹调"思维"烹调"理论的烹调技术。

第一个层次是实践创造力，第二个层次是理论创造力。

第三个层次，是抓住了社会跳动的脉搏，创造的理论推动了社会的大发展。也就是说，他解决的不是一般意义上的问题，而是重大的事关社会发展全局的大问题，比如钱学森拿出的中国发展"两弹一星"的方案，毛主席提出和解决的中国革命的方向、道路的战略问题，马克思恩格斯提出的无产阶级革命的理论问题。

第二个层次和第三个层次，都是思维方法库掌握了笛卡尔"建立科学的科学"的思维方法。第三个层次建立的理论，都是属于重大战略层次的理论。

当然，还有超越这三个层次的思维方法库，那就是从理论到理论的思维。比如，笛卡尔看见宗教神学演绎上帝存在的问题，就研究出防止演绎法成为诡辩法的《方法论》，形成"建立科学的科学"；黑格尔发现了逻辑思维存在的问题，于是在逻辑思维前面加上一个"辩证"，就产生了辩证逻辑的学说；马克思发现了辩证逻辑的不足，于是在辩证逻辑前面加上了一个"唯物"，就产生了唯物辩证法……

这些从理论到理论的思维，一般人都做不到，所以，就不在思维方法库的要求之列。

# 传媒在思维现代化中的角色任务





前面说过，人类思维进步的速度像蜗牛。一个民族，一个国家，思维进步要想快一点，要想超越走在前面的，那是很艰难的。所以，中国人要想实现思维的现代化，比科学技术、工农业生产实现现代化，比衣食住行库的现代化，要难得多。

为什么这么难呢？原因很多。其中一个重要的原因，是传播的速度太慢。

比如，欧几里得使用三段式演绎法写出的《几何原本》，是公元前300年的事情，地点在古罗马。但是，地理位置不算太远的阿拉伯帝国把《几何原本》翻译成阿拉伯文，却是公元800年左右。公元1258年蒙古军占领巴格达，建立伊尔汗国，成吉思汗的孙子旭烈兀任命阿塞拜疆数学家纳西尔丁·图西为首相。纳西尔丁·图西于1248年根据当时流行的各种译本，重新修订了《几何原本》。可是，蒙古人虽然建立了元帝国，却并没有认识到《几何原本》的重要意义，并没有把《几何原本》带到中国。是西方传教士利玛窦到中国传教，带来了《几何原本》。明朝万历年间，1606年，利玛窦、徐光启共同译完了《几何原本》前六卷，这是这本著作的首部中文版。你看，从公元前300年诞生《几何原本》，到公元1606年中国第一次出版《几何原本》，就用了1900年。如果再到有多少中国人学习过这本书，不知又是多少年。

但是现在，美国候选总统特朗普的女儿伊万卡，在共和党发表为特朗普竞选成功欢呼鼓劲的演说，第二天，成都十二中的英语老师，就在课堂上请学生对照智能手机上伊万卡的演说视频，一句一句地翻译。

所以，中国人思维现代化的速度，在当今裂变式传播的新时代，完全可以快一些。一个最重要的推力，就是现代化的智能新媒体。

可是，中国现在的传媒，无论是传统媒体还是新媒体，都没有意识到还有这么一个事情。你把各个媒体开办的栏目看一看，就知道媒体的思维，长期以来还是集中在人学思维的领域。比如央视科教频道的《百家讲坛》，多少年来都是讲帝王将相历史人物争权夺利的故事，智慧有一些，都是权力智慧、人文智慧。西方现代思维革命那么大的事情，很难听到。《百家讲坛》基本上是人文讲坛。这是中国国民思维和传媒思维生态环境的一个晴雨表。

中国传媒的技术设备已经现代化科学化了，掌握现代传媒的传媒队伍，思维方法库还远远没有现代化和科学化，依然处于贫穷落后的状态。

那么中国的传媒队伍，又如何来完成推动中国人思维现代化的任务呢？

中国人思维现代化的任务，是我们多年都没有认识和觉醒到的大事，是中华民族崛起的一个伟大而光荣的任务。不管怎么艰巨，我们都要去努力奋斗。中国当今的传媒，无论是传统媒体还是新媒体，都应该义不容辞，为能够参与推动中国人思维现代化的事业而引以自豪。

办法有两个。

第一，整个传媒界，首先要从思想上认识上明确这个任务，把它当成一个重要的任务去抓，列上议事日程。只要重视这件事情，持之以恒地抓下去，长此以往就会抓出效果来的。毕竟中国传媒界有上百万人的队伍，人才济济，集思广益，就会想出很多办法出来的。

利用传媒的力量推动普及思维现代化的教育，从舆论动员到现代科学思维方法的知识普及，从思维方法竞赛到评奖颁奖，可以开展很多工作。像辩论赛、各种各样科学思维方法的比赛，各种科技成果、经济成果使用的思维方法解读，评选科学思维方法奖，等等，都会很快地开展起来。各家出版社编辑出版的现代经典思维方法培训丛书，哪一家编得更好，更实用，更受欢迎，也可以评选、讲评和奖励。20世纪六七十年代都可以开出“工农兵学哲学用哲学”专栏，今后“学方法用方法”的专栏更切合实际，更吸引受众。

传媒的内容一定要做一些调整，适当减少人学思维的内容，增加科学思维的内容。

日本大前研一《低智商社会》一书中还说了一句话：“现在的电视上尽是一些猜谜和笑话之类的节目，观众整天沉浸在这种环境中，想不失去思考的能力都很难。”这句话实际上是说，媒体拿什么内容去供应受众，受众就呈现什么样的思维能力，受众思维水平与媒体思维水平成正比。

鲁迅说过：白白的耽误别人的时间，无异于谋杀别人的生命。改革开放初期有一个口号：时间就是生命，时间就是速度。

所以，传媒人供应给广大受众的内容，应该具有很高的科学思维含金量，不要净是一些“与人斗”的人学思维。思维生态环境的追赶，一定要提到传媒工作的议事日程。传媒思维生态环境不尽快加以改变，中国人思维生态环境的改变，就会成为一句空话。

第二，传媒队伍缺乏具有现代思维方法库的人才，怎么办？除了传媒队伍自身加强学习之外，可以采取一个弥补的办法，从社会上招聘从事理工科专业又喜欢传媒工作的人。理工科毕业生参加工作以后，由于各种各样的原因，一些人产生传媒的爱好，有的甚至萌生转行的想法。社会在发展过程中，自然而然就会产生出这些人，只是我们平常不太注意。这些人中就有一些是我们需要的杂交人才。我们公开招聘，在招聘的时候说明要选择具有现代思维方法的人，主要来从事推动中国思维现代化的普及传播工作。传媒队伍增加这样一批理工科毕业生甚至多年从事理工科专业工作的人，就可以促进传媒队伍知识结构和思维结构的改变。

不仅可以公开招聘理工科人才，还可以公开征集传媒如何推动思维现代化的点子。一定要把科学思维方法巧妙地有机地融入客户端的内容之中。要通过我们传播的内容，一步一步地提高中国人的思维现代化水平。

还可以与相关单位合作办栏目。比如，央视与中科院科学史研究所合作，开办一个现代思维讲座，科学史研究所的人才正好发挥他们的一技之长，央视正缺乏这样的栏目。

中国人没有能够参加西方的科学技术大革命，没有经历那一场现代思维运动，对于那一个个科学思维方法的诞生和运用，缺乏切切实实的感受。所以，大多数中国人对这些思维方法是陌生的。但愿通过我们传媒的推动，经过多少年的时间，大多数中国人能够对它们从陌生转化为熟悉。中国人的思维方法库，就在现代化的道路上迈出了一大步。

2017年春节期间，我坐在电视机前将《中国诗词大会》一期期全部看完。今年比去年更火爆！一个重要看点，就是主持人董卿的文学修养和临场应变能力，达到无人不赞叹的地步。当嘉宾说到“天若有情天亦老”，她脱口而出“月如无恨月长圆”，紧接着，又来一句：“天若有情天亦老，时间原只无情好。”一位孩童唱着《春夜喜雨》，父亲轻轻地和着，董卿被这一幕感动，随口念出了叶赛宁的《我记得》。第八场争霸赛结尾，攻擂者遗憾离场，董卿送给攻擂者一句陆游的诗：双鬓多年作雪，寸心至死如丹。这随时随景的发挥，肚子里没有真东西是做不到那么自然顺畅的。我这时就在想，中央电视台的《科学思维方法大会》，像董卿那样的主持人，央视又到哪里去找呢？他们心中有数吗？中科院人文学院能够推荐出这样的人才吗？

董卿那么深厚的古典诗词文化底蕴是从哪里来的？原来她是古典文学的研究生，硕士！

中央电视台的其他主持人能不能达到这样的效果？估计不行。为什么？没有古典文学硕士的文化底蕴。由此可见，外行来担任专业领域的主持人，就绝对没有那么好的效果。但是，现在中央电视台的主持人，基本上都来自传媒大学主持人、播音专业。

日本报纸采编人员，有专业之分，你从事什么专业领域的报道，必须是那个专业的大学生。采访科学技术的，是自然科学出身，采访案件之类的，必须是政法学院毕业的，不然就会出现外行采访内行的错位采访。体育界早就发现了外行采访内行的弊端，一是有的内容听不懂，或者理解不深，二是报道表达不到位，所以，中国的体育学院最早办出了体育新闻系。这就是体育界对不懂体育记者的否定。华西都市报的体育记者陈珊，就是体育新闻系的学生，采访体育比赛就大显神威。四川财经大学也开办了财经传媒系，也是不想出现经济新闻由中文系毕业生采访的错位。央视天气预报的主持人，就是气象学院的毕业生。电视台《我爱发明》之类的科学技术节目，也不应该是不懂得科学技术的外行，临时训练几天就去主持。

新闻传播的智能化，IT专业人才大举入侵传媒，科学技术及其内容，和传媒是高度融合，所以，传媒队伍的人才结构，必须大幅度调整。从长远来看，新闻传播教育必须赶快追赶传播市场的变革，进行杂交化教育，为新闻界培养现代化的复合型人才。比如，从IT专业和理工科专业爱好传媒的人中，招收传媒研究生包括博士生，因为只是懂得新闻编采的本科生，作用大受局限，要保证新时期的传媒队伍完全适应信息时代的传播形式和传播规律。

我们祝愿中央电视台的《科学思维方法大会》能够像《中国诗词大会》那样受到欢迎！

# 三段式演绎推理这把神奇的钥匙

三段式演绎推理法，是打开现代科学技术大门的钥匙。谁掌握了这把钥匙，谁就可以在现代科学技术大观园自由出入。

这把钥匙本来是亚里士多德发现的。他公元前4世纪在《工具论》一书中把它公布出来，告诉了全世界。可是，很多人不知道它的用处，于是便发生了后来的故事。

欧几里得用这把钥匙创立了欧几里得几何学。

托马斯用它推广神学，辩论上帝的存在。他用这把钥匙把宗教神学的潘多拉盒子里面的魔鬼放出来了。

魔鬼遇到了收拾魔鬼的人。笛卡尔1637年的《方法论》重新高举演绎法旗帜的时候，则发给了人们一串钥匙。除了三段式演绎推理这一把主钥匙之外，还有怀疑真理真假的批判性思维，真正是经过实践得到证明是真理的公理化思维、大问题分解成为小问题的分析法、许多小问题综合起来研究的综合法，同时还有实验法、观察法、归纳法、由简入繁逼近法等等。主钥匙起统领作用，其他的钥匙则起到配套作用。笛卡尔为什么要发这么多把钥匙？主要是防止类似托马斯用“诡辩术演绎法”推广宗教神学上帝存在的谬论，避免真理和谬误的混淆。

笛卡尔这一串钥匙让许多人不再去宗教神学那里玩了，而是一个接一个地走进了科学技术大观园。

亚里士多德的这把钥匙，本来可以打开现代科学技术大观园的大门，可是没有人会用。所以，一直到1800多年以后，牛顿才用这把钥匙打开现代科学技术大观园的大门。

牛顿在使用笛卡尔这一串钥匙的时候，钥匙还是不够用，就自己创造发明了几把钥匙。其中有：无穷小无穷大、微积分、二项式定理、裂变式思维等等。他是科学家自配钥匙最多的一个。

中国人在这把钥匙面前的表现不佳：晏子用过这把钥匙；楚王见过这把钥匙；很多读书人读过《晏子使楚》这个名篇，欣赏过晏子使用这把钥匙的智慧，就是没有一个人研究过为什么这就是一把高智慧的钥匙。

2600多年来，中国人起码有上亿人读过晏子使楚的故事，没有一个人能够从中悟出三段式演绎法来，这是中国人有思以来最大的遗憾！

于是乎，中国人吃够了没有掌握这把钥匙的苦头。

现在，西方人用这把钥匙打开了现代科学技术大观园，创造了现代化的科技社会和信息化的社会生活。西方人普遍都有这把钥匙，中国人普遍都没有配上这把钥匙。

于是，《中国人的思维危机》一书里，就说了许许多多的不文明现象，街头吵架、单位办事，逻辑颠倒、真理颠倒的故事比比皆是。中国人至今没有把这一把钥匙掌握。



鲁迅说过，路是人走出来的，世界上本没有路，走的人多了，也便成了路。方法也是人用出来的，用的人多了，好处多多，就成了方法。西方人这500年用三段式演绎法等科学思维方法取得了巨大的成就，中国人不用就是白痴。配一个“钥匙”链就什么都有了，何乐而不为?



所以，当我用这把钥匙创造了市民生活报这个报纸新品种的时候，新闻界都不知所以。

中国人有潜意识的逻辑思维，但是水平不高，经常在推理的时候，推着推着就变成了诡辩。主要的问题，是没有把逻辑推理科学化，也就是三段式不严密，经常出现笛卡尔所说的要防止走偏的问题。

演绎法是自然科学和社会科学普遍适用的最重要的思维方法，是思维方法中当之无愧的第一位的思维方法。西方人用演绎法不仅仅是打开了自然科学的大门，而且建立了一系列社会科学的学科。我们的社会科学工作者对演绎法似懂非懂，有的名词好像听到过，可是使用得怎么样呢?更多的人是不学演绎法，不用演绎法，以至不识演绎法。

演绎法是每个中国人都应该武装起来的思维方法，凡是没有的，都是贫穷落后，就像现在的中国人没有手机就显得贫穷落后一样。

亚里士多德的《工具论》，是给每个人发了一把三段式演绎法的钥匙;

笛卡尔的《方法论》，是发给了人们10多把的一串钥匙，形成西方人称为的“建立科学的科学”体系，从而打开了一个又一个自然科学和社会科学的大门;

我的《思维方法库》，是提倡没有赶上现代思维运动和现代科学技术大革命的中国人，每人配制一个钥匙链，把以演绎法为中心的那一套现代思维方法，都变成这个钥匙链上的一把把钥匙。

你如果把每一个现代科学思维方法的钥匙都配齐，形成一个现代化的思维方法库，走到哪里都可以把门打开，自由出入，任何关口都挡不住你，你就是“走遍天下都不怕”了。

钥匙链上的钥匙多了，有时候打开一个门要试很多次，有时候就打不开，有时候忘记了是哪一把，有时候是有的钥匙生锈了，你要经常留意一下，上点油。

实在钥匙不够，就像牛顿那样自己动手做一把新钥匙。

中国人现在的问题，是绝大多数人都不知道自己可以去配这么一大串钥匙和钥匙链，所以也就不进科学技术大观园去看一看，觉得自己一天天生活得还可以，要不要这个钥匙链无所谓。

中国人不明白，就是这个三段式演绎法，两千多年来几百个亿的中国人，在它面前都交了白卷。一篇《晏子使楚》，那么多人读过，人人都没有从中读出三段式。如果用现在电视台搞的PK竞赛法，一个亚里士多德就把两千多年来几百个亿的中国人全都PK了。

中国人不仅总结不出三段式，而且现在能够自由自在使用三段式的人，也寥寥无几。

可能好多人都认为，西方的科学技术大革命已经是过去的历史了。其实这些年来，西方三大革命从来没有停下前进的脚步，仍然在继续发展。这几十年来，西方社会科学和自然科学携手并肩、融合发展，建立了若干社会科学和自然科学兼容的新科学，如旧三论、新三论之类。可是，不懂得笛卡尔“建立科学的科学”的中国社会科学工作者们，只有靠边站。为什么呢？道理很简单，那些决定大学文科不学高等数学的官员，取消了他们的资格。而且资格可能还要取消几十年，因为这些年来的好多代人，都没有学习高等数学，什么时候能够恢复还不知道。

三段式演绎法，你把过去的中国人“烤焦”了，又把现代的中国人考住了。

最后，我这里要用分析“晏子使楚”的故事，来做这一段的结尾。前面，我通过“晏子使楚”的故事讲了四个结论：一、“晏子使楚”的故事，说明中国人还在亚里士多德总结出三段式演绎法（公元前300年）之前，即公元前600年，就熟练地使用演绎法了。二、春秋战国百花齐放的时候，诸子百家没有哪一个人的思维，能从看到的和听到的“晏子使楚”之类的演绎法故事，总结出三段式演绎法来。而亚里士多德就是听到了埃及人修建金字塔中使用三段式演绎法推理的故事，就毕生认真研究总结出了演绎法。三、2600多年来，那么多中国的读书人、知识分子和先知先觉的圣贤，没有一个从“晏子使楚”中总结出演绎法来。四、现在中国的中学教科书和网络的词条，也对“晏子使楚”使用演绎法的事情含糊其词，似懂非懂，没有说个明白。也就是说，至今也没有弄清楚“晏子使楚”的演绎法。

我虽然前面是高调肯定“晏子使楚”是标准的三段式演绎法。但是，我这里还要挑出“晏子使楚”使用演绎法的瑕疵。瑕疵在哪里？瑕疵就在使用类比法的时候，不是严格的同类类比。三段式的第一步，是提出大前提的公理。“晏子使楚”提出的公理是什么？是“生在淮南则为橘，生在淮北则为枳”，“水土异也”。小前提是：这个齐国人在齐国不偷，到了楚国就偷。结论是：楚国的水土就会让人变成偷儿。这里，晏子使用三段式推理的逻辑十分严密。那么，瑕疵又在哪里呢？瑕疵就在“生在淮南则为橘，生在淮北则为枳”的“水土异也”这个类比。

植物的“水土异也”，能不能比喻人也是“生在淮南则为橘，生在淮北则为枳”？有一些情况是可以类比的，有一些情况就不一定。人有水土不服的情况，像食物胃口、心理反应等等；但是，大多数的生理机能，特别是人的素质，还是没有多少变化的。像到另一个地方就变成偷儿的事情，个别人可能，绝大多数人是不会的。比如楚国，那么多人也没有去偷。如果这样类比，那习近平天天在世界各地飞来飞去，不知道会变成个什么样子？这样做类比，容易产生漏洞。

当然，有趣的是，楚国的国王和大臣们，都被晏子的演绎推理和雄辩力量所折服，当场就认输了。那个时代的主流社会，都公认这个推理的逻辑性很强，以至成为传统经典，代代传颂。

我记得一个故事。20世纪80年代，我一个同学在深圳升迁为市法院副院长，成为当时四川人在深圳级别最高的官员。我到深圳出差，经常和他一起交流。他跟我说，一到年关，深圳公安政法系统开会布置严打，公布统计数字，抓的抢劫小偷罪犯，大多数都是四川、湖南两个地方的，一个是朱老总的故乡，一个是毛主席的故乡。我这个四川人在场，脸上无光。这么多四川人怎么都变成罪犯了？一调查，很多人过去在四川农村，还都是老实巴交的模范村民，到深圳就变了。但是马上有人说，四川来的人也有成了企业家的白领精英的。两种人都有，你能说是深圳这个地方有问题吗？你看，连四川人到深圳之后变不变、怎么变，都有两种现象两种看法了。

所以，用类比法来做演绎推理的时候，一定要注意有没有可比性，可比性有多大。不要让人有空子可钻。笛卡尔在《方法论》中为什么要提出“怀疑一切”？其实他主要是怀疑托马斯用类比法来演绎推导“上帝的存在”那一套理论。类比法用得不好，就会有人对结论产生怀疑。所以，看似简单的演绎法，很多人一不小心也容易滑进诡辩的泥坑。

当然，瑕不掩瑜。“晏子使楚”，那是不可动摇的经典的三段式演绎法。我为中国在亚里士多德总结演绎法之前300年就产生这样熟练使用演绎法的晏子而骄傲，也为2600多年来的中国知识分子读不懂“晏子使楚”的演绎法而扼腕长叹。

我想起了四川大学数学系系主任蒲保明在“文化大革命”中的一声呐喊：演绎法是永远也打不倒的！为中华民族崛起而奋斗的中国人，为什么不在演绎法面前站起来雄起？！

# 从方法论到方法库的跋涉

本书的引子，中国人民大学新闻高才生程宝林在旧金山向我提出的问题，席文举为什么创造了中国市场化报纸的新品种？这个事情不是新闻系，也不是中文系以至文科学生来完成，而是由一个理科，又是数学系学生，在成都这个远离中国政治经济文化中心的地方完成的？本书为了回答这个问题，花了很长的篇幅。应该说，到“数学王国打造思维方法库”那一部分，已经回答得清清楚楚了。可是，你为什么还要写后面的三部分呢？说那么多干什么呢？

回答问题，问一答一，所答皆所问。考试应该是100分。我之所以要问一答二，甚至问一答三，那是我的思维习惯。这是因为，很多问题的后面，是跟着许多问题的，你回答了第一个，那后面隐藏着的第二个问题就会冒出来，他会接着问你。程宝林没有直接听到我的回答。如果是当面，他也会接着问下去的。问什么？他会问：我们新闻系为什么不学这个数理思维方法呢？接着会有第三问第四问。好了，我不用等你问，就一个接一个地分析回答了。不是我要裂变你的问题，是本身就存在那么多的问题，正等待着有人去研究呢。它已经等了好多年，等得都不耐烦了。

为什么那么多的新闻人都没有席文举那样的思维方法库呢？文科为什么不学习数理思维方法这些在各个领域都普遍适用的哲学思维方法呢？教育为什么不以思维方法教育为重点来培养学生的思维创造力呢？……

做任何事情，都不能浅尝辄止。举一反三，这就是研究问题的一种思维方法。

问1答10，问1答n，于是就有了面前的这本书。

思维方法是决定胜负成败的关键。凡是失败的，都是失败在思维方法上；凡是成功的，都成功于思维方法。比如赤壁之战，周瑜赢了曹操，历史书上就说年轻人打败老年人是历史规律；克拉克把麦当劳买过来做出世界第一连锁帝国，因为他年龄比麦当劳兄弟大得多，就说他生姜还是老的辣，就把他称为“麦当劳之父”。其实胜负都是思维方法决定的，与年龄关系不大。

如果通过我的故事，通过这本书，能够推动中国人的思维，向现代化的方向挪动一点点，像蜗牛那样前爬一蜗步，我就心满意足了。自贡四中那个高二学生潘名举，叫大学毕业生席文举从数学王国到新闻王国转了一圈，没有白跑一趟，也值了。

其实，我这里虽然提出了思维方法库的概念，同时又演绎出了11条定律，但是并没有将人的思维方法库这个十分重大的课题、思维方法库到底有一些什么样的规律，全部研究清楚，一一揭示出来。人自从从高等动物进化为人类以来，思维就是一个与动物区别的重大标志。实际上，既然每一个人和另一个人都有个体的差异，思维方法库的差异，也是不证自明的。思维方法库的概念提出来以后，很多人将会研究这个题目，探索其中的规律。特别是思维方法库贫穷落后的中国人，如何建设一个现代化的思维方法库，追赶和超过西方人，需要更多的有价值的研究成果。





人类有史以来，哲学研究人的思维，都是研究方法和方法论。方法和方法论，都是着眼于如何使人的思维更加先进、更加聪明，研究如何改进和提高人的思维工具，推动人类思维的进步。思维方法库则是换了一个研究角度，研究人与人之间为什么思维有种种的不同结果，研究人与人之间思维方法的结构有什么不同。这就产生了思维方法库的概念。

思维方法库是从一个全新的角度，研究人的思维。过去，人类曾经研究过个别人的思维。比如，为什么爱因斯坦那么聪明？科学家们曾经想解剖他的大脑。我不知道这个研究有什么结果，只是经常看到一些表现爱因斯坦大脑的图案。这都说明，人们总是想探讨一下人思维的秘密。

思维方法库的研究方法，至少可以研究人类各种不同的人群，思维方法库有什么不同的特点，呈现什么样的结构。所谓“物以类聚人以群分”，很多群体具有相同的思维方法。我们可以从研究群体的思维方法库，来观察研究人的思维；研究如何建设一个丰富多彩的思维方法库，实现思维方法库的现代化，提高自己的思维加工能力。

2014年10月，我在四川大学研究生院做了一次讲座，题目就是《方法比知识重要千百倍》。负责联系安排这次讲座的，是四川大学文学与新闻学院秘书陈霞。陈霞是心理学本科毕业，又读了心理学硕士，毕业后分到文学与新闻学院做秘书。她听了我的讲课后，在陪我去吃饭的路上，发出一个感叹：从来没有像你这样讲心理学。心理学抽象高深，你却讲的是工作中的思维故事，很新鲜！

这句话马上激发了我的灵感思维，我觉得思维方法在工作和生活中，用处很多，很贴近工作和生活的实际。人人都在思维，时时刻刻都在思维。学习使用科学思维方法，应该是天天时时都在思维的人经常干的事情。为什么讲思维的书，就总是那么深奥，那么脱离群众呢？

本来，我正在构思这本思维方法的书。怎么写呢？听了她的这句话，我觉得，我要把思维方法写得易于接受，那就是讲故事。一个又一个使用思维方法的故事。

思维方法，这是一门最适用最实际的科学。你看，人人天天都在吃饭，你到新华书店去一看，摆了多少吃饭的书。街头巷尾到处都是吃饭的饭馆。人人都可以讲出许许多多如何吃饭的知识、理论，诸如什么细嚼缓咽、晚饭七分饱、饭后百步走等等。但是，吃饭一天还只有三顿，大部分时间还在工作和做别的事情。思维却是一天到晚都在思维，从来没有停下来过。可是，新华书店有几本指导人们思维的书呢？如果翻箱倒柜去找，好不容易找到几本，结果都是哲学家如何思维的书。一般老百姓如何思维的书，大众思维的书，难有。老百姓更是说不出怎么思维的知识。

现在已经出版的研究中国人思维的书和文章，都喜欢使用一个提法：中国人的思维方式落后，或者是中国人思维方式方法落后。基本上都是讲中国人的思维方式，顺便连带提及思维方法。

我这本书里，从头到尾都只是讲思维方法，根本不讲思维方式。为什么呢？

我有几个方面的考虑——

一、中国人的思维方式，我觉得难以用一个概念、一个名词、一句话或者几句话来概括。西方人的思维方式，一些人用理性思维来概括。我觉得这个概括有一定道理，说得过去。但是，中国人的思维方式到底是什么呢？《中国人的思维批判》一书说，中国人的思维方式是混乱的。中国人的思维，从某些现象看，是有一些混乱。混乱就是没有规律。但是，就此说中国人的思维方式是混乱的思维方式，我觉得也不妥当和准确。其他评说中国人思维方式落后的，也只是一个笼而统之的结论，并没有给思维方式确定一个名称。

网络上有一篇《裂变聚变思维》的文章，说："中国文化是合的文化，西方文化是分的文化；中国文化是纵的文化，西方文化是横的文化；中国文化是质的文化，西方文化是量的文化……"作者一口气罗列了10多个思维文化，都是东西方呈现方向相反的思维。我觉得东西方思维是有些不同，但不一定回回都是相反。西方人是理性思维方式，中国人也不是就是非理性思维方式。用方向相反的概念来概括东西方思维的不同，未免太极端。

二、思维方式和思维方法是两个不同的概念。思维方式的概念，比思维方法的概念范围更宽、更大。思维方法的概念更具体，是一个个在思维过程中具体使用的工具。思维方式是对经常使用的若干思维方法，研究它们的规律和特点，归纳总结出来的概念。思维方式必须由若干思维方法组成。一个思维方法，却可以离开思维方式而独立存在。

三、一个人在碰到新的信息，需要做思维的时候，很少有人要考虑使用什么思维方式，而是直接考虑使用什么思维方法。人的这种思维习惯，决定了思维方法在思维过程中直截了当地作用。

正因为如此，我的研究方法是，既然没有办法准确概括中国人的思维方式，干脆就避开思维方式这个概念，放到一边不管它，因为思维方式也是由一个个思维方法组成的，人在思维的时候，也是直接运用一个个具体的思维方法。那么，中国人就直接学习一个个的现代科学思维方法，遇到问题的时候，拿出自己掌握的思维方法，分析解决问题就行了。如果说中国人过去的思维方式有问题，那么，只要掌握了现代科学思维方法，我们落后的思维方式自然而然就丢弃了，思维也就实现现代化了。

所以，我从思维方法的角度，就可以拿出中国人如何提高思维水平的办法。每个人先配一个"思维钥匙链"，将西方现代理性思维的那一批思维方法，每个人都像配置一把钥匙那样配置，也就是学会使用这个思维方法。这样，你就能把许许多多科学技术的门打开了。

四、既然我们不能确定中国人的思维方式是什么，我们就难以知道批判和否定什么，也不容易明确应该学习和提倡什么。而恰恰相反，如果我们提出学习科学思维方法，建设科学思维方法库，那么，我们批判否定什么和提倡建设什么，都是十分明确的。那些批判中国人思维方式的，批判的方向是明确的，建设什么就提不出具体的方向和目标。我们要批判的，是中国人落后的思维方法，个人自己总结的思维方法，特别是危害社会和他人的垃圾思维。我们要学习的是现代科学思维方法，人人都建设一个现代思维方法库。

在科学技术大革命和现代思维运动中，西方科学家使用思维方法的时候，经常出现使用辩证逻辑的思维方法，却又是唯心主义的世界观。思维方法与世界观、思维方式，经常出现不一致和分裂的情况。中国的有些官员，口头上坚持马克思主义，又做贪污腐败的事情，看起来也很矛盾。这些思维过程中的分离现象，还需要哲学家们做深入细致的研究。

所以，我们现在只要好好学习现代科学思维方法，中国人落后的思维方式，也就迎刃而解了。

当然，也许会有人说，现在中华民族已经崛起了，难道我们的思维方法还落后吗？

确实，中华民族正在崛起，崛起的势头很好。我们可以为此而骄傲，而自豪。但是，我们决不能为此而盲目自满。我们一定要懂得，经济总量和民族思维不完全是一回事。在世界历史上，经济总量世界第一第二的，这个国家和民族的思维，并不一定就是最先进的，甚至可能还有不少的问题。何况，我们的经济总量，很大的因素是因为我们的人口众多，是人多力量大而垒起来的。如果按照人均量来计算，我们的落后就是显而易见。要改变这个经济的人均量，还不是一个短时间内能够完成的。

如果要考虑各个方面的综合因素，中华民族的崛起，就是一个多方面的问题。曾担任国家外经贸部副部长、代表中国主持复关及入世谈判的龙永图先生，在2016年第6期《当代教育家》上发表了一篇文章。文章说：全球媒体都在热议，什么时候中国经济的总量会超过美国？我们暂且不要讨论中国的经济总量什么时候能够超过美国，先问问另外三个“什么时候”。第一，什么时候全球的精英会把孩子送到中国留学，而不是像今天都把他们的孩子送到美国、欧洲留学？第二，什么时候全球的年轻人会最欣赏中国的电影、文化、书籍，而不是像今天他们最喜欢的是美国、欧洲的电影、书籍、音乐？第三，什么时候全球的消费者在选择产品的时候，会首选中国的品牌？

这“三问”确实打中了中国的要害。这“三问”说明，在讨论中国的经济时，一些理智的人士已经开始考虑中国的软实力了。即使是经济发展，也面临着一些重大问题：一是经济转型问题，问题的核心是把过去对经济增长数量的关注转移到经济发展的质量上来，而质量的问题，说到底是要整个国家形成一种以人为核心的发展目标的价值认同。二是创新问题。不久前，美国的报纸都在讨论为什么中国出不了乔布斯。他们认为最大的问题是中国的教育不鼓励创新，不鼓励独立自由的思维。如果教育出的孩子没有创新的能力、创新的思维，我国的创新是不可持续的。三是建立正常的政商关系问题。我们应该真正培养起一种平等的意识，让我们的孩子不再追求高高在上的做官的感觉，使孩子知道不是有钱就高人一等。教育全社会树立民主、平等的意识，这会对解决中国的官场文化、政治文化具有非常深刻的意义。

龙永图先生说的这些问题，全都是思维的问题，是当今中国不能回避也无法回避的问题。中华民族的儿女们，我们既要看到民族崛起前途繁花似锦，更要看到任重道远，攻坚克难，步履艰辛。百尺竿头更进一步，考的全是中国人的思维功夫。

我这里还想说明的，是书中涉及我长期工作的单位四川日报内部工作中的一些问题。那些问题，很多报社都有程度不同的表现。只不过我工作在这里，就作为思维素材写进了书中。我实在是无法回避，不用这些事例就说明不了问题，因为本身就是这些素材促使我思考的。我在四川日报工作几十年，经历的事情很多，我的思维材料就来自那里。为了阐述真理，我只有“投鼠不忌器”了。我绝不是想针对某个人、某个事，而是想说明思维方法库的某个问题。四川日报能够培养出《华西都市报》这个都市报的领头羊，我能够从这个环境成长起来，那是四川日报这个环境带来的。

最后，我要申明，本书不涉及意识形态与社会制度的优劣与否问题。也不涉及对中西方的思维方式和中西文化的全面对比，仅仅讨论中国人的思维方法和思维方法库存在的问题和缺陷。

最后，给读者留一些思考题：

1. 你思维方法库里有一些什么样的思维方法?

2. 你思维方法库里有没有现代科学思维方法？有，是从哪里学来的?

3. 你自己总结过一些什么思维方法?

4. 你的脑子里有些什么垃圾思维?

5. 本书中很多地方用了各种各样的思维方法，并没有直接点出来，你能够指出几个地方使用了什么科学思维方法?

6. 你在工作中使用过一些什么思维方法？效果如何?

7. 你思维方法库有些什么特点，呈现什么样的结构？如果要杂交，应该杂交些什么思维方法?

8. 你有没有在自己的人脉中参与或者形成一个思维碰撞沙龙？你从这个思维沙龙得到了什么?

9. 你觉得你们单位领导的思维方法多不多？你们单位形成一个思维碰撞沙龙了吗?

10. 你觉得《思维方法库》的理论，是用笛卡尔“建立科学的科学”来建立的吗？为什么?

11. 《思维方法库》做学问的方法，与欧几里得几何学和牛顿的《自然哲学的数学原理》做学问的方法，有什么不同？为什么?

12. 你觉得本书中哪些观点和内容有问题，你不同意？为什么?

13. 你觉得本书如果再版，应该做一些什么修改?

14. 你可以给这本书哪些地方提供你觉得更合适更好的素材？本书再版的时候，如果采用你的素材，将会在书中说明。

感谢你耐着性子读完这本书!

再见!

# 参考书目

［1］王梓坤．科学发现纵横谈［M］．（第二版）．北京：北京师范大学出版社，2006.

［2］刘冠军，王维先．科学思维方法论［M］．济南：山东人民出版社，2000

［3］［英］牛顿．王克迪译．自然哲学的数学原理［M］．北京：北京大学出版社，2013.

［4］梁衡．发现——数理化通俗演义［M］．北京：同心出版社，2012.

［5］楚渔．中国人思维批判［M］．北京：人民出版社，2010.

［6］宋怀常．中国人的思维危机［M］．天津：天津人民出版社，2010.

［7］叶潮．超越媒体［M］．北京：中国社会科学出版社，2002.

［8］吴军．数学之美［M］．北京：人民邮电出版社，2012.

［9］戴世强．戴世强科技博文精选：与青年朋友谈科研与学习方略［M］．上海：上海大学出版社，2011.

［10］［美］罗宾·蔡斯．王芮译．共享经济：重构未来商业新模式［M］．杭州：浙江人民出版社，2015.

［11］白苏华，周德学，杨亚岚．四川数学史话文集［C］．成都：四川大学出版社，2016.

［12］湖畔风铃．现代思维的诞生．新浪博客．2013.

# 附录：
# 中国第一本《传媒方法论》即将出版

**柳斌杰作《序》称**

“她是难得一见的好书”

中国资深媒体人席文举，经过多年的积累，推出了中国第一本《传媒方法论》，即将出版。

中国出版协会理事长，清华大学新闻与传播学院院长、教授、博士生导师柳斌杰为《传媒方法论》作序，标题是：《传媒研究和教育的重大课题》。柳斌杰曾任第十二届全国人大教科文卫委员会主任委员，新闻出版总署党组书记、署长，国家版权局局长。

柳斌杰在《序言：传媒研究和教育的重大课题》中说——

“读了席文举同志的书稿《传媒方法论》，十分高兴，因为她是难得一见的好书。任何一门学科，都是由历史、理论、方法、实践（实验）这四大支柱构建起来的，而传媒学科却很少从哲学和数学高度上去构建方法论体系。从这个意义上讲，《传媒方法论》给中国传媒研究和教育填补了一个重大缺项，可点可赞，可喜可贺。

中国传媒院系的教育，长期只有写作方法、制作方法和技术方法等技能的传授，而没有科学思维方法的教育，思维空间受到很大的限制。很多人认为只要会写、会照、会编、会播就能干好传媒工作。这是一个误区。写手、作家办不好和办垮一张报纸的，时常可见。当记者和当主编、当总编都需要方法，但两者需要的方法层次上是不一样的。写作方法、摄录方法只能算重“术”，主编、总编出点子、作决策的方法，那是重“道”，需要理性和逻辑思维的方法。

哲学高度概括了自然科学、社会科学各门学科和思维科学的普遍规律，形成了哲学的科学方法论体系，分为最高的辩证思维方法、各个领域普遍适用的逻辑思维方法和只在各个专业领域使用的具体思维方法三个层次。从感性具体思维到理性逻辑思维，再到抽象辩证思维，是人类理性之光升华的过程，最终到达认识真理的最高境界。我国新闻、文学，以及人文科学的大学生，基本上都只有专业方法学习，没有各个领域普适的逻辑思维方法，更没有哲学层次的方法训练，思维方法库结构的缺失，这是中国分科教育和文科教育的弊端之一。正因为如此，我一直认为中国的新闻传播教育知识基础不够，难以适应传媒事业大变革的需要。

在改革开放的进程中，中国传媒市场转型，新媒体蓬勃发展，很多传统媒体人在市场化考试中不及格。而席文举同志却轻而易举就拿出了一整套都市报市场化办报理论和方法，没有走一点弯路。全国报纸蜂拥而上模仿学习，一百多家，个个成功，创造了中国都市报的“神话”。为什么会出现这样的奇迹？就是因为席文举同志掌握了哲学、数学思维方式，特别是数理思维方法和笛卡尔方法论，这是传媒工作的一个典范。

《传媒方法论》，是传媒领域处于各级领导岗位的总编辑、社长、总经理，以及部门主任、业务骨干等等，凡是担负一定责任的同志，都应当学习的业务课程。因为这是媒体人出点子、作决策的时候，必须懂得的方法。如果不懂得这些科学方法，你就难以拿出最好的点子和决策方案。科学方法论才能造就综合性的高层次领军人才，把控全局，周密设计：写作方法、制作方法只能造就写手、能手，其弱点是缺乏全面发展空间的立体思考。

《传媒方法论》的第一个特点，是全面论述了科学方法的重要意义。什么是真才实学？掌握了科学方法论才是真才实学。工欲善其事，必先利其器。学习思维方法，比学习各门学科具体知识，不是重要一点点，而是重要千百倍。只学专业领域的写作方法、制作方法，不学更高层次的思维方法，这样的传媒人在今后媒体大变革中将会不断遭到淘汰，这是必然的。

《传媒方法论》的第二个特点，是将笛卡尔方法论体系做了系统阐述。回顾世界发展史，人类从农耕社会转型为工业社会再转型现代信息社会，这个重大转型，就是西方科学技术大革命推动和带来的。西方的科学技术大革命产生了一系列现代化的科学技术，是人类有史以来最大最多的创新运动，完全改变了人类的生活。那么多的创新从哪里来的呢？都是科学家们使用笛卡尔方法论的结果。迄今为止，除了马克思主义世界观、方法论外，没有哪一个方法论的成果能够超过笛卡尔方法论的，也没有哪个方法论有像笛卡尔方法论那么完整的体系。因此，如果从哲学的角度出发，那就是笛卡尔方法论改变了人类的社会生活。上世纪九十年代，席文举又用笛卡尔方法论改变了中国报业市场的结构，让都市报独领风骚一个时代。值得提醒大家的是，《传媒方法论》对笛卡尔方法论为什么是“建立科学的科学”，做了“三步曲”的深度解读。这是我看到的第一次，也是这部方法论的独到之处。很多科学思维方法论的书，无论是中国的，还是外国的学者，多是对单个方法的介绍，没有形成体系。

《传媒方法论》的第三个特点，是方法论理论和传媒实践紧密结合。在解读一个个方法的时候，可以看到一个又一个在传媒工作中如何成功使用思维方法的经典案例，比那些只讲思维方法知识的书更贴近实际。比如：使用演绎法推导出市民生活报的报纸新品种；使用系统论完成都市报的产品设计；使用归纳法总结出敲门发行学；使用统筹法做成特别报道版面的市场买卖；使用发散思维、模型化思维宣传报道碧峰峡模式，促使国务院修改落后了的政策；在晚报最红火的时候对晚报的批判性思维，让都市报抢占了本来是晚报天下的报业市场；使用裂变思维对连载的悬念实行规模化经营的新闻追踪，成为最受欢迎的品牌栏目；等等。传媒高手灵活运用科学方法的艺术令人惊叹不已。

哲学和数学是连体兄弟，都是思维科学的精华。本书作者席文举同志是数学专业毕业的，通过大学数学系的学习，吸取了丰富的现代科学知识和哲学思维方法的学养，在长期的传媒工作中，又善于运用方法对各种各样的资源做巧妙的思维加工，在理论和实践的结合中经常是信手拈来又独具匠心，取得特别的社会效果。从而使摆在我们面前的这本《传媒方法论》，具有新时代的理论高度和实践深度。我们从这本书的许多例子中，可以明白什么叫思维的创造和思维的艺术。

阅读这些经典案例，使我们懂得席文举同志为什么能够成为“中国都市报之父”，而受到报业圈的推崇，那完全是方法论高深造诣的水到渠成。数学系毕业的席文举同志能够在传媒界呼风唤雨、掀起都市报旋风，绝不是偶然机缘，而是笛卡尔的方法论改变了中国报业市场的结构，使中国报纸发行量从长期的两三千万份在三四年间冲上一个多亿，成为世界报业第一，实现了传媒方面的一个中国梦。

本书是中国有史以来出版的第一本传媒方法论，填补了新闻和传媒理论中一个重要空白，对于传媒研究和教学的深化、对于提高传媒队伍的业务素质和理论思维能力，都具有重大的现实意义。

现在，全世界的传媒都正从传统媒体时代进入新媒体时代，传统媒体正在经历颠覆性的挑战。如何应对这个挑战，是一场严峻的考验，只有站在高点思维、统筹谋划、灵活运用科学方法，才能达到胜利的彼岸。学习运用科学方法和掌握传媒方法论，正当其时。希望有作为的各级各类传媒队伍好好学习传媒方法论，在传播变局和媒体革命的浪潮中，敢于担当，不断创新，披荆斩棘，奋勇前进，把中国的传媒事业推向新的高峰。

这本著作的书名虽然叫《传媒方法论》，其实她的内容远远超出了传媒的范围，是值得哲学社会科学和所有人文学科学习的。因为这些都是哲学层次上的思维方法和方法论，它在各个领域都普遍适用。虽然作者曾经是个传媒领导人，列举的例子中有不少是传媒领域的，但这并不局限它的读者领域，可以举一反三、触类旁通。书中也有大量各个领域运用方法的例子，不少也是经典案例。所以，这本书如果叫《社科方法论》,或者《创新方法论》，也是恰如其分的。

世界观、认识论、方法论，是高层次人才培养的基础课程，也是各门类专业人才必备的立业之本。我也希望有更多更好的“方法论”研究成果和专业著作闻世，构建有中国特色的学术体系，引领人类文明的进步事业继续前行。

作者席文举将推出“方法论三部曲”，《思维方法库》为三部曲之一，《传媒方法论》为三部曲之二。

千城麦车
一键下单 千城交车
一键下单
千城交车
目前已经覆盖
24省·4直辖市·260城市
1383家新零售合作商
千城麦车
汽车新零售·一键下单 千城交车
千城麦车
微信扫码下载APP
千城麦车微信公众号
扫码加盟合作

12个垂直行业
千城云媒
三四五线城市智能营销专家
10000个
传播渠道
28个省份
1000个城市
11个媒体类型